KB203606

시편사색

시편사색

1판 1쇄 발행 2019년 6월 4일
1판 2쇄 펴냄 2019년 11월 15일

지은이 오경웅
역해자 송대선
펴낸이 한종호
디자인 임현주
인쇄·제작 블루앤

펴낸곳 꽃자리
출판등록 2012년 12월 13일
주소 경기도 의왕시 백운중앙로 45, 2단지 207동 503호(학의동, 효성해링턴플레이스)
전자우편 amabi@daum.net

ISBN 979-11-86910-23-8 03230
값 38,000원

시편사색

오경웅 지음 | 송대선 옮김·해설

꽃자리

목차

2권 하늘 그물 성긴 것 같으나

3권 정의와 평화가 입맞추리라

4권 하늘은 기뻐 어쩔 줄 모르고

5권 자비하신 하느님

『성영역의聖詠譯義 초고』 서문

곰삭이고 또 곰삭인 말씀

항전 기간 중에 오경웅 선생의 '인애仁愛의 학문'이란 글을 읽게 되었는데 그 주옥같은 글귀와 정수를 드러내는 논리에 매료되지 않을 수 없었으니 경전을 두루 꿰고 그 깊고 미묘한 뜻을 제대로 밝혔기 때문입니다. 저는 그 글을 읽으며 '아! 이렇게 오 선생께서 내 신앙의 새로운 경계를 열어주시는구나' 하며 혼자 감탄할 정도였습니다. 그렇게 세상에 나오자마자 세상을 격동시켰으니 의심할 바 없이 그는 진리를 향해 나아가며 배우기를 즐겨하는 군자겠구나 생각했습니다.

그 뒤에도 오 선생은 몇 해를 하느님의 은혜 안에 젖어 지내고 있었는데 생각은 더 깊어진 것 같았습니다. 그런데 어느 날 갑자기 그는 『성영역의聖詠譯義 초고』를 들고 나타났는데 그 문장은 단아하기 그지없고 음절에는 마치 리듬이 있어서 읊어지기에 너무 자연스러웠으니 정녕 입술에서 읊조려야 할 노래요 시였습니다. 처음에도 저를 그렇게 놀라게 하더니 이렇게 명실상부한 시를 들고 나타나서는 다시 사람을 크게 놀라게 만드네요.

사실 성경의 시편은 예부터 번역하기가 까다롭기 그지없는 책이라고 했었는데 오 선생의 번역은 그런 평가를 무색하게 할 만큼이나 자연스럽고 읊기가 매끄러웠습니다. 아마도 이렇게 좋은 시편 번역이 이뤄진 것은 그가 다른 무엇보다도 하느님의 말씀을 깊이 음미하고 상고하였기 때문일 것입니다. 사람의 마음이 하느님을 사랑하는 것에 온통 쏠릴 수 있게 하는 것은 성경 중에서도 시편이 으뜸이라 할 것입니다. 구약시대에 경전은 오경이라 하여 창세기生民紀 , 출애굽기出走紀, 레위기肋未紀, 민수기數目紀, 신명기申命紀라 하였습니다. 유대인들은 이 책을 자신들의 근원으로 여기며 그 기록을 귀히 여겼고 경전으로 받들어서 계약의 책이라 하였습니다. 참으로 보물처럼 애지중지 하였으니 얼마나 지극히 여겼겠습니까? 그리고 시와 노래를 모아놓은 이 시편은 유대인들의 예배와 제사, 개인적인 기도에 쓰였는데 거의가 경전에서 끌어온 것이기에 시편은 오경과 함께 유대인들의 신앙을 이끄는 쌍두마차의 역할을 감당하여 왔습니다. 그러나 어찌 유대인들에게만 그리도 중요한 경전이겠습니까?

예수 그리스도의 강생과 구속 사역 이후 신약성경이 세상에 나왔을 때 신약성경은 구약성경을 많이 인용하였는데 주로 시편과 이사야였습니다. (신약성경에서 시편은 55회, 이사야는 59회) 시편에 나타난 많은 예언의 말씀이 구구절절 예수 그리스도의 강생과 구속 사역에 들어맞는 말씀이었습니다. 그랬기에 기독교회는 초기에 복음을 널리 전하면서도 동시에 예부터 하느님께 부르짖고 간구하는 기도요 노래인 시편에도 관심을 쏟았습니다.

시편은 내용뿐만 아니라 영적 깊이가 너무도 훌륭하여서 신앙의 지극한 모습을 온전히 밝혀주었기에 초기의 공교회는 시편을 찬양집이요 기도문으로 사용하였습니다. 이는 구약시대에도 그러했는데 바울 사도께서도 늘 교우들에게 시편을 읽으라고 권면한 것과 같습니다.

> 그리스도의 말씀이 너희 속에 풍성히 거하여 모든 지혜로 피차 가르치며 권면하고 시와 찬송과 신령한 노래를 부르며 감사하는 마음으로 하느님을 찬양하고(골로새서 3:16)

그 이후 교회의 성도들은 로마교회의 규정에 따라 신약성경뿐 아니라 시편도 성경으로 받아들였고 이후 시편은 수도회의 수사와 수녀들이 매일 읽어야 할 대일과大日課에 들어가게 되어 일주일에 한 번씩 완독을 해야 했습니다. 아울러 일반 평신도들이 읽고 암송해야 할 소일과小日課에도 시편이 들어가게 되었으니 이로써 시편은 교회에 속한 모든 이들의 일용한 양식이 될 만큼 소중한 보물이 되었고 성도들의 신앙을 진작시켰습니다.

이토록 소중한 책인 시편을 오경웅 선생이 우리말로 번역한 것은 너무도 맞춤한 일이 아닐 수 없습니다. 성경학자들이 참고할 만한 번역이기도 하고 교회의 성도들이 대소일과에 사용하여 그 뜻과 맛을 곰삭이고 깊이 음미한다면 우리 중국 교회에 큰 도움이 될 것이니 어찌 작은 일이라 하겠습니까?

게다가 오 선생께서 시편을 번역함에 있어 장공蔣介石(장개석)께서 전쟁의 포화와 어려움 중에서도 방공호에 머물며 세 차례나 교정을 보았다는 이야기를 들었습니다. 전란 중이라 군무만 하여도 참으로 바쁠 터인데 교회의 인사들과 함께 의논하며 거룩한 말씀의 뜻이 온전히 드러나도록 힘쓰셨다는 말을 들으니 우리 중국 교회의 앞날이 환히 밝아오는 것 같습니다. 저야 이미 늙은 인생에 지나지 않으나 정본의 출간을 눈을 씻고 기다리려 합니다.

1946년(민국 35년) 8월 1일 강소성 상해에서

일흔 아홉의 주교 주희맹朱希孟

서문

만 권의 책을 읽어 통달하니 붓을 잡으매 신이 깃들었도다

『성영역의聖詠譯義 초고』가 1946년(민국 35년) 10월에 처음 발간되었으니 어느새 29년의 시간이 흘렀다. 오경웅 선생은 초고가 나온 이후 하루라도 빨리 완성된 정본을 출간하고 싶어 하였다. 오래전에 로마 교황청 대사로 재직할 때에 오 선생은 로마에서 내게 초고를 검토해달라고 부탁하기도 했다. 그렇지만 올해에서야 오 선생은 초고를 수정하여 1월에 교정을 마치고 10월에 정본을 출간하기로 결정하면서 장제스蔣介石 총통께서 친히 초고를 교정해 주신 노고를 잊지 않고 기억해 이를 장제스 총통을 기념하는 책으로 헌정하였다.

정본은 초고에서 수정한 것이 적지 않으나 시로서의 품격과 가치, 시편 본래의 원의와는 여전히 잘 부합하고 있다. 오히려 시구의 아름다움과 자연스러움을 위해 더욱 잘 다듬고 난삽한 것들은 뜻이 더 잘 통하도록 고쳤으니 오 선생이 오랫동안 바라마지 않던 소망이 드디어 결실을 보게 되었다.

오 선생의 시편 번역은 1937년(민국 26년) 상해가 일본군에 점령되어 일본군에 의해 작은 방에 가둬진 것과 다름없이 감시받는 어려움 중에서 시작되었다. 그런데 한치 앞을 내다볼 수 없는 현실에서 오 선생은 심중에 이는 한없는 근심들이 시편 몇 수를 번역하는 중에 풀어지는 경험을 하게 되었다. 처음 번역한 것은 시편 23편이었다.

> 여호와는 나의 목자시니 내게 아무 근심할 바 없어라… 나 비록 어둔 골짜기를 지날 지라도 주님 계시니 무엇을 염려하랴… 언제나 주님 나와 함께 하시니 그 외에 나 구할 것 아무 것도 없어라我主作我牧 所需百無憂… 雖行幽谷裏 我在亦何愁… 行藏勿離主 此外更何求(아주작아목 소수백무우… 수행유곡리 아재역하수… 행장물리주 차외갱하구)

오 선생은 당시 일본군에 의해 곤고함을 겪으며 앞날을 예측할 수 없는 상황 속에서 마음은 염려와 걱정으로 둘러싸였으나 번역을 하면서 읊조리는 시편 구절로 인해 마음의 위로를 받고 굳건한 믿음을 견지하게 되었다. 하지만 이때까지만 해도 시편 전부를 번역하고자 하는 생각을 가지진 않았다.

그 후 오 선생은 홍콩으로 탈출하게 되었고 공상희孔祥熙 부인에게 선생이 번역한 시편 몇 수를 보여주게 되었는데 이를 본 공 부인은 그 번역의 아름다움에 매료되어 장제스 총통의 부인에게 번역한 시편들을 전달하게 된 것이다. 그리고 끝내 그 부인을 통해 장 총통의 손에도 전해졌다. 총통 역시 그 번역의 고아함에 깊이 매료되었고 1942년(민국31년) 여름, 오 선생이 생사의 경계를 넘어 홍콩을 탈출하여 가족들과 함께 계림에 머물게 되자 그를 충칭으로 불러 성경번역을 부탁하게 되었다.

『성영역의聖詠譯義 초고』는 오 선생의 번역을 장 총통께서 직접 읽고 일일이 수정하면서 진행되었는데 그 교정본은 오 선생의 집에 여전히 보존되어 있다. 그 원고를 살펴보면 장 총통이 검토하여 고친 자구들로 인하여 그 뜻이 더욱 분명해지고 타당하게 된 것이 여럿 있다. 예를 들면 시편 23편에서 오 선생은 "어둔 골짜기 다닐지라도 주님 계시니 아무 염려 없어라"雖經幽谷裏 主在亦何愁(수경유곡리 주재역하수)고 하였는데 유幽를 음陰으로 역亦을 아

我로 바꾸어 그 의미를 더 선명하게 하였다. 또한 시편 85편의 마지막 네 구절 또한 장 총통이 교정한 것으로 채워졌다

> 주님의 인자하심 우리 거처가 되고 그 의로우심 우리 걸을 길 되리니 그 넓고 큰 길을 뭇 사람이 걸어가리라以仁為居 以義為路 康莊大道 衆庶所步(이인위거 이의위로 강장대도 중서소보)

이와 같은 교정은 그 또한 시편 번역에 있어서 얼마나 깊은 관심을 지녔고 또 온전하고 고아한 번역을 위하여 마음을 쓰고 있는지를 보여주는 것이라 할 수 있다.

장공께서 시편을 검토할 때에 점點을 찍거나 동그라미圈를 매겼는데 번역한 내용이 그의 마음을 깊이 두드리는 바가 있으면 여러 개의 동그라미를 표하기도 하였다.

오 선생이 쓴 '장 총통의 영적 생활'이라는 글을 보면 장공의 시편 묵상에 관하여 한 장을 할애하였는데 거기에는 장공이 자주 반복해서 읽고 묵상한 시편의 여러 편이 기록되어 있다.

장공은 특별히 사서四書에 속한 『대학大學』과 『중용中庸』의 자기 수양과 신독愼獨을 깊이 새겼는데 시편에서도 하느님께 순종하고 진리로 인하여 기뻐하며 하느님을 의지하여 근심하지 않는 내용의 몇몇 시편들을 특별히 좋아하였다. 예를 들면 시편 1편, 3편, 4편, 62편, 131편 등이다.

장 총통은 일생동안 고난을 겪었으니 오로지 나라를 위한 길에 매진하였음에도 악의를 가지고 비방하는 이들을 대면하는 일이었다. 그렇지만 총통은 시편의 말씀을 묵상함으로써 신실한 믿음을 지켜나가곤 하였다. 이와 연관된 시편이 31편, 34편, 37편, 46편 등이었다. 장 총통의 정신적, 영적 추구는 어떻게든지 하느님의 뜻에 합하고자 하는 바였기에 시편 84편이 이를 말한다고 할 수 있다.

빛 되신 주님 그 별 아래서 이 몸 주의 은덕 넉넉히 입으며 지극하신 주님의 그 은총으로 온갖 복록을 누리리이다. 야훼 하느님 어찌 사사로우시랴? 정직하고 순결한 이 사랑하시니.

성경의 시편을 읽고 그 맛을 음미하는 것은 세상의 유명한 시를 읽고 감상하는 것과는 매우 다르다 할 것이다. 세상의 명시를 감상하는 것은 그 시구의 아름다움과 그 묘사의 간절함이나 핍진함을 음미하며 감탄하는 것이라 할 수 있다. 그러나 시편을 읽고 그 맛을 음미하는 것은 시편이 지닌 아픔과 슬픔, 기쁨과 즐거움에 젖어들어 시편 시인의 마음과 온전히 하나 되는 것이다. 그리고 또한 그 시편의 한 구절 한 구절에 담긴 하느님을 향한 간절한 기도를 통해 자신 속에 깊이 감춰진 내면을 함께 토로하는 것이다.

그렇기에 성경으로서의 시편 번역은 세상의 유명한 시를 번역하는 것과 다를 수밖에 없다. 무엇보다 시편은 성경에 속한 경전이기에 번역에서 요구되는 의미의 정확성과 전달의 형식, 아름다움 중에서 원문의 의미를 온전히 살리는 정확성이 제일 중요하다고 할 수 있다. 그러다 보니 이제까지 번역된 시편은 그 뜻을 정확히 살리려다 보니 시편임에도 불구하고 산문적인 번역이 되고 말았다. 사실 그 뜻을 정확하게 드러내면서도 전달의 형식도 살리고 시적인 아름다움까지 함께 갖춘다는 것은 여간 어려운 일이 아니다. 그런데 오 선생의 시편 번역서인 『성영역의聖詠譯義』는 고시체의 품격을 지니고 시편의 원뜻을 정확히 드러내면서도 전달의 형식을 잘 살렸고 그 형식뿐만 아니라 아름다움까지도 채우고 있으니 가히 번역에 있어서 놀라운 일이요 기적이라 아니할 수 없다. 불교경전 중에서도 역시 시를 번역한 것이 있는 것으로 아는데 오 선생이 번역한 시편의 아름다움에 필

적할만한 것은 없다고 하겠다.

오 선생의 『성영역의聖詠譯義』는 중국 고시체의 형식을 두루 갖추었으니 삼언, 사언, 오언, 칠언 등의 형식이다. 그런데 율시와 절구 같은 형태는 그 글자 수의 한계로 인하여 본래의 뜻을 전달할 수가 없어 채용할 수 없었다. 그 외의 형식과 운용은 너무도 자유자재하여서 독자로 하여금 이것이 과연 번역된 글인지를 알아채지 못하게 할 정도이다

『성영역의聖詠譯義 초고』는 처음 세상에 나왔을 때부터 국내외 수많은 지식인들의 칭송을 받았다. 육징상陸澄祥 원장이 이르길 '오경웅이 붓을 잡자 성령께서 그 손을 잡으셨구려, 뭘 억지로 덧붙이거나 빼려는 인위적인 생각이 아예 없으니 일필휘지로 시편을 완성하였구나'라고 하였다. 옛적에 두소릉杜少陵이 '만 권의 책을 읽어 통달하니 붓을 잡으매 신이 깃들었도다'라고 하였는데 이야말로 내가 오 선생을 묘사하기에 적절한 표현이라 하겠다.

1975년(민국64) 8월 15일

천모목려天母牧廬에서 주교 나광羅光

옮기고 해설한 이의 다스름

오, 복된 유혹이여!

1990년대 중반이다. 남도의 봄을 느끼고자 전라도에 다녀온 벗 김 목사가 동광원의 언님들이 성경 다음으로 소중히 품으며 되새긴다는 『내심낙원』이라는 책을 소개해주었다. 이 땅의 토박이 영성에 관심을 가지고 있지만 어떤 걸음을 걸어야 하는지 몰랐던 내게 오경웅은 그렇게 찾아와서 나를 흔들어 놓기 시작했다. 서둘러 구해 펼친 『내심낙원』은 문자 그대로 내면의 낙원이 무엇인지를 제대로 소개해주었다. 역자의 번역은 우리말의 아름다운 향연으로 가득했고 오경웅의 영성의 깊이를 드러내었다.

더불어 오경웅은 정화淨化와 조명照明 그리고 일치一致라는 기독교 신비신앙의 수덕修德 삼단을 자신이 어떻게 맛 들이고 누리는가를 담담하게 기술하였다. 놀라운 것은 그가 기독교 영성을 풀이하면서 인용하는 이가 어거스틴, 프란체스코, 데레사와 십자가의 성 요한 등의 서양 신학자와 신비가들 뿐만 아니라 『노자』와 『장자』, 『시경』과 『서경』, 유학의 사서와 『전습록』, 더 나아가 불경까지도 끌어들여 자신의 복된 신앙의 용광로에 녹여내고 있었다는 점이었다.

『시경』에서 선비를 향한 정숙한 여인의 사랑 노래가 하느님께 나아가는 믿음의 여정으로 풀이되자 솔로몬의 〈아가〉와 같은 향기를 풍겼고 도연명의 「귀거래사」에서 벼슬을 버리고 고향으로 돌아가는 노래가 육에 얽매인 현실에서 본향으로 돌아가려는 믿음의 고백으로 다가왔다. 서양 신비가들의 노래를 새김질하면서 그 맛의 깊이에 매료된 적은 있었다. 그러나 두보나 왕유의 시구가 내 믿음을 반추할 묵상 구절이 되리라고는 상상한 적이 없었기에 오경웅의 이러한 서술은 내 믿음의 지평을 넓혀보라는 도전이기도 하였다.

그러나 가장 가슴을 두근거리게 한 것은 하느님께 나아가는 걸음을 해설하면서 인용한 그의 시편 번역 『성영역의』(이후 〈초고〉라 한다)였다. 그는 시편 1편과 23편을 하느님의 은총 안에서 인생이 겪는 정화와 조명, 합일의 수덕 삼단으로 설명하였는데, 내게는 그의 시편 번역 자체가 영원하신 하느님의 말씀이 어떻게 이 땅에서 사람의 언어가 되어 자연스레 말을 건네는지를 보여주는 것 같았다.(아래 시편의 번역은 본문을 참고하라.)

시편 23편 어지신 목자良牧

主乃我之牧 所需百無憂 令我草上憩 引我澤畔游
吾魂得復蘇 仁育一何周? 更為聖名故 率我正道由
雖經陰谷裏 主在我何愁? 爾策與爾杖 實令我心休
讌我群敵前 感爾恩施優 靈膏沐我首 玉爵盈欲流
慈惠共聖澤 長與我為儔 行藏勿離主 此外更何求?

시편 1편 군자와 소인君子與小人

長樂唯君子 為善百祥集 不偕無道行 恥與群小立
避彼輕慢徒 不屑與同席 優游聖道中 涵泳徹朝夕
譬如溪畔樹 及時結嘉實 歲寒葉不枯 條鬯永無極
哀哉不肖徒! 與斯天淵別 悠悠逐風轉 飄飄如糠屑
天心所不容 群賢所棄絕 我主識善人 無道終淪滅

먼저는 시편이 정말 시구나! 하는 생각이었다. 가끔 시편을 읽고 묵상하였지만 그때까지만 해도 시편은 내게 시로 다가오지 못했다. 그냥 산문이었고 눈으로 읽을거리지 흥얼거리거나 읊조리면서 입에 붙어 절로 나올 노래가 아니었다. 왜 제목은 시편인데 이렇게 산문체여서 읽기에 목구멍에서 걸리는지 늘 의문이었는데 오경웅의 번역은 첫눈에도 시였다. 오언체로 되었기에 무슨 뜻인지 몰라도 입에 먼저 붙었다.

주내/아지목 소수/백무우 영아/초상게 인아/택반유… 2/3조로 나뉘어 읊조리기에 편안하였고 내 어릴 적 아버지께서 성서를 읽으실 때의 그 읊조림과 비슷한 맛이 아닐까 하는 마음이 들었다. 이런 시라면 새김질만 할 터이고, 입에 붙어 흥얼거릴 만하지 않을까 라는 생각도 들었다. 비록 한문에 대한 지식은 없지만 자꾸 들여다보았다. 그러자 또 다른 맛이 나기 시작하였다.

시편 1편은 의인과 악인의 복福과 화禍에 대한 노래인데 오경웅은 의인을 군자로, 악인을 소인배로 바꾸어놓았다. 신실한 신앙의 사람을 군자로, 거짓된 사람을 소인배로 풀어놓자 내 속에 깊이 배어 있던 무의식 같은 것이 꾸물거렸다. 유학儒學에 대한 지식이 없어도 진정 사람다운 사람, 남을 돕고 의를 추구하는 사람이 군자이고 제 잇속만 채우며 남의 아픔에 나 몰라라 하는 소인배가 나쁜 사람이라는 상식은 있었다. 헌데 그 상식이 믿음의 영역에 머물던 의인과 악인의 신앙적 심상에 포개어졌다. 그러자 의인과 악인이 실제 내 삶의 현실과 자세에서 어떤 모습으로 드러나야 하는지 좀 더 구체적으로 다가왔다.

물론 나의 어리석음이 주된 원인이었을 것이나 뭔가 채워지지 않고 추상적이거나 맞지도 않는 남의 옷을 입고 있던 것 같았던 신앙에 새로운 시각이 주어진 것이다. 게다가 성서가 말하는 복福을 오경웅은 낙樂으로 번역하였는데 그것이 궁금하기도 하였다. 왜 중국 사람들이 좋아하는 복이 아니고 낙인가? 즐거움 정도로 번역될 수 있는 낙이 하느님의 복이란 말인가? 이 의문은 아주 나중에서야 풀렸는데 정말 낙으로 번역해도 잘 어울리는구나! 하는 마음이 든 만큼 내 신앙의 여정도 꽤나 진행이 된 후였고 조금씩 그 낙을 누리는 덕분이었다.

조금 자세히 들여다보자 흥분만큼이나 궁금증이 일기도 하였다. 시편 1편에는 시냇가에 심은 나무가 시절 따라 열매 맺고 시들지 않는다 했는데 오경웅은 거기에 세한歲寒 두 글자를 첨가하였다. 추사 김정희 선생이 세한도를 그리면서 『논어』에서 인용한 이 글은 어려운 때를 지나는 중에 참된 것이 드러난다는 함의를 가졌으니 히브리 본문에는 없지만 글자 수를 맞추기 위해서도, 그 뜻을 풍부하게 하기 위해서도 적절한 인용이 아닐 수 없었다. 그러면서 들었던 생각이다. 우리가 성서를 읽을 때 하느님은 도대체 얼마만큼의 읽는 이의 상상력을 허용하시는가? 이렇게 상상력을 펼쳐도 되는가? 유불도의 경전들을 인용하고 옛 민요들을 인용하여 하느님께 나아가는 길이라고 말해도 되는가? 사실 교회의 역사는 이 상상력을 제한할 때가 더 많았고 이단이라는 전가의 보도를 휘두르면서 상상력을 억압하여 오지 않았던가?

기실 내가 선택한 것이 아님에도 불구하고 나는 수천 년간 다른 사유방식, 즉 유교와 불교와 도교적 사유의 젖을 먹고 자란 부모와 그 부모들에 의해 양육되었다. 감사하게도 하느님의 은총으로 그리스도인이 되었기에 신앙의 언어와 외양은 기독교인의 모습을 갖추었으나 사유의 근본에는 그 외양과 다른 층들이 겹겹이 쌓여 있었다. 그 감추어져 있던 층들이 오경웅의 『내심낙원』과 시편 번역을 보면서 자기 소리를 찾아보라고, 그것을 찾아서 내 신앙 안에서 용해시켜 보라고 종용하기 시작했다.

그래서였던가? 오경웅의 자전적 기록인 『동서의 피안』을 읽고 선불교에 대하여 쓴 『선禪의 황금시대』를 읽었다. 그의 신실한 신앙과 방대한 학문적 깊이, 그리고 거기에 매몰되지 않고 유유자적하는 유머는 내게 신앙의 자연스러움이 무엇인지를 일러주었다. 아울러 소망을 품게도 하였다. 그는 회심과 개종 후에 시편과 신약성서를 번역하였는데 그때 드렸던 기도가 내게도 옮아졌다.

> 제가 거룩한 말씀이신 아드님께 중국식 두루마기를 지어 입혀드리도록 도와주소서. 그것을 보기 좋고 입을 만한 솔기 없는 두루마기로 만들게 하소서, 그 도포에 동양적 촉감을 주시고 몰향沒香으로 배이게 하시고 사향麝香으로 보존케 하시고 황금으로 안을 받치되 될 수 있는 대로 가볍게 하시어 그 어른께서 입으시기 편하게 하소서. 동방박사들에게 받으신 선물에 축복을 보태시어 제게 나누어 주소서. 한마디로 말씀드려 당신 외에는 당신 아드님의 치수와 취향을 아는 사람이 아무도 없사오니 당신께서 저를 위해 그렇게 해주소서. 저는 견습 재봉사로서 당신께 협력하리이다.

그 기도의 감동을 소개해 준 정희수 선생은 자신은 이렇게 읽힌다고 일러주었다.

> 주님 저 옛날 동방에서 당신을 찾은 학자들은 황금과 유황과 몰약을 당신께 드리며 경배하였으니 저는 불교의 불성佛性과 도교의 양생養生과 유교의 인의仁義를 들고 주님께 나아가는 동방의 어린 학사이옵니다. 그러니 저를 어여삐 여겨 주시고 받아주소서.

그랬었다. 일부러 마련한 것이 아니었음에도 내 사유의 바탕에는, 깨달아 참된 실체를 보고자 하는 바람(견성見性)과 삶에 대한 올바른 균형감각(양생養生), 그리고 함께 살아가는데 반드시 있어야 할 도덕적 관계(윤리倫理)에 대한 갈망이 내재 되어 있었다. 그것은 드러난 의식보다 먼저 꿈틀거릴 때가 더 많았고, 삶의 실제적인 문제 앞에서 나의 선택의 흐름을 결정하곤 했었다. 거기에 더하여 무슨 일이 생기든지 가까이 있던 신령에게 빌던 무교적 습속까지 포함한다면 나는 영락없는 동양인이었고 한국인이었다. 사도 바울의 기도가 멀지 않았다. 누가 나를 여기에서 건져줄꼬?

이러한 내 존재의 근원적 갈망을 외면한 채로 삶의 주인이신 그분께 나간다는 것은 도무지 말이 되지 않았다. 기독교 신앙이란 것이 나를 부인하고 주님께 나아가는 것인데 나를 모른대서야 어떻게 나를 부인할 수 있겠는가? 그러니 내가 누군지 아는 것은 신앙 밖의 일이 아니며, 내 삶의 바탕에 놓인 것들을 들여다보며 나를 발견하는 것 또한 하느님 앞으로 나아가는 여정이라 여기게 되었다. 그렇기에 내게는 오경웅의 기도가 자신을 발견한 이의 기도요, 자신을 발견한 이가 자신이 지닌 것을 바치는 헌신의 기도로 느껴졌다. 그런 의미에서 그의 기도는 내게서 '저는 어떤 인생입니까?'라고 여쭙는 기도였다. '저는 무엇을 들고 주님 당신 앞에 나아가고 있는 중입니까?'라며 거듭 묻는 기도였다. 그러니 '저의 길을 인도해 주십시오'라는 의탁의 기도였다.

이러한 기도와 물음 속에서 그가 번역한 시편 전부를 읽고 싶었다. 그렇지만 『내심낙원』에 인용된 시편은 열서너 편 정도였고 그마저도 일부분씩만 인용되었다. 주변의 벗들과 어른들께 물어보았지만 〈초고〉의 존재를 아는 이가 없었다. 궁금함만 깊어갔다. 〈초고〉를 만날 수 없었던 꽤나 긴 시간 동안 내 마음속에 남아있던 구절은 시편 19편 전반부였다.

乾坤揭主榮 碧穹布化工 朝朝宣宏旨 夜夜傳微衷
默默無一語 教在不言中 周行遍大地 妙音送長風

천지가 주의 영광 드러내 보이고 푸른 하늘은 지으신 이의 솜씨 나타내네
낮은 낮에게 크신 주님의 뜻 선포하고 밤은 밤에게 그 깊은 심중 전하네
묵묵히 한마디의 말 없으나 말 없는 가르침 이루어지도다
두루 대지 어디든 다녀보아도 소리 없는 묘음 멀리멀리 퍼지네

무슨 이유로 이 구절이 오랫동안 나를 떠나지 않고 남았는지는 모르겠다. 다만 하늘과 땅, 낮과 밤, 자연의 모든 것, 소리와 침묵 모두가 다 하느님의 뜻을 전하고 있는데 너는 어떻게 참여하고 싶은가를 묻는 것 같았다. 이렇게 우리 모두 노래하고 찬양하고 있는데 너는 어떤 소리로 노래하는지를, 너의 침묵은 말 없는 가운데 무엇을 지향하는지를 지켜보는 것 같았다.

〈초고〉를 만난 것은 그런 일이 있고 나서 한참이 지나서였다. 생각지도 않게 중국의 그리스도인들과 가까이 지내면서 10여 년 그들이 주는 밥을 얻어먹는 은총을 누렸다. 그리고 그들을 만날 때마다 〈초고〉에 대하여 물어보았으나 아는 이가 없었다. 안타깝지만 연이 닿지 않나보다 하였지만 잊히지는 않았다. 그러다 귀국하기 전 해인 2013년 말 남경에서 공부하는 강 선생을 만나 이야기를 나누는 중에 그가 학위과정 중이니 혹 도서관에서 찾을 수 있지 않을까 싶어 물어보았는데 다음날 〈초고〉 복사본을 구해다 주었다. 거기에 더하여 그는 몇 년 후 대만에서 출판된 『성영역의 초고』(이후 '성영역의'라 한다) 정본을 구해다 주는 정성까지 아끼지 않았고 번역 중에 막히는 부분에서 여러 차례 도움을 주었다. 이 자리를 빌려 고마움을 전한다. 그때의 기쁨은 말로 다할 수가 없다. 서문도 없고 목차도 없고 오로지 시편 본문만 있는 복사본을 이리저리 뒤적이던 그 밤의 나는 아무도 모르는 보물을 발견하고 행복해서 어쩔 줄 모르는 어린아이였다.

그러나 사실 나는 한문을 제대로 공부한 적도 없었고 고전을 공부한 적도 없었다. 동양사상에 관심을 가지고 나름 귀동냥을 한다고 애쓰기도 하고, 중국에서 10여 년 밥을 얻어먹으면서 살기는 하였으나 그저 생활에 겨우 소용될 정도의 언어였다. 그러니 이걸 읽고 맛을 보고 싶은데 그럴 방법이 없었다. 이런 책이 있노라며 중국의 벗에게 소개하니 그러냐며 눈만 멀뚱거릴 뿐이었고 한국의 몇몇 벗들에게 얘기해도 그래서 뭘? 하는 정도였다. 갑갑하기도 했고 또 다른 일에 끌려다니느라 한동안 덮어둘 수밖에 없었다. 그러다 마음이 가면 다시 뒤적거리면서 입맛만 다실 수밖에 없었다. 한동안 그런 모습을 지켜보던 아내가 정 그러면 당신이 직접 번역을 해보라고, 그 길 말고는 없지 않냐고 나를 유혹하였다. 그 말에 용기를 얻었다. 나 자신의 능력은 전혀 생각지도 않고 그 유혹에 기꺼이 넘어갔다. 오, 복된 유혹이여!

그렇게 시작된 번역은 오로지 나 자신만을 위한 것이었다. 번역서를 내려는 뜻은 전혀 없었다. 그만한 능력도 되지 않거니와 무엇보다도 『성영역의』가 히브리 성서의 시편을 중국어로 번역한 것이라 그것을 한국어로 번역할 필요가 없었다. 이미 우리에게도 잘 번역된 한글성서 시편이 있지 않던가? 내겐 그저 『성영역의』에서 우러나는 맛이 무엇인지가 궁금했고 그 맛을 좀 더 제대로 보고 싶을 뿐이었다. 그렇기에 그저 모르는 한자 좀 찾고 그 한자들을 조합해서 뜻을 새기면 되지 않을까 하는 단순한 생각이었다. 그러나 그 단순한 생각은 금방 깨졌고 어느새 그의 번역시편에 깊이 빠져들고 말았다. 그의 시편은 단순한 한자들의 조합이 아니었다. 거기에는 히브리 신앙인들의 하느님을 향한 기도와 간구와 탄식과 찬양을 오롯이 담아놓으면서도 동시에 중국이라는 도가니에 넣고 오랫동안 푹 우려낸 맛이 함께 있었다. 성서의 시편이 주는 영적 깊이와 중국문화 속에서 곰삭은 언어가 주는 풍부함이 조화를 이루고 있었다.

예를 들면 이런 식이었다. 히브리 시편에서 믿는다는 단어를 오경웅은 때로는 시恃, 때로는 호怙, 때로는 뇌賴 등으로 우리가 짐작하는 신信만큼이나 자주 사용하고 있었다. 네 단어 모두 믿는다는 의미를 내포하고 있는데 전고典故를 찾아보니 시恃는 자애로운 어머니의 사랑에 대한 믿음이라고 한다면 호怙는 사랑하되 아버지의 엄격함이 있어 자식을 엇나가지 않기를 바라는 사랑에 대한 신뢰이다.(『시경詩經』에 '無父何怙 無母何恃: 아버님 아니 계시니 누굴 믿으며 어머니 아니 계시니 누굴 의지하랴!'고 하였다 하였다.) 그리고 뇌賴는 믿음의 대상이신 그 분께 온전히 자신을 내어 맡기는 의탁하는 믿음이라는 뜻을 지녔다.

탕자의 비유가 보여주는 자애로운 어머니 같은 하느님의 사랑에 대한 믿음恃은 삶의 허물 가운데서도 절망하지 않고 그분께 나아갈 수 있게 한다. 인생을 끝내 구원하시고자 때로는 엄하게 야단치시며 징계하시지만 그것이 전부가 아니라 그 속에 엄부嚴父의 마음이 있음을 믿는 신앙怙은 눈앞에서 겪는 현실이 다가 아님을 알게 한다. 삶의 선택의 기로에서 두려움을 갖지 않는 것은 이 길의 주인이신 하느님께 우리 자신을 맡길 수 있는 믿음賴이 있기 때문이다.

또 다른 예를 든다면 시편 1편 6절에는 의인들의 길은 여호와께서 인정하신다고 하였을 때 오경웅은 식識:我主識善人(우리 주님 선한 이를 알아주시네)이란 단어를 사용하였다. 이 단어는 그저 단순하게 알거나 지식으로서 아는 것이 아니라 교감과 교제를 통해 인정하고 알아준다는 의미를 담고 있다. 서로에 대한 이해가 전제되어 있는 것이다. 하느님이 알아주는 사람! 그분이 인정해주고 믿어주는 사람이 바로 의로운 사람이라는 생각에까지 미치게 되었다.

이렇게 한 단어 안에 내포된 의미의 깊이가 드러나면서 마치 돌멩이 하나가 연못에 던져져 거기서 끝나지 않고 말 없는 파장이 점점 넓어지는 것과 같았다. 여운은 깊으면서도 길었다. 생각할 소재들을 제공하면서도 단순히 지식적인 영역의 확대가 아니라 되새김질하면서 깊이 잠겨 들게 하였다. 단어 하나하나가 내게 말을 걸어오고 나 자신이 하느님과 어떤 관계에 있는지를 돌아보게 하였다. 그러니 『성영역의』를 들여다보는 시간은 내게 깊은 묵상의 시간을 제공하였다. 한편으로는 한글 시편을 읽을 때는 왜 이런 맛을 보지 못하였을까? 하는 안타까움이 일었다.

한시漢詩에는 시안詩眼이라는 낱말이 있다. 한시를 잘 지었는지 못 지었는지를 결정하는 중요한 낱말을 칭하는 것이다. 청산녹수青山綠水를 떠올려 읊조려보고 그다음에는 녹산청수라고 읽어보라. 사실은 '푸르르다'는 말은 같은데도 맛이 전혀 다르고 구절이 주는 심상이 펼쳐지기도 하고 아무런 심상이 일지 않기도 한다. 어떤 단어는 의미를 제대로 확장하면서 시가 갖는 상징이 선연히 드러나기도 하고 또 어떤 단어는 전혀 그런 맛없이 맹숭맹숭하기도 하다.

산을 묘사함에는 청靑이, 물을 묘사함에는 녹綠이 시안이 된다는 의미이다. 바꾸어놓으면 맹탕이요 아무런 묘미도 느낄 수 없다. 성서의 시편이 시요, 찬양이라면 그 속에도 신앙적 의미를 때로는 선연히 드러내고 확장하기도 하고 또 때로는 깊이 끌어들이고 잠기게 하는 무엇인가가 있어야 한다. 그렇지 않고 그냥 산문처럼 읽고 지나가 버린다면 얼마나 허무할까? 오경웅의 번역에는 이와 같은 맛과 깊이가 담겨 있었다. 그는 히브리 시편의 한 단어 한 단어를 다시 절차탁마하여 그 본래 맛을 잃지 않으면서도 새로운 노래인 양 변주한 것이다. 그는 시편 번역에 대해 이렇게 자술하였다.

> 시편의 경우에 어려운 점은 그것을 문학적으로만 번역하는 것이 아니라 최소한 시편 저자의 심리에 있는 감동과 분발하는 정신 그리고 그 영감을 약간이라도 포착하여 독자에게 전달하는 것이다. 그것을 성공적으로 하기 위해 역자는 저자들 자신이 당한 것과 같은 사건과 감상을 체험해야 한다. 이 과업을 위해 하느님께서는 내가 시작詩作과 시편을 애호하게 하셨을 뿐만 아니라 당신 은총에 대한 체험적 지식, 여러 가지 가슴이 찢어질 듯한 시험을 받게도 하시고, 죄과에 대한 간절한 뉘우침과 하느님에 대한 감미甘味와 섭리에 대한 의심 없는 신뢰, 그리고 친히 지으신 대자연에 대한 사랑과 하느님의 법안서의 기쁨을 내 마음속에 불어넣어 주셔서 나를 준비시키셨다. 하느님께서는 내게 동심童心과 함께 늘 새로운 경이감을 주셨다. 내게 시편에 대해 큰 기쁨을 느낄 수 있게 해주시고 또 중국인 독자들에게 동일한 기쁨을 주는 환언구換言句를 생각나게 하심으로써 나를 준비시키셨다. 내가 시인이 아니라 하느님께서 내 생활의 시, 슬픔과 기쁨이 충만한 시를 지으셨다.(『동서의 피안』에서 인용)

이렇게 한 편 한 편 읊조리면서 맛을 들이다 보니 나도 모르게 점점 깊은 물로 가고 있었다. 다름 아닌 전고典故였고 앞에서 말한 환언구換言句였다. 실제로 오경웅은 시편을 번역하면서 중국의 오랜 문헌들을 응용하였는데 시편이 묘사하는 언어들을 중국어의 풍부한 어휘 속에서 한 자, 한 구, 한 줄도 찾아내지 못한 적이 없었다고 말하였다. 그렇기에 그의 번역 시편이 중국학자들에게 환영을 받았고 중국인이 읊조리기에 마치 모국어로 지어진 시처럼 대할 수 있었다고 하였다. 따라서 그의 시편읽기는 묵상이면서 동시에 그 묵상을 가능케 한 자료가 되는 전고典故를 찾아 그 묵상을 더욱 풍성하게 하는 과정이었다. 몇 가지 예를 들어보자.

시편 25편 8절은 '여호와는 선하시고 정직하시니 그러므로 그의 도로 죄인들을 교훈하시리로다'라고 하였는데 오경웅은 '살리시길 좋아하시는 하느님께 의지하오니 그 사랑으로 인하여 탕자마저 돌아오게 하시나이다'依而好生德 領回遊蕩子(의이호생덕 영회유탕자)라고 하였다. 여기에 끌어다 쓴 호생지덕好生之德은 『서경書經』「대우모大禹謨」에 나오는데 생명을 벌하고 죽이기보다는 살리기를 좋아하는 임금의 덕을 설명한 것이다. 임금이 백성을 다스림에 있어서 너그럽게 대하여야 하는데 거기에도 원칙이 있다. 즉 누군가 죄를 지어도 아들에게까지 미치지 않게 하되 상賞은 후대에까지 미치게 하며, 실수로 저지른 죄는 커도 용서하고 고의로 저지른 죄는 작아도 벌하였으며, 의심스러운 죄는 가볍게, 의심스러운 공은 후하게 하며 죄 없는 이를 죽이느니 차라리 법을 쓰지 않아야 한다. 이를 임금의 호생지덕好生之德이라 한다. 그렇게 전고를 끌어 사용하니 히브리 시편이 말하는 선하시고 정직한 하느님께서 어떤 분(생명을 살리시기를 기꺼워하시며 그와 같은 덕으로 우리는 다스리시는 분)인지 좀 더 선명하게 다가왔다.

또 오경웅은 시인이 겪는 시련을 히브리적 사유처럼 은을 제련하는 과정으로도 번역하지만 자주 하느님께서 그를 다듬어 옥으로 만드는 여정으로 번역하였다. 시편 11편 5절은 '여호와께서는 의인을 감찰하신다'(사실 시

전체적 의미에서는 돌보신다는 것이 더 적절하다.)고 하였는데 오경웅은 '어질고 현명한 이들 단련되어서 끝내 옥처럼 다듬어지리라'賢良蒙鍛鍊 所以玉其成(현량몽단련 소이옥기성)고 하였다.

중국 역사와 문화 속에서 옥을 다듬는다는 것은 선비의 학문과 덕행이 어려움과 고난을 통해 더 깊어지고 다듬어지는 것과 자주 비교되었다. 옥의 아름다움은 오덕五德의 갖춤인데 윤기가 흘러 온화한 것은 인仁의 덕이며, 무늬가 비춰 속을 알 수 있게 하는 것은 의義의 덕이며, 소리가 낭랑하여 멀리서도 들을 수 있는 것은 지智의 덕이며 깨어질지언정 굽히지 않는 것은 용勇의 덕이며 날카로우면서도 남을 해치지 않는 것은 결潔의 덕이라고 하였는데 이러한 옥이라 하더라도 다듬지 않으면 소용이 없다玉不琢不成器(옥불탁불성기)고 하였다. 더군다나 옥은 경도 6의 돌로 일반 돌보다 더 단단하여 다듬기가 쉽지 않기에 옥을 다듬는 이는 절차탁마의 과정에 온 주의를 기울여야 한다.

오경웅의 번역을 통해 하느님께서 인생을 그렇게 옥으로 다듬어가신다고 하였을 때 마음에 다가오는 바는 남다르지 않을 수 없었다. 이해되는 바도 선명하거니와 그 여정에서 옥을 들여다보시는 분의 섬세한 손길과 오래도록 바라보시는 지긋한 눈길이 더 가까이 다가왔다.

하나만 더 보자. 시편 130편은 파수꾼이 아침을 기다림보다 내 영혼이 주님을 더 기다린다고 하였는데 오경웅은 '밤 길어 끝없으나 오직 주님만을 바라보니 그렇게 님 바라다 끝내 아침을 맞는구나'長夜漫漫 惟主是盼 盼主不至 坐以待旦(장야만만 유주시반 반주부지 좌이대단)라고 번역하였다. 인용된 장야만만長夜漫漫은『회남자淮南子』의「반우가飯牛歌」에 나오는 구절이다.

南山矸 白石爛(남산안 백석란)

生不逢堯與舜禪 短布單衣適至骭(생불봉요여순선 단포단의적지한)

從昏飯牛薄夜半 長夜漫漫何時旦(종혼반우박야반 장야만만하시차)

남산은 산의 돌도 아름다워라 거기 백석은 반짝이는구나
어쩌다 난 불행하게 요와 순(임금)의 아름다운 세상 만나지 못하고
짧은 바지 옷 한 벌로 새벽부터 야반까지 소 기르며 쉴 틈 없네
아 긴긴 밤 어느 때에나 성군을 만나 빛을 볼까나

그냥 어둡고 긴 밤이 아니다. 시절도 어렵고 알아주는 이도 없다. 좋은 때를 만나지 못한 이의 탄식이 깊다. 그런 긴 밤이 어찌 끝이 있을까? 그런 마음으로 주님을 기다린다. 그러니 잠들 수 없고 밤은 도무지 끝이 나질 않는다. 그렇게 아침을 맞이하는 이의 심사여! 아울러 좌이대단坐以待旦은 『맹자』에 나오는 말이다. 주나라를 세운 무왕의 동생 주공은 무왕 사후 어린 성왕을 보필하면서 앞선 선왕들의 나라 다스리는 지혜를 궁구하기를 밤낮없이 하였다. 고사에 보면 밥을 먹다 삼키지도 못하여 뱉고 얼른 예를 갖추어 현자를 맞았고 머리를 감다 머리채를 묶은 채 선비를 맞았다고 하였다. 그렇게 나라를 생각하면서 밤이 맞도록 궁구하다 앉아서 아침을 맞이하기 일쑤였다. 그것이 좌이대단坐以待旦이다.

전고典故는 내게 한없이 넓은 바다였다. 『성영역의』의 구절들은 시서역詩書易 삼경三經 외에도 『논어』, 『맹자』, 『대학, 『중용』의 사서四書와 『도덕경』과 『장자』, 불경에서 인용한 단어와 구절이 차고 넘쳤다. 뿐만 아니라 수많은 문장가, 시인들의 명문과 시에서 환언한 구절들이 끝없이 이어졌다. 굴원과 도연명의 노래 구절이 숨어있었고 두보와 이백이 거닐고 있었다. 한유와 유우석의 글이 슬쩍 얹혀있었고 백거이와 소동파의 시구가 갈마들었다. 그러한 전고를 찾아 그 구절의 배경을 이해하니 오경웅의 『성영역의』의 의미가 더 풍성해졌고 히브리 시편의 의미 또한 깊어졌다. 그런 전고가 시편 150편 전체에 가득 차고 넘쳤으니 전고를 하나씩 찾을 때마다 즐거움樂이 있었고 시원함快에 젖어 들었다. 말씀이 송이꿀보다 달다는 말씀이 이런 방식으로도 느껴질 수 있다는 것은 전혀 새로운 경험이었다.

다른 한편으론 이렇게 기독교가 아닌 동양문화와 사유를 간직한 채 예수 그리스도의 은총을 충분히 그리고 충만히 노래할 수 있다는 확신이 내게도 전해졌다. 내게 주어진 역사와 문화라는 바탕이 억지로 떼어 낼 것이 아니라 그것이 우리 주님을 찬양할 수 있는 선한 도구임을 알게 되었다. 안심이었고 마음이 평안해졌다. 굳이 어떤 새롭고 낯선 것으로 그분을 만나야만 하는 것이 아니구나. 내게 있는 것, 저 깊숙이 담겨 있는 것을 꺼내어 그분께 나아가는구나 하는 확신이 들었다. 『성영역의』는 그렇게 내 숨을 고르게 하고 가라앉혀 주면서 동시에 내가 걸어야 할 길을 은근히 보여주었다.

그렇게 한 편 두 편 읽어가면서 그냥 읽기만 할 게 아니라 정리하고픈 마음도 생겼고 혼자만 맛보기가 아까워서 가까운 벗들과 나누어 묵상하기도 하였다. 〈당당뉴스〉나 「성실문화」를 통해 한동안 연재하기도 하였고 교회에서 성도들과 함께 시편공부의 교재로도 사용하였다. 함께 묵상한 벗들의 기쁨과 격려 덕분에 그렇게 조금 조금씩 더 나누다 보니 어느새 여기까지 이르렀다. 즐겁고 고마운 여정이었고 덕분에 이뤄진 일이긴 하나 여전히 부족함과 아쉬움이 많다.

오경웅의 『성영역의』는 의역이 적지 않다. 그는 시편의 맛을 살리고 그 맛을 잘 전달하고자 자신의 학문적 넓이와 영적인 깊이를 잘 활용하여 자주 의역하면서도 그 본의를 전혀 잃지 않았다. 그러나 역자는 『성영역의』를 번역하면서 될 수 있으면 직역을 하고자 하였다. 시적인 맛은 떨어진다고 할지라도 오경웅의 시편 번역의 의미를 전달하는 것이 본서의 목적이라고 여겼기 때문이다. 그가 어떻게 히브리인의 노래를 자신의 노래로 불렀는지를 보여주고 그 노래를 부르는 데 사용한 도구들이 무엇인지를 보여주는 것에 의미를 두었다. 그래도 시인지라 나름으로는 우리말 읊조림의 방식을 적용하여 3/4, 4/4 혹은 7/5조의 흐름을 빌리기도 하였으나 민망할 따름이다.

다만 역자가 좀 더 마음을 기울인 것은 『성영역의』에서 인용된 전고를 밝히는 일이었다. 『성영역의』가 어떻게 이리도 풍성한 시편이 될 수 있는지 또 어째서 이 번역 시편이 믿지 않는 중국의 지식인들에게도 매력을 일으키고 심지어는 회심과 개종에까지 이르게 하였는지를 구체적으로 보여주는 것이 전고라 여겼기 때문이다. 그래서 가능한 한 전고를 놓치지 않고 담으려 하였고 아울러 『성영역의』를 통해 묵상한 역자의 사족蛇足을 달았다. 그래도 여전히 놓친 전고들이 적지 않을 터이니 숙제처럼 마음에 담아놓을 뿐이다. 이 시편을 통해 누군가 고유의 우리말과 음조로 히브리 노래를 부르고자 하는 원願을 세운다면 그보다 더 복된 일이 없겠다.

여기까지 이르는 데 고마운 이들이 많다. 먼저는 꽃자리 출판사의 한종호 목사님께 감사드린다. 까다로운 대만 출판사의 출판권 교섭과 이후의 모든 복잡다단한 과정을 감내해주셨다. 얇은 책이 아니어서 부담도 적지 않을 터인데 좋은 책에 대한 선한 열정으로 격려해 주셨다. 이 자리를 빌려 감사하지 않을 수 없다. 이 글을 좋게 여겨 주시고 추천의 글을 적어준 어른들께 감사드린다. 작은 것을 크게 여겨 주시는 선한 마음 덕에 힘을 얻을 수 있었다. 내 육의 부모님들께 감사드린다. 선하신 하느님의 뜻에 따라 내게 몸을 주시고 길러주셨다. 두 분 덕에 수월히 그리스도인이 되었고 예까지 왔다. 복된 유혹으로 나를 꾀고 끊임없이 격려해 준 아내 일천에게 고마움을 전한다. 거룩한 낭비의 이 걸음을 계속 걸을 수 있도록 해주었으니 아내의 내공이 깊고 그런 엄마 덕에 아빠를 신뢰해 준 검은소와 깊은물에게도 고맙다. 매달 모일 때마다 시편 한두 편을 함께 읽으며 묵상하고 즐거워하며 격려해 준 허당虛堂 서명석형을 비롯한 길벗들에게도 고마움을 전한다. 길벗들과 함께 읽은 시편만 해도 수십 편이요, 붓으로 쓰인 구절이 자못 많으니 책으로 나온 즐거움을 그들과 함께 나눈다. 이 믿음의 길에서 여전히 어리석은 인생을 목사로 여겨 주는 선한 성도인 최은식, 전영선 내

외분께 고마움을 전한다. 믿어준 이들 덕에 믿음이 생긴다는 것을 그분들을 통해 배웠기 때문이다. 마지막으로 이렇게 걸을 수 있도록 선한 가르침을 주신 선생님께 감사드린다. 어리석은 이를 받아주셔서 귀한 가르침도 허락해주시고 끝내는 졸업시켜 주셨다. 졸업했으니 돌아갈 수는 없으나 배움은 여전히 마음에 남아있다. 엎드려 절한다.

2019년 3월 사순 주간에

역해자 송대선

사람이 무엇이관데

고요한 눈매로 세상 이치 살펴보면
천지 기상의 오묘함이여
상서로운 기운은 하늘에 찬란하고
별과 달 요요히 빛을 발하네
이 얼마나 묘한 게 사람인지요
주님의 자비로 긴히 묶어 주시니
사람이 도대체 무엇이관데
님 돌보심 이리도 기묘한가요?
만물보다 존귀히 여겨주시고
천신과 대등하게 여겨주시네
흙으로 빚어진 것 다르지 않은데
관 씌워 번듯하게 세워주시네

제1수

군자와 소인 君子與小人
군 자 여 소 인

1 長樂惟君子 爲善百祥集 不偕無道行 恥與群小立
장락유군자 위선백상집 불해무도행 치여군소립

2 避彼輕慢徒 不屑與同席 優游聖道中 涵泳徹朝夕
피피경만도 불설여동석 우유성도중 함영철조석

3 譬如溪畔樹 及時結嘉實 歲寒葉不枯 條鬯永無極
비여계반수 급시결가실 세한엽불고 조창영무극

4 哀哉不肖徒! 與斯天淵別 悠悠逐風轉 飄飄如糠屑
애재불초도 여사천연별 유유축풍전 표표여강설

5 天心所不容 群賢所棄絶
천심소불용 군현소기절

6 我主識善人 無道終淪滅
아주식선인 무도종륜멸

글자풀이

- **偕**(해) 함께하다
- **恥**(치) 부끄러워하다
- **屑**(설) 가루, 탐탁히 여기다
- **優**(우) 넉넉하다
- **涵**(함) 담그다
  涵泳(함영) 헤엄치다
- **不屑**(불설) 탐탁히 여기지 않음
- **優游**(우유) 한가로운 모양
- **溪**(계) 시내
- **畔**(반) 물가
- **條**(조) 가지
- **鬯**(창) 자라다
- **條鬯**(조창) 울창하게 뻗다. 말이나 글이 유려하고 조리가 있다.
- **不肖**(불초) 아버지를 닮지 않은
- **天淵**(천연) 하늘과 땅
- **悠**(유) 멀다
  悠悠(유유) 아득히 먼 모양
- **飄**(표) 나부끼다
- **糠**(강) 겨
- **淪**(륜) 빠지다
  淪滅(윤멸) 망하여 없어지다

옮김

1군자의 즐거움 오래가누나 선을 행하니 온갖 복이 모이고 무도한 이들과
어울리지 않으며 소인배와 함께함을 부끄러이 여기네 2가볍기 그지없는 오
만한 자 멀리하고 저들과 같이 앉음 탐탁히 여기잖네 거룩한 말씀 속에 한
가로이 거닐며 온종일 말씀 안에 젖어들기 즐기네 3비유하노라 시냇가에
심겨진 나무와 같아 제때에 아름다운 결실을 맺고 추위가 몰아쳐도 잎사귀
마르잖고 울창히 자라나기 한이 없어라 4안타깝구나 미련한 자들이여 땅에
서 하늘이 한없이 먼 것같이 이리저리 흩날려 아득히 멀어지니 바람에 나
는 겨와 다르지 않네 5지혜로운 이들이 힘쓰는 바는 하느님 싫어하시는 것
끊어버리기라 6우리 주님 바른 이를 인정해주시고 무도한 이들 끝내 사라
지게 하시리라

의인의 길과 악인의 길을 드러내는 시편 1편이 동양인의 사유에서 군자와 소인으로 전환되었다. 공자는 『논어』「술이述而」 편에서 '성인은 내 아직 보지 못하였지만 군자만이라도 만나 보면 그것으로 좋다'聖人吾不得而見之矣 得見君子者 斯可矣(성인오부득이견지의 득견군자자 사가의)고 하였다. 요 임금이나 순 임금, 주공 같이 천인합일天人合一의 경지에 이른 최고의 인격자를 성인이라고 한다면 군자는 누구나 스스로 수양함으로써 다다를 수 있는 인격체로서 유교적 선비가 지향할 인간의 표준이라 할 수 있다. 그런 군자를 한마디로 말한다면 덕이 있는 사람이다. 그리고 유학의 눈길로 보자면 성서가 말하는 복 있는 사람, 의인은 군자와 다름 아니다. 그래서 시편의 첫 수를 '군자와 소인'이라는 제목으로 붙였다.

군자는 하늘을 닮고자 하나 소인은 제 주위에서 자신과 비슷한 무리를 좇는다. 진리의 길을 외면하는 무도한 자들은 늘 무리를 짓고 저들끼리 쑥덕이며 자신들의 의義를 생산해 낸다. 그러나 결국 그들은 악을 꾀하는 소인배일 뿐이다. 군자가 그들과 함께하지 않는 것은 하늘을 우러러 부끄럽지 않기 위함이다. 군자가 저어하는 바는 남의 평가가 아니다. 그저 자신의 마음을 하늘에 비추어보며 그에 따를 뿐이다. 그렇기에 그 마음에 부끄러운 것이 있다면 그것을 멀리한다. 그래서 지혜로운 군자는 점점 더 마음속 깊이 뿌리를 내리게 되고, 뿌리가 깊어지니 가지는 자연스럽게 뻗어나가 울창해져서 결실이 풍성해진다.

반대로 어리석은 자는 무리 속에서 서로 치켜세워주며 자신들의 의를 찾지만 뿌리가 없어 메마르다가 끝내 가없이 흩어져 사라져갈 뿐이다.

1절의 백상百祥은 『서경』「이훈伊訓」에 나오는 것으로 '하느님은 선을 행하는 이에게 온갖 복을 내리시고 악을 행하는 이에게 온갖 재앙을 내린다'作善降之百祥 作不善降之百殃(작선강지백상 작불선강지백앙)고 하였다.

3절의 세한歲寒은 『논어』「자한子罕」 편에 '추워진 후에야 비로소 소나무와 전나무가 아직 시들지 않고 있음을 알 수 있다'歲寒然後 知松柏之後凋也(세한연후 지송백지후조야)는 말이 있다. 절개를 지키는 맑은 선비淸士(청사)는 세상의 혼탁함 속에서 오히려 그 맑음이 드러난다는 의미이다.

4절의 불초不肖는 본래 아버지를 닮지 않았다는 의미이다. 전轉하여 몹쓸 인간이란 뜻을 담게 되었다. 『사기』「오제본기五帝本紀」에 '요 임금은 그의 아들 단주가 자신을 닮지 않아 천하를 물려받기에 부족한 사람임을 알았다' 堯 知子丹朱之不肖 不足授天下(요 지자단주지불초 부족수천하)라고 기록되어 있다. 불초한 자식이란 아버지를 닮지 않아 몹쓸 인간이라는 의미이니 신앙적으로도 능히 해석할 수 있다. 하늘 아버지를 닮아야 제대로 된 자식이요 사람이다. 그러니 불초자가 참된 신앙인일 수는 없는 법이다.

6절의 식識은 단순히 '안다'라는 의미를 넘어선다. 정보와 지식 차원에서 아는 것뿐만 아니라 그러한 앎을 통해 그 사람을 인정해주는 것까지를 포함하는 것이 식識이다. 믿음의 길을 걸어 하느님께서 인정해주시는 경지에 나아간다. 감격스러운 일이다.

오경웅은 1절에서 단순히 '복 있는 사람은'이란 번역이 히브리어의 많은 복과 즐거움을 묘사하는 데 부족하다고 여겨 장락長樂과 백상百祥을 함께 넣었다.

2절에서 성도聖道의 원 의미는 토라(Torah)인데 단순히 율법을 의미하기보다는 율법을 포괄한 거룩한 가르침을 모두 의미한다고 여겨 성도聖道라 하였다. 또한 함영涵泳의 원 의미는 단순하게 늘 잊지 않고 생각하여 입으로 외고 마음으로 사유한다는 것보다는 '늘 젖어든다'는 뜻이라 할 수 있다.

제2수

순명順命과 역천逆天 順與逆
순 여 역

1 何列邦之擾攘兮? 何萬民之猖狂?
하 열 방 지 요 양 혜? 하 만 민 지 창 광?

2 世酋蜂起兮 跋扈飛揚 共圖背叛天主兮 反抗受命之王
세 추 봉 기 혜 발 호 비 양 공 도 배 반 천 주 혜 반 항 수 명 지 왕

3 曰 "吾儕豈長甘羈絆兮 盍解其縛而脫其韁?"
왈 "오 제 기 장 감 기 반 혜 합 해 기 박 이 탈 기 강?"

4 在天者必大笑兮 笑蜉蝣之不知自量
재 천 자 필 대 소 혜 소 부 유 지 부 지 자 량

5 終必勃然而怒兮 以懲當車之螳螂
종 필 발 연 이 노 혜 이 징 당 거 지 당 랑

6 主曰 "吾已立君於西溫聖山之上兮"
주 왈 "오 이 립 군 어 서 온 성 산 지 상 혜"

7 君曰 "吾將宣聖旨於萬方 '主曰 爾乃吾子兮 誕於今日
군 왈 "오 장 선 성 지 어 만 방 주 왈 이 내 오 자 혜 탄 어 금 일

8 予必應爾所求兮 以萬民作爾之基業 普天率土兮 莫非吾兒之宇域
여 필 응 이 소 구 혜 이 만 민 작 이 지 기 업 보 천 솔 토 혜 막 비 오 아 지 우 역

9 爾當執鐵杖以治之兮 痛擊群逆 群逆粉碎兮 如瓦缶之毀裂'"
이 당 집 철 장 이 치 지 혜 통 격 군 역 군 역 분 쇄 혜 여 와 부 지 훼 렬"

10 嗚呼! 世之侯王兮 盍不及早省悟?
오 호! 세 지 후 왕 혜 합 불 급 조 성 오?

嗚呼! 世之法吏兮 盍不自守法度?
오 호! 세 지 법 리 혜 합 부 자 수 법 도?

11 小心翼翼以事主兮　寓歡樂於敬懼
소 심 익 익 이 사 주 혜　우 환 락 어 경 구

12 心悅誠服以順命兮　免天帝之震怒
심 열 성 복 이 순 명 혜　면 천 제 지 진 노

何苦自取滅亡兮　自絶於康莊之大路?
하 고 자 취 멸 망 혜　자 절 어 강 장 지 대 로?

須知惟有委順兮　能邀無窮之福祚
수 지 유 유 위 순 혜　능 요 무 궁 지 복 조

글자풀이

- **擾**(요) 어지럽히다
- **攘**(양) 쫓아버리다
  擾攘(요양) 한꺼번에 떠들어서 어수선함
- **猖**(창) 미쳐 날뛰다
  猖狂(창광) 미쳐 날뛰다
- **酋**(추) 우두머리
- **跋**(발) 난폭하다
- **扈**(호) 뒤따르다
  跋扈(발호) 제멋대로 날뛰다
- **儕**(제) 무리, 함께하다
  吾儕(오제) 우리네=**吾輩**(오배)
- **羈**(기) 굴레
- **絆**(반) 매다
  羈絆(기반) 굴레
- **盍**(합) 어찌 아니할까?
- **縛**(박) 묶다
- **韁**(강) 고삐
- **蜉**(부) 하루살이
- **蝣**(유) 하루살이
- **自量**(자량) 스스로 헤아림, 분수
- **勃**(발) 갑작스러울, 발끈할
  勃然(발연) 갑자기 안색이 변하여 성내는 모양
- **懲**(징) 징계하다
- **螳螂**(당랑) 사마귀
- **痛擊**(통격) 적을 통렬하게 쳐부수다
- **碎**(쇄) 잘게 부수다
- **瓦**(와) 기와, 질그릇
- **缶**(부) 액체를 담는 그릇
  瓦缶(와부) 구멍은 작고 배는 큰 질그릇, 술 담는 오지장군
- **法吏**(법리) 고대의 사법 관리
- **小心**(소심) 조심하다
- **翼翼**(익익) 공경하고 삼가는 모양
- **寓**(우) 거하다
- **懼**(구) 두려워하다
- **康莊**(강장) 넓은 대로
- **委順**(위순) 천지자연의 이치에 따르다
- **祚**(조) 복

옮김

1어찌 열방이 요란하게 치뛰며 어찌 만민이 미쳐서 날뛰는가? 2세상에서
머리입네 하는 것들이 들고 일어나 설치는구나 하느님을 배반할 꿍꿍이 수
작하며 주의 명 받으신 분께 덤비는구나 3떠들어대길 "우리가 얼마나 굴레
를 더 받으랴 속박과 고삐일랑 던져버리자" 4하늘에 계신 이 크게 웃으시
나니 하루살이 제 분수 모르기 때문이라 5끝내 진노를 일으키시리니 수레
에 덤벼든 사마귀꼴 되리라 6야훼 이르시길 "거룩한 산 시온에 임금을 세
우노라" 7임금은 화답하길 "나 만방에 거룩한 뜻 펼치노라" 주님 응답하시니
"너는 내 아들이라 오늘에 낳았노라 8네 구하는 바 나 반드시 응하리니 만민
이 너의 기업이 되고 온 세상을 다스리라 네 유업 아닌 것 없으리로다 9반
역하는 무리들 철퇴로 다스리라 저들 부서지리니 오지그릇 깨어지듯 통렬
하리라" 10오호라! 세상의 제후와 왕들이여 어찌 일찍이 깨달아 알지 못하
느냐? 오호라! 세상의 통치자들아 지켜야 할 법도를 어찌 거스르느냐? 11
삼가 공경함으로 주를 섬기며 야훼 경외함으로 즐거움에 거하라 12기쁜 마
음과 정성으로 주 명령 받들어 하느님 진노를 면할지어다 어찌하여 수고스
레 멸망 길 자초하며 형통의 대로를 끊어내느냐? 모름지기 알지어다 주께
맡겨 따르는 삶, 다함없는 복락을 불러들이리라.

해설

순順과 역逆의 노래이다. 하느님의 뜻을 따르는 것과 거스르는 것이 어떤 흐름과 결과를 낳는지 보여주고 있다. 교만한 이는 하느님의 뜻을 굴레로 여기고 고삐로 여겨 속박에서 벗어나려 한다. 날뛰며 활개치는 것 같으나 하루살이 제 분수 모르는 짓이요, 사마귀가 수레바퀴에 덤비는 꼴이다. 스

스로 멸망 길에 뛰어드는 부나방이요 깨어져 바스러지는 질그릇이다. 『맹자』「이루離婁」상에 이에 관한 구절이 있다. '하늘의 뜻을 따르는 이는 살아남고 하늘의 뜻을 거스르는 이는 죽어 없어진다'順天者存 逆天者亡(순천자존 역천자망)고 하였다. 존存은 창성하다는 뜻으로 창昌으로 대신하기도 한다.

2절에서 기름부음 받은 이를 수명지왕受命之王이라 번역하고 있다. 수명受命은 수명어천受命於天의 의미이다. 하늘의 명을 받았음을 의미한다. 『장자』「덕충부德充符」에 '그 삶을 대지로부터 받은 것 중에 오직 소나무와 측백나무만이 정기를 지니고 겨울이건 여름이건 푸르다. 마찬가지로 명命을 하늘에서 받은 이 중에는 오직 요와 순 임금만이 정기를 지녀 다행히도 바른 마음으로 뭇사람의 마음을 올바르게 할 수 있다'受命於地 唯松柏獨也正 冬夏青青 受命於天 唯堯舜獨也正 能正生以正衆生(수명어지 유송백독야정 동하청청 수명어천 유요순독야정 능정생이정중생)고 하였다. 명命은 목숨이기도 하지만 목숨을 받은 이가 감당해야 할 하늘의 뜻이기도 하다. 동양전통에서는 서로 다르지 않다.

순명자順命者는 우선 삼가며 조심한다. 두려워하기에 제 분수를 넘지 않는다. 꿇어 엎드림은 마음에서 우러나오는 기쁨 때문이니 하늘의 뜻에 온전히 맡기고 따를 수 있다. 그래서 11절에서 삼가 조심하는 두려움 가운데서도 즐거워한다. 유교적 사유의 출발에는 삼가 조심하는 두려움이 있다. 존재 이전에, 존재를 감싸는 우주적 질서에 대한 깊은 사유는 두려움으로부터 시작된다.

마지막 절에 히브리 시는 주께 피신하는 이들이 복되다 하였는데 오경웅은 주님께 온전히 맡기는 이들이 복을 받으리라고 하였다.

6절의 서온西溫은 시온의 음역이다. 5절의 당거지당랑當車之螳螂은 당랑거철螳螂拒轍의 의미이다. 당랑노비당거철螳螂怒臂當車轍의 줄임말이다. 사마귀가 성을 내어 수레의 통로를 막는다는 뜻으로, 제 힘을 생각지도 않고 덤벼드는 어리석음을 이른다.

11절의 소심익익小心翼翼은 『시경詩經』「대아大雅」「대명大明」에 나온다. '우리

문왕 조심하고 삼가셔서 하느님 밝게 섬겨 많은 복을 받으시고 베푸신 덕 훌륭하여 온 나라를 받으셨네'維此文王 小心翼翼 昭事上帝 聿懷多福 厥德不回 以受方國(유차문왕 소심익익 소사상제 율회다복 궐덕불회 이수방국)라고 하였다.

12절의 심열성복心悅誠服은 '즐거운 마음으로 성심을 다해 순종한다'는 뜻으로, 『맹자』「공손추公孫丑」상에 나온다. '무력으로 사람을 굴복시키면 힘이 부족하기 때문에 굴복하는 것이지 마음으로 굴복하는 것이 아니다. 덕으로 사람을 굴복시키면 마음이 기뻐서 진실로 복종하는 것'以力服人者 非心服也 力不贍也 以德服人者 中心悅而誠服也(이력복인자 비심복야 역불섬야 이덕복인자 중심열이성복야)이라고 하였다. 이로써 패도정치가 아닌 인정仁政의 왕도정치를 주장하고 있다.

강장지대로康莊之大路는 『이아爾雅』「석궁釋宮」에 나오는 말로 '네거리를 구라 하고 오거리를 강이라 하며 육거리를 장이라 한다'四達謂之衢 五達謂之康 六達謂之莊(사달위지구 오달위지강 육달위지장)고 했다.

같은 절의 위순委順은 『장자』「지북유知北遊」편에 '인간의 본성과 천명이란 것도 당신 것이 아니니 하늘로부터 맡겨진 것'性命非汝有 是天地之委順(성명비여유 시천지지위순)이라 하였다. 전轉하여 자연의 흐름에 순응한다는 의미를 갖고 있다.

오경웅은 11절의 경구敬懼에 대하여 하느님은 엄한 아버님 같으면서도 동시에 자애로운 어머니와 같은 분이시니 '존중하면서도 친밀한 분'亦尊亦親(역존역친)이라고 덧붙였다.

제3수

주님 의뢰하니 두렵 없네 恃主無恐
시 주 무 공

1 主乎主乎! 吾敵何多? 群衆蠭起 向我操戈
주 호 주 호! 오 적 하 다? 군 중 봉 기 향 아 조 과

2 曰"彼無神助 其命幾何"
왈 "피 무 신 조 기 명 기 하"

3 主作我盾 護我四周 主爲我光 令我昂頭
주 작 아 순 호 아 사 주 주 위 아 광 영 아 앙 두

4 竭聲籲主 聲達靈丘
갈 성 유 주 성 달 령 구

5 亦旣寢矣 亦旣寐矣 寐而又興 主恩備矣
역 기 침 의 역 기 매 의 매 이 우 흥 주 은 비 의

6 雖在重圍 無所畏矣
수 재 중 위 무 소 외 의

7 主乎救我! 俯聽悲嗟 旣批敵頰 又折其牙
주 호 구 아 부 청 비 차 기 비 적 협 우 절 기 아

8 鮮民何恃? 主德無涯
선 민 하 시 주 덕 무 애

글자풀이

- **恃**(시) 믿고 의뢰하다
- **操**(조) 잡다
  操戈(조과) 서로 대적하여 싸움
- **昂**(앙) 쳐들다
- **竭**(갈) 다하다
- **籲**(유) 간구하다 호소하다
  籲天(유천) 하늘에 무죄를 호소하다
- **寢**(침) 잠들다
- **寐**(매) 잠들다 ⇔ **興**(흥) 일어나다
- **俯**(부) 구부리다
- **俯仰不愧天地**(부앙불괴천지) 천지에 대해 부끄럽지 않음
- **俯聽**(부청) 굽어 살펴 들어주십시오
- **悲嗟**(비차)=**悲歎**(비탄) 슬픈 탄식
- **批**(비) 치다
- **頰**(협) 뺨
- **鮮民**(선민) 가난하고 부모가 없는 고독한 사람

옮김

1야훼 나의 주님이시여 ! 저를 노리는 적들 얼마나 많은지요? 벌떼처럼 일
어나 제게 창을 겨눕니다. 2저들이 떠들어대길 "하느님이 저자를 돕지 않
으시니 그 목숨 따위 무슨 대수랴!" 3그러나 야훼 나의 방패 되셔서 지켜주
시고 나의 영광 되셔서 제 머리를 들게 하십니다
4나 큰 소리로 주께 부르짖으니 호소하는 간구 거룩한 산에 이르네 5편안
히 자고 깨는 것 어느 하나도 주님의 은혜 아님이 없으니 6겹겹이 에워싼
적들이라 하여도 두려울 바 전혀 없어라
7주님 굽어 보사 슬픈 탄식 들으시고 저를 구하소서 주님 들으시고 원수의
턱을 치시며 그 이빨 부수시네 8가련한 인생 의뢰할 이는 가없는 덕 베푸
시는 주님뿐이라

해설

시편 3편의 제목은 시주무공恃主無恐으로 주님을 믿으니 두려움 없다는 의미이다. 우리는 일반적으로 믿는다고 할 때 신信을 사용하지만 한자漢字에는 믿음을 뜻하는 단어가 여럿이다. 『시경』「소아小雅」「육아蓼莪」에 '아버지 아니 계시니 누굴 믿으며 어머니 아니 계시니 누구를 의지하랴'無父何怙 無母何恃(무부하호 무모하시)고 노래하였다. 여기에서 호怙와 시恃는 둘 다 믿는다는 뜻을 담고 있는데 호怙는 아버지를 향한 믿음이라는 의미를 담고 있고 시恃는 어머니에 대한 믿음의 뜻을 지니고 있다. 즉 같은 의미를 담고 있지만 아버지에 대한 믿음과 어머니에 대한 믿음의 지평이 다를 수밖에 없다. 엄부嚴父에 대한 존중과 그 능력에 대한 신뢰로서의 믿음과 자모慈母의 자비로운 사랑과 용납해주시는 한량없음에 기대는 믿음은 같은 믿음이면서도 그 함의

가 다를 수밖에 없다. 오경웅은 시편 전편에서 믿음을 번역함에 있어서 이 다양한 함의들을 상황에 맞게 적절히 사용하고 있다.

오경웅은 8절에서 선민鮮民, 즉 불쌍한 인생들이 하느님을 의지한다고 하였을 때 시恃를 사용한다. 사위를 둘러싼 적들의 위협 가운데서 그가 찾는 하느님은 어머님 같은 분이시다. 자식을 감싸고 닥쳐오는 위협을 제 몸으로 막아주시는 어머님 같은 분이시다. 사실 우리가 믿음 안에서 하느님을 경험한다고 할 때 그 경험의 지평이 결코 늘 같을 수가 없다. 다양한 상황에서 경험하는 하느님은 매순간 다르고 그래서 그 지평은 더 넓어지고 깊어진다. 그런 의미에서 호怙와 시恃라는 낱말은 우리 믿음의 상상력을 풍부하게 하면서 동시에 하느님과 더 깊은 관계로 우리를 부르고 있다.

5절과 6절에서 어조사로 의矣가 쓰였다. 의矣는 매우 확실하고 틀림없음을 확증하는 어미로 쓰인다. 생명을 돌보시는 하느님의 은혜는 멀리 있지 않다. 눕고 일어나는 것! 그것이 하느님의 은혜이며 돌보심이다. 가장 가까운 일상에서 하느님의 은혜를 발견하니 삶 전체가 은총으로 가득할 수밖에 없다.

7절에서 히브리 시인은 하느님께 '일어나소서'라고 청하지만 오경웅은 '굽어보소서'俯(부)라고 기도한다. 인생은 그저 우러를 수 있을 뿐이며仰(앙) 하느님께서 그러한 인생을 굽어보신다는 게 사유의 바탕에 깔려있다. 그래서 신앙信仰은 믿어 우러르는 것이다. 우러르는 이와 굽어보시는 분의 눈맞춤에 생명이 생명 되는 사건이 있다. 이것이 신앙이다.

7절의 부청俯聽은 귀 기울여 듣는다는 의미이다. 부수이청俯首而聽의 줄임말이다. 잠삼의 시 「등자은사登慈恩寺」에 '높이 나는 새도 내려다보이고 거센 바람 소리도 저 아래에서 들리네'下窺指高鳥 俯聽聞驚風(하규지고조 부청문경풍)라고 노래하였다.

8절의 선민鮮民은 부모가 없이 가난하고 외로운 인생을 가리킨다. 『시경』 「소아小雅」「육아蓼莪」 편에 '가난한 백성의 살림살이 죽지 못해 사는 신세로구나'鮮民之生 不如死之久矣(선민지생 불여사지구의)라는 구절이 있다.

제4수

주님 의뢰함이 영원한 즐거움이라 恃主常樂
시주상락

1 呼籲公明主 爲我伸寃屈 昔曾出我厄 令我得安逸
호유공명주 위아신원굴 석증출아액 영아득안일

今者復求主 垂憐申舊德
금자부구주 수련신구덕

2 嗚呼濁世子! 冥頑盍有極? 何爲樂虛妄? 不辨黑與白
오호탁세자 명완합유극? 하위락허망 불변흑여백

3 須知主公明 忠良是所秩 我求主必應 何苦自作孽?
수지주공명 충량시소질 아구주필응 하고자작얼?

4 淸夜當捫心 一省順與逆 5 應獻忠誠祭 恃主斯無失
청야당문심 일성순여역 응헌충성제 시주사무실

6 衆庶喁喁望 何日見時康? 吾心惟仰主 願見主容光
중서옹옹망 하일견시강? 오심유앙주 원견주용광

7 主已將天樂 貯我腔子裏 人情樂豐年 有酒多且旨
주이장천락 저아강자리 인정락풍년 유주다차지

豐年誠足樂 美酒豈無味? 未若我心中 一團歡愉意
풍년성족락 미주기무미? 미약아심중 일단환유의

8 心曠神亦怡 登榻卽成寐 問君何能爾 恃主而已矣!
심광신역이 등탑즉성매 문군하능이 시주이이의!

글자풀이

- 伸冤(신원) 가슴에 맺힌 원한을 풀다
- 屈(굴) 굽히다
- 垂(수) 드리우다
- 憐(련) 불쌍히 여기다
- 申(신) 거듭하다
- 冥(명) 어둡다 그윽하다
- 頑(완) 완고하다
- 冥頑(명완) 사리에 어둡고 완고함
- 忠良(충량) 충성되고 정직함
- 秩(질) 차례, 상규(常規)
- 孽(얼)=孼 죄, 재앙
- 清夜(청야) 맑게 갠 밤
- 捫(문) 잡다, 움켜 조심히 삼가다
  捫心(문심) 마음을 다잡다
- 衆庶(중서) 뭇사람
- 喁喁(옹옹) 입을 벌름거리다, 부화뇌동하여 쓸데없는 말하는 모양
- 康(강) 편안하다, 즐거워하다
  時康(시강) 태평
- 貯(저) 쌓다
- 腔(강) 몸 안의 빈 곳
  腔子裏(강자리) 마음이 있는 곳을 이름
- 且(차) 게다가
- 旨(지) 맛있다
- 未若(미약) 이에 못 미치다
- 一團(일단) 한 덩어리, 한 떼
- 愉(유) 즐겁다
- 怡(이) 기뻐하다
- 榻(탑) 침상, 걸상
- 能爾(능이) 이와 같이

옮김

1공정하신 주님께 호소하오니 저의 억울함을 풀어주소서 이전에 막다른 길
이르렀을 때 주께서 건지셔서 평온케 하셨으니 이제 다시 주님께 간구합니
다 그때의 그 자비 다시 베푸소서
2오호라 어리석어 고집만 센 인생들 허망한 것에 빠져 흑백 구별 못하누
나 3의로우신 야훼는 신실함을 무엇보다 귀히 여기심 알지니 나 부르짖으
매 주님 응답하시니 어찌 수고로이 죄에 빠질쏜가? 4깊은 밤중에도 마음
을 지켜 순종과 거스름 깨어 살피며 5신실한 제사를 봉헌함으로 온전히 주
님을 의뢰하도다
6많은 이 기도합네 웅얼거리나 평강의 때일랑은 얻지를 못해 나 오직 주님
만을 우러르나니 주님의 얼굴 빛 보게 하소서 7풍년에 기뻐함은 세상사 인

정이라 게다가 술 있으면 더욱 더 좋으리라, 허나 주님 내 마음에 하늘 기쁨 채우시니 세상의 기쁨 비할 바 없도다 8마음은 풍성하고 영혼은 기뻐, 침상에 오르자 단잠에 드네 그대에게 묻노니 이 무슨 조화냐? 오롯이 주님만을 의뢰함이라

해설

시편 3편은 '하느님 의지하니 두려움 없다'고 노래하였는데 4편은 '하느님 의뢰하니 그 즐거움 영원하다'고 노래한다. 서로 어우러진다.

어리석은 자들은 결국 허망할 수밖에 없는 눈앞의 즐거움을 좇는다. 그 즐거움을 좇는 중 분별력(하느님의 뜻을 식별하는 깨어있는 마음)은 흐려지고 자신이 순명하는지 역천하는지 조차 알지 못하는 중에 고생하면서 죄에 젖는다. 시인은 한밤에도 깨어 있어 자신의 생각과 걸음걸음이 어떠한지를 성찰한다. 깨어있는 마음은 중언부언하며 중심을 잃은 무리들의 기도와도 다르다.

그는 자신이 오롯이 님만 의뢰하는지 님 앞에 가슴을 열어 보인다. 그러니 그에게는 세상의 즐거움과 다른 내밀한 즐거움이 있다. 풍년의 기쁨과 맛있는 술美酒(미주)보다 주님 주신 즐거움이다. 그러니 그것만이 영원한 즐거움(상락常樂-여기서 상常은 영원한, 변치 않는다는 의미로 읽는다.)임을 어찌 노래하지 않을 수 있겠는가?

3절의 소질所秩은 총질寵秩의 의미이다. 임금이 무척 총애하여 그를 높여 세움을 의미한다. 같은 절의 무실無失은 놓치거나 흘리는 바가 없음이다. 『도덕경』에 '성인은 하는 바가 없으므로 실패함이 없고 집착하지 않음으로 잃는 일이 없다'聖人無爲故無敗 無執故無失(성인무위고무패 무집고무실)고 하였다.

4절의 청야문심淸夜捫心은 백거이의 시 「화몽유춘시和夢遊春詩」의 구절인 '가

슴을 어루만지며 돌이켜 보네 혹여 함부로 입 열어 남을 비방했는지'捫心無愧畏 騰口有謗讟(문심무괴외 등구유방독)를 읊조렸다. 늘 자신을 돌이켜 반성하는 모습을 뜻한다.

6절에서 히브리 시인은 사람들의 말이 우리에게 선을 보일 자 누구뇨? 라고 읊는데 오경웅은 그들의 소리를 옹옹喁喁 즉 부화뇌동하여 쓸데없이 중얼거리는 말로 번역한다.

7절의 유주다차지有酒多且旨는 『시경』「소아小雅」「어리魚麗」에 나온다. '통발에 고기 걸렸네 방어와 가물치라 군자에게 술이 있네 많은데다 맛도 좋구나'魚麗于罶 魴鱧 君子有酒多且旨(어리우류방례 군자유주다차지) 하였는데 연회에서 불린 노래이다.

8절의 심광신이心曠神怡는 범중엄의 「악양루기岳陽樓記」에 나오는 말로 '악양루에 올라 펼쳐진 광경을 보니 마음은 활연하고 정신은 맑아져 임금에게 인정받거나 버림받는 성패成敗를 온통 잊노라, 술잔을 잡고서 부는 바람 맞으며 그 즐거움 드날리도다'登斯樓也 則有心曠神怡 寵辱皆忘 把酒臨風 其喜洋洋者矣(등사루야 즉유심광신이 총욕개망 파주림풍 기희양양자의)라고 노래하는 구절이 나온다.

제5수

악을 원수 보듯 疾惡如讎
질악여수

1 雅瑋吾主宰 傾耳聽我禱　2 鑒我默默情 聆我哀哀號
아위오주재 경이청아도　감아묵묵정 영아애애호

3 明發卽懷主 晨省豈不早?　4 無妄惟眞宰 懷仁以爲寶
명발즉회주 신성기부조?　무망유진재 회인이위보

5 正邪不同居 善惡不同道
정사부동거 선악부동도

6 惟善故疾惡 痛絶諸兇暴　群小在主前 焉能長自保?
유선고질악 통절제흉폭　군소재주전 언능장자보?

7 我欲入主室 暢沾主膏澤　爰具敬畏心 朝拜爾聖宅
아욕입주실 창첨주고택　원구경외심 조배이성택

8 求主保我身 莫爲敵所得　平易爾道路 扶我庶無蹶
구주보아신 막위적소득　평이이도로 부아서무궐

9 敵人何狡猾 出言無誠實　邪惡塞肺腑 心毒口則蜜
적인하교활 출언무성실　사악색폐부 심독구즉밀

咽喉如荒墳 下埋朽腐骨
인후여황분 하매후부골

10 望主賜懲罰 貶謫諸叛逆　欲使衆醜類 自墜陷人窟
망주사징벌 폄적제반역　욕사중추류 자추함인굴

11 庶幾賴主者 望風咸相悅　揚眉而吐氣 歡聲頌帝力
서기뢰주자 망풍함상열　양미이토기 환성송제력

12 愛戴聖名者 托庇享安逸　願主納善人 雍容侍爾側
애대성명자 탁비향안일　원주납선인 옹용시이측

글자풀이

- 讎(수) 원수
- 雅瑋(아위) 야훼의 음역
- 鑒(감)=鑑 보다, 거울
- 聆(령) 듣다
- 哀哀(애애) 슬퍼하는 모양
- 懷(회) 품다, 사모하다
- 豈不(기불) 어찌 ~않으랴?
- 疾(질) 미워하다
- 暢(창) 막힘이 없다, 통하다
- 沾(첨) 더하다, 젖다
- 膏(고) 기름지다
  膏澤(고택) 은택을 베풂
- 朝拜(조배) 흠숭하여 기도하는 것
- 蹶(궐) 넘어지다
- 狡猾(교활) 교활하다
- 塞(색) 막히다
- 墳(분) 무덤
  荒墳(황분) 황폐한 무덤
- 朽(후) 썩다
  朽腐(후부) 부패함
- 貶(폄) 물리치다, 폄하하다
- 謫(적) 귀양가다
  貶謫(폄적) 벼슬을 떨어뜨리고 귀양을 보내다
- 醜(추) 추하다
  醜類(추류) 나쁜 무리, 악당
- 墜(추)=墬 떨어지다 떨어뜨리다,
  墬陷(추함) 물이나 허방에 빠뜨림
- 窟(굴) 움 굴
- 庶幾(서기) 바라건대
- 望風(망풍) 사람의 풍채를 멀리서 바라봄, 풍채를 우러러봄
- 揚眉(양미) 눈썹을 쳐들고 봄, 원기왕성한 모양
- 吐氣(토기) 의기양양
  吐氣揚眉(토기양미) 기염(氣焰)을 토하며 눈썹을 치켜 올린다는 뜻으로, 득의만만(得意滿滿)한 모습을 두고 이르는 말
- 戴(대) 이다, 받들다
  愛戴(애대) 존중하며 사랑하다
- 庇(비) 의지하다 감싸다
- 雍容(옹용) 온화한 용모

옮김

1 야훼 나의 주님 귀 기울여 저의 기도 들어주소서 2 입 못 열고 신음하며
당신을 찾나이다 3 새벽 기운 시작부터 주님 찾사오니 새벽이라한들 무에
그리 이르겠습니까? 4 거짓됨 없으신 주재이시라 사랑으로 품으심 좋이 여
기시니 5 바름과 거짓이 함께 할 수 없고 선과 악은 도무지 어울릴 수 없습
니다 6 선하신 야훼 악을 미워하시고 흉폭한 무리들 끊어버리시니 소인배들
주 앞에서 어찌 오래 버티겠습니까? 7 나 바라기는 주님의 집에 들어 풍성
한 은택에 넉넉히 젖고 경외의 마음담아 예배하는 것이옵니다 8 주님 이 몸

지켜주사 원수에게 넘겨지지 않게 하소서 주께 가는 길 평탄케 하시고 저
를 붙잡으사 넘어지지 않게 하소서 9원수들 얼마나 교활한지요 말에는 진
실이 전혀 없으며 사악함이 저들 속에 가득합니다 마음엔 독을 품고 목구
멍은 무덤인 듯 썩어있는데 입가에는 꿀 바른 듯 번들거립니다 10주께서
징치하사 반역의 무리들을 저 멀리 내치소서 추악한 무리들 제 함정에 빠
지게 하소서 11주님을 의뢰하니 님 뵈옵고 기뻐하며 기운 얻어 일어나선
주의 능력 환호하리이다 12거룩한 그 이름 받드는 이들 주님의 평강으로
덮어주소서 선한 저들 주께서 받아주시사 기꺼이 주님을 섬기게 하소서

해설

악을 원수처럼 여기고 미워한다는 것, 깨어있어야 할 수 있는 일이다. 깨어있지 않으면 어느새 교언영색巧言令色에 넘어가 물들기 마련인데, 안타까운 것은 스스로는 그리된 줄도 알지 못한다.

하느님을 섬긴다는 것이 무엇인지를 이 시편은 선명하게 보여준다. 악을 미워하는 것, 악에 물들지 않는 것, 악에 머물지 않는 것 그것뿐이다. 이를 위해 시인은 이른 새벽부터 하느님을 마음에 품는다. 정正과 사邪가 한자리에 함께 할 수 없고 선과 악이 같은 길일 수 없음을 되새긴다. 그의 바람은 성전에 머물며 그 은택에 젖어드는 것이며 거짓된 것들은 임금의 명에 저 멀리 귀양가듯 쫓겨가길 바란다.

주님을 바라는 중에 새 힘을 얻고 주님께 의탁하여 위로를 얻고자 하는 시인의 소원은 오직 주님께서 자신을 받아들여 주셔서 항상 주님 모시고 살아가는 것뿐이다.

제목인 질악여수疾惡如讎는 한漢의 공융의 글「천니형표荐禰衡表」에 '선을 보면 기꺼이 돌보아 아끼고 악을 원수보듯 하라'見善如惊 疾惡如讎(견선여량 질악여수)

는 글이 있다.

1절의 귀 기울여 듣는다傾耳聽我禱(경이청아도)는 『예기禮記』의 「공자한거孔子閑居」에 나오는 말을 사용한 것이다. 귀 기울여 들으면 듣지 못할 게 없다傾耳而聽之 不可得而聞也(경이이청지 불가득이문야)고 하였다.

3절의 신성晨省은 혼정신성昏定晨省의 줄임말로 저녁에는 부모님의 잠자리를 봐드리고 아침에는 밤새 부모님이 평안히 주무셨는지를 살피는 것으로 자식된 근본 도리를 뜻한다. 새벽부터 깨어 주님을 마음에 모시는 것을 유교적 효의 도리와 비교하여 말하고 있다.

10절의 폄적貶謫은 임금이 신하의 벼슬자리를 내치고 귀양을 보내는 일을 뜻하고 7절의 조배朝拜는 군신이 입조하여 천자에게 하례하는 것을 의미한다. 폄적이나 조배나 다 천자天子와 관련된 용어다. 11절의 망풍望風은 우러러 그 모습을 바라보는 것仰望風采(앙풍망채)의 줄임말로 읽는다.(11절의 제력帝力은 16편의 해설을 참고하라.)

오경웅은 이 시편에 짧은 해설을 덧붙인다. 그는 6절에서 선하신 하느님 악을 행하는 이들 미워하신다惟善故疾惡(유선고질악) 함은 악인을 미워하시는 것이 아니다. 사람이 행하는 그 악을 미워하신다는 것이다. 우리가 다른 이를 내 몸처럼 사랑한다고 할 때, 그 사람이 가진 선함이 나에게도 있음을 알아야 하며 또한 그 사람이 악을 가진 것처럼 나에게도 악이 있음을 알고 있어야 한다. 공자도 말하길 '오직 인仁을 이룬 사람만이 사람을 사랑할 수도 있고 미워할 수도 있다'고 하였다.

제6수

참회의 노래 (1) 근심과 슬픔 懺悔吟之一 憂戚
참 회 음 지 일 우 척

1 求主勿怒譴 求主息雷霆
구 주 물 노 견 구 주 식 뇌 정

我骨慄慄戰 我心惴惴驚
아 골 률 률 전 아 심 췌 췌 경

2 垂憐玆荏弱 康復此殘形
수 련 자 임 약 강 복 차 잔 형

3 長跪問我主 何時救伶仃?
장 궤 문 아 주 하 시 구 령 정?

4 祈主一顧盼 援手昭慈仁
기 주 일 고 반 원 수 소 자 인

5 死域誰念主? 頌聲絶幽冥
사 역 수 념 주? 송 성 절 유 명

6 心魂困欲絶 徒此長呻吟
심 혼 곤 욕 절 도 차 장 신 음

夜夜暗流淚 床褥浥秋霖
야 야 암 류 루 상 욕 읍 추 림

7 目枯因愁多 骨消緣辱頻
목 고 인 수 다 골 소 연 욕 빈

8 傳語作孽者 無復纏我身
전 어 작 얼 자 무 부 전 아 신

我泣主已聞 我求主已聽
아 읍 주 이 문 아 구 주 이 청

9 有禱必見納 有感豈無應?
유 도 필 견 납 유 감 기 무 응?

10 行見彼醜類 望風皆逡巡
행 견 피 추 류 망 풍 개 준 순

글자풀이

- 憂戚(우척) 근심하고 슬퍼함
- 譴(견) 꾸짖다
- 雷(뢰) 천둥
  雷霆(뇌정) 격렬한 천둥
- 茲(자) 이(대명사), 불어나다
- 荏(임) 부드러울
  荏弱(임약) 부드럽고 약함
- 殘(잔) 쇠잔하다 해치다
- 慄(률) 두려워 떨다
- 惴(췌) 두려워하다
- 跪(궤) 꿇어앉다
  長跪(장궤) 공손하게 무릎 꿇다
- 伶(령) 외로울
  伶仃(영정) 실의해서 혼자 외로운 모양
- 盼(반) 예쁘다, 곁눈질하다
  顧盼(고반) 주위를 돌아보다
- 徒此(도차) 그저, 단지
- 褥(욕) 요, 까는 침구
- 浥(읍) 젖다
- 霖(림) 장마
- 秋霖(추림) 가을에 내리는 쓸쓸한 장마
- 消(소) 사라지다, 녹다
- 頻(빈) 여러 번, 거듭하다
- 孽(얼) 죄, 재앙
- 纏(전) 얽다, 묶다
- 逡(준) 뒷걸음질 치다, 머뭇거리다
  逡巡(준순) 뒤로 멈칫멈칫 물러나다.

옮김

1 주님 진노하지 말아주소서 무서운 책망 멈추어 주소서 2 연약한 이 인생
불쌍히 여기사 쇠약한 이 몸 고쳐주소서 제 뼈가 무너나 후들거리고 마음
은 두려움에 덜덜 떱니다. 3 공손히 무릎꿇어 주님께 여쭙니다. 언제나 이
실의와 외로움에서 건지시리이까? 4 주님 돌아보사 살펴주시고 자비의 손
내밀어 주소서 5 죽음의 땅에서 누가 주님 기억하리이까? 그곳에선 찬미소
리 끊어지리이다 6 오랜 시련에 영혼은 지쳐 스러져가고 할 수 있는 것이라
곤 탄식뿐이라 긴 밤 흘러내리는 이내 눈물은 가을장마처럼 이부자릴 적시
네 7 근심이 쌓이니 눈은 흐려지고 거듭된 굴욕으로 뼈는 무너납니다.
8 악행하는 자들에게 나 외치노라 이 몸 다시 얽어맬 수 없을 것이라 야훼
이미 나의 간구 들으셨으며 내 울음소리 귀기울이셨음이라 9 님께 드린 기
도 반드시 용납되니 어찌 주님께서 가만히 계시랴? 10 악한 무리들 주님의

위용에 어쩔 줄 몰라 하며 물러나리라

해설

한없이 연약해진 인생의 탄식이요 간구이다. 시인은 주님의 격노와 견책으로 신음 중에 있다. 뉘 있어 주님의 견책 앞에서 당당할 수 있으랴! 쇠잔해지는 중에 주님의 자비의 손길을 구하는 것 말고 그가 할 수 있는 것은 아무 것도 없다. 주께서 이 신음 들어주시고 가을 장마 같은 슬픈 눈물 기억해주시길 바랄 뿐이다. 그 뼈는 무너나고 영혼은 끊어지기 일보직전이다. 도무지 어찌할 바를 모른다.

한편 시인은 항변하기도 한다. 주님 죽음의 땅에서 누가 주님을 기억하겠습니까? 거기선 주님을 찬양할 수 없습니다. 연약함과 슬픔 중에서도 주님을 섬겼던 은총을 기억하며 그런 저를 버리실 것이냐며 따지기도 한다. 두렵기도 하나 님과 맺었던 그 사랑을 기억하시라고 강변한다. 흔들림도 신뢰도 두려움도 매달림도 다 담겨 있다. 믿는다는 것이 그렇지 않던가? 하느님은 두려운 분이시되 동시에 사랑으로 충만한 분이시니 신앙은 있는 그대로를 그분께 내어던지는 것이다.

2절의 수련垂憐은 가련히 여겨 돌본다는 의미이다. 당의 문장가 한유는 「부상재상서復上宰相書」라는 글에서 '마음과 말이 막히고 급해져서 끝을 맺어야 할 바를 모르겠습니다. 조금이나마 가련한 처지를 생각해 주십시오'情隘辭蹙 不知所裁 亦惟所垂憐焉(정애사축 부지소재 역유소수련언)라고 하였다.

같은 절의 임약荏弱은 연약함을 의미한다. 굴원의 『초사楚辭』 「구장九章」에 '겉으로는 임금의 환심을 사느라고 비나리치지만 참말로 연약하고 무능하고 지조도 없구나' 外承歡之汋約兮 諶荏弱而難持(외승환지작약혜 심임약이난지)라는 내용이 있다.

췌췌惴惴는 일반적으로 췌췌불안惴惴不安의 뜻이다. 두려움으로 가득하여 불안함을 의미한다. 『시경』 「진풍秦風」 「황조黃鳥」에는 순장에 따라 죽을 수밖에 없던 이들을 애도하면서 '묘혈에 들어갈 제 얼마나 떨었겠나'臨其穴 惴惴其慄(임기혈 췌췌기률)라고 아파하는 장면이 있다.

6절의 도차徒此는 그저, 단지라는 뜻이다. 이백은 시 「증맹호연贈孟浩然」에서 '달빛에 취해 자주 청주淸酒에 빠지고 꽃에 홀려 임금을 섬기잖네 높은 산 같아서 우러러볼 뿐 그저 그 맑은 향기에 읍할 뿐이네'醉月頻中聖 迷花不事君 高山安可仰 徒此揖淸芳(취월빈중성 미화불사군 고산안가앙 도차읍청방)라고 노래하였다.

추림秋霖은 가을 장마를 뜻한다. 가을 장마는 마음을 음울하고 힘겹게 한다. 북주北周시대 유신의 글 「주대장군사마예비周大將軍司馬裔碑」는 '북녘바람 불어와 군기를 흔들고 가을 장마 내리니 군사들 심란하구나'北風吹旐 秋霖泣軍(북풍취조 추림읍군)라고 하였다.

8절의 전어傳語는 말을 전하는 것이다. 오경웅은 악행하는 이들과 상면하지 않고 말을 전할 뿐이다. 당唐의 잠삼의 시 「봉입경사逢入京使」에 '말 위에서 만났으니 종이와 붓이 있겠는가 그대 편에 잘 지낸다고 말이나 전해주오'馬上相逢無紙筆 憑君傳語報平安(마상상봉무지필 빙군전어보평안)라는 시구가 있다.

제7수

무고를 당하여 被誣
피무

1 雅瑋吾天主 賴爾得平安 仇人肆誣蔑 無風起波瀾
아위오천주 뇌이득평안 구인사무멸 무풍기파란

求主速營救 莫使我被害
구주속영구 막사아피해

2 彼人兇如獅 呑我心方快 除主復何恃 不救吾將潰
피인흉여사 탄아심방쾌 제주부하시 불구오장궤

3 吁嗟吾天主 容我一申辯 倘吾曾爲此 有罪在雙腕
우차오천주 용아일신변 당오증위차 유죄재쌍완

4 苟以怨報德 未以德報怨
구이원보덕 미이덕보원

5 任憑彼凌虐 雖死亦無憾 身敗不足論 名裂亦所願
임빙피릉학 수사역무감 신패부족론 명렬역소원

6 今我未爲此 請主奮身起 爲我抗衆敵 莫容橫逆熾
금아미위차 청주분신기 위아항중적 막용횡역치

7 願主作裁判 高坐爾王位 衆民亦會集 環立爾周圍
원주작재판 고좌이왕위 중민역회집 환립이주위

8 但願睿哲主 鑒察我忠義 按照爾公平 報答我純粹
단원예철주 감찰아충의 안조이공평 보답아순수

9 欲使惡人懼 不敢行無禮 欲使義人喜 沛然自奮勵
욕사악인구 불감행무례 욕사의인희 패연자분려

我主固全知 洞悉人腑肺
아주고전지 통실인부폐

10 主是護身盾 永保正直人
주 시 호 신 순 영 보 정 직 인

11 天威何顯赫 裁判公且明
천 위 하 현 혁 재 판 공 차 명

12 磨刀霍霍箭在弦 人不回頭將受刑
마 도 곽 곽 전 재 현 인 불 회 두 장 수 형

13 兵戈火箭莫不備 誰能不畏主之嗔?
병 과 화 전 막 불 비 수 능 불 외 주 지 진?

14 惡人如姙婦 臨蓐時在卽 所懷惟禍胎 所產乃妖孼
악 인 여 임 부 임 욕 시 재 즉 소 회 유 화 태 소 산 내 요 얼

15 心勞信日拙 自墜陷人窟 悖出亦悖入 自中毒人螫
심 로 신 일 졸 자 추 함 인 굴 패 출 역 패 입 자 중 독 인 석

16 出爾竟反爾 自傷投人石 報應何昭著 絲毫無爽忒
출 이 경 반 이 자 상 투 인 석 보 응 하 소 저 사 호 무 상 특

17 欲頌公平主 欲揚至尊德
욕 송 공 평 주 욕 양 지 존 덕

글자풀이

- 賴(뢰) 의뢰하다
- 肆(사) 방자하다
- 誣(무) 꾸미다, 속이다
- 蔑(멸) 업신여기다
- 波瀾(파란) 어수선한 사단
- 營救(영구) 구하려고 애씀, 꾀하여 구함
- 獅(사) 사자
- 潰(궤) 무너지다
- 吁(우) 탄식하다, 숨을 내쉬다
- 申(신) 이야기하다 진술하다
- 倘(당)=儻 혹시, 만일
- 腕(완) 팔
- 苟(구) 진실로
- 憑(빙) 기대다, 의지하다
- 凌(능) 깔보다, 능멸하다
- 虐(학) 재앙, 해롭게 하다

  凌虐(능학) 침범하여 학대함
- 憾(감) 한스럽게 여기다
- 裂(렬) 찢다
- 奮(분) 떨치다
- 橫逆(횡역) 사리에 어그러짐
- 熾(치) 불이 활활 타오르다
- 裁(재) 결정하다, 마름질하다
- 環(환) 옥, 고리, 선회하다
- 睿(예) 깊고 밝다
- 哲(철) 밝다
- 純粹(순수) 다른 것이 조금도 섞이지 않음
- 懼(구) 두려워하다
- 沛(패) 성하다

  沛然(패연) 대단히 감동하는 모양
- 勵(려) 힘쓰다, 권면하다
- 洞 (통)꿰뚫다
- 悉(실) 모두, 전부
- 磨(마) 숫돌에 갈다
- 霍(곽) 빠르다

  霍霍(곽곽) 칼날이 번쩍이는 모양
- 箭(전) 화살
- 弦(현) 시위

- **嗔**(진) 성내다
- **妊婦**(임부) 아이 밴 여자
- **蓐**(욕) 깔개, 자리
- **臨蓐**(임욕) 해산하다
- **妖孽**(요얼) 재앙의 조짐
- **拙**(졸) 옹졸해지다
- **悖**(패) 어그러지다, 도리에 거스르다
- **螫**(석) 벌레가 쏘다
- **絲毫**(사호) 조금도
- **爽**(상) 어그러지다
- **忒**(특) 틀리다, 변하다

  爽忒(상특) 잘못됨

옮김

1원수들 방자히 무고하며 멸시하여 까닭없이 저를 뒤흔듭니다 나의 주님
야훼께 의뢰하오니 평안을 누리게 하여주소서 저들에게 해받지 않도록 속
히 저를 구하소서 2저들의 흉포함 사자와 같고 얼씨구나 제 영혼 삼키려
듭니다 주님 아니면 무엇을 의지하리까? 당신 아니면 저는 무너질 뿐입니
다 3하늘에 계신 주께 호소하오니 저 자신 변호하도록 허락하소서 혹여 저
들의 고발대로 그랬었다면 제 죄가 두 팔에 남았겠지요 4진실로 소인배처
럼 앙갚음 하고 원수에게 은덕 베풀지 않았다면 5능욕을 겪고 죽어 마땅하
오며 몸 부서지고 명예 찢겨도 할 말이 없습니다 6허나 제가 그렇지 않았
사오니 주님 떨쳐 일어나 주시옵소서 저를 대신해 적들과 싸워주시고 도
리에 어긋난 저들 성케 마시옵소서 7높은 보좌 앉으셔서 친히 재판하소서
뭇 백성들 모으사 둘러서게 하소서 8꿰뚫어 보시는 주님 제 진실함을 보소
서 당신 공평 비추시어 제 결백함 알아주소서 9악인들이 두려워 감히 무례
히 행치 못하게 하시고 의로운 이 기뻐 감격하며 일어나게 하옵소서 주님
은 진실로 모든 것을 아시며 사람의 중심을 꿰뚫어 보십니다 10주님은 나
를 지키는 방패, 정직한 자 영원히 보호하시네 11당신의 재판은 공명하시
니 하느님의 위엄 밝히 빛나네 12사람이 뉘우쳐 돌아오지 않으면 벼려진
칼, 살 먹인 시위가 그들에게 임하리 13창과 불화살 갖춰졌으니 뉘 있어 주

의 진노 두려워 않으랴 14악인은 마치 임산부 같아 해산하려고 자리를 펴
나 품은 바 재앙이니 낳는 것도 죄악일 뿐 15아무리 애쓴들 날로 더 졸렬
해져 스스로 함정에 빠지게 되리 도리 어긴 시작과 끝맺음이니 스스로 마
음에 독을 품음이라 16남에게 던진 돌 저가 맞아 상하리라 저에게서 나왔
으니 저에게로 돌아가리 귀결이 분명쿠나 호리毫釐의 빈틈 없네 17공평하신
주님을 찬양하리라 지극히 높으신 덕 드높이리라

해설

하늘을 우러러 부끄러움 없다 해서 방자한 악인들의 무고가 없는바 아니다. 오히려 소인배들은 자신과 같지 않다는 그 하나에 분노하고 없는 말을 지어내 바른 이를 괴롭힌다. 세상이 본디 그러하다.(예수님이 얼마나 선명히 보여주셨는가?) 시인은 이를 벗어날 세상의 길을 찾지 않는다. 재판은 주님의 몫이다! (예수님 말씀대로 판단하시는 분은 오직 하늘 아버지이시다.) 그 재판에 기대어 사필귀정의 도리를 다시금 되새긴다. 악한 생각 품자마자 악행을 일으키는 저들에게 돌아갈 것은 그 악으로 인한 멸망일 뿐이다. 도리에 어긋난 길을 걷는 자 결국 길 잃어 사위어갈 뿐이다. 그러니 바른 이가 할 일은 모든 것을 꿰뚫어 살피시는 분의 빛에 의지할 뿐이다. 그 주님을 찬양치 않을 수 없다. 찬미를 통해 다시 새로운 시작이다.

4절의 이덕보원以德報怨은 노자 『도덕경』에도 나오고 『논어』 「헌문憲問」 편에도 나오는 말이다. 덕으로 원수를 갚는다는 것으로 노자의 가르침이다. 그러나 공자는 그럴 수 없다고 말한다. '원한에 보답하는 것은 자신을 속이지 않는 것'以直報怨(이직보원)이라고 말한다. 공자의 사유와 노자의 사유의 차이이다. 한편으론 공자의 솔직함이 드러나는 대목이기도 하다. 어쨌거나 성서의 시인은 공자에 동의하는 사람이 아니다. 그는 원한에도 덕으로 갚

았다고 호소한다. 어째서인가? 하느님을 두려워한 것 말고 그 무엇이 있을까?

12절의 마도곽곽磨刀霍霍은 송의 곽무천이 지은 『악부시집樂府詩集』에 칼을 힘차게 갈 때 나는 소리가 곽곽霍霍이다. 곽곽은 이제 모든 것이 충분히 준비되었고 무엇인가 막 행하려는 상황을 묘사한 성어成語이다. '동생이 누이 왔다는 소리를 듣자 갈던 칼 들어 돼지와 양을 잡으려하네'小弟聞姊來 磨刀霍霍向豬羊(소제문자래 마도곽곽향저양)라고 하였다.

15절의 심로일졸心勞日拙은 『서경書經』「주관周官」 편에 나오는 말이다. '덕을 성실히 닦으며 마음이 편안하여 날로 아름다워질 것이며 거짓을 일삼으면 마음이 수고로워지며 날로 졸렬해질 것'作德 心逸日休 作僞 心勞日拙(작덕심일일휴 작위심로일졸)이라는 문장이 있다.

같은 절에 나오는 패출패입悖出悖入은 『예기』「대학」에 나온다. '그러므로 말이 어긋나게 잘못 나간 것은 역시 잘못되어 들어오고 재화가 바르지 않게 들어온 것은 역시 잘못 나가게 된다'是故 言悖而出者 亦悖而入 貨悖而入者 亦悖而出(시고 언패이출자 역패이입 화패이입자 역패이출)라고 하였다. 부정한 방법으로 소득이 된 것은 타인이 부정한 방법으로 가져갈 것이라는 말이다.

오경웅은 이 시편 끝에 14절의 '악인은 마치 임산부 같아 해산하려고 자리를 펴나 품은 바 재앙이니 낳는 것도 죄악'이라는 구절을 해설하면서 인과응보는 시편에 주요한 사유 중의 하나라고 설명하였다. 또한 이 사상은 인도와 중국의 사유와도 유사하다고 하면서 자신이 보기에 시편의 인생관은 야훼 하느님을 신앙하는 날줄經(경)을 기반하고 인과응보의 사유를 씨줄緯(위)로 삼는다고 하였다.

제8수

사람이 무엇이관데 萬物之靈
만물지령

1 我主在天上 聖名天下揚 諸天現光彩 妙手運陰陽
아주재천상 성명천하양 제천현광채 묘수운음양

2 欲從赤子口 認出救世王 童蒙識玄機 靈證微而臧
욕종적자구 인출구세왕 동몽식현기 영증미이장

直使諸悖逆 不得再鼓簧
직사제패역 부득재고황

3 靜觀宇宙內 氣象何輝煌 瑞景燦中天 星月耀靈光
정관우주내 기상하휘황 서경찬중천 성월요령광

4 何物渺渺身? 乃繫爾慈腸 何物人世子? 聖眷迥異常
하물묘묘신? 내계이자장 하물인세자? 성권형이상

5 使爲萬物靈 天神相頡頏 皆自土中生 冠冕獨堂堂
사위만물령 천신상힐항 개자토중생 관면독당당

6 萬物供驅使 取之如探囊
만물공구사 취지여탐낭

7 空中有飛鳥 地上有牛羊
공중유비조 지상유우양

8 尙有鱗介族 優游水中央 悉歸人掌管 樂此無盡藏
상유린개족 우유수중앙 실귀인장관 낙차무진장

9 飮水須思源 殊恩何以償? 但願大地上 聖名萬古芳
음수수사원 수은하이상? 단원대지상 성명만고방

글자풀이

- **揚**(양) 위로 오르다
- **諸天**(제천) 불교에서 말하는 여덟 개의 하늘, 모든 하늘
- **欲**(욕) 하고자 하다
- **童蒙**(동몽) 어려서 사리에 어두운 아이
- **玄機**(현기) 현묘한 기틀, 심오하고 현묘한 도리
- **微**(미) 정묘하다, 희미하다
- **臧**(장) 감추다
- **直**(직) 어김없다
- **鼓簧**(고황) 공교한 말로 세상 사람을 현혹함
- **輝**(휘) 광채를 발하다
- **耀**(요) 빛나다
- **渺**(묘) 아득하다
  渺渺(묘묘) 아주 작아서 보이지도 않는 모양, 수면이 한없이 넓은 모양
- **繫**(계) 매다
- **眷**(권) 겨레 붙이, 친족, 돌보다
- **迥**(형) 아주 다르다
- **頡**(힐) 날아 올라가다
- **頏**(항) 날아 내려가다
- **頡頏**(힐항) 대항하여 굴하지 않음-대등
- **冕**(면) 면류관, 대부 이상이 쓰는 관
- **驅**(구) 몰다
- **驅使**(구사) 몰아쳐 부림
- **囊**(낭) 주머니
- **鱗**(린) 비늘
- **介**(개) 단단한 껍질
  鱗介(인개) 어류와 패류
- **殊**(수) 특별하다

옮김

1하늘에 계신 야훼 주님 거룩한 그 이름 온 세상에 드날리네 온 하늘 주의
광채 가득하옵고 주님의 묘한 손길 천지 운행하시네 2외려 갓난아기의 입
으로 구원의 주님 드러내게 하시며 어린 아이로 묘한 이치 알게 하시고 아
득히 감추인 바 밝혀주셔서 거짓을 일삼는 자들의 공허한 현혹들 어김없이
물리치시네 3고요한 눈매로 세상 이치 살펴보면 천지 기상의 오묘함이여
상서로운 기운은 하늘에 찬란하고 별과 달 요요히 빛을 발하네 4이 얼마나
묘한 게 사람인지요 주님의 자비로 긴히 묶어 주시니 사람이 도대체 무엇
이관대 님 돌보심 이리도 기묘한가요? 5만물보다 존귀히 여겨주시고 천신
과 대등하게 여겨주시네 흙으로 빚어진 것 다르지 않은데 관 씌워 번듯하
게 세워주시네 6세상 것이 그에게 부림을 받아 주머니 속 꺼내듯 갖게 하

시네 7 하늘 나는 새들과 땅의 소와 양 8 바다 속을 가르는 물고기 조차 모
두 다 사람 손에 쥐어주시니 그 즐거움 끝없게 하셨나이다 9 물 마실 적 그
근원을 기억하듯 이 특별한 은혜 어찌 갚으리오 간절히 원하오니 주의 거
룩한 이름 온 세상에 영원토록 넘치게 되길

해설

모든 것이 당신 손으로 빚어진 것인데 유독 이 인생만을 홀로 귀히 여겨주신 신비를 정관靜觀한 고백이다. 고요한 가운데 들여다본다 함은 어떤 편견과 선입견, 어줍잖은 지식이나 판단 없이 들여다보는 것이다. 정관 가운데 새롭게 눈이 열리고 당신 사랑으로 오롯이 엮인 이 인생에 놀라게 된다. 이러한 당황스러움과 놀람에서 신비로 나아가는 문이 열린다. 이미 알고 있는 것에서는 아무 일도 일어나지 않는다.

당황함으로 나아가라! 그리고 그 당황 속에서 모든 것이 새롭게 자리 잡는 것을 보고 놀라라! 그렇게 되면 이전과는 다른 세상을 만나고 새로운 삶을 살아갈 수밖에 없다. 하느님 안에서 새로운 질서! 히브리 시는 4절에서 우러러 하늘과 주님이 지으신 작품을 본다고 하였는데 오경웅은 우주와 만물을 정관靜觀한다. 변하는 것 가운데 불변의 것을 보며 익숙한 것 속에서 전혀 새로운 것을 만나는 것이다.

2절의 고황鼓簧은 생황笙簧(17개의 가느다란 대나무 관대가 통에 둥글게 박혀 있는 죽악기)과 같은 관악기의 입에 닿는 부분으로 진동을 내는 얇은 조각을 의미하는데 전轉하여 교묘한 말로 꾸며서 변명하거나 현혹하는 것을 의미한다.

3절의 정관靜觀은 무상한 현상들 속에서 그에 휘둘리지 않고 고요 가운데 깊이 침잠해 꿰뚫어 보는 것이다. 혜안정관慧眼靜觀의 의미를 담고 있다.

5절의 만물지령萬物之靈은 『서경』에 나오는 것으로 '하늘과 땅은 만물의

부모이며 사람은 만물의 영이라 하였다'惟天地萬物父母 惟人萬物之靈(유천지만물부모 유인만물지령)는 말이 있다.

9절의 음수사원飮水思源은 남북조 시대 유신庾信의 문집 『징조곡徵調曲』에 나온다. 그는 28년간 남의 나라에서 극진한 대우를 받으나 망한 조국宋을 잊지 못한다. 그는 글에서 '과실을 먹을 때면 그 열매 맺은 나무를 생각하고 물을 마실 때면 그 물의 근원을 생각한다'落其實者思其樹 飮其流者懷其源(낙기실자사기수 음기류자회기원)고 하였다.

제9수

하느님과 인생 神與人
신 여 인

1 我欲一心頌雅瑋 縷述眞神一切妙
아 욕 일 심 송 아 위 누 술 진 신 일 체 묘

2 歡忭鼓舞主懷中 心歌腹詠至尊號
환 변 고 무 주 회 중 심 가 복 영 지 존 호

3 吾敵已潰退 紛紛仆主前 4 公義已見伸 睿斷洵無愆
오 적 이 궤 퇴 분 분 복 주 전 공 의 이 현 신 예 단 순 무 건

5 主已懲萬邦 消滅諸悖逆 塗抹不肖名 終古歸沈寂
주 이 징 만 방 소 멸 제 패 역 도 말 불 초 명 종 고 귀 침 적

6 敵國城邑已荒蕪 樓臺亭閣悉成墟
적 국 성 읍 이 황 무 누 대 정 각 실 성 허

繁華事散逐輕塵 欲尋遺跡蕩無存
번 화 사 산 축 경 진 욕 심 유 적 탕 무 존

7 恒存惟有天主國 雅瑋皇座永不移
항 존 유 유 천 주 국 아 위 황 좌 영 불 이

8 審判世界與萬民 聰明正直豈有私?
심 판 세 계 여 만 민 총 명 정 직 기 유 사?

9 困苦無告蒙哀矜 主是窮民避難城
곤 고 무 고 몽 애 긍 주 시 궁 민 피 난 성

10 又爲聖徒之保障 何曾孤負有心人?
우 위 성 도 지 보 장 하 증 고 부 유 심 인?

11 西溫居民當絃歌 暢向億兆宣神蹟
서 온 거 민 당 현 가 창 향 억 조 선 신 적

12 無辜之血主常恤 冤屈之人必得直
무고지혈주상휼 원굴지인필득직

13 雅瑋憐我苦 拯吾出兇門
아위련아고 증오출흉문

14 我在西溫門前立 中心感主發頌聲
아재서온문전립 중심감주발송성

15 敵人掘井自陷身 敵人布網自絆足
적인굴정자함신 적인포망자반족

16 雅瑋靈騭實昭著 陰謀詭計徒自辱
아위령즐실소저 음모궤계도자욕

17 世上忘主衆不肖 終須相將沈幽冥
세상망주중불초 종수상장침유명

18 窮人豈能長被遺? 鮮民之望終有成
궁인기능장피유? 선민지망종유성

19 寧容人類勝眞宰? 願主興起鞫頑民
영용인류승진재? 원주흥기국완민

20 務使世間傲慢子 自知僅屬血氣倫
무사세간오만자 자지근속혈기륜

글자풀이

- **縷**(루) 자세하다
  縷述(누술) 자세히 진술하다
- **忭**(변) 기뻐하다
  歡忭(환변) 매우 기뻐하다
- **潰**(궤) 무너지다
- **仆**(복) 엎드리다
- **洵**(순) 진실로
- **愆**(건) 허물, 죄과
- **悖**(패) 거스르다
- **塗**(도) 칠하여 없애다
- **沈**(침) 가라 앉다
  沈寂(침적) 고요함
- **墟**(허) 터, 폐허
- **繁**(번) 번성하다
- **逐**(축) 쫓다
- **蕩**(탕) 쓸어 없애다
- **恆**(항) 항구하다, 영원하다
- **蒙**(몽) (은혜를) 입다
- **哀矜**(애긍) 불쌍히 여김
- **有心**(유심) 속뜻이 있음, 주의 깊음
- **億兆**(억조) 만민
- **辜**(고) 허물, 죄
- **恤**(휼) 불쌍하다, 동정하다
- **冤**(원) 원통하다
  冤屈(원굴) 원통하게 누명을 쓰다
- **憐**(련) 가련히 여기다
- **掘**(굴) (구멍을) 파다
- **絆**(반) 구속하다, 매다

- 騭(즐) 정하다 (하늘이 정한 바)
- 僅(근) 겨우
- 鞫(국) 국문하다
- 倫(륜) 인륜, 무리

옮김

1 나 오롯이 야훼 주님 노래하리라 오묘하신 주의 섭리 놓침 없이 말하리라
2 전심으로 기뻐하며 춤을 추리라 높으신 그 이름 온몸맘 다해 3 적들은 이미
도망하였고 주님 피해 이리저리 숨으려 하네 4 공의는 밝히 드러났으며 슬기로
운 심판은 허물 없어라 5 주께서 열방을 징벌하시고 패역한 무리들 소멸하셨
네 어리석은 저들 이름 지워버리사 끝내는 멸망으로 몰아가셨네 6 원수들의
도성 황무지 되고 누각과 솟은 문들 폐허가 됐네 번성했던 것들 먼지 되어
날리니 흔적조차 찾을 길 전혀 없구나 7 하느님 나라만 영존하리니 야훼의
보좌는 영원하리라 8 세계와 만민을 심판하시니 주의 지혜와 곧으심 공정하
셔라 9 하소연할 곳 없어 고통받는 이 야훼 자비 덧입고 피난처 되어 주시
네 10 주님은 성도들의 보호자시니 주 믿는 이 외로이 버려진 적 있던가?
11 시온의 백성이여 노래 불러라 온 세상에 님의 업적 선포하여라 12 죄없는
이 흘린 피를 주님 아파하시니 억울한 이의 사정 풀어주시리
13 야훼여 저의 고통 불쌍히 여겨 죽음의 문에서 건져주소서 14 시온의 성문
앞 그곳에 서서 온 맘으로 주 은혜 노래하리라 15 원수들 스스로 제 함정에
빠지고 저가 던진 그물에 걸리게 하소서 16 야훼의 오묘하심 밝히 드러나리
니 자기들의 음모로 치욕 겪게 하소서 17 주님을 기망한 불초한 무리 끝내
는 죽음 속에 잠기게 되리 18 가난한 이 어찌 오래 잊혀지리까? 저들 바람
끝내는 이뤄지리라 19 어찌 감히 인생이 야훼 이기려 들랴? 주여 일어나셔
서 완고한 저들 심판하소서 20 세상에서 거들먹대며 우쭐대던 저들이 기껏
해야 숨붙이였음을 알게 하소서

2절의 심가복영心歌腹詠은 마음을 다해 노래하니 그 희열이 드러난다는 성어成語이다. 『삼국지』「오지吳志」「호종전胡綜傳」에 '영웅준걸들과 현사들이 마음 다해 노래하니 모여든 이들 모두가 즐거워하였다'英雄俊傑 上達之士 莫不心歌腹詠 樂在歸附者也(영웅준걸 상달지사 막불심가복영 낙재귀부자야)라는 구절이 있다.

5절의 종고終古는 끝이 난다는 의미로 굴원의 『초사楚辭』「이소離騷」에 '내 어찌 이렇게 끝나고 마는 것을 견딜 수 있을까?'余焉能忍與此終古(여언능인여차종고)라고 노래하였다.

10절의 유심인有心人은 바른 뜻을 품은 이, 더하여 바른 뜻을 품고 새기어 깨어 있는 사람을 뜻한다.

11절의 억조億兆는 말할 수 없이 많은 것을 의미하기도 하지만 서민백성을 뜻하기도 한다. 억조창생億兆蒼生으로 쓰인다.

『서경』「태서泰誓」 중에 '주나라의 임금 수受가 셀 수 없이 많은 백성을 거느리나 마음이 서로 멀고 덕이 서로를 떠났다'受有億兆夷人 離心離德(수유억조이인 이심리덕)는 글이 있다.

12절의 원굴冤屈은 잘못이 없는데 죄를 뒤집어 쓴 사람의 억울함을 뜻한다. 굴원의 『초사』「구장九章」에 '마음 쓰다듬고 뜻을 달래며 억울한 고충을 스스로 억누르네'撫情效志兮 冤屈而自抑(무정효지혜 원굴이자억)라고 노래하였다.

16절의 영즐靈騭은 음즐陰騭과 같은 의미를 담고 있다. 『서경』「홍범洪範」편에 나오는 말로 '하늘은 말없는 가운데 백성들로 하여금 편안히 자리 잡고 살 수 있도록 항상 그들을 도와주신다'惟天陰騭下民 相協厥居(유천음즐하민 상협궐거)고 하였다. 여기서는 주께서 정하신 바, 주님의 뜻으로 풀 수 있다.

18절의 선민鮮民은 부모가 없는 불쌍한 백성을 뜻한다. 『시경』「소아小雅」「육아蓼莪」에 '불쌍한 백성들 죽지 못해 사는 신세라'鮮民之生 不如死之久矣(선민지생 불여사지구의)고 노래하였다.

사람이 사람으로 온전히 살아가는 것이 자연스러운 땅의 순리가 되지 못하는 세상이다. 억울한 이 하소연 할 곳이 없고困苦無告(곤고무고) 가난한 이 의지할 곳이 없다. 바른 뜻을 품고 한결같이 걸어가기 어렵다. 시인은 사람됨의 길이 오직 하느님께 달려있다고 말한다. 하느님께서 바로 잡아주셔야 만이 인생은 의지처를 얻고 그 바람을 이룰 수 있게 된다.

그제서야 인생은 노래할 수 있고 제자리를 잡은 세상에서 온전한 삶을 살아갈 수 있다. 그러므로 하느님을 의지하는 것은 저 먼 것, 차후의 것을 구하는 것이 아니다. 지금 여기를 살아가고자, 지금 여기서 절망하지 않고 살아가고자 하는 신뢰이며 격려이다. 그는 끊임없이 되뇌인다. 스스로 신을 이겨먹으려는 교만한 세상이지만 우리 인간은 결코 참되신 주재를 이길 수 없음不能人類勝眞宰(불능인류승진재)을, 그러니 끝내 그분의 뜻이 이루어질 것을….

제10수

주님을 찾습니다 問主
문 주

1 我問主兮何故? 邈然逝兮不我顧 時艱難兮困苦 主自隱兮何處?
아 문 주 혜 하 고? 막 연 서 혜 불 아 고 시 간 난 혜 곤 고 주 자 은 혜 하 처?

2 惡人橫行兮無度 窮人被逼兮無路
악 인 횡 행 혜 무 도 궁 인 피 핍 혜 무 로

設詭計兮逞狂圖 欺孤寡兮陷無辜
설 궤 계 혜 령 광 도 기 고 과 혜 함 무 고

3 驕矜自慢兮 目無主宰 劫奪人財兮 逍遙法外
교 긍 자 만 혜 목 무 주 재 겁 탈 인 재 혜 소 요 법 외

4 飛揚跋扈兮心誇大 謂 天主兮安足怕? 中心兮自忖 "天主兮何存?
비 양 발 호 혜 심 과 대 위 천 주 혜 안 족 파? 중 심 혜 자 촌 "천 주 혜 하 존?

5 基業兮穩固 千秋兮不淪" 坐井而觀天兮 夫焉知吾主之經綸?
기 업 혜 온 고 천 추 혜 불 륜" 좌 정 이 관 천 혜 부 언 지 오 주 지 경 륜?

6 恃勢淩人兮 自謂安如磐石 永享康寧
시 세 릉 인 혜 자 위 안 여 반 석 영 향 강 녕

7 彼之口中兮 惟有欺詐與咒詛 彼之舌底兮 滿貯螫毒與邪汙
피 지 구 중 혜 유 유 기 사 여 주 저 피 지 설 저 혜 만 저 석 독 여 사 오

8 埋伏窮鄉 殺人僻巷 9 眈眈虎視 窮民遭殃 10 驅無辜兮入網
매 복 궁 향 살 인 벽 항 탐 탐 호 시 궁 민 조 앙 구 무 고 혜 입 망

11 謂 天主兮健忘 既揜顔兮不見 我隱惡兮奚彰?
위 천 주 혜 건 망 기 엄 안 혜 불 견 아 은 악 혜 해 창?

12 我向主兮發哀歎 擧爾手兮濟衆難!
아 향 주 혜 발 애 탄 거 이 수 혜 제 중 난!

13 莫容惡人兮誣神明 謂天主兮其不靈!
막 용 악 인 혜 무 신 명 위 천 주 혜 기 불 령!

14 詎知吾主兮早見 報應兮如電
거 지 오 주 혜 조 견 보 응 혜 여 전

窮苦兮無告 惟主兮是靠 孤兒兮無父 惟主兮是怙
궁 고 혜 무 고 유 주 혜 시 고 고 아 혜 무 부 유 주 혜 시 호

15 求主痛擊群姦兮 折其臂膀 16 窮究妖孽兮 降以淪喪
구 주 통 격 군 간 혜 절 기 비 방 궁 구 요 얼 혜 강 이 륜 상

惟我天主兮 永古爲王 與主爲敵兮 靡有不亡
유 아 천 주 혜 영 고 위 왕 여 주 위 적 혜 미 유 불 망

17 主已垂聽兮 謙者之音 必賜慰藉兮 堅固其心
주 이 수 청 혜 겸 자 지 음 필 사 위 자 혜 견 고 기 심

18 伸彼寃屈兮 保彼煢獨 莫令凡人兮 擅作威福
신 피 원 굴 혜 보 피 경 독 막 령 범 인 혜 천 작 위 복

글자풀이

- **邈**(막) 멀다, 아득하다
  邈然(막연) 아득한 모양
- **逝**(서) 가다
- **逞**(령) 왕성한, 마음대로 하다
- **欺**(기) 속이다
- **辜**(고) 허물
- **飛揚**(비양) 잘난 체하며 거들먹거림
- **跋扈**(발호) 제멋대로 날 뜀
- **誇**(과) 과장하다
- **怕**(파) 두려워하다
- **忖**(촌) 헤아리다
- **穩**(온) 안온하다, 편안하다
- **淪**(륜) 빠지다
- **咒**(주) 빌다, 저주하다
- **詛**(저) 저주하다
- **螫**(석) 쏘다
- **汚**(오) 더럽다
- **埋**(매) 감추다
- **窮鄉**(궁향) 도심지를 벗어난 시골
- **僻**(벽) 후미진 곳
  僻巷(벽항) 도회지의 궁벽한 골목
- **遭**(조) 만나다
- **殃**(앙) 재앙, 해치다
- **揜**(엄) 가리다
- **奚**(해) 어찌
- **彰**(창) 드러나다
- **詎**(거) 어찌, (대략) 몇
- **靠**(고) 의지하다
- **怙**(호) 의지하다
- **臂**(비) 팔
- **膀**(방) 배
- **靡**(미) 쓰러지다, 없어지다
- **慰**(위) 위로하다
- **藉**(자) 깔다, 자리
  慰藉(위자) 위로하고 도와줌
- **寃屈**(원굴) 억울한 누명
- **煢**(경) 외로운(사고무친한 모양)
  煢獨(경독) 아무도 의지할 곳 없는 외로움

• 擅(천) 멋대로 하다
• 威福(위복) 위압과 복덕, 때로 복을 때로 위압으로

사람을 복종시킴

옮김

1야훼 내 주님께 여쭙습니다 어찌하여 이렇게 멀리 계셔서 저를 돌아보지
않으십니까? 너무 힘들고 곤고한데 주님은 어디에 숨어 계십니까? 2악인
들 무도하게 설치고 다니며 가난한 이 핍박하니 피할 길 없습니다 못된 계
획 음흉한 의도 차고 넘쳐서 힘없는 고아 과부 속이고 넘어뜨립니다 3교만
한 자들 방자하게 하느님은 눈 없다며 떠들어대고 남의 재물 마구 뺏고 법
위에서 행세합니다 4제 세상인양 멋대로 날뛰니 마음은 교만하기 그지없으
며 '하느님 두려워 할 것 없다'며 떠들어 대고 "하느님이 어디 계시느냐?
5내 소유 든든하기 그지없으니 언제나 이와같이 살아가리라" 우물에서 하
늘을 쳐다보는 자들이 어찌 주의 경륜을 알 수 있겠습니까? 6제 힘 의지
해 남 능멸하면서도 반석같은 인생 영원히 누릴거라 자랑합니다 7저들 입
에 가득한 것 거짓과 저주요 저들 혀는 비열하고 독이 쌓여 있습니다 8외
지고 은밀한 곳 몰래 숨어 남 해하며 9남의 것 빼앗으려 호시탐탐 노리니
가난한 이에겐 재앙덩어립니다 10무고한 자 몰아서 그물에 빠뜨리고 11소
리쳐 이르길 "하느님은 기억도 못하시고 그 얼굴 가려서 보지도 않으니 내
은밀한 행위 어찌 드러나랴?" 12나 야훼 향해 슬픈 탄식 올리네 야훼여 손
내미사 환란에서 건지소서! 13밝으신 야훼 멸시하는 저들을 그냥 두어서는
아니 됩니다 저들은 당신이 뭘 보시며 본들 뭘 아실까 떠듭니다 14처음부
터 하느님 보고 계셨음을 저들이 어찌 알겠습니까? 번개같이 들이쳐 갚아
주소서 하소연 할 곳 없는 연약한 이들 의지할 곳 주님 밖에 따로 없으며
아비 없어 갈 곳 없는 고아 같은 인생들 주님만이 의지할 분이십니다 15주

님 간악한 저 무리들 쳐 주소서 저들의 팔을 꺾어주소서 16 간사한 죄인들
샅샅이 살펴 사망의 벌을 허락하소서
야훼만이 영원히 왕이시오니 주님께 대적한 자 반드시 망하리라
17 겸손한 이의 청을 주님 들으신다네, 위로하사 그 마음 견고케 하시네 18
억울한 누명을 풀어주시고 그들의 권리 찾아주시네 인생들아! 함부로 힘
부리지 말지니라

해설

문주問主, 시인은 주님을 찾는다. 어려운 상황을 탈출하거나 억울한 이들을 도울 방법을 찾는 것이 아니라 주님을 찾고 있다. 닥쳐온 상황을 벗어나거나 도울 수 있는 방법을 찾는 것이 반드시 나쁜 것이 아니다. 그러나 그 속에는 스스로 해결사神(신)가 되고 싶어하는 인간의 욕망이 숨어있기도 하다. 시인은 이 욕망을 내려놓고 모든 것을 제 자리로 돌려놓으시는 주님, 만물을 회복시키시는 하느님을 찾는다.

시인의 귀에는 한편으로는 억울한 자들의 탄식, 연약한 이들의 신음소리가 들려오고, 다른 한편에는 악인들이 기고만장하여 신의 부재를 외치는 홍청거림이 들려온다. 하느님을 찾는 이들의 기도제목이다. 연약한 이들을 위한 변호이자 악한 이들을 향한 고발이다. 기도는 자주 변호와 고발로 이어진다.

1절의 간난곤고艱難困苦는 으레히 뒤에 옥여성玉汝成이 붙는다. 장재의 「서명西銘」에 '가난과 어려움, 근심과 괴로움은 그 인생을 다듬어 옥으로 만들려는 것이라'貧賤優戚 庸玉汝于成(빈천우척 용옥여우성)에서 비롯되었다.

3절의 소요법외逍遙法外는 범법자가 법률의 제재를 받지 않고 제멋대로 행한다는 의미이다.

4절의 비양발호飛揚跋扈는 잘난 체 하며 제멋대로 권세를 휘두르는 것을 뜻한다. 그야말로 눈에 뵈는 게 없는 상태目中無人(목중무인)이다. 당唐의 이연수가 편찬한 역사서인 『북사北史』 「제기」 상편에 나온다. 두보의 시 「증이백贈李白」에도 '흠뻑 술 마시고 미친 듯이 노래하며 공허하게 세월 보내니 거들먹거리며 제멋대로 날뛰는 것은 어느 영웅이 그랬던가!'痛飮狂歌空度日 飛揚跋扈爲誰雄(통음광가공도일 비양발호위수웅)라는 구절이 있다.

5절 좌정관천坐井觀天은 우물 안에 앉아 하늘을 본다는 뜻이다. 당唐의 한유의 글 「원도原道」에 '우물에 앉아 하늘을 보며 하늘이 작다고 말한다. 그러나 하늘이 작은 것이 아니다'坐井而觀天 曰天小者 非天小也(좌정이관천 왈천소자 비천소야)라고 하였다.

6절의 시세릉인恃勢凌人은 제 권세를 믿고 마구 남을 괴롭힌다는 의미이다.

15절의 윤상淪喪은 멸망 혹은 죽음을 의미한다. 『서경』 「미자微子」에 '이제 상나라가 멸망할 것이니 저는 다시는 신하가 되지 않으리라'商其淪喪 我罔爲臣僕(상기륜상 아망위신복)고 하였다.

18절의 천작위복擅作威福은 '때로는 복으로 때로는 위압으로 사람을 복종시키다'(원元 무명씨의 연환계)는 말이다. 전轉하여 제멋대로 권력을 남용한다는 뜻이 있다. 같은 절의 경독煢獨은 의지할 곳 없는 외로운 이를 칭하는데 경煢은 형제가 없는 사람이고 독獨은 자식이 없는 사람이다. 『시경』 「소아小雅」 「정월正月」에 '부유한 사람이야 걱정할 것 없지만 의지가지없는 사람 불쌍해서 어찌하나' 哿矣富人 哀此煢獨(가의부인 애차경독)라고 하였고 『서경』 「홍범洪範」편에도 '의지가지없는 사람을 함부로 홀대해서는 안 된다'無虐煢獨(무학경독)고 하였다. 이러한 처지에 있는 이를 뜻하는 성어成語는 환과고독鰥寡孤獨이다. 환鰥은 아내가 없는 홀아비이며 과寡는 남편이 없는 여인이며 고孤는 부모가 없는 아이이며 독獨은 자식이 없는 사람을 뜻한다.

제11수

난세에 벗에게 답하다 答客難
답 객 난

1 友人勸我學飛鳥　飛入深山避災殃
우 인 권 아 학 비 조　비 입 심 산 피 재 앙

2 君不見群小彎弓箭在弦　欲於暗中射賢良
군 불 견 군 소 만 궁 전 재 현　욕 어 암 중 사 현 량

3 國家根基已崩潰　賢人焉有濟時方?
국 가 근 기 이 붕 궤　현 인 언 유 제 시 방?

我答友人言 此語何荒唐? 人能恃主終致祥 何必入山去自藏
아 답 우 인 언　차 어 하 황 당?　인 능 시 주 종 치 상　하 필 입 산 거 자 장

4 雅瑋坐天廷 雙目炯炯察世人
아 위 좌 천 정　쌍 목 형 형 찰 세 인

5 賢良蒙鍛鍊 所以玉其成　惟彼兇與暴 乃爲主所憎
현 량 몽 단 련　소 이 옥 기 성　유 피 흉 여 폭　내 위 주 소 증

6 爲惡招天火 雷霆作杯羹　7 爲善邀天眷 常得承歡欣
위 악 초 천 화　뇌 정 작 배 갱　위 선 요 천 권　상 득 승 환 흔

글자풀이

- **避**(피) 피하다
- **彎**(만) 굽다, 시위를 당기다
- **弦**(현) 시위
- **射**(사) 쏘다
- **崩**(붕) 무너지다
- **潰**(궤) 무너지다
- **濟**(제) 구제하다
- **荒唐**(황당) 언행이 허황하고 근거가 없음
- **藏**(장) 감추다
- **廷**(정) 조정, 뜰
- **憎**(증) 미워하다
- **杯**(배) 잔, 대접
- **羹**(갱) 국
- **炯**(형) 빛나다, 밝게 드러난 모양
  炯炯(형형) 빛나며 밝은 모양
- **邀**(요) 맞이하다, 부르다
- **眷**(권) 돌보다, 그리워하다

옮김

1벗이 권하네 하늘 나는 새를 좀 배워 보라고 깊은 산 날아들어 재앙 피하
지 않느냐고 2그대 보지 못하는가? 소인배가 암중에서 활시위 메겨서는 지
혜로운 이들을 쏘려는 것을 3나라의 근간 이미 무너졌는데 현인이라도 이
때는 어쩔 수 없는 법이라고
나 벗에게 답하네. 이 무슨 믿음없는 소리란 말인가? 모름지기 사람이란
하느님 의지하여 끝내 그 은혜를 입어야지 어찌해서 산으로 숨으려 하는
가? 4야훼 주님 하늘 궁전 좌정하셔서 형형히 이 땅을 꿰뚫어보시네 5어
질고 현명한 이들 단련되어서 끝내는 옥처럼 다듬어지고 악하고 흉폭한 저
무리들은 주님의 미움을 받게 되리라 6악행을 저지름은 하늘 불덩이 청함
이니 우레와 번개 국그릇 쏟듯 부어지리라 7선을 행하는 이는 야훼 돌보심
입어 영원한 즐거움을 누리게 되리

제목인 답객난答客難은 한漢의 동방삭이 쓴 글의 제목을 따온 것이다. 그의 글 「답객난答客難」은 주객의 문답형식으로 한 무제武帝의 통일시대를 살면서 자신과 같은 인재가 제대로 쓰이지 못함을 불평하면서 통치자의 무분별함을 폭로한 글이다. 이후 많은 문장가들에게 영향을 미친 작품이다.

본래 히브리 시인은 하느님께로 피신하는 노래이나 오경웅은 이 시편을 악이 횡행하는 가운데 진퇴를 고민하는 지식인의 고뇌의 노래로 바꾸면서 그 중심에 신앙을 불어넣었다. 『논어』 「태백泰伯」 편에 '나라에 도가 있으면 나아가 벼슬을 하고 나라에 도가 없으면 들어가 숨어지내라'有道則見 無道則隱(유도즉현 무도즉은)고 하였다.

유학의 역사 속에서 지식인은 벼슬을 얻어 경세제민經世濟民할 것인지, 은거하여 자기를 지킬 것인지는 중차대한 문제였다. 중국에서는 난세에 벼슬을 버리고 은거한 죽림칠현竹林七賢이 있었고 조선에서는 고려의 신하들이 문을 닫아건 두문동杜門洞이 있었다. 악인들이 판치고 지혜로운 자들이 무고를 겪는 현실에서 벗의 권고는 실제 목숨이 달린 문제이기도 하다.

시인은 산에 숨는 것으로, 문제를 외면하는 삶을 택하지 않는다. 그에게는 이 모든 것을 꿰뚫어 보시는 하느님을 향한 믿음이 있다. 이 연단을 통해 푸르름을 잃지 않는 옥처럼 되리라는 소망이 있다.

그렇기에 어리석은 이는 시련을 피할 길만 찾아 헤매나 지혜로운 이는 이 시련으로 자신을 다듬는다. 왕양명이 강조한 바, 일을 당하여 자신을 닦아야事上磨鍊(사상마련) 진정한 공부이지 일을 당하여 어쩔 줄 모르고 염려에 잡혀 있다면 공부가 무슨 소용이 있겠느냐 하였다.

2절과 5절의 현량賢良은 덕행과 재능을 겸비한 사람이란 뜻으로 『한서漢書』 「공광전孔光傳」에 '백성을 학대하며 탐오하는 무리들을 물리치며 지혜롭고 덕행 있는 관리들을 들이라'退去貪殘之徒 進用賢良之吏(퇴거탐잔지도 진용현량지리)고 하였다. 오경웅은 세속에 흔들리지 않고 하느님을 의뢰하는 사람을 현량賢良으로 번역하였다.

3절의 시방時方은 송원宋元이래 중의학의 처방을 의미한다. 그 이전의 것을 고방古方이라 하는데 여기서는 지금 나라를 구제할 방법을 뜻한다.

5절의 옥玉은 예로부터 옥을 다듬는 것으로 선비의 학문과 덕행이 깊어감을 비유하였다. 옥의 아름다움은 오덕五德의 갖춤인데 윤기가 흘러 온화한 것은 인仁의 덕이며, 무늬가 비춰 속을 알 수 있게 하는 것은 의義의 덕이며, 소리가 낭랑하여 멀리서도 들을 수 있는 것은 지智의 덕이며 깨어질지언정 굽히지 않는 것은 용勇의 덕이며 날카로우면서도 남을 해치지 않는 것은 결潔의 덕이라고 하였다. 그러나 '이런 옥이라 하더라도 다듬지 않으면 소용이 없다'玉不琢不成器(옥불탁불성기)고 하였다.

오경웅은 시편 11편을 거룩한 교회의 종지宗旨라 하였다. 일신의 안전을 구하지 않고 인류를 위해 희생하신 예수 그리스도의 하늘 아버지께서 허락하시는 것이라면 어찌 마시지 않으랴는 말씀과 같다.

『논어』「미자微子」에서 공자 또한 이르길 '새나 짐승과 더불어 살 수는 없으니 내가 이 사람들과 함께 있지 않는다면 누구와 있겠는가? 천하에 도가 행하여지기만 한다면 내가 굳이 뭘 바꾸려하지 않으리라'鳥獸不可與同群 吾非斯人之徒與而誰與 天下有道 丘不與易也(조수불가여동군 오비사인지도여이수여 천하유도 구불여역야)고 인용하였다.

제12수

세태를 탄식하며 世風歎
세 풍 탄

1 仁義成絶響 忠信已泯沒 2 交友無誠意 口蜜心詭譎
인 의 성 절 향 충 신 이 민 몰 교 우 무 성 의 구 밀 심 궤 휼

3 求主矯浮薄 復使反樸拙 懲罰巧言者 剪截誇誕舌
구 주 교 부 박 부 사 반 박 졸 징 벌 교 언 자 전 절 과 탄 설

4 此輩炫利口 自謂世無敵 脣舌我自主 誰得相干涉?
차 배 현 리 구 자 위 세 무 적 순 설 아 자 주 수 득 상 간 섭?

5 雅瑋聞此語 焉能長默默? 已見弱者苦 已聞貧人泣
아 위 문 차 어 언 능 장 묵 묵? 이 견 약 자 고 이 문 빈 인 읍

我今將興起 一慰長太息 務使貧與弱 各得其所適
아 금 장 흥 기 일 위 장 태 식 무 사 빈 여 약 각 득 기 소 적

6 至誠惟天主 聖道何純質 白銀經七煉 未能方其潔
지 성 유 천 주 성 도 하 순 질 백 은 경 칠 련 미 능 방 기 결

7 主必濟窮民 莫隨斯世溺 8 惡逆如橫行 賢良無寧日
주 필 제 궁 민 막 수 사 세 익 악 역 여 횡 행 현 량 무 녕 일

글자풀이

- **響**(향) 울리다, 진동하다
- **泯**(민) 멸하다, 다하다
  泯沒(민몰) 형적이 아주 없어짐
- **詭**(궤) 어그러지다, 속이다
- **譎**(휼) 속이다
  詭譎(궤휼) 교묘하고 간사스러운 속임
- **矯**(교) 바로잡다
- **浮薄**(부박) 마음이 들뜨고 경솔함
- **樸**(박) 순박함, 통나무
- **拙**(졸) 소박하고 졸렬함
- **剪截**(전절) 자르고 끊어내다
- **誇**(과) 자만하다
- **炫**(현) 빛나다
- **自主**(자주) 남의 보호 간섭없는 독립
- **長太息**(장태식)=**長歎息**(장탄식) 긴 한숨을 지으며 깊이 탄식하는 일 **太息**(태식) 한숨

옮김

1 사람의 근본 도리 끊어져 버렸고 신실한 이들도 다 사라졌습니다 2 사람
사이엔 진실함 사라졌기에 입은 달디다나 마음은 속임수 가득합니다. 3 가
볍기 한없는 저들 야훼 바로잡으사 질박하고 순수함으로 돌아가게 하소서
간사스런 말을 징치하시고 그 허망한 혀들 끊어내소서 4 입만 화려한 저 무
리들 자기들이 제일인 양 떠들어 댑니다 '세치 혀는 내 힘이니 누가 내게
간섭하랴?'
5 야훼 이 말 듣고서 어찌 침묵하고 계시랴? '나 이미 연약한 이들의 고통
을 보았고 가난한 이들의 울음소릴 들었노라 나 이제 일어나 그들의 한숨
위로하리라 가난하고 약한 자를 제자리에 놓으리라' 6 야훼 당신만이 온전
하시며 주 말씀 지극히 순결합니다 은을 일곱 번 단련하더라도 그 순결에
이르지는 못하리이다
7 주님 불쌍한 당신 백성들 세태에 휩쓸리잖게 건져주소서 8 주님 거슬러 악
행을 일삼는 이들로 어질고 착한 사람 편할 날이 없습니다.

세상 풍조를 탄식하는 시편이다. 가장 근본적인 문제는 인의仁義의 울림이 끊어진 것이다. 인간 본성에서 우러나오는 타인의 아픔을 공감하는 측은지심惻隱之心이 사라지고 의롭지 못함을 부끄러워하고 착하지 못함을 미워하는 수오지심羞惡之心이 말라버린 것이다.

도무지 부끄러움이라곤 모르는 시대가 되고 말았다. 근원이 말라버린 곳에 교언영색巧言令色이 판을 치고 한없이 가볍고 경솔한 말들만이 제 세상이다. 그러나 그럴수록 시인은 인간 본성의 근원이신 하느님께 호소한다. 당신의 인에 호소하고 의에 부르짖는다. 매끄럽고 화려한 말이 아니라 일곱 번 제련된 은보다 순결한 하느님의 말씀을 사모한다.

제목에서 세풍世風은 청淸의 이여진의 『경화연鏡花緣』에 나오는 것으로 '사람들의 인심이 간사하고 점점 더 각박해져 이전과는 아주 달라졌구나'世風日下 人心不古(세풍일하 인심불고)라는 의미이다.

3절의 박졸樸拙은 전혀 꾸미거나 손대지 않음을 뜻한다. 질박質朴하며 진솔眞率한 것을 의미한다. 이 구절에서 히브리 시편은 하느님의 심판을 요청하는 간구인데 오경웅은 이 언어朴拙(박졸)를 사용하여 본디 제 모습으로 돌아가게, 자기를 발견하고 알 수 있는 기회로 삼게 해달라고 청하고 있다. 미묘한 차이가 있다.

5절의 득기소적得其所適은 『맹자』「만장萬章」 상에 나온다. 정鄭나라의 자산子産이 연못관리인에게 산 물고기를 맡겼는데 잡아먹고는 거짓으로 고하길 '처음 물고길 놓아주자 비실대더니 조금 있자 꼬리를 흔들더니 자유롭게 떠나갔다고 하자 자산이 그놈이 정녕 살 곳을 얻었구나. 살 곳을 얻었어'反命曰 始舍之 圉圉焉 小則洋洋焉 悠然而逝 子産 曰 得其所哉 得其所哉(반명왈 시사지 어어언 소즉양양언 유연이서 자산 왈 득기소재 득기소재)라고 하였다.

6절의 지성유천주至誠惟天主에서 오경웅은 하느님을 지성至誠이신 분이라 하였다. 『맹자』 「이루離婁」 상에 나오는 것으로 '하늘의 도는 성誠 그 자체이며, 그와 같이 성誠이 되고자 하는 것이 사람의 도리이다. 이 성誠이 지극한데 감동하지 않는 법이 없고 성誠이 부족한데 감동되는 법도 없다' 誠者 天之道也 誠之者 人之道也 至誠而不動者 未之有也 不誠未有能動者也(성자 천지도야 성지자 인지도야 지성이부동자미지유야 불성미유능동자야)고 하였다.

성誠은 일반적으로 지극한 정성으로 풀이하곤 하는데 온전함으로 읽어도 뜻이 통한다. 김흥호(1919-2012) 선생은 정직으로 옮겼다. 의미심장하다. 아무튼 오경웅은 이런 의미에서 하느님을 지성至誠이라 하였다. 또한 지성至誠은 지성至聖이다.

제13수

도무지 밝아오지 않을 것 같은 밤이여 夜如何其
야 여 하 기

1 吁嗟天主兮 盍其有極? 棄我如遺兮 慈顏恒匿
우 차 천 주 혜 합 기 유 극? 기 아 여 유 혜 자 안 항 닉

2 不見吾主兮 中心悒悒 黯然銷魂兮 將至何日?
불 견 오 주 혜 중 심 읍 읍 암 연 소 혼 혜 장 지 하 일?

敵人高壓兮 何時得息?
적 인 고 압 혜 하 시 득 식?

3 主其垂靑兮 應我之求 賜光明於吾目兮 庶免昏睡而長休
주 기 수 청 혜 응 아 지 구 사 광 명 어 오 목 혜 서 면 혼 수 이 장 휴

4 豈可使彼敵人兮 幸吾災而樂吾憂?
기 가 사 피 적 인 혜 행 오 재 이 락 오 우?

5 我之恃主兮 始末不渝 終必蒙救兮 賜以歡愉
아 지 시 주 혜 시 말 불 투 종 필 몽 구 혜 사 이 환 유

我當謳歌兮 詠主德之特殊
아 당 구 가 혜 영 주 덕 지 특 수

글자풀이

- **何其**(하기) 어찌하여 그렇게
- **吁**(우) 아!(탄식)
- **盍**(합) 어찌… 않는가?
- **匿**(닉) 감추다 숨다
- **悒**(읍) 근심하다
  悒悒(읍읍) 근심하여 마음이 편치 않은 모양
- **銷**(소) 쇠약해지다
- **壓**(압) 누르다
- **垂**(수) 드리우다
- **垂青**(수청) 굽어 살펴보다
- **庶免**(서면) 어떻게 해서든지 ~않게 하다
- **昏**(혼) 어둡다, 혼미하다
- **睡**(수) 졸다, 자다
  昏睡(혼수) 의식(정신)이 혼혼하여져 감
- **長休**(장휴) 죽음의 비유
- **渝**(투) 변하다, 넘치다
- **愉**(유) 기뻐하다
- **謳**(구) 흥얼거리다
- **特殊** 전혀 일반적이지 않음

옮김

1주님께 부르짖네, 어느 때까지니이까? 님은 저를 저버리사 자비의 얼굴
아주 감추십니다 **2**주님 저를 돌아보지 않으시기에 이내 마음 근심으로 가
득하옵고 제 혼은 점차 사위어갑니다 언제까지입니까? 원수들은 내리보며
짓누르는데 어느 때에야 평안을 얻으리이까? **3**주님 저를 돌보소서 제 기
도에 응답하여 주소서 제 눈에 빛을 허락해 주시고 죽음에 잠겨드니 건져
주소서 **4**어찌하여 원수들 저의 재난을 기뻐하고 제 근심에 즐거워하게 두
시는 건지요? **5**나 의뢰하는 주님은 변함없는 분이시라 종내에는 건지시고
기쁨 누리게 하시리니 제게 베푸신 은혜를 노래하며 비할 수 없는 주님의
덕 찬양하리이다

'어느 때까지니이까?' 하느님은 시간을 넘어서 계시는 분이지만 우리 인생은 시간 안에 존재한다. 영원하신 분이 시간 안에 개입해주셔야 우리는 하느님의 구원을 경험할 수 있다. 그러므로 우리는 '어느 때까지입니까?'라고 여쭙지 않을 수 없다.

유한한 삶에 덮쳐오는 위기와 고난은 순간순간 인생을 무無로 몰아간다. 이 위협 앞에서 우리가 할 수 있는 것은 아무 것도 없다. 그렇기에 더더욱 두렵고 고통스럽다. 우리가 할 수 있는 유일한 것! 생명의 근원이신 분께 자비를 청하는 것이다. 사도 바울처럼 '정녕 나는 비참한 사람입니다. 누가 이 죽음에 빠진 몸에서 나를 구해줄 수 있습니까? 우리 주 예수 그리스도를 통하여 나를 구해주신 하느님께 감사드립니다'라고 찬양할 수 있도록.

제목 야여하기夜如何其는 『시경』「소아小雅」「정료庭燎」에서 끌어왔다. '밤이 아직도 멀었는가? 아직도 한밤이네 뜰에 밝힌 횃불만이 밝게 타고 있네'夜如何其 夜未央 庭燎之光(야여하기 야미앙 정료지광) 하며 기다리는 마음을 표현한 노래이다.

1절의 유차籲嗟(吁嗟)는 탄식이다. 굴원은 『초사』「복거卜居」에서 '아하! 차라리 말을 말아야겠구나 그 누가 바르고 깨끗한 나를 알아줄까?'籲嗟默默兮 誰知吾之兼貞(유차묵묵해 수지오지겸정)라고 탄식하였다.

같은 절의 '어느 때까지니이까?'盍其有極(합기유극)라는 물음은 당唐의 한유의 시 「제십이랑문祭十二郎文」에 '망망무제의 하늘이여 이 비애 언제나 끝나리이까?'彼蒼天者 曷其有極(피창천자 갈기유극)라는 구절과 닿아있다. 합盍과 갈曷은 같은 의문사이다.

3절, 수청垂青의 눈에서 검은 눈동자 부분을 청青이라 한다. 청안青眼은 바라보고 응시한다는 뜻으로 특별히 중히 여기고 아끼며 호의를 베푼다는 의미를 지닌다. 반대의 의미가 백안시白眼視하는 것이다. 죽림칠현의 한 사람이었던 완적阮籍은 싫은 사람이 오면 흘겨보았는데 눈의 흰자위만 보였다고 한다. 여기에서 백안시白眼視라는 말이 나왔다. 반가운 사람이 오면 그를 기뻐 바라보았다고 하는데 이에서 청안靑眼이라고 하였다. 『진서晉書』에 나온다.

4절의 시인이 고난을 즐거워하고 재난 당함을 기뻐한다는 것은 안지추의 『안씨가훈安氏家訓』에 나오는 말로 '선의의 결핍으로 다른 이의 불행과 화를 당하는 것을 즐거워하는 것은 어질지 못한 것'幸災樂禍是不仁(행재락화시불인)이라고 하였다.

5절의 시말불투始末不渝는 한결같으시다는 뜻으로 『진서晉書』「사안전謝安傳」에 '동산에서 품었던 뜻 어찌 바뀔 수 있으랴'東山之志 始末不渝(동산지지 시말불투)는 구절이 있다. 시지불투矢志不渝로도 쓰인다. 화살의 방향이 어찌 바뀌랴? 영원히 변치 않는 마음을 의미한다.

제14수

너희 참으로 어리석구나 視爾夢夢
시 이 몽 몽

1 愚人心中言 宇宙無主宰 此輩何卑汙 所爲皆曖昧
우인심중언 우주무주재 차배하비오 소위개애매

欲求爲善者 不見一人在
욕구위선자 불견일인재

2 主自九天上 俯首察生靈 儻有智慧子 願與主相親?
주자구천상 부수찰생령 당유지혜자 원여주상친?

3 紛紛落歧途 溷濁同垢塵 悠悠寰海內 竟無一賢人!
분분락기도 혼탁동구진 유유환해내 경무일현인!

4 豈其作惡者 莫具纖屑知 何以不懷主? 覥然食民脂
기기작악자 막구섬설지 하이불회주? 전연식민지

5 主與德爲隣 惡人惴惴恐 6 平生侮貧人 貧人主所寵
주여덕위린 악인췌췌공 평생모빈인 빈인주소총

7 義塞之救恩 宜自西溫出 主必引衆俘 歸還其本宅
의새지구은 의자서온출 주필인중부 귀환기본택

義塞與雅谷 歡樂將何極!
의새여아곡 환락장하극!

글자풀이

- **曖**(애) 희미하다, 가리다
- **昧**(매) 어두울, 어둑새벽
- **曖昧**(애매) 확실치 아니함
- **儻**(당) 혹시, 갑자기
- **紛紛**(분분) 어지럽고 번잡한 모양
- **溷**(혼) 어지러울, 더러울
  溷濁(혼탁) 혼탁하다
- **垢**(구) 때
  垢塵(구진) 때와 먼지
- **寰**(환) 경기고을
  寰海(환해) 세계, 천하
- **纖**(섬) 가늘다, 작다
- **屑**(설) 가루
- **纖屑**(섬설) 아주 작은
- **何以**(하이) 어째서
- **靦**(전) 뻔뻔스럽다
  靦然(전연) 낯이 두껍다, 부끄러워서 미안해하는 모양
- **脂**(지) 비계 기름
- **惴惴**(췌췌) 근심하고 두려워하는 모양
- **侮**(모) 업신여기다, 모욕하다
- **寵**(총) 사랑받다
- **宜**(의) 옳다, 마땅하다
- **俘**(부) 사로잡다, 포로

옮김

1어리석은 자 마음속으로 하느님 없다고 떠들어대니 이 무리들 추하기 그
지없으며 행하는 바 어처구니 전혀 없도다 선을 행하려는 이 눈 씻고 찾아
도 찾을 수 없네 2야훼 높디높은 하늘 위에서 이 땅의 산 것들 굽어 살피시
며 혹여라도 야훼 당신을 찾는 지혜로운 이들을 살피십니다 3어지러이 흩
어져 제 갈 길 가니 지저분하고 혼탁하여라 이 넓은 땅 어디에도 지혜로운
이 전혀 없네 4악행하는 이에게 눈꼽만큼이라도 주를 아는 지식이 있기나
할까? 백성의 고혈을 쥐어짜면서도 뻔뻔스레 야훼 주님 모르쇠 하네 5허나
주님 덕 있는 자의 이웃되시니 악인이 벌벌 떨며 두려워할 것이라 6가난한
이 한평생 모욕당하나 야훼의 총애 저들에게 가득하리라 7시온에서 나오시
는 이스라엘의 구원이여 포로 된 당신 백성 이끌어 주사 고향집으로 돌아
오게 하소서 야곱은 한없이 기뻐하오며 이스라엘 크게 즐거워하리라

시인은 하느님을 주재主宰라 칭한다. 한마디로 다스리시는 분이다. 그럼에도 다스리는 분이 없다고 우기니 질서가 있을 리 없다. 제 멋대로 흩어져 제 갈 길로 가니紛紛落岐途(분분락기도) 혼탁하고 더러움으로 가득찬다.混濁同垢塵(혼탁동구진) 그들이 그렇게 제멋대로 할 수 있는 유일한 이유는 하느님을 아는 지식이 전혀 없어서이다.

오경웅은 '눈꼽만치도 없다'고 표현한다. 과연 그렇다. 그런 이들이 눈치 보지 않고 마구 행할 수 있는 것은 오직 자기의 유익만을 구하며 가난한 영혼을 수탈하기 때문이다. 하지만 겨자씨만한 믿음만 있어도 충분하다고 하신 분이 있다. 예수 그리스도이다.

제목의 시이몽몽視爾夢夢은 『시경』「대아大雅」「억抑」에 나온다. '그대를 보니 어리석기 그지없어 내 마음 심히 안타깝구나!'視爾夢夢 我心慘慘(시이몽몽 아심참참)라는 구절이다.

2절의 부찰俯察은 동진東晉의 문필가 왕희지의 『난정서蘭亭序』에 '하늘을 우러러 우주의 원대함을 보고 아래로 살펴 만물의 무성함을 보노라'仰觀宇宙之大 俯察品類之盛(앙관우주지대 부찰품류지성)는 구절이 있다.

3절 혼탁溷濁은 혼탁混濁과 같다. 『초사』「이소離騷」에 '세상이 혼탁하니 어진 이가 견딜 수 없구나!'世溷濁而嫉賢兮(세혼탁이질현혜)라는 구절이 있다.

5절은 오경웅의 유학자다움이 드러나는 구절이다. 히브리 시인은 '하느님이 의인과 함께 하신다'고 하였는데 오경웅은 주여덕위린主與德爲隣, 덕 있는 자와 함께 하신다고 번역하였다. 히브리 신앙에서 하느님 앞에 나아갈 수 있는 조건이 의義인데 이것이 동양의 언어로 번역된다면 의義에 한정될 수가 없을 것이다.

의義는 정의正義의 맥락을 더 많이 담고 있다. 하느님의 인자하심과 의로움을 함께 닮아가는 것은 오히려 덕德이라 할 수 있다. 하느님은 덕 있는 자의 이웃이 되어주신다. 하느님을 닮아가는 이, 점점 더 하느님을 가까이 느낄 수 있을 터이니 말이다. 『논어』「이인里仁」편에 공자 이르길 '덕 있는 사람은 결코 외롭지 않으니 반드시 같은 뜻을 지닌 이가 있다'德不孤 必有鄰(덕불고 필유린)고 하였다.

6절에서도 히브리 성서는 유목민족답게 하느님께서 가난한 자의 피난처가 되신다 하나 오경웅은 유학자답게 '임금이신 하느님의 총애가 가난한 자에게 머문다'平生侮貧人 貧人主所寵(평생모빈인 빈인주소총)고 번역하고 있다. 임금에게 신임을 받는다는 것은 신하에게 있어서 그가 가진 역량을 다 발휘할 수 있도록 인정받는 것이다. 하느님 안에서 자신에게 주어진 온전한 삶을 살아갈 수 있는 것, 그것이 총애寵愛의 내실이다.

7절의 의새義塞는 이스라엘의 음역이다. 의역하면 의義의 요새라 하겠다. 아곡雅谷은 야곱의 음역으로 의역하면 아름다운 골짜기이다.

제15수

주님 전에 거할 사람 忠厚廉潔
충 후 렴 결

1 誰堪留帝所? 誰堪居靈山? 2 其惟行善者 心口無欺謾
수 감 류 제 소? 수 감 거 령 산? 기 유 행 선 자 심 구 무 기 만

3 旣無讒人舌 又無惡心肝 處世惟忠厚 克己待人寬
기 무 참 인 설 우 무 악 심 간 처 세 유 충 후 극 기 대 인 관

4 見惡避若浼 見善共相歡 一言九鼎重 得失非所患
견 악 피 약 매 견 선 공 상 환 일 언 구 정 중 득 실 비 소 환

5 不將重利剝 不作貪汙官 行善邀福澤 長如磐石安
부 장 중 리 박 부 작 탐 오 관 행 선 요 복 택 장 여 반 석 안

글자풀이

- **廉**(렴) 청렴, 검소
- **潔**(결) 깨끗하다
- **堪**(감) 견디다, 감당하다
- **留**(류) 머물다
- **謾**(만) 속이다, 업신여기다
- **讒**(참) 헐뜯다, 참소하다
- **浼**(매) 더럽히다
- **鼎**(정) 솥
- **重利**(중리) 매우 큰 이익(복리)
- **剝**(박) 벗기다, 상처 입히다
- **污**(오)=**汙**(오) 더럽다

옮김

1 뉘 있어 야훼 처소에 머물 수 있을까? 뉘 있어 거룩한 산에 거할 수 있을
까?
2 오직 선에 힘쓰며 마음과 입술에 거짓이 없는 이 3 혀로는 남을 헐뜯지 않
으며 마음으로 악을 품지 않으며 사람을 대함에 신실하고 후덕하며 자기를
절제하고 이웃에겐 넉넉하여 4 악을 보면 더러운 양 피하며 선을 보면 함께
기뻐하며 언행을 중히 여겨 지키려 힘쓰고 얻고 잃는 것을 염두에 두지 않
으며 5 높은 이자로 남을 벗겨먹거나 부패한 탐관노릇 하지 않는 이 선을
행하여 복이 찾아오니 흔들리지 않는 평안이 오래일 것이라

해설

시인은 하느님의 성소에 머무는 것을 누가 감당할 수 있느냐고 묻는다. 온통 인생을 꿰뚫어 비추는 거룩한 빛 앞에 감히 나설 수 있는 삶이 있을까마는 시인은 조심스레 하느님 전에 나아갈 덕성들을 제시한다. 그리고 이런 덕성들의 기반이 바로 극기克己이다. 이 시편의 제목처럼 신실하고忠(충) 관대하며厚(후) 청렴하여廉(렴) 깨끗한潔(결) 사람이라는 의미는 결국 자신을 잘 다스려 바른 예로 돌아간 사람이라고 할 수 있다.

극기복례克己復禮에서 예란 어떤 의식이나 행위의 절차로 해석될 것이 아니다. 오히려 그보다는 진리에 젖어들고 그 기쁨에 취함으로 자연스레 밖으로 솟구쳐 나오는 행위이다. 내면에 가득한 진리가 밖으로 자연스레 드러나는 것이 곧 예이다. 이럴 때 예는 단순한 형식에 머물 수 없다. 사실 절차와 형식 등의 여러 조건은 사회관계가 낳은 결과일 뿐이다.

공자는 극기의 의미가 인仁의 회복이며 '내가 원치 않는 것은 남에게도

베풀지 말라'己所不欲 勿施於人(기소불욕 물시어인)는 언명으로 압축한다. 극기는 예수님의 언어로 말한다면 자기 부인이겠다. 자기 부인의 텅 빈자리에 하느님의 뜻이 드러난다.

어느 선비가 말하였다. 힘써 구할 것이란 하나밖에 없으니, 곧 자기를 버리는 것뿐이다. 낙타와 같은 네 자아가 점점 작아져 마침내 무가 되면, 바늘구멍은 차라리 공활한 하늘이 되리라고. 이를 행하는 사람은 자연 겸손이 따르게 되고 타인을 선히 대한다. 극기는 결국 '자기를 닦아 이웃을 편안하게 하는 것'修己安人(수기안인)과 다를 바 없다. 이러한 자기 부인이 없다면 결국은 꾸밈이다. 꾸밈은 위선僞善을 낳을 수밖에 없다.

4절의 일언구정一言九鼎은 말의 무게를 소중히 여긴다는 성어成語이다. 정鼎은 제물을 삶기 위한 기물로 세 개의 다리와 두 개의 귀를 가진 그릇이다. 중국 고대 하夏나라의 우왕이 만든 기물器物을 구정이라 하는데 중국 전체를 상징하는 구주九州를 뜻하였다.

하夏, 은殷, 주周 3대에 걸친 보배로서 임금의 덕德을 상징하기도 하는데 왕조가 바뀌는 것 즉 천명天命이 옮겨간 것을 이 그릇이 옮긴 것으로 비유하였다.

자신의 말을 소중히 여겨 그것에 책임을 지려 한다는 의미도 있겠지만 그보다는 말함에 있어 그만큼 신중하다는 뜻이 먼저이다. 잘못된 말을 뱉어놓고 그에 대해 책임을 지려는 것 또한 어리석음이기 때문이다.

사마천의 『사기史記』「평원군열전平原君列傳」에 모毛 선생이 초楚나라에 가자 조趙나라의 국위를 구정九鼎과 대려大呂보다 더 무거운 것으로 만들었다. '모 선생의 세치 혀는 백만 대군보다 강하다고 하였다'毛先生一至楚而使趙重於九鼎大呂(모선생일지초이사조중어구정대려)는 일화가 있다.

같은 절의 득실비소환得失非所患은 황종희의 『송원학안宋元學案』에 '대장부 일을 나섬에 있어 바른가 그른가를 생각하지 이익인가 손해인가를 따지지 않는 법이며 하늘에 뜻을 따르는 것인가 거역하는 것인가를 논하지 일이

성공할까 실패할까를 염려하지 않으며 이 일이 만대에 선한 영향력을 끼칠 것인가를 생각하지 이 한 몸의 부귀영화를 추구하지 않는다'大丈夫行事 論是非 不論利害 論順逆 不論成敗 論萬世 不論一生(대장부행사 논시비 불론이해 논순역 불론성패 논만세 불론일생)고 하였다.

충忠에 대한 사족, 지금에야 충忠을 나라를 향한 충성忠誠의 의미로 쓰지만 옛적에는 충忠이란 신실함과 오롯한 마음이라는 의미를 담아서 썼다.

5절의 중리박重利剝은 중리반박重利盤剝의 줄임말이다. 높은 이자놀음으로 잔혹하게 갈취하는 것을 뜻한다. 『홍루몽紅樓夢』에 '네 아버지가 하는 것을 보면 정말이지 말을 꺼내기가 어렵구나. 그토록 고리대로 사람을 갈취한다하니 정녕 사람이라면 그렇게 할 수 있겠느냐?爾父親所爲 固難諫勸 那重利盤剝 究竟是誰干的(이부친소위 고난간권 나중리반박 구경시수간적)라는 글이 있다.

제16수

나의 피난처이신 야훼 精神堡壘

정 신 보 루

1 主乃我所依 一生安且怡
주내아소의 일생안차이

2 吾心白吾主 所天惟有汝 方寸無他好 懷主以爲寶
오심백오주 소천유유여 방촌무타호 회주이위보

3 域中諸聖人 亦是我所親 同游聖教中 其樂何融融!
역중제성인 역시아소친 동유성교중 기락하융융!

4 歸依邪魔者 愁上更添憂 祭祀含血腥 厥名亦可羞
귀의사마자 수상갱첨우 제사함혈성 궐명역가수

5 主是我基業 主是我歡杯 杯中酒常滿 家業永不衰
주시아기업 주시아환배 배중주상만 가업영불쇠

6 優游田園中 俯仰稱心意 日涉漸成趣 樂斯境界美
우유전원중 부앙칭심의 일섭점성취 낙사경계미

7 爲我開明悟 主恩豈不富? 夙夜無敢荒 惟恐忝大父
위아개명오 주은기불부? 숙야무감황 유공첨대부

8 恩主恒在目 宛然參我前 有主扶我右 吾志寧能遷?
은주항재목 완연참아전 유주부아우 오지녕능천?

9 怡悅充五內 歡愉騰舌端 永寄無窮望 形體亦自安
이열충오내 환유등설단 영기무궁망 형체역자안

10 爾必保吾魂 莫使淪幽冥 豈容聖者身 沾染朽腐痕?
이필보오혼 막사륜유명 기용성자신 첨염후부흔?

11 指我生命路 飫我瞻仰欣 常侍爾之右 福樂永盈盈
지아생명로 어아첨앙흔 상시이지우 복락영영영

글자풀이

- **怡**(이) 기뻐하다
- **白**(백) 아뢰다
- **所天**(소천) 아내가 남편을 일컫는 말
- **融**(융) 녹다, 화락하다
  融融(융융) 화평한 모양
- **添**(첨) 다하다
- **腥**(성) 날고기, 비린내
  血腥(혈성) 피비린내
- **厥**(궐) 그(지시하는 바)
- **俯**(부) 구부리다
- **稱**(칭) 헤아리다
- **境界**(경계) 상태
- **夙**(숙) 일찍, 빠를
- **夙興夜寐**(숙흥야매) 일찍 일어나고 늦게 잠자리 드는 일, 공부의 태도
- **荒**(황) 모자라, (흉년) 허황하다
- **忝**(첨) 더럽히다
- **恆**(항) 항상
- **宛**(완) 완연, 흡사
- **遷**(천) 옮기다
- **參**(참) 간섭하다 관계하다
- **五內=五臟** (오장) 몸을 가리킨다
- **騰**(등) 오르다
- **端**(단) 끄트머리
- **沾**(첨) 젖다
- **朽**(후) 썩다
- **腐**(부) 부패하다
- **痕**(흔) 자취, 흉
- **飫**(어) 실컷 먹다, 배불리다
- **瞻**(첨) 우러러보다

옮김

1주님 나의 일생의 의지처시니 평안과 기쁨 님께만 있나이다 2온 마음 다
해 주께 아뢰니 주님 제겐 오직 당신뿐입니다 주님을 사모함이 나의 전부
라 그밖에 아무 것도 없사옵니다 3이 땅에 거하는 거룩한 이들 제가 사랑
하는 이들이오니 주님의 가르침에 함께 젖으니 그 즐거움 얼마나 풍성한지
요! 4거짓된 신에 빠져버린 이들 근심과 걱정으로 둘러싸이며 제사의 피비
린내 가득하여도 거짓된 이름에 수치만 더할 뿐 5주님은 저의 분깃 제 기
쁨의 잔이시라 잔에는 주의 은총 가득하고 분깃은 영원히 쇠함 없어라 6님
주신 유업을 누리는 중에 엎드리고 우러르며 님의 뜻 헤아리네 날마다 더
주의 뜻 깨달아가니 그 경계의 아름다움 즐기게 되네 7제게 이런 깨달음
베풀어주시니 그 은혜 참으로 가멸하구나 새벽부터 한밤까지 태만할 수 없

으니 두려운 바 주님을 욕되게 할까 함이네 8은혜의 주님 마음에 담고 눈
앞에 계신 듯 주님과 함께 하네 주님 제 우편에서 붙잡아주시니 제가 어찌
다른 마음 품겠습니까? 9이 몸과 맘 기쁨으로 가득하고 기쁨의 환호성 높
여 드리네 영원히 주님께 저를 맡기니 이 몸뚱이 또한 편안하여라 10당신
은 제 영혼 지켜주셔서 죽음의 그늘에 빠지지 않게 하시니 어떻게 신실한
주의 백성을 더럽고 썩을 것에 버려두실까? 11제게 생명의 길 가르치시고
님 우러르는 기쁨으로 배부르게 하소서 주님의 오른편 늘 의지하오니 복과
낙 영원히 가득하리라

해설

삶에 경계가 있듯이 신앙에도 경계가 있다. 경계는 이것과 저것을 분리하는 선을 의미하지만 여기서는 이전의 상태를 뛰어넘어 새로운 상태로의 진입과 그 상태를 누리는 차원을 의미한다. 시인은 하느님과 오롯한 사귐의 경계를 노래한다. 시인은 주님을 의지所依(소의)하고 나아가 그 말씀에 젖어든다.游聖敎(유성교) 그리고 그분 안에 머물며優游(우유) 그분의 뜻에 합한다.稱心意(칭심의)

한 걸음 한 걸음 더 나아가 경계를 넘어서는 신앙의 여정이다. 그러니 그 외의 것에서는 조금의 기쁨도 누릴 수 없다.方寸無他好(방촌무타호) 정녕 맛본 이가 부를 수 있는 노래이다. 경계를 넘어서는 믿음은 점점 더 견고해진다. 한순간도 태만할 수 없으니無敢荒(무감황) 몸과 마음이 따로 나뉘지 않는다. 그러니 부어지는 은혜가 환희와 희열로 가득하다.

2절에 소천所天은 윤리적 의미로 아내가 남편을 일컫는 말이다. 아내의 삶 전체와 관련된 절대적인 한 사람으로서의 남편으로 읽는 게 좋겠다.

4절의 귀의歸依는 불교용어이다. 삼보三寶 즉 불법佛法과 불佛과 승가僧伽에

귀의하는 것을 뜻한다.

6절의 전원(주님 주신 유업)을 돌아보며 누리는 중에 날마다 더 깊은 깨달음을 얻는다는 문장은 도연명의 「귀거래사歸去來辭」에서 차용하였다.園日涉以成趣(원일섭이성취) 도연명이 벼슬을 버리고 집으로 돌아온 후 자연과 벗하여 날마다 전원을 거닐며 운치를 더해가고 있음을 말하는 대목이다. 오경웅은 이를 주님의 뜰 안을 거닐며 주님의 뜻에 맛들이는 것으로 표현하고 있다.

히브리 시인은 주님이 허락하신 유업에 즐거워하지만 오경웅은 그 유업을 누리면서 주님의 뜻을 겸손히 헤아려본다. 이를 부앙俯仰, '엎드려 우러른다'고 표현하였다. 신앙의 참된 자세이다. 주님을 우러를 수밖에 없으니 앙仰이되 동시에 엎드려 자신을 돌이켜 살피지 않을 수 없다. 그러니 부俯이다. 엎드림 없는 우러름은 자신을 잊는 공중누각이요, 우러름 없는 자기 살핌은 절망의 나락이다. 히브리 시편에서 뽑아내는 오경웅 시인의 눈매가 고맙다.

『채근담』에 '하나의 즐거운 경지가 있다면 곧 즐겁지 않은 경지가 서로 맞선다'有一樂境界 就有一不樂的相對待(유일락경계 취유일불락적상대대)고 하였다. 희노애락이 갈마들고 희비가 번갈아 든다는 의미이다. 오경웅이 신앙 안에서 누리는 경계와는 차이가 있겠다.

7절의 감히 태만하지 않았다無敢荒(무감황)는 『서경』「무일無逸」 편에 나온다. '은나라의 중종이 백성을 다스림에 있어 공경하고 두려워하여 감히 함부로 편안하지 않았다'治民祇懼 不敢荒寧(치민지구 불감황녕)고 하였다.

11절의 첨앙瞻仰은 『시경』「대아大雅」「첨앙瞻仰」에 나온다. '드넓은 저 하늘만 우러르는데 어찌해서 우리를 살피지 않으시나'瞻卬昊天 則不我惠(첨앙호천 즉불아혜)라고 하였다.

오경웅은 이 시편을 풀이하면서 '주님을 사모함이 나의 전부라 그밖에 아무 것도 없사옵니다'方寸無他好 懷主以爲寶(방촌무타호 회주이위보)라는 고백이 영적 생활의 핵심이라고 말한다. 유학에서 참된 공부의 알짬인 유정유일惟精惟一

을 말하는 것이다. 73편에서도 '하느님 당신께서 하늘에 계시오니 땅에서는 다른 즐거움 없사옵니다'在天惟在主 在地無他樂(재천유재주 재지무타락)라고 고백한다.

94편의 '하많은 걱정들 올올이 얽힐 때 주님을 떠올림이 큰 즐거움이라' 愁思千萬緖 思主是一樂(수사천만서 사주시일락) 하는 것도 교회의 참된 가르침이라고 하였다. 아울러 그것이 낳는 결과가 있는데 바로 하느님을 사랑하는 사람은 인륜도 외면하지 않는다는 것이다.

요한서신에서 말한 바도 이것이다. "아버지를 사랑하는 사람은 모두 그 자녀도 사랑합니다. 우리가 하느님을 사랑하고 그분의 계명을 실천하면 그로써 우리가 하느님의 자녀들을 사랑한다는 것을 알게 됩니다."(요한1서 5:2)

거짓됨 없네 无妄
무 망

1 求主矜愚直 聽我聲聲訴 我言無矯飾 但將赤誠吐
구주긍우직 청아성성소 아언무교식 단장적성토

2 願主鑒中情 願主持公平
원주감중정 원주지공평

3 吾主賜鍛鍊 清夜測吾心 吾主莫不知 應見我無妄
오주사단련 청야측오심 오주막부지 응견아무망

凡我口所言 莫非心所想
범아구소언 막비심소상

4 耿耿懷主訓 習俗非所尙 驕人行殘暴 何曾敢傚倣?
경경회주훈 습속비소상 교인행잔폭 하증감효방?

5 兢兢履主道 未嘗循邪枉
긍긍리주도 미상순사왕

6 何爲此絮絮? 知主必聽之 還祈傾爾耳 俾得畢其詞
하위차서서? 지주필청지 환기경이이 비득필기사

7 急難求主佑 吾主未嘗辭 我今復求主 援手昭仁慈
급난구주우 오주미상사 아금부구주 원수소인자

8 願主保小子 如保目中瞳 庇我翼蔭下 雍雍爾懷中
원주보소자 여보목중동 비아익음하 옹옹이회중

9 旣無群小慍 又免敵圍攻
기무군소온 우면적위공

10 兇敵與群小 麻木無惻隱
흉적여군소 마목무측은

11 驕矜而自慢 相逼何太甚
교긍이자만 상핍하태심

12 眈眈如餓虎 其勢不可遏 又如彼伏獅 穴中覷過客
탐 탐 여 아 호　기 세 불 가 알　우 여 피 복 사　혈 중 처 과 객

13 懇切求恩主 興起戮妖孽 用爾干與戈 救我脫橫逆
간 절 구 은 주　흥 기 륙 요 얼　용 이 간 여 과　구 아 탈 횡 역

14 更望賜提撕 俾與鄉愿隔 鄉愿生斯世 但爲斯世活
갱 망 사 제 시　비 여 향 원 격　향 원 생 사 세　단 위 사 세 활

以主無盡藏 暢恣其口腹 金玉旣滿堂 其子皆飫足
이 주 무 진 장　창 자 기 구 복　금 옥 기 만 당　기 자 개 어 족

積蓄遺兒孫 繩繩相嗣續
적 축 유 아 손　승 승 상 사 속

15 吾志異乎是 所求非世祿 淸白歸我主 常享承顔樂
오 지 이 호 시　소 구 비 세 록　청 백 귀 아 주　상 향 승 안 락

當吾甦醒日 見主便是福
당 오 소 성 일　견 주 변 시 복

글자풀이

- **矜**(긍) 불쌍히 여기다 삼가다
- **愚直**(우직) 고지식함
- **矯**(교) 속이다
- **矯飾**(교식) 거짓으로 겉모양만 꾸밈
- **赤誠**(적성) 참된 정성
- **清夜**(청야) 깊은 한밤중을 의미
- **耿**(경) 밝을
  耿耿(경경) 마음에 잊히지 않아 근심되는 모양
- **傚**(효) 본받다
- **倣**(방) 본뜨다
- **兢**(긍) 조심하다, 떨다
  兢兢(긍긍) 삼가고 두려워하는 모양
- **履**(리) 밟다
- **循**(순) 좇다
- **邪枉**(사왕)=**邪曲**(사곡) 마음이 바르지 아니함
- **枉**(왕) 굽다
- **絮**(서) 머뭇거리다
- **畢**(필) 마치다
- **嘗**(상) 일찍이
- **瞳**(동) 눈동자
- **庇**(비) 덮다, 감싸다
- **蔭**(음) 그늘
  庇蔭(비음) 두둔하여 보살펴 줌
- **雍**(옹) 화락하다
  雍雍(옹옹) 음악이 부드러워 듣기 좋은 모양
- **慍**(온) 성내다
- **麻木**(마목) 마비되다
- **逼**(핍) 핍박하다
- **眈眈**(탐탐) 예의 주시하다 (**虎視眈眈** 호시탐탐)
- **遏**(알) 막다
- **覷**(처) 엿보다
- **戮**(륙) 죽이다
- **幹**(간) 능력
- **提**(제) 끌다
- **撕**(시) 끌다
  提撕(제시) 후진을 이끌어 인도함, 떨쳐 일어남
- **鄕愿**(향원) 시골에서 군자연 하는 이,
  대접받는 위선자

• **無盡藏**(무진장) 다함이 없이 굉장히 많음
• **恣**(자) 방자하다
• **繩**(승) 노끈, 잇다
• **嗣**(사) 후사
嗣續(사속) 계통을 이음
• **甦**(소)=**蘇**(소) 소생하다
• **醒**(성) 잠이 깨다

옮김

1주님 제 우직함을 불쌍히 여기시고 간절한 외침에 귀기울이소서 거짓과
꾸밈없이 제 속을 토해 놓습니다. **2**제 속을 살피셔서 당신의 공평으로 판
단하소서 **3**주께서 저를 단련시키셨사오니 한밤중이라도 제 마음 측량하소
서 당신은 다 알고 계시오니 제 속에 거짓없음 아시리이다. 제 입에서 나
오는 말 마음에서 우러나온 것 뿐이니이다 **4**주님 가르침 잊지 않으려 마음
에 품고 세상 풍조일랑 따르지 않으며 건방진 이들의 잔학함 감히 닮으려
하지 않았습니다 **5**삼가 두려운 마음으로 주의 길 디디며 거짓되고 굽은 길
밟지 않았습니다 **6**주님 다 들으신 것을 제가 아는데 어찌 이리도 머뭇거리
십니까? 귀 기울여 주소서 이 내 말을 들어주소서 **7**외면하지 않으시는 주
님이시여 위급한 중에서 건져주소서 이제 다시 주님께 간구하오니 손 내미
사 인자하심 드러내소서 **8**어리석은 이 인생 눈동자같이 보호하사 주님의
날개 아래 감춰주셔서 평안히 당신 품에 머물게 하소서 **9**악인들의 분노 사
라지게 하시고 둘러싼 적들의 공격 피하게 하소서 **10**흉악한 악의 무리 저
소인배들 측은지심이라곤 아예 없으며 **11**으스대는 교만함 넘쳐 흘러서 저
들의 핍박은 얼마나 심한지 **12**굶주린 호랑이 먹이 노리듯 하니 그 기세 막
을 이 아무도 없고 숨어서 엿보는 사자와 같이 길가는 인생을 노려봅니다
13은혜의 주님께 간구하오니 일어나사 저들 죄값 치르게 하소서 당신의 능
력을 사용하셔서 저들의 행악에서 구해주소서 **14**다시금 저의 손을 이끌어
주셔서 저 위선자들과 멀어지게 하소서 저들은 이 세상 살아가면서 땅에서

누릴 것만 추구합니다 다함없는 주님의 큰 은혜를 방자하게 제 배만 채우
려 들고 제 집은 값비싼 것 가득 채우고 자식들 배 터지게 채워주면서 쌓
아놓은 것들 후손들에게만 대대로 물려주려 할 뿐입니다 **15**주님 제 마음은
저들과 같지 않으니 세상의 복록 구하지 않고 깨끗하고 맑은 맘으로 주님
께 나아가 당신 얼굴 뵙는 기쁨 누리고자 합니다 저를 깨우셔서 일으키는
날 주님 뵙는 것이 참된 복인 것을

해설

이렇게 기도할 수 있는 그 믿음은 무엇일까? 시인의 고백 속에 숨겨져 있다. 청야측오심淸夜測吾心, 한밤중이라도 제 마음을 측량해 보소서! 예로부터 자기 마음을 살피는 이는 혼자 있을 때의 공부가 참된 공부요, 남 보지 않을 때의 태도가 어떠한지를 살펴야 한다고 하였다. 그래서 옛 사람들은 신독愼獨, 홀로 있을 때 삼가는 마음을 지니길 힘썼으며, 『중용』에 '군자는 보이지 않는 것을 더욱 경계하고 신중하며 들리지 않는 것을 더욱 두려워한다'戒愼不睹 恐懼不聞(계신부도 공구불문)고 하였다.

한밤은 고요한 밤이며 아무도 보지 않는 밤이다. 아무도 보지 않는 그 밤이 하느님 실재하시고 살피시는 선명한 밤인지, 아무도 보지 않는 나 혼자만의 밤인지는 저만이 안다. 그 밤에 하느님 계시고 함께 하심을 몸으로 고백하며 산다면 사람 사는 이 세상에서야 말해 무엇하랴?

14절에 향원鄕愿이 나온다. 『논어』「양화陽貨」편에 향원이란 '덕을 해치는 존재이다'鄕愿德之賊也(향원덕지적야)라는 문장이 나온다. 말이 행동을 돌보지 않고 행동은 말을 돌보지 않으며 환관처럼 세상에 아첨하는 사람이 향원이다. 향원은 크게 비난할 것은 없어 보이지만 세속에 영합하면서 적극적으로 나쁜 짓을 하지 않지만 가치 판단의 기준을 흔든다. 그래서 덕을 어지

럽히고 끝내는 해치게 된다.

히브리 시인은 그들을 제 분깃을 받아 누리는 자라 하였는데 오경웅은 공자가 비난한 위선자인 향원으로 묘사한다. 위선자이되 크게 위선자임이 드러나지 않고 이利를 탐하되 마치 의義를 추구하는 것처럼 비치게 하는 기술을 지닌 사람이다. 하물며 마을에서 존경까지 받을 능력이 있는 사람이다. 참된 진리를 추구하지 못한다면 지식인의 모습도 결국 그와 같지 않을까? 종교 지도자도 마찬가지일거다. 오경웅도 자신의 풀이에서 향원은 인작人爵만 귀히 여기지 천작天爵은 무시하는 사람이며 예수께서 이런 사람을 불쌍히 여기셨으니 사람이 귀히 여기는 것을 하느님은 천히 여기신다(누가복음 16:15)고 하였다.

아울러 주렴계가 안회를 평한 글을 인용한다. '부귀는 사람들이 다 좋아하는 것이다. 허나 안회는 이를 좋아하지도 애써 구하지도 않았으니 가난 가운데서도 즐거워하였다. 이 무슨 마음인가? 천하의 모든 사람이 다 부귀를 좋아하고 구하려 하지만 그는 달랐으니 이는 지극히 큰 것을 보아 작은 것을 잊은 것뿐이다. 지극히 큰 것을 보면 마음 또한 커지고 흔들림이 없어진다. 마음이 커지니 부족할 게 없다. 부족함이 없으니 부귀나 빈천이나 다를 바가 없다.'

제목 무망无妄은 『주역』의 괘의 이름으로 '하늘의 움직임에는 거짓됨이 없다'天雷无妄(천뢰무망)는 뜻이다. 주자는 유교의 중요 가치인 성誠을 진실무망眞實无妄이라고도 하였다. 오롯한 진실만을 붙잡는 것이다.

1절의 우직愚直은 지나치게 곧기만 한 태도이다. 『열자列子』「역명力命」편에 교녕巧佞, 우직愚直, 약작婩斫, 편벽便辟 즉 간사한 자, 지나치게 곧기만 한 자, 깨우치지 못하고 어리석은 자, 남의 비위를 잘 맞추는 자들은 제 길만 고집한다고 하였다. 본문의 의미와는 차이가 있다.

2절의 중정中情은 내면의 진정한 마음이다. 『초사楚辭』「이소離騷」편에 '임은 내 진정한 마음을 살피지 않고 도리어 모함만 믿고 화를 내시네'荃不察余之

中情兮 反信讒而齎怒(전불찰여지중정혜 반신참이제노)라고 읊었다. 4절의 소상所尙은 심지소상心之所尙으로 마음으로 지향하는 바를 뜻한다.

5절의 미상未嘗은 일찍이 없었음을 뜻한다. 『논어』 「옹야雍也」에 공자의 제자 자유子游가 담대멸명澹臺滅明이라는 사람을 평하면서 '공적인 일이 아니라면 제 방을 찾아오지 않습니다'非公事 未嘗至於 偃之室也(비공사 미상지어언지실야)라고 하였다.

10절의 측은惻隱은 측은지심惻隱之心의 뜻이다. 『맹자』 「고자告子」 상에 '다른 사람의 아픔에 함께 아파하며 안타까이 여기는 마음은 모든 사람에게 있다'惻隱之心 人皆有之(측은지심 인개유지)고 하였다. 유학에서 사람이라면 누구나 지향해야 할 인仁의 단초이며 이러한 바탕에서 누구나 노력하면 성인이 될 수 있다는 사유가 시작된다.

14절의 금옥만당金玉滿堂은 『도덕경』에 나온다. '집안에 가득한 재화는 능히 지킬 수 없으며 부귀하여 교만하게 되면 스스로 화를 부르게 될 것이다'金玉滿堂 莫之能守 富貴而驕 自遺其咎(금옥만당 막지능수 부귀이교 자유기구)고 하였다.

같은 절의 무진장無盡藏은 무궁무진하여 다함없음을 의미한다. 불교에서 부처님의 광대무변한 덕을 묘사하며 '만물에 미치는 그 작용이 무궁무진하다'德廣難窮 名爲無盡 無盡之德包含曰藏(덕광난궁 명위무진 무진지덕 포함왈장) 하였다.

15절의 청백淸白은 맑고 깨끗한 마음이다. 『초사』 「이소離騷」에 '맑고 깨끗한 마음 간직하고 곧음으로서 죽음에 임하니 진실로 옛 성인의 두터운 마음이라'伏淸白以死直兮 固前聖之所厚(복청백이사직혜 고전성지소후)고 하였다.

제18수

승리의 노래 凱旋賦
개 선 부

1 中心愛主兮 我生命之根源
중 심 애 주 혜 아 생 명 지 근 원

2 主乃我之磐石與堡壘兮 亦爲我之恩保與所天
주 내 아 지 반 석 여 보 루 혜 역 위 아 지 은 보 여 소 천

藏身之窟兮 禦敵之干 仰岑樓之崔嵬兮 視兵革而彌堅
장 신 지 굴 혜 어 적 지 간 앙 잠 루 지 최 외 혜 시 병 혁 이 미 견

3 悲我身之遭厄兮 求恩主之矜憐 竟脫我於虎口兮 信慈惠之無邊
비 아 신 지 조 액 혜 구 은 주 지 긍 련 경 탈 아 어 호 구 혜 신 자 혜 지 무 변

4 殺氣氤氳兮纏身 狂濤氾濫兮驚魂
살 기 인 온 혜 전 신 광 도 범 람 혜 경 혼

5 幽冥之索綯重重 死地之羅網紛紛
유 명 지 삭 도 중 중 사 지 지 라 망 분 분

6 身陷艱險兮求主 竭聲向主兮呼籲 主聞吾音兮宮中 哀聲上達兮宸聰
신 함 간 험 혜 구 주 갈 성 향 주 혜 호 유 주 문 오 음 혜 궁 중 애 성 상 달 혜 신 총

7 主發怒兮乾坤震 大地顫兮衆岳崩
주 발 노 혜 건 곤 진 대 지 전 혜 중 악 붕

8 鼻騰烟兮口噴火 沙石爍兮草木焚
비 등 연 혜 구 분 화 사 석 삭 혜 초 목 분

9 天幕下垂兮主親降 足踏陰霾兮雲茫茫
천 막 하 수 혜 주 친 강 족 답 음 매 혜 운 망 망

10 駕凱神而馳騁 鼓風翼而翱翔 11 披重昏以爲幔兮 假靉靉而爲宮
가 개 신 이 치 빙 고 풍 익 이 고 상 피 중 혼 이 위 만 혜 가 애 애 이 위 궁

12 陰陽相薄而成雹兮 絳烟起於雲中
음 양 상 박 이 성 박 혜 강 연 기 어 운 중

13 顯至尊之赫赫兮 震天怒之隆隆
현 지 존 지 혁 혁 혜 진 천 노 지 륭 륭

15 於是嘘氣叱咤 冰炭俱落
어 시 허 기 질 타 빙 탄 구 락

14 火箭四射 敵人傾覆 15 地基暴露 江海成陸
화 전 사 사 적 인 경 복 지 기 폭 로 강 해 성 륙

16 主乃引手而相援兮 濟吾身於狂流 17 脫我於頑敵兮 救我於凶仇
주 내 인 수 이 상 원 혜 제 오 신 어 광 류 탈 아 어 완 적 혜 구 아 어 흉 구

18 固知吾主之聖心兮 恒抑强而扶柔 我既惟主是怙兮 敵雖衆而何憂?
고 지 오 주 지 성 심 혜 항 억 강 이 부 유 아 기 유 주 시 호 혜 적 수 중 이 하 우?

19 夫其解我之倒懸兮 爲愛我之故 20 備承溫燠兮 所以恤我之無辜
부 기 해 아 지 도 현 혜 위 애 아 지 고 비 승 온 욱 혜 소 이 휼 아 지 무 고

21 心地光明兮手潔 遵主之道兮翼翼 未入歧途兮居安宅
심 지 광 명 혜 수 결 준 주 지 도 혜 익 익 미 입 기 도 혜 거 안 택

22 恒懷慈訓兮無愆忒 23 樂心跡之雙清兮 愼聖目之所視
항 회 자 훈 혜 무 건 특 낙 심 적 지 쌍 청 혜 신 성 목 지 소 시

24 感吾主之相酬兮 實無微而不至
감 오 주 지 상 수 혜 실 무 미 이 부 지

25 盛矣哉 雅瑋之爲德也! 以仁報仁 以直報直
성 의 재 아 위 지 위 덕 야! 이 인 보 인 이 직 보 직

26 以正報正 而以逆報逆 27 蓋謙者必蒙升 而驕者必見抑
이 정 보 정 이 이 역 보 역 개 겸 자 필 몽 승 이 교 자 필 견 억

28 惟主一燃吾心之燈兮 而啓吾目之矇
유 주 일 연 오 심 지 등 혜 이 계 오 목 지 몽

29 雖三軍之當前兮 吾亦有所恃而無恐
수 삼 군 지 당 전 혜 오 역 유 소 시 이 무 공

既有主爲之扶翼兮 應能超踰敵人之城墉
기 유 주 위 지 부 익 혜 응 능 초 유 적 인 지 성 용

30 主道純兮主言粹 能倚主兮身無危
주 도 순 혜 주 언 수 능 의 주 혜 신 무 위

31 微雅瑋兮誰主? 微天主兮何怙? 32 主充我兮以力 使吾路兮安固
미 아 위 혜 수 주? 미 천 주 혜 하 호? 주 충 아 혜 이 력 사 오 로 혜 안 고

33 健吾步兮如鹿 植吾身兮高處
건오보혜여록 식오신혜고처

34 教吾手兮能戰 强吾臂兮能射
교오수혜능전 강오비혜능사

35 賜我以衛身之盾 佑我以聖手之力
사아이위신지순 우아이성수지력

沐我以仁 浴我以澤 滋茂條暢 實憑主德
목아이인 욕아이택 자무조창 실빙주덕

36 所履恢恢兮其有餘 脚踏實地兮而無蹶
소리회회혜기유여 각답실지혜이무궐

37 追逐敵蹤兮彼其潰 不予殄滅兮誓不歸
추축적종혜피기궤 불여진멸혜서불귀

38 紛紛負傷兮倒於地 僵臥足下兮不復起
분분부상혜도어지 강와족하혜불부기

39 嗟夫吾之能戰兮 非吾之力也
차부오지능전혜 비오지력야

40 克服衆仇兮 仗主之德也 敵人狼狽兮逃竄 仇人就戮兮無數
극복중구혜 장주지덕야 적인낭패혜도찬 구인취륙혜무수

41 呼人人不應 籲主主不顧
호인인불응 유주주불고

42 被我痛擊而粉碎兮 如飄風之揚灰 被我委棄於道旁兮 如糞壤之成堆
피아통격이분쇄혜 여표풍지양회 피아위기어도방혜 여분양지성퇴

43 主旣救我於衆民之背叛兮 又立我爲萬國之君
주기구아어중민지배반혜 우립아위만국지군

作新民以事我兮 且非我素識之人
작신민이사아혜 차비아소식지인

44 蓋惟同聲而相應兮 聞吾道而祇遵 苟中情其悅服兮 雖異族而猶親
개유동성이상응혜 문오도이기준 구중정기열복혜 수이족이유친

45 彼必泯其町畦而去其圭角兮 兢兢然棄其險固而來賓
피필민기정휴이거기규각혜 긍긍연기기험고이래빈

46 頌曰 欽哉雅瑋 願爾萬歲! 紆貴屈尊 作我藩衛
송왈 흠재아위 원이만세 우귀굴존 작아번위

銘心鏤骨 永懷慈惠 47 相我撥亂 安撫庶類
명심루골 영회자혜 상아발란 안무서류

48 脫我於凶逆 拯我於暴戾 保我於萬死 登我於大位
탈아어흉역 증아어폭려 보아어만사 등아어대위

49 敢不揄揚 布芳於世? 敢不歌詠 宣主之美?
감 불 유 양 포 방 어 세? 감 불 가 영 선 주 지 미?

50 主賜凱旋 於彼之王 主以膏澤 被彼元良
주 사 개 선 어 피 지 왕 주 이 고 택 피 피 원 량

寵祐大維 綏以寧康 來胤後嗣 榮祚無疆
총 우 대 유 수 이 녕 강 내 윤 후 사 영 조 무 강

글자풀이

- 壘(루) 성채
- 禦(어) 막다
- 岑(잠) 봉우리
  岑樓(잠루) 높은 누각
- 崔嵬(최외) 높고 가파른 모양
- 兵革(병혁) 전쟁에 쓰는 총검 등의 병기와 갑주
- 彌(미) 더욱
- 堅(견) 견고하다
- 氤(인) 기운이 성하다
- 氳(온) 기운이 어리다
  氤氳(인온) 천지의 기가 서로 합하여 어린 모양
- 纏(전) 얽다
- 氾(범) 넘치다
  氾濫(범람) 범람하다
- 索綯(삭도) 새끼를 꼬다
- 羅(라) 그물, 비단
- 紛紛(분분) 어지러이 많고 성한 모양
- 竭(갈) 다하다
- 籲(유) 부르짖다
- 宸(신) 하늘, 궁궐
- 聰(총) 귀 밝음, 명민하다
  宸聰(신총) 하느님의 들으심
- 顫(전) 떨다
- 烟(연) 연기
- 噴(분) 뿜어내다
- 爍(삭) 빛나다 태우다
- 踏(답) 디디다
- 霾(매) 흙비가 오다
  陰霾(음매) 하늘이 흐려지고 흙비가 내림
- 茫(망) 아득하다, 멍하다
  茫茫(망망) 넓고 멀어 아득한 모양
- 駕(가) 탈 것
- 凱(개) 싸움을 이기다
- 凱神(개신) 그룹
- 馳(치) 달리다
- 騁(빙) 말을 빨리 몰다
- 翺(고) 날다
- 翔(상) 날다
  翺翔(고상) 빙빙 돌며 날다
- 披(피) 펴다, 헤쳐놓다
- 幔(만) 장막
- 假(가) 빌리다
- 靉(애) 구름이 끼다
  靉靉(애애) 구름이 많이 낀 모양, 흐릿하다
- 陰陽相薄(음양상박) 음과 양이 서로 맞지 않음
- 薄(박) 업신여기다
- 雹(박) 우박
- 絳(강) 진홍빛
- 隆隆(륭륭) 세력, 소리가 왕성한 모양
- 嘘(허) 내쉬다, 탄식하다
- 叱(질) 꾸짖다
- 吒(타) 꾸짖다
  叱吒(질타) 꾸짖는 소리
- 炭(탄) 숯
- 覆(복) 엎어지다 되풀이하다
- 倒懸(도현) 거꾸로 매닮, 위급한 처지

• 燠(욱) 따뜻하다
溫薁(온욱) 따뜻함
• 翼翼(익익) 공경하고 삼가는 모양
• 歧(기) 갈림길
• 愆(건) 허물, 악질
• 忒(특) 틀리다, 변하다
愆忒(건특) 허물과 죄
• 酬(수) 갚다, 잔을 돌리다
• 謙(겸) 공손하다
• 升(승) 오르다
• 燃(연) 불사르다
• 啟(계) 열다, 깨우치다
• 矇(몽) 몽매함
• 扶翼(부익) 보호하고 도움
• 踰(유) 넘다
• 墉(용) 담
• 微(미) 작다, 여기서는 ~이 아니라면 ~으로 해석한다
• 粹(수) 순수하다
• 臂(비) 팔, 팔뚝
• 衛(위) 지키다
• 沐(목) 목욕, 윤택하게 하다
• 滋(자) 번성하다
• 憑(빙) 기대다, 의거하다
• 恢(회) 넓히다, 넓다
• 腳(각) 다리
• 蹶(궐) 넘어지다
• 逐(축) 뒤쫓다
• 蹤(종) 자취
• 殄(진) 끊어지다, 멸하다
• 僵(강) 넘어지다
• 臥(와) 엎드리다
• 仗(장) 기대다
• 狼(랑) 이리, 허둥대다
• 狽(패) 이리, 허겁지겁하다
狼狽(낭패) 허둥대다, 허겁지겁하다
• 竄(찬) 숨다, 달아나다
逃竄(도찬) 도망하여 숨음
• 戮(륙) 죽이다
• 灰(회) 재가 되다
• 委棄(위기) 일을 버려두고 돌보지 아니함
• 糞壤(분양) 썩은 흙, 더러운 땅
• 堆(퇴) 무더기, 쌓다
• 素識(소식) 구면, 알고 있음
• 祇(기) 편안하다, 마침내
• 遵(준) 복종하다
• 町(정) 밭두둑
• 畦(휴) 지경, 두둑
• 圭角(규각) 임금의 홀의 날카로운 부분, 재능이나 능력
• 兢兢(긍긍) 조마조마하여 마음 놓치 못함
• 險固 (험고) 지형이 험하고 수비가 단단함
• 藩(번) 지키다, 울타리
• 鏤(루) 아로새기다
• 撥 다스리다, 덜어없애다
• 撥亂(발란) 난리를 평정함
• 庶類(서류) 보통 종류
• 戾(려) 어그러지다, 거세고 사납다
• 揄(유) 끌다
揄揚(유양) 끌어올림
• 元良(원량) 황태자, 큰 선덕
• 祐(우) 하늘의 도움
• 大維(대유) 다윗의 음역
• 綏(수) 편안하다
• 胤(윤) 자손
• 嗣(사) 상속자
• 祚(조) 복

옮김

1내 생명의 근원되시는 야훼 주님을 사랑합니다 2야훼는 나의 반석 내 요
새이시며, 자비하신 보호자요 주인이시라 이 몸 숨겨주는 굴이시니 적의
창날로부터 지켜주시고 높은 곳에 세워진 산성이시라 병기와 갑주같이 굳
세나이다
3안타까이 이 몸 위험에 빠졌을 때 주님의 자비를 구하였고 끝내 죽음에서
건져주셨으니 가없는 그 자비 믿었음이라 4가득한 살의殺意가 이 몸 얽매고
광란의 파도 덮쳐 영혼은 경악했네 5죽음의 오라가 겹겹이 둘렀고 사망의
그물 어지러이 펼쳐졌네 6죽음의 위험 가운데서 주께 찾았네 소리 높여 야
훼께 호소하였네 주님 당신 전에서 그 소리 들으시니 내 애달픈 기도 주께
상달되었네 7주님 진노하시니 천지가 진동하고 땅이 흔들리고 산들 무너지
도다 8코에선 연기 솟구쳐오르고 입에선 불길을 뿜으시도다 모래와 돌 불
붙고 초목은 불타오르는도다 9하늘에서 주님 친히 오셨네 흙비를 밟으시고
구름 널리 펼쳐졌네 10그룹에 오르시어 달리셨으며 바람 날개 치시며 날아
오르셨네 11깊은 어둠 펼치사 장막 삼으시고서 구름을 두르사 거처 세우셨
네 12음양이 부대끼어 우박이 되고 구름 속에선 붉은 연기 일어났네 13지
극히 존귀한 분의 광채 드러났도다 하늘을 흔드시는 진노가 펼쳐졌네 14사
방으로 쏘는 불화살들로 적들은 넘어지고 엎어졌도다 15땅의 기초가 드러
났으며 물밑이 드러나 땅으로 변했도다
16주님 손내미사 나를 잡아주시고 사나운 물결에서 건져주시니 17완악한
적과 흉포한 원수들에게서 이 몸 구원하셨네 18진실로 야훼의 거룩한 뜻
알지니 언제나 강한 자 억누르시고 연약한 이 붙잡아 세워주시네 나 오직
주님만 의지하오니 적들이 하 많아도 무엇이 두려우랴? 19거꾸로 매달린
날 풀어주심은 야훼 주님 나를 사랑하신 연고요 20푸근히 받아주사 넉넉
히 채우심은 결백한 나를 안타까이 여기심이라 21나의 마음 깨끗하고 행실

바르며 야훼의 길 공경하며 삼가 따랐도다 헛된 길로 빠지잖고 주 뜻 안
에 거하고 22우리 주님 교훈을 늘 되새기니 허물과 사특함 내겐 없도다 23
몸과 맘 깨끗하니 즐거웁고나 거룩한 주의 눈길 기억하며 삼가네 24미미한
것 조차 놓치잖고 돌보시는 야훼의 베푸심에 감사와 감격이라
25풍성하구나 야훼의 크고도 큰 사랑이여 어진 이에겐 어짐으로 올곧은 이
에겐 올곧음으로 갚으시고 26깨끗한 이에겐 깨끗함으로 대하시나 거스르는
자에겐 주 또한 거스름으로 응하시도다 27겸손한 이는 높여 주시고 교만한
자는 끌어 내리시네 28야훼께서 내 마음의 등을 밝혀주시니 내 어둔 눈을
밝히 보게 하시네 29수많은 적들 내 앞에 있다해도 주님을 의지하니 두려
움 없도다 주님 보호하시고 도우시나니 적의 높은 담장 뛰어 넘나이다
30주의 길 순결하고 야훼 말씀 순수해라 주님을 의뢰하니 위태로움 없구
나 31야훼님 아니라면 그 누가 주님인가? 하느님 아니고 대체 누굴 의지
할까? 32주님 내게 힘 주시고 내 길 안전케 하시니 33내 발걸음 사슴처럼
날렵하게 하사 이 내 몸 높은 곳에 세워주시네 34내 손을 전투에 능케 하
시며 팔을 강하게 하사 강궁 쏘게 하시네 35이 몸 지킬 방패를 내려주시고
거룩한 오른 팔로 보호하시네 사랑과 은총으로 보살피시니 주의 덕으로 더
욱 창성하도다 36내 걸음 크게 하사 지경을 넓히시고 내 발을 든든케 하사
넘어지잖게 하셨네 37적의 자취를 쫓아 무너뜨리니 그러기 전 까지는 돌아
오지 않았네 38상하여 쓰러지는 원수들 넘쳐나고 엎드러진 후에는 다시 서
지 못하였네 39오호라 싸움에 이리도 능한 것은 결코 나의 능력 아니었도
다 40적들을 무찔러 승리한 것은 주님의 손길에 기대었음이라 적들은 낭
패하여 뿔뿔이 도망하고 원수들의 죽음은 셀 수 없으니 41저들이 소리쳐
도 응하는 이 없으며 주께 호소한들 돌아보지 않으셨네 42나로 인해 부서
진 적들 바람결에 날리는 재와 같았고 저들을 길가에 내버려두니 쓸모없는
흙덩이마냥 쌓이었도다 43백성들 내게서 돌아섰을 때 주께서 나를 건져주
시고 뭇 나라의 임금으로 세워주셨네 내가 알지 못하던 백성들조차 마음을

바꾸어 나를 섬기네 44 저들이 한 맘으로 순종을 하고 나의 말 충심으로 따
르는도다 진실한 마음으로 기쁘게 복종하니 이방 백성이라도 한 족속 같도
다 45 저들 필히 멸하여 밭두둑 흩뜨리고 저들 가진 힘 꺾어야 하겠으나 두
려워 떨면서 요새를 버리고 제 앞에 나와서 고개 조아렸도다
46 야훼 하느님을 흠숭하여라! 주님의 영광 영원하여라! 존귀하신 주님 당
신을 낮추사 우리를 지키시고 보호하시니 주님의 사랑과 자비로우심 영원
히 그 마음에 새길지어다
47 주께서 도우사 난리가 평정되고 뭇 백성 이제는 잠잠해졌네 48 흉악한 적
들로부터 건져주시고 사나운 원수에게서 구해주셨네 온갖 죽음의 위협에
서 보호하시고 끝내 나를 높은 곳에 오르게 하셨네 49 우리 야훼 주님의 아
름다우심 어찌 드높이지 않으며 찬양 않으랴? 만방에 널리 알리며 전하리
라 50 야훼께서 왕에게 승리를 주시고 기름을 부으사 왕조로 정하셨네 다윗
을 총애하사 평안케 하시며 영원토록 대대로 복 누리게 하셨네

해설

개선의 노래인데 그 형식을 부賦로 취하였다. 부는 시가 지닌 압축미보다는 산문적인 성분이 늘어난 문장의 종류로 '펼쳐 서술한다'는 뜻을 담고 있다. 글을 아름답게 펼치고 문장을 다채롭게 엮어서 일어난 사건이나 사물을 묘사하여 감정과 사상을 충분히 표현한 것을 뜻한다. 즉 시가 감정을 좇는다면 부는 사물의 묘사를 중시하는 문장 형식이다.

사울과 여타의 원수들의 핍박 속에서 쫓겨다니던 다윗이 모든 어려움에서 건져진 후 부른 노래이다. 그 감격과 은총을 어찌 압축해서 한 두 마디로 말할 수 있으랴? 긴 서사의 시를 드려도 부족하지 않을까 싶다. 죽음에서 생명으로 옮겨주시고 치욕에서 영광으로 높이 올려졌으니 그 감격 속

에 담긴 심정을 고작 언어로 어찌 다 드러낼 수 있을까? 찬양이 이어질수록 부족함만 느끼지 않을까? 누릴수록 점점 더 크게 다가오는 것이 님의 은혜요 그에 비해 감사와 찬양은 점점 더 부족할 뿐이다.

15절의 빙탄구락氷炭俱落은 히브리 시에서 우박과 숯불이 함께 떨어짐을 뜻한다. 허나 동양적 사유에서는 '얼음과 숯불을 한 그릇에 담을 수 없고 혹한과 무더위가 한 때에 같이 올 수 없다'氷炭不同器而久 寒暑不兼時而至(빙탄부동기이구 한서불겸시이지)고 여겼다. 그러니 하느님의 분노가 얼마나 놀라우며 인생의 상상을 넘어서는지를 묘사한다고 하겠다.

23절의 심적쌍청心跡雙淸은 남조 송대 사령운謝靈運의 『재중독서齋中讀書』에 '하물며 산천으로 돌아오고 나니 몸과 마음 모두 고요해지네'矧乃歸山川 心迹雙寂寞(신내귀산천 심적쌍적막)라고 하였다.

두보의 시 「병적삼수屛迹三首」에도 '명아주 지팡이 짚고 흰머리 되고 나니 몸과 마음 다 시원하구나'杖藜從白首 心迹喜雙淸(장려종백수 심적희쌍청)라고 노래하였다. 마음과 행위 모두 고결하여 조금의 속된 기운이 없음을 의미한다.

아울러 히브리 시에서는 주님의 법도에 따라 살며 어기지 않았음을 강조한다면 오경웅은 주님의 길을 따르기에 일어나는 즐거움을 강조하고 있다. 참된 순복은 따르는 이에게 점차 즐거움을 일으킨다. 꿀송이처럼 달다 함이 같은 고백이다.

24절의 무미부지無微不至는 송宋 위료옹의 「사면독시군마걸이참찬군사종승상행주찰辭免督視軍馬乞以參贊軍事從丞相行奏札」에 나오는 말로 '아주 작은 것에도 미치지 않음이 없이 철저하게 세밀하게 고려한다'는 뜻이다.

29절의 삼군三軍은 주周나라의 군대 편제로서 중군中軍과 상, 하군을 합하여 삼군이라 하며 각 군은 1만 2,500명으로 합하여 3만 7,500명이다. 많은 군대를 이른다.

43절의 작신민作新民은 중국 고대 역사에서 주나라가 은나라를 멸망시키고 나서 멸망한 은나라의 유민들을 어떻게 대할 것인가가 문제가 되었다.

이에 주공周公이나 성왕 등은 은나라 유민들을 그냥 내치지 않고 천명이 주나라로 옮겨졌으니 이제 반발하지 말고 새로운 나라에서 화합할 것을 설득하였다. 그리하여 그들을 새 나라의 백성으로 살아갈 수 있도록 변화시켜 나가고자 하였으니 이를 작신민作新民이라 한다. 『서경』「강고康誥」에 '주공이 동생 강숙에게 오직 임금을 도와 하늘의 명을 안정시키고 백성을 만들라'亦惟助王 宅天命作新民(역유조왕 택천명 작신민)고 하였다.

45절에서 히브리 시인은 다윗이 적들을 모두 바람 앞의 먼지처럼 다 갈아 부수고 오물처럼 쏟아버렸다고 하면서 저들이 할 수 없이 기진맥진하여 성곽에서 나왔다고 노래하였다. 그런데 오경웅은 원수되었던 이들로 하여금 새로운 사람이 되게 해주셔서 그들이 자신을 섬기며 이로써 다른 민족들조차 따르게 되었다고 노래하고 있다. 자못 차이가 있다.

히브리 시인이 적을 무찌른 승리를 노래한다면 오경웅은 이 승리에 작신민作新民의 의미를 더하여 유교적 사상에서 임금의 주요한 역할인 교화敎化를 덧붙이고 있다. 참된 임금聖人(성인)에겐 경계가 없음을 말하고자 함일까? 그러나 저러나 그럼에도 하나인 것은 이 모든 것이 하느님의 은덕이며 그분께서 베푸신 은총이라는 고백이다. 그러니 영광과 찬양 받으실 분은 야훼 하느님 한 분뿐이시다.

46절의 굴존屈尊은 굴기지존屈己之尊의 줄임말이다. 나를 낮춰 남을 높이는 공경의 모습을 뜻한다. 우귀굴존紆貴屈尊은 굴존우귀屈尊紆貴로 자주 쓰인다. 지위가 높은 이가 스스로 자기를 낮춰 낮은 이에게 엎드리는 것을 의미한다.

47절의 안무按撫는 전란 중이거나 전란이 끝난 후 백성들을 안정시키는 일을 뜻한다. 과거에는 매우 중요한 직무였다.

제19수

세상 다스리시는 주의 묘한 법 乾坤與妙法
건 곤 여 묘 법

1 乾坤揭主榮 碧穹布化工
건 곤 게 주 영 벽 궁 포 화 공

2 朝朝宣宏旨 夜夜傳微衷
조 조 선 굉 지 야 야 전 미 충

3 默默無一語 教在不言中
묵 묵 무 일 어 교 재 불 언 중

4 周行遍大地 妙音送長風
주 행 편 대 지 묘 음 송 장 풍

5 晨曦發帝鄉 丰采似玉郎
신 희 발 제 향 풍 채 사 옥 랑

洋洋溢喜氣 逍遙出洞房
양 양 일 희 기 소 요 출 동 방

6 天行一何健 六合任翱翔
천 행 일 하 건 육 합 임 고 상

普照無私曲 萬物被其光
보 조 무 사 곡 만 물 피 기 광

7 妙法洵全美 我魂得歸依
묘 법 순 전 미 아 혼 득 귀 의

靈證洵萬確 童蒙識玄機
영 증 순 만 확 동 몽 식 현 기

8 玉律豈有瑕 祇守心自怡
옥 률 기 유 하 기 수 심 자 이

聖典何皎潔 悅目驚新奇
성 전 하 교 결 열 목 경 신 기

9 天威分明在 萬古永不移
천 위 분 명 재 만 고 영 불 이

神斷剖黑白 陰隲定是非
신 단 부 흑 백 음 즐 정 시 비

10 價值邁金石 滋味勝蜜飴
가 치 매 금 석 자 미 승 밀 이

11 小子知趨避 福祿盡在茲
소 자 지 추 피 복 록 진 재 자

12 誰能悟其愆? 惟主濯其疵
수 능 오 기 건? 유 주 탁 기 자

13 去我驕矜意 莫令傲慢滋
거 아 교 긍 의 막 령 오 만 자

庶可無大過 庶免染塵緇
서 가 무 대 과 서 면 염 진 치

14 願我口所言 與我心所想
원 아 구 소 언 여 아 심 소 상

悉能愜聖心 悉能慰天慈
실 능 협 성 심 실 능 위 천 자

主乃我磐石 微主吾誰歸?
주 내 아 반 석 미 주 오 수 귀?

글자풀이

- **揭**(게) 들다, 걸다
- **穹**(궁) 하늘
- **宏**(굉) 크다, 넓다
- **衷**(충) 깊은 심중
- **晨**(신) 새벽
- **曦**(희) 햇빛
  晨曦(신희) 새벽 빛
- **帝鄕**(제향) 제왕이 난 곳, 하느님이 계신 곳
- **丰**(풍) 어여쁘다
- **采**(채) 드러나 보이는 모양
- **洋洋**(양양) 한 없이 넓음
- **洞房**(동방) 깊숙한 밤, 부부의 연 맺는 방, 화촉동방
- **六合**(육합) 천지사방
- **翱翔**(고상) 빙빙 돌며 날다
- **私曲**(사곡) 불공평하고 바르지 않은
- **洵**(순) 진실로
- **瑕**(하) 티, 허물
- **祇**(기) 다만
- **怡**(이) 기쁘다
- **皎**(교) 희다, 깨끗하다
- **皎潔**(교결) 밝고 맑음
- **剖**(부) 명백하다, 쪼개다
- **騭**(즐) 정하다
  陰騭(음즐) 하늘이 정하는 길흉화복, 섭리
- **邁**(매) 멀리 가다, 힘쓰다
- **蜜**(밀) 꿀
- **飴**(이) 엿, 단맛, 먹이다
- **趨**(추) 마음이 쏠리다, 종종 걸음으로 빨리 걸음
  趨避(추피) 재빨리 도망하여 피하다
- **茲**(자) 지금 여기
- **愆**(건) 허물
- **濯**(탁) 씻다
- **疵**(자) 흉, 흠
- **滋**(자) 불다, 불어나다
- **庶**(서) 바라건대
- **染**(염) 물들다
- **緇**(치) 검게 물들다
- **悉**(실) 갖추다, 모두
- **愜**(협) 합당하다
- **慰**(위) 위로하다

옮김

1천지가 주의 영광 드러내 보이고 푸른 하늘은 지으신 이의 솜씨 나타내네
2낮은 낮에게 크신 주님의 뜻 선포하고 밤은 밤에게 그 깊은 심중 전하네
3묵묵히 한마디의 말 없으나 말 없는 가르침 이루어지도다 4두루 대지 어
디를 다녀보아도 소리없는 묘음 멀리멀리 퍼지네 5하느님 계신 곳 새벽빛

이 어리면 태양은 멋진 신랑과 같이 신방에서 나오네 6하늘의 운행은 얼마
나 건실한가 천지 사방 어디 하나 놓치는 바 없고 고루 비추어 공평치 않
음 없으니 만물이 그 빛을 두루 덧입네 7하느님의 법 진실로 아름다워 내
영혼 정녕 의지처를 얻으며 주님의 증거는 진실로 참되니 어리석은 이조차
묘한 이치 알게 하네 8하느님 말씀에 어찌 허물 있으랴 지키기만 하면 기
쁨이 솟고 거룩한 말씀 얼마나 순결한가 말씀의 신비에 눈을 뗄 수 없구나
9주님의 위엄 너무도 분명해라 영원토록 한결같아 흔들리지 않는구나 하느
님 심판은 언제나 정확하니 주님의 섭리 옳고 그름 확정하네 10그 귀한 뜻
금보석에 댈 것 아니며 엿과 꿀 그보다도 달디달다네 11나 어리석게 주의
법 떠난다면 복과 즐거움 다할 것을 분명히 아네 12누가 능히 자기 허물을
깨달아 알랴? 주님만이 그 허물 씻어주시네 13제 교만한 생각 제하여 주시
고 오만하고 헛된 생각 자라지 않게 하소서 바라건대 큰 허물 없게 하시고
죄악에 물들지 않게 하소서 14제 입에서 나오는 말 떠오르는 생각들 이 모
두 주님 뜻에 합당하게 하시고 주님의 자비에 맞갖게 하소서 주님 제 반석
이시오니 주님 아니시라면 제가 어디로 돌아가리이까?

해설

6절의 천행건天行建은 『주역』에 나오는 구절이다. '하늘의 운행은 얼마나 건실한가? 군자는 이를 본받아 스스로 힘써 쉬지 않는구나!'天行建 君子以自强不息(천행건 군자이자강불식) 성경본문의 구절은 해에 대한 묘사이지만 오경웅은 이를 하늘의 묘사로 풀어낸다.

오늘 우리는 환경이라는 용어로 우리를 둘러싼 자연과 그 속에 담긴 섭리를 대상화 하고 과학이 밝혀낸 일부 사실로 마치 모든 것을 알고 있다고 착각한다.

신비가들의 말대로 과학이 '어떻게' 그리 되었는지는 알아낼 수 있겠으나 '왜?' 그리 되었는지는 영원한 물음에 속한다. 신앙은 '어떻게'에 매이는 것이 아니라 '왜?'라는 물음 앞에 서는 것이다. 하늘의 운행과 섭리 앞에서 사람이 할 도리는 무엇인가? 옛 사람들은 이를 본받아 스스로 힘써 닮으려 했다. 그렇게 마음을 다듬고 지킬 때 저 깊은 속에서 기쁨이 우러나온다. 수심자이守心自怡이다.

하늘의 운행과 말없는 자연의 순리와 법은 괜히 있는 것이 아니다. 그 속에 담긴 하느님의 뜻을 발견하고 닮아가라고 있는 것이다. 그렇지 않다면 아무리 신묘한 자연의 이치를 깨우친들 무슨 소용이 있을까?

2절의 굉지厷旨와 미충微衷은 같은 의미를 내포하면서도 상호보완한다. 굉지는 크고 높은 뜻, 전체적인 눈매로 보는 것이며 미충은 세미하고 깊은 뜻이라 하겠다. 하느님의 뜻의 양면을 묘사하였다.

5절의 제향帝鄉은 도연명의 「귀거래사歸去來辭」에 나온다. '신선의 나라에 들어갈 것을 나 기대할 수는 없으나'帝鄉不可期(제향불가기)라고 노래하였다. 오경웅은 이 풍성한 의미를 하느님의 거처로 번역하였다.

같은 절의 신희晨曦는 막 떠오르는 아침 햇살이다. 도연명의 「한정부閑情賦」에 '새벽의 밝은 빛 저녁마다 바뀜에 슬퍼하고 삶의 수고로움을 애달파한다'悲晨曦之易夕 感人生之長勤(비신희지역다 감인생지장근)고 노래하였다.

7절의 현기玄機는 불교나 도교에서 마음을 깨우치는 오묘한 도리를 뜻한다. 명明 풍유민馮惟敏의 「상조집현빈 희제소주이강성좌할걸휴商調集賢賓 喜第少洲以江省左轄乞休」라는 노래에 '맑은 마음으로 도에 관한 책을 읽고 좋은 벗들과 묘한 이치를 궁리하니 이러한 시간에 하늘의 이치를 깨닫게 되누나'淸心讀 道書 古談窮妙理 这其間早 已悟玄機(청심독도서 고담궁묘리 저기간조 이오현기)라고 하였다. 하늘의 뜻으로 읽어 천기天機로도 읽을 수 있다.

같은 절의 동몽童蒙은 어리석고 우매하다는 의미로 『주역』 「몽괘蒙卦」에 '몽은 가르침이니 형통한다. 내가 동몽을 찾는 것이 아니라 동몽이 나를 찾아야 한다'蒙亨匪我求童蒙 童蒙求我(몽형비아구동몽 동몽구아)라고 하였다.

8절의 열목悅目은 상심열목爽心悅目의 줄임말로 보기에 너무 즐겁고 기쁘다는 의미를 지녔다.

같은 절의 하瑕는 본래 옥玉에 난 작은 흠결인데 그럼에도 선명하게 드러난다. 후에 일체의 결점이나 문제를 뜻하게 되어 12절의 자疵와 함께 하자瑕疵로 쓰인다.

9절의 음즐陰騭은 『서경』「홍범洪範」편에 나오는 말이다. 임금이 된 이가 지혜로운 이를 찾아가 묻기를 '하늘은 말없는 가운데 백성들로 하여금 편안히 자리 잡고 살도록 항상 그들의 행동하는 바를 살피고 보호하고 있는데(이것이 음즐이다) 이 도리가 어떻게 베풀어지는지 나는 알지 못하니 일러달라'惟天陰騭下民 相協厥居 我不知其彝倫 攸叙(유천음즐하민 상협궐거 아부지기이륜 유서)고 청하는 문장에 나온다. 기독교 신앙으로 표현한다면 '섭리요 경륜'이라고 할 수 있겠다.

오경웅은 이 시편에 철학자 칸트의 언급을 덧붙였다. '머리 위 하늘에는 별이 있으며 마음 가운데는 하늘이 부여한 양심이 있어 늘 사람으로 하여금 늠연凜然하게 하고 송연悚然하게 하니 이를 멈출 수 있는 것이 아니다.' 이 진술이 이 시편의 주석이다.

제20수

승리를 비는 기도 預祝勝利

예축승리

1 惟願主雅瑋 眷爾患難中 惟願雅谷主 聖名保爾躬
유원주아위 권이환난중 유원아곡주 성명보이궁

2 願主自聖殿 錫爾恩寵隆 願主自聖山 錫爾福履充
원주자성전 사이은총륭 원주자성산 사이복리충

3 念爾禋祀勤 悅爾燔祭豐 4 心願悉獲償 謀為皆成功
염이인사근 열이번제풍 심원실획상 모위개성공

5 行見爾凱旋 萬民喜氣沖 會當樹長旌 共慶主名崇
행견이개선 만민희기충 회당수장정 공경주명숭

6 願主成爾志 使爾樂融融 固知受命王 恃主掃群凶
원주성이지 사이락융융 고지수명왕 시주소군흉

主在諸天上 安然居九重 援爾以右手 帝力寧有窮?
주재제천상 안연거구중 원이이우수 제력녕유궁?

7 徒誇車馬力 敵人何夢夢 吾人恃主名 不與彼人同
도과거마력 적인하몽몽 오인시주명 불여피인동

8 彼皆仆在地 我立猶挺胸
피개부재지 아립유정흉

9 惟願主雅瑋 保王徹始終 聽我此日禱 鑒我區區衷
유원주아위 보왕철시종 청아차일도 감아구구충

글자풀이

- **雅谷**(아곡) 야곱
- **躬**(궁) 몸소, 친히
- **禋**(인) 제사 지내다
- **祀**(사) 제사
- **行見**(행견) 이윽고 보게 되다
- **凱旋**(개선) 싸움에 이기고 돌아옴
- **沖**(충) 높이 오를
- **樹**(수) 세우다
- **旌**(정) 깃발
- **融融**(융융) 평화로이 즐기는 모양
- **徒**(도) 쓸모없는
- **誇**(과) 자만하다
- **夢夢**(몽몽) 얼빠진 모양
- **仆**(부) 엎드리다
- **挺**(정) 빼어날
- **胸**(흉) 가슴 속
- **區區**(구구) 잗다란 모양
- **衷**(충) 속마음

옮김

1야훼 우리 주께 간구하오니 환난 중에 임금을 돌보소서 야곱의 주님께 청
하오니 거룩한 이름으로 지켜주소서 **2**성전으로부터 임금에게 넉넉한 은총
부어지게 하시고 성산으로부터 그 발걸음 든든하게 하소서 **3**임금이 정성으
로 드리는 제사를 기억해 주시고 번제를 드릴 때 기쁨으로 받으소서 **4**그가
바라는 것 얻게 하시며 도모하는 바 이뤄지게 하소서 **5**임금의 개선을 보게
하시며 온 백성은 그로 인해 기뻐하게 하소서 다들 모여 승리의 깃발 올리
며 주의 귀한 이름 높이게 하소서 **6**주께서 임금의 소망에 응답해주사 임금
의 즐거움 넘치게 하소서 진실로 주의 뜻 임금께 있음 알아 주님만 의뢰해
악을 소멸키를 야훼는 하늘 위 깊은 하늘에 계시나 오른 팔을 드셔서 임금
을 도우시니 당신의 능력 막힘이 없으시네 **7**전차와 기마의 힘 믿는 적들은
되도 않는 환상에 빠져 있으나 우리는 야훼 이름 의지하오니 저들과 같지
않사옵니다 **8**저들 결국 땅 위에 엎드러지나 우리는 오히려 꿋꿋이 서리이
다 **9**야훼 우리 주께 간구하오니 언제나 임금을 보호하소서 미천하기 그지
없는 인생이오나 오늘의 이 기도 들어주소서

싸움터로 나가는 임금을 위한 기도이다. 임금의 승리를 위해 하느님께서 도우실 것을 간구하는 기도인데 히브리 시인은 임금이 기름 부음 받은 이임을 말하는데 오경웅은 하늘로부터 명命을 받았다고 전환시키고 있다. 임금의 마음에 새겨진 뜻志(지)은 하늘이 부여한 천명天命이다.

저들은 전차와 기마를 의지하나 임금은 하느님으로부터 받은 하늘의 뜻을 의지한다. 승리를 위한 기도는 무조건 내 편이 이기기를 바라는 것이 아니라 하늘의 공정하고 바른 뜻을 이어받은 임금의 승리를 위한 기도이다. 그렇지 않다면 전차와 기마를 의지하는 저들과 무엇이 다르랴?

따라서 명命은 목숨을 뜻하기도 하지만 하늘로부터 받은 마땅히 행해야 할 사명使命이기도 하다. 그래서 수명壽命은 수명受命이다. 이 목숨 가지고 받은 바 그 명을 행치 않는다면 그건 제대로 된 목숨이 아니다. 하늘이 부여한 명命에 응한 이에게 목숨命(명)의 길이는 문제가 아니다.

유교에서 왕조가 바뀌는 것에 정당성을 부여할 때 천명天命이 옮겨졌다고 한다. 중국 고대 하夏, 은殷, 주周 삼대의 변화는 그러한 천명의 바뀜으로 묘사된다. 왕조의 부패와 어그러짐이 심하여 백성이 더 이상 살아갈 수 없을 때 하늘의 뜻은 낡은 왕조를 떠나 새로운 왕조를 세운다. 그러므로 혁명革命은 다른 왕조로 바뀌는 것인데 비합법적 수단이 동원될 수밖에 없으나 백성을 편안하게 하고 그것으로 역천逆天이 아닌 순천順天임을 강조하였다.

2절의 복리福履는 복록福祿과 같은 의미이다. 『시경』「주남周南」「규목樛木」에 '즐거울사 우리 님아 복넝쿨이 감고 있네'樂只君子 福履綏之(낙지군자 복리수지)라고 노래한다.

6절의 구중九重은 『초사』「천문天問」에 나온다. '둥근 하늘은 아홉 층으로 되었다는데 누가 그것을 다스릴까?'圜則九重 孰營度之?(원즉구중 숙영도지)라고 하였다. 아홉은 동양적 사유에서 가장 많은 것이나 말할 수 없는 것을 가리킨다. 구중천九重天이란 가장 높은 하늘을 의미한다.

7절의 도과徒誇는 과변지도夸辯之徒의 의미이다. 진실되지 않을 것을 말하면서도 과장해서 강변한다는 뜻이다.

8절의 정흉挺胸은 앙수정흉昂首挺胸의 줄임말이다. 고개를 들고 가슴을 편 당당함과 사기가 충천함을 묘사한다.

9절의 구구區區는 매우 부족하여 미약하다는 의미도 가지고 있고 '마음'을 뜻하기도 한다. 『춘추좌전』에 '송나라가 작기는 하나 복도 있고 저주도 있을 터이니 화의 근원이 됩니다'宋國區區 而有詛有祝 禍之本也(송국구구 이유저유축 화지본야)라는 문장이 있으며 많은 경우 구구지심區區之心은 방촌方寸과 같이 마음이란 뜻을 지니고 있다.

제21수

승리에 감사드리네 勝利謝恩

승리사은

1 仰賴主大德 吾王喜氣沖 荷恩樂無極 陶然醉春風
앙뢰주대덕 오왕희기충 하은락무극 도연취춘풍

2 心願悉已償 所求靡不從
심원실이상 소구미부종

3 先意介景福 寵遇一何隆! 更以純金冕 殷勤加其首
선의개경복 총우일하륭! 갱이순금면 은근가기수

4 王求保其命 主錫無量壽
왕구보기명 주사무량수

5 英名仗神助 光榮仰天佑 沐浴芳澤中 美德萃其躬
영명장신조 광영앙천우 목욕방택중 미덕췌기궁

6 優游恩光下 天樂湧其衷 7 王惟主是怙 慈惠貫始終
우유은광하 천락용기충 왕유주시호 자혜관시종

8 行見我聖主 奮臂逐群凶
행견아성주 분비축군흉

9 群凶懾主威 若處紅爐中 天威震霹靂 燒盡妖魔踪
군흉섭주위 약처홍로중 천위진벽력 소진요마종

10 斬草在除根 一掃謬種空
참초재제근 일소류종공

11 若輩懷叵測 對主施頑攻 奸圖焉能逞 分散如飄蓬
약배회파측 대주시완공 간도언능령 분산여표봉

12 主必對眾逆 從容挽神弓
주필대중역 종용만신궁

13 赫赫天地宰 稜威萬古同　吾人當引吭 高歌造化功
혁 혁 천 지 재　능 위 만 고 동　오 인 당 인 항　고 가 조 화 공

글자풀이

- 荷恩(하은)=荷眷(하권) 은혜를 입음
- 陶(도) 질그릇, 기뻐하다
  陶然(도연) 흥이 나는 모양
- 醉(취) 취하다
- 靡(미) 쓰러질, 없을
- 從(종) 듣다
- 介(개) 크게 하다
- 景福(경복) 큰 복
- 寵遇(총우) 제왕이 베푸는 은혜
- 殷勤(은근) 친절함, 공손함
- 英名(영명) 널리 알려진 명성
- 仗(장) 의지하다
- 萃(췌) 모으다
- 湧(용) 솟아나다
- 奮(분) 떨치다
- 懾(섭) 두려워하다
- 紅爐(홍로) 달아오른 화로
- 震(진) 천둥소리
- 霹(벽) 천둥벼락
- 靂(력) 천둥벼락
- 燒(소) 사르다
- 妖(요) 괴이하다
- 斬(참) 베다
- 謬種(류종) 잘못되어 생긴 변종, 역귀
- 叵(파) 어려운, 불가한
- 逞(령) 왕성하다
- 蓬(봉) 흐트러지다, 떠돌아다니다
- 挽(만) 당기다
- 赫(혁) 빛나다
- 稜(릉) 서슬
  稜威(능위) 존엄한 위세
- 吭(항) 목구멍
  引吭(인항) 목소리를 드높이다

옮김

1야훼의 크나큰 덕 우러르나니 우리 임금 기쁨으로 충만하여라 은혜 입은
즐거움 한이 없으니 마치 그 은혜에 취한 듯 하네 2바라는 바 모두 들어주
시고 구한 것 모두 채워졌다네 3말씀드리기 전에 크신 복을 내리시고 머리
에 순금 왕관 부드러이 씌우시니 놀라운 주의 은총 도타웁다네 4주님께 목
숨지켜 주십사 구하였더니 주께선 셀 수 없는 날들을 주셨네 5그 이름 드
높여짐 주님의 도우심이요 그 빛나는 영광은 주의 손길 인함이라 풍성한
은택을 부어주시고 아름다운 덕을 그 몸에 덧입히셨네 6은총의 빛 아래 거

닐게 하시니 천상의 기쁨이 솟구쳐오네 7임금의 믿는 바 오직 야훼뿐 주
의 사랑과 은혜 한결같아라 8거룩한 주님 분노의 팔 떨치시니 죄악의 무리
들이 쫓기는 것을 보았네 9원수들 주의 위엄에 떠니 달아오른 화로에 갇힌
꼴이라 하느님 진노가 벽력 같으니 요사한 자들 흔적조차 사라졌네 10풀을
베고자 할 때 뿌리째 뽑듯 주님은 거짓된 무리를 깨끗이 치우시네 11하도
악으로 가득한 저 무리들 어리석게도 주님께 덤벼들지만 저들의 악한 궤계
법석떨어도 끝내는 바람에 흩날리고 말리니 12주께서 반역의 무리 향하여
당신의 활을 당기시기 때문이라 13빛나셔라 천지의 주재이신 야훼여 만고
에 한결같으신 그 위엄이여 저희는 소리 높여 찬송하리니 주님 이루신 업
적 노래하리이다

해설

시편 20편이 전쟁터로 나아가는 임금의 승리를 비는 기도라면 21편은 승리에 대한 감사의 노래이다. 감사는 구한 것에 대한 응답 때문만이 아니다. 오히려 돌이켜 보면 구하기도 전에 이미 채우신 은총에 대한 감사이다.

2절에서 마음에 바란 바 모든 것이 채워졌고 구한 바 들어주시지 않은 것 하나 없다고 노래한다. 게다가 3절에서 말씀드리기도 전에 크신 복을 받았노라고 고백한다.先意介景福(선의개경복) 돌이켜 보면 어느 하나 은총 아닌 것이 없는 것이다. 그러니 저 깊은 심중에서 하느님 주신 즐거움 솟구치지 않을 수 없다.天樂湧其衷(천락용기충)

유교적 사유에서 희喜는 감정적인 것이다. 그러나 락樂은 감정적인 기쁨이나 즐거움이 아니다. 참된 삶의 태도로 한결같은 걸음을 통해 이루어지는 믿음에서 우러나는 즐거움이요 솟구치는 것이다. 19편에 나오는 수심자이守心自怡와 같은 의미를 담고 있다고 하겠다. 유자儒子들이 추구한 쾌快와

낙樂은 단순한 정서적 기쁨이나 물질적 소유로 인한 것이 아니라 참된 이치를 깨달음으로 얻는 시원함快(쾌)이니 마치 병이 낫는 것과 같고 새로운 세계로의 도약에서 얻는 정신적 경계의 즐거움樂(락)이라 할 수 있다.

3절의 개경복介景福은 『시경』「대아大雅」「행위行葦」에 나오는 말로 '꾸부정한 노인들을 인도하고 부축하며 오래오래 사시도록 큰 복을 빌어주네'黃耇台背 以引以翼 壽考維祺 以介景福(황구태배 이인이익 수고유기 이개경복)라고 노래하였다. 선의先意는 선의승지先意承志의 줄임말로 쓰인다. 참된 효는 부모가 말하기 전에 먼저 마음으로 헤아려 뜻을 이루어드리는 것을 뜻한다. 여기서는 사람이 하느님께 먼저 말씀드리기 전에 하느님께서 복을 주신다는 의미이다.

4절의 무량수無量壽는 아주 오래 사는 것을 뜻한다. 5절의 천우天佑는 천우신조天佑神助, 하늘과 신령이 돕는다는 의미이다. 『서경』「함유일덕咸有一德」편에 '하늘이 우리 상 나라에 사사로움이 있었던 것이 아니라 우리의 순일한 덕이 있기에 하늘이 도운 것이라'非天私我有商 惟天佑于一德(비천사아유상 유천우우일덕)고 하였다.

6절의 천락天樂은 하늘의 도를 따르기에 누리는 즐거움이다. 『장자』「천도天道」편에 '사람과 조화를 이루면 사람의 즐거움이라 하고 천지자연과 조화를 이루면 하늘의 즐거움이라 한다'與人和者 謂之人樂 與天和者 謂之天樂(여인화자 위지인락 여천화자 위지천락)고 하였다.

11절의 회파측懷叵測은 심회파측心懷叵測의 의미로 숨겨진 마음이 몹시도 악한 것을 뜻한다. 나관중의 『삼국지연의』에 조조曹操가 그런 인물이라고 묘사하고 있다.

세상의 허물을 다 감싸 안다 受天下之垢
수천하지구

1 主兮主兮 胡爲棄我如遺? 發呻吟於危急兮 何惠音之遲遲?
주혜주혜 호위기아여유? 발신음어위급혜 하혜음지지지?

2 朝籲主而不應兮 暮惆悵而無依
조유주이불응혜 모추창이무의

3 夫主固吾族之所口碑兮 精靈夙彪炳乎歌詩
부주고오족지소구비혜 정령숙표병호가시

4 稽先人之遐跡兮 孰不托聖澤而優游
계선인지하적혜 숙불탁성택이우유

5 但聞籲主而見拯兮 焉有倚主而蒙羞?
단문유주이견증혜 언유의주이몽수?

6 謇予乃蚯蚓而非人兮 爲萬民所唾棄而受天下之垢
건여내구인이비인혜 위만민소타기이수천하지구

7 覩予者皆大施其嘲嗤兮 相與反其唇而搖其首
도여자개대시기조치혜 상여반기순이요기수

8 曰 "彼既托命於天主兮 應蒙天主之援手
왈 "피기탁명어천주혜 응몽천주지원수

苟爲天主之所寵兮 當見天主之營救"
구위천주지소총혜 당견천주지영구"

9 信夫吾平生之所仰望兮 惟在天主之躬
신부오평생지소앙망혜 유재천주지궁

主既出予於母胎兮 又敎予仰聖恩於慈母之懷中
주기출여어모태혜 우교여앙성은어자모지회중

10 溯自予之有生兮 向承吾主之恩撫
소자여지유생혜 향승오주지은무

卽予之尙在胎中兮 主亦未始非予所怙
즉여지상재태중혜 주역미시비여소호

11 今大難已臨而援手無人兮 吾主寧能捐棄而不顧?
금대난이림이원수무인혜 오주녕능연기이불고?

12 健牡紛紛兮 圍我周匝 來自巴珊兮 洶洶相逼
건모분분혜 위아주잡 내자파산혜 흉흉상핍

13 猛如餓獅兮 張口欲食 14 體渙解兮骨脫 心消融兮如蠟
맹여아사혜 장구욕식 체환해혜골탈 심소융혜여랍

15 喉焦如礫兮舌貼齶 身被委棄兮轉溝壑 16 惡犬環縈兮 群小蜂聚
후초여력혜설첩악 신피위기혜전구학 악견환영혜 군소봉취

17 洞鑿吾之手足兮 骨森森其可數 衆人旁觀兮 咸慶禍之及予
통착오지수족혜 골삼삼기가수 중인방관혜 함경화지급여

18 分我外衣兮 鬮我內服 19 求主毋我遐棄兮 祈恩佑之神速
분아외의혜 구아내복 구주무아하기혜 기은우지신속

20 保吾魂於刀劍兮 脫吾命於狂畜 21 出我於獅口兮 拯我於兕角
보오혼어도검혜 탈오명어광축 출아어사구혜 증아어시각

22 會當宣聖名於諸弟兮 誦大德於會中
회당선성명어제제혜 송대덕어회중

23 願凡虔敬之人兮 播揚仁風!
원범건경지인혜 파양인풍!

願雅谷之苗裔兮 聖道是弘! 願義塞之子孫兮 惟主是崇!
원아곡지묘예혜 성도시홍! 원의새지자손혜 유주시숭!

24 惟天主之慈憫兮 樂拯厄而濟窮 信乎其有求而必應兮 何曾掩其天容
유천주지자민혜 낙증액이제궁 신호기유구이필응혜 하증엄기천용

25 吾欲申讚歎於廣衆之中兮 還夙願於諸聖之前
오욕신찬탄어광중지중혜 환숙원어제성지전

上以報罔極之恩 下以踐平生之言
상이보망극지은 하이천평생지언

26 必使謙謙君子 飮和飽德 懷主之徒 絃歌不絶 心靈日健 永生不滅
필사겸겸군자 음화포덕 회주지도 현가부절 심령일건 영생불멸

27 行見普天率土兮 幡然憬悟而來歸 列國萬民兮 翕然致眷戀於庭闈
행견보천솔토혜 번연경오이래귀 열국만민혜 흡연치권련어정위

28 蓋主乃天地之宰兮 又爲萬國之君
개주내천지지재혜 우위만국지군

29 無貴無賤 無沒無存 悉宜崇主 俯伏投誠 勗哉吾魂! 爲主而生
무귀무천 무몰무존 실의숭주 부복투성 욱재오혼! 위주이생

30 來胤後嗣 事主惟勤 世代綿綿 恭聆福音
내윤후사 사주유근 세대면면 공령복음

31 父以傳子 子以傳孫 念念毋忘 主之經綸
부이전자 자이전손 염념무망 주지경륜

글자풀이

- **遺**(유) 버리다
- **遲**(지) 늦다
- **惆**(추) 실망하다
- **悵**(창) 원망(한탄)하다
- **惆悵**(추장) 애통해 함, 한탄함
- **口碑**(구비) 대대로 전하여 오는 말
- **精靈**(정령) 신령한
- **夙**(숙) 일찍부터
- **彪**(표) 범
  彪炳(표병) 범의 가죽처럼 무늬가 뚜렷하여 아름다운 모양
- **稽**(계) 상고하다, 헤아리다
- **遐**(하) 멀다
  遐跡(하적) 먼 옛적의 자취
- **羞**(수) 수치
- **謇**(건) 아!(탄식할), 떠듬거리다
- **蚯蚓**(구인) 지렁이
- **唾**(타) 침 뱉다
  唾棄(타기) 더럽게 여겨 버려 돌아보지 않음
- **覩**(도) 보다
- **嘲**(조) 조롱하다
- **嗤**(치) 웃음거리가 되다
- **唇**(순) 입술
- **搖**(요) 흔들다
- **營救**(영구) 죄에 빠진 이를 구하여 냄
- **溯**(소) 거슬러 올라가다
- **撫**(무) 어루만지다
- **尙**(상) 오히려
- **捐**(연) 버리다, 바치다
- **牡**(모) 수컷
- **匝**(잡) 둘레
- **巴珊**(파산) 바산의 음역
- **渙**(환) 풀어지다, 흩어지다
- **蠟**(랍) 밀, 밀초
- **喉**(후) 목구멍, 급소
- **焦**(초) 마르다, 그을리다
- **礫**(력) 모래, 잔돌
- **貼**(첩) 붙이다
- **齶**(악) 잇몸
- **溝壑**(구학) 구덩이가 움푹 빠진 곳
- **委棄** (위기) 일을 버려두고 돌보지 않음
- **環**(환) 둘러싸다
- **縈**(영) 얽히다, 둘러싸다
- **蜂**(봉) 떼로 모임
- **聚**(취) 함께 하다
- **鑿**(착) 꿰뚫다, 우물을 파다
- **森森**(삼삼) 다 드러난 모양, 무성한 모양
- **鬮**(구) 제비, 심지
- **兕**(시) 외뿔소
- **諸弟**(제제) 집안의 아우들
- **苗**(묘) 모, 백성, 핏줄
  苗裔(묘예) 후대의 자손

- 憫(민) 불쌍히 여기다
- 掩(엄) 숨기다. 비호하다
- 申(신) 거듭. 알리다
- 還(환) 갚다
- 夙願(숙원)=宿願(숙원) 오랫동안 지녀온 서원
- 罔極(망극) 은혜가 너무 커서 갚을 수 없음
- 踐(천) 실천하다
- 飽(포) 배부르다
- 幡(번) 돌이키다. 깃발
  幡然(번연) 마음을 돌이키다
- 憬(경) 깨닫다.
- 翕(흡) 따르다.거두다
  翕然(흡연) 일치하여 칭송하는 모양
- 眷戀 (권련) 그리워하다. 사모하다
- 闈(위) 안방(내실)
  庭闈(정위) 부모가 거처하는 방. 집의 가장 안쪽
- 勖(욱) 힘쓰다. 권면하다
- 胤(윤) 이을. 자손
- 聆(령) 듣다. 깨닫다

옮김

1나의 하느님 나의 하느님! 어찌하여 나를 버리십니까? 목숨 경각에 달
려 신음하는데 자비의 음성 어찌 이리 늦는지요? 2아침부터 호소하나 주
님 응답 없으시고 한밤에도 탄식하지만 도무지 의지할 곳 없사옵니다 3주
님 당신은 옛적부터 우리 겨레가 입에 입으로 전해오던 그 주님이시며 경
탄의 시와 노래로 찬양받으시던 그 하느님 아니십니까? 4조상들의 옛적
자취 돌이켜보면 주님의 은혜 가운데 걷지 않은 이 아무도 없습니다 5주께
부르짖어 구원을 얻고 주님께 의뢰하여 수치를 면했습니다 6아! 그러나 나
는 사람도 아닌 벌레! 세상 모두 나에게 침 뱉고 조롱하니 그 허물 모두 다
내가 뒤집어 씁니다 7날 보는 사람마다 비웃고 비죽거리며 머리를 절레절
레 흔들어댑니다 8조롱하길 "제 목숨 야훼께 맡기었다니 마땅히 주께서 도
우시겠지 정말 주께서 그를 사랑하신다면 하느님께서 그를 살려주시겠지"
9이 몸 평생 바라고 의지하는 바 오직 하느님 당신뿐입니다 주님은 나를
모태에서 나게 하셨고 어미의 품에서부터 당신 은총 우러르도록 가르치셨
습니다 10돌이켜보면 이 생 시작에서부터 주의 어루만지심 덧입었으니 모
태에서부터 의지할 이 주님 아닌 적이 없습니다 11허나 지금은 큰 환난 덮

쳤고 도움의 손길 어디에도 없습니다 나의 주님 정녕 나를 버리시고 돌아
보지 아니하십니까? 12바산의 사나운 황소 떼들 어지러이 둘러싸고 달려
듭니다 13굶주린 사자처럼 입 크게 벌려 삼키려듭니다 14이 몸뚱이 올올히
풀어헤쳐지고 뼈는 흔들리며 어그러지며 마음은 밀랍처럼 녹아듭니다 15모
래알 가득한 듯 목구멍 바싹 마르고 혀는 입천장에 붙어버렸습니다 이렇게
버려진 몸뚱이 흙구덩이 뒹구는 시체와 같습니다 16악한 개들 둘러싸고 소
인배들 덤벼듭니다 17내 손과 발 뚫으니 앙상한 뼈 드러나 셀 수 있게 되
었는데 사람들은 나 몰라라 버려두고서 내가 당하는 화에 다들 기뻐합니다
18나의 겉옷을 찢어 나누고 속옷조차 제비뽑아 차지하려듭니다 19주님 나
를 이렇게 멀리 버려두지 마소서 은혜의 손길 속히 베푸소서 20내 영혼 저
칼들에서 지켜주시고 미친 짐승들에게서 건져주소서 21사자의 입에서 나
를 건지시고 외뿔소의 뿔에서 구해주소서 22거룩한 주의 이름 모든 이에게
선포하고 크신 주님의 덕 회중 가운데서 노래하리이다 23야훼를 섬기는 사
람들이여 그의 어지신 덕을 찬양할지라 야곱의 자손들아 거룩한 말씀 높이
받들라 이스라엘의 후손들아 주님을 경외할지라 24주님 자비하시고 긍휼
하시니 곤궁에서 건지심을 기뻐하신다 구하면 반드시 응답하시니 주 얼굴
숨기신 적 없으심을 믿으라 25온 회중 가운데서 나 주님을 찬양하고 뭇 성
도들 앞에서는 서원을 갚으리라 위로는 망극하신 은혜에 보답하고 아래로
는 드린 말씀 평생토록 행하리라 26겸손한 이들과 어울려 평화 누리며 주
의 크신 덕에 배부르리라 주님 사모하는 이들 노랫소리 끊이지않고 그 영
혼 강건히 영생을 누리리라 27온 천하 모두들 주님을 알아 마음을 돌이켜
돌아오리라 온 나라와 백성들이 주의 집 사모하며 기꺼이 모여 경배하리라
28야훼는 천지의 주재자시며 만국의 임금이 되심이어라 29높은들 어떠하며
낮은들 어떠하랴 살든 죽든 온 맘 다해 주님만 따르리니 내 혼아 힘쓰려마
주님 위해 사는 것! 30자자손손 주 섬김에 부지런하고 세세토록 복된 말씀
새겨들을지니 31한순간도 잊지 말아야 할 것은 우리 주님 그 놀라운 경륜

일진대 아비여 아들에게 전할지어다 아들아 자식에게 전할지어다

해설

이 시편의 제목을 수천하지구受天下之垢, '천하의 죄를 뒤집어쓰다'라고 하였다. 『도덕경』에 '나라의 욕됨을 떠맡는 사람은 나라의 주인이고 천하의 불행을 떠맡는 사람은 천하의 왕이라'受國之垢是謂社稷主 受國不祥是謂天下王(수국지구시위사직주 수국불상시위천하왕)고 하였다. 땅의 논리와는 정반대되는 시각이다. 아울러 오경웅은 이 시편을 번역하면서 그리스도의 수난에 대한 시편이라며 복음적인 요소를 읽어내고 있다.

7절의 반순反唇은 입술을 내밀어 불복하는 모양새를 의미한다. 8절의 탁명托命은 목숨을 맡긴다는 뜻이다. 육유의 시 「병중작病中作」에 '세속의 무의巫醫(무속 겸 의사)는 참되지 못하니 어찌 울며 찾아 목숨을 맡기랴'俗巫醫不藝 嗚呼安托命(속무의불예 명호안탁명)고 하였다.

19절의 신속神速은 신기하고 놀랍게 빠르다는 의미이다. 두보의 시 「고무위장군만가삼수故武衛將軍挽歌三首」에서 '사막 너머까지 종횡무진하여 귀신같이 빠르다 지금껏 말들하네'橫行沙漠外 神速至今稱(횡행사막외 신속지금칭)라고 하였다.

23절의 인풍仁風은 은혜가 바람이 불어 감싸듯이 펼쳐진다는 뜻으로 고대에는 제왕의 다스림의 은혜가 널리 퍼진다는 의미이다.

25절에서 히브리 시인은 서원을 채우리라고 하였는데 오경웅은 그 서원의 내용이 무엇인지 채워 넣고 있다. 위로는 주의 망극하신 은혜에 보답하고 아래로는 실천궁행하는 삶을 살아간다. 위 아래가 전혀 다르지 않다.

26절의 음화포덕飮和飽德은 일반적으로 '마구 먹어대지 않고 알맞게 법도에 맞게 먹는다'飮和食德 俾壽而康(음화식덕 비수이강)는 의미를 지니고 있다. 이 시편에서 오경웅은 하느님의 은총을 덧입음을 표현하면서 식食을 포飽, 배부름

으로 바꾸어 넣었다.

26절에서 히브리 시인은 '가난한 이'라고 하였는데 오경웅은 겸겸군자謙謙君子라 하여 행동거지가 겸손하고 단정한 사람으로 읽는다.

27절의 번연幡然은 번연회오幡然悔悟의 줄임말로 생각이 완전히 바뀌어 철저하게 돌아서는 것을 뜻한다. 같은 절의 흡연翕然은 다들 하나 되어 기꺼이 칭송한다는 의미이다.

29절에서도 히브리 시인은 높은 이도 주께 경배하고 흙으로 돌아가는 이도 주께 무릎 꿇으리라고 하였는데 오경웅은 귀한 이나 비천한 이나, 산 자나, 죽어가는 자나 다 오롯이 주님을 섬기라고 말하고 있다.

믿는 이를 회주지도懷主之徒(26절)라 읊는다. '품을 회懷'라고도 읽고 '사모할 회', '따를 회'라고도 읽는다. 주님을 따르는 이들이기도 하고 주님을 그 마음에 품은 이들이기도 하다. 마음에 품었으니 따를 수 있다. 마음에 품지 않고 따를 수는 없는 법이다. 안팎이 같아야 믿음이지 안팎이 달라서야 믿음이라고 부를 수 없다.

주님을 품는 것은 그분을 제 마음속에 주님으로 모심을 뜻하기도 하며, 품고 곰곰이 새겨 더욱 온전히 보존함을 의미하기도 한다. 품었으니 잊을 수 없고 날마다 생생해진다. 품었으니 자신의 행실이 비추어지지 않을 도리가 없다. 모셨으니 삼가 조심하지 않을 수 없고 제 맘에 모셨으니 일마다 여쭙고 따르지 않을 수가 없다. 마음에 품고 따름이 이러하다.

제23수

어지신 목자 良牧

양 목

1 主乃我之牧 所需百無憂
주 내 아 지 목　소 수 백 무 우

2 令我草上憩 引我澤畔遊
영 아 초 상 게　인 아 택 반 유

3 吾魂得復蘇 仁育一何周?　更爲聖名故 率我正道由
오 혼 득 복 소　인 육 일 하 주?　갱 위 성 명 고　솔 아 정 도 유

4 雖經陰谷裏 主在我何愁?　爾策與爾杖 實令我心休
수 경 음 곡 리　주 재 아 하 수?　이 책 여 이 장　실 령 아 심 휴

5 讌我群敵前 感爾恩施優　靈膏沐我首 玉爵盈欲流
연 아 군 적 전　감 이 은 시 우　영 고 목 아 수　옥 작 영 욕 류

6 慈惠共聖澤 長與我爲儔　行藏勿離主 此外更何求?
자 혜 공 성 택　장 여 아 위 주　행 장 물 리 주　차 외 갱 하 구?

글자풀이

- 憩(게) 휴식하다. 숨을 돌리다
- 澤畔(택반) 못 가에 있는 약간 판판한 땅
- 蘇(소) 소생하다
- 率(솔) 거느리다. 이끌다
- 谷(곡) 골짜기
- 策(책) 채찍
- 杖(장) 지팡이
- 讌(연) 잔치. 이야기하다
- 優(우) 넉넉하다. 도탑다
- 膏(고) 기름지다. 기름
- 爵(작) 술잔을 아름답게 일컫는 말
- 儔(주) 무리. 누구
- 藏(장) 감추다

옮김

1야훼 나의 목자이시니 아무 근심할 바 없어라 2푸른 풀밭으로 이끄사 쉼
을 주시고 안전한 물가로 인도하사 즐거움 주시네 3내 영혼 다시 일으키시
고 사랑으로 기르시니 세밀도 하셔라 당신의 거룩한 이름으로 인하여 나를
바른 길로 이끄시네 4어둔 골짜기 지날지라도 주 계시니 무엇을 염려하랴?
주께서 마련하신 지혜와 능력으로 이 마음 평안히 쉬게 하시네 5원수들 앞
에서 잔치를 베푸시고 도타운 은혜로 감격케 하시며 내 머리에 기름 부으
시고 아름다운 잔에 넘치도록 채우시네 6그 자비와 은혜 늘 나와 함께 있
사오니 언제나 주님과 함께 하는 것 그 말고 더 구할 것 무엇이겠습니까?

해설

3절의 인육仁育은 '사랑과 덕으로 잘 가르쳐 온전해지도록 길러주는 것'以仁德敎化培育(이인덕교화배육)이다. 하느님이 그러하시고 천지가 그러하며 성인聖人이 그렇지 않던가? 오경웅은 하느님의 길러주심이 얼마나 주도면밀하신가를 노래한다.

6절의 행장行藏은 용사행장用舍行藏의 줄임말이다. 『논어』「술이述而」편에 공자가 제자 안연에게 '등용되면 나아가 도를 행하고 등용되지 못하면 도를 간직해 두는 것 너와 나뿐이라'用之則行 舍之則藏 唯我與爾有是夫(용지즉행 사지즉장 유아여이유시부)고 하였다. 드러난 삶이 되든 그렇지 않든 주님과 결코 멀어지지 않겠다는 것이다.

행주좌와 어묵동정行住坐臥 語默動靜에 항시 주님과 함께 하는 것, 정녕 그 말고 더 구할 것이 무엇이겠는가? 행장물리주行藏勿離主 그것만이 시인이 구하는 것인데 『중용』에도 이와 비슷한 말이 있다. '진리라는 것은 잠시도 떠날

수 없는 것이라, 떠날 수 있다면 그것은 도라 할 수 없다.'道者須臾不離 可離非道也(도자수유불리 가리비도야) 감리교의 창시자 존 웨슬리도 임종시에 가장 좋은 것은 임마누엘, 하느님이 함께하신다는 것을 유언으로 삼았다고 한다. 기도의 정점이요, 신앙의 종극이다.

옛적에 선비에게서 행장行藏과 진퇴進退의 문제는 쉬운 일이 아니었다. 현대 사회는 직업 선택의 기회가 다양하지만 고대에 선비는 오직 공부를 통해 과거에 합격하여 벼슬하는 것이 직업을 얻을 유일한 기회이며 동시에 자신의 삶을 실현하고 백성을 제도할 수 있는 기회였다. 그런데 혹 그만한 능력이 있다 하여도 군주가 어리석거나 폭군이어서 지혜로운 이의 말에 전혀 귀 기울이지 않고 더 나아가 아첨꾼의 말에만 귀를 기울인다면 어찌할 것인가? 가슴에 지닌 포부는 경세제민經世濟民의 큰 꿈이라 하더라도 도무지 펼칠 조건이 되지 않고 도리어 화禍를 일으킨다면 어떻게 할 것인가?

그런 의미에서 행장行藏은 삶이 지향해야 할 바와 구체적으로 견지해야 할 내적인 태도이다. 시대의 흐름이 어떠하든지 걸림 없는 삶을 지향한다는 것이 어찌 쉬운 일이랴? 공자도 제자들 중에 겨우 안회만이 그럴 사람이라고 하였으니 말이다. 그러나 오경웅은 길이 있다고 말한다. 하느님과 함께 하는 것! 그것으로 세상에서의 삶의 태도를 바르게 할 수 있다고 말이다.

제24수

주님을 맞이하여라 迎駕
영 가

1 率土之濱 莫匪爾屬 普天之下 莫匪爾僕
솔토지빈 막비이속 보천지하 막비이복

2 滄溟之上 肇建寰宇 狂瀾是鎮 中流砥柱
창명지상 조건환우 광란시진 중류지주

3 陟彼靈山 登彼聖域 誰堪當此?
척피령산 등피성역 수감당차?

4 其惟純德 心跡雙清 無愧無怍
기유순덕 심적쌍청 무괴무작

5 必承天休 必蒙恩贖 6 夙夜懷主 無忝雅谷
필승천휴 필몽은속 숙야회주 무첨아곡

7 嗟爾諸城 矗爾重闉! 嗟爾古戶 高爾閈閎! 殷勤迎納 光榮之君
차이제성 촉이중인! 차이고호 고이한굉! 은근영납 광영지군

8 榮君伊誰? 全能雅威 惟仁無敵 凱旋而歸
영군이수? 전능아위 유인무적 개선이귀

9 嗟爾諸城 矗爾重闉! 嗟爾古戶 高爾閈閎! 殷勤迎納 光榮之君
차이제성 촉이중인! 차이고호 고이한굉! 은근영납 광영지군

10 榮君伊誰? 實維雅瑋 萬有之主 煥焉其輝
영군이수? 실유아위 만유지주 환언기휘

글자풀이

- **迎駕**(영가) 고대 천자의 어가를 영접하는 것
- **濱**(빈) 물가
- **滄**(창) 큰 바다
  滄溟(창명) 큰 바다
- **肇**(조) 비롯하다
- **寰**(환) 천하
  寰宇(환우) 온 세상 천하
- **瀾**(란) 물결
- **鎮**(진) 눌러 안정하다
- **砥**(지) 숫돌로 갈다
- **陟**(척) 오르다
- **堪**(감) 감당하다
- **愧**(괴) 부끄럽다
- **怍**(작) 부끄러워하다
- **天休**(천휴) 하늘의 착한 명령
- **忝**(첨) 더럽히다
- **嗟**(차) 감탄하다
- **矗**(촉) 우뚝솟다
- **闉**(인) 성문
- **閈**(한) 동네 어귀에 세운 문
- **閎**(굉) 문
  閈閎(한굉) 마을 어귀의 대문
- **纳**(납) 받아들이다
- **殷勤**(은근) 공손함
- **伊**(이) 저(지시어)
- **輝**(휘) 빛나다

옮김

1 천하의 모든 생명 주께 속하였고 천하가 다 야훼 것이니 2 물 위에 세상을
세우시고 날뛰는 물결 짓눌러 흔들리잖게 하셨네 3 야훼의 성산, 그 거룩한
곳에 오를 자 누구인가? 4 순결한 덕, 마음과 행실이 깨끗한 이, 거짓과 수
치가 없어야 하리 5 하늘의 착한 명을 받들고 은혜로 사함을 입어야 하리 6
밤낮 야훼 주님 사모하면서 야곱의 하느님 더럽히지 않아야 하리 7 온 성이
여 겹겹의 문들을 활짝 열어라! 오랜 성이여 둘러쳐진 문을 높이 올려라!
공손히 주님을 영접하여라 영광스런 임금을 모셔들여라 8 영광의 임금이 누
구이신가? 전능하신 야훼시라 인정仁政을 베푸사 대적할 이 없으니 승리하
셔서 돌아오신다 9 온 성들이여 겹겹의 문을 활짝 열어라! 오랜 성들이여
둘러쳐진 문을 높이 올려라! 공손히 주님을 영접하여라 영광의 임금을 모
셔들여라 10 영광의 임금이 누구이신가? 그이는 야훼 만유의 주시니 빛으
로 가득한 주님이시다.

해설

1절에 '천하가 주님께 속하였고 모든 산 것들이 주님의 것'이라는 노래는 『시경』「소아小雅」「북산北山」에 나온다. '천하가 모두 임금님의 땅 아닌 곳 없고 천하의 사람들 모두 임금님의 백성이라네'普天之下 莫匪王土 率土之濱 莫匪王臣(보천지하 막비왕토 솔토지빈 막비왕신)라고 노래하였다.

2절의 중류지주中流砥柱는 황하 급류에 속하는 삼문협 한가운데 우뚝 서 있는 큰 돌(산)을 지칭한다. 전轉하여 온갖 어려움에도 흔들리지 않고 의연히 절개를 지키는 선비를 의미하는데 『안자춘추』에 '복숭아 두 개로 무사 세 명을 죽이다'二桃殺三士(이도살삼사)는 고사에 나온다.

4절의 무괴무작無愧無怍은 『맹자』「진심盡心」 상에 나온다. '위로 우러러 하늘에 부끄러움 없으며 구부려 사람에게 부끄러움 없음이 군자의 두 번째 즐거움이라'仰不愧於天 俯不怍於人 二樂也(앙불괴어천 부부작어인 이락야)고 하였다. 첫째는 부모가 살아계시고 형제가 사고 없음이며, 셋째는 천하의 영재를 얻어 그들을 교육하는 것이다.(같은 절의 심적쌍청心跡雙清은 18편의 해설을 참고하라.)

5절의 천휴天休는 『서경』「탕고湯誥」에 나온다. 은나라의 탕 왕이 새 나라를 세운 후 제후들에게 '각자 삼가며 신실히 법도를 지켜 하늘의 명을 받들도록 하라'各守爾典 以承天休(각수이전 이승천휴)고 하였다.

같은 절 필몽은속必蒙恩贖에서 몽은蒙恩은 은혜를 입는다는 의미로 임금의 행위가 일으킨 좋은 결과에 자주 사용된다. 『후한서』「광무제기光武帝紀」에 '천하가 평정되고 안정이 되니 온 세상이 다 그 은혜를 입었다'平定天下 海內蒙恩(평정천하 해내몽은)는 문장이 있다.

8절의 유인무적惟仁無敵은 『맹자』「양혜왕梁惠王」 상에 인자무적仁者無敵이란 말이 나온다. 어진 정치를 베풀어 대적할 이가 없음을 뜻한다.

히브리 시인은 8절에서 야훼는 힘세고 용맹하신 주님, 싸움에 능하신 주님이라 노래하는데 오경웅은 인정仁政을 베푸셔서 도무지 적이 있을 수 없는 이가 야훼라고 노래하고 있다. 고백의 뉘앙스가 자못 있다. 어쨌거나, 주님을 모신다고 할 때 가장 바탕이 되는 것은 그분이 어떤 분이신지를 아는 것이다. 모르고 모실 수는 없는 일 아닌가? 그분은 혼돈과 어둠을 진무하셔서 세상을 창조하신 천하의 주인이시다. 그러니 자연스레 다음 생각이 이어진다. 이 위대한 주님을 과연 누가 모실 수 있을까? 몸과 맘이 깨끗하고 덕 있는 사람이며 하늘과 땅에 부끄러움이 없는 사람이어야 한다. 하늘의 뜻을 경건히 받들고 오롯이 주님을 모시는 자라야 한다. 시인은 성문을 열라고 노래하지만 어찌 성문만 열어야겠는가? 가슴을 열고 영혼의 문을 활짝 열어 모실 일이다.

제25수

인仁과 의義 安宅與正路

안택여정로

1 心魂所仰望 惟在主雅瑋
심혼소앙망 유재주아위

2 旣惟主是怙 莫敎我蒙恥 勿使我仇人 因我而狂喜
기유주시호 막교아몽치 물사아구인 인아이광희

3 固知盼爾者 不致有所愧 惟彼奸詐徒 終須遭崩潰
고지반이자 불치유소괴 유피간사도 종수조붕궤

4 求主加指引 從容聖道裏
구주가지인 종용성도리

5 求主賜敎誨 俾我明眞理 爾乃我恩神 朝暮所佇俟
구주사교회 비아명진리 이내아은신 조모소저사

6 爾心存慈愛 振古已如此
이심존자애 진고이여차

7 忘我幼年過 宥我往日罪 求爾加眷顧 用昭爾慈惠
망아유년과 유아왕일죄 구이가권고 용소이자혜

8 依爾好生德 領回遊蕩子 示彼何所歸 指彼何所履
의이호생덕 영회유탕자 시피하소귀 지피하소리

9 佑彼謙誠者 克己而復禮 10 守盟樂道者 處處蒙提攜
우피겸성자 극기이복례 수맹락도자 처처몽제휴

11 爲爾聖名故 寬免我罪戾 罪戾積如山 愧悔亦不已
위이성명고 관면아죄려 죄려적여산 괴회역불이

12 人能懷寅畏 必蒙主愛護 示爾以廣居 指爾以大路
인능회인외 필몽주애호 시이이광거 지이이대로

13 大路從容行 廣居宴然住 愛屋應及烏 後裔承此土
대 로 종 용 행 광 거 연 연 주 애 옥 응 급 오 후 예 승 차 토

14 主與虔者親 啓迪道中趣 15 我目常仰主 賜我脫網罟
주 여 건 자 친 계 적 도 중 취 아 목 상 앙 주 사 아 탈 망 고

16 望主加哀矜 恤我惸獨苦 17 愁多心如結 罹難求主助
망 주 가 애 긍 휼 아 경 독 고 수 다 심 여 결 이 난 구 주 조

18 憐我狼狽狀 赦我一切辜 求主保吾身
연 아 랑 패 상 사 아 일 체 고 구 주 보 오 신

19 身爲衆怨府 20 莫令我蒙羞 主是安身處
신 위 중 원 부 막 령 아 몽 수 주 시 안 신 처

21 鑒我一片誠 忠貞蘊臟腑 脫我於患難 莫孤我延佇
감 아 일 편 성 충 정 온 장 부 탈 아 어 환 난 막 고 아 연 저

22 求主救義塞 脫離諸恐怖
구 주 구 의 새 탈 리 제 공 포

글자풀이

- **怙**(호) 믿다
- **教**(교) ~로 하여금
- **恥**(치) 부끄러워하다
- **仇**(구) 원수
- **盼**(반) 바라보다
- **愧**(괴) 모욕을 당하다
- **詐**(사) 기롱하다
- **崩**(붕) 무너지다
- **從**(종) 침착하고 덤비지 않다
- **裏**(리) 속
- **誨**(회) 가르치다
- **佇**(저) 우두커니, 바라다
- **俟**(사) 기다리다
- **振**(진) 옛날
- **過**(과) 허물
- **宥**(유) 용서하다
- **眷顧**(권고) 돌보아 주다
- **蕩**(탕) 흐리게 하다
- **履**(리) 밟다
- **攜**(휴)=**携**(휴) 끌다, 돕다
- **提攜**(제휴) 서로 도와줌
- **寬**(관) 너그럽다
  寬免(관면) 형벌을 용서하다
- **戾**(려) 죄
- **積**(적) 쌓다
- **不已**(불이) 계속하여 그치지 않다
- **寅畏**(인외) 공경하고 두려워 함
- **宴**(안) 편안하다
- **趣**(취) 풍취
- **網**(망) 그물
- **罟**(고) 그물
- **惸**(경) 독신자, 근심하다
- **惸獨**(경독) 의지할 곳 없는 사람
- **罹**(리) 근심하다
  罹難(리난) 재난
- **狼狽**(낭패) 허둥지둥하여 어찌할 줄 모름
- **怨府**(원부) 사람들의 원망이 쏟아져 몰리는 곳
- **蘊**(온) 쌓다, 모이다

- **臟腑**(장부) 오장과 육부
- **怖**(포) 두려워하다
- **延佇**(연저) 오랫동안 서 있음

옮김

1내 영혼이 오롯이 우러르는 이 오직 야훼 주님뿐이십니다 2오직 주님만을
의뢰하오니 나로 하여금 수치를 겪지 않게 하시고 적들이 나로 인해 미친
듯이 기뻐하지 못하게 하소서 3진실로 주님을 바라는 이는 수치를 당하지
않을 것이며 간사한 저 무리들은 끝내 멸망하고 말 것입니다 4야훼여 님
친히 인도하셔서 거룩한 당신의 길 따르게 하소서 5주의 가르침 내게 베푸
사 나로 하여금 진리를 깨닫게 하소서 주님은 내 은혜의 하느님 내가 종일
당신만을 기다립니다 6야훼는 사랑과 자비의 주님이시니 예부터 한결 같
은 분이십니다 7철모를 적 허물을 기억마시고 지난날의 죄들 사하여 주소
서 자비와 은혜를 베풀어주시고 당신의 손길 더하여 주소서 8벌하지 않으
시고 살리시는 덕으로 탕자마저 야훼께 돌아오게 하시니 어디에 디뎌야할
지 일러주시고 어디서 돌이켜야 할지 보여 주소서 9겸허하고 신실한 이 도
와주시어 자기를 이겨 진리의 삶 회복하게 하시고 10언약을 지키며 진리로
기뻐하는 이 어디서나 주의 손길 닿게 하시네 11야훼여 나의 죄악 산과 같
아서 부끄럽고 괴롭기 한없사오니 당신의 거룩한 이름 위하여 저의 허물을
용서하소서 12인생이 주님을 경외하고 섬기면 주께서 돌보시고 은혜 베푸
시리니 당신의 어지심을 보이시고 주님의 의로 인도하시리 13당신의 의를
겸손히 따르며 주님의 어지심에 편히 머물리니 당신의 사랑 한량없이 입으
며 자손들도 그 땅을 유업으로 받으리라 14주님은 경건한 이와 친밀하셔서
당신의 진리 맛들이게 하시네 15나를 올무에서 벗어나게 하시니 내 눈은
언제나 주만 우러릅니다 16긍휼을 베푸시는 주께 바라오니 처연한 이 인생

불쌍히 여기소서 17근심이 하 많아 마음 엉키었으니 주의 손길 내미사 건
져주소서 18낭패에 빠진 나를 안타까이 여기사 내 허물 모두 사하여 주시
고 주께서 이 내 몸을 지켜주소서 19많은 원수 원망이 이 한 몸에 들이칩
니다. 20야훼는 나의 피난처시니 수치를 당치 않게 하소서 21야훼 당신 향
한 신실한 이 마음과 내 영혼의 깊은 원의願意 보셔서 이렇게 우두커니 홀로
버려두지 마시고 이 환란에서 건져주소서 22야훼 우리 주여 이스라엘을 모
든 고난과 두려움에서 건지소서

해설

유교적 사유에서 인의仁義는 사람이 마땅히 지켜야 할 도리이고, 군자가 마땅히 힘쓸 바이다. 그래서 이를 수신修身의 근원으로 여기는데 오경웅은 인의의 근원이 하느님이심을 말하고 있다. 인의는 주님을 의뢰하는 이가 오롯이 하느님을 우러르는 것이며, 하느님이 허락하시는 은총으로 인해 덧입을 바이다. 그러므로 시인은 기도할 수 있고 기도하지 않을 수 없다.

인의의 결과는 무엇인가? 극기복례克己復禮, 자기를 이겨 예로 돌아가는 것이다. 여기서 예는 어떤 형식적 절차를 의미하지 않는다. 자기를 이겨 진리로 나아간 이에게서 우러나오는 삶의 태도이다. 그런 의미에서 예는 진리의 용솟음치는 드러남이지 굳어진 형식의 틀이 아니다.

제목인 안택정로安宅正路는 유교에서 인의仁義를 의미한다. 거할 바는 인仁이요 행할 바는 의義이다. 『맹자』「이루離婁」 상에 '어짐이란 사람의 편안한 집이고 의로움이란 사람의 올바른 길이다. 편안히 살 집을 비워놓고 살지 않으며 올바른 길을 버리고 가지 아니하니 슬프도다'仁人之安宅也 義人之正路也 曠安宅而弗居 舍正路而不由 哀哉(인인지안택야 의인지정로야 광안택이불거 사정로이불유 애재)라고 하였다. 12, 13절의 광거廣居와 대로大路 역시 같은 뜻이다.

8절의 호생덕好生德은 『서경』 「대우모大禹謨」에 나오는 말로 살리기를 좋아하는 덕을 뜻한다. 임금이 백성을 너그럽게 대하고, 죄는 아들에게까지 미치지 않게 하되 상賞은 후대에까지 미치게 하며, 실수로 저지른 죄는 커도 용서하고 고의로 저지른 죄는 작아도 벌하였으며, 의심스러운 죄는 가볍게, 의심스러운 공은 후하게 하며 죄 없는 이를 죽이느니 차라리 법을 쓰지 않는다. 이를 임금의 덕이라고 밝히고 있다. 오경웅 자신이 주님의 호생지덕好生之德을 온전히 누려 늦깎이로 돌아온 탕자의 심정이었기에 주님의 사랑을 호생지덕이라 노래하며 히브리 시인이 죄인이라 한 것을 은근히 탕자로 바꾸어놓은 것일까?

10절의 낙도樂道는 성현의 말씀 혹은 진리를 즐거워한다는 뜻이다. 『사기』 「중니제자열전仲尼弟子列傳」에 자공이 '부유하되 교만하지 않고 가난하되 아첨하지 않는다면 어떠합니까?' 하고 스승께 묻자 이에 공자가 '괜찮기는 하다만 가난하면서도 진리를 기뻐하고 부유함에도 예를 즐거워하는 것에는 못미친다'子貢問曰 富而無驕 貧而無諂 何如? 孔子曰 可也 不如貧而樂道 富而好禮(자공문왈 부이무교 빈이무첨 하여? 공자왈 가야 불여빈이낙도 부이호례)고 하였다. 『논어』 「학이學而」 편에도 같은 내용이 있다.

13절의 애급옥오愛及屋烏는 사랑이 지붕 위의 까마귀까지 미친다는 의미이다. 그 사람을 사랑하면 그 집 지붕 위에 앉은 까마귀까지도 사랑스럽다는 성어成語이다.

17절의 수결愁結은 근심이 맺혀 병이 되었음을 뜻한다. 백거이白居易가 벗 미지微之를 위로하며 '시름이 깊어져 병이 되게 마시게나 때때로 큰 소리로 탁영가를 불러보게'莫遣沉愁結成病 時時一唱濯纓歌(막견침수결성병 시시일창탁영가)라고 하였다. 탁영가濯纓歌는 갓끈을 씻는다는 뜻으로 속세를 초월한 고결함을 뜻한다. 21절의 연저延佇는 『초사』 「이소離騷」에 나온다. '애당초 앞길을 잘못 본 걸 후회하면서 머뭇머뭇 바장이다가 마침내 돌아서고 마네'悔相道之不察兮 延佇乎吾將反(회상도지불찰혜 연저호오장반)라고 탄식하였다.

제26수

마음을 들어 밝히네 表明心跡
표 명 심 적

1 殷勤求我主 一伸我貞慤
은 근 구 아 주 일 신 아 정 각

2 平生惟仰主 所守寧不篤? 願主測中情 鍛鍊我心靈
평 생 유 앙 주 소 수 녕 불 독? 원 주 측 중 정 단 련 아 심 령

3 慈恩常在目 聖道從容行
자 은 상 재 목 성 도 종 용 행

4 未伴妄人坐 未偕奸徒立
미 반 망 인 좌 미 해 간 도 립

5 群小會集處 何曾敢廁足?
군 소 회 집 처 하 증 감 측 족?

6 洗手滌餘穢 留連於閟幄
세 수 척 여 예 유 련 어 비 악

7 詠我感謝意 誦主玄妙蹟
영 아 감 사 의 송 주 현 묘 적

8 心慕爾庭幃 榮光之所宅
심 모 이 정 위 영 광 지 소 택

9 莫將我靈魂 使與罪人雜 莫將我生命 與彼同消滅
막 장 아 영 혼 사 여 죄 인 잡 막 장 아 생 명 여 피 동 소 멸

10 若輩惡盈貫 受賄一何多?
약 배 악 영 관 수 회 일 하 다?

11 吾心愛清白 應與彼殊科
오 심 애 청 백 응 여 피 수 과

12 求主賜矜全 俾居安樂窩 綽綽有餘裕 會中獻雅歌
구 주 사 긍 전 비 거 안 락 와 작 작 유 여 유 회 중 헌 아 가

글자풀이

- **心跡**(심적) 마음의 진실한 상태 혹은 마음과 몸의 행위
- **殷勤**(은근) 태도가 겸손 정중함, 은밀하게 정이 깊음
- **慤**(각) 성실하다
  貞慤(정각) 마음이 곧고 성실함
- **寧**(녕) 어찌
- **在目**(재목) 눈앞에 있는 것처럼 너무도 분명하다
- **偕**(해) 무리
- **厠**(측) 섞이다
- **滌**(척) 씻다
- **餘**(여) 남다
- **穢**(예) 더러운
- **留連**(유련) 노는 데 팔려 객지에서 오래 머무름
- **閟**(비) 닫다
- **幄**(악) 장막
- **閟幄**(비악) 제단
- **庭幃**(정위) 본래는 부모님 거하는 처소, 부녀자가 거주하는 내실
- **幃**(위) 휘장
- **貫盈**(관영) 가득하다
- **賄**(회) 재물, 뇌물
- **殊**(수) 다르다
  殊科(수과) 다른 대우, 다른 품 등
- **矜全**(긍전) 불쌍히 여겨 보전해 주다
- **安樂窩**(안락와) 소강절의 별장 이름
- **窩**(와) 움집
- **綽**(작) 너그러운
  綽綽(작작) 언행, 태도에 여유가 있음
- **裕**(유) 넉넉하다
- **獻**(헌) 바치다

옮김

1 간절히 야훼 우리 주께 구하오니 저의 곧고 성실함을 보아 주십시오 2 일
평생 주님만 우러르면서 신실함 지키려 힘썼사오니 제 심령 달구셔서 살펴봐
주십시오 3 주의 사랑과 은혜 늘 눈 앞에 있기에 거룩한 그 길 조심히 걸었
습니다 4 헛된 것 쫓는 이와 한 자리에 앉지 않고 간사한 무리들과 어울리
지 않았습니다 5 그러니 어떻게 소인배들의 모임에 발을 담그겠습니까? 6
손 씻어 더러움일랑 깨끗이 하고 당신 제단에 오래 머물고자 하였습니다 7
감사 찬미 부르며 주의 깊고 묘한 행적 찬송합니다 8 내 마음은 늘 야훼의
집, 영광스런 그 집을 흠모합니다 9 주님 내 영혼 죄인들과 섞이지 않게 하
시고 내 생명 저들과 같이 소멸케 마십시오 10 저들은 악으로 가득하옵고
뇌물만 수없이 받아 챙깁니다 11 저는 깨끗한 삶 사모하오니 저들과 같은

자리 베풀지 마십시오 **12**주께서 긍휼히 여기사 평안에 거하게 하시고 야훼 향해 아름다운 찬송부르며 모임에서 주님을 드높이오리다

해설

3절 종용從容은 태도에 일관성을 지녀 어떤 상황에서도 묵묵히 유지하며 바른 길을 걷는 것을 의미한다. 『예기』「치의緇衣」 편에 '공자 이르길 어른이 되는 이는 백성 다스림에 있어 예법에 어긋나지 않도록 의복을 단정히 하며 안색과 태도에 일관성을 지닌다면 백성들도 덕에 어긋나지 않으리라' 孔子曰 長民者衣服不貳 從容有常 以齊其民則民德壹(공자왈 장민자의복불이 종용유상 이제기민즉민덕일)고 하였다.

5절의 측족厠足은 발이 닿는 곳을 의미하며 『장자』「외물外物」 편에 나온다. '그런즉 발이 닿는 부분만 재어놓고 그 둘레를 파내려가 황천에까지 이른다면 과연 사람들에게 쓸모가 있겠는가?'然則厠足而墊之 致黃泉 人尙有用乎(연즉측족이점지 치황천 인상유용호)라며 묻는 장면이 있다.

6절의 유련留連은 즐거움에 빠져 돌아갈 것을 잊어버린다는 뜻으로 유련황망流連荒亡의 줄임말이다. 『맹자』「양혜왕梁惠王」 하에 나오는데 '흐름을 따라 배를 타고 내려가 돌아오기를 잊는 것은 유流라 하고 거꾸로 상류로 올라가 돌아오기를 잊는 것을 연連이라 하고 짐승을 따라다녀 싫증내지 않는 것을 황荒이라 하고 술을 좋아하여 싫증내지 않는 것을 망亡이라 한다'從流下而忘反 謂之流 從流上而忘反 謂之連 從獸無厭 謂之荒 樂酒無厭 謂之亡(종류하이망반 위지류 종류상이망반 위지련 종수무염 위지황 낙주무염 위지망) 하여 임금의 향략을 지적하는 내용이 있다.

7절의 현묘玄妙는 『도덕경』에 나오는 말로 '그윽히 깊고 깊어서 온갖 묘한 것들이 그리로 드나든다'玄之又玄 衆妙之門(현지우현 중묘지문)고 하였다.

12절의 안락와安樂窩는 송대宋代 철학자였던 소강절(자호가 안락安樂)이 은거

하였던 소문산蘇門山의 거처 이름이다. 이름의 유래는 『주역』 「계사전繫辭傳」에 나오는 '군자는 언제나 평안에 거한다. 그것은 역易의 질서로 살기 때문이다. 또한 군자는 언제나 효爻의 말씀을 기뻐하고 즐긴다'君子居而安者 易之序也 所樂而玩者 爻之辭也(군자거이안자 역지서야 소락이완자 효지사야)라는 문장에서 따왔다. 소강절은 그의 글 「무명공전無名公傳」에서 '거처의 이름을 안락와로 하였으니 과하게 치장할 것이 없으니 겨울에 따뜻하고 여름에 시원하면 그만이다'所寢之室謂之安樂窩 不求過美 惟求冬暖夏凉(소침지실위지안락와 불구과미 유구동난하량)라고 하였다.

같은 절의 작작유여유綽綽有餘裕는 『시경』 「소아」 「각궁角弓」에 '이 착한 형제들은 넉넉하게 여유가 있는데 착하지 못한 형제들은 서로에게 해를 입히는구나'此令兄弟 綽綽有裕 不令兄弟 交相爲瘉(차령형제 작작유여 불령형제 교상위유)라고 하였다.

하느님을 우러르는仰(앙) 이는 주님이 보이신 길을 신실히 걷지 않을 수 없고篤行(독행), 성전에 머물기 사모慕(모)하는 이는 그에 합당한지 자기 마음을 살피지淸白(청백) 않을 수 없다. 어느 시인의 고백처럼 하늘을 우러러 한 점 부끄럼 없기를 잎새에 이는 바람에도 괴로워하지 않을 수 없다.

칸트의 정언명령定言命令처럼 하늘에 빛나는 별이 있고 내 마음에는 흔들리지 않는 도덕률이 있다. 그렇게 우러르고 사모하니 헛된 것, 거짓된 것, 앞뒤 다른 간사함을 점점 더 멀리하게 된다. 바라는 것은 그저 주님 곁에 머물며 주님을 찬양하는 것뿐이다.

제27수

어려움에 처해도 절망치 않네 處困莫餒

처 곤 막 뇌

1 主是我恩星 何所用惕惕? 主是我恩保 誰能褫我魄?
주 시 아 은 성 하 소 용 척 척? 주 시 아 은 보 수 능 치 아 백?

2 惡逆徒洶洶 但見其傾蹶
악 역 도 흉 흉 단 견 기 경 궐

3 大軍雖當前 吾亦無惴慄 中君既安泰 威武焉能屈
대 군 수 당 전 오 역 무 췌 률 중 군 기 안 태 위 무 언 능 굴

4 求主惟一事 足以慰幽衷 終身居主宅 陶然醉春風
구 주 유 일 사 족 이 위 유 충 종 신 거 주 택 도 연 취 춘 풍

逍遙聖殿裏 瞻仰樂無窮
소 요 성 전 리 첨 앙 락 무 궁

5 我當患難日 必蒙藏其室 納我於幔角 置我於磐石
아 당 환 난 일 필 몽 장 기 실 납 아 어 만 각 치 아 어 반 석

6 從此得揚眉 克服周圍敵 宜在聖壇上 獻祭表歡悅
종 차 득 양 미 극 복 주 위 적 의 재 성 단 상 헌 제 표 환 열

引吭吟詩歌 頌美主大德
인 항 음 시 가 송 미 주 대 덕

7 望主聽我音 俞允昭矜憐 8 吾心與主語 吾目盼主顔
망 주 청 아 음 유 윤 소 긍 련 오 심 여 주 어 오 목 반 주 안

9 主顔固常盼 但望主莫揜 求主勿峻拒 令僕心慘慘
주 안 고 상 반 단 망 주 막 엄 구 주 물 준 거 영 복 심 참 참

除主無生路 莫將我棄捐
제 주 무 생 로 막 장 아 기 연

10 父母縱相棄 知主必見涵
부 모 종 상 기 지 주 필 견 함

11 仇敵正洶洶 頗感行路難 求主加指導 引我入平坦
구 적 정 흉 흉 파 감 행 로 난 구 주 가 지 도 인 아 입 평 탄

12 豈可容群逆 得我乃心甘? 盍視彼梟獍 對我長抨擊
기 가 용 군 역 득 아 내 심 감? 합 시 피 효 경 대 아 장 평 격

妄證且咒詛 無所不用極 豈可將吾命 交付于衆敵?
망 증 차 주 저 무 소 불 용 극 기 가 장 오 명 교 부 우 중 적?

13 深信在人世 重得見春光
심 신 재 인 세 중 득 견 춘 광

14 告爾氣無餒 仰主圖自强 何以養爾勇? 惟有信與望
고 이 기 무 뇌 앙 주 도 자 강 하 이 양 이 용? 유 유 신 여 망

글자풀이

- **餒**(뇌) 주리나, 썩어 문드러지다
- **惕**(척) 두려워하다, 삼가다
  惕惕(척척) 근심하고 두려워하는 모양
- **褫**(치) 빼앗다
- **洶**(흉) 물이 솟구치다
  洶洶(흉흉) 세찬 모양
- **蹶**(궐) 넘어지다
- **惴**(췌) 두려워하다
- **慄**(률) 떨다, 두려워하다
- **安泰**(안태) 태평 안락
- **陶然**(도연) 무척 즐거워하는 모양, 술이 거나하게 취한 모양
- **瞻**(첨) 보다
- **納**(납) 받아들이다
- **幔**(만) 장막
- **置**(치) 놓다
- **吭**(항) 목
- **吟**(음) 읊다
- **俞**(유) 그러하다
- **允**(윤) 허락하다
- **揜**(엄) 가리다
- **峻**(준) 엄하다, 높다
- **拒**(거) 적대하다
- **捐**(연) 버리다
- **縱**(종) 설사, 가령
- **涵**(함) 용납하다, 담그다
- **頗**(파) 치우치다(편파), 자못(어느 정도)
- **梟**(효) 올빼미
- **獍**(경) 맹수 이름
- **梟獍**(효경) 효는 어미새를 잡아먹는 올빼미를 뜻하고 경은 아비를 잡아먹는 짐승을 뜻한다. 흉악한 금수와 다름없는 악인을 의미한다
- **抨**(평) 탄핵하다
- **擊**(격) 치다, 부딪히다
- **咒**(주) 빌다, 저주하다
- **詛**(저) 저주하다, 헐뜯다
- **圖**(도) 꾀하다

옮김

1야훼는 나의 빛 무엇이 두려우랴 야훼 나의 피난처 뉘 있어 내 영혼 빼앗
으리오? 2악한 무리 세차게 달려들어도 종내 휘청이며 쓰러지리라 3많은
적들 내 앞에 진 칠지라도 나 조금도 두려워하지 않으리라 내 영혼 참으로
평안하리니 적의 위력에 굴할 바 전혀 없도다 4야훼께 구하는 것 오직 한
가지 이내 심령 주의 위로 얻는 것이니 종신토록 주님 전에 머무르면서 주
님 은혜에 취하는 것이라 성전 거닐며 주님 우러르니 그 기쁨 한없이 이어
지리라 5나 환란을 당할지라도 주님의 집에 숨겨주시며 님 장막에 들이사
감춰주시며 든든한 반석 위에 세워주시니 6에워싼 원수들 내려다보며 저들
을 이기시는 모습 보리니 마땅히 제단에서 제물 드리며 야훼 주님께 기쁨
올려드리리라 목소리 높여서 주 찬미하고 야훼의 크신 덕을 노래하리라 7
야훼여 나의 기도 들어주시고 당신의 긍휼하심 허락하소서 8내 마음에 당
신 말씀 함께 하오니 나의 눈은 주님 얼굴 뵙고자 하네 9진정으로 주님 얼
굴 뵙기 원하니 야훼여 당신 모습 감추지 마소서 주께서 매몰차게 거절하
시면 종의 심령은 무너지고 말리니 주 아니면 생명의 길 전혀 없사오니 야
훼여 이 몸 버리지 마옵소서 10부모님은 설령 나를 버릴지라도 야훼께선
나를 품어주실 걸 아네 11원수들 세차게 떨쳐 일어나 가는 길 자못 험하
니 야훼여 저를 이끌어주셔서 안전하고 평탄한 길 들게 하소서 12원수 앞
에 나를 내버려두사 저들로 기뻐하게 두시렵니까? 나를 향한 끊임없는 비
난과 모함 정녕 사악하기 그지없습니다 거짓 증언과 저주 한없사오니 저들
손에 이 목숨 넘기시렵니까? 13그러나 나는 산자들의 이 땅에서 주의 영광
끝내 볼 것 믿사옵니다 14내 영혼아 정녕 낙심치 말지니 주님 의뢰하여 온
전하여라 용기를 낼 길 알지 않느냐? 애오라지 믿음으로 야훼 기다려라

처곤막뇌處困莫餒는 어려움에 처하여 절망하지 않으니 여기에 머물지 않고 오히려 한 걸음 더 나아간다는 뜻이다. 다른 말로 한다면 처곤양정處困養靜이라 할 수 있다. 어려움에 처할수록 고요 가운데 중심을 지켜야 한다. 고요를 지킨다 함은 가만히 있는 것이 아니라 양정養正, 즉 바름을 지키고 14절 말씀처럼 양용養勇, 굳은 심지를 길러 용기를 잃지 않는 것이다. 밖의 이러저러한 사정에서 물러나 하느님께만 그 마음을 내어놓는 것이 정靜이니 이 고요함에서 하느님의 정正을 얻는다. 중심으로 들어갈수록 고요해지니 숫자와 부피에 휘둘리지 않게 된다. 굳셈을 얻는다. 정定이다. 이제 입장이 정해진 것이다. 제 입장이 없는 사람이야 이런저런 소리와 평가에 휘둘리며 제 걸음에 의혹을 갖고 두리번거리겠지만 하느님 안에서 입장이 정해진 이는 지향할 방향 또한 분명하다. 그러니 흔들리지 않는다. 그러므로 구할 것은 오직 하나다. 하느님! 그리고 그것이 전부이다.

4절의 유충幽衷은 깊이 감추어둔 내밀한 마음을 의미한다. 남조 송宋의 시인 왕승달의 「답안연년答顔延年」에 '이내 깊은 심사 무엇으로 위로 얻으랴? 시와 노래로 달랠뿐이라'幽衷何用慰 翰墨久謠吟(유충하용위 한묵구요음)고 하였다.

같은 절의 도연陶然은 흥에 취한 모양을 의미한다. 도연명의 시 「시운時運」에 '내 마음을 말로 하면 사람은 역시 쉽게 만족한다는 것 한 잔 술 들이키니 거나하여 스스로 즐거워한다네'稱心而言人亦易足揮玆一觴陶然自樂(칭심이언인역이족휘자일상도연자락)라고 노래하였다.

9절의 참참慘慘은 근심이 깊고 아득해지는 것을 뜻한다. 『시경』「소아小雅」「정월正月」에 '쓰라린 가슴 안고 나라 폭정을 염려한다네'憂心慘慘 念國之爲虐(우심참참 염국지위학)라는 노래가 있다.

11절의 행로난行路難은 예부터 불리던 민요인데 후에 많은 문인이 그 내용을 끌어내어 인생행로의 어려움을 노래하였다. 시인 이백 또한 「행로난

行路難」 세 수를 지었다. 그 내용 중에 '가는 길 어려워라 가는 길 어려워라 갈림길 많은데 지금은 어드메뇨?'行路難 行路難 多岐路 今安在(행로난 행로난 다기로 금안재)라는 구절이 있다.

12절의 무소불용극無所不用極은 『대학』에 나오는 말로 할 수 있는 바를 최선을 다해 행한다는 의미인데 좋은 뜻으로는 '군자는 그 지극한 정성을 다하지 않을 수 없다'君子 無所不用其極(군자 무소불용기극)고 하였고 반대로 '소인배는 혼자 있을 때에는 못된 짓을 함에 있어서 도무지 못할 것이 없다'小人 閒居爲不善無所不至(소인 한거위불선무소부지)고 하였다. 믿는 이도 최선을 다하지만 악인도 그 악에 있어서 최선을 다한다.

14절의 주를 우러름이 자강自强이다. 『주역』에 '하늘의 운행은 건실하니 군자는 그것을 본받아 스스로 힘쓰며 쉬지 않고 굳세게 행한다'天行健 君子而自强不息(천행건 군자이자강불식)고 하였다. 믿음의 사람은 하느님을 우러르며 스스로를 가다듬어 힘쓰기를 쉬지 않는다. 가만히 아무 것도 안하고 기다리는 것은 하느님을 바라는 것일 수 없다. 스스로를 가다듬지 않고 하느님을 우러른다면 그것은 요행수를 바라는 것에 지나지 않으리라.

제28수

교활하기 그지없는 악인들 口蜜腹劍
구 밀 복 검

1 呼籲我恩保 莫向我作聾　爾若長默默 我將陷泥中
호 유 아 은 보　막 향 아 작 롱　이 약 장 묵 묵　아 장 함 니 중

2 主盍一垂顧 鑒我耿耿忠?　向主發哀聲 舉手朝聖宮
주 합 일 수 고　감 아 경 경 충?　향 주 발 애 성　거 수 조 성 궁

3 莫將我消滅 使與群兇同　彼輩口如蜜 心中含辛螫
막 장 아 소 멸　사 여 군 흉 동　피 배 구 여 밀　심 중 함 신 석

4 祈主按其行 報彼諸罪孽　自作應自受 處以所應得
기 주 안 기 행　보 피 제 죄 얼　자 작 응 자 수　처 이 소 응 득

5 目中無真宰 藐視靈異蹟　願主加掃蕩 莫予以建立
목 중 무 진 재　묘 시 령 이 적　원 주 가 소 탕　막 여 이 건 립

6 可讚惟雅瑋 已聞吾歎息
가 찬 유 아 위　이 문 오 탄 식

7 是我衛身干 是我生命力　一心惟賴主 賴主信有益
시 아 위 신 간　시 아 생 명 력　일 심 유 뢰 주　뢰 주 신 유 익

神樂湧心府 頌聲從中發
신 악 용 심 부　송 성 종 중 발

8 祈保受命王 萬民食帝力
기 보 수 명 왕　만 민 식 제 력

9 拯救爾子民 福佑爾嗣業　長為元元牧 涵育靡有極
증 구 이 자 민　복 우 이 사 업　장 위 원 원 목　함 육 미 유 극

글자풀이

- **聾**(롱) 귀머거리
- **陷**(함) 빠지다
- **泥**(니) 진흙구렁
- **盍**(합) 어찌 아니 할
- **耿**(경) 한결 같은 모양
- **蜜**(밀) 꿀
- **螫**(석) 쏘다
- **按**(안) 살피다
- **藐**(묘) 업신여기다
- **掃**(소) 제거하다
- **蕩**(탕) 씻어내다
- **予**(여) 허락하다
- **干**(간) 몸통
  身干(신간) 몸뚱이, 방패
- **湧**(용) 솟구치다
- **嗣**(사) 잇다, 후사
- **帝力**(제력) 상제의 은덕
- **元元**(원원) 근본, 창생
- **涵育**(함육) 기르고 닦음
- **靡**(미) 없다

옮김

1내 은혜의 주님께 호소하오니 야훼여 귀를 막지 말아주소서 주님 그리 오
래 모른 체 하시면 이 몸 그저 흙구렁에 빠질 인생일 뿐 2어찌하여 저를 돌
아보지 않으시며 당신 향한 신실함 생각지 않습니까? 성전에서 두 손 들고
주님 향해 탄식의 기도 드립니다. 3저를 흉악한 저 무리들과 같이 멸하지
마소서 저들 입 꿀 바른 듯 미끈하나 마음에는 독을 품고 있나이다 4저들
의 행실 보시고 저들의 죄값을 치르게 하소서 저지른 대로 받는 것이야 저
들 스스로 불러들인 것 5주의 놀라우신 일 업수이 여기며 야훼님 아랑곳하
지 않는 저들 주님 쓸어버리시고 다신 일어서지 못하게 하소서 6야훼 주님
찬미받으시리니 이미 제 간구 들으셨음이니이다 7야훼 나를 지켜주시며 또
나의 생명의 힘이시라 일심으로 주님을 의지하였더니 주님의 도우심 입었
나이다 마음에서 하늘가락 울려나오니 입술에선 찬미 노래 터져나오네 8하
늘 명령 받은 왕을 보호하시고 인생들 주 은혜로 살게 하소서 9야훼여 당
신 백성 건져주시고 당신의 유업에 복 내리소서 영원토록 저들의 목자되시
어 변함없이 돌보사 인도하소서

하느님 없이는 인생이란 허와 무虛無(허무)로 돌아갈 수밖에 없음을 발견하고 인생의 주인이신 하느님을 오롯이 의뢰하는 것이 신앙이다. 믿음이 없는 세상은 하느님을 업수이 여긴다. 없는 셈 치는 것이다. 그러니 입은 번지르르 하고 배는 탐욕으로 가득 차 있다. 이러한 세상에서 믿는 이는 간절히 빌지 않을 수 없다. 하느님 당신 없이는 나는 아무 것도 아니며, 어리석은 저들처럼 쉬이 무로 돌아갈 수밖에 없음을 말씀드린다. 이것이 기도요 빎이다. 기도는 있는 그대로의 나를 발견하는 것에서 비롯된다.

또 하나, 기도가 하느님을 향한 신뢰의 탄원인 것은 삶의 주인이 하느님이심을 인정하는 것이다. 설사 그것이 눈에 보이게 드러나지 않더라도 말이다. 반대로 저들에게는 목중무진재目中無眞宰, 저들의 눈에는 하느님이 없다. 그러니 숨겨진 욕망이 솟구친다. 내가 해결하고 내가 판단하고 내가 악을 징벌하고 싶어하는 욕망! 자신이 해결사가 되고자 하는 욕망이다. 더 나아가 저 스스로 하느님이 되려 한다. 일순 보기에는 선한 것 같으나 지극히 위험하다.

제목인 구밀복검口蜜腹劍은 『자치통감資治通鑑』「당기唐紀」「현종천보원년玄宗天寶元年」에 나오는 고사에서 유래한 성어成語이다. '이임보는 현명한 이를 미워하고 능력 있는 이는 질투하는 그 성정이 음험한 사람이었다. 사람들이 그를 말하길 입에는 꿀이 있고 배에는 칼을 품었다고 하였다.'李林甫 妬賢嫉能 性陰險 人以謂 口有蜜腹有劍(이림보 투현질능 성음험 인이위 구유밀복유검)

이임보는 당 현종의 눈과 귀를 가린 사람으로 유명하다. 그가 자기 서재에서 장고長考를 했다하면 다음 날에 어김없이 누군가 주살되었다고 한다.

1절의 작롱作聾은 '귀머거리인 척 벙어리인 척 한다'裝聾作啞(장롱작아)는 성어成語의 줄임말로 모르는 체한다는 의미이다.

2절의 경경耿耿은 한결같이 신실하고 충성된 마음을 말한다. 충심忠心이며 단심丹心이다. 문천상의 「정기가正氣歌」에 '이와 같이 한결같은 마음이 있어 부귀와 영화를 뜬구름처럼 보네'顧此耿耿在 仰視浮雲白(고차경경재 앙시부운백)라고 하였다.

4절 자작자수自作自受는 제가 행한 대로 받는다는 성어成語로 행한 자의 책임이라는 뜻이다.

5절의 진재眞宰는 우주의 참된 주재자를 의미한다. 『장자』 「제물론齊物論」에 '참된 주재자가 있는 듯한데 그 조짐은 볼 수가 없구나'若有眞宰 而特不得其朕(약유진재 이특부득기짐)라고 하였다.

7절의 신악新樂은 제사 때 쓰이는 음악을 의미한다.

8절의 수명受命은 수명어천受命於天의 줄임말이다. 천명天命을 받았음을 의미한다. 『서경』 「소고召誥」에 '이제 임금께서 천명을 받아 천자가 되신 것은 아주 복된 일이나 또한 두렵고 떨리는 일이기도 합니다. 그러니 어찌 삼가며 공경하지 않을 수가 있겠습니까?'惟王受命 無疆惟休 亦無疆惟恤 嗚呼曷其 奈何不敬(유왕수명 무강유휴 역무강유휼 명호갈기 내하불경)라고 하였다.

같은 절의 제력帝力은 임금의 은택을 의미하며 「격양가擊壤歌」에 나오는 노래로 '해 뜨면 일하고 해지면 쉰다네, 우물 파서 물 마시고 밭 갈아서 먹으니 임금의 은택이 내게 하 소용이랴!'日出而作 日入而息 鑿井而飮 耕田而食 帝力于我何有哉(일출이작 일입이식 착정이음 경전이식 제력우아하유재)라고 읊었다. 요순시대의 태평성세를 노래한 것이다.

9절의 함육涵育은 『송서宋書』 「고개지顧愷之」 전에 나온다. '대저 성인은 스스로는 잘 비우고자 하여 자신을 바르게 닦고 깊어지게 하였으니 늘 투명하게 스스로를 비춰보았다'夫聖人懷虛以涵育 凝明以洞照(부성인회허이함육 응명이통조)고 하였다. 함양화육涵養化育의 의미이다.

제29수

하늘의 소리 雷音
뇌 음

1 告爾天神 齊頌主德
고 이 천 신 제 송 주 덕

2 聖名馥馥 稜威赫赫 肅雍拜主 被爾黼黻
성 명 복 복 능 위 혁 혁 숙 옹 배 주 피 이 보 불

3 主音淵淵 在水中央 惟主作雷 自彼湯湯
주 음 연 연 재 수 중 앙 유 주 작 뢰 자 피 탕 탕

4 厥音隆隆 赫其有響 5 厥音霹靂 折彼香柏
궐 음 륭 륭 혁 기 유 향 궐 음 벽 력 절 피 향 백

6 麗盆西連 躍躍如犢 7 轟雷既行 電光閃鑠
여 반 서 련 약 약 여 독 굉 뢰 기 행 전 광 섬 삭

8 曠野聞音 戰戰慄慄 迦鐵之野 斯惕斯慴
광 야 문 음 전 절 률 률 가 철 지 야 사 척 사 섭

9 麀震厥音 遄產幼鹿 憬彼森林 木葉盡脫 凡在殿中 莫不祝福
우 진 궐 음 천 산 유 록 경 피 삼 림 목 엽 진 탈 범 재 전 중 막 불 축 복

10 雅瑋御宇 溯自洪荒 振古如茲 王權無疆
아 위 어 우 소 자 홍 황 진 고 여 자 왕 권 무 강

11 福哉天民! 恃主日強 戢爾干戈 永享安康
복 재 천 민! 시 주 일 강 즙 이 간 과 영 향 안 강

글자풀이

- **齊**(제) 함께, 엄숙히
  齊頌(제송) 장엄히 노래하다
- **馥**(복) 향기(짙을)
  馥馥(복복) 향기가 많이 나는 모양
- **稜**(릉) 서슬, 위엄
- **肅**(숙) 엄숙하다
  肅雍(숙옹) 삼가고 유화로운
- **黼黻**(보불) 고대에 예복에 놓은 수, 제후나 대부의 옷에 수놓은 문장
- **淵淵**(연연) 조용하고 깊은 모양
- **彼**(피) 덮을
- **隆隆**(륭륭) 소리가 큰, 세력이 융성한 모양
- **響**(향) 울림
- **麗盆**(려반) 레바논의 음역
- **西連**(서연) 시룐(헬몬산의 가나안식 이름)
- **躍**(약) 뛰어오르다
- **犢**(독) 송아지
- **轟**(굉) 떠들썩할
- **鑠**(삭) 빛나다
- **閃爍**(섬삭) 번쩍번쩍 빛나는 모양
- **迦鐵**(가철) 가데스의 음역, 가데스 광야
- **惕**(척) 두려워하다
- **懾**(섭) 두려워하다
- **麀**(우) 암사슴
- **震**(진) 흔들리다, 놀라다
- **遄**(천) 빠른
- **憬**(경) 깨닫다
- **溯**(소) 거슬러 오르다
- **洪荒**(홍황) 태고, 천지, 넓고 큼
- **玆**(자) 여기, 자리
- **戢**(즙) 거두다
  戢干戈(즙간과) 창과 방패를 거두어 싸움을 끝내다

옮김

1 너희 제신[諸神]들에게 이르노니 야훼의 크신 덕 장엄히 노래하라 **2** 거룩한
이름 향기 가득하고 위엄은 밝히 빛나시나니 가장 귀한 차림 갖춰 야훼 앞
에 겸손히 조아려라 **3** 야훼 소리 깊고 깊어라 물 가운데 머물고 발하시는
우레 소리 큰물들이 들썩이네 **4** 그 소리 퍼져가니 온 곳에 울려나고 **5** 그 울
림 벽력같아 송백이 갈라지네 **6** 레바논과 시룐산 송아지같이 뛰어오르고 **7**
뇌성이 지나가니 번개가 뒤따르네 **8** 광야에도 울려 퍼져 모두들 전율하니
가데스 광야도 두려워 벌벌 떠네 **9** 암사슴 그 소리에 놀라 서둘러 새끼를
낳고 숲의 나무들 덜덜 떨며 그 잎을 다 떨구네 허나 성전에 함께 한 이들
에겐 온통 복이로구나 **10** 야훼 태곳적부터 천하를 다스리시니 처음부터 왕

권이 영원하셔라 11 복이로구나 그분의 백성들이여 주를 의뢰하니 날마다 힘을 얻고 전쟁은 그치고 영원한 평강 누릴 것이라

해설

말로 표현하기 어려운 것, 더 나아가 말할 수 없는 것을 부득이 말해야 한다면 어쩔 수 없이 분명하고 정확한 명사보다 모호하게 부사와 형용사로 진술할 수밖에 없다. 시인은 향기가 어지러이 드날리고馥馥(복복) 그 위엄이 한없이 빛나며赫赫(혁혁) 깊고 깊어 아득하고淵淵(연연) 한없이 큰 모양이며隆隆(륭륭) 거침없이 내달려 흐르는湯湯(탕탕) 등 형용사를 통해 그분의 위엄과 그 위엄이 미치는 모양을 조심스레 그려낸다.

이 같은 형용의 어려움은 경험은 하였으나 그 신비를 선명히 그려낼 수 없는 인간의 한계에서 비롯된다. 그렇기에 갈수록 점점 깊어지기도 하겠으나愈探愈深(유탐유심) 갈수록 모호해진다.愈探愈微(유탐유미) 그러나 입을 다물고 있을 수는 없다. 더 단순하게 어린아이처럼 찬송할 수 있다. 다윗이 그렇지 않았던가? 그의 전 생애를 통해 경험한 하느님은 방패요, 산성이며 목자요 요새였다. 그렇게 말할 수밖에 없으리라. 말이 길어지면 저 스스로 길을 잃지 않았을까? 선진先秦 유교에서도 주재主宰인 하늘과의 관계를 한 단어로 명쾌히 정할 수 있는 바가 아니었다. 사람이 스스로를 끊임없이 돌이켜 보고 자기를 다스리고 다듬어야 하였기에 삼가고 조심하는 바가 모든 사유와 행위의 근간이 되었다.

마지막 부분에서 히브리 시인은 땅 위에 거하는 모든 것들이 두려워하는 하늘의 소리가 믿는 이들에게는 하느님의 영광이며 평강이라 노래한다. 오경웅은 한 걸음 더 나아간다. 믿는 이들에게는 이러한 하느님의 위엄을 의지하여 날마다 더 힘을 얻고 강해지는 길이기도 하다.恃主日強(시주일강)

하느님은 온전히 하느님으로 계시고 그 백성은 그 하느님을 오롯이 의뢰한다. 그것으로 족하다. 그리고 그 실재는 전쟁이 없는戢干戈(즙간과) 참된 평화와 평강이다.

2절의 숙옹肅雍은 『시경』「주송主誦」「유고有瞽」에 나오는데 '아름답게 어울리는 풍악 소리여 고요하고 부드럽게 울려 펴지네'喤喤厥聲 肅雍和鳴(황황궐성 숙옹화명)라고 하였다.

10절의 홍황洪荒은 태곳적 시대를 뜻한다. 송宋의 양만리의 글「한무제유성현지풍론漢文帝有聖賢之風論」에 '홍황의 시대엔 사람과 금수가 나뉘어지지 않았다' 洪荒之世 人與禽之未別(홍황지세 인여금지미별)라고 하였다.

같은 절의 진고여자振古如玆는 언제나 그러하네라는 뜻으로 『시경』「주송周頌」「재삼載芟」에 나온다. 풍년의 즐거움을 노래하는 것인데 '여기 같은 풍년은 여기만이 아니고 지금 같은 풍년은 지금만이 아니라 예로부터 언제나 이러했나니'匪且有且 匪今斯今 振古如玆(비차유차 비금사금 진고여차)라고 노래하고 있다.

11절의 즙이간과戢爾干戈는 전쟁을 그친다는 뜻으로 『시경』「주송周頌」「시매時邁」에 천자의 순행을 노래하고 있는데 '때때로 위엄을 떨치실 때에 두려워 떨지 않는 사람 없어라… 천하의 방패, 창을 모두 거두고 활과 화살 자루에 넣어두시네'薄言震之 莫不震疊… 載戢干戈 載櫜弓矢(박언진지 막부진첩 재즙간과 재고궁시)라는 문장이 나온다. 즙병戢兵도 같은 뜻을 지니고 있다.

제목을 뇌음雷音이라 하였다. 단순한 자연현상이라면 뇌성雷聲으로 하는 게 더 낫다. 뇌음은 자연현상으로 뇌성의 뜻도 담고 있지만 불교에서 법을 베푸는 부처님의 음성을 의미하기도 한다.

제30수

슬픔 뒤에 기쁨이 先悲後喜
선비후희

1 心感雅瑋 扶持小子 未令敵人 揚眉吐氣
심감아위 부지소자 미령적인 양미토기

2 曩者有患 呼籲於爾 爾應我求 吾病以治
낭자유환 호유어이 이응아구 오병이치

3 肉我白骨 生我於死
육아백골 생아어사

4 蒙主煦育 可不頌美? 勗哉諸聖! 讚主莫已
몽주후육 가불송미? 욱재제성! 찬주막이

5 聖怒一時 茲恩永世 長夜悲泣 拂曉乃喜
성노일시 자은영세 장야비읍 불효내희

6 昔處康樂 自謂安固 7 主為磐石 寧用後顧?
석처강락 자위안고 주위반석 영용후고?

忽掩慈顏 心生憂怖 8 哀哀求主 聽我仰訴
홀엄자안 심생우포 애애구주 청아앙소

9 小子之血 於主何補? 倘轉溝壑 化為塵土
소자지혈 어주하보? 상전구학 화위진토

塵土何知? 寧能讚主 10 求主垂憐 加以神助
진토하지? 영능찬주 구주수련 가이신조

11 主聞吾禱 化泣為舞 解我麻衣 被以歡緒
주문오도 화읍위무 해아마의 피이환서

12 感銘靈府 焉能默默? 稱謝洪恩 永世不息
감명령부 언능묵묵? 칭사홍은 영세불식

글자풀이

- **扶**(부) 돕다
- **持**(지) 버티다
  扶持(부지) 도움, 버티게 함
- **吐氣**(토기) 뽐내다
- **曩**(낭) 전에 **曩者**(낭자)=**昔處**(석처) 예전에
- **煦**(후) 따뜻하게 하다, 은혜
  煦育(후육) 따뜻하게 하여 기름
- **勗**(욱) 힘쓰다
- **泣**(읍) 울다
- **拂**(불) 다다르다
- **曉**(효) 새벽
  拂曉(불효) 날이 밝을 무렵
- **後顧**(후고) 이미 지난 일을 못 잊어서 뒤돌아보거나 살핌
- **訴**(소) 하소연하다
- **倘**(상) 노닐다
- **舞**(무) 춤추다
- **麻衣**(마의) 삼베옷, 상복(**喪服**)을 의미
- **緖**(서) 실마리
- **靈府**(영부) 영혼

옮김

1 어리석은 인생에 곁 주시는 야훼께 온맘으로 감사를 드리나이다 주님께
선 적들로 하여금 의기양양치 못하게 하셨나이다 2 내가 전에 병 가운데 호
소하였더니 야훼 응답하사 고쳐주셨나이다 3 뼈마디만 남은 내게 살을 입혀
주시고 죽음에서 삶으로 돌리셨나이다 4 주님의 후의를 입었사오니 어찌 야
훼 주님을 찬송치 않으랴? 신실한 이들은 힘써야할지니 주님 향한 찬송 그
치지 말지라 5 거룩한 분노는 한순간이요 자비로우신 은혜는 영원하도다 긴
밤 슬픈 눈물 범벅이라도 새벽에는 기쁨이 이르리로다 6 오래 전 평안하고
즐거웠을 제 '진실로 내 삶이 견고하다' 말한 것은 7 야훼께서 나의 반석이셨
기에 도무지 돌아보아 걱정할 것 없었음인데 홀연 자비의 당신 얼굴 감추
시니 근심과 두려움에 잡혔나이다 8 슬픔 속에서 주께 구하며 우러러 토로
하는 기도 들어주소서 9 제 죽음이 주님께 무슨 보탬이 되겠습니까? 죽음
의 구렁에서 뒹굴다 진토가 되면 그따위가 뭘 알아 야훼 찬양하리이까? 10
주님 자비 베푸시고 도움 허락하소서 11 내 기도 주께서 들어주셔서 눈물이
변하여 춤이 되게 하시고 슬픔의 옷 벗기시고 기쁨의 띠 띠우셨네 12 내 영

혼에 젖어든 야훼 주님의 은총 어찌 가만히 있을 수 있으랴? 크고도 놀라운 그 은혜 감사하며 영원토록 주의 사랑 찬미하리라

해설

슬픔에 휩싸인 밤은 한없이 길다. 도저히 끝날 것같지 않은 어둠이다. 그러나 영원할 것같은 밤도 끝내 끝이 난다. 새벽 빛, 여명과 함께 하느님의 위로와 자비가 임하신다.長夜悲泣 拂曉乃喜(장야비읍 불효내희) 거룩한 분노는 한순간일 뿐 그분의 자비는 영원하시다. 슬픔의 눈물은 끝내 변하여 기쁨의 춤이 되게 하신다.化泣爲舞(화읍위무) 어려운 것은 그때가 정녕 하느님께 속한 것이기에 그 가운데 겸허히 기다리며 낮아지는 것을 배우는 것이다.

그렇기에 신앙은 기다림을 통해 영글어 간다. 기다림은 쓸모없는 시간이 결코 아니다. 한 영혼이 익어가는 시간이다. 유교에 있어서 시중時中이라는 삶의 태도가 있다. 적절한 균형감각과 때에 알맞게 살아가는 바른 식별능력이다. 여기에는 반드시 때를 기다리는 인내가 포함된다. 기독교에서도 식별은 신앙의 중요한 지평이다. 스스로 언제까지라고 시간을 정해놓고 기도하는 것은 기다리는 것이 아니다. 그건 화내고 원망하기 위해 벼르는 것뿐이다.

제목이 선비후희先悲後喜이다. 본문의 내용과는 다른 맥락이지만 이 글을 읽는 유학자라면 떠올릴 만한 문장이 있다. 송대 범중엄의 『악양루기岳陽樓記』에 '천하 사람들에 앞서서 근심하고 세상 사람들 모두 즐거워한 뒤에 즐거워하라'先天下之憂而憂 後天下之樂而樂(선천하지우이우 후천하지락이락)는 구절이다. 줄여서 선우후락先憂後樂의 성어成語로 쓰인다. 모름지기 사람이 되고자 하는 이의 도리이며 바른 뜻을 지닌 이의 마음자세이다.

3절의 육아백골肉我白骨은 죽은 사람을 되살리는 큰 은혜를 뜻한다. 『국어

國語』「오어吳語」편에 '임금께서 월나라에 베푼 은혜는 죽은 것을 되살리시는 회생의 큰 은혜입니다'君王之於越也 繄起死人而肉白骨也(군왕지어월야 예기사인이육백골야)라는 문장이 있다.

4절의 욱재勗哉는 힘쓰라는 권면이다. 『서경』「목서牧誓」에 무왕이 군사들을 격려하는 글에 '분발할지니 장사들이여'勗哉夫子(욱재부자)라는 구절이 있다.

7절의 후고後顧는 상전고후想前顧後의 의미로 앞의 일을 고려하고 뒷일도 걱정한다는 뜻이다. 이런저런 걱정과 염려로 아무 것도 못하고 머뭇거리는 것이다.

제31수

주님만 바라라 無窮之望
무궁지망

1 主乃我所恃 莫敎我向隅 願主昭大義 援手拯微軀
주내아소시 막교아향우 원주소대의 원수증미구

2 垂聽小子祈 營救莫躊躇 願主作磐石 俾我無憂虞
수청소자기 영구막주저 원주작반석 비아무우우

3 願主爲安宅 俾我得常居 旣是我保障 且爲令名故
원주위안택 비아득상거 기시아보장 차위령명고

4 應賜我指引 脫我於網罟
응사아지인 탈아어망고

5 敬將吾靈魂 託付於爾手 至誠惟吾主 已將我拯救
경장오령혼 탁부어이수 지성유오주 이장아증구

6 迷惑邪妄者 爲爾所深惡 眞神豈有他? 我惟爾是怙
미혹사망자 위이소심오 진신기유타? 아유이시호

7 爾知我艱辛 爾識我心苦 雖苦亦自甘 悅懌爾仁恕
이지아간신 이식아심고 수고역자감 열역이인서

8 昔曾承主恩 未作敵人俎 置我於平坦 綽綽有餘裕
석증승주은 미작적인조 치아어평탄 작작유여유

9 今日復罹難 求主申舊恩 鬱悒腸欲斷 憂苦目已昏
금일부리난 구주신구은 울읍장욕단 우고목이혼

10 愁煎生意枯 悲嘆歲月新 精力日以衰 愁多氣消沈
수전생의고 비탄세월신 정력일이쇠 수다기소침

11 蒙辱因敵衆 無顔見比隣 相知競迴避 有如眼中釘
몽욕인적중 무안견비린 상지경회피 유여안중정

12 雖存渾若亡 棄置如舊甁
수 존 혼 약 망 기 치 여 구 병

13 所聞惟讒謗 恐怖充塵氛 群奸相聚議 欲害吾孑身
소 문 유 참 방 공 포 충 진 분 군 간 상 취 의 욕 해 오 혈 신

14 伶仃惟恃主 惟主是吾神 15 禍福托主手 脫我於仇人
영 정 유 시 주 유 주 시 오 신 화 복 탁 주 수 탈 아 어 구 인

16 願爾開慈顔 照護爾微臣
원 이 개 자 안 조 호 이 미 신

17 莫令我觖望 應使彼呑聲 惡計旣受挫 默默歸幽冥
막 령 아 결 망 응 사 피 탄 성 악 계 기 수 좌 묵 묵 귀 유 명

18 截彼誇誕舌 緘彼誑訛脣 庶幾傲慢子 不復誣精誠
절 피 과 탄 설 함 피 광 와 순 서 기 오 만 자 불 부 무 정 성

19 樂哉諸君子! 事主尊且親 主有無窮福 夙爲爾貯存
낙 재 제 군 자! 사 주 존 차 친 주 유 무 궁 복 숙 위 이 저 존

肉眼未曾見 俗耳未曾聞 卻于世人前 一一加爾身
육 안 미 증 견 속 이 미 증 문 각 우 세 인 전 일 일 가 이 신

20 雍雍卵翼下 熙熙承煦溫 毒計無從害 讒舌不得侵
옹 옹 란 익 하 희 희 승 후 온 독 계 무 종 해 참 설 부 득 침

群小見擯絶 爾爲入幕賓
군 소 견 빈 절 이 위 입 막 빈

21 偉哉造物主! 待我恩何深 捍衛無不至 置我於堅城
위 재 조 물 주! 대 아 은 하 심 한 위 무 부 지 치 아 어 견 성

22 情急方寸亂 遽出怨主聲 主實未棄我 心期蒙玉我
정 급 방 촌 란 거 출 원 주 성 주 실 미 기 아 심 기 몽 옥 아

23 告爾諸虔信 愛主務加勤 忠貞承拔擢 驕暴被嚴懲
고 이 제 건 신 애 주 무 가 근 충 정 승 발 탁 교 폭 피 엄 징

24 願凡恃主者 養勇壯其心
원 범 시 주 자 양 용 장 기 심

글자풀이

- **教**(교) ~하게 하다
- **隅**(우) 구석, 모퉁이
- **微軀**(미구) 천한 몸, 자기의 겸칭
- **躊**(주) 머뭇거리다
- **躇**(저) 머뭇거리다
- **虞**(우) 근심하다
- **罟**(고) 그물
- **惡**(오) 미워하다
- **艱**(간) 괴롭다
- **懌**(역) 기뻐하다
- **俎**(조) 도마, 제물 올려 놓는 대
- **綽**(작) 여유롭다
- **罹難**(리난) 재난을 겪다
- **昏**(혼) 어둡다
- **愁**(수) 시름
- **煎**(전) 끓이다, 지지다
- **衰**(쇠) 약해지다
- **消沈**(소침) 활기 없고 마음이 사그라듦
- **比鄰**(비린) 이웃, 인근
- **競**(경)겨루다
- **廻**(회) 피하다, 돌다
- **眼中釘**(목중정) 눈엣가시
- **渾**(혼) 흐릿하다
- **甁**(병) 항아리
- **讒謗**(참방) 남을 헐뜯어서 말함
- **塵氛**(진기) 티끌, 더러운 기운
- **孑**(혈) 고단한
- **伶仃**(영정) 혼자 서 가는 모양, 실의한 모양
- **觖**(결) 서운해하다
  觖望(결망) 불만으로 인해 원망하고 한탄하다
- **挫**(좌) 꺽다, 창피를 주다
- **冥**(명) 어둡다
  幽冥(유명) 죽음
- **截**(절) 끊다
- **誇**(과) 자만하다
- **誕**(탄) 속이다
- **緘**(함) 봉하다
- **誑訛**(광와) 잘못, 속이다
- **貯**(저) 쌓다
- **擯**(빈) 물리치다, 배척하다
- **捍**(한) 막다
- **衛**(위) 방위하다
- **方寸**(방촌) 마음
- **遽**(거) 갑자기, 당황할
- **心期**(심기) 충심으로 기대하다
- **拔**(발) 빼다, 뽑다
- **擢**(탁) 발탁하다
- **驕**(교) 교만하다
- **嚴**(엄) 엄하다
- **懲**(징) 혼내다
- **壯**(장) 기상이 굳세다

옮김

1 야훼는 나의 의지처시니 나를 절망 속에 버려두지 마소서 주님의 의로움
드러내셔서 미천한 이 몸을 건져주소서 2 연약한 나의 기도 귀기울이사 주
저하지 마시고 구해주소서 주님 나의 반석이시라 나로 하여금 근심 없게

하소서 3야훼 나의 거처 되어주셔서 늘 그곳에 거하게 하시고 주의 거룩
한 이름 힘입어 나를 든든히 지켜주소서 4주께서 나를 이끌어 주사 그물에
서 벗어나게 하여주소서 5내 영혼 당신 손에 맡기오니 진실하신 야훼여 구
해주소서 6미혹과 거짓으로 홀리는 자들 주께선 심히 미워하시는 바라 야
훼 말고 참되신 주 어디 있습니까? 나 오직 당신만 믿사옵니다 7내가 겪는
괴롭과 마음의 고통 쓰디쓰나 달디달게 삼키는 것은 이 모든 것 주께서 다
알고 계시며 당신의 자비를 기뻐하기 때문입니다 8전에도 당신은 은혜 베
푸사 원수의 손아귀에 잡히지 않게 하시고 평탄한 길에 세워주셔서 풍성한
은총 넘치게 하셨나이다 9이제 다시 시련을 겪고 있으니 야훼여 옛적 은혜
다시 베푸소서 근심에 싸여 창자는 끊어질 듯, 시름으로 제 눈은 흐릿합니
다 10괴로움 들끓으니 삶은 시들해지고 탄식으로 날들은 잘도 흐릅니다 날
마다 기력은 빠져만 가고 근심으로 영혼은 사위어가나이다 11적들에게 욕
을 당하니 이웃 볼 낯이 없고 그들도 날 피하니 눈엣가시 되었나이다 12살
아있으나 죽은 자와 다를 바 없고 낡은 그릇처럼 버려졌나이다 13들려오는
것이라곤 비방뿐이라 두려움 속에 갇혀버렸는데 간사한 무리들 꾀하는 것
은 이 목숨 어찌 뺏을까 뿐입니다 14야훼여 나 비록 시름 속에 있어도 오
직 주님만을 의지하오니 야훼 주님 당신만이 나의 하느님이시라 15복과 화
가 당신 손에 달려 있으니 적에게서 나를 건져주소서 16자비한 당신 얼굴
내게 보이시고 미천한 이 내 몸을 지켜주소서 17나 주님을 원망치 않게 하
시고 저들의 소리일랑 삼켜지게 하소서 악한 계교일랑 꺼꾸러뜨리셔서 죽
음 속에서 입다물게 하소서 18교만하며 거짓된 혀를 끊으시고 속이고 기
만하는 저 입술 봉하셔서 오만한 악인들 두 번 다시는 거짓으로 남 해하지
못하게 하소서 19참으로 믿는 이는 복이 있으니 정성되이 주 섬기며 사랑
함이라! 주님께 영원한 복락 있으니 처음부터 저들 위해 쌓아두셨네 세상
에선 듣도 보도 못한 이 복을 사람들 앞에서 낱낱이 더하시네 20당신의 날
개 아래 감싸주시고 따뜻하게 안으사 평안케 하시며 악인의 계교 해입히지

못하고 참소하는 혀 침범치 못하리니 못된 자들 내팽개침 당하겠으나 주의
백성 그 전殿에 들어가리라 21크시도다 만물을 지으신 야훼여! 베푸시는 그
은혜 얼마나 깊으신지 견고한 성에 나를 세워주시고 조금도 빈틈없이 지켜
주시네 22다급한 마음에 당황하며 흔들려 주님 날 버리시나 원망도 했었는
데 진실로 주님 나를 버리지 않으시고 온전하게 되도록 기다려주셨네 23주
를 믿는 자들아 야훼 더욱 사랑하라 신실한 이들은 세우시고 지키시나 교
만한 이들 엄벌을 받으리니 24야훼를 의뢰하는 모든 이들아 너희 마음을
더 굳세게 하여라

해설

유학에도 사랑에 관한 말이 여럿 있다. 비슷한 의미를 가지고 있지만 조금씩 뜻을 달리하기도 한다. 애愛는 고대에 주로 사물을 사랑하는 것에 쓰였다. 사랑이라기보다는 아끼는 마음을 뜻한다. 초목을 사랑하고 금수를 아끼는 마음에 주로 애愛가 쓰였다. 그래서 애물愛物이다. 경천애인敬天愛人 등의 말은 나중에 쓰인 용어이다.

'어질다'라고 번역되는 인仁은 주로 다른 사람을 사랑하고 자기와 같은 마음(如心[여심]이 곧恕[서])으로 대하는 의미로 쓰였다. 공자는 인仁을 신실함을 지니고 타인을 향하여 나와 같은 마음을 품는 것으로 자주 사용하였다. 그러나 이때의 인仁은 상호적이지는 않다. 안타까이 여기고 불쌍히 여기는 마음처럼 위에서 아래로 흐르는 마음이다.

이에 반해 친親은 부자유친父子有親과 같이 가족에게 쓰이긴 하지만 속뜻은 훨씬 다양하다. 친親에는 상호적인 의미가 있다. 아비가 자식을 사랑하고 자식은 아비를 공경하는 것이 함께 이루어지는 것이다. 성현은 세상 모든 것을 제 몸과 가족처럼 여겨 사랑한다. 『대학』에 나오는 것처럼 재친민在親

民, 백성을 제 몸처럼 사랑하고 소통한다. 친親의 함의가 더 깊고 다양하다.

오경웅은 하느님과 신앙인의 관계를 묘사할 때 친親을 자주 사용한다. 하느님과 신자의 관계는 상호적이며 온전한 소통이자 친밀한 사랑이다. 믿는 이는 하느님을 온전히 사랑하며 섬기고 하느님께서는 믿는 이에게 한없는 사랑을 베푸신다. 그렇기에 친親에는 밀密이 따라붙는다. 떨어질 수 없는 관계이다. 아울러 이러한 사랑에는 자기 뜻을 꺾는 양보와 희생이 있다. 아브라함의 간청에 하느님께서 의인의 숫자를 줄여주시듯이, 겟세마네의 기도에서 당신의 뜻을 내려놓으시고 아버지의 뜻을 따르는 것처럼 말이다. 참된 사랑에는 내가 없어지고 사랑하는 이를 온전케 하려는 희생이 있다.

시인은 이 시편에서 믿음이란 소망을 끝내 놓지 않는 것으로 읽는다. 믿음은 아직 이루어지지 않는 바람에 대한 신실한 신뢰이다. '눈으론 볼 수 없고 속된 귀론 들을 수 없는'肉眼未曾見 俗耳未曾聞(육안미증견 속이미증문) 생명의 복을 더하시는 것이다.(19절 후반) 보이지도 않고 들리지도 않으니 믿지 않는 이들이 보기에 얼마나 어리석어 보일까? 정반대로 듣도 보도 못한 은총이라 하니 믿는 이에게는 이 얼마나 기대 가득한 바인가?

1절의 향우向隅는 향우지탄向隅之嘆의 의미이다. 모인 이들이 다들 즐거워하는데 자기만 홀로 구석에서 한탄한다는 의미로 좋은 때를 만나지 못함을 한탄하는 말이다.

9절의 장욕단腸欲斷은 창자가 끊어지려는 듯한 아픔과 고통이다. 두보의 시 「전출새前出塞」에 '애간장 끊어질 듯한 아픔도 가볍게 여기고 마음 흐트러진 지 이미 오래여라'欲輕腸斷聲 心緒亂已久(욕경장단성 심서난이구)며 변방을 지키러 떠나는 이의 한恨을 노래하였다.

11절의 무안견無顏見은 초나라의 왕이었던 항우가 한의 유방에게 패한 후 다시 강동으로 돌아가 훗날을 기약하자는 신하의 권고에 '강동사람들의 자식들을 다 잃고 혼자 돌아갈 면목이 없다'無顏見江東父老(무안견강동부로)라고 말한 것이 『사기』에 나온다.

같은 절의 비린比隣은 이웃을 뜻한다. 왕발의 시 「두소부지임촉주杜少府之任蜀州」에 '이 세상에 나를 알아주는 벗이 있는 한 하늘 끝이라 해도 이웃과 같다'海內存知己 天涯若比隣(해내존지기 천애약비린)고 노래하였다.

14절의 영정伶仃은 실의하여 의지할 것 없는 외로운 모양을 뜻한다. 육유의 시 「유거견회幽居遣懷」에 '지는 석양빛에 외로운 그림자 외로워라 의지할 곳 없구나'斜陽孤影嘆伶仃(사양고영탄영정)라고 읊었다.

22절의 옥아玉我는 나를 옥처럼 다듬어 가는 것이라 표현하였다.(11편의 해설을 참고하라.)

24절의 양용養勇은 용기를 북돋는다는 의미이다. 『묵자墨子』 「잡수雜修」에 '수비하는 측에서 호되게 반격하면 공격하던 적군은 후퇴하게 된다. 병사들의 용기를 북돋아주면 백성들의 신심도 백배로 커질 것이다'守者重下 攻者輕去 養勇高奮 民心百倍(수자중하 공자경거 양용고분 민심백배)라는 문장이 있다.

제32수

참회의 노래 (2) 죄를 인정하네 懺悔吟之二 承罪

참회음지이 승죄

1 其罪獲赦 其過見宥 樂哉斯人 主恩寬厚!
기죄획사 기과견유 낙재사인 주은관후!

2 主不見罪 眞心痛悔 樂哉斯人 主恩似海!
주불견죄 진심통회 낙재사인 주은사해!

3 我昔有罪 不肯自招 呻吟不輟 生趣日消
아석유죄 불긍자초 신음불철 생취일소

4 聖手所壓 暮暮朝朝 夏日相逼 我體枯焦
성수소압 모모조조 하일상핍 아체고초

5 我旣自承 求主寬饒 誓言眞告 罪痕斯銷
아기자승 구주관요 서언진고 죄흔사소

6 傳語虔信 及時祈主 洪水不犯 主實砥柱
전어건신 급시기주 홍수불범 주실지주

7 爾爲我庇 以慈相衛 旣獲自由 云胡不喜?
이위아비 이자상위 기획자유 운호불희?

8 敎爾小子 示爾以路 我目所視 毋失爾步
교이소자 시이이로 아목소시 무실이보

9 勿效拗騾 不甘馴御 載鞭載勒 斯知去處
물효요라 불감순어 재편재륵 사지거처

10 哀哉群小! 背主作惡 心勞日拙 徒遭刑戮
애재군소! 배주작악 심로일졸 도조형륙

胡不順命 自求多福? 天慈衛之 長蒙仁育
호불순명 자구다복? 천자위지 장몽인육

11 賢人懷主 方寸常寬 清明在躬 云何不歡?
현 인 회 주 방 촌 상 관 청 명 재 궁 운 하 불 환?

글자풀이

- 承(승) 받아들이다
- 獲(획) 얻다
- 赦(사) 용서하다, 사면하다
- 宥(유) 용서하다
- 似(사) 닮다
- 肯(긍) 옳게 여기다
- 招(초) 불러들이다
- 輟(철) 그치다
- 壓(압) 누르다
- 枯(고) 마르다
- 焦(초) 태우다, 그을리다
- 饒(요) 넉넉할
- 誓(서) 맹세하다
- 痕(흔) 흉터, 흔적
- 銷(소) 녹다, 사라지다
- 砥(지) 숫돌
- 庇(비) 덮다, 돕다
- 拗(요) 비뚤어지다
- 騾(라) 노새
- 馴(순) 길들이다
- 御(어) 짐승을 길들이다
- 載(재) 실행하다
- 鞭(편) 채찍
- 勒(륵) 굴레
- 背(배) 등지다, 배신하다
- 徒刑(도형) 형벌
- 戮(륙) 죽이다
- 躬(궁) 몸소

옮김

1즐겁구나 죄 사함 받고 허물 벗은 이, 야훼 주님 은혜의 도타움이여 2즐겁
구나 진심으로 통회하는 이여, 주께서 그에게 죄 묻지 않으시니 야훼의 그
은혜 하해같구나 3전에 내게 죄가 있었음에도 내 허물임을 인정치 않으려
했기에 괴로운 신음은 끊이지 않고 삶의 낙 점차 시들어갔다네 4거룩한 손
밤낮으로 나를 누르시니 여름 볕에 말라버린 풀과 같아라 5내 죄를 내 탓
이라 시인하면서 주의 넉넉하신 자비 구하며 마음의 속내를 진정으로 고했
더니 주께서 죄의 흔적 말끔히 지우셨네 6경건한 믿음의 사람들이여 때를
따라 야훼께 기도하기를! 고난의 물결 넘치지 못하리니 야훼는 흔들림 없

는 바위기둥이시라 7주님 나의 피난처 되시며 자비로 나를 지켜주시네 날
자유케 하셨으니 어찌 기뻐하지 않으랴? 8"나 너를 가르쳐 네게 길을 보이
리라 나 널 눈여겨보며 네 걸음 지켜주리라" 9"비뚤어진 노새를 본받지 말
지니 저들은 말듣기 싫어하나니 채찍 휘두르고 굴레 씌워야 갈 길을 비로
소 알아차리니라" 10죄인은 괴롭기 그지 없구나! 야훼 주께 등 돌리고 악을
행하니 애 쓸수록 더욱더 헝클어지고 끝내 형벌을 만나 죽어가리라 어찌
하느님 뜻을 따르지 않고 제 힘으로 복을 구하려는가? 하느님은 당신 백성
지키시나니 한결같은 사랑으로 감싸시도다 11의로운 이들 주님 모시고 마
음은 언제나 기꺼웁나니 그 영혼 언제나 신실하나니 기쁨이 그에게 가득하
지 않으랴?

해설

시편의 '복되도다'라는 찬탄의 어귀를 오경웅은 '즐겁구나'樂(기쁘구나)로 번역한다. 낙樂은 즐거움을 몸과 마음으로 온전히 느끼고 누리는 의미를 담고 있다. 그런 의미에서 요즘 말하는 쾌락과 옛 사람들이 말하는 쾌락은 전혀 다른 의미를 지닌다. 옛 사람들에게 즐거움은 마치 병이 씻은 듯이 낫는 시원함과 상쾌함이다.

시인은 이 즐거움의 은총을 온전히 누리고 있다. 죄로 인하여 괴롭던苦(고) 삶이 주님의 사하심으로 즐거움을 얻은 것이다. 입을 열지 않으려 한다는 히브리 시편의 3절을 오경웅은 자초한 것임을 인정하지 않으려 발버둥치다 고통 속으로 더 빠져들고 있다고 묘사한다. 『예기』에 나오는 말로 '화살을 쏘아서 맞지 않으면 자신을 돌아본다'發而不中 反求諸己(발이부중 반구제기)는 선비의 자성自省의 눈매가 선명하다.

10절에서 시편은 죄인의 괴로움이 많다고만 하는데 시인은 그 과정을

풀어주고 있다. 주께 등을 돌리고 악을 행하여 마음은 점차 곤하고 더욱 더 졸렬해진다. 결국 그에 걸맞는 대가를 치를 수밖에 없다. 어찌 하늘의 뜻에 순명하지 않고 스스로 화를 자초하는지….

3절에서 시인은 자신의 죄로 말미암아 생취일소生趣日消, 생의 의미를 잃어간다고 표현한다. 삶을 통해 체득하며 누려야 할 의미와 걸음이 흐트러지는 것은 조건이나 상황의 문제가 아니라 자신에게 있음을 보는 것이다. 자신을 놓치게 되면 위험하다. 그래서 맹자는 오직 잃어버린 마음을 찾으라 하였다. 구방심求放心뿐이다.

6절의 지주砥柱는 중류지주中流砥柱의 줄임말이다. 지주는 실제로 황하 강 중류에 있는 기둥모양의 돌로서 격류에도 휩쓸리지 않고 의연히 서있음으로 전轉하여 난세에도 뜻을 꺾지 않는 선비의 절개를 칭한다.

같은 절의 급시及時는 히브리 시편에서는 곤경의 때, 급한 때라 하였는데 오경웅은 때에 맞게 혹은 알맞은 때라고 번역하고 있다. 미묘한 차이지만 생각할 것이 있다.

10절의 심로일졸心勞日拙은 『서경』「주관周官」 편에 나오는 말이다. '덕을 행하면 마음이 편하고 날로 훌륭해지며 거짓을 행하면 마음이 수고롭고 날로 졸렬해진다'作德 心逸日休 作僞 心勞日拙(작덕심일일휴 작위심로일졸)는 의미이다.

11절의 청명재궁淸明在躬은 『예기』에 나오는 말로 '마음은 맑고 생각은 밝아 지혜로우며, 의지와 정신은 바름으로 가득하다'淸明在躬 志氣如神(청명재궁 지기여신)는 의미로 군자와 덕 있는 이의 상태를 표현한 말이다.

제33수

새 노래를 부르네 新歌一曲
신 가 일 곡

1 我告諸善人 歡躍主懷裏 善人思無邪 讚主最相宜
아고제선인 환약주회리 선인사무사 찬주최상의

2 何以頌主德? 鼓琴復鼓瑟
하이송주덕? 고금부고슬

3 何以詠主榮? 新歌奏一闋 彈者盡其藝 歌聲務和協
하이영주영? 신가주일결 탄자진기예 가성무화협

4 主言皆正直 主行皆篤實 5 所樂惟仁義 慈愛被八極
주언개정직 주행개독실 소락유인의 자애피팔극

6 發號成諸天 噓氣生萬物 7 海水壺中貯 諸淵庫中集
발호성제천 허기생만물 해수호중저 제연고중집

8 眾生當畏主 宇宙亦震慄 9 主乃造化宰 萬有應聲出
중생당외주 우주역진률 주내조화재 만유응성출

10 列國與兆民 千算亦何益? 11 何如主一算 萬古永不易
열국여조민 천산역하익? 하여주일산 만고영불역

12 奉主之國必發達 承恩之民安且逸
봉주지국필발달 승은지민안차일

13 主在天庭上 垂視眾生靈 14 主自聖宮中 俯察萬國民
주재천정상 수시중생령 주자성궁중 부찰만국민

15 既造人靈心 亦欲觀其行 16 君王兵雖多 不能必制勝
기조인령심 역욕관기행 군왕병수다 불능필제승

17 勇士力拔山 不能保其命
용사역발산 불능보기명

馬蕭蕭 車轔轔 窮兵黷武殃及身
마소소 거린린 궁병독무앙급신

18 神目所青睞 惟在虔敬人 一心望主者 必得沐甘霖
신목소청래 유재건경인 일심망주자 필득목감림

19 大難得不死 饑饉亦能生
대난득불사 기근역능생

20 吾魂惟盼主 主乃衛身盾 21 所樂惟天主 所賴惟聖名
오혼유반주 주내위신순 소락유천주 소뢰유성명

22 鑒我耿耿望 賜我無窮恩
감아경경망 사아무궁은

글자풀이

- 奏(주) 연주하다
- 闋(결) 음악의 곡
- 彈(탄) 연주하다
- 八極(팔극)=八荒(팔황) 팔방의 끝, 온 세상
- 號(호) 부르다
- 噓(허) 불다
- 壺(호) 병
- 貯(저) 갈무리하다
- 庫(고) 창고
- 逸(일) 편안하다
- 俯察(부찰) 굽어 살피다
- 蕭蕭(소소) 빠른 모양, 말 울음 소리
- 轔轔(린린) 수레바퀴의 삐걱거리는 소리
- 黷(독) 더럽히다
- 黷武(독무) 함부로 전쟁을 하여 무덕(武德)을 더럽힘
- 睞(래) 곁눈질하다
- 青睞(청래) 지켜보고 소중히 여기다
- 饑(기) 굶주리다
- 饉(근) 흉년이 들다
- 耿耿(경경) 마음에 잊지 않음

옮김

1나 의인들에게 고하노니 주 안에서 환희작약하여라 선한 이들 그 마음에 삿됨 없으니 야훼 찬양함이 마땅하도다 2어떻게 주의 덕을 찬양하리오? 비파와 거문고 타며 찬양하여라 3어떻게 야훼의 영광 노래하리오? 새 노래 지어서 올려 드려라 연주자는 지닌 실력 다 발휘하고 노래하는 이 화음으

로 소리 높여라 4야훼 말씀은 모두 바르고 그분의 행하심 언제나 신실하네
5야훼 즐거워하는 바 인과 의이니 한없는 사랑은 온 땅을 덮으셨네 6야훼
말씀하시니 하늘이 세워지고 그분의 숨결로 만물이 생겨났네 7바닷물을 단
지에 담아두시고 깊은 연못 곳간에 가둬두시네 8뭇 생명 주님을 경외하여
라 온 세상 주님을 두려워하라 9야훼 주님 우리의 창조자시니 말씀하시자
그에 따라 만물이 생겨났네 10열방과 만민이 제아무리 계획한들 그것이 저
들에게 무슨 도움이 되랴? 11하느님 뜻에 미치지 못하니 주님의 뜻만이 불
변하도다 12주님 섬기는 나라 온전히 흥성하고 그 은혜 입은 백성 편안히
누리리라 13야훼 하늘에 계셔 뭇 생령 내려다 보시고 14당신의 거룩한 집
에서 온 백성 굽어살피네 15그들의 영과 마음 지으신 이시니 그들의 행실
을 보고자 하시네 16임금의 군사가 많다 할지라도 반드시 이긴다 할 수 없
으며 17산을 뽑을 힘있는 용사라 하더라도 제 목숨 온전히 보전치 못한다네
군마 거칠게 달리고 전차 소리 요동해도 건방 떨며 일으킨 오만한 전쟁으로
그들은 사지에 처하고야 말리라 18야훼의 눈길 경건한 이에게 오롯이 머무
시니 일심으로 우러르는 이 은혜의 단비에 젖으리라 19죽을 것 같은 어려
움에서 건져주시고 굶주림 속에서도 살려주시네 20내 영혼 주님만 간절히
바라니 야훼 주님 우리를 도우시는 방패이시라 21즐거워하는 바 그저 주께
만 있고 의뢰하는 바 오직 그 이름뿐이라 22잊지않고 님 바라는 이런 나를
보시고 야훼여 다함 없는 은혜 허락하소서

해설

믿는 이라면 언제나 새 노래를 불러야 한다. 습관적으로 부르는 찬양, 타성에 젖은 노래는 안 된다. 한계가 뻔하고 어리석은 인생이 영원하신 하느님을 맛본다는 것 자체가 언제나 놀랍고 신비한 일이 아니겠는가? 뻔히 아는

하느님, 인간의 사유와 경험 안에 파악되는 하느님이라면 얼마나 조악하랴! 유한한 인생에게 하느님은 날마다 새로운 분이시며 놀라운 분이시다. 그러니 서술보다 탄성이요, 저도 모르게 솟구치는 비약의 언어이다. 그러니 입을 열어 찬미한다면 늘 새로운 노래가 아닐 수 없다.

히브리 시편은 의인義人을 말하는데 오경웅은 선인善人으로 읽는다. 불의한 세상이라는 관점에서 본다면 의인이 맞겠고 삶의 관계와 인간이 걸어가야 할 길이라는 유교적 시각으로 본다면 선인으로 읽을 만하다. 아울러 선인은 인仁과 의義를 다 포함하는 의미도 있다.

1절에서 선인은 거짓이 없다고 하였다. 사무사思無邪는 『논어』 「위정爲政」편에 나오는 것으로 '공자가 이르길 『시경』 3백 편을 한 마디로 말한다면 생각에 삿됨이 없다고 하겠다'子曰 詩三百 一言以蔽之 曰 思無邪(자왈 시삼백 일언이폐지 사무사)라고 하였다. 사邪는 엉뚱한 방향으로 달리는 것을 뜻하거나 기교를 부리는 것을 의미한다.

10, 11절의 천산일산千算一算은 '사람이 제아무리 지혜를 짜내도 하늘의 한 가지 계책에도 미치지 못한다'人有千算不如天有一算(인유천산불여천유일산)는 의미를 담고 있다. 악인이 아무리 재주를 피워도 하늘의 응보를 면할 수 없는 법이다.

15절에서는 그 행실을 보신다. 관기행觀其行은 『논어』 「공야장公冶長」편에 '이제는 사람을 대함에 있어서 그의 말을 듣고 그의 행실까지 지켜본다'今吾於人也 聽其言而觀其行(금오어인야 청기언이관기행)라는 문장이 있다.

17절의 궁병독무窮兵黷武는 『삼국지』 「오서吳書」에 나오는 것으로 장수 육항이 임금 손호에게 올린 글에 '무력을 남용하여 전쟁을 일삼고 낭비해 버린 비용이 엄청나다'窮兵黷武 動費萬計(궁병독무 동비만계)고 충언하는 글이 있다.

같은 절의 역발산力拔山은 역발산 기개세力拔山 氣蓋世의 의미이다. 힘은 산을 뽑고 기운은 세상을 덮을 만하다는 의미로 진나라 말 영웅인 항우가 한 고조 유방과의 마지막 전투에서 패하면서 부른 노래의 일부이다.

같은 절의 말 울음소리 들리고 수레들 덜컹거린다는 마소소 거린린馬蕭蕭車轔轔은 두보의 시 「병거행兵車行」에 나온다. 당 현종이 토벌 원정을 위해 군사를 일으키자 원정에 시달려 괴로워하는 백성의 모습을 노래하였다. '수레는 덜컹대고 말들은 히힝대네 떠나는 이들 저마다 허리에 활과 화살, 저 처자들 좇아가며 서로 이별하는데 자욱한 먼지 일어 함양교를 볼 수 없네' 車轔轔 馬蕭蕭 行人弓箭各在腰 耶孃妻子走相送 塵埃不見咸陽橋(거린린 마소소 행인궁전각재요 나양처자주상송 진애불견함양교)라고 노래하였다.

주님께 맛들여라 知味
지 미

1 誦主願無間 美辭恒在脣 2 中心弘玄德 憂者必樂聞
송주원무간 미사항재순 중심홍현덕 우자필락문

3 我歌爾應和 相與崇眞神 4 拯我出衆難 可不感洪恩?
아가이응화 상여숭진신 증아출중난 가불감홍은?

5 人能承主顔 心中蘊神樂 其面映光輝 俯仰無愧怍
인능승주안 심중온신락 기면영광휘 부앙무괴작

6 卽如此區區 備受主之惠 昔日處困厄 今日慶歡慰
즉여차구구 비수주지혜 석일처곤액 금일경환위

7 寅畏邀主護 天神周身圍
인외요주호 천신주신위

8 願我衆兄弟 一嘗主之味 其味實無窮 親嘗始知美
원아중형제 일상주지미 기미실무궁 친상시지미

9 敬主邀天休 所需百無缺 10 壯獅有時飢 忠徒莫不適
경주요천휴 소수백무결 장사유시기 충도막부적

11 願將敬主道 諄諄誨子姪 12 授爾立身法 傳爾壽康訣
원장경주도 순순회자질 수이립신법 전이수강결

13 謹守爾之舌 莠言愼毋說 謹守爾之脣 詭詐愼毋出
근수이지설 유언신무설 근수이지순 궤사신무출

14 棄惡勉行善 和睦最可悅
기악면행선 화목최가열

15 主目所樂視 賢者之行實 主耳所樂聽 賢者之陳述
주목소락시 현자지행실 주이소락청 현자지진술

16 作惡激天怒 身死名亦滅
작악격천노 신사명역멸

17 賢者求見應 處困不終日
현자구견응 처곤부종일

18 傷心承溫燠 哀慟見矜恤
상심승온욱 애통견긍휼

19 君子固多難 恃主終致祥
군자고다난 시주종치상

20 主必全其身 百骸渾無傷
주필전기신 백해혼무상

21 惡人死於惡 仇善祇速亡
악인사어악 구선기속망

22 忠魂必見贖 托主終無殃
충혼필견속 탁주종무앙

글자풀이

- **恆**(항) 항상(늘 그러함)
- **辭**(사) 말
- **脣**(순) 입술
- **蘊**(온) 모으다, 온화하다
- **映**(영) 비추다
- **愧**(괴) 부끄러워하다
- **怍**(작) 부끄러워하다
- **區區**(구구) 떳떳하지 못하고 구차스러움
- **寅畏**(인외) 공경하고 두려워함
- **邀**(요) 청하다, 부르다
- **嘗**(상) 맛보다
- **天休**(천휴) 하늘의 착한 명령
- **缺**(결) 흠결 적
- **適**(적) 알맞다
- **誨**(회) 가르치다
- **子姪**(자질) 아들과 조카 혹은 자손
- **訣**(결) 비결 비방
- **莠**(유) 가라지
- **莠言**(유언) 추잡한 말, 고약한 말
- **唇**(순) 입술
- **詭詐**(궤사) 간사스러운 거짓
- **毋**(무) 말라(금지)
- **睦**(목) 온순하다
- **激**(격) 부딪히다
- **燠**(욱) 따뜻하다, 위로하다
- **慟**(통) 큰소리로 울며 슬퍼하다
- **骸**(해) 뼈
- **祇**(기) 마침내

옮김

1 나 항상 야훼 주님 찬양하리니 찬미 노래 내 입술에 끊이지 않으리 2 내 영
혼 야훼의 오묘하심 노래하리니 근심하는 이 듣고 즐거워하리라 3 나 노래
하리니 너희여 화답하라 우리 함께 참되신 주님 높여 드리자 4 온갖 고난에
서 날 건지셨으니 어찌 크신 은혜 감사하지 않으랴? 5 야훼의 은혜를 입는

이에겐 맘속에 하늘 기쁨 쌓이게 하시니 은혜의 빛 그 얼굴에 비춰주시니
엎드려도 우러러도 부끄럼 없으리 6구차한 이따위 인생에게도 주님은 기
꺼이 은혜 마련하셨으니 일전엔 곤고함에 처하였으나 오늘은 기쁨과 위로
누리네 7믿음으로 주의 손길 찾았었더니 천사들로 에워싸 이 몸 지켜주셨
네 8나 진실로 바라는 바 있으니 믿는 이들 야훼를 맛보아 아는 것! 그 맛
은 정녕 끝이 없으니 직접 맛보아야 진짜 좋은 줄 아네 9믿는 이 야훼의 뜻
을 받들면 그에게 아무런 부족함 없으리라 10젊은 사자도 때로 굶주리지만
신실한 성도는 늘 알맞으리라 11장차 자녀들도 신실하길 원하오니 야훼 섬
기는 법 곡진히 가르치리 12바르게 사는 법이 뭔지를 일러주고 평안히 장
수하는 비결을 전하노라 13네 혀를 조심히 지키도록 하여라 쓸모없는 말일
랑은 삼가하여라 네 입술 삼가 조심하여라 거짓된 말일랑은 꺼내지도 말아
라 14악을 버리고 선행에 힘쓰고 화목이야 말로 가장 큰 기쁨이라 15야훼
께서 즐거이 보시는 것은 지혜로운 이의 행동거지요 야훼께서 기뻐 들으시
는 바는 어진 이가 꺼내놓는 신실한 고백이라 16악을 행하면 하늘진노 일
으키리니 몸도 죽고 이름조차 사라지리라 17신실한 이의 기도 주님 들어주
시니 그의 곤고 얼마 못 가 풀어지리라 18마음이 상한 이 위로를 얻고 애
통하는 이는 긍휼을 입으리라 19믿는 이 비록 고난 많으나 야훼 향한 믿음
으로 끝내 구원받으리 20 주께서 그 몸을 온전케 하시리니 뼈마디 하나도
상치 않으리 21악인은 악으로 인해 죽게 되리니 착한 이 미워하다 속히 망
하리 22충실한 백성은 속량되리니 야훼 의탁하는 이 멸망치 않네

해설

맛을 본 사람이 그 맛을 억지로라도 설명할 수는 있겠다. 그러나 맛을 보지 않고는 그 맛에 대해 아무리 많은 설명을 들은 들 알 수 있을까? 그럼에

도 불구하고 그 좋은 맛, 그 천하에 없는 맛을 말로 하지 않을 수 없다. 그래서 본 사람은 알아보는 이 없어도 말하지 않을 수 없고, 들은 사람은 알아듣는 이 없다 하더라도 쉴 수가 없나보다.

그래서인가, 노자는 '세상 사람들은 빛나고 똑똑한데 나 홀로 어둡고 어수룩하다. 다들 넉넉한데 나 홀로 버려진 것 같으며 비루하다'俗人昭昭 我獨昏昏 而我獨頑似鄙(속인소소 아독혼혼 이아독완사비)고 말하였다. 먼저 맛 본 이의 괴로움인가? 그러나 멈출 수 없다. 그 맛에 사로잡혀 버렸으니 말이다. 그러니 거두절미하고 일단 한 번 주님의 맛을 보라一嘗主之味(일상주지미), 남의 말로 수 백 번 듣기보다 '직접 맛을 봐야 비로소 그 맛을 알게 된다.'親嘗始知美(친상시지미)

2절에서 오경웅은 주님의 은총을 현덕玄德으로 표현한다. 숨겨진 덕이라고 할 수도 있고 말없이 이루어지는 무위자연無爲自然의 덕이라고도 할 수 있다. 『서경』「순전舜典」에 '숨겨진 덕이 널리 알려지게 되었다'玄德升聞(현덕승문)라고 나오고 『도덕경』에는 '낳되 가지지 않고 하되 믿지 않고 기르되 주장하지 않으니 이를 일러 현덕玄德이라'生而不有 爲而不恃 長而不宰 是謂玄德(생이불유 위이불시 장이부재 시위현덕)고 하였다.

히브리 시인은 9절에서 주를 경외하는 이에게 아쉬움은 없노라고 하지만 오경웅은 주를 경외하여 하늘의 선한 명령을 받아들이면 아쉬울 것 없노라고 노래한다. 하늘의 선한 명령이라는 천휴天休는 『서경』「탕고湯誥」에 '각자가 법도를 잘 지켜 하늘의 아름다운 명령을 잘 받들도록 하라'各守爾典 以承天休(각수이전 이승천휴)에서 나온 용어이다.

10절의 막부적莫不適은 제대로 온전히 뜻을 이룬다는 뜻으로 고적高適의 시「송시사호충류경판관지령외送柴司戶充劉卿判官之嶺外」에 '자신에게 부여된 재능을 온전히 발휘하면 일을 이루지 못함이 없으니 결코 쓸데없는 헛수고가 되지 않을 것이라'有才無不適 行矣莫徒勞(유재무부적 행의막도로)는 구절이 있다.

11절은 자녀들에게 가르칠 때 지녀야 할 태도를 일러준다. 순순諄諄, 곡진하게 타이르고 정성스레 가르치라는 것이다. 진리는 엄포를 놓으며 윽

박지른다고 전달할 수 있는 것이 아니다. 참된 가르침은 내용과 가르치는 형식이 하나 될 수밖에 없다. 진리를 악악대고 외칠 수 있는가? 불가하다.

13절의 유언莠言은 나쁜 말, 쓸데 없는 말이다. 『시경』「소아小雅」「정월正月」에 '좋은 말도 나쁜 말도 다 입에서 나오나니'好言自口 莠言自口(호언자구 유언자구)라고 하였다.

19절의 치상致祥은 화기치상和氣致祥의 의미를 담고 있다. 음과 양의 기운이 어우러지고 조화되어 중화를 이루고 끝내 상서로운 일이 생겨남을 뜻한다. 반대의 의미인 괴기치재乖氣致災인, 어그러진 기운은 재앙을 불러온다는 성어成語와 함께 쓰이는데 『한서漢書』에 나온다.

오경웅은 이 시편의 끝에 『중용』에 나온 공자의 말을 인용한다. '사람이 저마다 먹고 마시건만 맛을 아는 자 드물구나.'人莫不飮食也 鮮能知味也(인막불음식야 선능지미야) 그러면서 시편의 시인들은 오로지 주님의 말씀으로 살았기에 그 맛을 능히 알았을 것이라 확언한다. 주님의 말씀이 송이꿀보다 달며 금은 보화보다 귀하다는 고백도 그러하니 이러한 고백은 온몸으로 살아냄으로써 아는 맛이기에 그 맛의 오묘함을 묘사하고 있다

제35수

은혜를 도리어 원수로 갚는 세상에서 恩將仇報
은 장 구 보

1 款款求恩主 奮起抗吾敵 吾敵恣侵略 求主施還擊
관관구은주 분기항오적 오적자침략 구주시환격

2 執爾干與盾 操爾戈與戟 護我以恩佑 阻彼以神力
집이간여순 조이과여극 호아이은우 조피이신력

3 明告我心魂 我為爾安宅 4 挫折諸險狠 擊潰眾凶賊
명고아심혼 아위이안택 좌절제험한 격궤중흉적

5 天兵加追逐 如風飄糠屑 6 使其所由徑 黯澹多躓石
천병가추축 여풍표강설 사기소유경 암담다질석

7 若輩何險毒 無故加橫逆 設穽且張網 欲圖我隕越
약배하험독 무고가횡역 설정차장망 욕도아운월

8 願其遭報應 悴然遭毀滅 自陷羅網中 葬身所掘窟
원기조보응 췌연조훼멸 자함라망중 장신소굴굴

9 令我藉主恩 中心自怡悅
영아차주은 중심자이열

10 主恩實無邊 銘心且鏤骨 誰似主雅瑋 抑強而扶弱
주은실무변 명심차루골 수사주아위 억강이부약

窮苦無告者 恃主得蘇息
궁고무고자 시주득소식

11 群小紛紛起 誣白以為黑
군소분분기 무백이위흑

12 無風興波瀾 以怨報我德 被誣將誰訴? 中心痛欲絕
무풍흥파란 이원보아덕 피무장수소? 중심통욕절

13 曩者彼有患 吾心為惻惻 衣麻且齋戒 求主脫其厄

낭자피유환 오심위측측 의마차재계 구주탈기액

所求出至誠 對主披心腹

소구출지성 대주피심복

14 待之如良友 愛之如骨肉 直如居母喪 心魂慘不樂

대지여량우 애지여골육 직여거모상 심혼참불락

15 一朝我罹難 欣然相慶祝 落井更投石 心中懷叵測

일조아리난 흔연상경축 낙정갱투석 심중회파측

16 相逼日以甚 欲將我撕裂 切齒為何因? 醉酒且飽德

상핍일이심 욕장아시렬 절치위하인? 취주차포덕

17 此情主應見 寧能長默默? 祈速保吾命 莫為群獅食

차정주응견 영능장묵묵? 기속보오명 막위군사식

18 會當在眾前 宣揚主恩澤 19 莫令昧良者 欣然看我蹶

회당재중전 선양주은택 막령매량자 흔연간아궐

20 無故樂我禍 眉目傳悅懌 所議非和平 所懷惟詭譎

무고락아화 미목전열역 소의비화평 소회유궤휼

域中善良人 不得享安逸

역중선량인 부득향안일

21 見我遭顛沛 群逆笑嚇嚇 22 吾目亦何幸? 得覩此一日

견아조전패 군역소하하 오목역하행? 득도차일일

23 奸情實昭著 吾主寧不察? 祈主毋遐棄 一伸吾之直

간정실소저 오주령불찰? 기주무하기 일신오지직

24 發揚爾正義 無令終受屈 莫使彼群小 洋洋喜氣溢

발양이정의 무령종수굴 막사피군소 양양희기일

25 彈冠共相慶 竟將彼吞滅 26 務使幸災者 弄巧反成拙

탄관공상경 경장피탄멸 무사행재자 농교반성졸

27 但願正直人 歡呼開胸臆 大公惟雅瑋 忠良必蒙秩

단원정직인 환호개흉억 대공유아위 충량필몽질

28 盛德何日忘? 頌聲上脣舌

성덕하일망? 송성상순설

글자풀이

- 款(관) 정성스럽다
  款款(관관) 신실하고 정성스러움
- 抗(항) 싸우다
- 恣(자) 방자하다
- 操(조) 잡다
- 戟(극) 미늘창
- 阻(조) 막히다
- 險(험) 험하다, 간악하다
- 狠(한) 강퍅하다
- 潰(궤) 무너지다
- 賊(적) 도적
- 追逐(추축) 쫓아버림
- 糠(강) 겨
- 屑(설) 가루
- 黯(암) 어두운
- 澹(담) 조용하다
  黯澹(암담) 어둡고 쓸쓸함
- 徑(경) 지나다
- 躓(질) 넘어지다
- 橫逆(횡역) 도리에 매우 어그러짐
- 穽(정) 허방다리, 함정
- 隕(운) 굴러 떨어지다
  隕越(운월) 굴러 떨어짐
- 悴(췌) 파리하다, 수척하다
- 葬(장) 장사지내다
- 掘(굴) (구멍을) 파다
- 窟(굴) 움, 굴
- 藉(차) 기대다, 빌리다
- 鏤(루) 아로새기다
- 窮苦(궁고) 더 할 수 없이 괴로움
- 蘇息(소식) 끊어질 듯이 막히었던 숨을 돌려서 쉼
- 誣(무) 무고하다
- 曩(낭) 예전에
- 惻(측) 슬퍼하다
- 麻(마) 베옷
- 齋(재) 공손하고 삼가다
- 披(피) 펴다
- 慘(참) 비참하다
- 叵(파) 불가하다(否定)
  叵測(파측) 불쌍히 여기지 않다
- 甚(심) 정도가 지나치다
- 撕(시) 잡아찢다
- 飽(포) 배부르다
  飽德(포덕) 은혜를 많이 받음
- 無故(무고) 이유 없음
- 譎(휼) 속이다
- 享(향) 누리다
- 顚(전) 넘어지다
  顚沛(전패) 엎드러지고 자빠져 좌절하다
- 沛(패) 늪, 넘어지다
- 嚇(하) 웃음소리
- 覩(도) 보다
- 奸(간) 간악하다
- 昭著(소저) 환히 나타남
- 屈(굴) 굽히다
- 溢(일) 넘치다
- 彈冠(탄관) 손가락으로 관의 먼지를 털다, 벼슬 나갈 준비를 함
- 弄(농) 가지고 놀다
- 拙(졸) 쓸모가 없다
- 胸臆(흉억) 가슴,
- 秩(질) 후한 녹봉, 대우

1은혜의 주 야훼께 간절히 비오니 떨쳐 일어나셔서 저의 적들 물리치소서
방자히 공격하는 저의 원수들 주께서 도리어 되쳐 주소서. 2주께서 창과
방패 잡아주시고 친히 무기를 들어주소서 은혜의 손길로 보호해 주시고 거
룩한 능력으로 막아주소서 3내 영혼에 밝히 말씀해 주소서 "내 너를 평안
케 하겠노라" 4간악하고 사나운 저들을 꺾으시고 도적같이 흉악한 저들을
멸하소서 5하늘의 천사들로 저들을 쫓게 하사 바람에 날리는 겨가 되게 하
시며 6그들이 밟는 길 어둡게 하사 온통 걸림돌로 가득차게 하소서 7저들
의 음모 얼마나 간악한지 이유도 없고 억지만 가득하며 함정을 파고 올무
를 펼치고선 저를 넘어뜨리려 합니다 8주께서 갚아주시길 간구하오니 저
들 말라 비틀어져 사라지게 하소서 자기가 판 함정과 펼친 그물에 빠져 거
기가 저들의 무덤 되게 하소서 9저로 하여금 주 은총에 기대게 하사 심중
에 기쁨이 일게 하소서 10주님의 은혜는 가없으시니 마음에 간직하고 골수
에 새기는 바, 뉘 있어 나의 주 야훼 하느님 같으랴! 약한 이 세워주시고
강한 자 누르시니 하소연할 곳 없는 고통받는 이들 야훼 주님 의지해 숨돌
릴 수 있도다. 11악인들 벌떼처럼 들고일어나 흰 것을 검은 양 만들어 버
리니 12바람도 없는데 파란이 일고 제가 베푼 덕을 원수로 갚나이다 이 무
고함을 누가 밝혀주리오! 고통으로 마음이 끊어질 듯 합니다 13저는 그들
어려움에 처하였을 때 마음 아파 베옷 입고 몸 정히 하여 저이를 곤액에서
건져주십사 간절한 마음으로 주께 구하였습니다 14저들 대하길 좋은 벗이
요 골육지친처럼 사랑하였으니 마치 모친상 당한 것처럼 온몸과 맘으로 함
께 슬퍼하였나이다 15헌데 내가 어려움에 빠지게 되니 한순간에 기뻐하고
즐거워하며 우물 속에 밀어넣곤 돌까지 던지면서 안스러운 마음은 전혀 없
나이다 16오히려 더욱 나를 핍박하면서 사정없이 찢고 해치려하니 나 그
리도 사랑과 덕 베풀었건만 이렇게 이를 갈 연유가 무엇인지… 17이런 사

정 주께서 다 지켜 보시건만 어찌 이리 오래토록 가만히 계시는지 주께 간
구하오니 속히 개입하소서 사자 먹이 되고말 이내 목숨 건지소서 18예배에
모인 회중들 앞에서 주님의 은택을 찬양하리이다 19양심 없는 저들 나 넘
어졌다고 기뻐하지 못하게 하여주소서 20내 겪는 고통 까닭없이 기뻐하며
서로 눈짓으로 즐거워하는 저들 어우러져 하는 말엔 평화 없으며 품고 있
느니 거짓과 속임 뿐 선량한 사람들은 저들 속에서 도무지 평안을 누릴 수
없나이다. 21내가 넘어지자 큰 소리내며 비웃는 못된 저들 야훼여 보소서
22"우리가 드디어 이 날을 보다니! 우리 눈이 복도 많구나!" 23저리도 못
된 심보 환히 드러내는데 나의 하느님 정녕 아니 살피십니까? 주께 구하오
니 내 정직을 보시고 나를 끝내 버리지 말아주소서 24제가 굴욕 가운데 끝
장나지 않도록 야훼 주님의 정의 드러내소서 못된 저들 우쭐대지 못하게
하소서 25저들끼리 치세우며 신이 났으나 끝내는 망하는 길에 서게 하시고
26남의 불행 즐기며 기뻐하는 저들이 꾀하던 것 무너지게 하소서 27애오라
지 바라기는 신실한 이들 가슴 열고 기쁨으로 환호하게 하소서 "역시 야훼
는 공의의 하느님이시다! 진실한 종들 큰 은혜 입누나" 그 풍성한 님의 덕
을 하시라도 잊으리이까? 내 입술과 혀가 당신을 노래하나이다.

해설

제목인 은혜를 원수로 갚는 것恩將仇報(은장구보)은 12절의 이덕보원以德報怨과 궤를 같이 한다. 1절의 관관款款은 『초사』「복거卜居」에 나오는 것으로 굴원이 점치는 이를 찾아가 '나 애면글면 충성하며 꼭 성실하게 살아야만 하는가? 아니면 차라리 얼렁뚱땅 두루뭉술하게 한 생을 보내도 되는가?'吾寧悃悃款款朴以忠乎? 將送往勞來斯無窮乎?(오녕곤곤관관박이충호 장송왕로래사무궁호?)라고 묻는 장면이 있다.

6절의 유경由徑은 『논어』「옹야雍也」에 '담대멸명이란 사람이 결코 부정한 길을 걷지 않음'行不由徑(행불유경)을 묘사하는 데 쓰였다.

10절의 억강부약抑强扶弱은 『한서漢書』에 '모름지기 정치라는 것은 강한 것은 억누르고 약한 것은 세워줌에 있다'而政在抑强扶弱(이정재억강부약)고 하였다.

11절의 흰 것을 검은 것이라 우긴다는 무백위흑誣白為黑이라는 말은 『안자춘추』「응동應同」편에 나오는 말로 '진실로 임금을 존중해야 하나 흰 것을 검다하면 신하는 그저 받들지 말아야 하며 부친을 섬겨야 하지만 아비가 흰 것을 검다 한다면 무조건 순종해서는 안 될 것'故君雖尊 以白爲黑 臣不能聽 父雖親 以白爲黑 子不能從(고군수존 이백위흑 신불능청 부수친 이백위흑 자불능종)이라 하였다.

13절의 재계齋戒는 불교용어이다. 마음에 부정한 것을 깨끗케 하는 것을 재齋라 하며 몸으로 행하지 말아야 할 것을 지키는 것을 계戒라 한다.

16절의 취주포덕醉酒飽德은 『시경』「대아大雅」「기취旣醉」에 나온다. '술에 이미 취하였고 덕에 이미 배불렀네'旣醉以酒 旣飽以德(기취이주 기포이덕)라며 주인의 은덕에 고마움을 표하는 노래이다.

19절의 매량昧良은 부은매량負恩昧良의 의미로 은혜를 저버린 배은망덕을 뜻한다.

23절의 하기遐棄는 『시경』「주남周南」「여분汝墳」에 나오는 말로 '이제 님을 뵈었으니 나를 버리지 마시길'旣見君子 不我遐棄(기견군자 불아하기)이라 하였다.

25절의 탄관彈冠은 탄관상경彈冠相慶의 줄임말로 『한서漢書』「왕길전」에 나온다. 친밀한 벗이 높은 직위에 올라서 자신도 곧 벼슬을 하리라 여겨 관의 먼지를 터는 것을 뜻하는데 후에는 악한 이들이 득의함을 의미하였다.

26절의 농교성졸弄巧成拙은 황정견의 글 「졸헌송拙軒頌」에 '기껏 재주를 부렸더니 뱀을 그리다 발을 덧붙였도다'弄巧成拙 爲蛇畵足(농교성졸 위사화족)라 하였다. 대단한 재주와 수단을 사용하였는데 그 결과는 외려 망쳐버리게 된 것을 의미한다.

공자는 『논어』 첫머리에서 '세상이 자신을 알아주지 않아도 군자는 원망하지 않는다'人不知而不慍 不亦君子乎(인부지이불온 불역군자호)고 하였다. 어떻게 이것이 가능할까? 우선은 자신을 배우고 익혀 자신을 바로 세우는 기쁨이 있어야 한다.學而時習(학이시습) 그 기쁨을 간직하고 선한 벗들과 나누는 즐거움을 누려야 한다.以朋有樂(이붕유락) 그래야 하늘을 원망하지 않고 남을 허물하지 않는다不怨天 不尤人(불원천 불우인)고 하겠다. 공부의 순서요 삶의 차제次第라 하겠다.

그러나 히브리 시인은 신앙의 길을 제시한다. 은혜를 원수로 되돌리는 세상에서 믿음으로 사는 길은 자신 속에서 일어나는 마음을 토로할 수 있는 분께 내어놓는 것이다. 군자연하지 않고 앞뒤 다르지 않게 탄식과 환호, 슬픔과 기쁨을 있는 그대로 속이지 않고 토로하는 것이다. 제 모습 그대로 다 내어놓을 때 받아들여 주시는 분 안에서 참된 위로를 얻는다. 기도는 화려한 언어나 수식을 갖출 필요가 없다.

연약한 자의 자기 토로에 무슨 격식이 있을까? 히브리 시인의 기도처럼 고발이요, 가슴 속 억울함을 하나씩 꼭꼭 끄집어내는 고통스런 여정이다. 그러나 참 다행인 것은 그것이 하느님 앞이라는 것이다. 끅끅거리며 힘겹게 꺼내는 중에 하느님 품 안에서 그러고 있음을 발견한다.

제36수

생명의 샘 活泉
활천

1 不肖之人性怙惡 赫赫天主不在目
불초지인성호악 혁혁천주부재목

2 自媚自衒真宰前 意謂隱私誰能燭?
자미자현진재전 의위은사수능촉?

3 言語惟有誑與詐 行為無存知與仁
언어유유광여사 행위무존지여인

4 臥而思惡起而行 羞惡之心早淪泯
와이사악기이행 수오지심조륜민

5 主之慈愛沖諸天 主之信義薄雲間
주지자애충제천 주지신의박운간

6 主之正直峻於嶽 主之睿斷深於淵
주지정직준어악 주지예단심어연

7 人畜草木盡覆載 好生之德洵無邊
인축초목진부재 호생지덕순무변

8 世人咸庇卵翼下 安居大宅飫肥鮮
세인함비란익하 안거대택어비선

主復飲以靈川水 在主身邊有活泉
주부음이령천수 재주신변유활천

9 吾人沐浴靈光內 眼見光明心怡然
오인목욕령광내 안견광명심이연

10 願主常將大慈愛 普賜識主眾生靈
원주상장대자애 보사식주중생령

我心正直無私曲 願主長與我相親
아 심 정 직 무 사 곡 원 주 장 여 아 상 친

11 莫令驕人來蹂躪 莫令群逆來相凌
막 령 교 인 래 유 린 막 령 군 역 래 상 릉

12 君不見作惡者 長已矣! 橫尸徧野不復起
군 불 견 작 악 자 장 이 의! 횡 시 편 야 불 부 기

글자풀이

- **怙**(호) 믿다, 의뢰하다
- **媚**(미) 아첨하다, 예쁘다
- **衒**(현) 자기를 선전하다
- **隱**(은) 숨기다
- **燭**(촉) 등불, 비취다
- **誑詐**(광사) 거짓말로 속임
- **淪**(륜) 빠지다, 잠겨들다
- **泯**(민) 망하다
- **沖**(충=**冲**) 어리다, 비어있다
- **薄**(박) 담박하다
- **嶽**(악) 큰 산
- **睿**(예) 슬기롭다
- **覆載**(부재) 품고 길러주다
- **洵**(순) 진실로
- **卵翼**(란익)=**卵育**(란육) 어미 닭이 알을 품어 기르듯 아버지가 아이를 기름
- **飫**(어) 배부르다
- **肥**(비) 살찌다, 기름지다
  肥鮮(비선) 살찌고 신선한 고기
- **私曲**(사곡) 사사로움으로 인한 불공정함
- **蹂**(유) 밟다
- **躪**(린) 밟다
  蹂躪(유린) 폭력으로 남의 권리를 짓밟음
- **凌**(릉) 능욕하다
- **尸**(시) 주검

옮김

1어리석은 인생 악을 워낙 좋아하니 밝디 밝으신 하느님 안중에도 없구나
2참되신 하느님 앞에서는 온갖 아첨 일삼고 자랑하다가 짐짓 속으로는 '은
밀한 나의 죄 누가 밝히랴' 하는구나 3그의 말은 거짓과 속임수 가득하고
행실에는 지혜와 선함이 전혀없네 4누워선 악을 궁리하다가 일어나선 그대
로 행해버리니 부끄러움이라곤 전혀 없도다 5주님의 자애 하늘에 충만하고
당신의 진실하심 구름처럼 펼쳐 있네 6주님의 올곧으심 산악보다 더 높고

당신의 판단 심연보다 깊으시네 7사람과 짐승, 초목에 이르기까지 애오라
지 돌보시고 살피시나니 생명을 살리시는 크신 덕 가없도다 8인생을 두루
감싸 당신 날개 아래 돌보시니 야훼의 집에 평안히 거하며 기름진 것으로
배부르게 하시네 신령한 시냇물 거듭 마시게 하심은 주 곁에 생명의 샘 있
기 때문이라 9당신의 거룩한 빛 우릴 감싸시니 그 빛에 감싸여 기쁨 충만
합니다 10당신의 크신 사랑 늘 베푸셔서 뭇 생명이 야훼 제대로 알게 하소
서 나는 정직하고 어그러짐 없사오니 주님과 오래토록 사랑하게 하소서 11
거만한 자의 발이 나를 밟지 못하게 하시고 악한 이들이 나를 능욕치 못하
게 하소서 12그대들 보지 못하였는가? 악을 행하던 자들 거꾸러져 들판에
버려져서 다시는 일어서지 못한 지 오래인 것을

해설

히브리 시인은 10절에서 주의 자비와 공의를 베풀기를 간구하고 있는데 오경웅은 거기에 더하여 주님과의 관계가 영원하길 간구하며 친親자를 사용한다. 부자유친父子有親의 친親이다. 부자지간은 하늘이 부여한 관계(그래서 천륜天倫이고 나머지 군신, 부부, 붕우, 장유 등은 인륜人倫이다.)이다. 아버지 하느님의 사랑은 한없이 자애롭고 인생은 그에 맞갖고자 정직과 신실로 응답하니 친親인 것이다.

1절의 호악怙惡은 천성이 악을 의지하고 도무지 고치지 않음을 뜻하는 호악부전怙惡不悛의 뜻이다. 같은 절의 불초不肖는 아버지를 닮지 않았다는 어리석음을 뜻하는데 오경웅은 악인을 하느님 아버지를 닮지 못한 인생이라고 묘사하고 있다.

4절의 수오지심羞惡之心은 자신의 옳지 못함을 부끄러워하고 남의 옳지 못함을 미워하는 마음으로 『맹자』「공손추公孫丑」편에 나오는 사단四端의 하나

이다. 다른 이의 어려움을 불쌍히 여기는 측은지심惻隱之心이 인仁의 근원이라고 한다면 수오지심은 의義를 일으키는 근원이다. 사양지심辭讓之心은 겸손히 남에게 사양하는 마음으로 예禮의 단서가 되고 시비지심是非之心은 선악과 잘잘못을 판별하는 마음으로 지智의 단서가 된다. 맹자는 이 사단四端을 '사람이면 누구나 가지고 있는 바 차마 어떻게 할 수 없는 마음'人皆有 不忍人之心(인개유 불인인지심)이라 하였다.

7절의 부재覆載는 하늘은 덮어주고 땅은 실어준다는 뜻으로 포용하여 길러준다는 의미를 담고 있다. 『중용』에 '하늘은 만물을 덮어주고 땅은 실어주며 해와 달은 비추어주고 서리와 이슬은 내려준다'天之所覆 地之所載 日月所照 霜露所隊(천지소부 지지부재 일월소조 상로소추)는 내용이 있다.(같은 절의 호생지덕好生之德은 25편의 해설을 참고하라.)

10절에서 시인은 뭇 생명이 주님을 알게 해주십사 청한다.識主衆生靈(식주주생령) 여기에서 식識자를 썼다. 지知가 앎이라는 인식적인 의미를 담고 있다면 식識은 알고 인정하는 의지적이며 행위적인 것에 가깝다.

시편 1편에서도 오경웅은 하느님께서 의인들의 길을 아신다고 했을 때에도 식識을 썼는데 이는 알뿐만 아니라 인정해주시는 것이다. 누군가를 안다는 것이 머리의 일이라면 알고 인정하는 것은 몸의 행위이다. 차이가 크다. 하느님을 바르게 안다는 것은 그분의 계심을 인정하는 것이고 그렇게 몸으로 인정할 때 우리의 행위 또한 변화를 일으키기 마련이다.

오경웅은 9절의 말씀이 '나로 말미암지 않고는 아버지께로 올 자가 없다'는 말씀을 서로 비추어준다고 말한다. 아울러 성자의 이끄심 없이는 성부의 진상을 깨우칠 수 없고 성령의 인도함 없이는 삼위일체의 묘리를 엿볼 수 없다고 하면서 복음서에서 베드로가 예수를 그리스도라 고백할 때 이를 알게 한 분은 하늘에 계신 아버지라는 말씀과도 같은 맥락이라고 설명하였다.

제37수

늙은이의 지혜로 말하노라 老成人言

노성인언

1 莫羨彼群小 莫妒作惡人
막선피군소 막투작악인

2 蔓草終被芟 蕭艾豈常青
만초종피삼 소애기상청

3 恃主勉行善 恬然居廣宅
시주면행선 염연거광택

4 怡怡承甘旨 飲和且飽德
이이승감지 음화차포덕

所求必見應 心願靡有缺
소구필견응 심원미유결

5 心事全託主 安排自妥帖
심사전탁주 안배자타첩

6 爾義必見彰 爾真必大白
이의필견창 이진필대백

遠近仰光輝 有如中天日
원근앙광휘 유여중천일

7 應向天主前 默默披心腹
응향천주전 묵묵피심복

莫因小人達 中心懷不服
막인소인달 중심회불복

8 此輩恃詭計 爾當恃貞慤
차배시궤계 이당시정각

消爾不平意 怒乃惡之媒
소이불평의 노내악지매

9 群小豈能久 敬主長恢恢
군소개능구 경주장회회

10 瞬息彼將逝 欲尋無蹤跡
순식피장서 욕심무종적

11 善人承大地 心廣體亦適
선인승대지 심광체역적

12 彼欲害賢良 相見恨切齒
피욕해현량 상견한절치

13 天主必哂之 知其時已至
천주필신지 지기시이지

14 彼佩弓與劍 蓄意殺忠賢
피패궁여검 축의살충현

15 劍必自刺心 弓必自斷絃
검필자자심 궁필자단현

16 善人縱清苦 猶勝惡人富
선인종청고 유승악인부

17 惡人必折肱 善人有主扶
악인필절굉 선인유주부

18 純德主所眷 基業永古存
순덕주소권 기업영고존

19 臨難無惶懼 凶年飽且溫
임난무황구 흉년포차온

20 群小自作孽 敢與主為敵
군소자작얼 감여주위적

夭夭復灼灼 一開即凋落
요요부작작 일개즉조락

茅草亂蓬蓬 一燒便成空
모초란봉봉 일소변성공

21 惡人慣抵賴 善人樂布施
악인관저뢰 선인락보시

22 此為主所福 彼乃主所棄
차위주소복 피내주소기

主棄伏咒詛 主福承大地
주기복주저 주복승대지

23 主固善人步 喜其行中度
주고선인보 희기행중도

24 縱蹶不仆地 因有主翼輔
종궐불부지 인유주익보

25 昔幼今已老 老人閱世多
석유금이로 노인열세다

未見為善者 終身歎轗軻
미견위선자 종신탄감가

更未見其嗣 流落為乞兒
갱미견기사 유락위걸아

26 生前積眾善 後代膺繁祉
생전적중선 후대응번지

27 棄惡勉行善 永居爾安宅
기악면행선 영거이안택

28 天主愛正義 忠良不落魄
천주애정의 충량불락백

陰險必殃身 刻薄應無後
음험필앙신 각박응무후

29 義者承基業 亦能長保守
의자승기업 역능장보수

30 賢者口與舌 惟傳真與善
현자구여설 유전진여선

31 聖道蘊心府 聖德從容踐
성도온심부 성덕종용천

32 惡人覷賢者 心中懷叵測
악인처현자 심중회파측

33 主必保無辜 玉鑑照黑白
주필보무고 옥감조흑백

34 兢兢守主道 必蒙主提挈
긍긍수주도 필몽주제설

賜爾承大地 親見眾逆滅
사이승대지 친견중역멸

35 曾見惡勢張 蔥翠如春林
증견악세장 총취여춘림

36 旋復經其宅 蕭條不見人
선부경기택 소조불견인

37 應看仁義人 和平傳家久
응간인의인 화평전가구

38 惡逆無結果 殃身且絕後
악역무결과 앙신차절후

39 主與善人鄰 有難必見臨
주여선인린 유난필견림

40 拯之群逆手 報答忠貞心
증지군역수 보답충정심

글자풀이

- 羨(선) 부러워하다
- 妒(투) 시기하다
- 蔓(만) 덩굴풀
- 芟(삼) 풀을 베다
- 蕭(소) 맑은 대쑥
- 艾(애) 쑥
- 恬(염) 편안하다
- 排(배) 바로잡다
- 妥(타) 온당하다
- 帖(첩) 편안하다
  妥帖(타첩) 별 탈 없이 일이 순조롭게 끝남
- 彰(창) 밝히다
- 披(피) 펼쳐놓다
- 達(달) 뻗어나가다
- 慤(각) 성실한
  貞慤(정각) 마음이 곧고 성실함
- 媒(매) 매개
- 恢(회) 넓다
  恢恢(회회) 광대하여 포용하는 모양
- 瞬(순) 잠깐 사이
- 逝(서) 떠나다, 죽다
- 恨(한) 억울해하다
- 切齒(절치) 분하여 이를 갊
- 哂(신) 웃다(조소)
- 佩(패) 지니다
- 刺(자) 찌르다
- 縱(종) 설령 ~라 할지라도
- 清苦(청고) 선비의 삶, 청빈(가난고생)
- 肱(굉) 팔뚝
- 惶懼(황구) 몹시 두려워하여 어쩔줄 모름
- 孽(얼)=孼 재앙
- 灼(작) 불사르다
- 夭夭(요요) 예쁜 모양, 안색이 온화한 모양
- 灼灼(작작) 빛나는 모양
- 凋(조) 시들다
  凋落(조락) 시들어 떨어짐
- 茅(모) 띠풀
- 蓬蓬(봉) 무성한 모양
- 慣(관) 습관이 되다
- 抵(저) 거부하다
  抵賴(저뢰) 변명하며 신문에 복종치 않음
- 仆(부) 엎드리다
- 翼輔(익보) 돕다
- 幼(유) 어리다
- 閱(열)조사하다
  閱世(열세) 세월을 지낸 경력
- 轗(감) 가기 힘들다
- 軻(가) 가기 힘들다
  轗軻(감가) 때를 만나지 못해 불우함, 가기 힘듦
- 更(갱) 재차
- 嗣(사) 상속자
- 乞(걸) 구걸하다
- 膺(응) 받다
- 繁(번) 많다
- 祉(지) 복
- 刻(각) 각박하다
  刻薄(각박) 잔인하고 인정 없음
- 覷(처) 엿보다
- 叵(파) 어려울
  叵測(파측) 알수 없음
- 提(제) 끌다
- 挈(설) 끌다
- 蔥(총)=葱 푸르다
- 蔥翠(총취) 푸른 빛
- 旋(선) 돌아오다
- 蕭(소) 쓸쓸하다
  蕭條(소조) 쓸쓸한 모양, 한적한

옮김

1소인배들 잘 된다고 부러워말며 악행하는 저들 시기하지 말지라 2덩굴 풀
이 뻗어가도 끝내 베이니 덩굴 쑥이 얼마나 푸르겠느냐? 3오직 주님 의뢰
하여 선에 힘쓰라 끝내 주님 집에서 평안을 누리리 4기뻐하며 야훼 은혜
누릴 것이니 구한 것 받으며 부족함 없으리라 5네 모든 것 온전히 야훼께
맡기라 주께서 알맞게 풀어가시리 6네 올바름 반드시 밝히시리니 멀리서도
그 밝음 볼 수 있으며 너의 진실 환하게 펼쳐주시리니 한낮의 해처럼 밝히
시리라 7소인배들 잘 된다고 힘겨워 말라 야훼 앞에 묵묵히 네 맘 드릴지
니 8저들은 궤계 믿고 짓까불지만 너는 곧고 성실함을 의지하여라 흔들리
는 마음을 고요케 하라 성냄은 악이 던진 고약한 미끼라 9소인배들이 얼마
나 갈 것 같으냐 야훼 경외하는 맘 굳게 지녀라 10저들은 순식간에 사라지
리니 흔적 찾으려 해도 찾지 못하리 11선한 이들 땅을 차지하리니 마음은
넓어지고 몸은 빛나리라 12저들이 주의 백성 해코지하려 이를 갈며 원망한
다 할지라도 13주께서 저들 향해 비웃으시니 그들의 끝 다가옴을 아시기
때문이라 14활과 검을 두르고 신실한 자 해하고자 뜻을 세워도 15그 검은
자기를 찌르게 되고 그 활의 시위는 끊어지리라 16악인의 부유함 부러워
말라 그보다는 선한 이의 청빈이 낫나니 17악한 이들 팔은 부러져버리고
선한 이들 주께서 받쳐주시네 18온전한 덕의 사람 야훼 돌보시나니 그 유
업 영원히 지켜갈 것이고 19어려움 만나도 휘둘리지 않으며 흉년에도 배부
르며 따뜻하도다 20악한 자들 감히 야훼께 대적하니 이는 재앙을 자초함이
라 화려해 보이나 한순간에 무너지니 띠풀 아무리 무성해 가득하여도 불길
한번 지나니 흔적없음 같네 21악인은 거절이 몸에 배었으나 선한 이는 베
풀기를 즐거워하니 22야훼께서 저들에게 복을 주시고 악인을 버리심은 이
때문이라 주께서 버리시니 저주로 죽으며 주의 복 얻는 이들 땅을 차지하
도다 23야훼는 진정 선한 이의 걸음이 곁길 가지 않음을 기뻐하시니 24비

틀거려도 아주 넘어지지 않음은 주께서 붙잡아 주시기 때문이어라 25내가
전에 어렸으나 이제는 늙어 많은 세월을 겪어 보았더니 불행하게 끝마치는
선한 이를 못 보았고 자녀들의 유리걸식 더더욱 못 보았네 26그가 늘 베풀
기를 마지않았기에 자녀들은 그 복을 받아 누리니 27악을 멀리하고 선행
에 힘쓰라 언제까지나 평안히 살리라 28하느님 바른 것을 사랑하시니 신실
한 이 결코 버림받지 않고 음흉한 자 끝내 죽음을 맞고 각박한 자 그 자손
끊어지리라 29바른 이 땅을 유업으로 받고 언제까지나 흔들리지 아니하리
라 30지혜로운 이의 입은 진실을 말하고 그 혀는 좋은 것을 전하려 하니 31
하느님 말씀이 그 마음을 채우고 거룩한 덕을 꾸준히 행하네 32악인은 의
인을 해하려 들고 갖은 수단 다 쓰며 노려대지만 33야훼께선 죄없는 이 지
키시나니 참과 거짓 선명히 아시기 때문이라 34삼가 조심스레 주의 길 지
키는 이 야훼의 이끄심을 받을 것이니 그에게 땅을 주실 것이며 악인의 멸
망을 보게 하시리라 35나 일찍이 악인이 득세하여서 푸르른 봄풀처럼 무성
함을 보았지만 36돌아오는 길에 그 집을 지나니 사람 흔적 없고 덩굴 쑥만
우거졌더라 37어질고 바른 이를 눈여겨보아라 그 집의 평화는 오래 이어지
니 38악을 저지른 이 아무런 열매 없고 죽으매 후손조차 끊어지리라 39주
님은 선한 이의 이웃이 되시고 어려울 때마다 함께 하시니 40악한 자의 손
에서 건져주시고 믿는 이의 신실함에 응답하시네

해설

많은 세월을 겪은 늙은이가 얻은 지혜를 통해 주는 노래이다. 맞는 말이라고 고개를 끄덕이면서도 이대로 살아가긴 쉽지 않다. 눈에 보이고 귀에 들리는 것은 그와 같지 않기 때문이다. 악인이 잘되고 선인이 고난을 받는 경우를 얼마나 자주 보던가? 솔로몬의 경구, 다 헛되다는 탄식에 '나도 누

려보고 나서 그런 말 하는 것 어렵지 않다.'고 생각하지 않았던가? 그래서 믿음이고 오직 믿음이다. 하느님을 의뢰한다는 것은 항구한 믿음이고 한결같은 믿음이다.

눈앞에서 거짓이 흥하고 악이 성하여도 눈에 보이는 것에 휘둘리지 않고 보이지 않더라도 하느님을 의지하고 그분을 신뢰하여야 한다. 보이는 것보다 보이지 않는 것이 더 참되고 진실되다. 그래서 『중용』에도 '보이지 않으나 삼가 조심하고 들리지 않으나 정녕 두려워하는 것'戒愼不睹 恐懼不聞(계신부도 공구불문)을 군자가 힘쓸 것으로 삼았다. 이러한 믿음은 어려움 중에도 면행선勉行善, 선을 행하기를 힘쓴다. 할 수 있으면 하고 아니면 말고가 아니다. 하기 어렵다 할지라도 선을 행하고자 힘쓴다. 그 이유가 눈에 보이는 것에 있지 않고 하느님께 있기 때문이다.

4절의 음화포덕飮和飽德은 22편의 해설을 참고하라. 6절의 대백大白은 '천하에 환히 드러났다'大白於四方(대백어사방)는 의미가 있다.

11절의 심광체적心廣體適은 『예기』「대학」에 나온다. '부유함은 집을 윤택케 하고 덕은 그 사람을 윤택케 하니 마음은 너그러워지고 몸은 편안해진다. 그러므로 군자는 반드시 그 뜻을 성실히 한다'富潤屋德潤身心廣體胖 故君子必誠其意(부윤옥덕윤신 심광체반 고군자필성기의)고 하였다.

16절에서 악인의 부富와 청고淸苦가 대를 이룬다. 청고는 청빈淸貧으로 가난으로 해석할 수도 있지만 선비의 삶 자체를 의미하기도 한다. 다산 정약용은 열복熱福과 청복淸福을 나눠 설명하는데 열복은 출세하여 높은 자리에 앉아 사람 다스릴 계책을 듣고, 수레를 타고 비단 옷을 입는 복이라 하였다. 청복은 깊은 산 속에 살며 거친 옷을 입고 짚신을 신고, 맑은 못가에서 발을 씻으며 고송에 기대 휘파람 불고 이따금 산승과 우객羽客이 왕래하며 소요하는 즐거움을 삼으니 세상이 잘 다스려지는 것에 대해서는 듣지 않는 것이라 하였다. 하늘이 아껴 잘 주려하지 않는 것이 청복이라 하였다.

20절의 요요작작夭夭灼灼은 『시경』「주남周南」「도요桃夭」에 '복숭아 가지 무성하게 뻗어 꽃잎들이 아주 화사하구나'桃之夭夭 灼灼其華(도지요요 작작기화)라고 노래하였다.

25절의 열세閱世는 유우석의 시 「숙성선사산방제증宿誠禪師山房題贈」에 '몸뚱이는 묵고 떠날 여관처럼 여기고 세상일이란 흘러가버리는 물처럼 여기노라'視身如傳舍 閱世似東流(시신여전사 열세사동류)고 하였다.

28절의 낙백落魄은 곤궁하여 실의한 모습을 뜻하는 것으로 『사기』 「역생육가열전酈生陸賈列傳」에 '집은 가난하고 곤궁하여 실의하였는데 도무지 먹고 살 길이 없었다'家貧落魄 無以爲衣食業(가빈낙백 무이위의식업)라고 하였다.

제38수

참회의 노래 (3) 통회 懺悔吟之三 痛悔
참 회 음 지 삼 통 회

1 求主勿怒譴 求主息雷霆
구 주 물 노 견　구 주 식 뢰 정

2 神箭著微軀 霆威逼吾身
신 전 착 미 구　정 위 핍 오 신

3 疚深形顦顇 罪多骨震驚
구 심 형 초 췌　죄 다 골 진 경

4 惡盈欲沒頂 孽重實難任
악 영 욕 몰 정　얼 중 실 난 임

5 瘡痍已遍體 祇緣心不靈
창 이 이 편 체　지 연 심 불 령

6 哀痛度朝夕
애 통 도 조 석

7 自憐傴僂形 舉身無完膚
자 련 구 루 형　거 신 무 완 부

8 五內焦如焚 奄奄存一息　徒此長呻吟
오 내 초 여 분　엄 엄 존 일 식　도 차 장 신 음

9 丹忱主應見 欷歔主應聞
단 침 주 응 견　희 허 주 응 문

10 惄惄心如擣 悒悒氣消沈　疚心如疾首 愁蒸雙目昏
역 녁 심 여 도　읍 읍 기 소 침　구 심 여 질 수　수 증 쌍 목 혼

11 良朋袖手看 家人不敢親
양 붕 수 수 간　가 인 불 감 친

12 仇人仍設網 殺我方甘心　群聚議詭計 終日出惡聲
구 인 잉 설 망　살 아 방 감 심　군 취 의 궤 계　종 일 출 악 성

13 裝啞不之答 作聾不之聽
장 아 부 지 답　작 롱 부 지 청

14 如啞又如聾 委曲求和平
여 아 우 여 롱　위 곡 구 화 평

15 除主復何怙? 有感寧無應?
제 주 부 하 호?　유 감 녕 무 응?

16 求主挫眾敵 免向我誇勝
구 주 좌 중 적　면 향 아 과 승

17 戰戰如履薄 兢兢如臨深
전 전 여 리 박 긍 긍 여 림 심

18 願承平生罪 翼翼自小心
원 승 평 생 죄 익 익 자 소 심

19 吾敵一何多? 集矢於吾身
오 적 일 하 다? 집 시 어 오 신

20 以怨報我德 求仁反見憎
이 원 보 아 덕 구 인 반 견 증

21 祈主莫我棄 須臾勿離身
기 주 막 아 기 수 유 물 리 신

22 相援莫遲遲 惟主是恩神
상 원 막 지 지 유 주 시 은 신

글자풀이

- 譴(견) 꾸짖다
- 微軀(미구) 천한 몸(자기 몸의 겸칭)
- 疚(구) 오래 앓다
- 霆威(정위) 맹렬한 분노
- 顦(초) 파리하다, 근심하다
- 顇(췌) 야위다, 근심하다
- 驚(경) 놀라다
- 瘡(창) 부스럼
- 痍(이) 상처
  瘡痍(창이) 상처
- 衹(지) 다만
- 傴(구) 구부리다
- 僂(루) 구부리다
- 傴僂(굴) 몸을 굽힘, 굽혀 공경하는 모양
- 膚(부) 피부
- 五內(오내) 오장, 몸
- 焦(초) 타다
- 焚(분) 불타다
- 奄(엄) 숨이 끊어질 듯한 모양, 문득
- 忱(침) 정성
- 欷(희) 한숨 쉬다
- 歔(허) 흐느끼다
  欷歔(희허) 한숨을 쉼, 흐느껴 움
- 惄(녁) 허출할(허기지어 출출한)
  惄惄(녁녁) 근심하는 모양
- 擣(도) 찧다
- 悒(읍) 근심하다
- 蒸(증) 찌다
- 袖(수) 소매
- 袖手(수수) 팔짱을 낌, 아무것도 안함
- 甘心(감심) 기꺼이
- 裝(장) 꾸미다
- 啞(아) 벙어리
- 聾(롱) 귀머거리
- 委曲(위곡) 따라 굽힘, 불만이 있어도 몸을 굽혀 일의 성취를 바람
- 如履薄氷(여리박빙) 얇은 얼음을 밟듯 몹시 위험(危險)함을 가리키는 말
- 臨深履薄(임심리박) 깊은 못에 가서 얇은 얼음을 밟음, 전전긍긍하며 경계하고 조심함
- 小心翼翼(소심익익) 세심하고 조심성이 많음
- 集(집) 모이다
- 須(수) 모름지기
- 臾(유) 잠깐

옮김

1야훼여 노하셔서 저를 꾸짖지 마시고 당신의 진노 멈추어 주소서 2당신
화살이 나를 꿰뚫고 그 엄위하심 나를 짓누릅니다 3죄 하도 많아 이 몸 말
라 비틀어졌고 죄의 무게로 뼈까지 무너납니다. 4제 악이 넘쳐 머리 위까
지 차오르고 허물이 하 무거워 견딜 수 없나이다 5곪아 터진 상처가 온몸
에 가득하니 이 모두 저의 어리석음 때문입니다 6온종일 슬픔과 고통으로
지내며 7꺾이고 무너진 몸뚱이 처량하오며 그 어느 곳 하나 성한 곳 없사
오니 8온몸 찢겨지는 것 같아 숨조차 겨웁고 그저 하염없는 신음소리 뿐
9제 속마음 주님께선 아시옵고 저의 탄식을 주님 들으시나이다 10짓부수
어진 마음에 근심 깊어가고 기운은 갈수록 말라가는데 병든 마음 힘겨웁
고 근심에 눈조차 흐릿합니다 11가까운 벗들조차 멀찍이서 지켜볼 뿐, 집
안 식구들조차 가까이 오려 않습니다 12제 목숨 노리는 자들 그물을 치고
는 신이 나서 저를 잡으려 하나이다 저 무리들 모여서는 궤계 꾸미며 온종
일 비난악평 일삼습니다 13나는 벙어리 아무 말도 못하고 귀머거리 되어
듣지도 못합니다 14벙어리 귀머거리 무지랭이 인양 그저 굽신거려 안위를
구합니다 15이런 내가 야훼 말고 누구를 의지하리까? 어찌 아무 말씀 없으
십니까? 16'저 무리들을 꺾어주소서 나를 이겨 기뻐하지 못하게 해주소서'
17겨울 시내 살얼음 밟듯 삼가 걸으며 18조심스레 제 죄를 짚어집니다 19
내 적이 어찌 이리 많습니까? 모든 화살이 이 한 몸에 모여듭니다 20제가
베푼 선을 악으로 갚는 저들은 제가 선을 추구한다고 미워합니다 21야훼여
나를 버리지 마소서 잠시도 나를 떠나지 마소서 22주님은 은혜의 하느님이
시니 지체하지 마시고 나를 구하소서

허물을 지을 수밖에 없는 인생임에도 그 허물로 인하여 져야 할 짐을 견뎌내기 어려운 것이 연약한 인생의 모습이다. 시인은 죄로 인해 겪어야 할 고통을 하나하나 열거한다. 그 어느 것 하나 쉬운 게 없다. 몸과 맘은 부서지고 영혼마저 흐릿해지는데 도와줄 이 하나 없다. 거기에 원수들의 조롱과 감춰진 비수가 여전하다.

도무지 갈 곳 없는 거기에서 시인이 발견하는 것은 마음속 깊은 곳에 여전히 꿈틀대는 하느님을 향한 신뢰이다. 허물에도 불구하고 말이다. 모름지기 신앙이 이러하다. 죄가 가득 찬 곳에 하느님의 은총이 넘실거린다. 죄악으로 부서지는 중에도 그분을 우러를 수 있다. 유일한 길이다.

5절의 불령不靈은 명완불령冥頑不靈, 우매무지하고 완고하여 고집불통임을 의미한다.

7절의 자련自憐은 고영자련顧影自憐으로 많이 쓰인다. 진晉의 육기가 낙양 부임길에 지은 시의 두 수 「부락도중작이수赴洛道中作二首」에 '우두커니 서서 고향을 바라보다 그림자 쳐다보니 저절로 슬퍼진다'佇立望故鄉 顧影凄自憐(저립망고향 고영처자련)는 구절이 있다. 스스로를 돌아보아 자신의 신세를 슬피 탄식하는 것이다.

8절의 오내여분五內如焚은 몸의 장기가 다 찢기는 듯한 괴로움을 의미한다. 같은 절의 엄엄일식奄奄一息은 호흡이 너무 미약하여 죽기 직전의 가녀린 숨을 의미한다.

9절의 단침丹忱은 정성스런 마음, 한결같이 성실한 마음이다. 송宋 조령치의 『후청록侯鯖錄』에 '비록 그 뼈조차 형체가 사라진다 해도 그 참된 마음만큼은 사라지지 않으리라'則當骨化形銷 丹忱不泯(즉당골화형소 단침불민)고 하였다.

10절의 역녁심여도惄惄心如擣는 『시경』「소아小雅」「소반小弁」에 나오는 구절로 '내 마음 짓이겨진 듯 쓰리고 아프구나'我心憂傷 惄焉如擣(아심우상 역언여도)라고 읊조린다. 유왕의 아들 의구가 아버지로부터 버림받아 쓸쓸하고 외로워 어찌할 바를 모르는 모습을 그린 것이라 한다. 이어 나오는 구심질수疚心疾首도 마음의 고통을 뜻한다. 근심이 깊고 불안으로 힘겨워한다는 의미이다.

11절의 수수간袖手看은 수수방관의 의미이다. 남송의 시인 육유의 시 「서분書憤」에 '이 강산에 수많은 일들이 끊이지 않았건만 어찌 오늘날처럼 팔짱만 끼고 있단 말인가?'關河自古無窮事 誰料如今袖手看(관하자고무궁사 수과여금수수간)라는 구절이 있다.

12절의 출악성出惡聲은 『전국책戰國策』에 나오는 말로 '자고로 군자는 다른 이와 내왕을 끊고자 할 때 상대에 대하여 결코 나쁜 말을 입에 담지 않는다'君子交絶不出惡聲(군자교절 불출악성)는 유교적 풍도를 벗어났음을 지적하며 사람의 도리를 다하지 못함을 말하고 있다.

13, 14절은 '듣지도 못하는 양 말하지도 못하는 양 하여 아무 것도 모르는 것처럼 한다'는 성어成語 추롱장아推聾裝啞의 의미이다.

17절의 임심리박臨深履薄은 깊은 못에 가서 얇은 얼음을 밟는다는 뜻으로 전전긍긍하며 경계하고 조심한다는 뜻이다. 여리박빙如履薄氷과 같은 의미를 담고 있다. 소심익익小心翼翼 또한 세심하고 조심성이 많아 작은 일에도 깨어 살피는 것을 뜻한다.

20절의 이원보덕以怨報德은 『국어國語』에 나오는 말로 '은혜를 원수로 갚는 것은 불인不仁이다'以怨報德 不仁(이원보덕 불인)라고 하였다.

21절의 수유물리須臾勿離는 잠시도 떨어져 있지 않음을 의미한다. 『중용』에 '도라는 것은 잠시도 떨어질 수 없는 것이니 떨어진다면 도가 아니라'道也者 不可須臾離也 可離非道也(도야자 불가수유리야 가리비도야)고 하였다.

제39수

꿈 같고 물거품 같은 夢幻泡影
몽환포영

1 嘗歎世道難 寡過在愼言 眼前無知音 尤宜將口緘
상탄세도난 과과재신언 안전무지음 우의장구함

2 因是守靜默 是非槪勿論 誰知心非石 久默能無悶?
인시수정묵 시비개물론 수지심비석 구묵능무민?

3 悶極陰火熾 中心忽如焚 孤憤不可壓 開口向主問:
민극음화치 중심홀여분 고분불가압 개구향주문:

4 大限何日屆? 壽數幾多長? 求主一啟示 令我悟無常
대한하일계? 수수기다장? 구주일계시 영아오무상

5 歲月一何促? 直可用指量 人生在主目 縹緲如一息
세월일하촉? 직가용지량 인생재주목 표묘여일식

6 皆為夢中影 一現倏已滅 世事總成空 何苦長戚戚?
개위몽중영 일현숙이멸 세사총성공 하고장척척?

金玉雖滿堂 究竟為誰積?
금옥수만당 구경위수적?

7 何如將一切 托付天主手 8 願主拔我罪 永塞讒人口
하여장일체 탁부천주수 원주발아죄 영색참인구

9 豈敢怨顛沛? 固知主所授 10 伏乞賜憐憫 勿再加杖毆
기감원전패? 고지주소수 복걸사련민 물재가장구

11 吾主施訶譴 孰能不消瘦?
오주시가견 숙능불소수?

12 含淚籲恩主 渴望主眷佑 在世如作客 作客誰能久?
함루유은주 갈망주권우 재세여작객 작객수능구?

13 求主霽聖怒 俾我一喘息 死前當自新 安然度歲月
구 주 제 성 노 비 아 일 천 식 사 전 당 자 신 안 연 도 세 월

글자풀이

- **嘗**(상) 몸소 겪다
- **緘**(함) 봉하다
- **概**(개) 대개
- **悶**(민) 번민하다
- **熾**(치) 성하다
- **忽**(홀) 갑자기
- **孤憤**(고분) 세상에 용납되지 못하여 분개함
- **大限**(대한) 수명의 종말, 죽음
- **屆**(계) 이르다
- **促**(촉) 재촉하다
- **指量**(지량) 손가락으로 길이를 잼, 작다는 의미
- **縹**(표) 휘날리다
- **緲**(묘) 아득하다
  縹緲(표묘) 높고 멀어 어렴풋한 모양
- **倏**(숙) 빨리 달리다
- **戚**(척) 근심하다
  戚戚(척척) 근심하는 모양
- **讒**(참) 참소하다
- **乞**(걸) 빌다
- **毆**(구) 때리다
  杖毆(장구) 때리고 매질함
- **訶**(가) 꾸짖다
- **瘦**(수) 파리하다
  消瘦(소수) 몸이 쇠약해 수척해짐
- **渴**(갈) 목이 마르다
- **霽**(제) 비가 개다
- **喘**(천) 숨, 숨차다
  喘息(천식) 숨을 쉬다, 숨이 차서 헐떡거림

옮김

1나 일찍이 세상살이 어려움 탄식하여 삼가 내 입을 지켜 허물을 적게 하리라 하였노라 나를 알아주는 이 찾을 수 없으니 입 다물고 사는 게 차라리 나으리라 2고요히 입다물고 살기로 했으니 이런저런 시비 논할 필요 없다 여기는데 마음은 굳은 돌이 아닌지라 입 다물수록 점점 번민은 가득하고 3괴로움은 커져서 울화로 치미니 마음은 불덩이로 변해버리는구나 세상에 외면당한 이 맘 누를 길 없어 주님 향해 끝내 입을 열어 여쭙니다 4이 목숨의 끝이 언제입니까? 얼마나 더 살아야 하는건지요? 주님께서 제게 가르쳐 주사 덧없음을 제대로 알게 하소서 5세월이 얼마나 빨리 흐릅니까?

길어야 손가락의 마디쯤이지요 인생이란 야훼 당신 보시기에 사라져 없어
지는 숨 한번 아닙니까? 6이 모두 꿈속의 그림자 같으니 일순간 나타났다
이내 사라집니다 세상의 그럴 듯한 일도 끝내 사라지는데 어찌하여 괴로움
은 이다지도 긴 건가요? 아무리 부귀영화 누린다 한들 누가 그걸 움켜쥘
수 있겠습니까? 7그렇기에 이 모든 것 당신 손에 온전히 맡겨드리오니 8주
님 내 죄를 거두어 주시고 참소하는 저들의 입 막아주소서 9내 어찌 넘어
졌노라며 당신 원망하리이까? 이 모든 게 당신이 허락하신 바입니다 10엎
드려 비오니 불쌍히 여기셔서 더 이상 매를 더하지 마소서 11주께서 꾸짖
고 책망하신다면 누구인들 시들어 끝나가지 않겠습니까? 12야훼여 눈물로
호소하오며 주님의 돕는 손길 갈망합니다 더부살이 같은 세상 삶인데 나그
네 타향에서 얼마나 견디리까? 13야훼여 주의 진노 거두어주셔서 저로 하
여금 숨돌리게 하소서 죽기 전에 저 스스로 새롭게 되어 세월 지내는 지혜
누리게 하소서

해설

이 삶의 무상無常함을 깨우쳐 알게 해달라고 기도한다. 꿈속의 그림자요 물거품 같은 인생이다. 하느님 편에서 보자면 몇 뼘 길이도 안 되는 삶이고 숨결 사이에 겨우 존재하는 것이 삶이다. 그럼에도 이 삶의 무게가 결코 만만치 않다.

7절에서 읊는 것처럼 그렇듯이 삶은 아무 것도 아닌데 고통과 근심은 끊이지 않는다. 침묵을 지키고 말을 삼가더라도 내 속은 오히려 들끓고, 입을 다물어도 마음속엔 불길이 인다. 꿈속 그림자 같은 인생임을 알면서도 마음속 불길이 잡히지 않고 오히려 그 불길에 휩싸인다. 이 모순과 역설이 삶이다. 숨붙이에게는 전부인 게 주어진 한 생이지만 영원이신 분 앞에서

는 이 또한 아무 것도 아님을 알아야 한다. 동시에 그럼에도 불구하고 이 삶을 통해 지혜를 얻으며 온전한 삶의 길을 걸어야 한다.

이 둘을 함께 붙잡는 길은 그분께만 있다. 그래서 끝내는 사라져 없어지기 전에 자신을 새롭게 하는 것이다.死前當自新(사전당자신) 걸림돌로 가득한 세상에서 그 걸림돌에 무수히 걸려 넘어지면서 이 걸림돌이 디딤돌임을 체득하는 것이다. 그렇게 해서, 삶을 수용하는 지혜를 얻는다.安然度歲月(안연도세월) 그게 믿음이고 믿음의 공부이다.

제목 몽환포영夢幻泡影은 본디 불교용어로 세상만물이 모두 그림자요 물거품이며 환술과 같다는 의미이다. 『금강경』 말미에 '현상계의 모든 법은 꿈과 같고 환영과 같고 물거품과 같고 그림자 같으며 또한 이슬 같고 번개와도 같으니 마땅히 이와 같이 볼지라'一切有爲法 如夢幻泡影 如露亦如電 應作如是觀(일체유위법 여몽환포영 여로역여전 응작여시관)는 가르침이 있다.

1절의 세도世道는 세상살이의 이치이기도 하고 흥망성쇠의 흐름이기도 하다. 당唐의 시인 원진의 시 「호령지에게 답함答胡靈之」에 '세상살이 칼 앞에 선 것보다 어렵고 참소하는 말 피리소리만큼이나 기교롭구나'世道難於劍 讒言巧似笙(세도난어검 참언교사생)라고 하였다.

'말을 신중히 하여 허물 적게 하리라'寡過在愼言(과과재신언)는 『논어』 「위정爲政」 편에 나온다. 제자 자장이 벼슬 얻는 법을 물으니 공자는 '많은 것에 귀 기울이고 납득이 안 가는 것은 가만 두고 그렇지 않은 것은 신중히 말하라. 그러면 잘못을 저지르는 일이 적다'多聞闕疑 愼言其餘 則寡尤(다문궐의 신언기여 즉과우)고 하였다.

같은 절의 지음知音은 자신을 알아주는 참된 친구라는 의미이다. 고대에 백아伯牙는 금琴을 잘 탔고 종자기鍾子期는 그가 타는 금의 소리를 제대로 알아주었다. 백아가 높은 산을 생각하며 금을 타면 종자기는 고산高山이 떠오른다 하였고 물을 떠올리며 금을 타면 물 흐르는 것이 연상된다고 하였다. 후에 종자기가 죽고 나서 백아는 더 이상 금을 타지 않았다. 자신의 연주를 알아주는 이가 없기 때문이었다. 이후 지음知音은 진정한 벗을 의미한다.

2절의 침묵을 지킨다守靜默(수정묵) 함은 공묵수정恭默守靜의 의미이다. 그저 입을 다무는 것이 아니라 사사로움이 없이 삼가 공손한 태도로 자신을 가다듬어 침묵하는 것이다. 심비석心非石은 심비목석心非木石의 줄임말이다. 마음이 목석이 아닌 다음에야 어찌 바깥일에 휘둘리지 않겠는가 하는 말이다.

3절의 음화陰火는 동양의학의 용어이다. 신체가 약해져서 생겨나는 열인데 홧병 같은 증상을 보인다. 고분孤憤은 한비자의 저술의 편명이기도 하다. 불의와 타협하지 않는 성정으로 인하여 고독하면서도 거짓된 현실에 분개하는 마음을 지녔다는 의미를 담고 있다.

6절의 근심에 한없이 끌려다닌다長戚戚(장척척)는 말은 『논어』「술이述而」편에 나온다. '군자는 마음이 편안하고 너그러우며 소인은 언제나 걱정에 싸여 마음이 초조하다'君子坦蕩蕩 小人長戚戚(군자탄탕탕 소인장척척)고 하였다.

같은 절의 세사총성공世事總成空은 '대장부 일생을 바친 일이라 할지라도 끝내는 공空으로 돌아간다'一生事業總成空(일생사업총성공)는 의미로 「서상기西廂記」에 '아름다운 향기(명성)라 할지라도 잠시 후엔 다 지나가버린다'芬芳過后總成空(분방과후총성공)고 하였다.

제40수

받은 은혜 보답코자 報恩之道

보 은 지 도

1 小子所仰望 惟在聖主躬　竟蒙主垂顧 呼籲達宸聽
소자소앙망 유재성주궁　경몽주수고 호유달신총

2 拯我於深壑 拔我於泥中　置我磐石上 安步且從容
증아어심학 발아어니중　치아반석상 안보차종용

3 吾主將新曲 置我吟舌端　新曲何所詠? 美德興讚歎
오주장신곡 치아음설단　신곡하소영? 미덕흥찬탄

4 令人發深省 幡然慕聖德　痛絕邪妄徒 莫交傲慢客
영인발심성 번연모성덕　통절사망도 막교오만객

5 主待我何厚? 恩德多且奇　聖蹟日日新 浩蕩誰與比?
주대아하후? 은덕다차기　성적일일신 호탕수여비?

我欲詠大德 大德超言詞
아욕영대덕 대덕초언사

6 祭祀與犧牲 皆非爾所喜　所喜惟耳順 翼翼承甘旨
제사여희생 개비이소희　소희유이순 익익승감지

7 燔祭贖罪祭 亦非爾所期　吾曰: "我來矣! 書中有明示:
번제속죄제 역비이소기　오왈: "아래의! 서중유명시:

8 吾心之所樂 惟在行聖意　自有天主法 深深鏤肺腑"
오심지소락 유재행성의　자유천주법 심심루폐부"

9 亦欲向大會 宣布爾佳音　諄諄何曾倦? 惟主知我心
역욕향대회 선포이가음　순순하증권? 유주지아심

10 仁義寧容隱? 當詔天下人　我願向廣眾 傳爾善與真
인의녕용은? 당조천하인　아원향광중 전이선여진

11 莫壅爾仁淵 源源賜洪恩　但願爾聖道 長作我明燈
막 옹 이 인 연　원 원 사 홍 은　단 원 이 성 도　장 작 아 명 등

12 禍患圍我身 罪孽實不輕　愆尤多於髮 心灰目不明
화 환 위 아 신　죄 얼 실 불 경　건 우 다 어 발　심 회 목 불 명

13 求爾賜救拔 臨格莫遲遲
구 이 사 구 발　임 격 막 지 지

14 務使謀我者 無所施其伎
무 사 모 아 자　무 소 시 기 기

15 今雖笑呵呵 來日問奈何
금 수 소 가 가　내 일 문 내 하

16 願凡懷主者 雍雍主懷中　願凡愛主者 常貽主光榮
원 범 회 주 자　옹 옹 주 회 중　원 범 애 주 자　상 이 주 광 영

17 必蒙主眷顧 君子豈終窮?　主乃我恩保 速來濟吾躬
필 몽 주 권 고　군 자 기 종 궁?　주 내 아 은 보　속 래 제 오 궁

글자풀이

- **宸**(신) 하늘
- **壑**(학) 구렁
- **舌端**(설단) 혀끝
- **幡**(번) 나부끼다, 돌이키다
- **傲**(오) 거만하다
- **犧牲**(희생) 희생, 희생제물
- **燔**(번) 굽다
- **贖**(속) 제물을 바쳐 면제받다
- **鏤**(루) 아로새기다
- **肺腑**(폐부) 허파와 장부(몸)
- **諄**(순) 지성스러운
  諄諄(순순) 곡진하게 일러주는 모양
- **倦**(권) 게으르다
- **壅**(옹) 막다
- **詔**(조) 가르치다
- **源源**(원원) 끊이지 않은
- **愆**(건) 허물
  愆尤(건우) 잘못, 허물
- **灰**(회) 잿더미
- **遲**(지) 늦다, 지체하다
- **伎**(기) 재주
- **呵**(가) 웃다
- **奈**(내) 어찌
- **貽**(이) 주다
- **濟**(제) 돕다

옮김

1나 바라는 바 오직 야훼뿐이온데 야훼 주님 굽어보사 간구 들으셨도다 2
깊은 웅덩이에서 건져주시고 진흙수렁에서 꺼내주셔서 반석 위에 세우시

고 평안히 걷게 하셨도다 3내 입술에 새 노래 터져나오니 주의 선한 자비
와 은총 높여드림이라 4그 찬미 사람들로 자신을 살펴 거룩한 야훼의 덕
흠숭하며 돌아오네 거짓된 무리들을 끊어내게 되고 오만한 이들과 멀어지
게 하누나 5주님의 선대하심 하 두터워라! 그 은덕 가없고 놀라웁구나 거
룩한 주의 손길 날마다 새로우니 넓으신 그 은혜 비길 이 없도다! 크고 높
은 그 은총 노래하고자 하나 도무지 말로는 형용할 수 없네 6제사와 희생
제물 즐기지 않으시고 주의 말씀 따르는 바 기뻐하시니 삼가 겸손히 주의
뜻 받드네 7번제와 속죄제도 바라시는 바 아니라 하여 나 아뢰네 "주의 책
에 말씀하신 바 대로 이제 제가 당신께 나아왔습니다 8주님의 뜻에 따라
살아가는 것이 제 삶의 참된 즐거움입니다. 주님의 법이 선연하오니 몸맘
깊이 오롯이 새겨냅니다" 9성도들이 모인 큰 모임에서 아름다운 주의 뜻
기꺼이 선포하네 곡진하게 전하며 게으르지 않으니 이내 심사 주님께서 아
시나이다. 10주의 사랑과 정의 어찌 숨기리이까? 마땅히 천하에 가르쳐야
하지요 주님의 선하심과 당신의 신실하심 모든 사람들에게 전해지길 원합
니다. 11야훼여 긍휼하심 거두지 마시고 한없는 주의 은혜 베풀어주소서
오롯이 바라는 것 주의 말씀이 저에게 영원한 등불되는 것입니다 12하많은
불행들 이 몸을 둘러쌌고 내 죄 정녕 무겁기 그지 없습니다 허물은 터럭보
다 더 많은지라 마음은 잿더미요 눈앞 캄캄합니다 13야훼께 구하오니 저를
건져주소서 지체하지 마시고 임하여 주소서 14저를 노리며 꿈틀대는 저들
그 음모 펼치지 못하게 하소서 15지금은 비록 조소하는 저들 어찌된 일이
냐며 어리둥절케 하소서 16야훼 사모하는 이들 품어주시고 주님 사랑하는
이 그 영광에 참여케 하소서 17신실한 이들 주의 손길 입으리니 어찌 그
끝이 허망하리이까? 주는 은혜의 하느님이시니 속히 오셔서 이 인생 건지
소서

히브리 시편은 도움을 구하는 시인의 기도에 중점이 놓여 있다면 오경웅은 이 시편을 보은지도報恩之道, 주의 구원에 보답하는 길이라 하였다. 주님의 도우심을 구하는 바가 없지 않지만 도움의 간구보다 하느님을 향한 신실함과 신뢰가 더 풍성하기 때문이겠다.

시인은 하느님이 무엇을 기꺼워하시는지 알고 있다. 제사보다 귀를 열어 그분의 뜻을 청종하는 것耳順(이순)이 순종이 제사보다 나은 것이다. 그리고 거기에 머물지 않는다. 그는 곡진히 님의 말씀을 전하고 나누고자 한다. 아름다운 말씀을 가르치려 함에 게으름 피우지 않는다. 그래서 순순諄諄, 곡진함이다.

주님의 구원을 체험하고 그것을 되새기며 온전히 주의 뜻대로 행하게 되는 것! 이것이 믿음의 길이고 성장이다. 유학의 공부론과 비교해 보자. 유학의 공부는 널리 배우고博學(박학), 의심이 가는 부분을 자세히 물으며審問(심문), 배워서 아는 것을 반성해서 그 생각에 신실하려 하며愼思(신사), 잘 분별하여 더 이상 의혹이 없게 되고明辯(명변), 독실히 힘써 실천하는 것篤行(독행), 즉 박학, 심문, 신사, 명변, 독행 이 다섯을 공부라 한다.

그런 의미에서 유학의 공부는 이론적인 것에 그치는 것이 아니다. 지성적 과정을 거쳐 알게 된 바를 온전하게 실천궁행하는 것까지 포함하는 것이다. 그 여정 중 하나가 명변明辯이다. 선과 악을 분별하고 모호한 것을 선명하게 파악하며 감추어진 바를 식별해내는 것은 오직 그 밝음에 있다. 그래야만 독행篤行이 가능하다.

1절의 신총宸聽은 하늘이 들어주는 것, 황제가 백성의 소리를 듣는 것을 뜻한다. 백거이는 「여원구서與元九書」에서 때때로 시로 노래하여 그것이 차츰차츰 전해져 군주의 귀에 들리기를 바랐다. '이로써 위로는 군주가 세상일에 대해 듣는 것을 넓히고'輒詠歌之 欲 稍稍遞進聞於上 上以廣宸聽(첩영가지 욕 초초체진문어

상 상이광신총)라 하여 시의 정치적 성격을 표현하였다.

4절의 영인발심성令人發深省은 두보의 시 「유용문봉선사遊龍門奉先寺」에 '막 잠에서 깨려할 때 새벽 종소리 들려와 사람으로 하여금 깊이 성찰하게 하누나'欲覺聞晨鐘 令人發深省(욕각문신종 영인발심성)라고 노래하였다.

5절의 일일신日日新은 『대학』에 나오는 것으로 상나라를 세운 임금 탕은 자신의 대야에 다음과 같은 글귀를 새겨 씻을 때마다 마음에 새겼다고 한다. '진실로 하루라도 새롭고자 한다면 날마다 새롭게 하고 또 날로 새롭게 하라'苟日新 日日新 又日新(구일신 일일신 우일신)는 문장이다.

6절의 감지甘旨는 본래 맛있는 음식을 뜻하나 여기서는 성지聖旨, 주님의 뜻으로 읽는 것이 좋을 듯하다. 이순耳順은 본래 예순의 나이를 비유하는 말이다.

『논어』「위정爲政」편에서 공자는 '예순에는 귀가 순해져 남의 말을 들으면 그 이치를 깨달아 이해하게 되었고 일흔이 되어서는 무엇이든 하고 싶은 대로 해도 법도에 어긋나지 않았다'六十而耳順 七十而從心所欲不踰矩(육십이이순 칠십이종심소욕불유구)라고 하였다. 여기에서는 잘 귀기울여 들어 거스르는 바가 없다는 순종의 의미를 갖는다.

제41수

병 중에 노래하다 病中吟
병 중 음

1 眷顧貧苦 主必賜福
권고빈고 주필사복

2 身罹患難 春回黍谷 主必相之 翼而長之
신리환난 춘회서곡 주필상지 익이장지

優游一世 潤之昌之 敵人欲害 保之障之
우유일세 윤지창지 적인욕해 보지장지

3 呻吟病榻 扶之掖之 輾轉不寧 康之復之
신음병탑 부지액지 전전불녕 강지복지

4 敢告天主 我罪實多 求主垂憐 逐此病魔
감고천주 아죄실다 구주수련 축차병마

5 不聞敵人 大施譴訶: 願彼遄死 厥名消磨
불문적인 대시견가: 원피천사 궐명소마

6 甘言慰問 惟誑惟訛 當面戚戚 轉背呵呵
감언위문 유광유와 당면척척 전배가가

7 幸災樂禍 竊竊科議: 8 病入膏肓 彼也不起
행재요화 절절과의: 병입고황 피야불기

9 斯何人哉? 素所親暱 曾食我粟 醉酒飽德
사하인재? 소소친닐 증식아속 취주포덕

竟亦懷貳 落井投石
경역회이 낙정투석

10 主其垂憐 令我康復 容我再起 報彼眾惡
주기수련 영아강복 용아재기 보피중악

11 相我克敵 用昭爾寵 固知我主 賜必扶擁
상 아 극 적 용 소 이 총 고 지 아 주 사 필 부 옹

12 俾立主前 不被搖動
비 립 주 전 불 피 요 동

13 可頌惟主 義塞之神 千秋萬歲 德威日新
가 송 유 주 의 새 지 신 천 추 만 세 덕 위 일 신

글자풀이

- **吟**(음) 읊다, 신음하다
- **黍**(서) 기장
- **榻**(탑) 침상
- **掖**(액) 부축하다
- **輾轉**(전전) 엎치락 뒤치락 함
- **譴**(견) 꾸짖다
- **訶**(가) 꾸짖다
- **遄**(천) 빠르다
- **消磨**(소마) 닳아 없어짐
- **誑**(광) 속이다
- **訛**(와) 거짓
- **戚戚**(척척) 교분이 가까움
- **呵呵**(가가) 껄껄(웃는 모양)
- **竊**(절) 훔치다
  竊竊(절절) 마음속으로 수군대는 모양
- **肓**(황) 명치끝
  病入膏肓(병입고황) 고칠 수 없는 병
- **暱**(닐) 가까이 하다
- **粟**(속) 조(곡식명)
- **擁**(옹) 안다

옮김

1어려움에 처한 사람 돌보는 이에게 야훼께서 복을 내리시리라 2환란에 처
하여도 끝내 다시 힘을 얻고 주님 손길 내미사 오래 가게 하리시라 넉넉히
채우시니 그 생이 복되고 원수가 해하려 해도 주님 지켜주시리 3병상에서
신음할 제 부축해 주시고 불안하여 잠 못 들 제 회복시켜 주시리라 4나 야
훼께 아뢰길 "내 죄 심히 많으나 불쌍히 여기사 이 병에서 일으키소서" 5
원수들의 비난 소리 들리지 않는지요 '얼른 죽어 그 이름 사라져 버리길' 6
앞에서는 안타까운 양 거짓 위로 하고는 등 돌리고선 좋아라 키득거리며 7
이러저러 해서 저리 된 거지 짓떠들며 제 겪는 아픔 즐거워하고 8죽을 병

에 걸려 누워버렸으니 일어나지 못할 거라 수군댑니다 9그리 말하는 이 본
디 가까이 지내던 이들이요, 제 곡식 나누며 기꺼이 덕 베푼 이들인데 끝
내는 다른 마음 가슴에 품고 어려움에 빠지자 해를 가합니다. 10야훼여 나
를 불쌍히 여기시고 다시금 일으켜 주시옵소서 주께서 나를 회복시키셔서
저들의 못된 악을 되갚으소서 11나로 하여금 적들 이기게 하사 주의 사랑
내게 머묾 보여주소서 그리하면 정녕 나를 돌보시는 분 야훼 하느님이심
알게 되리이다 12나를 당신 앞에 서게 하시고 흔들리지 않게 하소서 13 이
스라엘의 하느님은 찬양받으실 분이시니 영원토록 그 위엄과 덕이 더하나
이다

해설

2절의 춘회서곡春回黍谷은 고생 끝에 낙이 온다는 성어成語이다. 본래 서곡은 북경 근처의 골짜기 이름이다. 『태평어람太平御覽』에 나오는 것으로 아주 추운 골짜기라 오곡이 자라지 않았던 곳인데 추자鄒子가 거하며 음악을 연주하여吹律(취률) 따뜻하게 되고서 곡식이 자라기 시작하였다고 한다. 후에는 큰 덕을 지닌 사람에 의해 변화가 일어남을 의미한다.

5절의 천사遄死는 『시경』「용풍鄘風」「상서相鼠」에 나온다. '사람임에도 예절도 없으면서 어찌 남에게 해를 끼치며 빨리 죽지도 않는가?'人而無禮 胡不遄死(인이무례 호불천사)라고 노래하고 있다.

6절의 척척戚戚은 마음이 움직여 진심으로 감동한다는 의미를 담고 있다. 『맹자』「양혜왕梁惠王」 상에 '제선왕이 맹자의 말을 들으니 자신의 마음이 후련하고 감동함이 있다'夫子言之 於我心有戚戚焉(부자언지 어아심유척척언)라고 하였다.

7절의 절절竊竊은 아는 체 하는 모양을 의미한다. 『장자』의 「제물론齊物論」에 '어리석은 자는 자기가 깨어있다고 자만하여 아는 체 하며 군주라고 받

들고 목동이라 천대하는 따위의 차별을 하니 옹졸한 짓이오!'愚者自以爲覺 竊竊然知之 君乎牧乎 固哉!(우자자이위각 절절연지지 군호목호 고재)라고 하였다.

8절에서 고황膏肓은 심장과 횡격막 사이로 병이 그 속에 생기면 낫기 어렵다고 한다.

9절의 낙정투석落井投石은 함정에 빠진 이에게 돌을 던지다는 뜻으로, 곤경에 빠진 사람을 구해주기는커녕 도리어 해롭게 함을 이른다.

11절의 부옹扶擁은 부지족옹扶持簇擁의 줄임말로 여럿이 감싸 부축한다는 의미이다. 소동파의 시 「차전운재송주정유次前韻再送周正孺」에 '어렴풋이 구부러진 시냇길 따라 노인과 아이 서로 붙잡아주며 건네'遙知句溪路 老稚相扶擁(요지구계로 노치상부옹)라는 구절이 있다.

1-3절은 시인이 지닌 신앙의 고백이기도 하고 그가 살아온 삶의 흔적일 것이다. 그리고 4-9절은 시인이 겪는 모진 현실이리라. 믿음과 현실 사이에 괴리가 있어 믿음으로 베풀며 걸어온 걸음과 실제 돌아오는 반응은 전혀 다르다. 눈 앞의 현실에 휘둘리며 분노할 것인지 믿음의 고백을 더 든든히 붙잡을 것인지 택하여야 한다. 신앙은 택선고집擇善固執이다. 이거다 하는 것을 잡고 나아가야 한다. 한결같이 나아가는 힘이 신앙이다. 그리고 나중에서야 그 힘조차 그분이 주신 것임을 발견하고 감사하는 것이다.

하늘 그물 성긴 것 같으나

악인들 날뛰며 제멋대로요
거짓을 행함에 거리낌없으니
주여 나를 지켜주셔서
저들에게 넘겨지지 않게 하소서
그 혀는 잘 갈린 칼처럼 날카롭기 그지없고
그 말은 어둔 데서 쏘아진 화살 같아서
주를 의지하는 이들 베어지고 넘어집니다
느닷없이 쏘고는 득의양양하고
미쳐 날뛰며 악행 서로 권하며
함정을 파고는 꾸민 음모 자랑하니
주 알지 못하는 반역하던 저들
돌연히 날아온 화살 맞고야 말리니
그 살은 주께서 매기신 것이라

제42수

간절히 주님을 그리워하네 渴慕

갈 모

1 予心之戀主兮 如麋鹿之戀清泉
여 심 지 련 주 혜 여 미 록 지 련 청 천

2 渴望永生之源兮 何日得重覩天顏?
갈 망 영 생 지 원 혜 하 일 득 중 도 천 안?

3 人問爾主安在兮 朝暮涕淚漣漣 以涕淚為飮食兮 吾主盍亦垂憐?
인 문 이 주 안 재 혜 조 모 체 루 련 련 이 체 루 위 음 식 혜 오 주 합 역 수 련?

4 憶昔領導群眾兮 同登聖所 舉國狂歡兮 如享佳節之大酺
억 석 령 도 군 중 혜 동 등 성 소 거 국 광 환 혜 여 향 가 절 지 대 포

撫今思昔兮 予心鬱悒以悲苦
무 금 사 석 혜 여 심 울 읍 이 비 고

5 于嗟予心胡為乎鬱悒以悲苦兮 盍不委心於天帝?
우 차 여 심 호 위 호 울 읍 이 비 고 혜 합 불 위 심 어 천 제?

望天帝之莞爾兮 若久雨之新霽
망 천 제 지 완 이 혜 약 구 우 지 신 제

6 思望吾主兮 憂心欽欽 流離乎約旦之濱兮 徘徊乎黑門之嶺
사 망 오 주 혜 우 심 흠 흠 유 리 호 약 단 지 빈 혜 배 회 호 흑 문 지 령

7 聆瀑布之喧豗兮 淵與淵其相應
영 폭 포 지 훤 회 혜 연 여 연 기 상 응

一波未平而一波又起兮 傷夫洪濤之沒頂
일 파 미 평 이 일 파 우 기 혜 상 부 홍 도 지 몰 정

8 追念昔日兮 慈恩何富 朝承主之恩澤兮 暮抒予之仰慕
추 념 석 일 혜 자 은 하 부 조 승 주 지 은 택 혜 모 서 여 지 앙 모

9 素為予之磐石兮 今胡為棄我如遺?
소 위 여 지 반 석 혜 금 호 위 기 아 여 유?

10 豈不見予之轗軻兮 豈不聞敵人之嘲嗤?
기 불 견 여 지 감 가 혜 기 불 문 적 인 지 조 치?

頻問爾主安在兮? 予心胡雲不悲
빈 문 이 주 안 재 혜? 여 심 호 운 불 비

11 于嗟予心胡為乎鬱悒以悲苦兮 盍不委心於天帝?
우 차 여 심 호 위 호 울 읍 이 비 고 혜 합 불 위 심 어 천 제?

望天帝之莞爾兮 若久雨之新霽
망 천 제 지 완 이 혜 약 구 우 지 신 제

글자풀이

- **麋**(미) 고라니(큰 사슴)
- **涕**(체) 눈물
- **淚**(루) 눈물 흘리다
  盍(합) 어찌 아니한가?
- **漣**(련) 눈물 흘리다
  漣漣(련련) 눈물 흘리는 모양
- **領**(령) 거느리다
- **酺**(포) 회음하다(국가 경사에 신민이 축하하며 모여 술로 즐김)
- **撫**(무) 어루만지다
- **鬱悒**(울읍) 근심하는 모양
- **于嗟**(우차) 아! 하고 소리내어 탄식하는 소리
- **莞**(완) 빙그레 웃다
- **久雨**(구우) 장마
- **霽**(제) 비가 개다
- **欽**(흠) 공경하다, 부러워하다
- **欽欽**(흠흠) 사모하는 모양, 선망하는 모양
- **約旦**(약단) 요르단의 음역
- **黑門**(흑문) 헬몬의 음역
- **濱**(빈) 물가
- **徘徊**(배회) 이러저리 거닐다
- **聆**(령) 듣다
- **喧**(훤) 떠들썩하다
- **豗**(회) 떠들썩하다
- **喧豗**(훤회) 시끄러움
- **洪濤**(홍도) 큰 물결
- **抒**(서) 쏟아내다, 펼치다
- **嘲**(조) 비웃다
- **嗤**(치) 냉소하다
- **頻**(빈) 자주

옮김

1목마른 사슴 샘을 그리워함 같이 내 영혼 주님을 그리워하네 2생명의 근
원이신 주님 갈망하오니 언제나 주의 얼굴 다시 뵈오리이까? 3사람들이

네 하느님 어디 계시냐 묻는데 밤낮으로 그저 눈물만 흘러 이렇게 눈물이
음식이 되었는데 나의 주님 어찌 돌아보지 않으시는지. 4무리들 이끌어 성
소에 올랐을 때 큰 명절 누리는 듯 환호했던 그날들! 그 기억에 젖어 가만
히 있노라면 이내 마음 미어져 아파오네요 5아! 내 영혼아 어찌하여 시름
에 잠겨 낙심하고 있느냐? 어찌하여 네 하느님을 신뢰하지 못하느냐? 긴
장마 지난 후 활짝 갠 하늘 같으신 네 하느님의 너그러운 미소를 바라라 6
나 주님을 갈망하는 마음 하냥없이 사뭇 녹아내리네요 요단의 물가 이리저
리 떠돌며 헬몬의 산들 정처없이 방황하듯 7큰 폭포 떨어지는 물소리와 큰
물과 깊은 물 마주쳐 오르니 이 물결 잠잠하기도 전에 저 물결 일어나 정
수리까지 차오릅니다 8지난날 부으셨던 은총 떠올리면 그 사랑 어찌 그리
도 가멸했던지 낮에는 주 은택을 입게 하시고 한밤엔 제가 당신 우러렀지
요 9본디부터 나의 반석이신 분이시여 어찌 이제 나를 버리시나요? 10꽉
막혀 아무 것도 할 수 없는데 원수들의 조롱소리 넘쳐납니다 네 하느님
어딨냐며 빈정거리니 이 마음 슬픔으로 가득합니다 11아! 내 영혼아 어찌
하여 시름에 잠겨 낙심하고 있느냐? 어찌하여 네 하느님 신뢰하지 못하
느냐? 긴 장마 후 깨끗하게 갠 하늘같으신 네 하느님의 너그러운 미소를
바라라

해설

2절에서 하느님의 얼굴을 천안天顔이라 번역하였다. 즉 천자天子, 황제의 얼굴을 의미한다. 두보의 시 「자신전퇴조구호紫宸殿退朝口號」에 '한낮 높은 누각에서 알리는 물시계소리 때때로 들리고 천자의 얼굴에 이는 기쁨 가까운 신하들은 알고 있네'晝漏稀聞高閣報 天顔有喜近臣知(주루희문고각보 천안유희근신지)라는 구절이 있다. 히브리 시인은 2절에서 살아계신 하느님을 갈망한다고 하는데

오경웅은 생명의 근원이신 분을 갈망한다고 말한다. 존재는 존재의 근원을 갈망하지 않을 수 없다. 만약 갈망을 잊었다면 그는 자기를 잃은 것이다. 근원을 잊었으니 당연히 목적도 잊는다. 온 곳을 모르니 갈 곳은 어찌 알겠는가?

5절과 11절의 구우지신제久雨之新霽는 광풍제월光風霽月의 의미로 읽어야겠다. 비 개이고 구름 걷힌 후 시원한 바람과 밝은 달을 뜻하는 성어成語이다. 북송의 시인 황정견이 주돈이(북송오자의 일인으로 우리에겐 『태극도설』의 저자로 알려져 있는 성리학의 비조이다.)의 인품을 존중하며 경의를 표한 말이다.

5절과 11절에 시인이 바라는 하느님의 행하심이 그러하다. 오랜 장마 후에 맑게 갠 하늘같으신 하느님! 물 먹은 솜처럼 제 몸뚱이보다 더 무거운 짐에 젖어들어 가라앉은 삶에 맑게 갠 하늘로 다가오시는 하느님! 이보다 더 놀라운 상상이 어디 있으랴?

5절과 11절의 완이莞爾는 완이이소莞爾而笑의 줄임말로 빙그레 미소 짓는 모습을 묘사하는 성어成語이다. 굴원의 『초사』「어부漁父」에 '굴원의 하소연에 어부가 미소를 지으며 노를 저어 떠나가며 탁영가를 불렀다'漁父莞爾而笑 鼓枻而去(어부완이이소 고예이거)고 하였다. 그리고 『논어』「양화陽貨」에도 '공자께서 현악소리와 노래 소리를 듣고 빙그레 웃으시며 말씀하셨다'孔子 聞弦歌之聲 夫子莞爾而笑(공자 문현가지성 부자완이이소)라는 문장이 있다.

같은 절의 구우신제久雨新霽는 오랜 비 끝에 맑게 개인 것을 뜻하는데 문징명文徵明의 「잡영시권雜詠詩卷」에 '오랜 비 끝에 맑게 개이면 마음은 얼마나 상쾌한가? 찻잎을 불길에 덖어 나는 차향은 정녕 인생사에 즐거운 일 아닌가?'久雨新霽 情思爽然 焚香煮茶 亦人間快事(구우신제 정사상연 분향자차 역인간쾌사)라는 문장이 있다.

흔들리는 인생은 유리하고 배회한다. 근심에 둘러싸이고 눈물이 음식이 될 정도다. 아무도 그를 편들지 않고 조롱하여 고난이 정수리까지 가득하다. 그래서 어찌하여 이런 거냐고 거듭 묻지 않을 수 없다. 시편에는 이

물음들로 가득하다. 그리고 바로 그 물음(장마) 끝에서 갠 하늘을 만난다. 그 하느님은 완이일소(莞爾一笑 5절과 11절의 莞爾의 본래 성어成語) 빙그레 웃으시는 분이시다.

7절의 일파미평 일파우기一波未平 一波又起는 유우석의 시 「낭도사浪淘沙」에 나오는 '흐르는 물 잠시도 쉬지 않고 모래를 밀어내니 앞 물결 잠들기도 전에 뒷 물결 일어나네'流水淘沙不暫停 前波未滅後波生(유수도사불잠정 전파미멸후파생)라는 시구이다.

오경웅은 하느님의 얼굴을 찾는 시인의 갈망에 자신의 갈망을 덧붙인다. 히브리 시인은 어느 날에 하느님 얼굴을 뵈올까? 하였는데 오경웅은 어느 날에 하느님 얼굴을 '다시' 뵈올까?重覩(중도)라고 하였다.

어찌 인생이 하느님을 찾을 수 있는가? 이미 하느님께서 인생에게 당신을 드러내 주셨기 때문이다. 이미 주님을 맛보았고 그분의 사랑에 녹아난 적이 있는 것이다. 아가서의 여인처럼 밤새 신랑과 한밤을 지냈기 때문이다. 그러니 그 빈자리는 얼마나 선명한가? 그 빈 마음은 얼마나 공허한가? 그 무엇으로도 채울 수 없다. 다시 찾아야 하고 다시 뵈어야 한다. 그러기 전까지 삶은 도무지 온전해질 수 없다.

제43수

빛과 진리되신 주님 眞光與妙諦
진 광 여 묘 체

1 何群逆之詭譎兮 惟殘害之為務
하 군 역 지 궤 휼 혜 유 잔 해 지 위 무

求主一測予之中情兮 吾固不與彼同度 主其伸予之冤兮 辨予之誣
구 주 일 측 여 지 중 정 혜 오 고 불 여 피 동 도 주 기 신 여 지 원 혜 변 여 지 무

2 素為予之磐石兮 今胡為棄我如遺
소 위 여 지 반 석 혜 금 호 위 기 아 여 유

豈不見橫逆之頻加兮 豈不聞小子之歔欷
기 불 견 횡 역 지 빈 가 혜 기 불 문 소 자 지 허 희

3 盍發爾之真光與妙諦兮 俾有所依
합 발 이 지 진 광 여 묘 체 혜 비 유 소 의

引予至爾之靈丘兮 接予入爾之幔帷
인 여 지 이 지 령 구 혜 접 여 입 이 지 만 유

4 使盤桓於聖壇兮 養吾心之怡怡 將撫琴以歌詠兮 樂陽春之熙熙
사 반 환 어 성 단 혜 양 오 심 지 이 이 장 무 금 이 가 영 혜 낙 양 춘 지 희 희

5 于嗟予心胡為乎鬱悒以悲苦兮 盍不委心於天帝
우 차 여 심 호 위 호 울 읍 이 비 고 혜 합 불 위 심 어 천 제

望天帝之莞爾兮 若久雨之新霽
망 천 제 지 완 이 혜 약 구 우 지 신 제

글자풀이

- 詭譎(궤휼) 교묘(巧妙)하고 간사스러운 속임
- 測(측) 헤아리다
- 冤(원) 억울한
- 辨(변) 변호하다
- 誣(무) 무고하다
- 素(소) 바탕
- 頻(빈) 빈번히
- 歔(허) 흐느끼다
- 欷(희) 한숨 쉬다
- 歔欷(허희) 탄식, 흐느껴 욺
- 靈丘(영구) 거룩한 산
- 接(접) 맞이하다
- 幔(만) 장막
- 帷(유) 휘장
- 幔帷(만유) 장막
- 盤桓(반환) 머뭇거리며 멀리 떠나지 못하는 모양
- 壇(단) 제단
- 鬱(울) 무성하다
- 悒(읍) 근심하다
- 莞(완) 미소
- 霽(제) 날이 개다

옮김

1패악자들 꾸미는 악한 음모들은 그저 사람을 해치려는 것뿐이라 그러나
나 정녕 저들과 함께 하지 않았으니 주님 나의 진정을 헤아려주소서 제가
겪는 억울함을 살펴주셔서 저의 죄없음을 변호해주소서 2주 하느님 본디
나의 반석이시라 헌데 어찌 지금은 저를 버리십니까? 어찌 악인들의 거듭
된 횡포 보지 않으시고 홀로 탄식하는 제 기도 듣지 않으십니까? 3어찌하
여 당신의 빛과 진리 감추셔서 저의 의지처 잃게 하시는지요? 제발 저를
이끌어 성산에 이르게 하시고 주님 머무시는 곳에 들게 하소서 4그렇게 주
님의 제단에 머물면서 이내 마음 기쁨으로 채워지게 하시고 주님 주신 복
된 은총을 즐거워하면서 거문고 타고 주님을 찬양케 하소서 5아! 내 영혼
아 어찌하여 시름에 잠겨있느냐? 어째서 네 심령 하느님 의뢰치 못하느
냐? 긴 장마 후 개여서 청명한 하늘같으신 네 하느님의 너그러운 미소를
바라라

1절의 동도同度는 두 개의 별이 한 궁도에 일렬로 서는 것을 의미한다. 동석同席과 같은 의미이다.

2절의 허희歔欷는 탄식하며 슬퍼한다는 뜻으로 『초사』「이소離騷」에 '자꾸 눈물만 지으며 시름만 더하나니 때를 잘못 만났노라 운명을 탓하노라'曾歔欷余鬱邑兮 哀朕時之不當(증허희여울읍혜 애짐시지부당)며 토로하는 내용이 있다.

4절의 양춘陽春은 태평성대를 의미한다. 2절과 5절의 소위素爲와 호위胡爲는 시편 42, 43편에 자주 나오는 말이다. 소위素爲가 '본디부터 ~이 된'이란 의미라면 호위胡爲는 '그런데 어찌하여 ~한가'라는 뜻으로 대조를 이룬다.

하느님은 본디 믿는 이의 반석이요 피난처이신데 지금은 어째서 믿는 이를 버리시며 그들의 기도를 듣지 않으시고 악인들의 등쌀을 못 본 척 하시냐고 탄원한다. '본디'라는 단어가 한 번 쓰이고 나서는 '어찌하여'라는 단어는 그 뒤를 이어 여러 번 연속해서 나온다.

하느님은 한결같으시고 인생은 흔들리니 당연한 흐름이다. 한결같으신 하느님 앞에서 이리저리 흔들리니 그럴 때마다 여쭙고 탄원하고 간구하며 도움을 청하는 것이 인생 아니던가? 그러나 끊임없이 물음을 던지는 중에 어느샌가 답을 살고 있는 자신을 발견하는 것이 은총 아닐까?

왕양명은 소이불원素而不願 즉 근본, 바탕이 섰으니 더 바랄 게 없다고 말했다. 믿음의 언어로 말한다면 이렇게 말할 수 있겠다. 하느님 계시다. 더 바랄 게 무어랴? 그렇기에 시인은 자신의 영혼을 위로할 수 있다. 3절에서 하느님의 빛과 하느님의 진리를 진광眞光과 묘체妙諦로 번역하였다. 진광은 진광불휘眞光不輝!, 참된 빛은 번쩍거림이 없다는 의미도 있고 진정한 빛은 명암을 초월한 빛으로 속안俗眼으로는 보이지 않는다는 의미도 있다. 어느 시인은 노래하였다. 오늘날 하늘에서 가장 반짝이는 빛은 별이 아니라 인공위성일 뿐이라고…. 묘체는 오묘한 또는 뛰어난 진리를 의미한다.

제44수

어찌하여 지금은… 今昔歎
금석탄

1 吾主古時恩 先輩遞相述 吾儕耳所聞 聖蹟何烈烈
오주고시은 선배체상술 오제이소문 성적하렬렬

2 親手逐諸夷 吾族蒙建立 諸夷皆衰落 吾族獨發達
친수축제이 오족몽건립 제이개쇠락 오족독발달

3 列祖克斯土 非仗刀與戟 敵國望風靡 制勝豈以力?
열조극사토 비장도여극 적국망풍미 제승기이력?

惟恃主手臂 及主歡顏色
유시주수비 급주환안색

4 主乃吾族王 請佑我雅谷
주내오족왕 청우아아곡

5 吾欲托主恩 掃蕩彼頑敵 吾欲奉主名 肅清彼衆逆
오욕탁주은 소탕피완적 오욕봉주명 숙청피중역

6 弓刀安足恃 惟主能救厄 7 與我爲敵者 終必見傾蹶
궁도안족시 유주능구액 여아위적자 종필견경궐

8 會堂詠大猷 永感主之德
회당영대유 영감주지덕

9 主今竟離我 令我受挫抑 棄我信如遺 不復相我卒
주금경리아 영아수좌억 기아신여유 불부상아졸

10 一見敵人來 紛紛皆竄逸 容彼殘忍賊 恣意肆劫奪
일견적인래 분분개찬일 용피잔인적 자의사겁탈

11 我如待宰羊 流離在異域
아여대재양 유리재이역

12 主果鬻子民 實未受其値 豈我義塞人 卑賤不如物
주 과 육 자 민　실 미 수 기 치　기 아 의 새 인　비 천 불 여 물

13 見辱於隣邦 貽笑於異國 14 冷嘲與熱罵 令我心如結
견 욕 어 린 방　이 소 어 이 국　냉 조 여 열 매　영 아 심 여 결

15 此辱常蒙首 此恥常在目
차 욕 상 몽 수　차 치 상 재 목

16 所聞惟惡言 所見惟淩虐 哀哉我鮮民! 胡爲遭此極?
소 문 유 악 언　소 견 유 릉 학　애 재 아 선 민!　호 위 조 차 극?

17 吾人未忘主 謹守主之約 18 吾心何曾貳? 遵命何曾忒?
오 인 미 망 주　근 수 주 지 약　오 심 하 증 이?　준 명 하 증 특?

19 奚爲降異災? 使爲野犬食 死影重重垂 令我不得活
해 위 강 이 재?　사 위 야 견 식　사 영 중 중 수　영 아 부 득 활

20 我苟忘眞神 而爲異神役 21 主知心中事 焉能不發覺?
아 구 망 진 신　이 위 이 신 역　주 지 심 중 사　언 능 불 발 각?

22 正惟爲主故 吾人日見戳 一如屠戶羊 默默待宰割
정 유 위 주 고　오 인 일 견 착　일 여 도 호 양　묵 묵 대 재 할

23 興矣吾恩主! 奚爲尙睡着? 興矣毋永棄! 我將淪死谷
흥 의 오 은 주!　해 위 상 수 착?　흥 의 무 영 기!　아 장 륜 사 곡

24 奚爲揜爾顏? 不見我傾覆 25 吾命逐塵埃 吾身轉溝壑
해 위 엄 이 안?　불 견 아 경 복　오 명 축 진 애　오 신 전 구 학

26 祈按爾仁慈 奮起救吾族
기 안 이 인 자　분 기 구 오 족

글자풀이

- **遞**(체) 갈마들다, 전하다
- **儕**(제) 무리, 동배
- **烈**(렬) 세차다
- **逐**(축) 물리치다
- **夷**(이) 이방사람
- **仗**(장) 의지하다, 잡다
- **戟**(극) 창
- **靡**(미) 쓰러지다, 복종하다
- **臂**(비) 팔
- **蕩**(탕) 쓸어버리다
- **頑**(완) 완고하다, 재주가 없다
- **肅**(숙) 정돈하다, 엄숙하다
- **猷**(유) 꾀, 계략
- **卒**(졸) 군사
- **竄**(찬) 숨다, 달아나다
- **殘**(잔) 해치다
- **忍**(인) 동정심이 없다
- **恣**(자) 마음내키는 대로 하다

- 肆(사) 거리낌없이 하다
- 劫(겁) 위협하다
- 奪(탈) 빼앗다
- 宰(재) 도살하다
- 鬻(육) 죽, 팔아넘기다
- 貽(이) 주다, 끼치다
- 罵(매) 욕하다, 꾸짖다
- 辱(욕) 욕보이다
- 恥(치) 창피를 주다
- 虐(학) 해치다, 학대하다
- 遭(조) 만나다
- 忒(특) 변하다, 두 마음을 품다
- 奚(해) 어찌
- 戳(착) 창으로 찌르다
- 屠(도) 짐승을 잡다
- 屠戶(도호) 백정
- 割(할) 나누다, 쪼개다
- 睡(수) 자다, 잠
- 揜(엄) 가리다
- 奮(분) 떨치다

옮김

1조상들이 우리에게 전하였던 바 오래전에 베푸셨던 주님의 은혜 우리 귀
로 들었던 거룩하신 업적 얼마나 놀랍고 대단하던지… 2주님 손수 이방 족
속 내쫓으시고 우리 민족 일으켜 세우셨도다 이방 족속 모두 멸망시키고
선조들로 번성하게 하셨나이다 3열조들 이 땅을 차지한 것은 칼과 창 의
지하여 된 것 아니니 적국들이 두려워 떨며 복종한 것이 어찌 힘으로 이룬
것이랴? 오로지 우리 주님 능력의 손과 거룩한 주 얼굴 빛으로 인함이어라
4이 겨레의 왕이신 하느님이여 야곱을 도우사 구원하소서 5주님을 의지하
여 악한 적들 소탕하며 거슬러 일어나는 저 무리들 주의 이름 받들어 멸하
고자 합니다 6우리가 믿는 바 활과 칼이 아니요 오직 주님만이 우리 구원
되시네 7우리의 적들은 끝내 무너졌나니 8성전에서 주님의 높은 지략 찬양
하며 영원히 그 은덕에 감사하리라 9허나 지금 하느님 우리를 떠나셔서 좌
절과 치욕을 당하게 하시네 우리를 정녕 내쳐 버리시고 우리 군대와 함께
하지 아니하시네 10적들이 몰려왔고 우리는 도망치며 흩어지니 적들 맘껏
노략하도록 그냥 두셨네 11우리는 도살당할 양과 같으며 이역을 떠도는 유
랑자 신세 12주께서 끝내 우릴 헐값에 넘기시니 어쩌다 이스라엘 비참해져

서 물건만도 못한 처지 되었구나 **13**이웃나라에 욕을 당하고 다른 민족에게
웃음거리 되었네 **14**냉소와 조롱으로 놀림을 당하니 우리 영혼이 굳어버렸
구나 **15**치욕은 머리 위에 매달려 있고 창피는 눈앞을 떠나지 않네 **16**들리
느니 모독자의 욕설들이며 보이느니 학대와 능욕들이라 불쌍하구나 고아
같은 이스라엘이여! 어쩌다 이런 끝을 보게 되었는가? **17**그러나 우리 결코
주님 잊지 않았으며 주님과의 약속 힘써 지켰나이다 **18**이 마음이 어찌 둘
로 나뉘겠으며 주의 명 거슬러 딴 맘 품겠습니까? **19**헌데 어찌 끔찍한 재
앙 내리시고 승냥이 먹이로 삼으십니까? 죽음의 그림자 겹겹이 드리워 살
길은 어디에도 찾을 수 없나이다 **20**나 정녕 참되신 주님을 잊고 이방의 신
들을 섬겼다고 한다면 **21**마음의 모든 일 아시는 주님께 어찌하여 들키지
않았겠습니까? **22**우리가 종일 창에 찔리며 도살될 양처럼 찢겨지리라 여
긴 것은 정녕 주를 위하였기 때문입니다 **23**일어나소서! 자비로우신 주님!
어찌하여 주무시고 계신 겁니까? 일어나사 우리를 영 버리지 마소서 죽음
의 골짜기로 빠져드나이다 **24**어찌하여 주님 얼굴 감추십니까? 쓰러지는
우리를 아니 보십니까? **25**이 목숨 티끌 속에 쓰러져가고 이 몸뚱이 구렁에
뒹구나이다 **26**떨쳐 일어나소서 이 겨레 구하소서 주의 자비 베풀어 구원
하소서

해설

분명 믿음 가운데 전轉하여 들은 것은 주님의 자비와 한없는 은총이었다. 그런데 지금은 전혀 듣던 바와 다르다. 알 수 없는 고통과 치욕 한 가운데서 어찌할 바를 모르고 있다. 자주 이것이 믿는 이의 현실이기도 하고 시인의 현실이기도 하다. 현실은 하느님께서 역사하셨던 과거를 부정하라고 강요하고 있다. 죽기를 기다리는 양! 죽지 못해 목숨 연명하는 불쌍한 인

생, 선민鮮民이다. 시인은 이 모든 상황을 낱낱이 진술한다. 영광 가득했던 과거의 모습도 치욕 가득한 현실의 실재도 남김없이 눈에 담고 입에 담는다. 그 진술의 끝에서 외치지 않을 수 없다. 주님 일어나소서! 그만 주무시고 일어나소서!

때로 기도는 항의이다. 이렇게 고난 당하고 재앙을 겪으며 창에 찔림은 다름 아닌 바로 하느님 당신을 위하다 그리 되었노라는 항의(22절)이다. 항의로 기도할 수 있는 것! 이것이 믿음 아니던가? 욥도 그리 기도하다가 귀로만 듣던 하느님을 몸소 뵈옵지 않았던가? 앞선 이들의 신앙은 가끔 서슬퍼렇게 다가오기도 한다.

3절의 망풍미望風靡는 망풍이미望風而靡의 줄임말이다. 『한서漢書』「두주전杜周傳」에 '천하 모두 두려워하며 복종하지 않음이 없었다'天下莫不望風而靡(천하막불망풍이미)는 말이 나온다. 그 힘과 위세에 절로 복종함을 의미한다.

14절의 심여결心如結은 『시경』「조풍曹風」「시구鳲鳩」에 '그 거동이 한결같고 그 마음이 아주 단단하네'其義一兮 心如結兮(기의일혜 심여결혜)라는 구절이 있다.

16절의 선민鮮民은 부모가 없는 가난하고 고독한 사람이다. 『시경』「소아小雅」「육아蓼莪」에 '가난한 백성의 살림살이, 죽지 못해 사는 신세라'鮮民之生 不如死之久矣(선민지생 불여사지구의)고 하였다.

18절의 심하증이心何曾貳에서 이심貳心은 두 마음이자 불충실한 마음이다. 「좌전」 성공8년左傳 成公八年에 '제후가 덕을 품으려 하며 죽음을 당할까 두려워함은 불충한 마음이 없음이다'是以諸侯懷德畏討 無有貳心(시이제후회덕외토 무유이심)라고 하였다.

제45수

하늘이 맺어준 배필 天作之合

천 작 지 합

1 美辭湧心府 作頌頌吾王 舌如書家筆 瞬息即成章
미사용심부 작송송오왕 설여서가필 순식즉성장

2 王儀邁眾庶 齒頰盈芬芳 因得主眷顧 錫福永無疆
왕의매중서 치협영분방 인득주권고 사복영무강

3 吾願大能者 腰劍燦戎裝 光耀與威嚴 煜煜森劍鋩
오원대능자 요검찬융장 광요여위엄 욱욱삼검망

4 出征為仁義 所向誰能當? 右手施奇蹟 蒼生所仰望
출정위인의 소향수능당? 우수시기적 창생소앙망

5 爾箭何鋒利 射敵敵皆僵
이전하봉리 사적적개강

6 猗歟救世主 皇圖永熾昌 國權惟正直 扶弱而抑強
의여구세주 황도영치창 국권유정직 부약이억강

7 罪惡爾所厭 正義爾所彰 天主美爾德 膏澤迥殊常
죄악이소염 정의이소창 천주미이덕 고택형수상

8 爾衣世希有 馥郁發眾香 安居象牙宮 天樂聲鏗鏘
이의세희유 복욱발중향 안거상아궁 천악성갱장

9 赫奕眾女中 有女出天潢 王后佩金飾 亭亭玉座傍
혁혁중녀중 유녀출천황 왕후패금식 정정옥좌방

10 娟娟彼姝子 諦聽且思量: "爾民與爾家 爾宜長相忘
연연피주자 체청차사량: "이민여이가 이의장상망

11 王慕爾麗容 王為爾乾綱 小心事夫子 夙夜莫敢遑"
왕모이려용 왕위이건강 소심사부자 숙야막감황"

12 諦羅諸淑女 嘉獻會成行　諦羅諸富人 咸求爾包荒
체 라 제 숙 녀　가 헌 회 성 행　체 라 제 부 인　함 구 이 포 황

13 王女在宮中 榮華無與方　金線耀朝日 錦衣而繡裳
왕 녀 재 궁 중　영 화 무 여 방　금 선 요 조 일　금 의 이 수 상

14 招展來王前 環珮鏘琳琅　眾媵隨其後 諸嬪亦相將
초 전 래 왕 전　환 패 장 림 랑　중 잉 수 기 후　제 빈 역 상 장

15 歡欣溢眉宇 踴躍入宮牆
환 흔 일 미 우　용 약 입 궁 장

16 爾子與爾孫 將紹祖令望　皆得踐王位 分封曁八荒
이 자 여 이 손　장 소 조 령 망　개 득 천 왕 위　분 봉 기 팔 황

17 芳名被萬世 生靈長稱揚
방 명 피 만 세　생 령 장 칭 양

글자풀이

- **辭**(사) 말
- **筆**(필) 붓
- **儀**(의) 거동, 법도
- **邁**(매) 지나다
- **頰**(협) 뺨
- **芬芳**(분방) 아름다운 향기
- **腰**(요) 허리
- **腰劍**(요검) 허리에 찬 검
- **燦**(찬) 빛나다
- **戎裝**(융장) 무장을 하다
- **煜煜**(욱욱) 아주 빛나는 모양
- **鋩**(망) 서슬이 예리함
- **鋒**(봉) 날카로운 기세
- **僵**(강) 넘어지다
- **猗**(의) 아!(탄미)
- **歟**(여) (=與) 그런가
- **猗歟**(의여) 감탄하는 소리
- **皇圖**(황도) 임금의 다스림
- **熾**(치) 왕성하다
- **厭**(염) 싫어하다
- **迥**(형) 멀다
- **殊**(수) 뛰어나다, 다르다
- **迥殊**(형수) 매우 뛰어나다
- **馥郁**(복욱) 향기가 짙음
- **象牙**(상아) 코끼리의 엄니, 매우 강한 향기
- **鏗**(갱) 금옥소리, 악기소리
- **鏘**(장) 금옥소리
- **奕**(혁) 아름답다
- **潢**(황) 연못
- **天潢**(천황) 은하, 천상의 못
- **亭亭**(정정) 예쁜 모양
- **娟**(연) 예쁘다
- **姝**(주) 예쁘다
- **諦聽**(체청) 주의하여 자세히 들음
- **麗**(려) 곱다
- **乾綱**(건강) 하늘이 만물을 주재하는
- **大本**(대본) 진리
- **遑**(황) 허둥거리다
- **淑**(숙)정숙하다
- **諦羅**(체라) 두로의 음역
- **金線**(금선) 금실
- **繡**(수) 수놓다

- **繡裳**(수상) 수놓은 치마
- **招展**(초전) 하늘거리다, 흔들리다
- **環**(환) 고리
- **珮**(패) 노리개
- **琳**(림) 옥의 이름
- **琅**(랑) 옥이 부딪혀 울리는 소리
- **媵**(잉) 시집 가는 여인이 데리고 가는 여인
- **嬪**(빈) 궁녀
- **眉宇**(미우) 눈썹 언저리, 용모
- **牆**(장) 담장
- **紹**(소) 잇다
- **暨**(기) 미치다

옮김

1아름다운 말들 내 마음에 넘쳐흘러 우리 임금님께 노래 지어 올리오니 내
입술은 훌륭한 문장가의 붓이라 떠올리자 아름다운 문장이 되나이다 2임금
님의 거동 수려하기 그지 없고 입술과 두 뺨은 아름다운 향내입니다 하느
님께서 당신을 돌보시므로 영원히 복을 내려 주십니다 3능력의 용사여 허
리에 검 두르고 빛나는 갑옷으로 무장하소서 광휘와 위엄 떨치시리니 날카
로운 검은 빛나리이다 4자비와 정의 위해 떨쳐 일어나시니 당신 향하는 곳
뉘 대적하리요? 능력의 손 펼쳐 놀라운 일 베푸시니 뭇 생명이 임금님을
우러러 봅니다 5임금님의 화살 날카로워라 그 살에 적들 모두 쓰러집니다
6세상을 구하시는 임금님이여! 다스리시는 강역 점점 넓어지리니 그 나라
의 참된 힘 올곧음이오라 약자 일으켜주고 강한 자 누르시네 7죄악 미워하
시고 정의를 펼치시니 하느님 그의 덕을 미뻐하셔서 부으시는 은총 정녕 놀랍
습니다 8온갖 향내 깊이 배인 당신의 옷 희유하옵고 거하시는 상아궁에선
아름다운 음악 소리 9아름다운 여인들 그 중에서도 하늘가에서 내려온 듯
임금님의 배필 화려한 장식을 두르시고서 당신 곁에 눈부시게 섰나이다
10아름다운 여인이여 귀 기울여 들으라 "떠나온 집과 그 백성들 이제는 마
땅히 잊을지어다 11임금께서 네 아름다움 사모하리니 임금님은 너의 근본
되신다 삼가 네 주인을 잘 섬기고 언제나 조신하길 한결같아라" 12아름다
운 두로의 여인네들은 온갖 선물 바치고자 줄이어 섰고 거기 부한 자들도

네게 은혜 입고자 네 넓은 아량을 구하는구나 13임금의 여인 궁중에서 온
갖 영화 누리나니 햇살처럼 빛나는 금실 수놓은 옷과 치마여 14임금님께
조심스레 나아올 때에 부딪히며 울리는 청아한 옥 소리 시녀들도 뒤따르고
궁녀들도 줄을 잇네 15환한 미소 얼굴 가득 기뻐하며 입궁하네
16임금의 후예 열조의 덕망을 잇고 모두들 왕위 이어 온 세상 다스리리라
17그 이름 만세에 이어지리니 뭇 백성이 임금님을 찬송하리라

해설

이 시편의 제목은 천작지합天作之合이다. 『시경』「대아大雅」「대명大明」편에 나오는데 하늘이 허락하신 배필이란 의미이다. 시인은 임금님께 글을 지어 올린다. 머리에 떠오르자 아름다운 문장이 흘러나온다. 입에 발린 말이 아니다. 임금님의 위엄과 덕에 충분히 젖어들었기에 흘러나오는 것이 가하지 않겠는가? 흘러나오는 것이 참된 것이라면 내겐 어떤 것들이 흘러나오는가?

11절이 재미있다. 히브리 시인은 단순히 과거(네 백성과 네 집안)를 잊으라고 하는데 오경웅은 남편인 임금을 어떻게 받들어야 할지를 부연한다. 삼가고 경망히 굴지 말라. 지아비요 하늘같은 남편을 섬기는 동양적 숙녀관이 담겨있기도 하다.

출애굽한 이스라엘 백성이 노예생활하던 때의 고깃국물을 잊지 못한 것이 그들의 화근이 아니었던가? 잊어야 할 것은 잊어야 만 받아들여야 할 새로운 것이 드러난다. 잊지 못하고 새로운 것이 들어오면 참호착종參互錯綜, 섞여서 도무지 풀 수 없는 것이 되어버린다. 신실함은 먼저 떠나는 것이고 잊는 것이다. 신앙은 더하기의 문제가 아니라 먼저 빼기의 문제이다.

2절의 중서衆庶는 중민衆民의 뜻이다. 『서경』「탕서湯誓」에 '그대들이여 내 말을 똑똑히 들으라'格爾衆庶 悉聽朕言(격이중서 실청짐언) 하였다. 치협齒頰은 치협류

향齒頰留香의 줄임말이다. 아주 맛있는 것을 먹고 나서 입안에 좋은 향이 남아있는 것을 뜻한다.

9절의 혁혁赫奕은 매우 밝게 빛나는 것을 의미한다. 하안이 지은 『경복전부景福殿賦』에 '그 궁궐이 얼마나 화려한가 하면 빛나고 빛나서 불꽃으로 가득한 것 같고 밝고 밝아서 마치 하늘의 해와 달처럼 아름답더라'故其華表則鎬鎬爍爍 赫奕章灼 若日月之麗天也(고기화표즉호호삭삭 혁혁장작 약일월지려천야)는 문장이 나온다.

10절의 건강乾綱은 하늘의 법도이기도 하고 여인에게는 지아비를 뜻한다. 『진서晉書』「화담전華譚傳」에 '성인이 세상에 임하면 천하의 도리를 따르게 하여 속된 습속을 순화하고 인仁이 흥하게 한다'聖人之臨天下也 祖乾綱以流化 順速風以興仁(성인지림천하야 조건강이류화 순속풍이흥인)고 하였다.

11절의 막감황莫敢遑은 막감혹황莫敢或遑의 줄임말로 『시경』「소남召南」「은기뢰殷其雷」에 나온다. 잠시 잠깐의 틈도 없다는 의미이다.

12절의 포황包荒은 관대한 도량을 뜻한다. 원래는 포함황예包含荒穢인데 거칠고 더러운 것까지도 품는다는 의미로 『주역』「태괘泰卦」에 '거친 사람들도 포섭하고 용감하게 강을 건넌다. 멀리 있다고 버리지 않는다'包荒 用馮河 不遐遺(포황 용풍하 불하유)라고 하였다.

16절의 영망令望은 영문령망令聞令望의 줄임말이다. 아름다운 명성과 칭송받을 위의威儀를 의미한다. 『시경』「대아大雅」「권아卷阿」 편에 '명성 덕망 영예로운 인자하신 우리 님은 온 세상 사람들의 본보기가 되시겠네'令聞令望 愷悌君子 四方爲綱(영문령망 개제군자 사방위강)라고 하였다.

17절의 칭양稱揚은 찬양한다는 뜻이다. 『예기』에 '대저 솥(고대의 제물용)에는 글을 새기는 것이니 글을 스스로 새기는 이유는 그 조상의 덕을 칭송하고 후세에 이를 밝히는 것이라'夫鼎有銘 銘者 自名 自名勝稱揚其先祖之美 而明著后世也(부정유명 명자 자명 자명승칭양기선조지미 이명저후세야)고 하였다.

제46수

거룩한 물결 광란을 잠재우네 靈川與狂瀾

영천여광란

1 主為吾人所依恃 大難臨頭可托庇
주위오인소의시 대난임두가탁비

2 縱使地崩山墜海
종사지붕산추해

3 洪濤洶湧眾嶽駭 神助在咫尺 方寸無震惕
홍도흉용중악해 신조재지척 방촌무진척

4 一川溶溶媚帝城 中間坐鎮至高神
일천용용미제성 중간좌진지고신

5 主之安宅誰能動? 恩澤騰沸在清晨
주지안택수능동? 은택등비재청신

6 萬民擾攘列邦亂 天主發音大地顫
만민요양열방란 천주발음대지전

7 萬有之宰相吾儕 雅谷之主與吾偕
만유지재상오제 아곡지주여오해

8 雅瑋德業何輝煌? 傳語世人來觀光
아위덕업하휘황? 전어세인래관광

9 普天昇平戰氛息 干戈銷毀弓箭折
보천승평전분식 간과소훼궁전절

無限戰車付一炬 安居樂業毋自擾
무한전거부일거 안거락업무자요

10 我是天主爾應知 願為爾君作爾表
아시천주이응지 원위이군작이표

11 萬有之宰相吾儕 雅谷之主與吾偕
만 유 지 재 상 오 제　아 곡 지 주 여 오 해

글자풀이

- 瀾(란) 물결, 물결이 일다
- 縱(종) 설령
- 墜(추) 떨어지다
- 洶(흉) 물결이 세차다
- 湧(용) 물이 끓어오르다
- 駭(해) 놀라다
- 咫(지) 여덟 치(아주 가까움)
  咫尺(지척) 아주 가까운 거리
- 方寸(방촌) 마음
- 震(진) 우레, 떨다
- 惕(척) 두려워하다
- 溶(용) 물이 흐르다
- 溶溶(용용) 강물이 넓고 조용하게 흐름
- 媚(미) 아름답다
- 騰(등) 위로 오르다
- 沸(비) 끓다
  沸騰(비등) 끓어 오름
- 清晨(청신) 첫 새벽
- 擾(요) 시끄럽다
- 攘(양) 어지럽히다
- 擾攘(요양) 한꺼번에 떠들어서 어수선함
- 顫(전) 떨다
- 儕(제) 무리
- 偕(해) 함께
- 輝煌(휘황) 광채를 발하며 빛나다
- 普天(보천) 온 세상
- 昇平(승평) 나라가 태평함
- 氛(분) 기운
- 銷(소) 녹이다
- 毁(훼) 헐다, 훼손하다
- 炬(거) 횃불

옮김

1하느님 우리의 의지처시라 큰 환난 닥쳐와도 감싸 주시네 2설령 땅이 뒤
흔들리고 산이 바다에 떨어진다 해도 3큰 물결 사납게 떨쳐 일어 온갖 산
악들 놀란다 해도 우리 주님 곁에서 도와주시니 마음에 조금도 두려움 없
네 4넓고도 잔잔한 내 아름다운 주님의 성에 흐르고 그 가운데 계셔 고요
케 하신 분은 하느님이시로다 5주님의 평안한 집 감히 누가 요동케 하랴?
주의 은총 첫 새벽에 넘쳐나도다 6민족들 요란하며 열방 어지러우나 한 말
씀하시자 온 땅이 떠는구나 7만물의 주재 야훼 우리와 함께 하시네 야곱의

하느님 우리와 함께 하시네 8야훼 하느님 크신 덕 얼마나 찬연한가? 세상
에 널리 전파하여서 그 영광 보고 알게 하여라 9창과 방패 녹이시고 화살
을 꺾으셔서 전쟁을 끝내시고 태평세상 이루시네 병거들 불사르고 평안한
삶 누리게 하시니 이제는 더 이상 혼란 없어라 10"너희는 마땅히 알아야
할지니 나는 하느님이라 너희의 임금 되고자 하니 너희는 마땅히 예를 갖
추라" 11만물의 주재 야훼 우리와 함께 하시네 야곱의 하느님 우리와 함께
하시네

해설

히브리 시인이 10절에서 너희는 가만히 있어(멈추어) 내가 하느님임을 알라고 노래하면서 하느님은 지존하신 분, 세상 위에 드높으신 분임을 찬양하고 있다면 오경웅은 이 놀라운 하느님께서 우리를 다스리는 임금이시니 백성된 이는 걸맞게 예와 충을 표하라 권하고 있다.

히브리 시인은 하느님의 하느님 되심을 체험키 위해 멈춤을 강조한다. 의지와 의도의 멈춤, 철저한 수동 안에서 하느님의 능동을 경험하는 것을 강조한다. 인생이 하느님의 하느님 되심을 체험하려면 그는 일체를 멈추어야 한다.

오경웅은 그렇게 하느님 되심을 경험한 이에게서 우러나오는 행위를 요청하고 있지 싶다. 임금의 임금다우심을 온전히 누리는 길은 백성이 백성으로 온전히 자신을 살아낼 때이다. 그래서 임금은 보천승평普天昇平이며 백성은 안거낙업安居樂業이다. 유학이 지향하는 치국평천하의 모습이기도 하다.

1절의 탁비托庇는 다른 이의 돌봄에 의지하는 것이다. 『서유기』에 '제자가 누차 참된 가르침의 은혜를 입었으니 이제 부처님 문하에 의탁하려 합

니다'弟子屢蒙敎訓之恩 托庇在佛爺爺之門下(제자루몽교훈지은 탁비재불야야지문하)라고 하였다

2절의 지붕산추해地崩山墜海는 이백의 시「촉도난蜀道難」에서 길을 묘사할 때 '땅이 꺼지고 산이 무너지며 장사들이 죽고 그런 후에야 높은 사다리와 잔도로 서로 이어졌네'地崩山摧壯士死 然後天梯石棧相鉤連(지붕산추장사사 연후천제석잔상구련)라는 글귀가 나온다.

9절의 부일거付一炬는 부제일거付諸一炬의 줄임말로 모든 것이 한 번에 불길로 타버린다는 의미이다.

같은 절의 안거낙업安居樂業은『도덕경』에 나오는 것으로 '백성으로 하여금 달게 먹고 아름답게 입고 그 풍속에 편안히 지내며 그 업을 즐거이 하도록 한다'民各甘其食 美其服 安其俗 樂其業(민각감기식 미기복 안기속 낙기업)고 하였다.

제47수

하나된 세상이여 大同

대 동

1 告爾萬民 齊鳴爾掌 向主諠愉 抒爾景仰
고이만민 제명이장 향주훤유 서이경앙

2 維彼至尊 威靈顯赫 維彼天主 統御八極
유피지존 위령현혁 유피천주 통어팔극

3 撫綏黎元 協和兆域
무수려원 협화조역

4 更為吾族 保定基業 以光雅谷 以昭慈臆
갱위오족 보정기업 이광아곡 이소자억

5 眾庶歡騰 慶主之升 允宜吹角 響徹天雲
중서환등 경주지승 윤의취각 향철천운

6 普天率土 頌美吾君
보천솔토 송미오군

7 血氣之屬 莫匪王臣 整爾雅曲 潤爾歌音
혈기지속 막비왕신 정이아곡 윤이가음

8 主自寶座 監臨下民
주자보좌 감림하민

9 百王歸附 集主之廷 世之屏翰 統於一尊
백왕귀부 집주지정 세지병한 통어일존

浩浩蕩蕩 莫之與京
호호탕탕 막지여경

글자풀이

- 齊(제) 같이 하다
- 掌(장) 손바닥
- 諠(훤) 떠들다
- 愉(유) 기뻐하다
- 抒(서) 펼쳐내다
- 景仰(경앙) 덕을 사모(思慕)하여 우러러봄
- 維(유) 발어사(오직)
- 綏(수) 편안하다
- 黎(여) 검다
  黎元(여원)=黎民(여민) 관을 쓰지 않은 검은 머리, 일반 백성
- 升(승) 오르다
- 允(윤) 진실로
- 響(향) 울리다
- 徹(철) 뚫다
- 整(정) 완전하다
- 監臨(감림) 감독에 임하다
- 歸附(귀부) 귀속하여 붙좇다
- 屛(병) 담장
- 翰(한) 기둥

옮김

1세상 모든 백성들아 손뼉을 쳐라 주님을 우러러 경외하며 환호하여라 2지
존하신 야훼의 위엄과 거룩함이여 그분만이 하느님 온 세상 다스리시네 3
미천한 백성 어루만지시며 세상 모든 곳 돌보시도다 4더구나 우리 위해
이 터전 허락하시고 야곱에게 영화 입혀 깊은 사랑 보이셨네 5온 백성 환
호하여 보좌에 오르심 기뻐하며 나팔 소리 크게 울려 하늘까지 미치누나 6
온 누리 다스리시는 임금이시니 우리 임금님께 찬미드려라 7생명 있는 모
든 것이 그분의 백성이라 아름다운 찬양으로 주님을 높이어라 8주님 보좌
에 계시사 온 백성 돌보시니 9뭇 왕들 주님께 돌아와 엎드리고 주의 어전
에 모여 복종하는도다 존귀하신 주님 다스리시니 저들은 임금의 신실한 일
꾼들 오호라 크시도다 이보다 놀라운 일 또 있을손가?

히브리 시인은 다른 나라들을 굴복시킨 하느님의 승리와 기쁨을 노래하는 반면 오경웅은 하느님의 승리로 인한 온 세상의 대동大同 즉 하나됨과 화평에 이르게 된 것으로 노래한다. 대동사상은 중국 고대 사상에 있어서 인류가 도달할 수 있는 가장 이상적인 세계를 의미한다.

『장자』「제물론齊物論」에 나오는 '하늘과 땅이 나와 한 뿌리이고 세상 만물이 나와 한몸이다'天地與我同根 萬物與我 一體(천지여아동근 만물여아일체)라는 사상의 실제적 결과가 대동이다. 인간 사회가 동경하는 바이고 사람이 서로 돕고 안거낙업安居樂業하는 사회이며 차별과 전쟁이 없는 이상 사회이다.

이스라엘 중심적인 하느님의 승리의 노래를 온 세상이 하느님의 다스리심 안에 있고 천하가 주님께 돌아오는 노래로 전환시키는 오경웅의 눈매가 깊다.

1절의 경앙景仰은 인품이나 덕을 사모하여 우러러본다는 뜻으로 『시경』「소아小雅」「거할車轄」에 '높은 산을 우러러 보며 그 길을 걷는다'高山仰止 景行行止(고산앙지 경행행지)고 하였다.

3절의 무수撫綏는 편안하게 돌본다는 뜻으로 『서경』「태갑太甲」상에 '하늘이 그분의 덕을 보시고 큰 명을 모으시어 온 나라를 어루만져 편안하게 하셨다'天監厥德 用集大命 撫綏萬邦(천감궐덕 용집대명 무수만방)라는 문장이 나온다.

같은 절의 협화協和 또한 제목인 대동大同만큼이나 오래된 사상이다. 중국은 본래 아홉족속이 스스로 합하여 하나가 되었기에 서로 협력하고 융합하여야 함을 힘써 강조한다. 『서경』「요전堯典」에 '백성들이 깨어 덕을 밝히며 만방을 합하여 화목하게 한다'百姓昭明 協和萬邦(백성소명 협화만방)라고 하였고 학자 공영달이 주를 달기를 '나라를 이루는 아홉 족속이 서로 돈독히 화목하여 온 백성들이 하나 되었다'고 하였다.

본래 중국을 뜻하는 중원中原은 황하 이남과 양자강 이북으로 딱히 경계를 삼을 것(높은 산이나 큰 강과 같은 나라의 경계를 분명히 할 수 있는 것)이 없이 넓은 지역이다. 이 중원이 분할되어 여러 나라로 갈라져 있을 때에는 어느 나라도 안심할 수 없으며 서로를 경계할 수밖에 없다. 그러니 역사 속에서 대동과 협화를 강조하지 않을 수 없다.

6, 7절의 보천솔토普天率土, 막비왕신莫非王臣은 『시경』「소아小雅」「북산北山」에 나온다. '하늘 아래 모든 땅은 모두 임금님의 땅이라네 모든 땅에 사는 사람 임금님의 신하라네'普天之下 莫非王土 率土之濱 莫非王臣(보천지하 막비왕토 솔토지빈 막비왕신)라고 노래하였다.

9절의 병한屛翰은 담장과 기둥의 의미로 『시경』「대아」「판板」에 '제후들은 나라의 담장들이며 종친들은 나라의 기둥들이라'大邦維屛 大宗維翰(대방유병 대종유한)고 하였다.

아울러 막지여경莫之與京의 경京은 크다는 뜻이다. 이보다 더 큰 것은 없다는 의미로 극대極大를 가리키고 있다. 『좌전左傳』「장공莊公」편에 나오는 말이다.

제48수

주께서 지키시는 나라와 그의 백성 保境安民

보경안민

1 雅瑋在靈山 於穆無與比 邑民承主恩 頌美永不已
아위재령산 어목무여비 읍민승주은 송미영불이

2 靈山峰巒秀 擧世所嚮往 西溫鎮朔方 靈邑建其上
영산봉란수 거세소향왕 서온진삭방 영읍건기상

3 主居聖宮裏 生靈所托庇
주거성궁리 생령소탁비

4 曩者眾敵酋 會師窺吾地 5 望見瑟琳城 心中發昏憒
낭자중적추 회사규오지 망견슬림성 심중발혼궤

6 手足無所措 倉皇抱頭退 恐怖塞臟腑 苦痛如產婦
수족무소조 창황포두퇴 공포색장부 고통여산부

7 又如搭史艦 颶風捲之去
우여탑사함 구풍권지거

8 昔日所耳聞 今日得目睹 樂哉斯京畿 真宰所眷顧
석일소이문 금일득목도 낙재사경기 진재소권고

既為主所植 萬世安以固
기위주소식 만세안이고

9 我在聖堂中 向主披丹臆
아재성당중 향주피단억

10 願將爾聖名 傳之於八極 聖名之所至 頌聲亦洋溢
원장이성명 전지어팔극 성명지소지 송성역양일

主之大手臂 舉指皆正直
주지대수비 거지개정직

11 願爾西溫山 樹德諸城邑 感佩主睿斷 望風坐相悅
원이서온산 수덕제성읍 감패주예단 망풍좌상열

12 苟謂予不信 西溫一遊歷 檢點彼戍樓 周覽彼城闕
구위여불신 서온일유력 검점피수루 주람피성궐

13 細察彼宮殿 何一有毁缺
세찰피궁전 하일유훼결

14 允宜向後世 盛傳主大德: 主乃我恩保 芳澤永不絕
윤의향후세 성전주대덕: 주내아은보 방택영부절

글자풀이

- **穆**(목) 온화하다, 아름답다
- **邑**(읍) 고을, 국도(**國都**)
- **巒**(란) 메, 산
  峰巒(봉란) 이어진 산봉우리
- **嚮**(향) 향하다
  嚮往(향왕)=**向往** 향하여 감
- **鎮**(진) 안택하다
- **朔**(삭) 초하루, 북녘
  朔方(삭방) 북쪽 지역
- **裏**(리) 안에
- **曩**(낭) 과거에
- **酋**(추) 우두머리
- **會師**(회사) 집결하다
- **窺**(규) 엿보다
- **瑟琳**(슬림) 예루살렘의 음역
- **憒**(궤) 심란하다
- **措**(조) 두다
- **倉皇**(창황)=**蒼黃** 어찌할 겨를 없이 몹시 급함
- **抱**(포) 싸안다
- **搭史**(탑사) 다시스의 음역
- **艦**(함) 큰 배
- **颶**(구) 맹렬한 폭풍
- **捲**(권) 돌돌 말다
- **丹臆**(단억) 붉은 마음
- **洋溢**(양일) 큰 물
- **臂**(비) 팔
- **感佩**(감패) 깊이 감사하여 잊지 않음
- **望風**(망풍) 풍채 혹은 명망을 우러러 봄
- **檢點**(검점) 낱낱이 살펴봄
- **戍**(수) 지키다, 수자리
  戍樓(수루) 수자리 터에 지은 망대
- **周覽**(주람) 두루 돌아보다, 자세히 관찰하다
- **闕**(궐) 대궐
- **細**(세) 작다
- **毁**(훼) 손상하다
- **缺**(결) 이지러지다

옮김

1우리 야훼 거룩한 산에 머무시니 비할 바 없이 아름다워라 그 도읍의 거
민들 주 은혜 입으니 찬송소리 영원히 끊이지 않네 2거룩한 산봉 아름답기

그지없어 온 세상이 그를 향하는구나 시온이 북쪽에 자리 잡으니 거룩한
도성 그 위에 세워졌도다 3주께서 그 궁전에 거하시나니 뭇 생명들이 의탁
하여 돌보심입네 4지난 날 적들 모여 우리 성읍 넘보려다 5예루살렘 성을
보고나서는 그 마음 흔들리며 아득해져선 6어찌할 바를 몰라 당황하면서
머리를 감싸고 도주했다네 공포에 휩싸여 정신은 아득하고 해산하는 여인
처럼 고통에 빠지니 7폭풍에 휘말려버린 다시스의 배 같았네 8전에는 야훼
의 힘 귀로만 들었는데 오늘에 이르러 이 눈으로 보는구나 복되도다 임금
님 머무시는 땅이여! 주께서 친히 돌보시는구나 주님 위해 세운 이 성이여
만세토록 굳건하며 평안하리라
9우리는 거룩한 주의 전에서 뜨거운 감격을 주께 올립니다 10거룩한 주의
이름 온 세상에 전해져 그 이름 닿는 곳곳 찬송소리 넘쳐나며 주께서 펼치
시는 큰 능력의 손으로 당신의 올곧으심 널리 드러내소서 11주님의 슬기
로운 심판으로 인하여 시온과 유다의 모든 성읍 기뻐하고 주님 향한 감복
으로 늘 우러르게 하소서 12정녕 내 말 믿지 못하겠거든 시온을 두루 돌아
살펴보아라 높이 세워진 망대들이며 그 궁궐들 어떠한지 돌아보아라 13아
무리 세세히 살핀다 해도 궁전 어디 한곳 흠결 있더냐? 14진실로 세세대대
전하여야 하리니 주님의 크신 덕 널리 전하라 주님은 우리를 지키시는 이
그 은총 영원히 끊이질 않네

해설

제목인 보경안민保境安民은 '나라가 잘 지켜지고 안정되어 그 백성이 편안히 살아간다'安居樂業(안거낙업)는 의미이다. 예나 지금이나 세상을 살아가는 사람들의 가장 평범한 바람이기도 하고 정말 이루어지기 어려운 일이기도 하다.

1절의 어목於穆은 꿋꿋하다는 뜻이다. 『시경』「주송周頌」「유천지명維天之命」

에 '하늘이 허락하신 그 명은 참으로 꿋꿋하고 쉼이 없도다'維天之命 於穆不已(유천지명 어목불이)라고 노래하였다. 2절의 삭방朔方은 북쪽 지역을 의미한다. 히브리 시편은 북방에 있는 시온 산이라고 하였는데 오경웅은 이를 정복되고 다스려져야 할 땅이란 뜻으로 삭방朔方으로 번역하였다. 삭방은 중국 당조唐朝에 서북지역의 일부를 뜻하는 곳이기도 하다. 아울러 임금은 북쪽을 등지고 앉아 남쪽을 향한다. 복합적 의미를 담고 있다고 하겠다.

6절의 수족무소조手足無所措는 『논어』「자로子路」편에 정명正名에 대한 공자의 설명에 나오는 것으로 '형벌이 적절하지 않으면 백성이 손발을 둘 곳, 즉 안심하고 손발 뻗을 곳이 없어진다'刑罰不中 則民無所措手足(형벌부중 즉민무소조수족)고 하였다.

8절의 석일昔日과 금일今日을 히브리 시인은 '들은 대로 보았다'고 노래하지만 오경웅은 '전에 들었던 것을 과연 오늘 보았노라'고 바꾸어 번역하였다. 『악부시집樂府詩集』「고열시苦熱時」에 유사한 방식의 노래가 있다. 시인이 서북지역(사막지형)을 지나면서 '일찍이 풀과 나무가 바짝 마르는 곳이라 들었건만 지금 보니 모래와 돌조차 불처럼 이글거리네'昔聞草木焦 今睹沙石爛(석문초목초 금도사석란)라고 노래하는 구절이다. 같은 절의 경기京畿는 예로부터 천자가 거하는 곳 주위로 천자가 직접 다스리는 직할 지역이다. 제후에 의해 다스려지는 봉토封土에 대조되는 말이다. 12절의 위여불신謂予不信은 『시경』「왕풍王風」「대거大車」편에 나오는 글귀이다. '나를 믿지 못하겠거든 저 밝은 해를 두고 맹세하리라'謂予不信 有如皦日(위여불신 유여교일)며 사랑을 노래하는 구절이 있다. 거룩한 도성 시온과 예루살렘에 대한 찬양의 시편이다. 10절과 11절의 시인의 찬양을 오경웅은 간절한 기도丹臆, 말 그대로 붉은 마음(간절한 속마음)으로 번역한다. 주의 거룩한 이름이 세상 끝까지 전해지고 그 이름 닿는 곳마다 그분 향한 찬양이 넘치며 주님의 슬기로운 판단으로 온 세상이 다 주님을 우러르게 되길 간구한다. 외치는 선언이 깊은 은혜에 젖어 묵상하는 가운데 마음 깊은 곳에서 우러나오는 것이라면, 영혼 깊은 곳의 기도요, 간절한 간구의 기도가 곧 삶을 지향하는 선언이 되리라.

제49수

부귀보다 하느님의 지혜를… 潤首與潤屋
윤 수 여 윤 옥

1 萬民其注意 世人宜傾耳
만 민 기 주 의 세 인 의 경 이

2 不問貧與富 無間賤與貴 悉心聽吾言
불 문 빈 여 부 무 간 천 여 귀 실 심 청 오 언

3 吾言具真慧 平生涵玄默
오 언 구 진 혜 평 생 함 현 묵

4 心與大道契 低首聆微言 撫琴詠妙理
심 여 대 도 계 저 수 령 미 언 무 금 영 묘 리

5 橫逆縱頻仍 心泰何憂否?
횡 역 종 빈 잉 심 태 하 우 비?

6 財富安足恃 不能保一己
재 부 안 족 시 불 능 보 일 기

7 黃金高北斗 未足賂天帝
황 금 고 북 두 미 족 뢰 천 제

8 生命無價寶 非財所能市
생 명 무 가 보 비 재 소 능 시

9 永生與不朽 人力寧能致?
영 생 여 불 후 인 력 녕 능 치?

10 人生無智愚 終須有一死 身亡留其財 他人為之嗣
인 생 무 지 우 종 수 유 일 사 신 망 류 기 재 타 인 위 지 사

11 埋骨荒塚下 千秋永不起 生前求田舍 瑣瑣標名字
매 골 황 총 하 천 추 영 불 기 생 전 구 전 사 쇄 쇄 표 명 자

12 誰知盈難持 榮華荏苒已 生榮死則休 蠢蠢如鹿豕
수 지 영 난 지 영 화 임 염 이 생 영 사 즉 휴 준 준 여 록 시

13 冥頑何足訓? 世人反稱智
명 완 하 족 훈? 세 인 반 칭 지

14 實如待宰羊 死亡爲之牧 平明正人興 群小當俯伏
실 여 대 재 양 사 망 위 지 목 평 명 정 인 흥 군 소 당 부 복

塵影淪重泉 何處可托足?
진 영 륜 중 천 하 처 가 탁 족?

15 主必贖吾魂 安然脫冥獄 脫獄將何適? 納入主靈幄
주 필 속 오 혼 안 연 탈 명 옥 탈 옥 장 하 적? 납 입 주 영 악

16 富人不足畏 但能潤其屋
부 인 부 족 외 단 능 윤 기 옥

17 潤屋亦何益? 空手歸寂寞
윤 옥 역 하 익? 공 수 귀 적 막

18 一生享安樂 人謂善求福
일 생 향 안 락 인 위 선 구 복

19 光陰容易度 彈指入昭穆 杳杳即長暮 光明誰復矚?
광 음 용 이 도 탄 지 입 소 목 묘 묘 즉 장 모 광 명 수 부 촉?

20 富人不悟道 何以異六畜?
부 인 불 오 도 하 이 이 육 축?

글자풀이

- **注**(주) 물을 대다, 모으다
- **賤**(천) 천하다, 신분이 낮다
- **悉**(실) 남김없이
- **玄默**(현묵) 우아(**優雅**)하여 마구 말하지 아니함
- **契**(계) 맺다
- **低**(저) 낮다, 구부리다
- **聆**(령) 듣다
- **仍**(잉) 거듭하다
- **賂**(뇌) 뇌물로 바치다
- **市**(시) 저자에서 사고 파는
- **埋**(매) 시체를 묻다
- **塚**(총) 무덤
- **須**(수) 모름지기
- **瑣**(쇄) 자질구레한
- **標**(표) 표하다
- **荏**(임) 들깨
- **苒** (염) 우거지다
- **荏苒**(임염) 세월이 흐르다, 시간이 흘러가다
- **蠢**(준) 꾸물거릴
  蠢蠢(준준) 미욱하고 어리석어서 사리(**事理**)를 판별치 못하는 자의 움직임
- **豕**(시) 돼지
- **宰**(재) 도살할
- **平明**(평명) 해가 돋아 밝아올 무렵
- **重泉**(중천) 저승(황천)
- **冥**(명) 어둡다, 아득하다
- **獄**(옥) 감옥
- **冥獄**(명옥) 죽음
- **幄**(악) 휘장
- **寂**(적) 고요하다
- **寞**(막) 쓸쓸하다
- **寂寞**(적막) 죽음
- **彈**(탄) 쏘다, 타다
- **昭穆**(소목) 사당에 조상 신주 모시는 차례의 왼쪽(소)과 오른쪽(목)
- **杳**(묘) 아득하다
- **矚**(촉) 보다

옮김

1사람들아 이내 말 들어 보아라 세상이여 마땅히 귀 기울일지니 2부하든
가난하든 귀하든 천하든 온 마음 기울여 이 말을 들으라 3내 말은 참된 지
혜 갖추었으니 한평생 주 뜻 안에 머물렀음이라 4마음은 주의 길과 합하여
졌고 오묘한 말씀에 귀 기울였으니 거문고 타며 묘한 도리 노래하리라 5도
리를 벗어난 일 거듭 일어나도 마음에 어찌 근심 있으랴? 6재물이란 정녕
의지할 게 못되어 몸뚱이 하나 제대로 지키지 못하니 7황금을 하늘까지 쌓
는다고 한들 하늘의 주님을 만족시킬 수 없도다 8생명은 재물로 감히 셈할
수 없고 시장에서 팔고 사는 것 아니라 9영원한 생명, 썩지 아니할 것이 어
찌 사람 힘으로 할 수 있는 것이랴? 10지혜자도 아둔한 이도 끝내 죽음 맞
으니 몸뚱이 꺼지고 재물 남긴들 남에게나 넘겨지리라 11그나마 살아생전
소유한 땅에 겨우 붙여놓은 제 이름인데 무덤 속에 눕혀진 몸 다시 일어나
지 못하네 12아무리 가득해도 지키기 어렵고 세월 흐르면 영화 쇠하니 살
아서 누린들 죽으면 끝이니 어리석긴 미련한 짐승 같으네 13어둑하고 고집
세니 어찌 깨치랴? 사람들 외려 지혜롭다 떠받드나 14기실은 도살될 양과
같아서 죽음이 그들을 끌고가리라 날이 새면 올바른 이 다스리리니 어리석
은 자들 무릎 꿇으리라 티끌 같은 인생 저승에 잠겼으니 도무지 어디에 의
탁할 건가? 15주님은 우리 영혼 구속하시고 지옥에서 구하여 내시리로다
지옥에서 벗어나 어디로 가랴? 주의 거룩한 장막에 들어가리라 16제 집 구
석이나 겨우 윤택케 하는 부자들을 두려워할 것 전혀 없으니 17제 집 윤택
케 한들 무슨 소용이랴? 결국은 빈손으로 돌아갈 것을 18한평생 잘 즐기고
복 받았네 떠받들어도 19세월은 잠깐이라 흘러가버리고 순식간에 조상들에
게 돌아가리니 아득하고 영원한 어둠 속에서 뉘 있어 다시금 빛을 보리오?
20부자라도 주의 도 깨닫지 못하면 기실 그 인생 짐승과 진배없네

시인은 도리에 거스르는 일들이 빈번히 일어난다 할지라도 그 마음에 한 점 흔들림이 없다.(5절) 눈앞에 보이는 것과 귀에 들리는 것에 끄달리지 않는다. 어째서인가? 심태心泰이다. 심안신태心安神泰의 준말이다. 편안할 안安을 굳게 정해졌다는 의미로 정定으로 읽어도 좋겠다.

주께 매어졌으니 그 정신 또한 태연자약할 수 있다. 쉬이 일희일비하지 않는다. 어찌 그럴 수 있는가? 앞절(4절)에서 마음이 주의 말씀과 합하여져 있고 그 말씀의 묘리를 깨쳤기 때문이다. 주님의 말씀은 미언微言이며 묘리妙理이다. 숨겨지고 감추어진 말씀이기에 파고들어야 하며 오묘한 이치를 담았기에 깊이 묵상하여 깨쳐야 할 말씀이다. 그렇지 못하면 사람들의 헛된 말에 끌려 다닐 뿐世人反稱智(세인반칭지)이다.(13절)

제목인 윤수潤首와 윤옥潤屋은 부윤옥 덕윤신富潤屋 德潤身이다. '부는 그저 집을 윤택하게 하나 덕은 몸을 윤택하게 한다'라는 뜻으로 『대학』에 나온다. 오경웅은 윤신潤身 대신 윤수潤首를 사용하여 하느님의 도를 깨달음과 대조하고 있다.

3절의 현묵玄默은 현묘한 도를 묵묵히 생각하여 군사나 법으로 너무 떠벌이지 않고 백성을 절로 교화하는 일을 의미한다.

9절의 불후不朽는 길이 오래도록 사라지지 않을 공적을 지칭하는 것인데 『춘추좌전』에 입덕立德(큰 덕을 폄), 입공立功(나라에 큰 공을 세움), 입언立言(사상을 정립함)을 삼불후三不朽라 하였다. 공자조차도 사상을 세우고 덕은 펼쳤으나 공을 세운 바는 없다고 하여 삼불후로 불리지 않는다.

12절의 임염荏苒은 세월이 빨리 흘러감을 의미한다. 도연명의 「잡시雜詩」에 '그렇게 세월은 흘러가버리고 그 마음(젊은 날의 높은 뜻)은 시나브로 졸아들고 말았네'荏苒歲月頹 此心稍已去(임염세월퇴 차심초이거)라는 구절이 있다.

같은 절의 가득한 것을 지키기 어렵다 함盈難持(영난지)은 노자의 가르침으로 '가지고 있으면서 채우려는 것은 그치는 것만 못하고 금과 옥이 집에 가득하면 그것을 능히 지키지 못한다'持而盈之 不如其已 金玉滿堂 莫之能守(지이영지 불여기이 금옥만당 막지능수)는 것과 상응한다.

19절의 소목昭穆은 사당에서 조상의 신주를 모시는 차례의 오른쪽과 왼쪽을 뜻하는데 여기서는 죽음을 의미한다.

같은 절의 광음光陰과 탄지彈指는 둘 다 시간을 의미한다. 광음光陰은 밝은 낮과 어둔 밤을 뜻하는데 후에는 세월을 뜻하게 되었다. 『안씨가훈』에 '세월을 정녕 아껴야하나니 세월은 흐르는 물과 같음을 알아야 한다'光陰可惜 譬諸流水(광음가석 비제류수)라는 문장이 있다.

탄지彈指는 불교에서 쓰는 짧은 시간의 단위이다. 하루는 1만 2천 탄지彈指이다. 그보다 짧은 단위는 순瞬으로 1탄지는 20순이나 되고 또 1순은 20찰나刹那이다. 백거이의 시 「금충십이장禽蟲十二章」에 '덧없는 삶 늙는 것과 무엇이 다르랴 은혜든 원수든 순식간에 갚게 될 텐데'何異浮生臨老日 一彈指頃報恩讐(하이부생임노일 일탄지경보은수)라는 구절이 있다.

제50수

참된 제사 德行與祭祀

덕 행 여 제 사

1 全能主雅瑋 行詔遍八極 東自日所出 西至日所入
전능주아위 행조편팔극 동자일소출 서지일소입

2 西溫蘊淑氣 吾主所悅懌 主自聖宅中 靈光照萬國
서온온숙기 오주소열역 주자성택중 영광조만국

3 大主行巡狩 聲威何赫奕 霹靂為前驅 大風舞周帀
대주행순수 성위하혁혁 벽력위전구 대풍무주잡

4 揚聲告天地 吾將鞫寰域
양성고천지 오장국환역

5 傳語獻祭者 與我有成約
전어헌제자 여아유성약

6 集之與我前 宣布我玄騭 臬司主親任 睿斷惟正直
집지여아전 선포아현즐 얼사주친임 예단유정직

7 告爾義塞民 吾乃爾之神
고이의새민 오내이지신

8 靈鑒莫不察 知爾祭祀勤 燔牲無瑕疵 居常聞芬馨
영감막불찰 지이제사근 번생무하자 거상문분형

9 玆欲爾知者 此事非所欣 豈貪爾太牢 豈羨爾羔羊?
자욕이지자 차사비소흔 기탐이태뢰 기선이고양?

10 林間之百獸 皆屬天地藏 千山與萬壑 為我遊牧場
임간지백수 개속천지장 천산여만학 위아유목장

11 山上之飛翮 野中之毛族 宇宙與萬物 何者非吾屬?
산상지비핵 야중지모족 우주여만물 하자비오속?

12 吾若患饑渴 寧就爾取足
오약환기갈 영취이취족

13 奚用飲羊血? 奚用饗牛犢?
해용음양혈? 해용향우독?

14 懷恩是真祭 篤行爾所諾
회은시진제 독행이소락

15 救爾出苦難 賜爾贊化育
구이출고난 사이찬화육

16 主語作惡者 何事研玉律? 口頭誦盟約 心中存乖逆
주어작악자 하사연옥률? 구두송맹약 심중존괴역

17 吾言如充耳 不復懷大法
오언여충이 불복회대법

18 盜賊為同黨 奸非是所狎
도적위동당 간비시소압

19 出口惟莠言 行詐憑長舌
출구유유언 행사빙장설

20 骨肉反不親 中傷盍有極?
골육반불친 중상합유극?

21 爾罪參在上 吾暫守緘默 遂謂吾無見 與爾為同德
이죄참재상 오잠수함묵 수위오무견 여이위동덕

詎知時已屆 將降爾顯罰 罪孽彰在目 何由逭爾責?
거지시이계 장강이현벌 죄얼창재목 하유환이책?

22 嗟爾忘本者 庶幾知怵惕 莫令我震威 將爾歸消滅
차이망본자 서기지출척 막령아진위 장이귀소멸

我怒爾誰救? 我誅爾誰活?
아노이수구? 아주이수활?

23 懷恩以為祭 斯乃明明德 整飭爾行為 賜爾蒙恩澤
회은이위제 사내명명덕 정칙이행위 사이몽은택

글자풀이

- **詔**(조) 고하다
- **遍**(편) 두루 미치다
- **淑氣**(숙기) 천지 간의 맑고 신령한 기운
- **懌**(역) 기뻐하다
- **巡**(순) 돌다
- **狩**(수) 임지

  巡狩(순수) 천자가 나라 안을 두루 살피며 다님
- **驅**(구) 앞세워 달리다
- **帀**(잡) 빙 두르다
- **揚聲**(양성) 큰 소리로 말하다
- **鞫**(국) 국문하다
- **寰**(환) 세상
- **玄騭**(현즐) 음즐(陰騭)과 같은 말로 하늘의 오묘한 섭리와 다스림
- **臬司**(얼사) 원(元)대에 사법을 관장하는 벼슬이름, 법적 표준
- **靈鑒**(영감) 영명한 통찰과 식견
- **瑕疵**(하자) 흠, 결점
- **馨**(형) 향기롭다
- **茲**(자) 이것(지시대명사)
- **牢**(뢰) 희생(양,소)
- **羨**(선) 부러워하다
- **羔**(고) 새끼 양
- **獸**(수) 짐승
- **藏**(장) 간직하다
- **壑**(학) 골짜기
- **翮**(핵) 깃촉
- **饗**(향) 잔치하다

- **犢**(독) 송아지
- **諾**(락) 따르다
- **乖**(괴) 어그러지다
- **乖逆**(괴역) 사리에 어그러지게 거스르다
- **充耳**(충이) 귀를 막음
- **盜**(도) 훔치다
- **賊**(적) 도둑
- **奸非**(간비=**姦非**) 사악한 불법, 남녀의 간음
- **狎**(압) 익숙하다, 잘하다
- **莠言**(유언) 쓸데없는 말
- **憑**(빙) 의지하다
- **傷**(상) 상처
- **參**(참) 나란하다
- **暫**(잠) 잠시
- **緘**(함) 봉하다
- **遂**(수) 마침내
- **詎**(거) 어찌
- **屆**(계) 다하다
- **逭**(환) 피하다
- **庶幾**(서기) ~을 바라다
- **怵惕**(출척) 두려워 마음이 편안치 않음
- **誅**(주) 죄인을 죽이다
- **飭**(칙) 책망하다

옮김

1 전능하신 야훼 하느님께서 온 세상에 말씀하시네 해 뜨는 데서 해 지는
데까지 **2** 맑은 기운 가득한 시온을 우리 주님 기뻐하시니 거기 거하시며 세
상에 빛을 비추시네 **3** 크신 주님 순행하시니 위엄과 광채 빛나시며 번개와
우레 앞세우고 폭풍을 두르셨네 **4** 온 세상 향하여 널리 이르시니 "나 장차
세상을 심판하려 하노라 너희들이 제사를 드린다 함은 나와 언약을 맺은
것을 이름이라 **6** 내 앞에 다들 모일지어다 나의 깊고 참된 뜻을 일러주리
라" 하느님 친히 판관되셔서 정직과 슬기로 심판하시네 **7** "이스라엘 백성은
들을지어다 나는 너희의 하느님이니 **8** 나 너희의 모든 바 살피지 않음이 없
으니 신실한 제사요 흠없는 제물이며 아름다운 분향도 다 아노라 **9** 허나 정
녕 너희는 알아야하리니 이는 내 기뻐하는 바 결코 아니라 내 어찌 너희의
희생제물을 탐하며 너희의 어린 양을 부러워하겠느냐? **10** 숲의 뭇 짐승, 하
늘 아래 모든 것, 모든 산과 골짜기 내 거니는 목장이라 **11** 공중을 나는 새
와 들판의 털짐승 세상 모든 것들이 다 내 것 아니냐? **12** 정녕 내가 배고프

다며 너희 것으로 채우려 들겠느냐? 13어찌 양의 피로 목을 축이며 어린
송아지로 잔치를 열겠느냐? 14내 은혜를 기림이 참된 제사요 독실히 행함
이 날 따르는 것이라 15불행의 날에 너희를 건지고 너희는 나의 돌봄 찬송
하리라" 16악을 행하는 자에게 주님 말씀하시니 무슨 심보로 내 계명 궁리
하느냐? 입으로는 맺은 언약 떠들어대나 마음으론 거스르고 팽개치는구나
17내 말엔 귀를 막고 나의 법을 새기지 않으니 18도적과 어울려 한 패거리
되고 사악한 불법에는 너무 익숙하도다 19입에서 나오느니 유언비어요 거
짓을 행하려 장광설이로구나 20부모형제와 싸워 척을 지고는 중상모략이
한도 끝도 없구나 21너희 죄 내 앞에 올려졌음에도 나 잠시 가만히 있었더
니 하느님 아무 생각 않는다면서 너희와 같은 줄로 여기는구나 때가 이미
다한 줄 어찌 모르느냐? 나 이제 너희에게 벌을 내리리라 너희 죄 너무 환
히 드러나 있는데 무슨 수로 그 징벌 피하겠느냐 22아! 뿌리를 잊은 자들아
너희는 두려워할 줄 알아라 나를 진노케 말지니 그러면 너희는 멸망하리라
나 노하면 누가 너희를 구하며 나 너희를 죽이려 들면 누가 살려내랴? 23
나의 은혜 기림이 참된 제사이니 이것이 너희 삶의 참된 길이라 너의 행실
을 온전히 가다듬어서 하느님 은총을 덧입어야 하리라

해설

무엇이 참된 제사인지를 선명하게 일러주는 시편이다. 하느님께서 굶주려서 인간의 것을 뺏고자 하는 것이 아님을, 갈하여 어린 양의 피를 탐하는 분이 아님을, 온 세상과 그에 속한 만물이 다 주님의 것임을 일러준다. 당연한 것이기에 너무도 자주 잊는 것인가? 아니면 시인의 말처럼 하느님께선 아무 생각도 없다며 뻔히 알면서도 뻔한 형식을 계속 잇는 것인가?

어쨌거나 히브리 시인은 하느님께 감사와 찬양의 제사를 드리라 하고

오경웅은 하느님의 은혜를 잘 간직懷恩(회은)하고 신실히 행함으로 하느님의 거룩하고 밝은 뜻을 살아내라고 요청한다.

23절에서 오경웅은 이를 명명덕明明德이라 한다. 그분의 은혜를 잘 품어 간직하면 그로 인하여 신앙인은 하느님의 뜻을 자기 안에 모시게 되는 것이다. 이것이 명명덕明明德인데 『대학』에서 말하는 군자가 지녀야 할 강령이다. 하늘의 밝은 덕을 내가 모셔야 이웃을 사랑하게親民(친민) 되고 그로써 온전한 삶을 이루게 된다.止於至善(지어지선)

재미있는 것은 히브리 시인은 22절에서 하느님을 잊은 자들이라 하는데 오경웅은 본을 잊은 자忘本(망본)라 하였다. 하느님을 잊음은 결국 자기의 뿌리를 잊은 것이라 하여 자기의 비롯됨과 근원을 잊은 것을 지적하는 것이기도 하다.

3절의 순수巡狩는 『맹자』「고자告子」하에 나온다. '천자가 제후국을 시찰하여 순행하는 것은 순수라 하고 제후가 천자께 나아와 조회하는 것은 술직이라 한다'天子適諸侯曰巡狩 諸侯朝於天子曰述職(천자적제후왈순수 제후조어천자왈술직)고 하였다.

9절의 태뢰太牢는 제사 때 바치는 제물을 뜻하는데 양과 돼지를 갖추면 소뢰小牢이고 거기에 소를 갖추면 태뢰라 하였다. 본래는 제사 전에 희생으로 바칠 짐승을 선별하여 가두어 기르는 우리를 뜻하였는데 전轉하여 희생 제물이 되었다. 태뢰는 주로 천자天子가 하늘에 제를 드릴 때 사용되었다. 『장자』「지락至樂」편에 '구소九韶의 음악을 연주하며 소, 돼지, 양을 갖추어 대접하였다'奏九韶以爲樂 具太牢以爲膳(주구소이위악 구태뢰이위선)는 글이 있다.

10절의 천산만학千山萬壑은 수없는 봉우리와 골짜기를 뜻한다. 두보의 시 「영회고적詠懷古跡」에 '형문으로 향하는 즐비한 산봉우리와 골짜기들 명비明妃가 자란 고을이 아직도 있구나'群山萬壑赴荊門 生長明妃尙有村(군산만학부형문 생장명비상유촌)라고 노래하였다.

14절의 독행篤行은 신실한 행위이기도 하지만 유교적 사유에서 공부 단계의 끝자락이기도 하다. 단순한 행위가 아니라 널리 배우고博學(박학) 의문나는 것은 잘 여쭙고審問(심문) 그렇게 얻은 바를 잘 생각해서愼思(신사) 분명하게 다룰 줄 알게 되면明辯(명변) 그로써 제대로 독실하게 행하는 것篤行(독행)이다. 은혜를 잘 간직하여 신실한 행위로 이어지는 흐름이 다르지 않다고 하겠다.

15절의 화육化育에서 히브리 시인은 하느님을 영화롭게 한다고 하였는데 오경웅은 하느님께서 믿는 이를 온전한 삶으로 채워가시는 바를 찬양하리라고 하였다. 하느님은 만물로 하여금 온전하게 자신이 되게 하는 분이시다.

17절의 충이充耳는 귀를 막고 듣지 않음이다. 『시경』「패풍邶風」「모구旄丘」에 '쇠잔하여 초라하기 짝이 없는 유랑객 신세로다. 형제들이여 귀가 막혔나 웃기만 하네'瑣兮尾兮 流離之子 叔兮伯兮 褎如充耳(쇄혜미혜 유리지자 숙혜백혜 유여충이)라고 하였다.

21절의 하유何由는 어떻게 해서란 뜻이다. 『초사』「천문天問」에 '천지의 상하가 아직 이루어지지 않았는데 무엇을 근거로 밝혀냈을까?'上下未形 何由考之(상하미형 하유고지)라고 하였다.

제51수

참회의 노래 (4) 스스로를 새롭게 懺悔吟之四 自新

참 회 음 지 사 자 신

1 求主垂憐 示爾慈恩 2 抹拭我過 昭爾大仁
구 주 수 련 시 이 자 은 말 식 아 과 소 이 대 인

3 為我滌除 眾罪之痕 我已知過 眾惡紛呈
위 아 척 제 중 죄 지 흔 아 이 지 과 중 악 분 정

4 得罪我主 神鑑實明 宜受爾責 宜伏爾懲
득 죄 아 주 신 감 실 명 의 수 이 책 의 복 이 징

5 嗟我小子 含罪而生 始孕母胎 自已染塵
차 아 소 자 함 죄 이 생 시 잉 모 태 자 이 염 진

6 主實明察 所悅惟誠 祈將慧光 照我五陰
주 실 명 찰 소 열 유 성 기 장 혜 광 조 아 오 음

7 灑以靈莧 澡雪吾魂 載洗載濯 玉潔冰清
쇄 이 령 현 조 설 오 혼 재 세 재 탁 옥 결 빙 청

8 錫我天樂 枯骨回春 9 莫視我罪 銷我邪淫
사 아 천 락 고 골 회 춘 막 시 아 죄 소 아 사 음

10 為我再造 純白之心 充以正氣 煥然一新 自強不息 持之以恆
위 아 재 조 순 백 지 심 충 이 정 기 환 연 일 신 자 강 불 식 지 지 이 항

11 莫掩慈顏 將我棄絕 莫令聖神 與我永隔
막 엄 자 안 장 아 기 절 막 령 성 신 여 아 영 격

12 求主重賜 內心之樂 永不退轉 心悅誠服
구 주 중 사 내 심 지 락 영 불 퇴 전 심 열 성 복

13 會當指示 迷途諸人 回心轉意 歸與主親
회 당 지 시 미 도 제 인 회 심 전 의 귀 여 주 친

14 求我恩主 免我夭折 有生之日 宣爾正直
구아은주 면아요절 유생지일 선이정직

15 啟我脣舌 歌詠大德 16 燔牲祭獻 非主所珍
계아순설 가영대덕 번생제헌 비주소진

17 主之所悅 痛悔之忱 謙卑自牧 實愜聖心
주지소열 통회지침 겸비자목 실협성심

18 求主美意 懷柔西溫 重築城垣 保大瑟琳
구주미의 회유서온 중축성원 보대슬림

19 主於彼時 乃納犧牲 公義之祭 惟主德馨 聖壇之上 燔犢繽紛
주어피시 내납희생 공의지제 유주덕형 성단지상 번독빈분

글자풀이

- **抹**(말) 지우다, 없애다
- **拭**(식) 씻다
  抹拭(말식) 깨끗하게 하다
- **滌**(척) 씻다
  滌除(척제) 씻어 없애다
- **痕**(흔) 흔적
- **紛**(분) 어지러운
- **呈**(정) 드러내다
- **鑑**(감) 거울에 비춰보다
- **孕**(잉) 아이를 배다
- **胎**(태) 태, 아이를 배다
- **染**(염) 물들다
- **慧光**(혜광) 불교에서 아미타불이 지닌 지혜의 빛
- **五陰**(오음) 마음, 불교에서 생멸변화하는 모든 것의 행위가 일어나는 바탕을 종류별로 나눈 것으로 색온(육체), 수온(감각), 상온(상상), 행온(마음의 작용), 식온(의식)의 오온을 오음이라 한다
- **灑**(쇄) 씻다, 물을 뿌리다
- **莧**(현) 비름
- **澡**(조) 씻다
- **載**(재) 싣다, 거듭하다
- **濯**(탁) 씻다
- **氷清玉潔**(빙청옥결) 얼음 같이 맑고 옥처럼 깨끗하다
- **銷**(소) 녹이다
- **邪**(사) 간사하다
- **淫**(음) 음란하다
- **自強不息**(자강불식) 스스로 힘을 쓰고 몸과 마음을 가다듬어 쉬지 아니함
- **恆**(항) 항상
- **掩**(엄) 가리다
- **隔**(격) 사이가 뜨다
- **迷**(미) 길을 잃다
- **夭**(요) 어리다
- **折**(절) 꺾다
  夭折(요절) 일찍 죽음
- **啓**(계) 열다
- **燔**(번) 불사르다
- **牲**(생) 희생제물
- **獻**(헌) 바치다
- **珍**(진) 소중히 여기는
- **忱**(침) 정성스런 마음
- **愜**(협) 유쾌하다, 만족하다
- **築**(축) 쌓다
- **垣**(원) 담
- **瑟琳**(슬림) 예루살렘의 음역
- **犧**(희) 희생, 바치는 짐승
- **馨**(형) 향기, 향기가 나다

- **壇**(단) 제단
- **犢**(독) 송아지
- **繽**(빈) 성(盛)한 모양
  繽粉(빈분) 많아서 기세가 성하다

옮김

1하느님이여 긍휼히 여기시고 자비를 베푸소서 2저의 허물 씻으시고 크신
사랑 보이소서 3저의 죄의 흔적들 말끔히 씻으소서 제가 이미 저의 죄 알
고 있는데 허다한 죄악 다 드러났습니다 4제가 주님께 죄를 지었음을 당
신 또한 환히 아시나이다 주의 책망 받아 마땅하오며 당신 징계 달게 받아
야 하나이다 5오! 이리도 어리석은 몸 죄악 중에 태어났으니 어미의 태 안
에 잉태되었을 때 이미 죄에 물들었도다 6모든 것을 환히 아는 주님께서는
진실함을 정녕 기뻐하시니 지혜의 빛을 제게 비추사 죄악된 모습 보게 하
소서 7신령한 비름으로 씻으소서 이 영혼 눈같이 씻어주소서 씻고 또 거
듭 씻어주셔서 얼음같이 맑고 옥같이 정결케 하소서 8하늘의 기쁨 제게 주
셔서 노심초사 마른 뼈를 회복시키소서 9주님 저의 죄를 보지 마시고 저의
사악한 죄악 녹여주소서 10순백의 영혼으로 저를 다시 지으소서 바른 기운
채우사 새롭게 하소서 그리하여 힘써 몸과 마음 가다듬으며 주 안에서 한
결같길 원하나이다 11주님 저를 내치지 마시옵소서 자비로운 당신 얼굴 숨
기지 마시고 당신의 거룩한 영 제게서 떠나지 않게 하소서 12내면의 은밀
한 기쁨 거듭 주셔서 다시는 죄에 빠지지 않으며 충심으로 기뻐하며 성심
으로 순종하리이다 13길잃은 이들에게 가르치리이다 어떻게 마음과 생각
을 돌려 주께 돌아와 사랑하며 사는지를 14은혜와 구원의 하느님이여 죽음
에서 저를 건져주소서 그리하면 저의 남은 날들로 당신의 의로우심 전하리
이다 15저의 입술을 열어주소서 당신의 크신 덕 노래하리이다 16주님은 제
사를 귀히 여기지 않으시니 17주님 기뻐하는 것 통회하는 마음이라 자신을

낮추어 길러가는 이 주께서 진실로 기뻐하시네 18주님의 선하신 뜻을 베푸
사 시온을 어루만져 위로하시고 성벽을 다시 쌓아주셔서 예루살렘 안온하
게 지켜주소서 19그때에 주께서는 희생을 받으시고 의로운 제사는 주의 자
비 드러내리니 거룩한 단에서 어린 송아지들 바치리이다

해설

이 시편을 통해 오경웅은 불교적 언어를 여러 차례 사용하고 있다. 6절에서 지혜광智慧光과 오음五陰이 대조되고 있다. 지혜광은 불교에서 아미타불의 광명의 하나로 중생의 무명(어리석음)의 어두움을 비추는 지혜의 마음에서 우러나오는 것이다. 이 광명을 통해 인간은 자신이 생각하고 행하는 모든 것(오음= 오온五蘊 色受想行識 색수상행식)의 실상(어리석음無明(무명))을 볼 수 있다. 주님의 은총과 빛이 아니고 누가 자신을 알 수 있으며 그 허물을 벗을 것인가?

12절에서 불퇴전不退轉이란 수행 혹은 믿음에 힘써 마음을 늦추지 않는 것이고 수행 혹은 믿음으로 다다른 경지에서 다시 떨어지거나 후퇴하지 않는 것을 의미한다. 오경웅은 주님께서 은밀하고도 내밀한 기쁨을 주셔서 이제 다시는 뒤로 물러나지 않는 용기不退轉(불퇴전)를 지니고 충심으로 기뻐하며 성심을 다해 순종하고자 한다.(심열성복心悅誠服은 2편의 해설을 참고하라.)

10절에서 히브리 시인은 정직한 영을 새롭게 해달라고 청하는데 오경웅은 바른 기운正氣(정기)을 채워달라고 노래한다. 이때의 기氣는 인간을 근본적으로 구성하는 정기신精氣神으로서의 기氣이다. 정이 생명력의 근원이라면 기는 생생약동하는 생명의 흐름이자 기운이며 신은 생명력이 지니는 신묘한 직관적 영감처를 뜻한다고 할 수 있다. 오경웅은 이러한 도교적 사유를 빌려 하느님께서 새롭게 변화시키는 인간의 모습을 그려내고 있다.

같은 절의 자강불식自强不息은 스스로 힘써 몸과 마음을 가다듬어 쉬지 않

음을 뜻한다. 본디 하늘이 그러하고 하늘을 닮으려는 군자君子의 모습이 그러하다.

13절에서 히브리 시인은 악인들에게 주의 길을 가르쳐 그들이 돌아오게 하겠노라고 노래한다. 그러나 오경웅은 길을 잃은 사람들에게 어떻게 하면 마음을 바꾸고 어떻게 생각을 돌려서 주님께 돌아오고 그분과 친밀한 사랑에 빠질 것인지를 일러주겠노라고 노래한다.

17절의 겸비자목謙卑自牧은 『주역』「겸괘謙卦」에 나오는 말이다. '겸손하고 겸손한 군자는 낮은데서 자신을 길러간다'謙謙君子 卑以自牧也(겸겸군자 비이자목야)고 하였다.

18절의 회유懷柔는 어루만져 잘 달래는 것이다. 『시경』「주송周頌」「시매時邁」에 '여러 신을 어루만져 위로하면서 황하에서 태산까지 이르시도다'懷柔百神 及河喬嶽(회유백신 급하교악)라고 하였다.

19절의 덕형德馨은 멀리 퍼지는 고상한 덕의 향기를 뜻한다. 유우석의 문장 「누실명陋室銘」에 나오는 것으로 '비록 내 방이 누추하나 내 덕의 향기는 풍겨나도다'斯是陋室 惟吾德馨(사시누실 유오덕향)라는 글귀가 있다.

제52수

하느님을 의지하는 것과 재물을 의지하는 것 恃主與恃富
시 주 여 시 부

1 嗟爾濁世之子兮 胡作孽以為豪?
차 이 탁 세 지 자 혜 호 작 얼 이 위 호?

2 何爾舌之鋒利兮? 有如薙髮之刀
하 이 설 지 봉 리 혜? 유 여 치 발 지 도

3 獨愛惡而憎善兮 處卑污而為高 黑與白其相混兮 是與非其相淆
독 애 악 이 증 선 혜 처 비 오 이 위 고 흑 여 백 기 상 혼 혜 시 여 비 기 상 효

4 泛邪說以溺眾兮 逞狡獝而逍遙
범 사 설 이 닉 중 혜 영 교 휼 이 소 요

5 誰知天網恢恢兮? 將滅爾以終古
수 지 천 망 회 회 혜? 장 멸 이 이 종 고

逐爾於家室之外兮 除爾於永生之圃
축 이 어 가 실 지 외 혜 제 이 어 영 생 지 포

6 善人睹此初必愕然以驚兮 既乃欣然而相語
선 인 도 차 초 필 악 연 이 경 혜 기 내 흔 연 이 상 어

7 曰:"盍觀彼人兮 實其咎由自取 平生不恃天主兮
왈 : "합 관 피 인 혜 실 기 구 유 자 취 평 생 불 시 천 주 혜

而自恃其財富 怙惡不悛兮 以犯罪為安身之所"
이 자 시 기 재 부 호 악 부 전 혜 이 범 죄 위 안 신 지 소"

8 何吾人之僥倖兮? 獨有異乎是度 結根於主之園兮
하 오 인 지 요 행 혜? 독 유 이 호 시 도 결 근 어 주 지 원 혜

若常青之茂樹 所恃惟主兮 永沐其澤
약 상 청 지 무 수 소 시 유 주 혜 영 목 기 택

9 千秋萬歲兮 稱謝主德 何聖名之馥郁兮? 長為眾賢之所挹
천 추 만 세 혜 칭 사 주 덕 하 성 명 지 복 욱 혜? 장 위 중 현 지 소 읍

글자풀이

- **濁**(탁) 흐리다
- **孽**(얼) 죄를 짓다
- **豪**(호) 호걸, 으스대다
- **鋒**(봉) 칼끝
- **薙**(치) 깎다
- **髮**(발) 머리터럭
- **憎**(증) 미워하다
- **混**(혼) 섞다
- **淆**(효) 뒤섞이다
- **泛**(범) 넓다, 뜨다
- **逞**(령) 왕성하다
- **狡**(교) 교활하다
- **獝**(휼) 미친
- **逍**(소) 노닐다
- **遙**(요) 멀다
- **恢**(회) 넓히다
- **圃**(포) 채마밭
- **愕**(악) 놀라다
- **咎**(구) 허물
- **悛**(전) 고치다
- **僥**(요) 요행
- **倖**(행) 요행
- **園**(원) 정원
- **馥**(복) 향기가 강하다
- **郁**(욱) 향기롭다
- **挹**(읍) 예를 차리다

옮김

1오호라 혼탁한 세상에 편승하는 자여 어찌 죄짓는 것을 으스대느냐? 2너
의 혀 어찌나 날선 칼날 같은지 조금만 거슬러도 마구 베는구나 3기꺼이
악을 즐기고 선을 미워하며 거짓된 곳에 거하면서 잘난 체 하는구나 거짓
과 진실을 마구 섞어놓고 옳고 그름 또한 흐트리는구나 4거짓된 언설로 사
람 자빠뜨리며 미치광이처럼 돌아다니는구나 5하느님 그리도 엉성해 보
이더냐? 장차 네가 겪을 바는 오직 멸망뿐이라 네 집에서 너를 쫓아낼 것
이며 생명의 땅에서 없애시리라 6의로운 이들 끔찍한 그 모습에 너무 놀
라 두려워하겠지만 결국 그렇게 될 일이었다며 기뻐 받아들이리라 7"저 사
람의 끝을 보니 제 스스로 불러들인거라 일평생 하느님 의지하지 않고 자

기 제물만을 그리 의지하면서 악을 즐기며 고칠 생각 아예 않고 오히려 죄
짓는 걸 편안히 여겼으니…” 8얼마나 다행인가? 우리의 걸음, 저들과 전혀
다른 길을 걷네 주님의 뜰에 깊이 뿌리내리니 사철 푸른 무성한 나무 같도
다 의지하는 바 오직 주님 뿐이니 그 은택에 영원토록 젖으리로다
9영원토록 크신 은총 찬양하리라 자비하신 주님께 감사하여라 거룩한 이름
의 아름다움이여 믿는 이들 영원토록 의지하며 따르리라

해설

포은 정몽주에게 권유하는 내용인 이방원의 「하여가何如歌」처럼 이런들 어떠하며 저런들 어떠한가며 얽혀살자고 부드러이 말하지만 그 말을 거절하는 순간 날카로운 칼이 날아든다. 오경웅은 이는 중국 역사에서 많은 피를 흐르게 했던 치발령으로 묘사한다. 믿음의 사람이 탁세濁世를 살아갈 수 있는 지혜는 무엇인가? 시인은 하느님을 의지하며 그가 이루실 미래를 지금 여기서 확신하며 살아가라고 권한다.

결국은 하느님 손 안에 있다. 주님의 손길에서 벗어날 수 없다. 그러니 이 땅에서 살아가는 이는 흑백을 뒤섞고 시비를 뒤집는 현실에서 정신 바짝 차려야 한다. 그러나 그런 분별력이 우리에겐 부족하다. 그저 가만히 더욱 더 주님의 밭에 뿌리를 깊이 내려야 할 뿐이다.

5절에 영생지포永生之圃라는 말이 나온다. 히브리 시인은 생명의 땅이라 했는데 오경웅은 포圃, 채마밭이란 단어를 사용했다. 옛날 참된 선비들은 책상 앞에만 앉아있지 않았다. 저 스스로 가꾸는 채마밭이 있어 농사짓는 이들의 마음을 알며 노동을 통해 자신을 가다듬기도 하였다. 도연명도 국화를 캐며 시를 지었고 두보 또한 밭을 일구어 삶을 도모하였다. 다산 정약용도 아들들에게 농사법을 제대로 공부할 것을 강조하였고 스스로도 기

회를 얻으면 밭을 어떻게 가꾸며 어떤 약초를 심을 것인지 고심하기도 하였다. 영생의 채마밭! 주님께서도 자주 팔을 걷어부치시고 허리 굽히고 고개 숙여 수고로이 우리를 돌보시고 챙기시나 보다.

1절의 탁세濁世는 어둡고 혼란이 가득한 시대이다. 굴원의 「이소離騷」에 '어지러운 세상에서 출세하는 것 내 진정 추구하는 즐거움 아니라. 도의를 저버리고 명성얻기 보다 궁핍하나 청고함을 지켜가리라'處濁世而顯英兮 非余心之所樂 與其無義而有名兮 寧窮處而守高(처탁세이현영혜 비여심지소락 여기무의이유명혜 영궁처이수고)고 노래하였다.

같은 절의 작얼作孽은 『서경』「태갑太甲」 중에 '하늘이 내린 재앙은 피할 수 있으나 저 스스로 악한 짓을 하여 저지른 재앙은 피할 수 없다'天作孽 猶可違 自作孽 不可逭(천작얼 유가위 자작얼 불가환)고 하였다.

2절의 치발薙髮은 청清이 세워진 후 만주족의 방식으로 머리를 깎고 옷을 입어야 하는 치발령薙髮令이 내려져 조금이라도 반발하게 되면 가차없는 형이 집행되었다. 이는 새로 세워진 나라에 복종할 것인지 반항할 것인지를 나누는 통치의 일환이었고 저항하는 이들에게는 피비린내 가득한 진압만 있었다. 당시 '머리카락을 자르고 목숨을 유지할 건지 머리카락을 지키고 목숨을 버릴 건지'留頭不留髮 留髮不留頭 (유두불류발 유발불류두)라는 참혹한 말이 유행이었다.

3절의 흑백상혼黑白相混 시비상효是非相淆는 혼효흑백混淆黑白 시비불분是非不分으로 주로 쓰인다. 고의로 시비를 뒤엎고 청탁清濁을 하나로 만들어 버린 것을 뜻한다.

5절의 천망회회天網恢恢는 소이불실疎而不失과 같이 쓰인다. 『도덕경』에 나오는 말로 하늘의 그물은 성긴 것 같으나 그 어떤 작은 것 하나도 빠져나가지 못한다는 역설을 담고 있다.

같은 절의 종고終古는 자고이래自古以來의 의미이다. 이백의 시 「경란리후천은류야랑억구유서회증강하위태수량재經亂離後天恩流夜郎憶舊遊書懷贈江夏韋太守良宰」

에서 '자네만이 방릉에서 직분을 다하였다 하니 자네의 충절은 고금을 통해 으뜸이네'惟君固房陵 誠節冠終古(유군고방릉 성절관종고)라고 읊었다.

7절의 구유자취咎由自取는 재앙을 그 스스로가 불러들였다는 성어成語로 자작자수自作自受의 의미이다. 『삼국지』「유봉등전평劉封等傳評」에 '그 행동거지를 보고 그가 살아온 방식들을 살펴보면 화를 초래하고 허물을 얻는 것 모두가 다 자기에게 있는 것이라'覽其擧措 迹其規矩 招禍取咎無不自己也(람기거조 적기규구 초화취구무불자기야)는 구절이 있다.

같은 절의 호악부전怙惡不悛은 악을 즐겨 고치지 않는다는 뜻으로 「좌전左傳」 은공 6년隱公六年에 '착한 바를 잃어선 안 되고 악한 바는 키워서는 안 된다고 하였는데 악한 것을 고치지 않아 이런 일을 겪게 되었으니 만회하고자 하여도 과연 그럴 수 있을까'善不可失 惡不可長 長惡不悛 從自及也 雖欲救之 其將能乎(선불가실 악불가장 장악부전 종자급야 수욕구지 기장능호)라는 구절이 있다.

같은 절의 안신지소安身之所는 몸이 편안히 거하는 곳이기도 하고 거주지를 뜻하기도 하는 성어成語이다.

제53수

어리석은 자의 말 愚者之言
우 자 지 언

1 愚人心中言 宇宙無主宰　若輩何卑污 所行莫非罪
우인심중언　우주무주재　약배하비오　소행막비죄

欲求為善者 渾無一人在
욕구위선자　혼무일인재

2 主自九天上 俯首察生靈　儻有智慧子? 願與主相親
주자구천상　부수찰생령　당유지혜자?　원여주상친

3 紛紛在歧途 溷濁同垢塵　悠悠寰海內 不見有賢人
분분재기도　혼탁동구진　유유환해내　불견유현인

4 豈其作惡者 莫具纖屑知　何以不懷主? 靦然食民脂
기기작악자　막구섬설지　하이불회주?　전연식민지

5 惡人中心餒 無事亦惴慄　彼與爾為敵 主已碎其骨
악인중심뇌　무사역췌율　피여이위적　주이쇄기골

眾逆悉蒙羞 實憑主之德
중역실몽수　실빙주지덕

6 義塞之救恩 宜自西溫出　主必引眾俘 歸還其本宅
의새지구은　의자서온출　주필인중부　귀환기본택

義塞與雅谷 歡樂將何極
의새여아곡　환락장하극

글자풀이

- **輩**(배) 무리
- **汚**(오) 더럽다
- **渾**(혼) 전혀, 거의
- **儻**(당) 혹시
- **岐**(기) 갈림길
- **溷**(혼) 어지러운
- **濁**(탁) 흐리다
- **溷濁**(혼탁)=**混濁**(혼탁) 혼탁한 모양
- **垢**(구) 때
- **悠悠** (유유) 많은 모양, 아득한 모양
- **寰**(환) 세상
- **纖**(섬)가늘다, 잘다
  屑(설) 가루, 잘다
- **覥**(전) 뻔뻔스럽다
- **脂**(지) 기름
- **餒**(뇌) 주리다
- **惴**(췌) 두려워하다
- **慄**(률) 떨다
  惴慄(췌율) 두려워하여 부들부들 떪
- **碎**(쇄) 부수다, 잘게 깨뜨리다
- **悉**(실) 모두, 전부
- **俘**(부) 포로

옮김

1어리석은 자 그 마음에 하느님 없다고 하네 이같은 무리들 하 추악하여
저지르느니 모조리 죄뿐이로다 선을 행하려고 하는 이 정말 아무도 없구나
2하느님 하늘 위에서 뭇 생명 살피시나니 혹여라도 지혜로운 사람이 있어
하느님과 함께 하려는지를 3모두들 잘못된 길에 빠져서 더럽혀지고 온통
허물투성이 온 세상 두루 살펴보아도 바른 이 도무지 찾을 수 없네 4악을
행하는 자 어찌 눈꼽만큼도 하느님을 아는 지식이 없는지… 그러니 하느님
두려워 않고 뻔뻔스레 이웃의 고혈을 빠는구나 5마음이 악에 물든 자들은
아무 일 없는데도 두려워 떨게 되리니 주님께서 저들을 적으로 삼아 그들
의 뼈를 바수셨기 때문이라 악한 저들 모두 수치를 당하리니 이는 오직 주
님의 행하심이라 6이스라엘을 구원하시는 은혜 시온으로부터 나오게 되리
니 포로였던 이들 주께서 이끄셔서 그들을 본향에 돌아오게 하시리라 이스
라엘이여 야곱이여 그 기쁨과 즐거움 한없으리라!

마음에 하느님이 없다고 하면 자연스레 자신이 삶의 주인이 된다. 과학적 이성을 절대화하면서 신없는 세상에서 유토피아를 이룰 수 있을 것이라 여긴다. 신 없이도 인간은 충분히 자기 절제와 윤리적 능력을 통해 헌신과 희생이 가능할 것으로 확신한다. 과연 그런가? 계몽주의 이후 신없이 세상을 책임질 것을 자임한 인간으로 인하여 인간과 지구별의 오늘날이 너무 위태롭다.

전靦과 수羞, 뻔뻔함과 부끄러워함이 4, 5절에 이어진다. 수오지심羞惡之心은 의義의 근본이다. 자기의 옳지 못함이 있으면 부끄러워함이 마땅하고 남의 옳지 않음은 미워해야 한다는 것이다. 이에 반하는 말이 뻔뻔함이다.

자신을 반성하지 않고 돌이켜 살피지 않는 삶은 점점 더 뻔뻔해지니 파렴치破廉恥(올곧음과 부끄러움을 아는 마음을 부수어버린)한 사람이 되고 만다. 그렇다면 그 시작은 어디인가? 오경웅은 이를 섬설지纖屑知(4절), 눈꼽만큼도 참된 지식과 지혜를 갖추지 못함 때문이라고 말한다. 하느님을 알지 못하는 어리석음無明(무명)이다.

신앙의 길은 어렵거나 복잡하지 않다. 어렵다면 신학자만이 가능할 것이요, 복잡하다면 똑똑한 사람만이 가능할 것이다. 필부필부匹夫匹婦 모두가 이 길을 걸을 수 있음이 여기에 있다. 하느님 계시다는 믿음! 하느님께서 지켜보신다는 믿음! 이 믿음을 새기며 자기 마음을 살핌에 있다. 그것 외에 더 무엇을 지녀야 하겠는가? 그래서 바울 선생은 세상이 자기 지혜로는 하느님을 알 수 없다고 하였나 보다.

4절의 민지民脂는 송宋의 「계석명戒石銘」으로 '네가 받는 봉록은 백성의 피와 땀이라 백성을 기만하고 함부로 하기는 쉬우나 위로 하늘을 속일 수는 없으니 명심하여야 한다'爾俸爾祿 民膏民脂 下民易虐 上天難欺(이봉이록 민고민지 하민이학 상천난기)고 하였다.

제54수

거짓은 결국 패망하리라 不義自斃
불의자폐

1 主兮救我 以爾芳名 為我伸冤 用昭大能
주혜구아 이이방명 위아신원 용소대능

2 聽吾之禱 聆吾之音
청오지도 영오지음

3 外寇蜂起 暴徒橫行 集力相攻 欲圖吾身
외구봉기 폭도횡행 집력상공 욕도오신

心存邪惡 目無真神
심존사악 목무진신

4 小子所恃 惟在聖躬 吾命之全 實賴聖衷
소자소시 유재성궁 오명지전 실뢰성충

5 多行不義 必也自斃 憑爾之誠 加以傾否
다행불의 필야자폐 빙이지성 가이경비

6 中心悅服 用獻吾祭 永誦聖名 聖名實美
중심열복 용헌오제 영송성명 성명실미

7 重重患難 煙消雲散 敵人顛覆 歷歷在眼
중중환란 연소운산 적인전복 역력재안

至誠惟主 慈惠無限
지성유주 자혜무한

글자풀이

- **芳名**(방명) 널리 알려진 아름다운 명성
- **斃**(폐) 죽다
- **聆**(령) 듣다
- **寇**(구) 도적
- **衷**(충) 속마음
- **憑**(빙) 의지하다
- **傾**(경) 기울다
- **否**(비) 막히다
- **重重**(중중) 거듭되다
- **煙**(연) 연기
- **散**(산) 흩어지다
- **顚覆**(전복) 뒤집혀 엎어지다
- **歷歷**(역력) 환히 알 수 있음

옮김

1주여 당신의 거룩한 이름으로 나를 구하소서 내 억울함 외면하지 마시고
주님의 능력 펼쳐주소서 2내 기도 들으시고 나의 간구 받아주소서 3적들
짓쳐들며 흉폭한 무리 날뛰니 저들이 힘 합쳐 이 목숨 취하려 합니다. 마
음에 지닌 바는 사악함뿐이라 하느님 안중에도 없사옵니다.
4불쌍한 이 몸이 의지할 바는 오로지 거룩하신 하느님이시라 거룩하신 주
님을 의뢰함으로 이 목숨 온전히 지키리로다
5온갖 악행 쉬잖고 일삼던 저들 끝내 스스로 멸망하고 말리니 우리 주님
거짓 없는 분이시기에 저들 다시 일어날 길 없으리 6내 마음 기뻐 순종하
면서 주님께 기꺼이 제물 드리리니 거룩하신 그 이름 얼마나 좋은지 영원
토록 노래하며 찬양하리라 7온갖 환난 겹쳐서 닥쳐왔으나 연기 사라지고
구름 흩어지듯 원수들 넘어지고 꺼꾸러지는 것을 내 눈으로 똑똑히 보았음
이라. 오 지극히 자비로우신 주님 인자하신 그 은혜 한이 없어라

7절에서 오경웅은 하느님을 지성至誠이라 읊었다. 이는 『중용』에 나오는 말로 '진실로 정성스럽고 거짓됨이 없는 것은 하늘의 모습이고 그렇게 정성스럽고 거짓이 없음을 닮아 애쓰는 것은 사람이 가야할 길이다'誠者 天之道也 誠之者 人之道也(성자 천지도야 성지자 인지도야)라고 했다.

동양적 사유의 장점은 하느님에 대하여 말하면서 사람이 능히 그려볼 수 있고 닮아갈 수 있는 언어를 찾고자 힘쓴 것인데 그 가운데 소중한 언어가 성誠이라 하겠다. 성誠은 충忠(이때의 충은 충성스러움보다 그 마음의 중심의 바름을 뜻하는 정직과 가깝다)과 정직正直이기에 그 근본에 거짓이 전혀 없음이다.

요즘이야 정직의 가치가 땅바닥을 구르고 있으나 하늘을 닮으려는 이에게 있어 하늘은 정직正直뿐이다. 거짓이 없음이다. 이보다 어려우면서도 기실 쉬운 게 어디 있으랴? 그런 하늘을 닮으려는 것이 사람의 길이다. 이를 위해 택선고집擇善固執, 선을 붙잡고 견고히 지키는 것이다. 환란이 거듭되었으나重重患難(중중환란) 가뭇없이 사라지는 것煙消雲散(연소운산)이 땅의 모습이다.

눈앞의 것에 휘둘리지 않아야 붙잡을 수 있는 것이 성誠이다. 이 정직과 거짓 없음을 추상화해서 현란한 언어로 설명하며 논리를 만들면 거짓에 빠진다. 종교의 역사에서 저질러진 무수한 허물이 그 때문이었다.

1절의 신원伸冤은 억울하게 뒤집어 쓴 죄명을 벗고자 사정을 토로하는 것을 뜻한다. 우리 성경에는 '원수 갚은 것이 내게 있으니 내가 갚으리라'고 하였는데 오경웅은 신약성서를 번역하면서 '억울함을 풀어주는 것이 내게 있으니 조금도 어긋남이 없으리라'伸冤在我 報應不爽(신원재아 보응불상)고 하였다. 정녕 속마음을 털어놓을 곳은 유일하다. 귀 기울이시는 하느님 앞이다.

2절의 영음聆音은 일반적으로 영음찰리聆音察理로 '잘 듣고 깨달아 이치를 명확히 살피고 파악하는 것'을 의미한다. 귀 기울이시는 하느님을 묘사하는 데 제격이다. 4절의 성충聖衷은 천자의 마음을 뜻한다.

6절의 중심열복中心悅服은 『맹자』 「공손추公孫丑」 상에서 패도정치와 왕도정치를 설명하며 '힘으로 정복하는 패업을 이루기 위해서는 힘이 필요하므로 나라가 커야 하고 사람들이 그 힘 때문에 굴복하지만 덕을 베푸는 왕도정치는 큰 나라가 필요치 않으며 마음으로 기뻐서 진실로 복종한다' 以力服人也 非心服也 力不贍也 以德服人也 中心悅而誠服也(이력복인야 비심복야 력불섬야 이덕복인야 중심열이성복야)고 하였다.

7절의 역력재안歷歷在眼은 멀리 있는 것이 아주 선명하게 보이거나 과거의 것이 선명히 재현되는 것을 뜻한다. 두보의 시 「역력歷歷」에 현종 황제가 연 '흥성한 시대가 마치 눈앞에 있었던 것처럼 분명한데 무도한 안사의 난 일어나고 훌쩍 세월이 흘렀네'歷歷開元事 分明在眼前 無端盜賊起 忽已歲時遷(역력개원사 분명재안전 무단도적기 홀이세시천)라고 노래하는 장면이 있다.

제55수

세상 인정 뒤집히기 쉬워라 翻雲覆雨
번운복우

1 懇切求天主 傾耳聽我禱
간절구천주 경이청아도

2 憐此耿耿懷 音容莫冥渺
연차경경회 음용막명묘

3 群小肆炎威 憂心自悄悄 蒙我以惡名 狺狺何時了?
군소사염위 우심자초초 몽아이오명 은은하시료?

4 被逼於仇讎 死亡周圍繞
피핍어구수 사망주위요

5 恐怖欲喪魄 中心惄如擣
공포욕상백 중심녁여도

6 安得生羽翼 飄如雲外鴿
안득생우익 표여운외합

7 欲適彼曠野 永與塵世隔
욕적피광야 영여진세격

8 避此暴風雨 安然居寶塔
피차폭풍우 안연거보탑

9 城市多喧紛 眾口何喋喋? 懇祈我恩主 截彼讒人舌
성시다훤분 중구하첩첩? 간기아은주 절피참인설

10 營營城垣上 晝夜不曾息 悠悠都邑中 觸目皆罪孽
영영성원상 주야부증식 유유도읍중 촉목개죄얼

11 惡黨充街衢 行為暴且譎 就中有一人 初非我仇敵
악당충가구 행위폭차휼 취중유일인 초비아구적

竟亦懷貳心 無所不用極
경역회이심 무소불용극

12 仇人尚可忍 敵人尚可避
구인상가인 적인상가피

13 今爾非異人 曾與我親比
금이비이인 증여아친비

14 彼此稱莫逆 相與共密議 攜手入聖所 對主表心志
피차칭막역 상여공밀의 휴수입성소 대주표심지

15 願彼負義徒 相率皆遄死 惡貫既滿盈 活墮冥獄裏
원피부의도 상솔개천사 악관기만영 활타명옥리

16 我能改吾度 一心惟恃主
아능개오도 일심유시주

17 呻吟徹晝夜 呼籲無朝暮
신음철주야 호유무조모

18 主必聞吾音 主必來相助 全我於危厄 脫我於眾敵
주필문오음 주필래상조 전아어위액 탈아어중적

19 我求必見應 此輩將淪滅 目中無主宰 惡性終不改
아구필견응 차배장륜멸 목중무주재 악성종불개

20 賣友且背盟 口蜜心存害
매우차배맹 구밀심존해

21 其言柔如膏 傷人勝似刀
기언유여고 상인승사도

22 一切委主手 必釋爾重負 善人為主棄 從來未曾有
일체위주수 필석이중부 선인위주기 종래미증유

23 主必將惡逆 投入死亡壑 橫行無忌憚 豈能逃天戮
주필장악역 투입사망학 횡행무기탄 기능도천륙

蕩蕩公平主 吾心之所托
탕탕공평주 오심지소탁

글자풀이

- **翻**(번) 뒤집다
- **懇**(간) 정성스럽다
- **耿耿**(경경) 마음에 잊히지 아니함
- **冥**(명) 어두운
- **渺**(묘) 아득하다
- **肆**(사) 방자하다
- **炎威**(염위) 무서운 위세, 맹렬한 더위
- **悄**(초) 근심하다
- **狺**(은) 으르렁거리다
- **讎**(수) 원수
- **繞**(위) 두르다
- **惄**(녁) 허출하다, 근심하다
- **擣**(도) 찧다, 때리다
- **鴿**(합) 집비둘기
- **適**(적) 가다
- **隔**(격) 사이가 뜨다
- **避**(피) 피하다
- **喧**(훤) 지껄이다
- **喋**(첩) 재재거리다
  喋喋(첩첩) 말을 거침없이 수다스럽게 하는 모양
- **截**(절) 끊다
- **讒**(참) 참소하다
- **營營**(영영) 세력이나 이익 등을 얻으려고 골똘함
- **垣**(원) 담장
- **悠悠**(유유) 아주 많은 모양
- **觸**(촉) 닿다
- **衢**(구) 네거리
  街衢(가구) 거리, 시정

- **譎**(휼) 속이다
- **尙**(상) 오히려, 차라리
- **貳心**(이심) 배반하는 마음
- **比**(비) 나란히 하다
- **莫逆**(막역) 허물없이 친함
- **攜**(휴) 이끌다, 잡다
- **負**(부) 저버리다
- **率**(솔) 따르다
- **遄**(천) 빠르게
- **墮**(타) 떨어지다
- **冥獄**(명옥) 죽음
- **賣**(매) 배신하다
- **傷**(상) 상하게 하다
- **釋**(석) 풀어주다
- **壑**(학) 골, 구렁
- **忌**(기) 꺼리다
- **憚**(탄) 꺼리다
  忌憚(기탄) 어렵게 여겨 꺼림
- **逃**(도) 피하다
- **戮**(륙) 죽이다
- **蕩蕩**(탕탕) 사사로운 마음이 없는 모양

옮김

1간절히 우리 주께 기도하오니 제 간구에 귀 기울여 주소서 2주님 향해 애
타는 이 마음 기억하사 당신 음성과 얼굴 감추지 마옵소서 3사납게 덮쳐오
는 악인들의 기세로 제 마음 점점 더 사위어갑니다 제게 오명 덧씌워 핍박
하는데 언제야 저 으르렁거림 끝날런지요? 4원수들의 핍박으로 제 주위론
죽음이 둘러싸였고 5공포가 영혼을 짓눌러 이내 마음 도무지 가눌 길이 없
습니다 6내게 날개 있다면 바람을 타고 구름너머 저 멀리 새처럼 날아 7탁
세와 영원히 이별하고서 저 광야로 훨훨 떠날 터인데 8세찬 폭풍우 벗어나
서는 안전한 곳에서 머물 터인데… 9성안엔 시끄러운 소리들 가득하고 모
두들 제 말만 떠들어대니 은혜의 주님 바라옵기는 참소하는 저 혀들 끊어
주소서 10잇속만 탐하는 저 무리들은 밤낮 쉬지 않고 성내 돌아다니며 보
이느니 죄악과 거짓들이라 온 성이 죄악으로 가득합니다 11악한 이들 네
거리를 가득 메우고 행하느니 폭력과 속임숩니다 그들 중에 어떤 이는 맨
처음부터 원수였던 것은 아니었지요 언젠가 두 마음 몰래 품더니 끝내는
적보다 더 지독해졌습니다 12차라리 원수라면 견디겠는데, 차라리 적이라

면 피하고 말겠는데 13지금은 이렇게나 달라졌지만 일찍부터 친구요 동료
였습니다 14서로가 막역하여 내남 없었고 은밀한 속마음도 털어놓았었지요
손 맞잡고 거룩한 전 함께 오르며 주님께 마음의 뜻 아뢰었는데…
15의를 저버린 무리들에게 속히 죽음이 덮쳐버렸으면 오로지 악으로만 가
득한 저들 산 채로 지옥에 떨어졌으면 16나는 몸가짐 바로 하고서 오롯한
마음으로 주만 의지하리라 17탄식의 기도 밤낮없이 드리며 아침저녁으로
간구드리리니 18주께서 내 목소리 들으시리라 주님께서 오셔서 도우시리라
환난에서 나를 건져주시고 원수들의 손에서 건지시리라 19하느님 안중에
도 두지 않으며 끝까지 악한 마음 고치지 않는 저들 끝내 망하는 것을 나
보게 되리라 20벗을 배신하고 맹세조차 뒤집으니 혀는 꿀같으나 속 마음은
칼날같네 21그 언설 기름같이 매끄러우나 사람을 해하기는 칼보다 날카롭
네 22네 근심과 이 모든 것 주님께 맡기어라 주께서 네 중한 짐 벗겨주시
리 주께서 착한 이 끝내 버리지 않으시니 그런 일은 결코 있은 적 없노라
23주께서 악한 무리 사망 구렁에 던지리니 거리낌없이 악행한 이들 하늘
심판 못피하리 사사로움 없으신 공평하신 주님! 내 영혼이 당신을 의지하
나이다

해설

제목 번운복우翻雲覆雨는 손바닥 뒤집듯이 쉽게 바뀌는 세상이며 인정人情 또한 쉽게 변하고 만다는 뜻이다. 두보의 시 「빈교행貧交行」에 '손바닥 앞뒤로 젖힘에 따라 구름이 일고 비가 오듯 인심의 변화도 이와 같아 어지럽고 경솔하기 그지없구나!'翻手作雲覆手雨 紛紛輕薄何須數(번수작운복수우 분분경박하수수)라고 했다.

사람이 왜 그러한가? 잃지 말고 간직해야 할 첫 마음, 주님을 간직하지

懷主(회주) 못하고 두 마음을 품었기懷貳心(회이심) 때문이다. 처음에는 그 사이에서 갈등하는 것 같다가 어느새 주님과 멀어지고 만다. 그리되면 결국 하느님 안중에도 없어진다. 여전히 입으로는 매끄럽게 하느님! 하느님! 말하면서도 그 속에는 자기 잇속만을 탐하려는 마음뿐이다. 세월이 흐를수록 평생 함께 가리라 다짐했던 믿음의 벗들도 곁에 없다. 이제 날더러 그 길을 벗어나라, 그 길이 틀렸다고 한다. 신앙은 결국 하느님과 나만의 깊은 소통이며 은밀한 사랑의 행위인가?

5절의 역여도惄如擣는 『시경』「소아小雅」「소반小弁」에 '내 가슴 도려내듯 쓰리고 아프구나!'我心憂傷 惄焉如擣(아심우상 역언여도)라는 탄식이 나온다.

8절의 보탑寶塔은 귀한 보배로 장식한 탑을 말한다. 여기서는 안전한 곳을 의미한다.

10절의 영영營營은 끊임없이 맴돌며 왔다갔다 하는 모양으로 『초사』「구장九章」에 '곧장 돌아가고 싶어도 지름길 몰라 내 넋은 길을 알아두느라 분주하구나'願徑逝而未得兮 魂識路之營營(원경서이미득혜 혼식로지영영)라고 하였다.

11절의 무소불용극無所不用極은 『대학』에 나오는 말로 본래는 할 수 있는 모든 노력을 다하여 지극한 선의 경계에 도달한 것을 뜻하였는데 후에 수단과 방법을 가리지 않고 목적을 이루려는 악행의 의미로도 쓰였다.

'시경에서 이르길 비록 주나라는 오래되었으나 하늘의 명命을 새롭게 하였으니 (그래서 은나라를 멸망시키고 새로이 천하를 통일하였다는 의미) 군자는 그 최선의 방법을 쓰지 않는 바가 없다'詩曰 周雖舊邦 其命維新 是故 君子 無所不用其極(시왈 주수구방 기명유신 시고 군자 무소불용기극)고 하였다.

14절의 막역莫逆은 『장자』「대종사大宗師」 편에 나온다. '자사子祀, 자여子輿, 자려子犁, 자래子來 네 사람이 서로 쳐다보며 싱긋 웃고 그 뜻에 전혀 거스름 없이 통하여 이윽고 벗이 되었다'四人相視而笑 莫逆於心 遂相與爲友(사인상시이소 막역어심 수상여위우)는 글이 있다.

15절의 악관만영惡貫滿盈은 『서경』「태서泰誓」 상에 '상나라 주왕의 죄가 온통 가득하기에 하늘이 명하여 그를 베라 한 것이니 내가 하늘을 따르지 않는다면 그 죄가 같을 것이라'商罪貫盈 天命誅之 予不順天 厥罪惟鈞(상죄관영 천명주지 여불순천 궐죄유균) 하였다. 여기서 관貫은 일이관지一以貫之의 뜻으로 그야말로 주왕紂王이 악으로 점철하였다는 의미이다.

16절의 개도改度는 상도常度에 위배된 것을 고친다는 의미이다. 20절의 구밀심존해口蜜心存害는 말은 부드러우나 그 속에는 칼을 감추고 있다는 구밀복검口蜜腹劍과 같은 의미이다.

23절의 무기탄無忌憚은 도무지 꺼림이 없다는 뜻으로 바른 이의 마음이 떳떳함을 의미하기도 하고 거짓된 자가 제멋대로 방자하게 행하는 것을 뜻하기도 한다. 『중용』에 '군자의 중용은 때에 알맞게 따르는 것이고 소인의 반중용은 도무지 꺼리는 바가 없는 것이다'君子之中庸也 君子而時中 小人之反中庸也 小人而無忌憚也(군자지중용야 군자이시중 소인지반중용야 소인이무기탄야)라고 하였다. 본문과는 상반된 뜻이다.

제56수

낙심한 영혼의 눈물 落魄之淚
낙 백 지 루

1 求我恩主 憫此阨窮 惡黨攻我 厥勢洶洶
구 아 은 주 민 차 액 궁 악 당 공 아 궐 세 흉 흉

2 朝暮相逼 憂心忡忡 3 我之所恃 惟在聖躬
조 모 상 핍 우 심 충 충 아 지 소 시 유 재 성 궁

4 有恃何恐? 聖德是歌 血氣之倫 其如予何?
유 시 하 공? 성 덕 시 가 혈 기 지 륜 기 여 여 하?

5 泯泯棼棼 顚倒是非 蓄意加害 運其心機
민 민 분 분 전 도 시 비 축 의 가 해 운 기 심 기

6 鳩眾埋伏 窺我蹤跡 處心積慮 欲褫我魄
구 중 매 복 규 아 종 적 처 심 적 려 욕 치 아 백

7 豈其作孽 可以自脫? 惟求我主 降以顯罰
기 기 작 얼 가 이 자 탈? 유 구 아 주 강 이 현 벌

8 顚沛流離 惟主知之 落魄之淚 惟主貯之
전 패 류 리 유 주 지 지 낙 백 지 루 유 주 저 지

貯之於壺 錄之於書
저 지 어 호 녹 지 어 서

9 懲彼凶惡 恤此無辜 固知聖心 未嘗棄予
징 피 흉 악 휼 차 무 고 고 지 성 심 미 상 기 여

10 有恃何恐 聖德是歌 11 血氣之倫 其如予何?
유 시 하 공 성 덕 시 가 혈 기 지 륜 기 여 여 하?

12 平生宿願 何以償之? 中心藏之 何日忘之?
평 생 숙 원 하 이 상 지? 중 심 장 지 하 일 망 지?

誓將主德 宣而揚之
서 장 주 덕　선 이 양 지

13 生我於死 扶我於傾　乃有今日 得慶再生
생 아 어 사　부 아 어 경　내 유 금 일　득 경 재 생

有生之日 報主之恩　以承歡顏 以熙光明
유 생 지 일　보 주 지 은　이 승 환 안　이 희 광 명

글자풀이

- **魄**(백) 넋
- **憫**(민) 불쌍히 여기다
- **阨**(액) 막히다, 곤궁
  阨窮(액궁) 번뇌하여 괴로워함
- **忡**(충) 근심하다
- **倫**(륜) 무리
- **血氣之倫**(혈기지륜) 사람, 결국 죽고 말 인생이란 의미
- **泯**(민) 뒤섞이다
- **棼**(분) 어지럽게 얽히다
- **蓄**(축) 모으다
- **心機**(심기) 마음을 움직이는 실마리
- **鳩**(구) 모으다
- **窺**(규) 엿보다
- **處心**(처심=**存心**=**宅心**) 마음에 새겨두고 잊지 않음
- **褫**(치) 박탈하다
- **貯**(저) 쌓다
- **壺**(호) 병, 단지
- **錄**(록) 기록하다
- **辜**(고) 허물
- **宿**(숙) 오래되다, 자다

옮김

1은혜의 하느님 나를 불쌍히 여기사 이 고난에서 건져주소서 악한 무리들 나를 몰아대오니 그 기세 흉흉하기 그지 없습니다 2저들 종일 짓밟아 근심은 깊으나 3거룩하신 주님만을 나 의지합니다
4이 믿음 있으니 무엇이 두려우랴? 주님의 크신 덕을 노래하렵니다 겨우 숨붙이들이 감히 나를 어찌하랴?
5어수선한 세상 어지러워라 옳고 그름이 뒤집혔으니 못된 마음으로 해를 가하고 모략 꾸미기 힘쓰는구나 6떼로 모여 숨어서는 내 발걸음 엿보면서

내 영혼 해하려고 꿍꿍이를 거듭하네 7어찌 저들 제 죄에서 벗어날 수 있
으랴? 내 주께 구하오니 저들을 벌하소서 8엎어지고 넘어져 마음 둘 곳 없
어라 곤고한 이내 처지 주님은 아시오니 낙심한 저의 눈물 주의 병에 담으
시고 이내 사정 당신 책에 적어주소서 9무고한 이 인생 불쌍히 여기사 저
악한 무리들 징벌하소서 그로써 하느님 내 편이시며 버리신 적 없음을 내
가 알리이다
10이 믿음 있으니 무엇이 두려우랴? 주님의 크신 덕을 찬양하리이다 11겨
우 숨붙이들이 감히 나를 어찌하랴?
12일생 품은 이 내 서원 어찌 주께 갚으리까? 맘 속 깊이 담았으니 어찌
잊을 수 있으리까? 주의 크신 그 은혜 드높이며 외치리라 13죽을 인생 생
명으로 옮겨주시고 비틀거리는 인생 붙잡아주셨으니 이 날에 되살아난 기
쁨 누리오리니 생의 남은 날들 주의 은혜 기리며 그 은혜 덧입어 빛 가운
데 살리이다.

해설

히브리 시편의 5절은 악한 무리들이 시인을 해하려 골똘하고 있음을 호소하는데 오경웅은 이에 더하여 옳고 그름이 뒤집히고 온통 거짓된 가치관으로 혼돈된 현실을 더하여 묘사한다. 민민분분泯泯棼棼이요 혼혼란란昏昏亂亂이다. 시인이 처한 현실 자체가 불의이며 부조리이다. 그러므로 시인이 겪는 고난은 단지 개인적인 문제로 한정할 수 없다.

신앙인이 겪는 고난은 그 시대의 악이 가하는 핍박이기도 하지만 보다 근본적인 핍박은 불의한 시대 자체이다. 선을 지향하고 의의 걸음 걷고자 하는 이에겐 불의한 시대 자체가 짓누르는 핍박이지 않을 수 없다. 그가 호소할 곳은 오직 한 분 하느님이시며, 그가 지닌 힘은 오직 주님을 신뢰

하는 믿음이며 그가 걸어야 할 길은 이 믿음에 바탕을 둘 수밖에 없다.

1절의 액궁阨窮은 막혀서 궁지에 몰려있음을 뜻한다. 『맹자』 「공손추公孫丑」 상에 유하혜柳下惠가 어떤 인물인지를 묘사하면서 '임금에게 버려져도 원망하지 않고 궁색한 처지에 몰려도 염려하지 않았다'遺佚而不怨 阨窮而不憫(유실이불원 액궁이불민)고 하였다.

2절의 우심충충憂心忡忡은 『시경』 「소남召南」 「초충草蟲」에 나온다. '우리 님이 아니 오니 마음은 상하고 아파옵니다'未見君子 憂心忡忡(미견군자 우심충충)라고 노래하였다.

4절에서 유시하공?有恃何恐이라고 했다. 믿음이 있는데 무엇이 두려우랴?는 뜻이다. 그래서 예수님이 '겨자씨만 한 믿음만 있다면…'이라고 하셨나 보다. 그 겨자씨만 한 믿음이 신자를 하느님과 하나 되게 하고 시대의 불의를, 산처럼 가로막는 거짓을 넘어서게 하나보다.

아울러 기여여하?其如予何? 그런 숨붙이들이 날 어찌할 수 없으리라는 확신이 있다. 마치 공자가 하늘이 내게 문文(인간의 무늬와 도리)을 맡겼는데 하늘이 이것을 버리려 하지 않는 한 사람 따위가 날 죽일 수 없다는 확신과 다르지 않다. 삶의 길은 믿음을 추구하는 길이며 이 믿음으로 사는 길이다.

5절의 민민분분泯泯棼棼은 『서경』 「여형呂刑」에 형벌을 매우 강하게 한 결과를 말하는 장면에 나온다. '백성들이 잘못된 풍조에 물들어 악한 짓을 행하니 온 세상이 혼미하고 요란스러웠다'民興胥漸 泯泯棼棼(민흥서점 민민분분)고 하였다.

6절의 처심적려處心積慮는 오랫동안 마음에 두고 잊지 않음, 골똘히 생각함을 뜻하는 성어成語이다.

7절의 현벌顯罰은 공개적인 형벌을 의미한다. 유주의 책인 『유자劉子』의 「신론新論」 「상벌賞罰」 편에 '덕에 대한 분명한 상은 사람들을 선하게 권하는 것이고 허물에 대한 공개적인 벌은 사람들로 하여금 죄짓는 것을 금하게 하는 것이다'明賞有德 所以勸善人也 顯罰有過 所以禁下奸也(명상유덕 소이권선인야 현벌유과 소이금

하간야)라고 하였다.

8절의 전패顚沛는 『시경』「대아大雅」에 은나라 멸망에 대해 말하는 장면에 나온다. '넘어지고 뽑혀서 뿌리가 드러나면 가지와 잎이 아직 안 상했어도 뿌리가 이미 먼저 망가진 거라 은나라의 거울이 멀리 있지 않으니 하나라 망할 때를 거울 삼았어야지'顚沛之揭 枝葉未有害 本實先撥 殷鑑不遠 在夏后之世(전패지게 지엽미유해 본실선발 은감불원 재하후지세)라고 노래하였다.

같은 절의 유리流離는 전쟁과 같은 곤고함으로 떠돌며 유랑하여 이리저리 흩어지는 것을 뜻하는 유전리산流轉離散의 줄임말이다. 낙백落魄은 실의하여 자기 스스로를 추스릴 수 없음을 뜻한다.

4절과 11절에 반복되는 기여여하其如予何는 『논어』「술이述而」편에 나오는 말로 환퇴라는 이가 공자를 죽이고자 하니 제자들이 빨리 가야 한다고 하자 공자가 '하늘이 내게 덕을 주셨는데(맡기셨는데) 감히 환퇴가 날 어찌할 수 있으랴?'天生於德予 桓魋其如予何(천생어덕여 환퇴기여여하)고 대답하는 내용이 있다. 같은 책「자한子罕」편에 광匡 지역에서 위기에 처하였을 때도 같은 태도로 대답하는 장면이 나온다.

13절의 부아어경扶我於傾은 『천자문』에 나오는 성어成語로 약자를 건져주고 비틀거리는 자를 붙잡아준다는 제약부경濟弱扶傾의 의미이다.

제57수

고난의 시기에 時艱(시간)

1 主兮主兮 盍亦垂憐? 心魂依依 托爾以全
주혜주혜 합역수련? 심혼의의 탁이이전

願庇卵翼 度茲時艱
원비란익 도자시간

2 呼籲至尊 顯爾大能
호유지존 현이대능

3 自天降佑 莫使倂呑 挫彼頑敵 賜我慈恩
자천강우 막사병탄 좌피완적 사아자은

4 群逆圍我 如獅覓食 齒若戈矢 舌同長戟
군역위아 여사멱식 치약과시 설동장극

5 惟主之威 峻極於天 光華煥發 普照人間
유주지위 준극어천 광화환발 보조인간

6 敵人設網 以絆我足 世路日艱 我步日蹙
적인설망 이반아족 세로일간 아보일축

設阱我前 意在必獲 詎料自墮 葬身深壑
설정아전 의재필획 거료자타 장신심학

7 有主何危? 方寸安寧 心懷大德 口發頌聲
유주하위? 방촌안녕 심회대덕 구발송성

8 吾魂不寐 昧爽而興 鼓琴鼓瑟 喚醒清晨
오혼불매 매상이흥 고금고슬 환성청신

9 誦主之號 謝主之恩 以傳萬國 以告生靈
송주지호 사주지은 이전만국 이고생령

10 大仁塞宇 高義薄雲
대인색우 고의박운

11 威靈顯赫 峻極於天 光華煥發 普照人間
위령현혁 준극어천 광화환발 보조인간

글자풀이

- **盍**(합) 어찌 아니한가?
- **依依**(의의) 그리워하는 모양
- **艱**(간) 어려울
- **覓**(멱) 찾다
- **戟**(극) 창
- **絆**(반) 얽어매다
- **蹙**(축) 곤궁하다
- **穽**(정) 허방다리
- **獲**(획) 잡다
- **詎**(거) 어찌
- **料**(료) 헤아리다
- **墮**(타) 떨어지다
- **寐**(매) 잠자다
- **昧**(매) 어둑새벽
- **爽**(상) 날이 새려하다
- **喚醒**(환성) 깨우는 소리
- **清晨**(청신) 맑은 새벽
- **塞**(색) 충만하다

옮김

1 하느님이여 나를 불쌍히 여기소서 내 영혼 주님만 의지하오니 당신께 온
전히 의탁한 날 감싸셔서 고난의 이 시기 건너게 하소서 2 지존자 주님께
호소하오니 주님의 크신 능력 나타내소서 3 하늘의 도우심 허락하셔서 저들
나를 삼키지 못하며 내게 당신의 사랑 베풀어주셔서 완악한 저들 좌절케
하소서
4 적들이 나를 에워싼 것이 먹이 노리는 사자 같으며 저들의 이빨 창과 화
살 같고 저들의 혀는 긴 칼 같습니다 5 주님의 위엄 하늘보다 높사오니 주
의 영광 세상 만민 두루 비추소서 6 적들이 친 그물에 제 발 얽혔고 세상살
이 갈수록 곤궁했는데 제 앞에 놓인 함정 저를 노려 팠겠지만 자기들이 빠
져서 묻힐 줄이야 어찌 헤아려나 보았겠습니까? 7 주님 계시니 무엇이 위

험하랴? 마음은 참으로 평안하구나 내 마음 주님의 자비를 새기며 입 열어
주님을 찬송합니다
8내 영혼 도무지 잠들 수 없나니 새벽에 일어나 찬미하리라 비파와 수금으
로 찬송하리니 새벽을 일으켜 깨우리로다 9거룩한 그 이름 높여 부르고 주
님의 은혜에 감사드리며 온 세상에 전하며 뭇 생명에 고하리라 10주의 크
신 자비 온 땅에 가득하고 거룩하신 주의 의 하늘에 가득하네 11주님의 위
엄 하늘보다 높사옵고 주의 영광 세상 만민 두루 비추소서

해설

5절과 11절에 같은 구절이 반복된다. 후렴으로 보아도 무방하겠다. 하늘보다 높으신 주님의 위엄이 이 땅에 밝혀지길 간구한다. 어려운 시절을 지날 때 사람이 할 수 있는 게 없다. 그래서 때時에는 하늘이 붙는다. 이른바 천시天時다. 감히 사람이 어찌할 수 없다는 의미이다.

예수님도 그렇게 말씀하셨다. 그래서 숙명으로 받아들이기도 한다. 그러나 성서의 시인은 하늘의 도우심天降佑(천강우)을 빈다. 개인적으로는 그분 날개 아래 이 어려운 때를 건너길 간구하며 역사적으로는 하느님의 영광이 이 땅에 두루 비추어 하느님의 자비가 충만하고 높은 뜻이 하늘에 가득하길 구한다. 개인적인 간구와 역사적 희망이 다르지 않다.

10절의 대인색우 고의박운大仁塞宇 高義薄雲이라는 의미를 되새길만 하다. 하느님의 사랑은 이 땅에 가득하고 하느님의 의義는 하늘에 펼쳐진다고 하였다. 하느님 사랑은 인생의 바탕이다. 그러니 땅에 가득한 것이고 하느님의 의義는 인생이 추구할 푯대이다. 그러니 하늘에 닿아있다. 살아가도록 베푸신 사랑과 바라보도록 제시한 의를 둘로 나눈다면 너무 작위적인가? 오경웅 선생의 번역에 담긴 사유가 귀하다.

3절의 천강우天降佑는 『한서漢書』에 '애제哀帝가 자신의 자질이 부족함을 말하며 하늘의 도움을 청하는'哀帝 自言不材 天降之佑(애제 자언부재 천강지우) 글이 있다.

5절의 준극어천峻極於天은 『중용』에 '크구나! 성인의 길이여, 온 누리 가득하여 만물을 낳고 기르는데 그 빼어남이 하늘에 닿았구나'大哉 聖人之道 洋洋乎 發育萬物 峻極於天(대재 성인지도 양양호 발육만물 준극어천)라고 하였다.

6절의 세로世路는 세상살이 혹은 시절의 사회적 상황을 의미한다. 두보의 시 「춘귀春歸」에 '가시밭길 세상사 어렵다 하지만 우리 인생 어차피 끝이 있는 것 술이 깨면 다시금 취하면 그 뿐 흥이 나면 어디든 내 집인 것을'世路雖多梗 吾生亦有厓 此身醒復醉 乘興卽爲家(세로수다경 오생역유애 차신성부취 승흥즉위가)이라고 노래하였다.

7절의 방촌方寸은 방 한 치의 좁은 땅이란 의미로 전轉하여 사람의 마음을 뜻한다.

10절의 고의박운高義薄雲은 높은 뜻이 하늘에까지 미친다는 뜻으로 본래는 시문詩文의 표현이 놀라우며 뜻이 깊고 오묘함을 칭하였는데 후에 사람의 훌륭함도 뜻하게 되었다.

11절의 보조普照는 대지를 원만히 비추다는 뜻으로, 빠트리거나 놓치는 바 없이 두루 비침이다. 남조 「대법송大法頌」 서序에 '지혜의 빛 온 세상에 비치니 온갖 해악 사라지도다'慧日普照 毒霜並消(혜일보조 독상병소)라고 하였다

제58수

위에만 계신다고 말하지 마라 無曰 高高在上
무 왈 고고재상

1 嗟時俗之詭詐兮 背繩墨而改錯
차시속지궤사혜 배승묵이개착

2 執法不平兮 中心懷惡 信手高壓兮 良民之蠹
집법불평혜 중심회악 신수고압혜 양민지두

3 蓋自幼而已然兮 曾不改乎故度 其口如簧兮 其毒如蠱
개자유이이연혜 증불개호고도 기구여황혜 기독여고

4 猶虺蜴之自塞其耳兮 5 羌非術士之能御
유훼척지자색기이혜 강비술사지능어

6 猛如壯獅兮 牙如矛戟 惟祈吾主兮 厥牙是折
맹여장사혜 아여모극 유기오주혜 궐아시절

7 願其如水之覆兮 不可收拾 願其如弓之弊兮 矢不中的
원기여수지복혜 불가수습 원기여궁지폐혜 시부중적

8 願其如蝸牛之消形兮 載行載滅 願其如胚胎之流產兮 不見天日
원기여와우지소형혜 재행재멸 원기여배태지류산혜 불견천일

9 束荊炊釜 半焦半青 旋風倏至 掃蕩廓清
속형취부 반초반청 선풍숙지 소탕확청

10 使善人睹之而欣欣兮 濯其足於群姦之血
사선인도지이흔흔혜 탁기족어군간지혈

11 使世人皆愕然而相語兮 曰：善惡之報 信絲毫無忒
사세인개악연이상어혜 왈: 선악지보 신사호무특

孰云高高乎其在上兮 實監臨下土而行其黜陟
숙운고고호기재상혜 실감림하토이행기출척

글자풀이

- **詭詐**(궤사) 간사스러운 거짓
- **繩**(승) 줄, 법도
- **錯**(착) 섞이다 잘못되다
- **信手**(신수) 일이 손에 익어서 손을 놀리는 대로 제대로 됨
- **蠹**(두) 좀
- **蓋**(개) 모두
- **故度**(고도) 옛 법도, 낡은 관습
- **簧**(황) 피리의 진동판
- **蠱**(고) 뱃속 벌레, 독기
- **虺**(훼) 살무사
- **蜴**(척) 도마뱀
- **羌**(강) 아(탄식하는 소리)
- **御**(어) 막다
- **猛**(맹) 사납다
- **牙**(아) 송곳니
- **矛**(모) 자루가 긴 창
- **戟**(극) 창
- **拾**(습) 줍다
- **蝸**(와) 달팽이

  蝸牛(와우) 달팽이
- **載**(재) ~할수록
- **胚**(배) 임신하다
- **胎**(태) 아이를 배다

  胚胎(배태) 아이를 배다
- **束**(속) 동여매다
- **荊**(형) 가시나무
- **炊**(취) 불을 때다
- **釜**(부) 가마
- **倏**(숙) 갑자기
- **旋風**(선풍) 회오리 바람
- **愕**(악) 놀라다
- **毫**(호) 가는 털
- **絲毫**(사호) 몹시 적은 수량
- **孰**(숙) 누구
- **黜**(출) 내치다
- **陟**(척) 들어올리다

  黜陟(출척) 내치고 들어올리는 것, 등용하고 축출함

옮김

1 세상 습속 따라 거짓 꾀하는 시대여 바른 법도 버리고 제 멋대로 마구잡
이로구나 **2** 공평이라곤 전혀 없는 법 집행이여 마음은 악으로 가득하구나
백성들 억압하기 여반장이로구나 선량한 백성들의 좀과 다름없구나 **3** 나면
서부터 거짓을 당연하게 여기고 옛 악습일랑 고친 적 없으니 그 입은 여린
것 같으나 흘러나오느니 맹독이로구나 **4** 제 귀를 막아버린 독사와 같으니 **5**
어쩌랴! 피리부는 마술사조차 어찌할 수 없구나
6 사납기 젊은 사자와 같아 송곳니 창날처럼 날카로우니 우리 주님 야훼께

간구하오니 날카로운 저 송곳니 부러뜨려 주소서 7쏟아져버린 물같아서 다
시 담을 수 없고 해진 활 같아 쏘아도 맞지 않게 하소서 8애쓰며 나아가도
끝내 말라버리는 달팽이처럼 어미 뱃속에서 유산되어 해를 볼 수 없는 아
이처럼 되게 하소서 9나뭇더미 가마솥 불쏘시개 삼을 때 그 불이 채 다 타
기도 전에 회오리바람 돌연 불어 사라지듯 깨끗이 없어지게 하여 주소서
10착한 이들 저들 받는 보응을 보며 기뻐하고 악인들의 피로 발을 씻게 하
소서 11세상 사람들 모두 정녕 놀라 서로 이르길 선악이 제대로 갚아지는
구나 조금도 틀림없이 치러지는구나 하느님 높은 데만 계시다고 말하는 이
누구냐? 이 땅을 온전히 살피시나니 선한 이 높이시고 거짓된 자 내치시네

해설

인간의 귀에 어디 가림이 있으랴? 제 스스로 가리는 것은 마음뿐이다. 들려오는 소리를 어찌 귀가 듣지 않으랴? 귀머거리가 아닌 한! 그럼에도 인간은 귀를 막고 산다. 그러면서 제 듣고 싶은 것만 듣는다. 신통한 일이 아닐 수 없다.

이 시편의 제목인 무왈고고재상無曰高高在上은 『시경』「주송周頌」「경지敬之」에 나오는 것으로 '공경하시라 오로지 공경하시라 하늘은 너무나도 밝으시나니 하늘의 명 받기란 쉽지 않은 법, 위에만 계신다고 말하지 마시라 일이 있을 때마다 내려오시어 날마다 여기에서 살피신다네'敬之敬之 天惟顯思 命不易哉 無曰高高在上 陟降厥土 日監在玆(경지경지 천유현사 명불이재 무왈고고재상 척강궐토 일감재자)라는 노래가 있다.

1절의 배승묵이개착背繩墨而改錯은 춘추전국시대 초나라의 충신 굴원이 지은 「이소離騷」라는 시에 나온다. '정도를 어기고 제멋대로 날치며 규구와 준승 내버리고 시비곡직 따로 없이 아부하고 영합하는데 길들여졌구나'偭規矩

而改錯 背繩墨而追曲兮 競周容以爲度(면규구이개착 배승묵이추곡혜 경주용이위도)라는 구절이 있다. 바른 기준이나 도리는 버리고 시류에 따라 제멋대로 행하는 세태를 묘사한 말이다. 승묵繩墨은 건물을 지을 때 쓰이는 먹줄이다. 짓고 나면 드러나지 않는다. 그러나 그 전까지는 건물축조의 근본이자 바탕이다.

3절의 황고簧蠱는 피리의 얇은 진동판 같은 사람의 입에서 세상에서 가장 강한 맹독이 나온다. 황簧은 피리에서 진동이 일어나게 하는 얇은 대나무 판이다. 고蠱는 맹독성을 가진 벌레의 독이다.

8절의 와우蝸牛는 달팽이를 이른다. 소동파의 시 「와우蝸牛」에도 달팽이의 어리석음을 노래한 바가 있다. '그저 오르기만 할 뿐 멈출 줄 모르니 끝내 벽에 붙어 마르고 마는구나.'升高不止休 竟作粘壁枯 (승고부지휴 경작점벽고)

9절의 소탕확청掃蕩廓清은 당의 조원일의 글 「봉천록奉天錄」에 '요사하여 악한 것들을 없애 천하를 깨끗하게 한다'掃蕩妖孽 廓清寰宇(소탕요얼 확청환우)는 문장이 있다.

11절의 감림하토監臨下土는 『장자』 「천운天運」 편에 '구주와 낙서의 규범이 실현되어 잘 다스려지고 덕이 갖추어지면 이 땅에 군림하여 온 천하가 그를 추대하게 된다'九洛之事 治成德備 監臨下土 天下戴之(구낙지사 치성덕비 감림하토 천하대지)는 말이 나온다. 전轉하여 군왕이 잘 다스림, 해와 달이 비춤을 뜻하기도 한다.

제59수

미쳐 날뛰는 악의 무리들 群犬之狂吠

군견지광폐

1 主兮主兮 其拯我於諸讎
주혜주혜 기증아어제수

2 救我於作惡之徒兮 全我於暴虐之流
구아어작악지도혜 전아어폭학지류

3 鳩眾而埋伏兮 惟吾命之是圖
구중이매복혜 유오명지시도

4 無故而與予為敵兮 非予之辜 求吾主之相援兮 莫付予於狂奴
무고이여여위적혜 비여지고 구오주지상원혜 막부여어광노

5 求主一懲群逆而莫予優容兮 豈黑白之可渝
구주일징군역이막여우용혜 기흑백지가투

6 群犬晚歸兮 舉狺狺而吠予 7 橫行街衢兮 伺我於城隅
군견만귀혜 거은은이폐여 횡행가구혜 사아어성우

又申申而相詈兮 口如刺人之刀 意謂主不之聞兮 乘黑夜而狂號
우신신이상리혜 구여자인지도 의위주부지문혜 승흑야이광호

8 吾知主必哂之兮 笑狂瀾之滔滔 9 惟主為吾之力量兮 吾所仰望
오지주필신지혜 소광란지도도 유주위오지력량혜 오소앙망

10 主必迎予以仁慈兮 令我見群敵之敗亡
주필영여이인자혜 영아견군적지패망

11 求主加以殲滅兮 恐吾民之受其熒惑
구주가이섬멸혜 공오민지수기형혹

願鼎力以掃蕩之兮 使其不復為吾族之荼毒
원정력이소탕지혜 사기불부위오족지도독

12 何彼口之多孽兮 願咒詛之反應其身
하 피 구 지 다 얼 혜 원 주 저 지 반 응 기 신

13 願聖怒之臨之兮 有如火之銷膏 漸削而漸弱兮 終雲散而煙消
원 성 노 지 림 지 혜 유 여 화 치 소 고 점 삭 이 점 약 혜 종 운 산 이 연 소

俾世人皆識雅谷之主兮 莫敢矜誇而自驕
비 세 인 개 식 아 곡 지 주 혜 막 감 긍 과 이 자 교

14 嗟群犬之狺狺兮 乘暮夜而狂吠
차 군 견 지 은 은 혜 승 모 야 이 광 폐

15 張其口而覓食兮 歷深更而不止 徘徊於街頭兮 徬徨於巷尾
장 기 구 이 멱 식 혜 역 심 경 이 부 지 배 회 어 가 두 혜 방 황 어 항 미

16 予則昧爽而懷主兮 獻頌美之晨曲
여 즉 매 상 이 회 주 혜 헌 송 미 지 신 곡

17 既有主為岑樓兮 亦何恤乎煢獨?
기 유 주 위 잠 루 혜 역 하 휼 호 경 독?

蓋有恃而無恐兮 聊詠歌以為樂
개 유 시 이 무 공 혜 요 영 가 이 위 락

글자풀이

- **吠**(폐) 짖다
- **讎**(수) 원수
- **鳩**(구) 모이다
- **援**(원) 잡다
- **狂奴**(광노) 미친 놈(욕)
- **優容**(우용) 관대하게 대우하다
- **渝**(투) 변하다
- **狺**(은) 으르렁거리다
- **衢**(구) 네거리 길
- **伺**(사) 노리다
- **隅**(우) 모퉁이
- **申申**(신신) 거듭하여
- **詈**(리) 꾸짖다, 욕하다
- **狂號**(광호) 소리지르다
- **哂**(신) 비웃다
- **滔**(도) 물이 넘치다
- **殲**(섬) 다 죽이다
- **熒**(형) 어지러운
  熒惑(형혹) 정신이 어수선하고 의혹하다
- **鼎力**(정력) 큰 힘
- **荼**(도) 씀바귀
  荼毒(도독) 심한 독, 고통
- **銷**(소) 녹이다
- **漸**(점) 점차로
- **削**(삭) 약해지다
- **矜誇**(긍과) 뽐내고 자랑함
- **張**(장) 벌리다
- **徬**(방) 방황하다
- **徨**(황) 어정거리다
- **巷**(항) 동네

• 岑樓(잠루) 높고도 뾰족한 누각
• 聊(료) 부족하나마 그대로
• 煢(경) 외로울 경

옮김

1나의 주님 나의 하느님이여 원수들의 손아귀에서 건져주소서 2악을 짓는
무리들에게서 나를 구해주시며 강포한 이들에게서 나를 구원하소서 3악한
이들 모여서 매복하고는 내 목숨 빼앗으려 궁리합니다 4잘못한 게 없는데
이유도 없이 악인들 나를 대적하려 합니다 주님의 도우심을 간구하오니 저
미친 놈들에게 나를 넘기지 마소서 5야훼여 흑과 백이 바뀔 수는 없는 노
릇이오니 패악한 무리들 징치하시되 내게 하듯 관대하겐 마시옵소서 6어둑
할 녘 돌아와 개떼처럼 으르렁거리며 나를 물려합니다 7이쪽 저쪽 사방을
쏘다니면서 구석진 곳에서 나를 노립니다 쉴 새 없이 비난하며 몰아세우니
그 입은 찌르는 칼과 다름없는데 음흉하게도 '주가 들으실 리 없다'며 어
둠 속을 누비며 큰 소리 칩니다 8그러나 우리 주님 저들 비웃으시니 가소
롭기 그지 없어 큰 웃음 터트리십니다 9주님은 나의 힘이 되시니 나는 오
직 주님만을 바라봅니다 10주님은 사랑으로 나를 맞아주시고 원수들의 패
망을 보게 하시리이다

11주님 저들을 섬멸하여 주소서 우리 백성 혹여라도 흔들릴까 하나이다 크
신 능력으로 저들 멸망케 하사 다시는 이 백성 고통 겪지 않게 하소서 12
저들의 입에 걸린 하 많은 죄악들, 그 저주들 저들에게 돌아가게 하소서 13
거룩한 주의 노 저들에게 임하사 불이 기름을 태워 없앰과 같이 저들 점차
사위어들고 약해지리니 종래에는 연기처럼 가뭇없이 사라져 하느님께서
야곱의 주님 되심을 세상 사람들 모두 알게 되어서 감히 뽐내거나 자랑하
는 따위의 교만한 맘 갖지 못하게 하소서 14개떼처럼 모여서 으르렁거리는

저들! 야음을 틈타 미친 듯 짖어대고 15 길거리 배회하며 후미진 곳 들쑤시
며 밤새도록 쉬지 않고 먹잇감을 찾으나 16 나는 어둠 뚫고 동터 오는 새벽
에 나의 구원 주 하느님 기억하면서 아름다운 새벽 찬양으로 주님을 노래
하리라 17 주님 나의 피난처 되어주셨으니 기댈 곳 없는 인생에 베푸신 긍
휼이여! 주님을 의뢰하니 무엇이 두려우랴 애오라지 주를 찬양함 나의 즐
거움이라

해설

눈앞에는 입을 벌려 으르렁대는 악한 이들이 있다. 어디를 가도 그들을 피할 수 없다. 한밤중이라도. 저들의 입은 휘두르는 칼이며 먹잇감을 찾아 쏘다니는 개들과 같다. 사방을 둘러보아도 믿는 이에게 도무지 갈 곳이 없다. 어찌할 것인가? 이럴 때 믿는 이는 두리번거리지 않는다, 머리를 들어 우러른다. 기도는 앙망仰望이다! 그리고 이렇게 우러르는 중에 그는 고양된다. 마치 기류를 타고 높은 곳에서 날갯짓 없이도 유유히 비행하는 새처럼.

이제 그는 자신을 둘러쌌던 그 숨 막히던 현실을 멀찍이 내려다보면서 그 현실이 하느님의 손길 아래서 어떻게 변해갈 것인지를 넉넉히 볼 수 있는 눈매를 갖추게 된다. 눈앞의 것은 이제 그의 눈을 가리지 못한다. 그는 현실 너머를 보는 눈을 지니게 되었다. 이것이 신앙인의 관상觀想이다. 기도 전의 세상과 기도 후의 세상은 이렇게 다르다.

13절에 야곱의 하느님이심을 알다俾世人皆識雅谷之主兮(비세인개식아곡지주혜)라는 말에는 식識이 쓰였다. 식識은 단순히 안다는 뜻에 그치지 않고 알아서 인정한다는 의미를 담고 있다. 머릿속 지식이 아니라 삶을 결정하거나 이끄는 태도에까지 연결된 몸으로의 앎이다. 믿음의 앎은 다만 지知에 머물지 않는다. 알고 인정하여 삶으로 드러남에 이르러야 한다.

4절의 광노狂奴는 광노고태狂奴故態의 줄임말이다. 도무지 방탕한 성격을 고치지 않는 모습을 이른다. 우리말로 하면 '미친 놈'쯤 되겠다.

11절의 정력鼎力은 솥을 드는 힘 즉 큰 힘을 뜻한다. 주로 도움을 청함과 베푼 것에 대한 감사의 의미鼎力相助(정력상조)를 담고 있다.

같은 절의 도독荼毒은 아주 쓴 나물과 독을 쏘는 벌레란 뜻이나 해독害毒 또는 악한 정치를 뜻하게 되었다. 『서경』「탕고湯誥」에 하나라 임금이 '덕을 멸하고 위엄만 부려 그 백성이 흉악한 해를 입어 그 해독을 견딜 수 없게 되었다'滅德作威 爾萬方百姓 罹其凶害 不忍荼毒(멸덕작위 이만방백성 리기흉해 불인도독)는 글이 나온다.

13절의 화지소고火之銷膏는 『한서』「동중서董仲舒 전」에 나온다. '사람이 악을 행하는 것은 사람 눈에 보이지는 않지만 마치 불에 탈 기름을 그 몸에 쌓는 것과 같다'積惡在身 猶火之銷膏而人不見也(적악재신 유화지소고이인불견야)고 하였다.

16절의 신곡晨曲은 이른 아침의 정경과 감흥을 표현한 노래를 이른다.

17절의 경독煢獨에서 형제가 없는 이를 경煢이라 하고 자녀가 없는 이를 독獨이라 한다. 의지할 곳 없는 외로운 사람을 뜻한다. 『서경』「홍범洪範」편에 '외롭고 미천한 백성이라도 함부로 대하지 말아야 하며 어질고 고결한 인격자라 해서 두려워하거나 꺼려하지 말아야 한다'無虐煢獨 而畏高明(무학경독 이외고명)라고 하였다.

같은 절의 잠루岑樓는 산과 같이 높고 뾰족한 누각岑樓(누樓의 높고 날카로움은 산과 같다: 주희)을 뜻한다. 『맹자』「고자告子」하에 '근본을 헤아리지 않고 그 말단을 비교하면 한치의 나무도 높은 누각보다 더 높게 할 수 있다'不揣其本 而齊其末 方寸之木 可使高於岑樓(불췌기본 이제기말 방촌지목 가사고어잠루)는 비유에 쓰였다.

제60수

하느님의 도우심과 사람의 도움 神助與人助

신조여인조

1 吁嗟我主 盍其有極? 棄我如遺 令我顛蹶
우차아주 합기유극? 기아여유 영아전궐

祈主息怒 賜予休息
기주식노 사여휴식

2 瘡痍滿目 大地崩裂 求主垂憐 敷以膏澤
창이만목 대지붕렬 구주수련 부이고택

3 久矣爾民 受爾痛責 飲之以酒 猛矣其烈
구의이민 수이통책 음지이주 맹의기렬

孰云瞑眩 莫瘳厥疾
숙운명현 막추궐질

4 我有采旌 大主所贈
아유채정 대주소증

5 以宣聖德 以揚惠音 主其引手 佑爾子民
이선성덕 이양혜음 주기인수 우이자민

6 大主有命 吾心用樂 將分濕岑 將據疏谷
대주유명 오심용락 장분습잠 장거소곡

7 基列西蒙 莫匪我屬 法蓮為屏 樹德為牧
기렬서몽 막비아속 법련위병 수덕위목

8 摩瓦作盤 夷東置屩 菲莉之野 供我歡躍
마와작반 이동치교 비리지야 공아환약

9 誰能領我 襲彼崇墉? 誰能引我 征彼夷東?
수능령아 습피숭용? 수능인아 정피이동?

10 我主胡為 棄我泥中? 我主胡為 不護我戎?
아 주 호 위 기 아 니 중? 아 주 호 위 불 호 아 융?

11 縱有人助 何以為功? 求主相我 克彼元凶
종 유 인 조 하 이 위 공? 구 주 상 아 극 피 원 흉

12 既有神助 吾氣則雄 主必佑我 消滅敵蹤
기 유 신 조 오 기 즉 웅 주 필 우 아 소 멸 적 종

글자풀이

- **極**(극) 바로잡다, 끝나다
- **顛**(전) 엎드러지다
- **蹶**(궐) 넘어지다
- **瘡**(창) 부스럼
- **痍**(이) 상처
  瘡痍(창이) 병기에 다친 상처
- **敷**(부) 펴다
- **瞑**(명) 어둡다
- **眩**(현) 어지럽다
  瞑眩(명현) 어지럽고 눈앞이 캄캄함
- **瘳**(추) 낫다
- **采**(채) 풍채
- **旌**(정) 기
- **濕岑**(습잠) 세겜의 음역
- **疏谷**(소곡) 수꼿의 음역
- **基列**(기열) 길르앗의 음역
- **西蒙**(서몽) 므낫세의 음역
- **法蓮**(법련) 에브라임의 음역
- **屏**(병) 병풍, 울타리
- **樹德**(수덕) 유다의 음역
- **牧**(목) 다스리다
- **摩瓦**(마와) 모압의 음역
- **夷東**(이동) 에돔의 음역
- **屩**(교) 짚신
- **菲莉**(비리) 블레셋의 음역
- **襲**(습) 불의에 쳐들어 가다
- **墉**(용) 담
  崇墉(숭용) 아주 높고 큰 성벽
- **戎**(융) 병장기
- **縱**(종) 설령 ~일지라도
- **蹤**(종) 발자취

옮김

1오 하느님이여 언제나 끝날런지요? 우리를 버리사 넘어지게 두시는 겁니까? 주님 당신의 진노 멈추어주셔서 우리에게 안식을 베풀어주소서 2이 땅 흔들려 갈라지고 깨어진 상처들 가득합니다 불쌍히 여기시고 자비를 베푸사 치유의 기름 바름 허락하소서 3당신의 질책 받은 지 오래이며 당신의

벌주 힘겹게 마셨습니다 이리도 심한 징계 받았사오니 이제는 나을 때도
되지 않았습니까? 4아름다운 깃발 제게 있는데 이 깃발 당신이 친히 주신
것 5거룩한 덕 베푸시고 자비의 음성 들려주셔서 당신의 백성 구원하소서
6위대하신 주님 말씀하신다 "나 기꺼이 세겜을 나누고 수꽃을 차지하리라
7길르앗과 므낫세가 내게 속할 것이며 에브라임은 울타리, 유다는 다스리
리라 8모압을 대야 삼고 에돔에 내 신발 놓아두리라 블레셋 들판에서 승리
의 환호 울리게 하리라 9누가 나를 이끌어 높은 성벽을 넘어 저들을 치며
누가 나를 인도하여 에돔을 정복하리오?"
10주님 어찌하여 우리를 흙더미 속에 버리십니까? 주님 어찌하여 우리 군
대 지켜주지 않으십니까? 11설령 사람의 도움 있다고 한들 무엇을 이룰 수
가 있겠습니까? 주께서 우릴 도우셔야 흉악한 적들 이길 수 있으리이다
13주님이 도우시니 우리 기백이 솟구치리니 주님 우릴 도우셔서 적들을 짓
밟고 진멸하리라

해설

사람의 힘을 빌리고 모아 계획을 이루려 도모하는 것人助(인조)과 삶과 역사의 주인이신 주님의 손길을 붙잡는 것神助(신조)의 대조이다. 우리말 성서는 '사람의 구원은 헛됩니다'라고 단언하며 오경웅은 '사람의 손길이라야 이룰 수 있는 것이 없다'고 단정한다.

침묵하시는 하느님의 도우심을 어디서 청할까? 그분이 이미 주신 말씀을 잡는 것이 길이다. 주께서 이미 이방민족을 분할하고 물리치고 점령할 것이라 하셨고, 이스라엘 백성을 모으시고 다스릴 길을 말씀하셨다. 더구나 이렇게 하기 위해 누가 용감히 나서서 주님과 함께 할 것이냐고 물어보셨다. 당신이 하신 말씀이니 당신이 이루시라고 청하는 것이 길이다. 그리

고 주께서 친히 이루시는 그 여정에 도구가 되는 것이니 얼마나 영광이며 감사한 일일까? 두리번거리며 사람의 손을 찾지 말 일이다. 그분 손길에 잡힐 수 있길 빌어야 한다.

1절의 합기유극盍其有極은 왜 끝이 없는가? 혹은 왜 바로 잡아주시지 않는가? 하는 탄식이다. 『시경』「당풍唐風」「보우鴇羽」에 '하늘이여 저 아득한 하늘이시여 언제라야 이 혼란이 끝이 날까요?'悠悠蒼天 曷其有極(유유창천 갈기유극)라고 묻는 내용이 있다.

2절의 창이만목瘡痍滿目은 눈앞에 극심한 재난이 펼쳐진 광경을 뜻하는 비유로 보통 만목창이滿目瘡痍로 쓴다. 두보의 시 「북정北征」에 '온 천지가 전쟁의 상처뿐이니 이 근심걱정은 언제나 끝날까?'乾坤含瘡痍 憂虞何時畢(건곤함창이 우우하시필)라고 노래하는 장면이 있다.

같은 절의 고택膏澤은 적절한 때에 내리는 비라는 의미에서 귀한 은혜와 은덕을 뜻하기도 하고 좋은 기름(바르는 것으로 치유나 품위를 높이는 것)을 뜻하기도 한다. 여기서는 후자의 뜻이다.

3절의 명현瞑眩은 약을 씀에 있어서 약기운이 세서 어지럼이 있어야 병이 낫는다는 뜻으로 명현은 약을 쓴 후에 생기는 어지럼증을 의미한다. 『서경』「열명說命」에 '만약 약이 독하지 않으면 그의 병이 낫지 않을 것이라'若藥 弗瞑眩 厥疾弗瘳(약약 불명현 궐질불추)는 내용이 있다.

오경웅은 히브리 시인이 하느님께서 어지럼 이는 술을 마시게 했다는 고백을 센 약에 비유하여 명현瞑眩 현상으로 비유하였다. 하느님께서 낫게 하시는 과정이라 고백하는 것이다.

4절의 정旌은 옛날 천자가 사기를 진작하기 위해 사용하던 기, 혹은 임금이 왕명을 받드는 신하에게 신임하는 표시로 주던 기를 의미한다.

12절의 오기즉웅吾氣則雄에서 기웅氣雄은 기백웅건氣魄雄健의 줄임말로 기운이 크고 힘차다는 뜻이다.

제61수

주님을 그리워하네 高山仰止

고 찬 앙 지

1 我之哀訴 求主垂顧
아지애소 구주수고

2 雖在地角 惟爾是籲 用抒幽懷 用申景慕
수재지각 유이시유 용서유회 용신경모

相彼高岡 高不可即 求主接引 令我登陟
상피고강 고불가즉 구주접인 영아등척

3 求我恩保 作我岑樓 以安吾身 以避凶仇
구아은보 작아잠루 이안오신 이피흉구

4 永居聖所 安庇卵翼 5 心願見償 優游化域
영거성소 안비란익 심원견상 우유화역

6 主福吾王 介以眉壽
주복오왕 개이미수

7 眉壽無疆 皇輿不朽 俾承歡顏 以長以久
미수무강 황여불후 비승환안 이장이구

敕爾仁義 以佐以佑
칙이인의 이좌이우

8 永頌大德 初服是守
영송대덕 초복시수

글자풀이

- **仰止**(앙지)=**景慕**(경모) 우러러 그리워 함
- **地角**(지각) 땅의 끝, 매우 먼 곳
- **幽懷**(유회) 그윽한 회포, 깊은 마음
- **岡**(강) 산등성이
- **高岡** (고강) 높은 산
- **登陟**(등척) 높은 데 오르는 것
- **眉壽**(미수) 오래 삶, 눈썹이 희고 길게 자랄 때까지
- **疆**(강) 지경
- **輿**(여) 수레
  皇輿(황여) 임금이 타는 수레, 왕좌
- **朽**(후) 부패하다
- **敕**(칙) 명을 내리다, 칙령
- **佐佑**(좌우) 돕다 지지하다
- **初服**(초복) 벼슬 전에 입던 옷

옮김

1제가 주께 간구하오니 이 슬픈 하소연 들어주소서 2비록 땅 끝 하 멀리
떨어져 있으나 호소할 이는 오직 주님뿐 절절한 그리움 사무치기에 우러르
는 마음 주께 펼쳐냅니다 저 높은 산 도무지 이르지 못할 바위 위로 주여
나를 이끄셔서 오르게 하소서 3피난처가 되신 주님 은혜 베풀어 주소서 원
수들에게서 벗어나 이 몸 안온케 하소서 4영원토록 주님의 성소에 머물며
주님 날개 아래 거하리이다 5마음에 서원한 바 주께서 이뤄주사 당신 다스
리는 땅을 거닐게 하소서 6하느님 임금에게 복을 주셔서 생명의 날을 더해
주소서 7임금의 날을 더해 주셔서 그 왕권 오래도록 이어지게 하소서 세세
토록 주의 은총 입게 하시고 주님의 사랑과 의 머물게 하소서 8그리하여
영원토록 주님 찬양하면서 첫 마음을 결코 잃지 않으리이다

해설

5절에서 히브리 시는 시인의 서원을 들어주셔서 주의 이름 경외하는 이들

의 유산을 자신에게 주셨다고 노래하는데 오경웅은 주께서 마음의 서원 들어주셔서 주님의 땅化域(화역)을 평안히 거닐며 살게 해주셨다고 노래한다. 크게 다르지 않은 의미일 것이나 오경웅은 하느님 안에서의 누림을 강조하고 있다 .

시의 제목 고산앙지高山仰止는『시경詩經』「소아小雅」「거할車舝」편에 '우리 님을 뵈었으니 이 마음이 환합니다. 당신의 높은 덕을 우러러보며 이를 따르려 합니다'鮮我覯爾 我心寫兮 高山仰止 景行行止(선아구이 아심사혜 고산앙지 경행행지)라고 하였다.

시의 원래 의미는 사랑하는 님과 함께 기뻐하며 산을 바라보며 볕든 길을 기쁨으로 가는 것을 묘사한 것인데 후대 유교적 사유로 그 의미가 확장되었다. 이후, 정현이란 이는 고산高山을 높은 덕을 지닌 것으로 해석하여 '덕을 지닌 이를 사모하여 그 덕행이 삶의 바른 준칙이 된다'라고 풀이하였다.

7절의 칙敕은 천자나 임금의 명령을 적은 문서라는 의미로 임금이 내린 칙령이다.

8절의 초복初服은 굴원의「이소離騷」에 나오는 말로 벼슬 나가기 전에 입었던 옷未仕時之服也(미사시지복야)을 뜻한다. '벼슬길이 여의치 못해 죄만 뒤집어썼으니 초야에 물러나서 옛 옷을 다시 입으리라'進不入以離尤兮 退將復修吾初服(진불입이리우혜 퇴장복수오초복)고 하였다. 여기서는 첫 마음初心(초심)으로 번역할 수 있겠다.

제62수

하느님의 저울 天平
천 평

1 心魂默默念天主 救恩獨自真神出
심혼묵묵념천주 구은독자진신출

2 主是我磐石 主是我救藥 主作岑樓應無敗
주시아반석 주시아구약 주작잠루응무패

3 爾曹何事肆凌虐? 幸災樂禍盍有極? 猶如眾手推攲壁
이조하사사릉학? 행재요화합유극? 유여중수추기벽

4 群聚共商欲相傾 若輩所好惟詭譎 巧言令色亦何苦? 口中祝福心中詛
군취공상욕상경 약배소호유궤휼 교언영색역하고? 구중축복심중저

5 吾魂且默默 靜候主恩撫
오혼차묵묵 정후주은무

6 既有天主作金湯 7 中君泰然復何怖
기유천주작금탕 중군태연부하포

8 吾民其恃主 向主披肺腑 雖在危厄終必安 主是吾人停泊所
오민기시주 향주피폐부 수재위액종필안 주시오인정박소

9 貧富貴賤皆泡影 泡影為重人生輕 若衡二者天平上 人生應升泡影沈
빈부귀천개포영 포영위중인생경 약형이자천평상 인생응승포영침

10 暴虐安足恃 盜賊莫自矜 財帛縱進門 慎毋陷溺爾心魂
폭학안족시 도적막자긍 재백종진문 신무함닉이심혼

11 主曾一度言 我經二度聞:
주증일도언 아경이도문:

12 "能力屬天主 慈德屬真神 按人行實施報應 主之陰騭悉公平"
"능력속천주 자덕속진신 안인행실시보응 주지음즐실공평"

글자풀이

- 曹(조) 무리
- 肆(사) 거리낌없이 마음대로 행하다
- 幸災樂禍(행재요화) 남이 재난을 입음을 보고 좋아함
- 樂(요) 좋아하다
- 推(추) 밀다
- 欹(기) 기울다
- 壁(벽) 벽, 울타리
- 候(후) 기다리다
- 金湯(금탕) 안전한 곳, 요새
- 怖(포) 두려워하다
- 披(피) 펼치다
- 肺腑(폐부) 허파와 장부(충심)
- 停(정) 머무르다
- 泊(박) 머무르다
- 泡(포) 물거품
- 影(영) 그림자
- 衡(형) 저울질하다
- 天平(천평=秤(칭)) 저울의 일종
- 沈(침) 가라앉다
- 帛(백) 비단
- 縱(종) 설령
- 陰騭(음즐) 하늘이 남 몰래 백성(百姓)을 도움

옮김

1내 영혼 고요히 주님만을 새기오니 구원의 은혜는 오직 주께로부터 옴이
라 2주님은 나의 반석 나의 치유자시며 내 구원의 요새시니 나 멸망치 않
으리라 3너희 무리들아 어찌 이리 방자하며 무도히 행하느냐 타인의 고난
을 그리도 즐거워하느냐? 마치 힘을 합쳐 벽을 밀치며 무너지게 하려는 심
보같구나 4모여선 얼굴 맞대고 넘어뜨릴 모의하고 신이 나서 짜내기는 거
짓뿐이로구나 교묘하게 꾸민 말과 아첨하는 얼굴색이 어찌 어려우랴 입으
로는 복을 비나 마음에는 저주로구나 5차라리 내 영혼 침묵하면서 고요한
중 어루만지시는 님의 은혜 기다리리 6내 주님 흔들리지 않는 피난처시니
7주님 흔들림 없으신데 내가 무엇을 두려워하랴 8이 백성이여 주님만을 의
지하여라 주님 향해 네 속마음 펼쳐 보이라 비록 지금 어려움에 처하였으
나 끝내 평안함 누릴 것이니 주께서 우리의 피난처 되심이라 9빈부귀천 이
모든 것 물거품이라 물거품 좇노라면 네 인생 가벼워지리 이 둘을 저울 위

에 올려놓으면 인생이 중하지 물거품이겠느냐? 10폭력으로 힘 부림은 의
지할 것 못되니 도적질 하고는 뻐기지 말라 설령 재물과 비단 쌓인다고 해
도 네 영혼 거기에 빠지지 말라 11하느님 한 차례 말씀 하신 바, 나는 두
번이나 들었노라 12"참된 능력 오직 주께 속한 것이요 사랑과 덕 또한 하
느님 것이라 사람이 행한 대로 보응하시니 주님 오묘한 섭리 공평하도다"

해설

히브리 시인은 9절에서 인생을 숨결과 같다고 노래하는데 오경웅은 빈부 귀천이 포말(물거품)과 그림자와 같고 인생은 그보다 중한 것이라고 바꾸어 노래하고 있다. 별다른 차이를 갖지 않는다고 할 수도 있으나 묘한 덧붙임이 있다. 오경웅은 '인생이 이런 포말과 그림자를 좇다가는 자신의 삶은 한없이 가벼워지고 초라해진다'泡影爲重人生輕(포영위중인생경)고 역설하고 있다. 중重과 경輕이란 낱말로 삶을 다시 들여다보길 권면하고 있다.

왜인가? 끝 절에 하느님께서 행하신 대로 보응하시기 때문이다. 인생은 숨결 같으나 하느님은 그 생을 낱낱이 보시고 기억하시며 보응하신다. 포말 같은 인생과 하느님의 눈동자 같은 지키심! 이 역설逆說이 전혀 어색하지 않은 게 신앙인의 고백이다. 한편으로 기울어 삶을 하찮게 여기는 가벼움도, 자기 삶만을 고집해 남은 전혀 돌아보지 않는 집착도 끼어들 여지가 없다.

히브리 시인은 7절에서 하느님 나의 반석이시니 내가 흔들리지 않는다 했는데 오경웅은 '하느님 흔들림 없으시다'中君泰然(중군태연)고 노래한다. 그렇다. 하느님을 흔들 수 있는 것이 무엇이랴? 그러니 능히 기댈만 하며 그런 분이심에도 인생을 눈여겨보시고 귀기울이시며 한 호리의 어긋남도 없이 보응하시는 분이시다. 이것이 은혜라!

4절의 교언영색巧言令色은 교묘하고 화려한 말솜씨와 얼굴빛을 좋게 꾸민다는 뜻으로 『논어』「학이學而」 편에 나오는 말이다. 뒤에 선의인鮮矣仁을 덧붙여 그런 사람치고 어진 사람은 적다고 하였다. 반면 강의목눌剛毅木訥 근인近仁이라 하여 강직하고 의연하여 순박하고 어눌한 사람은 인에 가깝다 하였다.

같은 절의 '입으로는 복을 비나 마음으론 저주하네'口中祝福心中詛(구중축복심중저)는 구밀복검口蜜腹劍으로 입에는 꿀바른 것처럼 감언이나 속으로는 칼을 품고 있다는 성어成語와 같은 의미이다.

10절의 함닉陷溺에서 함陷은 함정에 빠뜨리고 익溺은 물 속에 빠뜨리는 것으로 곤란에 처하게 함을 뜻한다. 『맹자』「양혜왕梁惠王」 상에 맹자가 양혜왕에게 강대국이라 하더라도 임금이 백성을 곤란에 처하게 하면彼陷溺其民(피함닉기민) 작은 나라의 임금이라도 바른 정치를 통해 정벌에 나서면王往而征之(왕왕이정지) 감히 누가 적이 될 수 있겠느냐夫誰與王敵(부수여왕적)며 그러므로 '어진 사람은 적이 없다'仁者無敵(인자무적)고 말하는 장면이 있다.

같은 절의 재백진문財帛進門은 흔히 나누는 덕담으로 '올 한해 정말 복 있으리니 암울한 기운은 전혀 없고 재물이 집안으로 들어올 것이며 여인은 아이를 낳을 것이라'今年眞好 晦氣全無 財帛進門 夫人分娩(금년진호 회기전무 재백진문 부인분만)고 썼다.

12절의 공평公平은 공정하여 어느 한쪽으로 불편부당하게 기울어지지 않음을 의미한다. 『관자管子』「형세形勢」 편에 '하늘은 공평하고 사사로움이 없으니 이쁘든 밉든 다 덮어주고 땅 또한 공평하고 사사로움이 없으니 크든 작은 다 실어준다'天公平而無私 故美惡莫不覆 地公平而無私 故小大莫不載(천공평이무사 고미오막불부 지공평이무사 고소대막부재)고 하였다

제63수

날 밝도록 잠들지 못하니 明發不寐
명발불매

1 明發不能寐 耿耿懷所天 如飢又如渴 心田枯以乾
명발불능매 경경회소천 여기우여갈 심전고이건

2 因此來聖所 瞻仰爾光輝
인차래성소 첨앙이광휘

3 懷德勝懷生 絃歌慰庭闈
회덕승회생 현가위정위

4 一息苟尚存 誦主誓不輟 景慕不可言 舉手抒胸臆
일식구상존 송주서불철 경모불가언 거수서흉억

5 心魂既飫足 頌聲發歌脣
심혼기어족 송성발가순

6 輾轉於床榻 默憶歷深更
전전어상탑 묵억력심경

7 一生承主休 雍雍庇卵翼
일생승주휴 옹옹비란익

8 夢魂縈左右 聖手扶我立
몽혼영좌우 성수부아립

9 咄咄逼我者 終究必淪滅
돌돌핍아자 종구필륜멸

10 刀兵當不免 體為豺狼食
도병당불면 체위시랑식

11 王宜因主樂 聖民胥怡悅 巧言徒如簧 讒人當截舌
왕의인주락 성민서이열 교언도여황 참인당절설

글자풀이

- **耿**(경) 빛, 절개를 지키다
- **耿耿**(경경) 시름이 깊다, 절절한 마음
- **飢**(기) 주리다
- **渴**(갈) 목마르다
- **乾**(건) 마르다
- **瞻**(첨) 보다
- **庭闈**(정위) 조정, 대궐 안쪽 명당
- **輟**(철) 그치다
- **臆**(억) 가슴 속 생각
- **飫**(어) 배부르다
- **床**(상) 상
- **榻**(탑) 침상
- **歷**(력) 지난날
- **深更**(심경) 깊은 밤
- **休**(휴) 너그럽다, 관대하다
- **縈**(영) 얽히다, 굽다
- **咄**(돌) 놀라 지르는 소리
- **咄咄**(돌돌) 괴이(**怪異**)하게 여겨서 소리지르는 모양
- **逼**(핍) 위협하다
- **豺**(시) 승냥이
- **狼**(랑) 이리
- **胥**(서) 서로 함께
- **簧**(황) 피리의 엷은 진동판
- **截**(절) 끊다

옮김

1날 밝도록 잠 못들고 애오라지 우리 주님 그리워하네 이내 마음 갈급하여
거북등처럼 갈라지누나 **2**이렇듯 메마른 영혼 주의 영광 우러르고자 거룩한
주의 성소를 찾아갑니다 **3**이 내 목숨보다 당신 자비 더 귀하기에 현 뜯으
며 노래하네 내 주님을 찬양하네 **4**숨 있는 한 주님 찬양하길 멈추지 않으리
라 다짐하였기에 말로 다 드릴 수 없어라 그저 두 손 들어 우러르노라 **5**내
영혼 은총으로 넉넉히 채워진 듯 찬양이 입술에서 울려나오네 **6**자리에 누
웠어도 잠들 수 없음은 지난날 받은 은총 되새김이라 **7**내 일생 주님 은덕
덧입었으며 주 날개 아래서 평안을 누렸네 **8**어리석어 이리저리 비틀거렸지
만 거룩한 손에 붙들려 넘어지지 않았네
9내 목숨 노리는 못된 자들아! 너희는 끝내 멸망하리라 **10**칼 들고 무장한
군사라해도 그 몸뚱이 끝내 승냥이 먹이되리 **11**그러나 임금은 하느님 안에
서 즐거워하고 거룩한 백성 모두 기뻐하리니 말만 번지르한 못된 무리들 참

소했던 저들의 혀 끊어지리라

해설

묵억력심경默憶歷深更, 6절에서 시인은 깊은 밤에도 잠들지 못한다. 지금 여기를 살아가는 어려움 때문이다. 시인은 그걸 해결하려고 제 계획을 도모하지 않는다. 도리어 주님 전에 나아가 두 손 들고 기도하며 날이 밝기까지 이전에 베푸셨던 주님 은총을 헤아린다. 되새기면 되새길수록 여기까지 이르게 된 것은 다 주님의 은혜이다. 그렇게 은혜를 되새기는 중에 그를 사로잡았던 걱정과 염려는 사라진다. 하느님 앞에 머무는 침묵과 고요의 힘이다.

그러므로 기억한다는 것은 단순히 과거의 어떤 사건을 떠올리는 것이 아니다. 오히려 기억이란 그 사건을 깊이 되새기는 중에 과거의 사건 속에 임했던 하느님의 은총이 다시금 지금 여기서 펼쳐지고 거듭 그 은혜를 경험하는 사건이다. 그런 의미에서 기억은 두뇌의 작용이 아니라 온몸으로 다시 체험하는 것이며 힘이며 능력이다. 쓸쓸한 회고나 빛바랜 추억이 결코 아니다. 그렇기에 예언자들은 이스라엘이 완악해지고 죄에 물들 때마다 광야로 다시 나아가라고 외친 것이다.

이 시의 제목 명발불매明發不寐는 『시경』「소아小雅」「소완小宛」에 나온다. '마음은 무거워 힘겨워지니 옛 조상 어른들을 떠올리네 부모님 그리워서 날이 밝도록 뒤척이네.'我心憂傷 念昔先人 明發不寐 有懷二人(아심우상 염석선인 명발불매 유회이인)

오경웅은 이를 하느님 사모하는 마음으로 옮겨놓았다.

1절 경경耿耿은 마음이 쓰여 잊을 수 없고 거기에 잡혀있음을 의미하는데 『시경』「패풍邶風」「백주柏舟」에 '남모르는 이내 시름 밤늦도록 잠 못드네'耿耿不寐 如有隱憂(경경불매 여유은우)라고 노래하였다.

같은 절에서 마음을 심전心田이라 하였다. 마음을 밭이라 비유한 것은 불교에서 비롯된 것인데 마음에 선과 악의 종자들이 깊이 잠겨 있어 잘 기르면 이것이 마치 밭의 오곡백과처럼 성장하는 것에 비유하였다.

3절의 회덕懷德과 회생懷生이 대조된다. 회생懷生은 저 스스로 살기 위해 뭔가를 꾸미는 것謀生之道(모생지도)이고 회덕懷德은 은혜와 베풂에 대하여 감복하여 따르는 것이다. 『서경』「낙고洛誥」에 주공이 성왕에게 멸망한 은나라의 유민에게 덕을 베풀어 그들이 마음으로 감복하여 따르게 할 것을 권하며 '그리하면 은의 백성들이 임금께 만년토록 따르며 감복할 것이라'王伻殷 乃承敍萬年 其永觀朕子 懷德(왕팽은 내승서만년 기영관짐자 회덕)는 내용이 있다.

6절의 묵억默憶은 『장자』「즉양則陽」편에 나오는데 말없이 침묵으로 옛일을 기억한다는 묵언억구默言憶舊의 줄임말이다.

7절의 주휴主休는 주님의 은덕恩德과 같은 말이다.

9절의 돌돌핍아咄咄逼我는 성어成語 돌돌핍인咄咄逼人의 변형이다. 기세가 흉흉하게 타인을 능멸하며 정신없이 몰아가는 것을 뜻한다.

11절의 교언여황巧言如簧은 『시경』「소아小雅」「교언巧言」에 나온다. 소인배들의 교묘한 참언을 뜻한다. '거짓된 큰 소리 입에서 나오고 피리 불 듯 매끈한 말 정말 낯이 두껍네'蛇蛇碩言 出自口矣 巧言如簧 顔之厚矣(이이석언 출자구의 교언여황 안지후의)라고 하였다.

오경웅은 이 시편 말미에 덧붙였다. 3절의 회덕승회생懷德勝懷生의 히브리 원문이 주님의 자비가 생명보다 귀하다라는 뜻인 바 시인이 애오라지 하느님만을 사모하여 제 목숨 보전하는 것에 일절 매이지 않고 그분의 자비만을 앙모하여 잠시도 나태할 수 없음을 뜻한다. 영적 생활이 이러한 경계에 이르니 바야흐로 위를 향한 삶이라 하겠다.

제64수

하늘 그물 성긴 것 같으나 天網恢恢
천 망 회 회

1 求我恩主 聽我哀訴　敵人謀我 我心恐怖
구아은주　청아애소　적인모아　아심공포

2 群小紛怖 橫行無度　祈主保我 莫為所誣
군소분포　횡행무도　기주보아　막위소무

3 磨礪其舌 利矣其芒　言如暗箭 中傷賢良
마려기설　이의기망　언여암전　중상현량

4 突然而發 得意洋洋
돌연이발　득의양양

5 以惡相勸 逞其猖狂　設阱陷入 自誇謀臧:
이악상권　영기창광　설정함입　자과모장:

6 誰其覺之? 作惡何妨　鉤心鬥角 競宣其長
수기각지?　작악하방　구심투각　경선기장

7 詎知天主 將射彼逆　突然一箭 恰中其的
거지천주　장사피역　돌연일전　흡중기적

8 按其所詛 自遭隕越　眾人睹之 搖首咋舌
안기소저　자조운월　중인도지　요수사설

9 悚然以懼 懍然而慄　口揚大猷 心懷明德
송연이구　늠연이율　구양대유　심회명덕

10 賢良正人 聞報欣悅　托庇於主 一生安逸
현량정인　문보흔열　탁비어주　일생안일

清明在躬 光風霽月
청명재궁　광풍제월

글자풀이

- **恢**(회) 넓다, 성기다
- **礪**(려) 숫돌
  磨礪(마려) 문질러 갈다
- **芒**(망) 칼날
- **傷**(상) 상하게 하다
- **逞**(령) 마음대로 하다
- **突**(돌) 갑자기
- **勸**(권) 권하다
- **猖狂**(창광) 미쳐 날뛰다
- **阱**(정) 함정
- **自誇**(자과) 스스로 자랑하다
- **臧**(장) 잘하다
- **妨**(방) 거리끼다
- **鉤**(구) 갈고리
- **鬥**(투) 싸우다
- **詎**(거) 어찌
- **恰**(흡) 마치, 흡사하다
- **隕**(운) 떨어지다
- **越**(월) 넘어가다
- **睹**(도) 보다
- **咋**(사) 잠시 동안
  咋舌(사설) 놀라서 말을 잊음
- **悚**(송) 당황하다
  悚然(송연) 두려워서 몸을 옹송그림
- **懼**(구) 두려워하다
- **懍**(늠) 위태롭다
- **慄**(률) 떨다
- **猷**(유) 꾀, 계획
  大猷(대유)=**宏猷**(굉유) 큰 지혜와 계획
- **霽**(제) 날이 개다

옮김

1은혜의 내 주께 간구하오니 애타는 나의 호소 들어주소서 저를 노리는 적
들로 인해 제 마음 두려워 벌벌 떱니다 **2**악인들 날뛰며 제멋대로요 거짓을
행함에 거리낌없으니 주여 나를 지켜주셔서 저들에게 넘겨지지 않게 하소
서 **3**그 혀는 잘 갈린 칼처럼 날카롭고 그 말은 어둔 데서 쏘아진 화살 같아
주를 의지하는 이들 베어지고 넘어집니다 **4**느닷없이 쏘고는 득의양양하고
5미쳐 날뛰며 악행 서로 권하며 함정을 파고는 꾸민 음모 자랑하니 **6**"우리
가 악을 행해도 누가 이를 알고 막을 수 있느냐"며 악을 행하는 데 심혈을
기울이고 누가 더 잘하는지 경쟁합니다
7주 알지 못하는 반역하던 저들 돌연히 날아온 화살 맞고야 말리니 그 살
은 주께서 매기신 것이라 **8**저들이 뱉은 저주 저들에게 돌아가 굴러 넘어지

고 떨어지리라 사람들이 이를 보고 고개를 저으리니 놀라며 할 말을 잊게
되리라 9하느님 행하심 정녕 두려워하며 놀라우신 그 섭리 찬양하리니 마
음 다해 주 크신 덕 감격하리라 10지혜롭고 바른 이들 그 보응에 기뻐하며
주께 의탁하여 삶의 평안 누리리라 그의 영혼 더욱 온전해지고 그 인품 비
갠 뒤 밝은 달과 같도다

해설

이 시편의 제목은 천망회회天網恢恢는『도덕경』에 나오는 것으로 '하늘의 그물은 크고 성긴 듯 하지만 기실은 어느 것 하나 빠뜨리거나 놓치지 않는다'天網恢恢 疎而不失(천망회회 소이부실)는 의미이다. 땅에서 보면 하느님 행하시는 바에 의구심이 든다. 하느님은 공의의 하느님이신데 악이 횡횡하며 판을 친다. 악인들은 망하기는커녕 오히려 잘되고 선한 이들이 도리어 어려움을 겪고 억울함을 풀 곳이 없어 보인다. 그러나 그렇게 성겨 보이는 하늘 그물이 실상은 놓치는 것이 없다고 시인은 선언한다.

하느님이 온전히 보응하시고 낱낱이 갚으신다는 것이다. 보이는 것에 끄달리지 않고 보이지 않는 것을 믿는 믿음이 있기 때문이다. 보이는 것 너머를 보는 눈매를 지녀야 삶은 견딜만 한 것이다. 따라서 소인배는 4절에서 말하는 바 득의양양得意揚揚하고 신실한 이들은 하느님 아심을 믿기에 일희일비하지 않으며 득의망언得意忘言하는 건가 보다.

3절의 마려磨礪는 본래 칼과 같은 도구를 숫돌에 가는 것을 뜻했으나 전轉하여 어려움과 시련을 통해 뜻이 굳세지고 힘을 기른다는 정신적인 단련의 뜻을 갖는다.『안씨가훈』「면학勉學」에 '모름지기 뜻을 품은 자는 자신을 갈고 닦음으로 자신에게 맡겨진 바를 이룬다'有志尙者 遂能磨礪 以就素業(유지상자 수능마려 이취소업)고 하였다.

6절의 구심투각鉤心鬥角은 시인 두목杜牧의 「아방궁부阿房宮賦」에 나오는 구절이다. 건축에 있어서 심혈을 기울여 갈고리를 잇고 정교하게 각을 맞추는 것을 비유한 말로 전轉하여 서로 다투며 암투를 벌이다는 의미도 지니고 있다.

8절의 요수사설搖首咋舌은 머리를 흔들고 입을 다물다, 너무 놀라 할 말을 잊는다는 성어成語이다.

10절의 청명재궁淸明在躬은 『예기』에 나오는 말로 '그 내면은 깨끗하고 그 생각은 지혜로우며 그 의지는 굳세어 신명하다'淸明在躬 氣志如神(청명재궁 기지여신)고 하였다. 덕이 완전한 사람을 일컫거나 상대방의 아름다운 덕을 찬미할 때 쓰인다.

같은 절의 광풍제월光風霽月은 비갠 뒤에 부는 시원한 바람과 구름 속에서 나온 달이란 의미로 마음이 맑고 집착이 없으며 시원하고 깨끗한 인품을 형용하는 말로 북송의 시인 황정견이 유학자 주돈이의 인품을 칭할 때 사용하였다.

시인은 히브리 시인의 노래를 따르다가 마지막 절에 이르러 한 마디를 덧붙인다. 그렇게 하느님을 의지하는 이의 모습이 어떠한지를 설명한다. 히브리 시인은 그를 의인이요 정직한 자라고 말하는데 오경웅은 마음 바른 이의 온전한 인격을 청명재궁淸明在躬과 광풍제월光風霽月로 묘사하며 그 인격과 믿음의 깊이를 드러내고 있다. 되새겨볼만 하다.

제65수

은혜의 단비 甘雨

감우

1 讚主與還願 最宜在西溫 爾乃慈悲主 有求莫不應
찬주여환원 최의재서온 이내자비주 유구막불응

2 但願血氣倫 翕然來歸順
단원혈기륜 흡연래귀순

3 罪多氣消沉 孽重實難任 求主開慈懷 洗我愆尤淨
죄다기소침 얼중실난임 구주개자회 세아건우정

4 何幸蒙恩簡? 得與主相近 居主廊廡下 怡怡共相慶
하행몽은간? 득여주상근 거주랑무하 이이공상경

會當昇其堂 會當入其室 聖堂洵全美 聖室何純潔
회당승기당 회당입기실 성당순전미 성실하순결

願獲常在斯 酣暢主之德
원획상재사 감창주지덕

5 行見我恩主 應我以靈異 靈異何為者? 所以彰正義
행견아은주 응아이령이 영이하위자? 소이창정의

我主何堂堂? 眾生所仰望 天涯與海角 莫不被其光
아주하당당? 중생소앙망 천애여해각 막불피기광

6 大能束其腰 神威鎮山嶽 7 狂濤靜以恬 萬邦皆穆穆
대능속기요 신위진산악 광도정이념 만방개목목

8 四海統一尊 東西咸悅服
사해통일존 동서함열복

9 聖心眷下土 沛然降甘雨 大地恣沾濡 原壤潤以腴
성심권하토 패연강감우 대지자첨유 원양윤이유

10 清川漑田疇 百穀何與與　犁溝悉以盈 欲與犁脊平
청천개전주 백곡하여여　이구실이영 욕여이척평

時雨信如膏 潤物細無聲
시우신여고 윤물세무성

11 春沐主之澤 秋食主之祿　芳蹤之所過 步步留肥沃
춘목주지택 추식주지록　방종지소과 보보류비옥

12 曠野被綠茵 山丘披青衿
광야피록인 산구피청금

13 寒谷生豐黍 農圃戲牛羊　天籟宣淑氣 萬類吐芬芳
한곡생풍서 농포희우양　천뢰선숙기 만류토분방

글자풀이

- **倫**(륜) 무리
  血氣倫(혈기륜) 인간을 통칭
- **翕然**(흡연) 대중의 의사가 한 곳으로 쏠리는 정도가 대단한 모양
- **沉**(침) 잠기다
- **愆尤**(건우) 잘못, 허물
- **何幸**(하행) 얼마나 다행인지요?
- **廡**(무) 규모가 큰집
- **會當**(회당) 마땅히 그러해야 한다
- **昇**(승) 오르다
- **洵**(순) 참으로, 진실로
- **酣**(감) 흥겨운
- **暢**(창) 화창하다
  酣暢(감창) 즐거이 누리다
- **堂堂**(당당) 위엄 있음
- **束**(속) 동여매다
- **恬**(념) 편안하다
- **穆**(목) 공경하다
  穆穆(목목) 공경하고 경외하는 모양
- **沛**(패) 비가 쏟아지다
  沛然(패연) 쏟아지는 모양이 세참
- **恣**(자) 마음대로
- **沾**(첨) 젖다
- **濡**(유) 적시다
- **壤**(양) 흙, 경작지
- **腴**(유) 살찌다, 기름기
- **漑**(개) 물을 대다
- **疇**(주) 이랑
- **田疇**(전주) 밭두둑
- **與與**(여여) 무성한 모양
- **犂**(리) 밭을 갈다
- **溝**(구) 도랑
- **脊**(척) 등마루
- **肥**(비) 살찌다
- **沃**(옥) 기름지다
- **祿**(록) 녹봉
- **茵**(인) 자리, 사철 쑥
  綠茵(녹인) 푸른 초지
- **衿**(금) 옷깃
- **青衿**(청금) 푸른 도포
- **戲**(희) 놀다
- **籟**(뢰) 소리, 울림
  天籟(천뢰) 하늘 소리
- **淑氣**(숙기) 자연의 맑은 기운, 봄의 화창한 기운

옮김

1주 찬양하며 마음의 원 갚아드림이 시온에서 이뤄짐이 마땅합니다 당신은
자비의 주님이시라 구한 바 응답치 않은 것이 없습니다 2인생들 바라는 것
정녕 주께 즐거이 돌아오는 것이오나 3죄 하많아 기운은 꺾였고 허물 퍽도
무거워라 감당할 수 없나이다 자비의 마음 베풀어주사 우리 허물 깨끗이
씻어주소서 4은혜 입어 주님께 가까이 간 사람 얼마나 복되고 다행인지요
님의 집에 거하며 기뻐 경축합니다 참으로 아름다운 주님 전에 오르고 순
결하기 그지없는 주님 방에 들어가리니 늘 이곳에 머물게 하시고 주의 자
비 기뻐하며 누리게 하소서 5우리에게 응답하사 펼치신 당신 정의 그 놀라
운 이적들 우리가 보오니 오 주님의 그 크신 위엄이여! 모든 이들 기꺼이
우러릅니다 세상의 모든 끝과 먼 바다까지 미치지 않는 곳 전혀 없습니다
6큰 권능 그 허리에 두르시고서 위엄으로 산들을 누르시나니 7사나운 파도
고요해지고 세상 뭇 나라 주님을 경외하도다 8온 세상 주안에서 하나 되게
하시니 땅의 시작과 끝 모두 기쁨으로 기꺼이 복종합니다 9거룩하신 주님
세상 돌보시나니 알맞이 단비 내려 대지는 젖어들고 땅은 무척이나 기름지
네요 10맑은 시내 밭이랑 두루 적시고 온갖 곡식 어찌 이리 풍성한지요 이
랑에 물 대시고 두둑을 고르시니 때 맞는 비 기름져라 만물이 생동하네 11
봄비는 주의 은혜 가을걷이 님 주신 녹 주께서 디디시는 발걸음마다 비옥
한 땅들로 넘쳐나도다 12사막에는 푸른 풀 요처럼 깔려 있고 언덕은 푸른
도포 아름답도다 13버려진 먼 골짜기조차 풍년들고 목장에는 소와 양떼 뛰
어노누나 하느님 맑은 기운 불어넣으시니 뭇 생명 제각각 향기 뿜어라

해설

이 시편의 제목 감우甘雨는『이아爾雅』「석천釋天」에 나온다. '알맞은 시절 따라 내리는 단비에 만물이 크게 기뻐하도다'甘雨時降 萬物以嘉(감우시강 만물이가)라는 구절이 있다.

10절에는 시우時雨라는 말도 나온다.『서경』「홍범洪範」편에 나오는 말로 알맞은 때 맞추어 내리는 비를 뜻한다. 백성을 이롭게 하는 좋은 정치는 때에 맞게 내리는 비와 같다고도 한다. 시인에게 하느님의 은혜는 때에 따라 내리는 비와 같다. 유목민족이든 농경민족이든 비는 누구에게나 소중하나 동시에 사람의 힘으로 전혀 어찌할 수 없는 것이다. 오롯이 하늘에 의지해야 한다. 때를 따라 우로를 허락하시는 은총만큼 생생하게 느낄 수 있는 것이 또 어디 있을까?

4절의 승당昇堂과 입실入室의 과정이 흥미롭다. 히브리 시인은 주의 뜰에 살게 하신 사람은 복이 있고 성전의 아름다움에 만족한다 하였는데 오경웅은 이를 둘로 나눈다. 승당과 입실은『논어』「선진先進」편에 '공자 이르길 유由(자로子路로 공자의 제자)는 대청에 올라와 있는 것이니 아직 내실까지 들어와 있지 않을 뿐이다'子曰 由也升堂矣 未入於室也(자왈 유야승당의 미입어실야)라고 하였다.

이로써 승당은 입문한 정도를 뜻하고 입실은 깊은 경지에 이르렀음을 비유하게 되었다. 오경웅은 성전으로 더 깊이 들어가는 여정으로 인용하면서 아울러 주님과의 더 깊어가는 관계로도 비유하고 있다.

오경웅은 5절에서 기적을 베푸심은 무슨 이유인가? 반문하면서 정의를 밝히기 위함靈異何為者? 所以彰正義(영이하위자? 소이창정의)이라고 풀이한다. 하느님께서 이적을 펼치시는 이유는 당신의 정의를 펼치시고자 함이라고 하면서 종교의 목적은 정의이며 이적은 단지 그 도구에 지나지 않는다고 하였다.

10절의 윤물세무성潤物細無聲은 두보의 시「춘야희우春夜喜雨」에 나오는 구절이다. '좋은 비는 시절을 알아 봄이 되니 내리는구나 바람따라 몰래 밤에 들어와 소리 없이 촉촉히 만물을 적시네.'好雨知時節 當春乃發生 隨風潛入夜 潤物細無聲(호우지시절 당춘내발생 수풍잠입야 윤물세무성)

12절의 청금靑衿은 『시경』 「정풍鄭風」 「자금子衿」에 '푸르른 님의 옷깃 너무 고와서 내 마음에 어린 걱정 가득합니다'靑靑子衿 悠悠我心(청청자금 유유아심)라고 노래하였다. 학자들의 입던 옷을 가리키는 것으로 전轉하여 선비나 유생儒生을 지칭한다.

13절의 한곡풍서寒谷豊黍는 진晋의 문장가 좌사의 「위도부魏都賦」에 나온 말로 본래 추운 골짜기여서 아무 곡식도 맺을 수 없었는데 추자라는 사람이 거하며 취율吹律하여 따뜻한 곳이 되어 곡식이 잘 자라게 되었다는 의미를 담고 있다. 전轉하여 유교적 도덕 수양이 최고의 경계에 이르러 만물을 화육하는 것에까지 이른 것을 의미한다.

같은 절의 천뢰天籟는 『장자』에 나오는 인뢰人籟, 지뢰地籟, 천뢰天籟의 비유이다. 스승 남곽자기가 제자 안성자유에게 풀어주는 말이다. 인뢰는 사람의 마음속에 있는 희로애락이 흘러나오는 소리이며, 지뢰는 땅 위에 수많은 구멍이 있어 바람이 불면 나는 소리인데 천뢰란 만물이 지닌 스스로의 성품에 따라 음양의 기운이 천차만별로 다르게 어울려 나는 소리이다. 사물에 대한 분별이 없어져 청정한 마음이 되어야 들을 수 있는 소리라고 하였다.

제66수

은을 제련하시듯 如銀在鑪
여 은 재 로

1 惟願寰區 向主諠愉 2 歌頌聖名 宣揚德模:
유 원 환 구 향 주 훤 유 가 송 성 명 선 양 덕 모:

3 "赫赫稜威 浩浩宏謨 眾敵畏服 萬彙翕如"
"혁 혁 능 위 호 호 굉 모 중 적 외 복 만 휘 흡 여"

4 心歌腹詠 齊頌令譽
심 가 복 영 제 송 령 예

5 告爾黎元 咸來觀光 主佑其民 神蹟輝煌
고 이 려 원 함 래 관 광 주 우 기 민 신 적 휘 황

6 轉海為陸 為民康莊 孰謂河廣! 徒步以行
전 해 위 륙 위 민 강 장 숙 위 하 광! 도 보 이 행

征人歸鄉 歌舞洋洋
정 인 귀 향 가 무 양 양

7 大主御宇 監臨萬邦 嗟爾叛逆! 莫再怙強
대 주 어 우 감 림 만 방 차 이 반 역! 막 재 호 강

8 願爾萬族 讚主仁育 9 既保吾魂 亦扶吾足
원 이 만 족 찬 주 인 육 기 보 오 혼 역 부 오 족

10 賜我鍛鍊 如銀在鑪 11 加我困厄 勞我形軀
사 아 단 련 여 은 재 로 가 아 곤 액 노 아 형 구

12 令彼敵人 虐我如奴 水深火熱 不遑寧居
영 피 적 인 학 아 여 노 수 심 화 열 불 황 녕 거

試煉既畢 惠以安舒
시 련 기 필 혜 이 안 서

13 可不獻祭 用表區區? 14 難中所誓 寧可無孚?
가 불 헌 제 용 표 구 구? 난 중 소 서 영 가 무 부?

15 肥牛山羊 無美不俱 惟願芳馨 上達玉廬
비 우 산 양 무 미 불 구 유 원 방 형 상 달 옥 려

16 敬主之人 悉心靜聽 聽我宣布 主之救恩
경 주 지 인 실 심 정 청 청 아 선 포 주 지 구 은

17 平生仰主 未絕頌聲 18 我若懷邪 寧邀主聞?
평 생 앙 주 미 절 송 성 아 약 회 사 영 요 주 문?

19 竟蒙眷顧 垂注吾音 20 敢不稱謝 永懷慈仁
경 몽 권 고 수 주 오 음 감 불 칭 사 영 회 자 인

글자풀이

- **寰**(환) 경기 지역, 세상
- **諠**(훤) 떠들썩하다
- **愉**(유) 유쾌한
- **宣揚**(선양) 드러내어 널리 떨치다
- **模**(모) 본받다
- **宏**(굉) 광대하다
  宏謨(굉모) 굉장히 큰 계획
- **彙**(휘) 무리
- **翕**(흡) 합하다, 따르다
- **譽**(예) 기리다
  令譽(영예=**令名**) 상대방을 높여 그 이름을 부름
- **齊**(제) 일제히
- **黎**(려) 검다
  黎元(여원) 일반 백성
- **征人**(정인) 출정하는 사람
- **鍛**(단) 쇠를 불리다
- **鍊**(련) 정련하다
- **銀**(은) 은
- **鑪**(로) 풀무
- **勞**(노) 힘쓰다 근심하다
- **軀**(구) 몸
  形軀(형구) 몸, 신체
- **遑**(황) 한가하다, 급하다
  不遑(불황) 겨를이 없음
- **練**(련) 단련하다, 익히다
- **區區**(구구) 아주 작고 소소함
- **孚**(부) 미쁘다
- **馨**(형) 꽃다운, 향기로운
- **廬**(로) 농막집
- **邀**(요) 맞이하다, 부르다
- **垂注**(수주) 위에서 아래를 지켜보는 것과 그에 대한 감사드림

옮김

1온 세상이여 기쁨으로 주께 찬양드리라 2거룩한 그 이름 찬송드리고 주님

의 덕 널리 전할지어다 3 "빛나고 높으신 주님이시여 당신의 한량없는 놀라
운 일들! 원수들이 두려워 무릎을 꿇고 온갖 무리 하나같이 당신을 따릅니
다" 4 온몸과 맘 다해 찬양드리고 일제히 주의 이름 노래하여라 5 너희 백성
들이여 와서 보아라 주께서 베푸신 경이로운 행적을 6 백성 위해 바다를 땅
으로 바꾸시니 넓다 했던 그 물길 걸어서 건넜도다 출정했던 병사들 무사
히 돌아오니 노래와 흥겨운 춤 넘쳐나도다 7 주께서 세상을 다스리시며 온
땅을 주께서 살펴주시네 안타까울손 반역의 무리여 다시는 네 힘을 믿지
말아라 8 모든 민족아 자비로 기르시는 주님 찬양하여라 9 우리 영혼을 지켜
주셨으니 실족치 않게 붙들어주셨네

10 풀무불에 은을 제련하듯이 주께서 우리를 단련하셨으니 11 곤고함과 위기
를 더하셔서는 가련한 인생 힘겨웁게 몰아가셨네 12 원수들 노예처럼 우릴
다뤘고 깊은 물과 타는 불길 지나야 했기에 한시도 편한 적 없었나이다 그
러나 이제는 시련 끝나고 평안한 쉼을 얻었습니다 13 부족함 이를 데 없으
나 주께 어찌 제물 드리지 않겠습니까? 14 고난 한가운데서 드린 서원이었
으니 이 얼마나 기쁜 마음으로 드리겠습니까? 15 흠없는 살진 소와 양으로
제물삼네 이 향연 주님 전에 다다르게 하소서

16 주를 경외하는 이들이여 온맘으로 귀 기울여 들을지어다 구원하시는 주
의 은혜를 나 선포하리니 들을지어다 17 일평생 주님을 앙망하면서 찬양의
노래 멈추지 않으리니 18 만약 내가 삿된 마음 품었었다면 어찌 주께서 들
어주셨을까? 19 감사하게도 나의 기도 들어주셨고 끝내 주의 돌보심을 입
게 되었으니 20 응답하시고 들어주신 그 사랑 우리 주님께 어찌 감사치 않
으랴?

오경웅이 시편을 번역할 즈음 중국어로 번역된 성서의 시편은 운문이라기보다는 산문에 가까웠다. 그러니 긴 세월 오언이나 칠언의 시적 운율에 젖어든 지식인들에게 성서의 시편은 시로써 읽을 만한 가치가 없었다. 이런 상황에서 오경웅에게 성서의 시편을 중국인에게 읽힐 수 있는 시답게 번역하길 격려하였던 이가 장개석蔣介石 주석이었다.

그는 성서가 성령의 음성이며 하느님의 공의와 사랑을 세상에 드러냄에도 불구하고 중국어 번역본의 아쉬움을 표하며 제대로 번역된다면 얼마나 더 큰 영향력을 끼치겠느냐며 오경웅을 재촉하였고 내전 중에서도 직접 교정을 보았다. 그런 그가 오경웅이 보내온 66수를 읽고 덧붙였다.

'자고로 모든 성현과 호걸이 세상을 놀라게 하는 큰 덕과 업적을 이룸에 있어서 온갖 간난신고를 겪지 않은 바가 없다. 그 역경과 어려움이 클수록 그 이룬 바 공업功業 또한 더욱 크다.'

그렇다. 산이 높음은 동시에 어둑하고 깊은 신비의 골짜기를 품고 있음이다. 반복되는 제련의 수고를 통해 반짝이는 은이 태어나니 그러한 삶 속에는 한없이 깊은 주님의 은혜가 녹아있다. 일찍이 맹자 또한 같은 말을 하였다.

『맹자』「고자告子」하에 '하늘이 장차 그 사람에게 큰 사명을 주려 할 때에는 반드시 먼저 그의 마음과 뜻을 흔들어 고통스럽게 하고 그 힘줄과 뼈를 굶주리게 하여 궁핍하게 만들어 그가 하고자 하는 일을 흔들고 어지럽게 하나니 그것은 타고난 작고 못난 성품을 인내로써 담금질하여 하늘의 사명을 능히 감당할 만 하도록 그 능력을 증대시킨다'故天將降大任於是人也 必先苦其心志 勞其筋骨 餓其體膚 空乏其身 行拂亂其所爲 所以動心忍性 曾益其所不能(고천장강대임어시인야 필선고기심지 노기근골 아기체부 공핍기신 행불란기소위 소이동심인성 증익기소불능)고 했다.

3절의 흡여翕如는 아주 왕성한 모양이나 조화롭게 어울리는 모양을 의미한다. 『논어』「팔일八佾」편에 악樂에 대하여 공자가 이를 때 '그 시작은 종鍾과 같은 높은 음으로 한다'始作翕如也(시작흡여야)고 하였다.

5절의 여원黎元은 일반 백성을 뜻한다. 여현黎玄, 여민黎民 모두 같은 의미이다.

8절의 인육仁育은 '어진 덕으로 가르치고 이끌어서 북돋워 잘 자라게 하는 것'以仁德敎化培育(이인덕교화배육)의 줄임말이다.

12절의 수심화열水深火熱은 『맹자』「양혜왕」하에 나오는 말로 백성이 겪는 고난이 너무도 극심한 것을 뜻한다. '물과 불같은 무서운 정치의 시달림을 피하려는 것인 바 만약 물이 더 깊어지고 불이 더 뜨거워진다면 이 역시 옮겨가려 할 것이라'避水火也 如水益深 如火益熱 亦運而已矣(피수화야 여수익심 여화익열 역운이이의)고 하였다.

같은 절의 불황녕거不遑寧居는 잠시라도 편안히 쉴 수 없음을 뜻하는 성어成語로 주로 불황녕처不遑寧處로 쓰인다.

13절의 용표구구用表區區는 하느님께 뭔가를 드린다는 것이 지닌 신비로운 경험이다. 아무 것도 아닌 인생이 그야말로 별거 아닌區區(구구) 것을 영원한 분께 드리는 그 사이에 무한한 간격이 있기 때문이다. 어찌 하느님께 제물이 필요하시랴? 그럼에도 그 별거 아닌 것을 그분이 받아주시고 우리를 기억하신다. 그로써 정녕 아무 것도 아닌 인생이 영원으로 한걸음 나아간다. 썩을 것을 심어 썩지 않을 것을 얻음이 이것인가?

15절의 옥려玉廬는 천상의 하느님 처소를 의미한다. 여기서는 주님 또는 주님 앞이라고 번역하면 되겠다.

제67수

풍년을 감사드리네 豊年謝恩
풍 년 사 은

1 求主垂憐 福我蒸民 求主開顔 光照世人
구주수련 복아증민 구주개안 광조세인

2 願爾聖道 風行八極 願爾惠音 播傳兆域
원이성도 풍행팔극 원이혜음 파전조역

3 俾我衆生 咸誦大德 萬族欣欣 謳歌不輟
비아중생 함송대덕 만족흔흔 구가불철

4 主將鞫民 睿斷正直 統禦寰宇 與民休息
주장국민 예단정직 통어환우 여민휴식

孰能無感 豐功偉績?
숙능무감 풍공위적?

5 凡我衆生 咸誦大德 萬族欣欣 謳歌不輟
범아중생 함송대덕 만족흔흔 구가불철

6 大地向榮 滋生茂實 民生舒裕 實賴帝力
대지향영 자생무실 민생서유 실뢰제력

7 惟願率土 奉事無忒
유원솔토 봉사무특

글자풀이

- 豐(풍) 풍년들다
- 蒸(증) 많다
  蒸民(증민) 백성
- 播(파) 퍼뜨리다
- 俾(비) 시키다
- 謳(구) 노래하다
  謳歌(구가) 많은 이들이 입모아 칭송함
- 鞫(국) 국문하다
- 禦(어) 지키다
- 寰宇(환우) 세상
- 豐功(풍공) 몹시 큰 공훈
- 滋(자) 번성하다
- 茂(무) 무성하다
- 舒(서) 편안한
- 裕(유) 넉넉하다
  舒裕(서유) 편안하고 여유롭다
- 忒(특) 변하다

옮김

1 하느님 우리에게 자비를 베푸시고 하늘의 복을 내려주소서 당신 얼굴 여
셔서 우리 인생들에게 비춰주소서 2 당신의 거룩한 도 세상 끝까지 펼쳐지
고 자비하신 그 음성 온 누리에 전파되게 하소서 3 저희들이 주 크신 덕 찬
송하게 하시며 겨레들 크게 기뻐하면서 주님 향한 노래소리 그치잖게 하소
서 4 주께서 장차 심판하실 제 슬기와 정직으로 행하시리니 주님의 다스리
심 세상에 이뤄질 제 당신의 백성들 안식을 얻으리니 주의 크신 행하심이
이러할진대 감복하지 않을 이 누구리이까? 5 저희들이 주 크신 덕 찬송하
게 하시며 겨레들 크게 기뻐하면서 주님 향한 노래소리 그치잖게 하소서 6
대지는 생기가 넘쳐 흐르고 잘 자란 것들 무성하게 열매맺네 백성들 평안
하고 여유로우니 주님의 다스리심 의지함일세 7 주께서 우리를 다스리시고
변함없이 주님만 섬기게 하소서

풍년가를 부르는 히브리 시인의 눈매에 풍성한 소출은 그저 일부일 뿐이다. 풍성한 소출은 하느님의 손길이 온 세상에 두루 임하고 주님의 도道가 온 세상에 펼쳐져 자연스레 이루어진 결과일 뿐이다. 그러니 거둔 열매에 대한 감사보다는 하느님께서 다스리셔서 그 백성들이 힘을 얻고 세상이 온전케 된 것에 대한 찬양이 앞선다. 그러므로 풍년에 대한 감사는 영혼에 대한 풍성한 은총으로 인한 감사와 찬양으로 채워진다.

마지막 절에 하느님의 은덕을 제력帝力으로 묘사하였다. 「격양가擊壤歌」(요순의 태평시대에 불렸다)에도 같은 단어가 쓰인다. 비교해 읽을 만하다. '해가 뜨면 나가 일하고 해가 지면 돌아와 쉬네 우물파서 물 마시고 밭을 갈아 먹거리 얻으니 임금의 다스림이야 내게 무슨 소용이랴!'日出而作 日入而息 鑿井而飮 耕田而食 帝力于我何有哉!(일출이작 일입이식 착정이음 경전이식 제력우아하유재!)

1절의 증민蒸民은 백성이란 뜻이다. 『시경』「대아大雅」「증민蒸民」에 '하늘이 뭇백성을 낳으셨으니 모든 것에 제각각 법칙있도다'天生蒸民 有物有則(천생증민 유물유칙)라고 노래하였다.

2절의 풍행風行은 그 덕이 널리 퍼져나감을 의미한다. 팔극八極은 여덟 방위의 끝 지역을 의미한다. 중국적 사유에서 세상을 구주九州로 나누고 그 끝 지역을 팔극이라 하였다. 따라서 팔극이라 함은 온 세상을 의미한다.

4절의 여민휴식與民休息은 『한서』「소제기昭帝紀」에 나온다. '나라에 경작지는 있으나 지을 수 없음은 백성들이 반이나 줄었기 때문이니 지금 당장 힘써야 할 것은 부역을 가볍게 해주어 백성들로 하여금 제대로 기운을 차리게 하는 것'海內虛耕 戶口減半 光知時務之要 輕徭薄役 與民休息(해내허경 호구감반 광지시무지요 경요박역 여민휴식)이라 하였다.

전쟁과 같은 시기를 지난 후 백성들로 하여금 보양保養하고 힘을 길러 다시 경제력을 일으키는 것까지 포함하는 낱말로 단순한 휴식을 의미하는 것이 아니다.

같은 절의 풍공위적豐功偉績은 위대한 공훈과 성취를 의미하는 성어成語이다. 같은 절의 숙능무감孰能無感은 어느 누가 감사하지 않겠습니까?라는 반어적 물음이다. 이러한 반어적 물음은 강조를 위해 자주 쓰인다. 한유의 글 「사설師說」에 사람이 태어날 때부터 세상의 모든 도리를 아는 것은 아닌데 어떻게 의혹됨이 없겠습니까?人非生而知之者 孰能無惑(인비생이지지자 숙능무혹)라는 물음이 있고, 「좌전左傳」에도 '사람이 성현이 아닌데 어떻게 허물을 짓지 않겠습니까?'人非聖賢 孰能無過(인비성현 숙능무과)라고 묻기도 하였다.

6절의 향영向榮은 생기가 가득하다는 의미이며 5절의 흔흔欣欣은 기쁨과 즐거움이 가득하다는 뜻이다. 도연명의 「귀거래사」에 '나무들은 너무도 기쁜 듯 생기 가득하여 자라고 샘물은 졸졸 솟아흐른다'木欣欣以向榮 泉涓涓而始流(목흔흔이향영 천연연이시류)고 하였다.

6절의 제력帝力은 본래 제왕의 다스림과 은덕의 뜻인데 여기서는 하느님의 은덕을 의미한다.

제68수

바름으로 거짓을 이기다 以正克邪

이정극사

1 天主其興 一掃群凶 行見悖逆 鼠竄無蹤
천주기흥 일소군흉 행견패역 서찬무종

2 如煙之散 如蠟之鎔 衆邪對主 無地自容
여연지산 여랍지용 중사대주 무지자용

3 愷悌君子 體逸心沖 既見天主 樂也融融 常承歡顏 和氣內充
개제군자 체일심충 기견천주 낙야융융 상승환안 화기내충

4 向主謳歌 歡呼聖名 何以迎駕? 轡遏行雲 聖名曰爺 可不尊親?
향주구가 환호성명 하이영가? 향알행운 성명왈야 가불존친?

5 主居聖所 福彼窮民 孤兒之父 嫠婦之鄰
주거성소 복피궁민 고아지부 이부지린

6 恤彼煢獨 使成眷屬 釋彼冤囚 賜以康樂
휼피경독 사성권속 석피원수 사이강락

澤所不賅 其惟怙惡 無悛於心 何可救藥?
택소불해 기유호악 무전어심 하가구약?

7 主昔導民 經彼遐荒
주석도민 경피하황

8 天地震搖 西乃惶惶 沛然降雨 以潤焦土
천지진요 서내황황 패연강우 이윤초토

9 聖民家焉 10 恩澤覃敷
성민가언 은택담부

11 主啟凱音 衆姝謠吟:
주계개음 중주요음:

12 “敵車之帥 倉皇四奔　深閨之女 掠物是分
“적거지수 창황사분　심규지녀 약물시분

13 境內安懿 民如馴鴿　白銀為羽 黃金為翮
경내안의 민여순합　백은위우 황금위핵

14 列王被逐 紛紛竄逸　彷佛塞門 飄飄飛雪”
열왕피축 분분찬일　방불색문 표표비설”

15 維彼巴山 宜為靈岳
유피파산 의위영악

16 千峰競秀 聖心所樂　嗟爾群山 無然側目! 天主居之 胡云不服?
천봉경수 성심소락　차이군산 무연측목! 천주거지 호운불복?

17 主之車馬 十萬其強　奚啻十萬? 其數無量 大主出征 西乃有光
주지거마 십만기강　해시십만? 기수무량 대주출정 서내유광

18 我主既升 眾俘成行　萬邦獻珍 群逆來王 歸斯受之 包穢包荒
아주기승 중부성행　만방헌진 군역래왕 귀사수지 포예포황

19 慈哉雅瑋! 日肩我累
자재아위! 일견아루

20 釋我重負 扶我於墜　解我倒懸 脫我於死
석아중부 부아어추　해아도현 탈아어사

21 惟彼冥頑 永不改悔　主施痛擊 頭顱其碎
유피명완 영불개회　주시통격 두로기쇄

22 “近自巴山 遠自深淵　凡屬吾民 悉使歸旋 傲頑之徒 爾其殄之
“근자파산 원자심연　범속오민 실사귀선 오완지도 이기진지

23 血濺爾足 眾犬吮之”
혈천이족 중견연지”

24 天主榮旋 普天瞻卬　何所于歸? 歸于聖堂
천주영선 보천첨앙　하소우귀? 귀우성당

25 歌人導前 樂正殿後　群姝鳴鼓 翼其左右
가인도전 악정전후　군주명고 익기좌우

26 義塞支派 同聲共奏
의새지파 동성공주

27 便雅明者 實為最幼　蒙主拔舉 為眾之首
편아명자 실위최유　몽주발거 위중지수

次及樹德 布倫拿皐　濟濟牧伯 皆屬優秀
차급수덕 포륜나부　제제목백 개속우수

28 吾族之興 實賴主佑　既立我先 必保我後
오족지흥 실뢰주우　기립아선 필보아후

29 以爾駐蹕 於我瑟琳　萬王賓貢 莫敢不勤
이이주필 어아슬림　만왕빈공 막감불근

30 如兕如虎 為民荼毒 祈使強暴 獻金屈服 更祈掃除 好戰之族
여시여호 위민도독 기사강폭 헌금굴복 갱기소제 호전지족

31 埃及來朝 古實畏服　32 咨爾萬邦 歌功誦德
애급래조 고실외복　자이만방 가공송덕

33 天主御宇 永古不息　發音如雷 布於寰域
천주어우 영고불식　발음여뢰 포어환역

34 峻極於天 坐鎮義塞
준극어천 좌진의새

35 主賜其民 以勇以力　可崇惟主 聰明正直
주사기민 이용이력　가숭유주 총명정직

글자풀이

- **鼠**(서) 쥐
- **竄**(찬) 숨다
- **蠟**(랍) 밀초
- **鎔**(용) 녹다
- **愷**(개) 편안하다
- **悌**(제) 공손하다
  愷悌(개제) 용모와 기상이 화평 단아함
- **沖**(충) 깊다
- **融**(융) 녹다, 화합하다
- **謳**(구) 노래하다
- **響**(향) 울리다
- **遏**(알) 막다
- **爺**(야) 아버지
- **嫠**(이) 과부
- **煢**(경) 외롭다
  煢獨(경독) 의지가지 없이 외로움
- **屬**(속) 무리, 혈족
- **冤**(원) 원통하다
- **賅**(해) 갖추다
- **怙**(호) 믿다, 의뢰하다
- **悛**(전) 고치다
- **藥**(약) 약, 치료하다
- **遐**(하) 멀다
- **搖**(요) 흔들리다
- **西乃**(서내) 시나이의 음역
- **焦土**(초토) 메마른 땅
- **覃**(담) 뻗어나가다
- **敷**(부) 퍼지다
- **凱**(개) 개선하다
- **姝**(주) 예쁘다
- **謠**(요) 노래하다
- **帥**(수) 장수, 통솔자
- **倉皇**(창황)=**蒼黃**(창황) 어찌할 겨를이 없이 매우 급함
- **奔**(분) 달아나다
- **掠**(약) 노략질하다
- **闈**(규) 규방
- **懿**(의) 아름다운

- **鴿**(합) 집비둘기
- **翮**(핵) 깃촉
- **塞門**(새문) 살몬의 음역
- **巴山**(파산) 바산의 음역
- **側目**(측목) 곁눈질, 무서워 바로보지 못함
- **啻**(시) 뿐, 다만
- **俘**(부) 사로잡다
- **穢**(예) 더러운
- **荒**(황) 거친
- **肩**(견) 어깨
- **累**(루) 여러, 거듭
- **負**(부) 등에 짐을 지다
- **墜**(추) 떨어지다
- **倒懸**(도현) 위험이 절박한
- **顱**(로) 머리뼈
  頭顱(두로) 머릿통
- **旋**(선) 돌아오다
- **傲**(오) 거만하다
- **殄**(진) 멸하다
- **濺**(천) 흩뿌리다
- **吮**(연) 핥다
- **便雅明** (편아명) 베냐민의 음역
- **幼**(유) 어리다
- **布倫**(포륜) 스불론의 음역
- **拿阜**(나부) 납달리의 음역
- **濟**(제) 구제하다, 많다
- **濟濟**(제제) 많고 성함, 엄숙 장중함
- **伯**(백) 우두머리
- **駐蹕**(주필) 임금이 나들이 중 수레를 멈추고 잠시 머무름, 묵음
- **貢**(공) 공물을 바치다
- **兕**(시) 외뿔소
- **荼**(도) 씀바귀
- **荼毒**(도독) 심한 해독, 고통
- **埃及**(애급) 애굽의 음역
- **古實**(고실) 구스의 음역
- **咨**(자) 탄식, 아!

옮김

1 하느님께서 일어나시니 악한 무리 일거에 쓸어버리시네 패악을 저지르던
저들 쥐구멍 숨듯이 사라지도다 2 연기 가뭇없이 흩어지고 밀랍 불에 녹아
형체가 없듯 하느님 대적한 악한 무리들 도무지 그 몸뚱이 둘 곳 없도다
3 (그러나) 하느님을 경외하는 이들은 온몸과 마음 평안을 누리리니 주님을
뵙고 그 즐거움 넘치며 주 은총 누리니 화평 가득하리라 4 하느님께 찬양하
며 거룩한 이름 환호하라 오롯한 정성과 마음 다한 찬양으로 주님의 어가
를 맞이하여라 거룩한 그 이름 크신 아버지시라 어찌 부모님 모시듯 하지
않으랴? 5 하느님 거룩한 거처에 계시며 당신 백성에게 복을 주시니 주님
은 고아의 아버지 되시며 과부의 이웃이 되어주시네 6 의지할 곳 없는 외로

운 이들 한 집안 식구로 받아주시고 억울한 이 풀어주사 편안케 하시네 그
러나 악을 기꺼워한 무리들 주님의 은택 덧입지 못하리니 그 마음 고치잖
고 어찌 구원 얻으랴?
7옛적에 주께서 주의 백성 이끄시고 거친 저 광야를 지나가실 때에 8천지
가 놀라 요동하였고 시내산이 두려워 어쩔 줄 몰랐네 하느님 넉넉히 비를
부어주시니 메마른 땅이 옥토가 되었네 9거룩한 백성들 거하게 하시고 10
주님의 은택으로 뻗어나갔네 11주께서 이기셨노라 밝히시니 아리따운 여
인들 노래로 전하였네 12"적들의 우두머리 창졸간에 도망하고 규방의 여인
들도 전리품을 얻는구나 13주님 주신 땅 평안하여라 백성들 마치 길들여
진 비둘기 은으로 날개 달고 금으로 깃털 삼네 14열국의 왕들 흩어지고 달
아나니 살몬 산에 흩날리는 눈발 같구나" 15저 바산의 산은 영산이로구나
16너희 뭇 산이여 시샘하지 말지어다 산들 중에 빼어나니 주님 기뻐하시네
주님 계시는 산에 어찌 엎드리지 않으랴? 17주의 병거 하 많으니 어찌 헤
아릴 수 있으랴 하느님 출정하시니 시내 산이 빛났도다 18뭇 포로 거느리
고 높은 곳에 오르셨네 세상 모든 나라들 주께 예물드리고 횡포하던 반역
자도 주께 돌아오도다 저들이 돌아오니 받아주시네 거칠고 추한 저들 받
아주시네 19우리 주 야훼는 어지신 분이시니 짊어진 짐 나날이 무거웁지만
20버거운 짐에서 벗어나게 하시고 나락으로 떨어지잖게 붙잡아 주시리 절
박한 위험에서 풀어주시고 죽음에서 우리를 건지시리라 21어리석고 완고
한 저 인생들 도무지 돌이킬 줄 모르는지라 주님께서 저들을 치시리니 그
정수리를 깨뜨리시리라 22"가까이는 바산에서 멀리는 바다 깊은 곳까지 내
백성들 모두 다 돌아오게 하리라 오만하고 어리석은 저 무리들 다 멸하여
23그 피로 너희의 발을 씻고 개들이 그 피를 핥게 되리라"
24하느님 영광 중에 개선하실 때 온 세상 다 우러러 보리니 우리 주님 어
디로 드시렵니까? 주님의 거룩한 전에 드시네 25찬미자들 앞서고 악대가
뒤따르니 소고 치는 어여쁜 딸 좌우로 줄을 잇고 26이스라엘의 지파들은

한 맘 되어 찬양하네 **27**베냐민 지파가 우두머리이니 주께서 어린 그를 세
우셨도다 그 다음은 유다요 스불론과 납달리니 수많은 지도자들 빼어나도
다 **28**우리 겨레 홍성함 주님 도우심이니 이미 세워주셨으니 돌보아 주시리
라 **29**주께서 멈추신 곳 예루살렘이어라 모든 왕들 조공드려 섬기길 마지않
네 **30**외뿔소와 범과 같은 저들의 위협 주께서 무찌르사 굴복케 하시고 전
쟁을 즐기는 저 족속들 주께서 말끔히 없애주소서 **31**이집트가 주님을 뵙고
자 찾아오고 에디오피아가 경외하며 엎드리나니 **32**주님의 높으신 덕과 업
적을 세상의 왕국들아 찬미하여라 **33**주께서 세상을 다스리시니 주님의 다
스림 영원하시고 그분의 말씀 우레와 같아 온 세상 곳곳에 널리 퍼지리니
34하늘보다 높으신 우리 하느님 이스라엘에 좌정하여 다스리시네 **35**주께서
백성에게 힘과 용기 주시니 지혜와 곧음으로 힘써 섬기라

해설

대부분의 시편이 적들을 멸하시는 하느님을 찬미하는데 이 시편은 독특하게 반항자들에게도 예물을 받으시는 하느님이라고 노래하고 있다. 오경웅은 이를 놓치지 않고 18절에서 악한 이와 몹쓸 인생들도 받아주셔서 교화하시는 주님의 관대함과 관용을 노래하고 있다.

3절에서도 의인이 기뻐한다 함을 '몸은 평안해지고 마음은 감격으로 가득해진다'體逸心沖(체일심충)고 되새겼다. 이처럼 단어를 선택하여 의미를 확장하거나 자신의 삶과 의식에 적절한 사유로 전개하는 묘미가 시편 전편에 고루 흩어져 있다. 찾아보는 즐거움이 많다.

2절의 무지자용無地自容은 도무지 몸 하나 받아주는 곳이 없다는 의미로 부끄럽기 그지없음을 뜻하는 성어成語이다. 4절에서 하느님을 야爺라고 하였다. 아비 야爺이다. 고대에 소국의 임금일지라도 그는 백성의 부父요 그

백성은 자子였다. 그런데 이 소국의 임금이 큰 나라에 복속되면 소국의 임금이 자子가 되고 큰 나라의 임금은 크신 아버지爺(야)라 불린다. 아버지의 아버지이다. 하느님이 그런 분이시라고 묘사하였다. 같은 절의 향알행운響遏行雲은 『열자』「탕문湯問」편에 나오는 성어成語이다. 설담이 진청에게 노래를 배웠는데 아직 다 배우지도 않았음에도 다 배운 것으로 여기고 돌아가겠다고 하자 진청이 막지 않고 교외 네거리까지 나와 전별하며 절節이란 악기를 어루만지며 슬픈 노래를 부르니 그 소리가 숲의 나무를 흔들고 그 울림소리로 인하여 흘러가던 구름을 멈추게 하였다. 이에 설담이 감동하여 진청에게 사과하고 마칠 때까지 돌아가겠다는 말을 하지 않았다는 고사에서 비롯된 성어成語이다. 히브리 시인이 구름타고 달리시는 분이라고 묘사하는 것에 반해 오경웅은 주님 찬미에 온몸과 마음을 드리고자 한다.

5절의 가불존친可不尊親은 『중용』에 나오는 말로 성인의 지극함은 '무릇 모든 생명있는 것들이 존경하며 친애하지 않음이 없으니 그런 분이야 말로 하늘과 짝한다'唯天下至聖 ...凡有血氣者 莫不尊親 故曰配天(유천하지성… 범유혈기자 막불존친 고왈배천)고 하였다.

8절의 패연강우沛然降雨는 『맹자』「양혜왕梁惠王」상에 나오는데 '하늘에서 흥건히 비가 내리면 싹들이 힘차게 자라난다'沛然下雨 則苗渤然(패연하우 즉묘발연)고 하여 인정仁政을 펼칠 것을 강조한 것이다.

18절 포예포황包穢包荒은 『주역』「태괘泰卦」를 풀이하는 글에 나온다. '거친 사람들을 받아들이고 용감하게 강을 건넌다. 멀리 있다고 버리지 않는다'包荒 用馮河 不遐遺(포황 용풍하 불하유)라고 하였다. 포함황예包含荒穢로 주로 쓰인다. 도량이 넓음과 관용을 의미한다. 24절의 첨앙瞻卬은 첨앙瞻仰으로 읽어야 하겠다. 앙卬과 앙仰은 서로 통한다.

34절의 준극어천峻極於天은 『중용』에 나오는 말로 '크구나 성인의 길이여 온누리 가득하여 만물을 낳아 기르는데 그 빼어남이 하늘에 닿았더라'大哉聖人之道 洋洋乎 發育萬物 峻極於天(대재 성인지도 양양호 발육만물 준극어천)고 하였다.

제69수

홀로 번민하다 孤憤
고 분

1 水氾濫兮侵魂 求吾主兮來援
수 범 람 혜 침 혼 구 오 주 혜 래 원

2 身深陷兮泥中 欲自拔兮無從 漂入兮深淵 滅頂兮狂瀾
신 심 함 혜 니 중 욕 자 발 혜 무 종 표 입 혜 심 연 멸 정 혜 광 란

3 呼籲兮力盡 喉舌兮焦乾 俟主兮不至 望眼兮欲穿
호 유 혜 력 진 후 설 혜 초 건 사 주 혜 부 지 망 안 혜 욕 천

4 惡黨紛紛兮 擢髮難數 無理而與我為仇兮 洶洶然其相侮
악 당 분 분 혜 탁 발 난 수 무 리 이 여 아 위 구 혜 흉 흉 연 기 상 모

既誣予以攘物兮 又責予以返償
기 무 여 이 양 물 혜 우 책 여 이 반 상

5 嗚呼! 天主兮 爾實知予之愚狂 予罪多參在上兮 恐欲蓋而彌彰
오 호! 천 주 혜 이 실 지 여 지 우 광 여 죄 다 참 재 상 혜 공 욕 개 이 미 창

6 惟不欲因予之故兮 而貽恃主者以慚惶
유 불 욕 인 여 지 고 혜 이 이 시 주 자 이 참 황

更不欲因予之故兮 而致求主者之失望
갱 불 욕 인 여 지 고 혜 이 치 구 주 자 지 실 망

7 夫予之蒙耻而受辱兮 非為主之故乎?
부 여 지 몽 치 이 수 욕 혜 비 위 주 지 고 호?

8 即吾同胞之兄弟兮 亦因是而視予為陌路
즉 오 동 포 지 형 제 혜 역 인 시 이 시 여 위 맥 로

9 為衛護聖宅而焦心如焚兮 身成眾怨之府
위 위 호 성 택 이 초 심 여 분 혜 신 성 중 원 지 부

10 世人見予含淚而守齋兮 擧狺狺然而非之
세인견여함루이수재혜 거은은연이비지

11 見予披麻以為衣兮 復振振焉而嗤之
견여피마이위의혜 부진진언이치지

12 閒人坐於城門而以予為談資兮 酒徒亦將予編入醉後之歌詞
한인좌어성문이이여위담자혜 주도역장여편입취후지가사

13 予惟吾主兮是怙 求主及時兮祐護
여유오주혜시호 구주급시혜우호

按爾之仁兮 聽予之訴 依爾之信兮 鑒予之苦
안이지인혜 청여지소 의이지신혜 감여지고

14 拔我兮泥中 脫我兮諸兇
발아혜니중 탈아혜제흉

15 無使洪水兮溺身 無使深淵兮相吞 莫令予身兮 淪於地腹
무사홍수혜닉신 무사심연혜상탄 막령여신혜 윤어지복

16 應予之求兮 賜以仁育 祈回首而垂顧兮 以證爾恩之不薄
응여지구혜 사이인육 기회수이수고혜 이증이은지불박

17 莫掩爾顏兮 於爾臣僕 予今在厄兮 相救務速
막엄이안혜 어이신복 여금재액혜 상구무속

18 求吾主之惠然來臨兮 濟此煢獨 嗟小子之多敵兮 微主其誰相贖?
구오주지혜연래림혜 제차경독 차소자지다적혜 미주기수상속?

19 夫主固知予之窘狀兮 一身受垢而蒙辱 吾敵無數兮 悉在爾目
부주고지여지군상혜 일신수구이몽욕 오적무수혜 실재이목

20 飽受侮辱兮腸斷 幽憤填膺兮神昏
포수모욕혜장단 유분진응혜신혼

擧目無親 誰與同情? 欲求相慰 闃其無人
거목무친 수여동정? 욕구상위 격기무인

21 人既令予嘗膽兮 又飲予以敗醯
인기령여상담혜 우음여이패혜

22 願其筵席之化為羅網兮 俾紛紛然而自罹
원기연석지화위라망혜 비분분연이자리

23 願其目之喪明兮 願其腰之不支
원기목지상명혜 원기요지부지

24 願聖怒之加於其身兮 25 願其居室之成墟
원성노지가어기신혜 원기거실지성허

26 予既受爾之懲創兮 彼又悻悻然而侮予 幸災而樂禍兮 加新痛於舊傷
여기수이지징창혜 피우행행연이모여 행재이요화혜 가신통어구상

27 願其罪上加罪兮 無與於吾主之恩光
원기죄상가죄혜 무여어오주지은광

28 願主除彼於生籍兮 勿廁之於義者之場
원주제피어생적혜 물측지어의자지장

29 主必憐予之窮苦而無告兮 置予於高岡
주필련여지궁고이무고혜 치여어고강

30 予欲歌頌聖名兮 揄揚洪恩
여욕가송성명혜 유양홍은

31 主必悅納予之讚美兮 勝於純潔之犧牲
주필열납여지찬미혜 승어순결지희생

32 良善者將聞報而相慶兮 恃主者當歡欣而鼓舞
양선자장문보이상경혜 시주자당환흔이고무

33 蓋主樂於周人之急兮 何曾置囚徒於不顧?
개주락어주인지급혜 하증치수사어불고

34 吾願天地兮 共獻頌美 大海以及鱗族兮 亦應讚主無已
오원천지혜 공헌송미 대해이급린족혜 역응찬주무이

35 主必拯救西溫兮 重建樹德諸邑 俾其子民安居而樂業兮
주필증구서온혜 중건수덕제읍 비기자민안거이락업혜

36 子孫相繼而不絕 蓋惟敬愛聖名之徒兮 乃得優游化域
자손상계이부절 개유경애성명지도혜 내득우유화역

글자풀이

- **孤憤**(고분) 홀로 분개하다
- **氾濫**(범람) 물이 넘치다
- **援**(원) 돕다, 구원하다
- **漂**(표) 떠다니다
- **頂**(정) 정수리
- **瀾**(란) 물결이 일다
- **喉**(후) 목구멍
- **焦乾**(초건) 바짝 말라버리다
- **俟**(사) 기다리다
- **穿**(천) 뚫다
- **擢**(탁) 뽑다
- **髮**(발) 머리털
- **仇**(구) 원수
- **侮**(모) 업신여기다
- **誣**(무) 무고하다, 잘못을 뒤집어 씌우다
- **攘**(양) 빼앗다
- **返**(반) 돌려주다
- **參**(참) 빽빽이 들어차다

- 彌(미) 더욱
- 貽(이) 끼치다
- 慚(참) 부끄럽다
- 惶(황) 두려워하다
- 陌(맥) 길, 거리
  陌路人(맥로인) 길 가다가 만난 생판 모르는 사람
- 焦心如焚(초심여분) 마음이 졸여서 불타는 것과 같다
- 狺(은) 으르렁거리다
- 振振(진진) 아주 성한 모양
- 嗤(치) 비웃다
- 閒(한) 한가하다
- 談(담) 이야기
  談資(담자) 이야깃거리를 삼다
- 編(편) 엮다
- 訴(소) 하소연하다
- 鑒(감) 살피다
- 淪(륜) 빠지다
- 地腹(지복) 땅 속
- 掩(엄) 가리다
- 僕(복) 종
- 煢獨(경독) 외로운 인생
- 微(미) 없다(만약 없다고 한하면)
- 贖(속) 속바치다
- 窘(군) 군색하다
- 狀(상) 면모
- 腸(장) 창자, 마음
- 幽憤(유분) 마음 깊은 곳에 감추인 분노와 원한
- 塡(진) 채우다
- 闃(격) 고요하다
- 嘗(상) 맛보다
- 膽(담) 쓸개
- 醯(혜) 식초
- 筵(연) 연회
- 俾(비) 시키다
- 罹(리) 어려움에 걸리다
- 腰(요) 허리
- 墟(허) 황폐하다
- 懲創(징창) 허물이나 잘못을 뉘우치도록 벌을 주거나 꾸짖어 경계하다
- 悻(행) 성내다
- 舊(구) 옛
- 籍(적) 장부, 서적
- 廁(측) 섞다
- 岡(강) 산등성이
- 揄(유) 끌어올리다
- 揄揚(유양) 칭송하다
- 犧牲(희생) 희생제물
- 鼓舞(고무) 용기를 내도록 격려하다
- 徙(사) 귀양보내다
- 鱗(린) 비늘, 물고기
- 鱗族(인족) 어류
- 邑(읍) 고을

옮김

1물은 넘치고 내 혼은 가라앉네 주님 오셔서 날 건져주소서 2수렁 속으로 빠져드는데 벗어나고자 해도 어찌할 바 모르고 성난 파도에 정수리까지 잠기니 심연 속으로 빠져듭니다 3주님께 부르짖다 기운 다했고 목구멍은 말라 붙어버렸는데 기다리는 주님은 오시질 않으니 내 눈이 빠져버릴 지경입

니다 4 까닭없이 저를 미워하는 원수들 너무도 많고 기세등등하여 업신여깁
니다 나 빼앗지도 않았건만 뒤집어 씌우고는 되갚으라 윽박지릅니다 5 오!
하늘에 계신 하느님 주님은 실로 내 어리석음을 아시니 당신 앞에 허다한
나의 죄 낱낱이 놓였기에 감추려 할수록 더욱 드러납니다 6 야훼여 저로 인
해 당신 의지하는 이들이 부끄러움 당하지 않게 하시고 더욱이 저로 인해
주를 찾는 이들이 실망하는 일 없게 하여 주소서 7 제가 겪는 수치와 당하
는 굴욕들 주님 위한 바가 아니옵니까? 8 (그러나 그 때문에) 겨레붙이들에게 낯
선 사람처럼 되고 말았나이다 9 주님 집을 지키려는 마음 불타올랐기에 이
내 몸은 사람들의 욕받이가 되었으며 10 애통하며 단식재와 금육재를 지켰
더니 다들 들고 일어나 물어뜯으려 합니다 11 제가 베옷 입고 참회하는 걸
보고 오히려 들썩대며 조롱합니다 12 하릴없는 이들 성문에 앉아 저를 두고
이야깃거리 삼으며 술꾼들 취하고선 저를 안주삼고는 빈정대는 노래 불러
댑니다 13 그러나 저는 오직 주님 의지하오니 알맞이 때에 저를 지켜주시고
당신의 한결같은 사랑 베푸사 저의 하소연 들어주소서 당신의 신실함에 의
지하오니 제가 겪는 어려움 살펴주소서 14 저를 수렁에서 건져주시고 원수
들에게서 벗어나게 하소서 15 홍수가 덮치지 못하게 하시고 심연이 삼키지
못하게 하소서 땅 속 저 깊은 아득한 곳으로 이 몸뚱이 빠지지 않게 하소
서 16 야훼여 당신 자애 베풀어 주소서 고개를 돌려 저를 돌아보셔서 님의
자비 깊으심을 드러내소서 17 주의 얼굴 당신 종에게서 감추지 마소서 죽을
지경이오니 속히 오사 구해주소서 18 주님 자비 베푸사 제게 오셔서 의지할
곳 없는 이 몸 건져주소서 이렇게도 제게 적이 많은데 주님 아니면 뉘 있
어 저를 구하겠습니까? 19 대저 주님은 저의 곤궁함 아시며 치욕으로 더렵
혀짐도 아시나이다 저의 무수한 적들 당신 눈앞에 있습니다 20 하도 모욕을
당해 애간장은 끊어졌고 깊은 분노 가슴에 꽉 차 아득해집니다 사방을 둘
러봐도 함께 아파할 사람 하나 없고 위로를 받고프나 도울 기척조차 없나
이다. 21 저들은 제게 쓸개를 씹게 하고 상한 식초 마시라 주었사오니 22 저

들의 잔치 자리 덫이 되게 하셔서 저들 정신없이 걸려들게 하시고 23 저들
의 눈은 어두워지고 저들의 허리 휘청대게 하소서 24 주의 거룩한 분노 저
들 몸에 더해지고 25 저들이 거하던 집 황폐케 하소서 26 제가 주의 징계를
이미 받았음에도 저들은 화를 내며 조롱을 더하였고 저의 불행 도리어 즐
거워하며 받은 상처 헤집고 덧쑤셔댔습니다 27 그들의 죄에다 죄를 더하시
고 주의 은혜의 빛이 비치지 않게 하소서 28 당신 생명책에서 저들을 지우
시고 의인들의 자리에 섞이지 못하게 하소서 29 저의 곤고와 억울함을 가련
히 여기셔서 높고 안전한 곳에 세워주소서 30 거기서 거룩한 주의 이름 찬
송하며 그 크신 은혜를 높이오리니 31 야훼 주님 저의 찬미 받으시리니 흠
없는 희생물보다 더 기뻐 받으십니다 32 믿는 이들 이를 듣고 서로 기뻐하
리니 주를 의지하는 이들 환호하며 새 힘 얻으리라 33 고난 중에 괴로워하
는 인생들 야훼께선 건지시길 기꺼워하시니 옥에 갇힌 이들과 내쫓긴 이들
살피시지 않으신 적 있으셨던가? 34 하늘과 땅이여 주님을 찬양하라 바다와
그 안에서 헤엄치는 것들아 영원토록 하느님을 찬미하여라 35 하느님 반드
시 시온을 구하시고 유다의 온 성읍 다시 세우시리니 그 자손과 백성들은
평안을 누리며 즐거이 생업을 누리게 되리라 36 자손들 잇따르고 끊이지 않
으리니 거룩한 주의 이름 경애하는 백성들은 그곳에서 평안히 살아가리라

해설

마음에 품은 바가 바르고 지향이 뚜렷한 사람이라면 불의하고 불합리한 세상에서 번민할 수 밖에 없다. 제목 고분孤憤은 외로이 번민한다는 뜻이다. 어처구니없는 세상에서 때로 굴욕을 당하고 수치를 겪는다. 그러나 그는 자신의 옳음을 저들 앞에서 주장하지 않는다. 주장한들 들을 귀가 없다. 그렇기에 그는 하느님께 나아간다. 그리고 하느님 앞에서 그 자신도 악한 저

들과 다름없이 어리석은 인생愚狂(우광)이요 죄인임을 고백하면서 동시에 자신이 겪는 아픔을 아뢴다. 시인이 겪는 아픔은 하느님을 사랑하기 때문에 받는 아픔이요 손가락질이다. 그러니 아뢰는 모양이 격정적일 수밖에 없다. 터져 나온다. 이렇게 터져 나오고 쏟아져 나온 빈자리, 그 고요함 속에 하느님께서 임하신다. 울분과 상처가 다 드러난 다음에 고요, 그리고 임하는 평강이다. 하느님은 다 아신다. 하느님은 이미 함께 하시고 시인을 위로하신다. 그런 의미에서 기도는 아무 것도 한 것 없이 모든 것을 한 것과 같다.

2절 무종無從은 무소적종無所適從의 줄임말이다. 어찌해야 할지 마땅한 길을 도무지 찾을 수 없음을 이르는 말이다. 당唐의 이백약의 『북제서北齊書』에 '이 지역은 강력한 오랑캐에 접해 있고 황제의 힘은 아직 미치지 못하니 어딜 따라야 할지 몰라 배반하는 결과를 낳게 된다'此縣界於强虜 皇威未接 無所適從 故成背叛(차현계어강로 황위미접 무소적종 고성배반)는 문장이 있다.

4절의 탁발난수擢髮難數는 『사기』「범저채택열전范雎蔡澤列傳」에 나오는 이야기로 위魏의 대부 수가須賈라는 이가 범저范雎(진秦국의 재상이 되어 원교근공遠交近攻정책을 편 정치가)에게 큰 잘못을 저질렀는데 그 죄를 인정하면서 '저의 머리칼을 다 뽑아 저의 죄를 속한다 할지라도 오히려 부족할 것'擢賈之髮以贖賈之罪 尙未足 (탁가지발이속가지죄 상미족)이라며 사죄하는 장면이 있다.

5절의 우광愚狂은 어리석고 몽매한데다 걷잡을 수 없을 정도로 이치에 맞지 않다는 우매광망愚昧狂妄의 줄임말이다.

같은 절의 욕개미창欲盖彌彰은 『좌전』에 나오는데 주邾나라의 대부 흑굉黑肱이 주邾나라를 배반하고 이웃 노魯나라로 투항하며 봉토마저 노魯에 복속시켰다. 이를 기록하면서 '이름을 구했으나 제대로 얻지 못했으니 부끄러운 짓을 감추려 할수록 그 이름을 더 드러나게 되었다'或求名而不得 或欲盖而名章(혹구명이부득 혹욕개이명장)고 기록되었다.

9절의 중원지부衆怨之府는 일반적으로 원부怨府로 쓰인다. 대중들의 원망이 집중되는 대상을 뜻한다.

10절의 수재守齋는 대재인 금식재와 소재인 금육재를 일컫는 용어이다. 단순히 계를 지키는 것만을 의미하는 것이 아니라 수재의 시간을 통해 주님을 묵상하며 그 결과 자선을 베푸는 것까지 이어지는 것이다.

20절의 신혼神昏은 신지혼미神志昏迷의 줄임말로 정신과 의지가 흔들려 어지러워졌음을 뜻한다. 마음의 병으로 인해 몸에 탁한 기운이 가득한 증상을 뜻하기도 한다.

21절의 상담嘗膽은 쓸개를 맛본다는 뜻으로 월越의 왕 구천勾踐이 치욕을 잊지 않고자 힘쓴 것을 의미한다. '앉거나 누워서는 쓸개를 바라보며 밥을 먹을 때는 쓸개를 맛보았다'坐臥卽仰膽 飮食亦嘗膽也(좌와즉앙담 음식역상담야)고 하였는데 『사기』「월왕구천세가越王勾踐世家」에 나온다.

33절의 주인지급周人之急에서 주周는 구제하다는 뜻이다. 일반적으로 '가난한 이를 구제하고 급한 이를 돌봐주며 어려움에 빠진 이를 도와준다'濟人之貧 周人之急 扶人之困(제인지빈 주인지급 부인지곤)는 상용어이다.

『명심보감明心寶鑑』에는 '타인이 상서롭지 못한 일을 당하면 함께 안타까이 여기며 좋은 일을 하여 훌륭하게 되거든 같이 기뻐하고 어려움에 처하면 도우며 위험에 처하면 구해주어야 한다'悶人之凶 樂人之善 濟人之急 救人之危(민인지흉 낙인지선 제인지급 구인지위)고 하였다.

35절의 안거낙업安居樂業은 『한서』「화식열전貨殖列傳」에 '사람들은 편안히 거하고 즐거이 일하며 잘 먹고 아름답게 입었다'各安其居而樂其業 甘其食而美其服(각안기거이낙기업 감기식이미기복)고 하였다.

오경웅은 이 시편을 그리스도의 수난 예고 시편이라 하였다.

제70수

주 앞에 겸손함이 삶을 구하리라 虧盈益謙
휴 영 익 겸

1 慇勤求天主 速來救小子　小子罹患難 營救莫遲遲
은 근 구 천 주　속 래 구 소 자　소 자 리 환 란　영 구 막 지 지

2 務使謀我者 蒙羞而逡巡　害我適自害 一蹶不復振
무 사 모 아 자　몽 수 이 준 순　해 아 적 자 해　일 궐 불 부 진

3 今雖笑呵呵 來日其奈何!
금 수 소 하 하　내 일 기 내 하!

4 願凡懷主者 雍雍主懷中　願凡愛主者 常將聖德弘
원 범 회 주 자　옹 옹 주 회 중　원 범 애 주 자　상 장 성 덕 홍

5 小子貧且苦 求爾濟吾窮　爾乃我恩保 速來拯吾躬
소 자 빈 차 고　구 이 제 오 궁　이 내 아 보 은　속 래 증 오 궁

글자풀이

- **虧**(휴) 이지러지다
- **盈**(영) 꽉 차다
- **慇勤**(은근) 정성스럽다
- **速**(속) 빨리
- **罹**(리) 걸리다
- **營救**(영구) 대책을 세워 구조하다
- **遲**(지) 늦다
- **蒙**(몽) 덧입다
- **羞**(수) 부끄러움
- **逡**(준) 뒷걸음질 치다
- **巡**(순) 빙빙 돌다

  逡巡(준순) 나아가지 못하고 뒤로 멈칫멈칫 물러남. 우물쭈물거리다.
- **蹶**(궐) 넘어지다
- **振**(진) 떨쳐 일어나다
- **奈何**(내하) 어찌된 일인가?
- **雍雍**(옹옹) 서로 화목하여 어울리는 모양
- **將**(장) 장차

• 窮(궁) 어려움을 겪다
• 躬(궁) 몸
• 拯(증) 구조하다

옮김

1엎드려 간절히 야훼께 비오니 속히 오셔서 저를 구하소서 환란 중에 빠진
저를 구해주소서 지체하지 마시고 건져주소서 2저를 노리는 자들 수치를
당해 비틀거리며 뒤로 물러나게 하시고 저를 해치려다 자신들이 다쳐 다시
는 일어나지 못하게 하소서 3저들 비록 오늘 깔깔 대며 웃지만 내일은 당
황하며 어찌할 바 모르길! 4주를 찾는 사람들 누구이든지 당신 품에 편히
들게 하시고 주 사모하는 모든 백성들 넓고 크신 주의 덕을 늘 입게 하소
서 5주님 저는 가난하고 힘겹습니다 이내 몸 궁지에서 건져주소서 당신은
저의 은혜의 주님 야훼여 속히 오사 이 인생 구하소서

해설

제목 휴영익겸虧盈益謙은 겸손한 것은 이익이 되지만 교만한 것은 화를 부른다는 성어成語로 『주역』「겸괘謙卦」에 나온다. '하늘의 도는 교만한 자를 줄이고 겸손한 자를 늘려준다. 땅의 도는 교만한 자를 변화시켜 겸손한 자로 내려가게 한다. … 사람의 도는 교만한 자를 미워하고 겸손한 자를 좋아한다'天道虧盈而益謙 地道變盈而流謙 … 人道惡盈而好謙(천도휴영이익겸 지도변영이류겸 … 인도오영이호겸)고 하였다.

1절의 은근殷勤은 은근慇懃으로도 쓰인다. 정성스러우면서도 간절하다는 뜻이다. 「효경원신계孝敬援神契」라는 글에 '어미가 자식을 기르는 바가 얼마

나 정성스럽고 간절한가 하면 아이를 마른 자리에 눕히고는 어미는 젖은 자리에 누우며 자신은 먹지 못할지라도 자식은 배불리 먹이고자 한다'母之於子也 鞠養殷勤 推燥居濕 絶少分甘(모지어자야 국양은근 추조거습 절소분감)라고 하였다.

2절의 궐불부진蹶不復振은 한漢 유향의 『설원說苑』에 나온다. '좌절로 인하여 목이 막혀버리니 곡기를 이을 수 없고 쓰러지게 되니 다시 떨쳐 일어날 수 없었다'一噎之故 絶穀不食 一蹶之故 却足不行(일열지고 절곡불식 일궐지고 각족불행)는 문장에서 비롯되었다.

'속히 와 주십시오!' 시인의 기도에는 어린아이다움과 친밀함이 함께 담겨있다. 주님이 임하셔야 할 논리적 이유보다 속히 와 달라는 요청이 앞선다. 성서에서 하느님의 때는 무던히도 강조된다. 예수님도 어머니 마리아 앞에서 내 때가 이르지 않았노라고 말씀하셨다. 그럼에도 믿는 이는 마리아의 믿음을 본받을 필요가 있다. 그분의 때가 이르지 않았다 할지라도 우리에게 속히 와달라고 청할 수 있는 믿음 또한 주신 것 아닌가?

바라는 바가 있을 때 고아는 눈치를 보겠지만 자녀는 떼를 쓰고 억지를 부릴 수도 있다. 이 또한 신앙의 여정이다. 아울러 어린아이다움이 가능한 것이 친親이다. 자신이 사랑받고 있다는 확신, 귀 기울여 주신다는 믿음에서 비롯된다. 자신에게 그러한 자격이 있느냐 하는 것은 어리석은 물음이다.

제71수

꽉 막힌 곳에서 하느님을 바라다 否極望泰

비극망태

1 小子何所依 惟有主雅瑋 願主垂眷戀 莫令我抱愧
소자하소의 유유주아위 원주수권련 막령아포괴

2 傾耳聽哀訴 援手昭正義 3 常作我磐石 俾我有所寄
경이청애소 원수소정의 상작아반석 비아유소기

於我有成命 保我如赤子 既為我金湯 名實豈能二?
어아유성명 보아여적자 기위아금탕 명실기능이?

4 求主賜拯拔 脫我於醜類 5 主乃我之望 自幼所依恃
구주사증발 탈아어추류 주내아지망 자유소의시

6 落地即托主 須臾不曾離 呱呱出母腹 非主孰能致?
낙지즉탁주 수유부증리 고고출모복 비주숙능치?

感主好生德 歌誦無時已 7 大能保微軀 世人多駭異
감주호생덕 가송무시이 대능보미구 세인다해이

8 頌辭發口角 終日詠仁惠 9 垂老莫見絕 衰邁莫見棄
송사발구각 종일영인혜 수로막견절 쇠매막견기

10 不聞眾狡敵 狺狺向我吠 群姦窺吾命 相聚議詭計
불문중교적 은은향아폐 군간규오명 상취의궤계

11 僉曰主所絕 彼又無人濟 吾人盍追擊 執之反掌易
첨왈주소절 피우무인제 오인합추격 집지반장이

12 主其毋遐遺 急起護危脆 13 但願謀我者 紛紛蒙辱恥
주기무하유 급기호위취 단원모아자 분분몽욕치

14 我當恆仰主 奉事益勤勵 15 口述爾之仁 及爾神奇事
아당항앙주 봉사익근려 구술이지인 급이신기사

救恩一何富? 亹亹不勝紀 16 功德見神力 仁義為微旨
구 은 일 하 부? 미 미 불 승 기 공 덕 견 신 력 인 의 위 미 지

17 自幼承主訓 一生宣靈異
자 유 승 주 훈 일 생 선 령 이

18 白髮莫相違 俾竟平生志 綦願將大德 宣示我後裔
백 발 막 상 위 비 경 평 생 지 기 원 장 대 덕 선 시 아 후 예

19 經綸固炳煥 高誼超天地 巍巍宇宙宰 誰堪與比擬?
경 륜 고 병 환 고 의 초 천 지 외 외 우 주 재 수 감 여 비 의?

20 吾生歷憂患 皆為主所賜 所以玉我成 所以示微意
오 생 력 우 환 개 위 주 소 사 소 이 옥 아 성 소 이 시 미 의

行見主霽怒 引我出死地 21 求主賜光復 將悲化為喜
행 견 주 제 노 인 아 출 사 지 구 주 사 광 복 장 비 화 위 희

22 會當撫靈瑟 殷勤致讚美 絃歌爾聖德 暢詠爾真諦
회 당 무 령 슬 은 근 치 찬 미 현 가 이 성 덕 창 영 이 진 제

23 脣舌宣諠愉 揚眉且吐氣 心魂荷救贖 頌聲油然起
순 설 선 훤 유 양 미 차 토 기 심 혼 하 구 속 송 성 유 연 기

24 一日舌尚存 朝夕傳天理 不見昧心人 紛紛遭傾否
일 일 설 상 존 조 석 전 천 리 불 견 매 심 인 분 분 조 경 비

글자풀이

- **抱愧**(포괴) 수치를 겪다
- **哀訴**(애소) 슬프게 하소연하다
- **授**(수) 내려지다
- **成命**(성명) 천명을 내리다
- **醜**(추) 추하다
  醜類(추류) 추잡한 무리
- **臾**(유) 잠깐
- **呱**(고) 울다
  呱呱(고고) 아이가 세상에 나오면서 처음 우는 울음
- **微軀**(미구) 천한 몸
- **駭**(해) 놀라다
- **垂**(수) 거의
  垂老(수로) 늙은이
- **衰**(쇠) 쇠하다
- **邁**(매) 늙어가다
- **狡**(교) 교활하다
- **狺**(은) 으르렁거리다
- **吠**(폐) 짖다
- **窺**(규) 엿보다
- **詭計**(궤계) 남을 간사하게 속이는 꾀
- **僉**(첨) 다, 모두
- **脆**(취) 연약하다
- **恆**(항) 항상
- **勵**(려) 힘쓰다
- **亹**(미) 힘쓰다
- **不勝**(불승) 억누르거나 견디지 못함
- **微旨**(미지) 깊고 미묘한 속뜻

- **違**(위) 어긋나다, 떠나다
- **綦**(기) 지극하다
- **誼**(의) 도리, 옳음
- **擬**(의) 비기다, 의심하다
- **微意**(미의) 깊이 마음속에만 있고 밖엔 드러나지 않는 뜻
- **霽**(제) 노여움이 풀리다
- **荷**(하) 은혜를 입다
- **油然**(유연) 구름이 힘 있게 피어나는 모양
- **昧心**(매심)=**昧良心**(매양심) 도리에 어긋난 행위를 하는 것

옮김

1 어리석은 이 인생 무엇을 의지하랴 오직 한분이신 야훼 하느님이라 주님
자비 베푸사 이 불쌍한 인생 수치를 겪지 않게 하여 주소서 2 귀 기울여 내
하소연 들어주시며 손 내미사 당신 정의 밝혀주소서 3 영원한 반석이 되어
주시고 의지할 나의 거처 되어 주소서 주의 귀한 뜻 내게 주셨사오니 갓난
아이 같은 날 지켜주소서 굳건한 요새되신 나의 하느님 주님의 능력을 펼
쳐주소서 4 주님 나를 건져주소서 악한 무리에게서 벗어나게 하소서 5 야훼
하느님 나의 소망이시라 어려서부터 주님 의지하였나이다 6 생명 얻은 즉시
로 당신께 맡겨졌고 잠시도 떠나지 않았나이다 울음을 터뜨리며 세상에 나
온 것 주님 은총 아니라면 그럴 수 있었겠습니까? 생명 살리시는 크신 은
혜 감사드리며 언제나 감사의 노래 드리나이다 7 이 천한 몸 살리신 그 놀
라운 능력에 사람들 모두 기이히 여겼지요 8 주님 찬미하는 노래 제 입술
에 담겨 있고 온종일 당신 자비 찬양합니다 9 나 비록 늙었으나 버리지 마
옵소서 쇠한 인생이오나 내치지 마옵소서 10 교활한 적들 나를 향해 으르렁
대는데 주께서 그 소리 듣지 않으시니 간사한 무리들 제 목숨 노리며 모여
서 음모를 꾸며댑니다 11 '하느님께서 저자를 버리셨으니 도울 이 또한 전
혀 없구나 쫓아가 잡는 것쯤 손바닥 뒤집기라' 12 주님 나를 버리지 말아주
소서 속히 일어나셔서 위기에서 건지소서 13 날 해치려 모의하는 저들이 도

리어 치욕을 겪게 하소서 14하지만 나는 주님만 늘 우러르며 당신만을 섬
기려 더욱 힘쓰렵니다 15내 입술은 당신 자비 고백하오며 당신 놀라운 행
적 읊조리오니 구원하신 그 은혜 얼마나 풍성한지 아무리 힘써도 다 말할
수 없습니다 16주의 놀라운 그 사랑 당신의 능력 의와 자비는 당신의 깊은
뜻 17어릴 적부터 그 교훈 배웠사오니 내 평생 주님을 전하리이다 18늙더
라도 나를 내치지 마소서 그 크신 은혜 후대에 전하길 원하오니 이것이 저
의 평생의 굳은 뜻입니다 19당신의 경륜 밝게 빛나옵고 당신의 뜻 하늘보
다 높습니다 높고 높은 우주의 주재이시라 뉘 있어 감히 비하겠습니까? 20
이내 인생 어려움과 환난을 겪었으나 이 모두 당신께서 허락하신 것 나를
다듬어 온전케 하시려는 한량없이 깊으신 배려였습니다 이제 주의 진노 거
둬주시고 죽음에서 나를 이끌어내소서 21주님 당신의 빛 다시 비추소서 슬
픔이 기쁨으로 바뀌리이다 22거문고 뜯으며 기꺼이 찬미하리 그 크신 덕과
진리 찬송하리라 23저의 입술 크게 기뻐하면서 억눌렸던 심정 터뜨려 찬양
하리라 내 영혼 구원하신 은혜의 찬송 이내 마음 가득히 채우리라 24말할
힘 조금이라도 남아 있는 한 내 입술 주의 진리 전하리니 양심을 버린 이
들 법석을 떨어도 잘되는 일 결코 없으리라

해설

히브리 시인은 20절에서 자신이 겪는 고난과 어려움을 하느님이 주셨지만 되살리신 분도 하느님이라고 고백하고 있다. 오경웅은 하느님께서 그리하신 것은 그를 덕 있는 사람으로 다듬으시려는 깊은 뜻이 있음을 노래하고 있다.玉我成(옥아성)

『예기』에서 옥은 군자의 덕으로 상징된다. 부드럽고 따사롭고 광채가 나는 것은 인仁이요, 짜임새가 고르면서 굳은 것은 지智요, 깨끗하면서도 쉽게

깎이지 않음은 의義요, 몸에 드리워 떨어질 듯 함은 예禮요, 두들기면 그 소리가 맑고 은은하게 뻗어 슬쩍 감추는 것은 낙樂이다.

옥의 성질은 끈기와 온유, 은은함과 인내 등으로 표현되어 인간이 지닐 수 있는 고귀한 품성에 비견되고 있다. 귀한 옥인지 버릴 돌인지 구분하는 것이 옥석의 구분인데 그 단단함은 경도 6이다. 경도 6의 단단함을 다듬기란 여간 어렵지 않다. 다듬어진 인생은 다듬어진 자신을 보고 놀라지 않을 수 없다. 그러니 이 모든 것이 미의微意요 미지微旨, 하느님의 깊이 숨겨진 뜻임을 고백하지 않을 수 없다.

제목인 비극망태否極望泰에서 비否와 태泰는 『주역』에 나오는 괘의 이름이다. 비否는 역경과 꽉 막힌 불순리不順利를 의미하고, 태泰는 그 반대로 순리順利, 순조로움을 뜻한다. 비괘와 태괘는 서로 반대의 뜻을 담고 있다. 일반적으로 비극태래否極泰來로 쓰여 꽉 막힌 절망의 끝에서 비로소 희망이 시작됨을 뜻한다.

3절의 성명成命은 하늘에서 내린 천명이다. 『시경』「주송周頌」「호천유성명昊天有成命」에 '하늘에서 정하신 천명 있음에 문왕과 무왕이 이를 받았도다'昊天有成命 二后受之(호천유성명 이후수지)라고 하였다. 금탕金湯은 금성탕지金城湯池의 줄임말이다. 쇠로 된 성과 끓는 물로 둘러쳐진 못으로 이루어진 요새를 의미한다.

6절의 호생지덕好生之德은 죽어야 할 사람까지도 살리는 제왕의 큰 덕을 뜻한다.(25편의 해설을 참고하라.) 수유불리須臾不離는 『중용』에 나오는 말로 '도道라는 것은 잠시도 떠날 수 없는 것이니 떠날 수 있다면 그것은 도가 아니라'道也者 不可須臾離也 可離 非道也(도야자 불가수유리야 가리 비도야)고 하였다. 사람은 하느님을 잠시도 떠날 수 없는 존재이다.

같은 절의 낙지落地는 세상에 태어난다는 뜻이다. 도연명의 「잡시雜詩」에 '세상에 태어나면 모두가 다 형제인 걸 어찌하여 골육만을 사랑하겠는가?'落地爲兄弟 何必骨肉親(낙지위형제 하필골육친)라고 노래하였다.

9절의 수로垂老는 점점 늙어감을 뜻한다. 두보의 시 「수로별垂老別」에 '사방의 전란이 평정되지 않아서 늙어가면서도 하루도 마음 편한 날 없네'四郊未寧靜 垂老不得安(사교미녕정 수로부득안)라고 하였다.

11절의 이여반장易如反掌은 손바닥 뒤집기처럼 쉬운 것을 뜻한다.

18절의 평생지平生志는 일생 동안 지녀온 지향志向으로 두보의 시 「몽이백夢李白」에 '문을 나서면서 흰머리 긁는 모습이 마치 평생의 뜻을 저버린 듯하여 안타까웠네'出門搔白首 若負平生志(출문소백수 약부평생지)라는 시구가 있다.

23절의 양미토기揚眉吐氣는 억눌렸던 심정을 떨치고 맘껏 활개를 펴는 것을 뜻한다.

24절의 매심昧心은 어리석은 마음이다. 포조鮑照의 「오흥황포정유중랑별吳興黃浦亭庾中郎別」라는 시에서 '내 미흡한 석별의 시를 멀리 길 떠나는 그대에게 보내며 그대 밝은 도리의 말을 허리춤에 소중히 간직하리라'昧心附遠翰 炯言藏佩韋(매심부원한 형언장패위)고 하였다.

같은 절의 천리天理는 천지자연의 바른 도리와 이치이다. 송宋명明 신유학의 핵심 가치로 '하늘의 이치를 길러 간직하고 사람이 하늘의 뜻을 거스르며 하고자 하는 바를 버리는 것'存天理 去人欲(존천리거인욕)이 군자가 지극히 힘쓸 것이었다. 오경웅은 이러한 가치를 하느님의 뜻으로 풀었다.

오경웅은 이 시편의 끝에 덧붙였다. 다른 이들이 아무리 조롱하고 비난하더라도 자신의 덕을 기르며 바르게 행하는 것, 이것이 완전한 삶을 향한 길이다. 이를 위해 먼저 다른 사람이 알아주길 구하지 않고 세운 바 뜻立志(입지)에 따라 세속에 휩쓸리지 않고 나아가야 한다. 다음으로는 그 뜻을 굽히지 않고 견지하는 것인 바 목숨을 버릴지라도 바꾸려 해서는 안 된다. 이것이 『시경』에서 말한 '처음에는 누구나 다 노력하지만 끝까지 계속하는 사람은 적다'靡不有初 鮮克有終(미불유초 선극유종)의 의미이다

제72수

교화된 세상이여 六合同風

육합동풍

1 祈主相王 迪以聖謨 教彼王子 大公廓如
기주상왕 적이성모 교피왕자 대공확여

2 理民以正 保障無辜 3 山嶽保安 丘嶺交孚
이민이정 보장무고 산악보안 구령교부

4 盛德惟王 矜貧恤孤 掃除蟊賊 窮民以蘇
성덕유왕 긍빈휼고 소제모적 궁민이소

5 威如日月 萬世不渝 6 澤同甘雨 大地以濡
위여일월 만세불투 택동감우 대지이유

7 正道昌明 四方恬愉 如月之恆 永燭寰區
정도창명 사방염유 여월지항 영촉환구

8 四海為家 八紘為閭 9 遐荒賓服 頑敵候途
사해위가 팔굉위려 하황빈복 완적후도

10 他施之王 諸島之酋 示巴之君 西巴之侯
타시지왕 제도지추 시파지군 서파지후

11 獻珍頌美 咸蒙懷柔 萬國衣冠 齊拜冕旒
헌진송미 함몽회유 만국의관 재배면류

12 拯難濟苦 生靈優游 13 無絕不繼 無勞不休
증난제고 생령우유 무절불계 무로불휴

14 抑強扶弱 釋彼冤囚
억강부약 석피원수

15 惟願我主 介爾眉壽 示巴之金 悉歸爾有
유원아주 개이미수 시파지금 실귀이유

眾心所祝 眾口所碑　朝朝暮暮 無時或違
중심소축 중구소비　조조모모 무시혹위

16 徧地豐稔 黍稷離離　乃至山巔 百穀滋生
편지풍임 서직리리　내지산전 백곡자생

汎汎翠浪 彷彿麗盆　邑民欣欣 如草在春
범범취랑 방불려분　읍민흔흔 여초재춘

17 赫赫令譽 與日偕存　悠悠人世 賴以蒙恩
혁혁령예 여일해존　유유인세 뇌이몽은

萬邦作頌 百祿萃身
만방작송 백록췌신

18 慈哉雅瑋 義塞之主　神妙莫測 經綸實富
자재아위 의새지주　신묘막측 경륜실부

19 主之聖名 流芳永古　主之光榮 充布下土
주지성명 유방영고　주지광영 충포하토

耿耿之祝 湧自心府
경경지축 용자심부

글자풀이

- **迪**(적) 따르다
- **謨**(모) 계획
- **廓**(확) 크고 넓다
- **理民**(리민) 이민지도(**理民之道**)의 줄임말. 백성을 다스리는 도리
- **嶺**(령) 재, 산봉우리
- **孚**(부) 참되고 믿음성이 있다
- **蟊**(무) 해충
  蟊賊(모적) 백성의 고혈을 빠는 탐관오리
- **蘇**(소)소생하다
- **渝**(투) 변하다
- **濡**(유) 적시다
- **恬**(념) 편안하다
- **愉**(유) 즐거운
- **八紘**(팔굉) 온 세상
- **閭**(려) 마을
- **遐荒**(하황) 멀고 거친 곳까지
- **賓服**(빈복) 외국에서 와서 좇음
- **候**(후) 묻다
- **酋**(추)두목
- **侯**(후) 제후
- **冠**(관) 갓, 관
- **冕**(면) 면류관
- **旒**(류) 면류관에 꿴 술
- **冤**(원) 원통하다
- **介**(개) 주다
- **眉壽**(미수) 장수하다
- **碑**(비) 돌기둥, 비석
- **稔**(임) 여물다
- **黍**(서) 기장
- **稷**(직) 피(곡물)
- **黍稷**(서직) 찰기장과 메기장(제사용)

- **離離**(리리) 열매가 주렁주렁한 모양
- **巓**(전) 산꼭대기
- **汎**(범) 넓다
  汎汎(범범) 넓게 차고 넘치는 모양
- **翠浪**(취랑) 푸른 물결, 여기서는 벼가 바람에 흔들리며 이는 파도 같은 모양
- **譽**(예) 기리다
- **偕**(해) 함께
- **萃**(췌) 모으다
- **神妙莫測**(신묘막측) 너무나 기묘하여 도무지 헤아릴 수가 없음
- **他施**(타시) 다시스의 음역
- **示巴**(시파) 세바의 음역
- **西巴**(서파) 시바의 음역
- **麗盆**(려분) 레바논의 음역

옮김

1하느님이여 임금으로 하여금 주의 뜻을 따르게 하소서 사사로움 없는 주
님의 공의가 임금의 아들에게 주어지게 하소서 2백성을 바르게 다스리게
하셔서 저들에게 억울함 없게 하소서 3그리하여 산들은 평강을 주며 언덕
들도 같은 마음 되게 하소서 4크신 덕 왕께 있어 가난한 이 돌보고 가련
한 이 보살피며 악한 자들 몰아내어 힘없는 이들 소생케 하소서 5해와 달
의 위용처럼 변치 않게 하시고 6단비처럼 윤택하게 이 땅 적시게 하소서 7
정의 널리 펼쳐져 세상이 편안하며 달처럼 항구하게 이 땅 밝히게 하소서
8온 세상 주 안에서 한 집 되게 하시고 온 천하가 한 마을 되게 하소서 9멀
고 거친 땅에서도 찾아와 좇게 하시고 미련한 적들조차 자기들의 갈 바를
묻게 하소서 10다시스의 임금과 섬들의 두령들, 세바의 임금과 스바의 군
왕들이 11임금께 감복되어 진귀한 것 바치며 열방이 왕 앞에 엎드리게 하
소서 12어려움에 빠진 자들 건져주셔서 산 것들이 삶의 기쁨 누리게 하소
서 13뭇 생명들 평안을 누리는 바가 언제나 한결같게 하여 주소서 14강한
자 억누르고 약한 자 세워주며 원통하게 갇힌 이들 풀려나게 하소서 15주
께 비오니 임금을 장수케 하사 세바의 황금이 그의 소유되게 하시며 뭇 백
성 임금께 복을 빌며 기림이 언제나 울려나며 거스름없게 하소서 16온 땅

이 풍년들어 오곡백과 가득하고 산꼭대기조차 풍성하게 하소서 풍년의 황
금물결 레바논 들판 같고 백성들 기쁨이 봄 풀같게 하소서
17그 이름 빛남
이 해와 같게 하시고 온세상 오래토록 그 은혜를 의뢰하며 온 세상이 임금
은혜 찬송하게 하시고 온갖 복록 그에게 이르게 하소서
18사랑이신 야훼여 이스라엘의 주님이여 헤아릴 수 없는 경륜 정녕 오묘합
니다
19주의 거룩한 이름 만세에 미치오며 그 영광 온 세상에 가득합니다
주님 영광 기리고픈 간절한 마음 이 내 영혼 속에서 솟구칩니다

해설

히브리 시인은 8절에서 임금의 통치가 바다 끝까지 땅 끝까지 이르길 노래하는데 오경웅은 여기서 사해위가四海爲家 팔굉위려八紘爲閭라 말한다. 임금의 다스림으로 세상이 한 집안이 되고 세계가 한 마을이 된다는 의미이다. 이어지는 구절에서도 히브리 시는 복수의 의미를 담고 있지만 오경웅은 그들조차 임금께 감복되어 임금 앞으로 나아온다고 노래한다. 그 중심에는 교화敎化가 있다.

이 시편 제목의 의미가 여기에 있다. 육합동풍六合同風이다. 육합은 사방과 상하를 뜻하는데 온 세상을 의미한다. 온 세상에 같은 바람이 인다함은 예부터 온 세상 곳곳의 풍속이 교화되어 하나된 대동세계가 이루어졌음을 말한다. 『한서』「왕길전王吉傳」에 나온다.

1절의 성모聖謨는 성인이 천하를 다스리는 큰 뜻을 의미한다. 『서경』「이훈伊訓」에 '선왕의 법은 크고 넓으며 아름다운 가르침은 심히 밝다'聖謨洋洋 嘉言孔彰(성모양양 가언공창)고 하였다.

같은 절의 대공확여大公廓如는 확연대공廓然大公과 같은 말이다. 모든 사물에 사사로운 마음이 없어 공평하다는 의미이다. 확 트여서 깨끗하고 밝기에

공公은 명明이며 또한 정正이다.

3절의 교부交孚는 『주역』의 「규괘睽卦」의 풀이에 나온다. '진실하여 같은 뜻과 한 마음으로 의심없이 대하면 허물이 없어지니 뜻이 이루어진다'交孚无咎 志行也(교부무구 지행야)고 하였다.

6절의 감우甘雨는 알맞은 때에 내리는 비를 뜻한다. 『이아』에 '알맞은 때 비 내리니 만물이 기뻐하네'甘雨時降 萬物以嘉(감우시강 만물이가)라고 하였다.

7절의 염유恬愉는 편안함을 의미하는데 『장자』 「도척盜跖」에 '육체의 고통과 마음의 즐거움'慘怛之疾 恬愉之安(참달지질 염유지안)을 제대로 살피지 않는다고 비판하는 장면이 있다.

같은 절의 여월지항如月之恒은 『시경』 「소아小雅」 「천보天保」에 '하늘에 뜬 달처럼 변함없어라 떠오르는 태양처럼 찬란하도다'如月之恒 如日之升(여월지항 여일지승)라며 임금을 찬양하는 내용이 있다.

11절의 회유懷柔는 『시경』 「시매時邁」에 나오는 말로 '임금이 여러 나라를 순회하면서 때론 위엄으로 때론 온화한 방법으로 어루만져 마음으로 귀속시킨다'莫不震疊 懷柔百神(막부진첩 회유백신)는 구절이 있다.

15절의 중구소비衆口所碑는 사람들의 입이 글자를 새긴 비석과 같다는 의미로 모든 사람들의 칭송이 끊이지 않는다는 성어成語이다.

정의와 평화가 입맞추리라

삼가 깨어 조심하며 주님을 섬겨
구원의 은혜 가까이 있음 드러내리니
이 땅에 주의 영광 거듭 임하며
한없이 머무는 것을 보게 되리라
자비와 진리 어우러지며
정의와 평화가 입맞추리라
진리가 땅에서 돋아나오며
정의가 하늘에서 피어나리라
야훼 주님 은혜의 단비 내려주시고
우리 땅에 열매가 넘쳐나리라
주님의 인자하심 우리 거처가 되고
하느님 의로우심 길이 되리니
그 넓고 큰 길 뭇사람이 걸어가리라

제73수

교만한 이 잘되고 애쓰는 이 곤고하기만 하네 驕人好好 勞人草草

교 인 호 호　노 인 초 초

1 天主待善人 恩遇豈云薄? 但能抱精一 莫不承優渥
천 주 대 선 인　은 우 기 운 박?　단 능 포 정 일　막 불 승 우 악

2 我昔未悟道 顛冥將失足
아 석 미 오 도　전 명 장 실 족

3 艷彼驕慢徒 作惡轉膺福
염 피 교 만 도　작 악 전 응 복

4 臨終無痛苦 垂老猶矍鑠
임 종 무 통 고　수 로 유 확 삭

5 災難不及身 何曾攖挫辱?
재 난 불 신 급　하 증 영 좌 욕?

6 佩驕以為飾 擁暴以為服
패 교 이 위 식　옹 폭 이 위 복

7 麻木焉能仁? 腸肥思自濁
마 목 언 능 인?　장 비 사 자 탁

8 顏厚口如簧 旁人不在目
안 후 구 여 황　방 인 부 재 목

9 誇誕凌雲霄 人寰供浪謔
과 탄 릉 운 소　인 환 공 랑 학

10 聖民亦眩惑 薰染於習俗
성 민 역 현 혹　훈 염 어 습 속

11 意謂主無知 高高何所矚?
의 위 주 무 지　고 고 하 소 촉?

12 盍看彼群小? 嶄然露頭角
합 간 피 군 소?　참 연 로 두 각

13 心跡縱雙清 境遇反日蹙
심 적 종 쌍 청　경 우 반 일 축

14 為善而遭殃 何苦自縛束?
위 선 이 조 앙　하 고 자 박 속?

15 我若隨聲和 將遺子孫毒
아 약 수 성 화　장 유 자 손 독

16 欲探箇中理 枯腸費搜索
욕 탐 개 중 리　고 장 비 수 색

17 嗣蒙主啟牖 恍然有所覺
사 몽 주 계 유　황 연 유 소 각

18 欲論世間人 應觀其終局 小人處順境 所以成其戮
욕 론 세 간 인　응 관 기 종 국　소 인 처 순 경　소 이 성 기 륙

19 一旦暴風起 驚呼歸寂寞
일 단 폭 풍 기　경 호 귀 적 막

20 夢中雖云歡 覺後應悲哭 悲哭復何及? 幻影不可捉
몽 중 수 운 환 각 후 응 비 곡 비 곡 부 하 급? 환 영 불 가 착

21 曩昔懷不平 牢騷充滿腹 22 冥頑固不靈 愚蠢同六畜
낭 석 회 불 평 뇌 소 충 만 복 명 완 고 불 령 우 준 동 륙 축

23 幸蒙主垂憐 更承主教督 24 迪我以聖謨 入我光榮錄
행 몽 주 수 련 갱 승 주 교 독 적 아 이 성 모 입 아 광 영 록

25 在天惟有主 在地無他樂 26 身心雖枯竭 靈魂永有託
재 천 유 유 주 재 지 무 타 락 신 심 수 고 갈 영 혼 영 유 탁

27 背主必淪亡 哀哉諸不淑!
배 주 필 륜 망 애 재 제 불 숙!

28 親主是良圖 庇恩是上著 會當向西溫 頌揚爾仁育
친 주 시 량 도 비 은 시 상 착 회 당 향 서 온 송 양 이 인 육

글자풀이

- **草草**(초초) 바빠서 거친 모양
- **渥**(악) 두텁다
  優渥(우악) 은혜가 넓고 두터움
- **顛**(전) 엎드러지다
- **艶**(염) 부러워하다
- **膺**(응) 가슴
- **矍**(확) 눈빛이 빛나다
- **鑠**(삭) 기력이 정정하다
  矍鑠(확삭) 늙은이의 기력이 정정함
- **攖**(영) 묶이다, 얽히다
- **擁**(옹) 끌어안다, 잡다
- **誕**(탄) 거짓
- **霄**(소) 하늘
- **浪**(랑) 방자히 행하다
- **謔**(학) 희롱하다
- **眩**(현) 어지러운
  眩惑(현혹) 어지러워져 홀림
- **熏**(훈) 물들다, 연기에 그을리다
- **矚**(촉) 자세히 보다
- **嶄**(참) 가파른, 높은
- **蹙**(축) 고생하다
- **境遇**(경우) 되어가는 형편
- **縛束**(속박) 묶이고 얽히다
- **隨**(수) 따라가다
- **箇**(개) 낱개
- **搜**(수) 찾다
- **索**(색) 찾다
  搜索(수색) 더듬어서 찾음
- **牖**(유) 깨우치다
- **嗣**(사) 배워 익히다
- **戮**(륙) 죽이다
- **哭**(곡) 울다
- **捉**(착) 잡다
- **曩**(낭) 이전에
- **牢騷**(뇌소) 불만, 넋두리
- **蠢**(준) 어리석은
- **督**(독) 감독하다, 권고하다
  教督(교독) 가르치며 재촉함
- **枯**(고) 마르다
- **竭**(갈) 다하다
- **託**(탁) 의탁하다
- **淑** (숙) 맑은, 어진

- **不淑**(불숙) 정절을 지키지 않음
- **良圖**(량도) 현명한 일(의도)
- **上著**(상착) 바둑 둘 때의 묘착, 비유하여 상책(上策)을 의미

옮김

1하느님께서 바른 이 대하실 때 그 은혜 어찌 멀리 있으랴? 오롯이 우리
주님 마음에 품으면 어찌 그 은혜 도탑지 않으랴? 2나 전에 미처 깨닫지
못하여 흐리멍텅하여서 넘어졌도다 3교만한 무리들 악을 행하고도 잘되는
것을 부러워하였네 4임종의 자리 고통도 없고 늙어도 외려 기력이 정정하
네 5재난이 그들에겐 닿지를 않으니 그들이 수치를 당한 적 있었던가? 6교
만을 둘러 장식하고서 폭력으로 옷을 삼았네 7굳어버린 마음에 어찌 자비
있겠는가? 배에 기름끼니 추한 생각뿐이라 8얼굴은 두껍고 입은 거짓뿐이
니 누군들 저들의 안중에 있으랴 9거짓으로 하늘을 능가하려 하고 세상을
기만하기 거침없도다 10주의 백성들마저 저들에게 현혹되어 어느새 저들에
게 물들어버리니 11속으로 말하길 '하느님 모르신다 저 높은 곳에서 어찌
보시랴?' 12악인들 저리도 잘 되는 것을 어찌 보시지 않으시는지 13설령
몸 맘 깨끗이 살아도 오히려 고생은 겹쳐오누나 14바르게 살고도 외려 재
앙을 맞고 괴로운 일들로 얽매이지 않던가? 15(그러나) 나 만약 저들에게 맞
장구쳤더라면 자손들에게 해가 되었으리 16그런 중에 감추인 진리를 찾아
보려 그토록 애타게 찾았지만 17주께서 깨우침을 주시고 나서야 환히 알게
되었습니다. 18저들에 대해 말하고자 한다면 그들의 끝을 지켜봐야 하리니
악인이 술술 풀리는 것 같으나 그래서 더한 죽음 맞이하리라 19한번 큰 바
람 일어나면은 놀라 소리치며 멸망에 이르니 20즐거웠던 꿈에서 화들짝 깨
어 슬픈 곡소리 내게 되리니 슬픈 곡성 멀리 퍼진다해도 꿈 속의 쾌락 붙
잡을 수 없으리 21전에는 나 불평이 가득하여서 불만의 넋두리 늘어놓았는

데 22어리석고 우둔하여 깨닫지 못함이 마치 짐승과 다를 바 없었구나 23
다행히도 주께서 불쌍히 여기셔서 가르침과 격려 입게 되었으니 24거룩한
섭리로 이끌어주셔서 주의 영광에 들게 하셨나이다 25주님 당신은 하늘에
계신지라 이 땅에 다른 즐거움 없사오니 26몸과 마음 비록 시들었지만 내
영혼 영원히 주께 의탁하옵니다 27주님께 등 돌리고 정결치 못한 자들 애
석하구나 망하고 말리라 28주님을 사랑함이 바른 뜻이요 그 은혜에 기댐이
삶의 으뜸이어라 오롯이 시온 향해 노래하여라 주님의 돌보심을 찬양하여
라

해설

오히려 악인은 갈수록 잘 되는 것 같고 선한 사람이 더욱 힘겨워 보인다. 그런 세상살이를 겪는 중에 신앙을 가진 이의 내면이 고스란히 드러나는 시편이다. 도무지 답이 없어 보이는 현실이다.

16절에서 시인은 그런 세상 한가운데서 참된 진리를 찾고자 하였으나 찾으려 할수록 답답하였을 뿐이다. 그는 하느님이 주시는 깨우침을 통해서야 납득할 수 있었다. 오히려 저들이 잘 되는 것이 매끄러이 떨어지는 죽음의 자리임을…. 이 역설을 어떻게 일상의 삶 속에서 이해할 수 있겠으며 사유와 논리로 극복할 수 있을까? 설사 논리로 이해한들 도무지 시원할 수 없다. 쾌함이 없는데 어찌 기운이 나겠는가?

시인의 고백이 처연하면서도 고개가 끄덕여진다. '알아듣지 못하였을 때 나는 당신 앞에 한 마리 짐승이라니!'(22절) 그러나 그 속에 놀라운 역설이 있다. 은총으로 깨닫고 난 후에 시인은 마치 높은 곳에서 기류를 타고 나르는 독수리의 눈매로 눈앞의 것에 매여 휘둘리는 세상살이가 정녕 어떠한지를 선연히 본다.

27, 28절에서 배주[背主]와 친주[親主]는 하느님께 등 돌린 삶과 하느님께 가까이 가는 삶, 하느님을 사랑하는 삶의 대조적인 모습을 보여준다. 친[親]은 애[愛]나 인[仁]보다 훨씬 더 친밀하고 사랑 가득한 언어이다. 유교적 언어에서 친[親]은 부자유친[父子有親]처럼 가족과 같은 상호소통이 중심인 사랑이고 인[仁]은 타인을 사랑하는 것이다. 애[愛]는 사물에 대한 사랑에 더 많이 쓰인다.

9절의 능운소[凌雲霄]는 이백의 시 「남헌송[南軒松]」에 '어찌하면 구름 낀 하늘을 뚫고 곧바로 수천 길을 뻗어오를까?'[何當凌雲霄 直上數千尺](하당능운소 직상수천척)라고 노래하였다.

12절의 참연로두각[嶄然露頭角] = 참연현두각[嶄然見頭角]은 많은 사람 중에 특별히 우뚝 뛰어남을 뜻한다. 당[唐]의 한유가 유종원의 묘지명 유자후묘지명[柳子厚墓誌銘]을 썼는데 유종원의 문재[文才]를 높이 평가하여 쓴 말이다.

13절의 쌍청[雙淸]은 맑은 바람과 밝은 달을 의미하며 전[轉]하여 깨끗한 삶을 뜻한다.

15절의 수성화[隨聲和]는 수성부화[隨聲附和]의 줄임말이다. 아무 주견도 없이 그저 되는대로 따라가며 맞장구 치는 것을 뜻한다.

16절의 고장비수색[枯腸費搜索]은 일반적으로 색진고장[索盡枯腸]으로 쓰인다. 정신적으로 기갈이 될 정도로 마음 쓰는 것을 뜻한다.

19절의 경호[驚呼]는 화들짝 놀라서 고함치는 것이다. 한유의 「남산시[南山詩]」에 '(원숭이들이) 놀라서 고함을 치는 것은 다칠까 겁을 냄이요 쳐다보며 기뻐함은 안 넘어지고 끽끽거림이라'[驚呼惜破碎 仰喜呀不仆](경호석파쇄 앙희하불부)고 하였다.

제74수

언제까지입니까? 伊於胡底

이 어 호 저

1 吁嗟我恩主 胡為長不顧? 何事對爾羊 炎炎熾恚怒?
우 차 아 은 주 호 위 장 불 고? 하 사 대 이 양 염 염 치 에 노?

2 莫忘斯群眾 夙為爾所取; 簡之為聖民 殖之於聖土
막 망 사 군 중 숙 위 이 소 취; 간 지 위 성 민 식 지 어 성 토

聖土非有他 西溫主所住
성 토 비 유 타 서 온 주 소 주

3 請主移玉趾 一履荒涼地 聖所今何在? 早被敵人毀
청 주 이 옥 지 일 리 황 량 지 성 소 금 하 재? 조 피 적 인 훼

4 敵人何猖獗 狂嘯會堂裏 樹幟誌其勝 偶像處處是
적 인 하 창 궐 광 소 회 당 리 수 치 지 기 승 우 상 처 처 시

5 持斧砍聖門 洋洋無畏忌 6 復以斤與錘 摧毀雕鏤器
지 부 감 성 문 양 양 무 외 기 부 이 근 여 추 최 훼 조 루 기

7 聖所付一炬 所存惟遺址 侮衊主之名 褻瀆亦云至
성 소 부 일 거 소 존 유 유 지 모 멸 주 지 명 설 독 역 운 지

8 心中復自計 拔木須除柢 斯土諸聖堂 悉遭其焚燬
심 중 부 자 계 발 목 수 제 저 사 토 제 성 당 실 조 기 분 훼

9 哀哉義塞族 不復見標幟 安得先知者? 告我將胡底
애 재 의 새 족 불 부 견 표 치 안 득 선 지 자? 고 아 장 호 저

10 仰天問我主 災厄何時已? 豈能容眾逆 凌辱永不止
앙 천 문 아 주 재 액 하 시 이? 기 능 용 중 역 능 욕 영 부 지

11 何以袖爾手? 坐看橫逆恣 胡不伸右臂? 痛殲諸醜類
하 이 수 이 수? 좌 간 횡 역 자 호 불 신 우 비? 통 섬 제 추 류

12 主是我之君 古今同一揆 昔佑我先民 功德不勝記
주 시 아 지 군 고 금 동 일 규 석 우 아 선 민 공 덕 불 승 기

13 中剖彼大海 痛擊龍頭碎 14 鱷魚亦粉身 委為野狼餌
중 부 피 대 해 통 격 룡 두 쇄 악 어 역 분 신 위 위 야 랑 이

15 江河涸以乾 磐石噴泉水
강 하 학 이 건 반 석 분 천 수

16 白晝與黑夜 莫非爾所隷 日月與星辰 莫非爾所締
백 주 여 흑 야 막 비 이 소 예 일 월 여 성 신 막 비 이 소 체

17 坤輿定方位 歲時分四季 洪荒成宇宙 非主孰能致?
곤 여 정 방 위 세 시 분 사 계 홍 황 성 우 주 비 주 숙 능 치?

18 蕩蕩天地主 竟遭彼無禮 蠻子瀆聖名 誰復能忍此?
탕 탕 천 지 주 경 조 피 무 례 만 자 독 성 명 수 부 능 인 차?

19 莫將爾馴鴿 供彼豹狼飼 惟求我恩主 莫忘窮苦子
막 장 이 순 합 공 피 표 랑 사 유 구 아 은 주 막 망 궁 고 자

20 與我有成言 主心寧有貳? 黑闇塞氛氳 強暴滿塵世
여 아 유 성 언 주 심 녕 유 이? 흑 암 색 분 온 강 폭 만 진 세

21 莫令被壓者 飲恨以沒齒 務使無告者 讚歎主之惠
막 령 피 압 자 음 한 이 몰 치 무 사 무 고 자 찬 탄 주 지 혜

22 我主盍興起? 一伸爾之義 不聞頑囂徒 謗瀆無時已
아 주 합 흥 기? 일 신 이 지 의 불 문 완 효 도 방 독 무 시 이

23 諠嘩徹雲霄 應達天主耳
훤 화 철 운 소 응 달 천 주 이

글자풀이

- **伊**(이) 저(지시대명사)
- **底**(저) 그치다
- **炎炎**(염염) 불꽃이 이글거리다
- **熾**(치) 불타오르다
- **恚**(에) 분노하다
- **簡**(간) 구분하다
- **殖**(식) 자라다
- **趾**(지) 발걸음
- **猖**(창) 미쳐 날뛰다
- **獗**(궐) 날뛰다
  猖獗(창궐) 걷잡을 수 없이 날뛰다
- **嘯**(소) 울부짖다
- **幟**(치) 기, 깃발
- **誌**(지) 기록하다
- **斧**(부) 도끼
- **砍**(감) 베다
- **斤**(근) 도끼
- **錘**(추) 철퇴

- **摧**(최) 꺾다, 멸망시키다
- **毁**(훼) 헐어버리다
- **雕**(조) 새기다
- **鏤**(루) 새기다
- **炬**(거) 횃불
- **址**(지) 터
- **侮**(모) 업신여기다
- **巕**(멸) 업신여기다
- **褻**(설) 업신여기다
- **瀆**(독) 더럽히다
  褻瀆(설독) 모독하다, 거룩한 것을 모욕하다
- **柢**(저) 뿌리
- **燬**(훼) 불타다
- **袖**(수) 소매
  袖手(수수) 팔짱을 끼고 있다
- **臂**(비) 팔
- **殲**(섬) 다 죽이다
- **揆**(규) 관장하다
- **鱷**(악) 악어
- **粉**(분) 가루
- **餌**(이) 미끼 먹이
- **涸**(학) 마르다
- **隸**(예) 종
- **締**(체) 맺다
- **輿**(여) 대지, 땅
- **蠻**(만) 오랑캐
- **馴**(순) 길들이다
- **鴿**(합) 집비둘기
- **豺狼**(시랑) 승냥이와 이리
- **飼**(사) 사료
- **黑闇**(흑암) 흑암
- **氛**(분) 기운,조짐
- **氳**(온) 기운이 아주 성하다
- **塵**(진) 티끌, 속세
- **恨**(한) 원통함
- **齒**(치) 이(치아)
- **囂**(효) 시끄럽게 떠들다
- **謗**(방) 헐뜯다
- **喧譁**(훤화) 시끄럽게 지껄이며 떠들다
- **徹**(철) 뚫다
- **霄**(소) 하늘

옮김

1 오 주님! 어찌 이리 오래도록 돌아보지 않으십니까? 어찌하여 당신 양
들을 이글거리는 분노로 대하십니까? **2** 주님 잊지 말아 주소서 일찍이 당
신께서 친히 거두어주셔서 거룩한 백성으로 세워주셨고 주님 계신 거룩
한 땅에 심으셨으니 다른 곳 아닌 시온이었습니다 **3** 주님 귀한 발걸음 여
기로 옮기셔서 폐허가 된 이 땅 돌보아주소서 그 거룩한 땅이 지금 원수
들의 발 아래 짓밟혔습니다 **4** 원수들 사납게 날뛰어 대고 광포한 아우성이
회당에 가득합니다 승리의 깃발 세우고서는 곳곳이 우상으로 넘쳐납니다
5 도끼를 휘둘러 성전 문 부쉈으니 거리낌이라곤 전혀 없으며 **6** 도끼와 철

퇴를 휘둘러서는 성전의 기물조차 박살내었습니다 7주의 성소를 불살랐으
니 남은 것이라곤 그저 흔적뿐이며 당신의 이름 모욕하였고 거룩한 주님
을 모독합니다 8자기들 마음으로 이르기를 '나무를 뽑으려면 뿌리째 없애
야지' 하며 이 땅에 있던 모든 성소 싸그리 불태워 버렸습니다 9슬프도다!
이스라엘이여 이제는 징표조차 보이지 않는구나 선지자도 없으니 이 일
이 장차 언제나 끝날런지 알 수 없구나 10하늘을 우러르며 주께 여쭙습니
다. 이 재앙 언제나 그치리이까? 언제까지 저 악도들 내버려두셔서 이 능
욕 당하게 하시렵니까? 11어찌 주님 한가로이 팔짱 끼신 채 저들의 악한
행위 보고만 계십니까? 어찌 오른 팔 높이 드셔서 저 원수들 내리치지 않
으십니까? 12하느님 옛적부터 우리 왕이시라 한결같이 우리를 다스리셨
고 전날에 선조들께 베푸신 은덕 기록하고자 해도 다 할 수 없습니다 13
바다 가운데를 가르시고서 용들의 머리 쳐부수셨고 14악어들 몸뚱이 찢으
셔서는 승냥이의 먹이로 던지셨습니다 15흐르던 강물 마르게도 하셨고 반
석에서 샘물이 솟게도 했습니다 16한낮도 어둔 밤도 주의 종복이요 해와
달, 뭇별조차 주님 뜻에 따랐지요 17대지를 바르게 자리잡게 하시고 한 해
를 나누어 계절을 정하시고 아득하고 거친 것들 다듬으셔서 우주와 만물
을 지으셨으니 주님이 아니라면 뉘 할 수 있으리까? 18이렇듯 넓고 크신
천지의 주님인데 무례한 자들의 모독을 받고 거룩한 그 이름 더럽힘 당하
니 어느 누가 견딜 수 있겠습니까? 19순한 비둘기 같은 이 백성 저 들짐
승 먹이로 주지 마소서 은혜의 주께 간구하오니 고통받는 자녀들을 잊지
마소서 20저희와 맺으신 언약이 있사온대 주님의 마음이 어찌 변하겠습
니까? 세상은 어둠으로 가득 차 있고 온 땅은 폭력으로 물들었나이다 21
억눌린 이 백성들 한을 품고서 죽음에 이르지 않게 하소서 억울한 바 호
소할 곳 없는 이들이 끝내는 주님 은혜 찬미케 하소서 22하느님이여 떨
쳐 일어나소서 거룩한 당신의 의 펼쳐주소서 어리석은 저들의 주님 향한
비방 소리 그치지 않고 끝도 없어서 23시끄러운 아우성 하늘을 뚫고 주

님 계신 곳까지 이르렀습니다

해설

제목인 이어호저伊於胡底는 언제까지입니까?라는 뜻으로 『시경』 「소아小雅」 「소민小旻」에 나온다. 유왕幽王의 폭정에 대한 풍자라고 추측되는 노래이다. '잘못된 정책들만 골라가며 시행하네. 돌아가는 꼴을 보니 어찌 될는지 모르겠네'謀之不臧 則具是依 我視謀猶 伊于胡底(모지부장 즉구시의 아시모유 이우호저)라고 노래하였다.

5절의 무외기無畏忌는 방자하여 삼가 두려워함도 거리낌도 없다는 의미이다. 『중용』에 '소인배가 중용에 반하는 것은 소인이기에 아무 거리낌 없이 행한다'小人之反中庸也 小人而無忌憚也(소인지반중용야 소인이무기탄야)고 하였다.

12절의 일규一揆는 영원한 법칙을 의미하는데 여기서는 치致의 의미로 한결같다로 읽을 수 있다.

17절의 곤여坤輿는 『주역』 「설괘說卦」에 나오는 것으로 '곤은 땅을 이르는데… 큰 수레이다'坤爲地… 爲大輿(곤위지… 위대여)라고 했다. 공영달은 주註를 달면서 '큰 수레라 함은 만물을 싣기 때문이다 그런 연후로 곤여는 땅을 말한다'爲大輿 取其能載萬物也 后因以坤輿爲地的代稱(위대여 취기능재만물야 후인이곤여위지적대칭)라고 하였다.

같은 절의 세시歲時는 『서경』 「요전堯典」에 나온다. '1년의 주기는 366일이며 윤월로 인하여 사계절이 정해지고 한 해가 이루어진다'朞 三百有六旬有六日 以閏月 定四時成歲(기 삼백유육순유육일 이윤월 정사시성세)고 하였다.

같은 절의 홍황우주洪荒宇宙는 『천자문』에 우주홍황宇宙洪荒으로 나온다. 우宇는 천지와 사방이란 공간적 의미이고 주宙는 무한한 시간적 의미로 우주란 시공을 의미한다. 오경웅은 본디 거칠고 아득하던 것을 주님께서 다듬으셨다고 묘사하고 있다.

20절에서 오경웅은 담대하게 하느님께 여쭙는다. '주님 당신 마음이 변하거나 둘로 갈라진 것은 아니지요?' 주님의 말씀과 계약이 시인의 마음과 영혼에 선연하기에 이 땅에서 겪는 이 혼돈과 어둠 속에서 하느님께 이렇게 여쭐 수 있다 하겠다. 신뢰가 없어서 여쭙는 게 아니다. 신뢰하기에 여쭐 수 있다.

21절의 몰치沒齒는 늙어 죽는다는 의미로 『논어』「헌문憲問」 편에 나온다. 관중의 사람됨이 어떤가 묻자 공자는 '인물이지 관중이 백 씨(제나라의 대부)의 식읍 300호를 빼앗았는데 백 씨는 거친 밥을 먹으면서도 죽을 때까지 원망하는 말을 하지 않았다'子曰 人也 奪伯氏騈邑三百 飯疏食 沒齒無怨言(자왈 인야 탈백씨병읍삼백 반소식몰치무원언)는 글이 있다.

같은 절의 음한飮恨은 말할 수 없는 한을 품다는 뜻인데 '한을 품으며 죽다'飮恨而終(음한이종)라는 성어成語의 줄임말로 읽는 게 좋겠다.

23절의 운소雲霄는 하늘을 뜻한다. 두보의 「병거행兵車行」에 전쟁에 끌려가는 남정네와 붙잡는 아내와 자식들의 통곡 소리를 묘사하며 '옷 당기고 발 구르며 밟으며 길 막고 통곡하는데 통곡소리 곧장 올라 하늘에 부딪힌다'牽衣頓足攔道哭 哭聲直上干雲霄(견의돈족란도곡 곡성직상간운소)고 노래하였다.

언제까지입니까? 고난의 시간이 힘겹고 두려운 것은 그것이 영원히 계속될 것 같기 때문이다. 그러니 고난 중에 있는 시인은 이렇게 묻지 않을 수 없다. 이렇게 하느님께 여쭙게 되니 이어지는 기도들이 터져 나온다. 이렇게 고난을 겪도록 주님이 내버려두신 우리가 바로 당신의 양인데… 그렇게 폭력을 휘두르는 저들이 하느님을 얼마나 모욕하는지… 과거에 하느님께서 어떻게 구원하셨는지… 그리고 그 하느님은 이 우주만물을 지으시고 자리매김 하신 분이심을… 그러니 청할 수 있다. 하느님 당신은 이 모든 것을 바로 잡으실 분이십니다. 기도가 깊어질수록 하느님이 어떤 분이신지 점점 선명해진다. 그러니 기도는 중언부언이 될 수 없다.

오경웅은 16, 17절을 번역하며 동양의 자연에 대한 이미지를 그려 넣는다. 백주흑야白晝黑夜, 일월성신日月星辰, 곤여방위坤輿方位, 세시사계歲時四季, 홍황우주洪荒宇宙 등이 그러하다. 히브리 시편의 16, 17절과 비교해서 읽으면 자연을 바라보는 시각의 미묘한 맛이 느껴진다. 깊은 묵상을 통해 히브리 시편의 의미와 오랫동안 번역자의 삶과 정신에 배어있는 전통이 어우러진다. 마치 히브리의 깊은 우물과 동양적 사유의 깊은 우물이 만나 그 둘을 잃지 않으면서도 새로운 맛을 더하고 더 풍성하게 하고 있음을 느낄 수 있다.

제75수

하느님의 심판 黜陟幽明

출 척 유 명

1 告爾諸賢 稱謝所天　經綸炳煥 神力無邊
고 이 제 현　칭 사 소 천　경 륜 병 환　신 력 무 변

仰觀俯察 音容宛然
앙 관 부 찰　음 용 완 연

2 主曰時熟 將行讞鞫　彰我正義 賞善罰惡
주 왈 시 숙　장 행 언 국　창 아 정 의　상 선 벌 악

3 大地鼎沸 生靈塗炭　作之棟樑 以支危難
대 지 정 비　생 령 도 탄　작 지 동 량　이 지 위 난

4 告彼傲人 去爾驕慢　告彼衆逆 絕爾妄誕
고 피 오 인　거 이 교 만　고 피 중 역　절 이 망 탄

5 毋巉爾頭角 毋矜爾強項
무 참 이 두 각　무 긍 이 강 항

6 或東或西 乃至遐壤　上下八方 靡可仰仗
혹 동 혹 서　내 지 하 양　상 하 팔 방　미 가 앙 장

7 生殺予奪 惟主攸掌　此陟以升 彼黜以降
생 살 여 탈　유 주 유 장　차 척 이 승　피 출 이 강

8 手挈瓠壺 滿貯烈釀　斟之酌之 餉彼惡黨
수 설 호 호　만 저 열 양　짐 지 작 지　향 피 악 당

惡黨傾飮 至於糟糠
악 당 경 음　지 어 조 강

9 諦觀妙道 手舞足蹈　雅谷之主 中心所好
체 관 묘 도　수 무 족 도　아 곡 지 주　중 심 소 호

10 福善禍淫 安良除暴
복 선 화 음　안 량 제 폭

글자풀이

- **黜陟**(출척) 못된 이를 내쫓고 착한 이를 올려 씀
- **幽明**(유명) 어둠과 밝음, 현세와 내세
- **炳煥**(병환) 매우 선명하고 화려함, 현저하게 드러남
- **仰觀**(앙관) 우러러봄
- **俯察**(부찰) 아랫사람의 형편을 굽어 살핌
- **音容**(음용) 음성과 용모
- **宛**(완) 아주 뚜렷하다
- **讞**(언) 평의하다
- **鞫**(국) 심문하다
- **沸**(비) 끓다
- **鼎沸**(정비) 솥 안의 탕이 끓는 것처럼 요란하고 혼잡함
- **塗炭**(도탄) 곤궁하고 곤란한 지경
- **棟**(동) 마룻대
- **樑**(량) 들보
  棟樑(동량) 기둥(같은 인물)
- **支**(지) 지탱하다 보전하다
- **去**(거) 버리다
- **妄誕**(망탄) 허망하고 터무니없는 거짓
- **巉**(참) 가파르다
- **項**(항) 목덜미
- **强項**(강항) 목이 굳어 여간해서는 굽히지 않음
- **壤**(양) 흙덩이
  遐壤(하양) 멀리 떨어진 곳
- **靡**(미) 다하다, 멸하다
- **仗**(장) 의지하다
- **攸**(유) ~에 달리다
- **挈**(설) 손에 들다
- **瓠**(호) 표주박, 병
- **壺**(호) 주전자, 병
- **烈**(렬) 사납다
- **貯**(저) 쌓아두다
- **釀**(양) 술을 빚다
- **斟酌**(짐작) 술을 따르다
- **餉**(향) 건량, 배급하다
- **糟糠**(조강) 지게미와 쌀겨, 가루
- **蹈**(도) 밟다, 춤추다

옮김

1 너 믿음의 사람들에게 고하노니 하늘의 주님을 찬양하여라 그 경륜 빛나
시고 그 능력 가없으니 하늘 우러러 보고 땅을 두루 살펴도 주님의 행사는
선연하도다
2 주께서 이르시길 "때가 무르익으면 공정한 판결을 내리게 되리라 나의 의
를 널리 밝히리니 선한 이 상 주고 악한 자 벌하리라 3 땅이 끓어오르고 살

아 있는 것들 넘어져 어쩔 줄 모를 때 주님 세우신 동량들로 그 재난 넘게
하리라 **4**오만한 자들아 네 교만을 버리라 반역하는 이들아 허망한 말들 끊
어버리라 **5**네 머리를 꼿꼿이 쳐들지 말고 네 굳은 목 곧게 세우지 말라" **6**
동과 서 아무리 먼 곳이라도 세상 어디에도 의지할 곳 없으리라 **7**생사여
탈의 권능 오직 주께 있으니 들어올려 높이시든 내쳐 던지시든 이 모든 것
주님의 장중에 있도다 **8**그 손에 큰 병 들려 있으니 진노의 술로 가득하도
다 이렇게도 따르시고 저렇게도 부으시니 악인에게 주시는 심판주酒로다
저들은 징벌주 마셔야 하리니 다 마시고 지게미까지 먹어야 하리 **9**이 오묘
한 주의 뜻 잘 살펴 알면 기쁨에 겨워 어쩔 줄 모르리니 야곱의 하느님을
기뻐 찬양하리라 **10**선한 이 복주사 편안케 하시고 사특한 자 벌하사 영원
히 꺾으리라

해설

히브리 시편은 하느님의 심판에 대한 시인의 감격을 노래하였는데 오경웅은 9절에서 그의 소회를 피력한다. 하느님의 깊으신 뜻을 깊이 살펴 알게 되면 '기쁨에 못이겨 절로 손과 발이 춤을 추게 되리라'諦觀妙道 手舞足蹈(체관묘도 수무족도)고 덧붙인다. 체관諦觀이란 사물의 본질을 충분히 꿰뚫어보는 것을 의미한다. 대략 보고 제 지식으로 결론을 내리는 것이 아니라 그 본질과 일치되는 것이다. 그렇게 하느님의 뜻을 알게 된다면 다윗이 돌아온 법궤를 보며 춤을 추다 옷이 흘러내리는 줄도 몰랐던 것처럼 성령에 감동될 것이니 자신도 모르게 손과 발이 기쁨의 법열法悅에 들지 않으랴!

동양적 사유에서 깊은 깨달음을 얻어 절로 기쁨이 가득한 것이 수무족도手舞足蹈이다. 『시대서詩大序』에 '마음이 감동하니 그 속에서 말로 표현하고자 하나 부족하기에 감탄하는 것이며 감탄으로 부족하기에 노래하는 것이

며 노래로도 부족하니 자기도 모르게 손과 발이 흥에 겨워 춤을 추도다'情動於中而形於言 言之不足 故嗟歎之 嗟歎之不足 故詠歌之 詠歌之不足 不知手之舞之 足之蹈之也(정동어중이형어언 언지부족 고차탄지 차탄지부족 고영가지 영가지부족 부지수지무지 족지도지야)라고 하였다.

이 시편의 제목인 출척유명黜陟幽明은 『서경』「순전舜典」에 나오는 말로 순 임금이 '세 번에 걸쳐 살펴서 악한 자는 내치고 어진 이는 들어 올리시니 모든 일이 다 빛이 났다'三考 黜陟幽明 庶績咸熙(삼고 출척유명 서적함희)고 하였다.

1절의 앙관부찰仰觀俯察은 하늘을 우러러보고 땅을 굽어 지리를 살피다는 뜻으로 『주역』「계사전繫辭傳」에 '위로는 천문을 우러러 살피고 굽어 지리를 살피니 그리하여 어둠과 밝음의 까닭을 알아 비롯함을 알며 마침으로 되돌아간다'仰以觀於天文 俯以察於地理 是故知幽明之故 原始反終(앙이관어천문 부이찰어지리 시고지유명지고 원시반종)고 하였다.

10절의 복선화음福善禍淫은 『서경』「탕고湯誥」에 '하늘의 도는 선한 이에게는 복을, 악한 이에게는 벌을 내리시니 악한 하나라의 임금에게 재앙을 내리사 그 죄를 밝히 드러내었다'天道福善禍淫 降災于夏 以彰厥罪(천도복선화음 강재우하 이창궐죄)는 문장이 나온다.

같은 절의 안량제폭安良除暴은 선한 이는 편안하게 해주고 폭력적인 이들을 뿌리 뽑는다는 의미이다.

제76수

하느님 전쟁을 싫어하시네 天心厭亂
천 심 염 란

1 威名震樹德 令聞鬯義塞
위 명 진 수 덕　영 문 창 의 새

2 瑟琳為亭園 西溫為第宅　我主居其所 安坐鎮六合
슬 림 위 정 원　서 온 위 제 택　아 주 거 기 소　안 좌 진 육 합

3 盡折弓與箭 罄毀盾與戟　聖心厭戰爭 欲與民休息
진 절 궁 여 전　경 훼 순 여 극　성 심 염 전 쟁　욕 여 민 휴 식

4 我主居靈嶽 聲威何赫赫?
아 주 거 영 악　성 위 하 혁 혁?

5 強梁皆伏辜 相將填溝壑　窮兵黷武者 無所措手足
강 량 개 복 고　상 장 전 구 학　궁 병 독 무 자　무 소 조 수 족

6 一怒定乾坤 車馬歸寂寞　7 可畏惟天主 誰堪當其怒?
일 노 정 건 곤　거 마 귀 적 막　가 외 유 천 주　수 감 당 기 노?

8 自天降誥命 四海肅以怖　9 地上行讞鞫 良善蒙恩撫
자 천 강 고 명　사 해 숙 이 포　지 상 행 언 국　양 선 몽 은 무

10 世人之恚憤 適足成主榮　劫後倖存者 歌舞慶昇平
세 인 지 에 분　적 족 성 주 영　겁 후 행 존 자　가 무 경 승 평

11 誓願與還願 當向爾恩神　各應罄所有 獻主表爾誠
서 원 여 환 원　당 향 이 은 신　각 응 경 소 유　헌 주 표 이 성

12 務使眾牧伯 克己以歸仁
무 사 중 목 백　극 기 이 귀 인

글자풀이

- 厭(염) 싫어하다
- 鬯(창) 왕성하다
- 瑟琳(슬림) 예루살렘의 음역
- 亭(정) 정자
- 六合(육합) 우주
- 罄(경) 죄다, 전부
- 盾(순) 방패
- 戟(극) 창
- 伏(복) 엎드리다
- 填(전) 메우다
- 聲威(성위) 성세(聲勢)와 위세(威勢)
- 梁(량) 들보
- 溝(구) 도랑
- 壑(학) 골짜기
- 黷(독) 더럽히다
- 措(조) 두다, 처리하다
- 寂寞(적막) 고요하고 쓸쓸함, 여기서는 죽음
- 堪(감) 견디다
- 誥(고) 고하다
  誥命(고명) 임금이 신하에게 내리는 명령
- 肅(숙) 엄숙하다
- 怖(포) 두려워하다
- 讞(언) 평의하다
  讞鞫(언국) 심판하다
- 恚(에) 성내다
- 適足(적족) 알맞다, 적당하다
- 劫(겁) 위협하다
- 倖(행) 요행
- 昇平(승평) 나라가 태평함
- 牧伯(목백) 백성의 지배자

옮김

1위엄 있으신 그 이름 유다에 진동하고 귀하신 그 이름 이스라엘에 울려나
네 2예루살렘은 주님의 정원 시온은 그분 댁이니 주님 그곳에서 온 세상
다스리시니 3살과 활 꺾으시고 창과 방패 부수셨네 거룩하신 주님은 전쟁
싫어하시니 주의 백성 평안하길 원하신다네
4높고 거룩한 산에 주님 거하시나니 그 위엄과 성세 온 세상에 하 밝으니
5제 힘 믿고 설치던 자 그 죄로 엎드러져 뒹굴고 말리니 무력을 남용하고
전쟁 일삼던 자들은 결국 갈 곳 없어지리라 6주님 노하사 세상 바로 잡으
시니 전마와 전차들 다 사라졌도다 7경외할 분은 오직 주님뿐이니 뉘 있어
주님의 노 감당하리오? 8주께서 하늘에서 심판하시니 온 세상 두려워 숨
죽이누나 9이 땅에 바른 판결 행하시나니 주의 선한 백성들은 은혜를 덧입
누나 10사람의 분노란 기껏해 봤자 주님의 영광을 더할 뿐이니 주의 노 지

난 후 남은 이들은 노래하고 춤추며 평화누리리
11 은혜의 우리 주께 서원드린 바 그 서원 주님께 갚아드려라 지닌 것 모두
주께 드려서 솟구치는 감사를 정성스레 바쳐라 12 백성을 다스리는 지도자
들아 너희가 마땅히 힘써야 할 것은 자기를 절제하고 이겨내어서 어진 세
상 되도록 하는 것이라

해설

히브리 시편들이 많은 경우 하느님의 승리를 찬양한다면 오경웅은 자주 그 흐름을 이어 하느님의 승리가 이 땅에 낳은 평화와 그 평화를 누리는 이들의 기쁨을 묘사한다. 마찬가지로 이 시편에서도 11, 12절의 히브리 시인의 어감과 오경웅의 어감이 차이가 있다.

히브리 시에서는 주님의 백성이든 대적하던 제후들이든 그들 모두에게 주님은 두려우신 분이다. 그래서 서원을 갚아야 하고 왕들도 떨어야 한다. 그러나 오경웅은 그 하느님이 베푸신 결과로 백성은 마음에서 솟구치는 감사를 드리고 제후들은 자기를 절제하고 이겨서 이 세상이 인仁으로 돌아가도록 힘써야 한다고 권면한다. 두려우신 하느님이시되 그분이 행하신 역사役事를 온전히 누리게 될 때 두려운 하느님의 바탕에 자비와 은총이 넉넉히 자리잡고 있음을 맛보게 된다. 그리하신 바가 사랑이었음을 사람들은 얼마나 뒤늦게 아는지….

제목인 천심염란天心厭亂에서 천심天心은 하늘의 뜻을 의미한다. 『서경』「함유일덕咸有一德」에 '탕 임금은 하늘의 순일한 덕을 가졌으므로 하늘이 주시는 뜻을 받을 수 있었으며 하늘의 밝은 명을 받아 천하와 모든 백성들이 선왕 탕 임금에게 모두 돌아가 따랐다'咸有一德 克享天心 受天明命 以有九有之師 爰革夏正(함유일덕 극향천심 수천명명 이유구유지사 원혁하정)라고 하였다.

1절의 영문令聞은 아름다운 명성을 뜻한다. 『서경』「미자지명微子之命」에 '그대는 오직 그분들의 일을 따르고 닦아서 오래 전부터 아름다운 소문이 있었다'爾惟踐修厥猷 舊有令聞(이유천수궐유 구유령문)고 하였다.

2절의 제택第宅은 규모가 큰 저택을 말하며 일반적으로 귀족의 집을 칭한다. 3절의 진절궁여전盡折弓與箭은 활을 꺾고 칼을 없애다는 궁절도진弓折刀盡으로도 쓰인다.(같은 절의 여민휴식與民休息은 67편의 해설을 참고하라.)

5절의 강량强梁은 아주 힘이 센 것을 의미한다. 『도덕경』에 '강하고 힘세게 밀어붙이는 자는 온전한 죽음을 얻지 못하니 나는 이 말을 가르침의 기본으로 삼으려 한다'强梁者 不得其死 吾將以爲敎父(강량자 부득기사 오장이위교부)라고 하였다.

같은 절의 궁병독무窮兵黷武는 무력을 남용하여 전쟁을 일삼는 것을 뜻한다. 『삼국지』「오서吳書」에서 장수 육항이 오의 지배자였던 손호에게 부국강병에 힘쓰지 않고 무력을 남용하여 전쟁을 일삼다가는 끝내 멸망하고 말 것이라는 글을 올렸으나 듣지 않았고, 결국 오吳는 망하고 말았다.

같은 절의 무조수족無措手足은 『논어』「자로子路」편에 나오는 말로 공자가 정치의 근본을 설명하면서 '형벌이 적절해지지 않으면 백성은 어찌해야 될는지 알지 못하게 된다'刑罰不中 則民無所措手足(형벌부중 즉민무소조수족)고 하였다.

10절의 겁후행존劫后倖存은 어려움(전란 등)을 겪은 후 요행히 살아남은 이들을 뜻하는 성어成語로 겁후여생劫后餘生으로도 자주 쓰인다.

12절의 극기귀인克己歸仁은 『논어』「안연顔淵」편에 제자 안연이 스승 공자에게 인仁에 대하여 묻자 '내 몸을 삼가서 예로 돌아가는 것, 그것이 인의 실천인데 하루 내 몸을 삼가서 예로 돌아가면 천하가 인으로 돌아간다'克己復禮爲仁 一日克己復禮 天下歸仁焉(극기복례위인 일일극기복례 천하귀인언)고 하였다.

오경웅은 이 두 문장을 합하여 극기귀인克己歸仁, 백성의 지도자들이 자기를 삼가면 천하가 다 인仁으로 돌아가 바른 세상이 될 것이라고 말하고 있다.

제77수

지난 날 베푸셨던 은혜를 되새기네 念舊恩

염구은

1 向主發哀聲 求主傾耳聽
향주발애성 구주경이청

2 小子處患難 求主賜哀矜
소자처환난 구주사애긍

中夜舉雙手 寫我仰慕情
중야거쌍수 사아앙모정

仰慕無時已 起坐不能平
앙모무시이 기좌불능평

3 思主令人瘦 心如困宿酲
사주령인수 심여곤숙정

4 通宵不成寐 黯然自銷魂
통소불성매 암연자소혼

5 默默思古昔 依依舊日恩
묵묵사고석 의의구일은

6 昔樂今何苦 撫心索其故
석락금하고 무심색기고

7 我主豈遐遺? 棄置不復顧
아주기하유? 기치불부고

8 仁淵寧枯涸 信義不復著
인연녕고학 신의불부저

9 聖心詎能變 忘慈而懷怒
성심거능변 망자이회노

10 主德果衰退 誰能不氣沮?
주덕과쇠퇴 수능불기저?

11 小子且無躁 一憶主所作
소자차무조 일억주소작

12 經綸何煥煥 聖蹟何卓卓
경륜하환환 성적하탁탁

13 舊日之大猷 歷歷猶如昨
구일지대유 역력유여작

14 靈異超衆神 全世所仰矚
영이초중신 전세소앙촉

15 運其大手臂 子民承恩贖
운기대수비 자민승은속

斯民誰之裔? 若瑟與雅谷
사민수지예? 약슬여아곡

16 洪水見主懾 諸淵見主慄
홍수견주섭 제연견주율

17 行雲而施雨 中天降霹靂
행운이시우 중천강벽력

18 飄風宣霆威 雷光耀八極
표풍선정위 뇌광요팔극

大地亦震顫 萬類皆驚惕
대지역진전 만류개경척

19 主行大海上 孰知其蹤跡? 20 每瑟與亞倫 被擢為牧伯
주 행 대 해 상 숙 지 기 종 적? 매 슬 여 아 륜 피 탁 위 목 백

主實假其手 領民出埃及
주 실 가 기 수 영 민 출 애 급

글자풀이

- 舊(구) 오래
- 賜(사) 주다
- 矜(긍) 불쌍히 여기다
- 寫(사) 글을 쓰다
- 瘦(수) 여위다
- 酲(정) 숙취, 술병
- 宵(소) 밤
- 寐(매) 잠자다
- 黯(암) 어둡다
- 銷(소) 녹다, 다하여 없어지다
- 依依(의의) 그리워하는 모양
- 撫(무) 어루만지다
- 索(색) 찾다
- 遐(하) 멀리하다.
- 遺(유) 잃다, 버리다
- 棄(기) 꺼리어 멀리하다
- 置(치) 버려두다
- 枯(고) 마르다
- 涸(학) 물이 마르다
- 著(저) 드러나다
- 果(과) 과연
- 沮(저) 그치다
- 躁(조) 성급하다
- 憶(억) 기억해보다
- 煥煥(환화) 밝게 빛나는 모양
- 卓卓(탁탁) 우뚝하고 빼어난 모양
- 猷(유) 꾀, 계략
- 昨(작) 어제
- 矚(촉) 자세히 보다
- 裔(예) 후손
- 懾(섭) 두려워하다
- 飄風(표풍) 회오리 바람
- 霆(정) 천둥소리
- 雷(뢰) 우레
- 耀(요) 빛나다
- 顫(전) 와들와들 떨다
- 驚(경) 놀라 동요하다
- 惕(척) 두려워하다
- 假(가) 빌리다
- 領(령) 이끌다

옮김

1 애달픈 간구 주께 드리옵나니 귀 기울여주시고 들어주소서 2 어리석은 이 인생 환란 중에 있사오니 당신의 긍휼 베풀어 주소서 깊은 밤 잠 못 들고 두 손 들며 기도함은 주님만 바라는 이내 마음이기에 도저히 가만히 있을

수도 없고 어쩔 줄 몰라라 주님만 우러르네 3우리 주님 그리니 몸은 수척
해지고 마음은 근심으로 취한 듯 합니다 4밤새도록 한잠도 들지 못하고 이
내 혼 녹아내려 캄캄합니다 5말없이 옛적 일 떠올리노라면 놀라웠던 은혜
에 아련히 젖어드네 6지난 날은 즐거웠는데 지금은 왜 힘겨운지 마음 가다
듬고 그 연유 헤아려봅니다 7'주님 어찌하여 날 버리시고 돌아보지 아니
하시는 건가요? 8주님 사랑이 말라 버린건가요? 신실하심 더 이상 아니
보이실 건가요? 9거룩하신 그 마음이 바뀔 수 있나요? 자비를 잊고 노를
품으셨나요? 10주님의 덕 과연 쇠하였다면 누가 능히 힘 얻을 수 있겠습니
까?'
11차라리 나 조급한 맘 내려놓고서 행하셨던 옛일들 되새겨 보리라 12환히
빛나던 주님의 그 행하심! 우뚝하게 빼어나신 거룩한 손길! 13그날의 크신
섭리 놀라운 지혜 마치 어제 일인양 생생하구나 14뭇 신들 뛰어넘은 주님
의 권능 온 세상은 그저 우러러 볼 뿐이라 15자비의 손 펼치셔서 그 백성
속량하시니 그 백성 누구인가? 야곱과 요셉의 자손이로다 16큰 물과 깊은
물들 주님 보고 두려워 떨고 17구름은 비 되어 쏟아져 내렸고 하늘에선 뇌
성이 울렸나이다 18회리바람 천둥소리 주의 위엄 떨치고 우레와 번개 세상
을 휘감았네 대지는 두려워 뒤흔들렸고 뭇 생명 놀라 떨며 움츠러들었네 19
주께서 바다 위를 가로지르니 뉘 있어 그분 종적 볼 수 있으랴? 20모세와
아론을 지도자 삼고 그 손 통해 주의 백성 애굽에서 건지셨네

해설

시의 제목인 염구은念舊恩은 심념구은心念舊恩으로 읽을 수 있겠다. 지난날 받은 은혜를 돌이켜보는 것이다. 『문선文選』에 조조曹操의 「단가행短歌行」에 '피차 떨어져 있은 지 오래라 이렇게 다시 만나 회포를 풀며 지나간 날들을

떠올려 소회를 나누세'契闊談讌 心念舊恩(계활담연 심념구은)라고 노래하였다.

1절의 애긍哀矜은 불쌍히 여기다는 의미이다. 『논어』「자장子張」 편에 증자 이르길 '위에 선 자가 정치의 도를 잃고 백성들의 마음은 방종한 지 오래이니 죄의 실정을 파악했을 때에는 불쌍히 여겨야지 실상을 잘 파악했다고 해서 기뻐해서는 안 된다'上失其道 民散久矣 如得其情 則哀矜而勿喜(상실기도 민산구의 여득기정 즉애긍이물희)고 하였다.

5절의 무심撫心은 흔히 무심자문撫心自問으로 읽는다. 돌이켜 보며 스스로에게 물어 반성함을 뜻한다.

10절의 기저氣沮는 기저사색氣沮辭塞의 줄임말로 읽는 게 좋겠다. 기운이 빠져서 아무 말도 할 수 없을 정도로 말문이 막히는 것을 의미한다.

15절의 승은承恩은 신하가 임금에게 특별한 은혜를 입는다는 의미이다. 잠삼의 시 「송장헌심충부사귀하서잡구送張獻心充副使歸河西雜句」에 '일전에 백호전(한漢대 미앙궁 안에 있는 전)에서 특별한 은혜를 입었는데 돌아오는 길에 만난 이들 아무도 부러워않네'前日承恩白虎殿 歸來見者誰不羨(전일승은백호전 귀래견자수불선)라는 구절이 있다.

17절의 행운시우行雲施雨는 『주역』「건괘乾卦」의 풀이에 '구름을 움직이고 비를 내리게 하여 온 천하를 살려준다'雲行雨施 天下平也(운행우시 천하평야)고 하였다

히브리 시편은 크게 두 부분으로 나뉜다. 고난에 대한 탄식과 간구가 전편의 분위기라면 고요한 가운데 지난 시절 베푸신 은혜를 되새김이 후반부이다.

11절에서 분위기가 전환되는데 오경웅은 자신의 번역에서 구체적으로 전환을 보여준다. 이 환란에 매여 어쩔 줄 몰라 하는 자신을 잠시 옆에 밀어놓고 조급함을 버리고 차라리 옛날 베푸신 은혜를 상고하기로 한 것이다. 현실에 사로잡히면 그 현실로 인해 눈이 멀 수밖에 없다.

그런데 시인은 눈을 들어 지나간 옛 일을 본다. 본다 함은 추억 같은 회

상이 아니다. 관觀한다. 들여다보고 되새기고 그 속에 깊이 들어간다. 그래서 그때의 은혜와 하느님 손길에 잡혀 지금 여기로 돌아온다. 그날의 은혜를 지금 여기에 끌어올리는 것이다.

하느님께서 베푸셨던 은혜를 기억하는 것은 과거로의 회귀가 아니다. 은혜는 과거형일 수 없다. 영원하신 분께 속한 것에 어찌 과거형이 있겠는가? 은혜는 늘 현재형일 수밖에 없다. 그런 의미에서 기도 가운데 과거와 현재와 미래는 하나가 된다. 시인은 과거의 기억을 통해 지금 여기의 하느님을 다시 만나며 미래의 소망을 현재화한다.

제78수

택함 받은 백성의 고집불통 選民之頑梗

선민지완경

1 咨爾百姓 諦聽吾訓 2 啟脣設譬 發古之蘊
자이백성 체청오훈 계순설비 발고지온

3 歷祖所傳 吾言有本 4 以授子孫 寧容有隱
역조소전 오언유본 이수자손 영용유은

俾我來胤 咸知歌詠 誦主之德 揚主之勳
비아래윤 함지가영 송주지덕 양주지훈

5 主保吾族 法度以定 叮嚀歷祖 守之惟謹
주보오족 법도이정 정녕력조 수지유근

6 並告後世 恐懼修省
병고후세 공구수성

7 惟主是仰 惟主是信 克念聖蹟 允遵大命
유주시앙 유주시신 극념성적 윤준대명

8 毋效乃父 頑梗成性 懷主不篤 厥心不正
무효내부 완경성성 회주부독 궐심부정

9 法蓮子孫 攜弓手刃 臨陣之日 逡巡而遯
법련자손 휴궁수인 임진지일 준순이둔

10 背棄盟約 不守明令 11 忘懷大德 不念靈應
배기맹약 불수명령 망회대덕 불념령응

12 昔在埃及 瑣安之境 大主顯靈 出奇制勝
석재애급 소안지경 대주현령 출기제승

13 分裂大海 以作行徑 令彼滔滔 壁立如凝
분렬대해 이작행경 영피도도 벽립여응

14 白雲晝導 明燈夜引
백 운 주 도 명 등 야 인

15 曠野無水 群民思飮
광 야 무 수 군 민 사 음

16 主乃擘石 源泉混混 流水成川 焦壤以潤
주 내 벽 석 원 천 혼 혼 유 수 성 천 초 양 이 윤

17 群民無饜 厥欲是逞
군 민 무 염 궐 욕 시 령

18 私心怨主 盍賜佳餠?
사 심 원 주 합 사 가 병?

19 心怨口讟 主亦何吝?
심 원 구 독 주 역 하 린?

20 既能開石 泉水流迸 胡不設筵 餉以珍品?
기 능 개 석 천 수 류 병 호 불 설 연 향 이 진 품?

21 雅瑋聞語 炎炎其忿 怒彼雅谷
아 위 문 어 염 염 기 분 노 피 아 곡

22 何其不順?
하 기 불 순?

23 大主雖怒 不忘慈憫 號令諸天 洞開厥閫
대 주 수 노 불 망 자 민 호 령 제 천 통 개 궐 곤

24 嗎哪如雨 自天而隕
마 나 여 우 자 천 이 운

25 天神之糧 厥民是贈 人人飽飫 靡有不罄
천 신 지 량 궐 민 시 증 인 인 포 어 미 유 불 경

26 東風宜和 南風解慍
동 풍 의 화 남 풍 해 온

27 降肉繽紛
강 육 빈 분

28 飛鳥落營
비 조 락 영

29 家給人足 如沙如塵
가 급 인 족 여 사 여 진

30 既食且飽 貪欲未寢
기 식 차 포 탐 욕 미 침

31 食猶在口 聖怒大震 肥者壯者 殄戮殆盡
식 유 재 구 성 노 대 진 비 자 장 자 진 륙 태 진

32 作惡如故 尚不知警
작 악 여 고 상 부 지 경

33 主乃降罰 紛紛夭折 肅殺之威 令人懍慄
주 내 강 벌 분 분 요 절 숙 살 지 위 영 인 늠 률

34 死喪臨身 火燃眉睫 大聲疾呼 求主救急
사 상 림 신 화 연 미 첩 대 성 질 호 구 주 구 급

35 至是方知 主乃磐石
지 시 방 지 주 내 반 석

36 媚主以口 詒主以舌 意實未誠 心存詭譎
미주이구 이주이설 의실미성 심존궤휼

37 雖立盟誓 厥言是食
수립맹서 궐언시식

38 慈懷包荒 赦其罪孽 惡雖盈貫 未予殲滅
자회포황 사기죄얼 악수영관 미여섬멸

不為已甚 聖怒屢戢
불위이심 성노누즙

39 念彼眾生 原係弱質 如風之過 一去無跡
염피중생 원계약질 여풍지과 일거무적

40 所恨若輩 背叛頻迭 率彼曠野 與主為敵
소한약배 배반빈일 솔피광야 여주위적

41 瀆主犯聖 無所不極 42 忘恩負義 不念異蹟
독주범성 무소불극 망은부의 불념이적

43 主在昔日 如何拯拔? 主在瑣安 如何提挈?
주재석일 여하증발? 주재소안 여하제설?

44 埃及之川 悉變為血 使彼敵人 無以止渴
애급지천 실변위혈 사피적인 무이지갈

45 蒼蠅成群 蝦蟇充斥
창승성군 하마충척

46 爲災為祟 以嘬以嚙 蟲食其稼 蝗毀其穡
위재위수 이최이교 충식기가 황훼기색

47 雹傷葡萄 霜殄桑葉 48 冰炭俱落 滅彼六畜
박상포도 상진상엽 빙탄구락 멸피육축

49 厥怒奮揚 厥氣震烈 降災無算 百神施罰
궐노분양 궐기진렬 강재무산 백신시벌

50 天怒暢遂 降彼癘疫
천노창수 강피려역

51 埃及全境 盡喪冢息 哈苗之營 壯丁絕跡
애급전경 진상총식 합묘지영 장정절적

52 惟於吾族 寵命獨隆 牧之如羊 曠野之中
유어오족 총명독륭 목지여양 광야지중

53 以導以引 安步從容 海水氾濫 群敵滅蹤
이도이인 안보종용 해수범람 군적멸종

54 乃經邊疆 乃抵畿封 原壤高敞 聖意所鍾

내경변강 내저기봉 원양고창 성의소종

55 諸夷被逐 以殖吾宗 56 頑梗如故 聖命不從

제이피축 이식오종 완경여고 성명부종

57 捨正就邪 一如乃翁 不中正鵠 彷彿弊弓

사정취사 일여내옹 부중정곡 방불폐궁

58 高壇徧設 偶像是崇 輕干天怒 觸迕聖衷

고단편설 우상시숭 경간천노 촉오성충

59 天怒霹靂 痛絕群兇 60 飄然遠颺 離彼閟宮

천노벽력 통절군흉 표연원양 이피비궁

61 選民被擄 紛紛受戮 62 不敬天怒 遭此荼毒

선민피로 분분수륙 불경천노 조차도독

63 壯年之男 葬身火腹 閨中之女 終身寂寞

장년지남 장신화복 규중지녀 종신적막

64 祭司被殺 寡婦不哭

제사피살 과부불곡

65 主心慨然 雷霆大作 一如壯士 醉眠初覺

주심개연 뇌정대작 일여장사 취면초각

66 擊潰敵人 永令蒙辱

격궤적인 영령몽욕

67 若瑟之幕 非主所樂 法蓮之支 未蒙簡擢

약슬지막 비주소락 법련지지 미몽간탁

68 獨選樹德 眷戀靈嶽

독선수덕 권련령악

69 峨峨聖所 實主所築 安如大地 終古自若

아아성소 실주소축 안여대지 종고자약

70 復拔大維 充其忠僕

부발대유 충기충복

71 本在牧場 羊群是督 主獨舉之 使為民牧

본재목장 양군시독 주독거지 사위민목

以治義塞 以正雅谷

이치의새 이정아곡

72 勵精圖治 盡其忠愨 納民軌物 實憑經略

여정도치 진기충각 납민궤물 실빙경략

글자풀이

- 梗(경) 막히다
- 咨(자) 탄식하다
- 諦(체) 명료하게 알다
- 脣(순) 입술
- 譬(비) 비유하다
- 蘊(온) 쌓이다
- 胤(윤) 자손, 혈통
- 勳(훈) 공, 업적
- 叮(정) 단단히 부탁하다
- 嚀(녕) 간곡하다
- 謹(근) 삼가다
- 幷(병) 나란히
- 乃父(내부) 그 아비
- 克念(극념) 잘 헤아려 생각하다
- 允(윤) 진실로
- 篤(독) 도탑다
- 攜(휴) 이끌다
- 逡巡(준순) 뒤로 물러나다
- 遯(둔) 달아나다, 숨다
- 琑安(소안) 소안의 음역
- 滔滔(도도) 물이 넘치는 모양
- 壁(벽) 울타리
- 凝(응) 엉기다
- 擘(벽) 쪼개다, 가르다
- 混混(혼혼) 마구 넘쳐 흐르는 모양
- 焦壤(초양) 아주 메마른 땅
- 饜(염) 물리다, 싫증을 느끼다
- 逞(령) 왕성하다
- 餅(병) 떡
- 讟(독) 원망하다
- 吝(린) 인색하다
- 迸(병) 흩어져 달아나다
- 筵(연) 연회
- 餉(향) 배급하다
- 炎炎(염염) 이글거리다
- 忿(분) 성내다
- 憫(민) 불쌍히 여기다
- 洞開(통개) 활짝 열다
- 閫(곤) 문지방
- 嗎哪(마나) 만나의 음역
- 隕(운) 떨어지다
- 贈(증) 보내다
- 飽(포) 실컷 먹다
- 飫(어) 물리다
- 罄(경) 죄다, 전부
- 繽紛(빈분) 많아서 기세가 성함
- 寢(침) 잠자다, 그치다
- 殄(진) 끊어지다, 죽다
- 戮(륙) 죽이다, 육시하다
- 殆(태) 위태하다
- 警(경) 경계하다
- 肅殺(숙살) 서늘한 가을 바람이
  풀이나 나무를 말려 죽임
- 懍慄(늠률) 두려워 벌벌 떨다
- 眉睫(미첩) 눈썹과 눈
- 疾呼(질호) 소리질러 급히 부르다
- 詒(이) 속이다
- 赦(사) 용서하다
- 屢(누) 여러 번
- 戢(집) 그치다, 거두다(즙으로도 읽음)
- 係(계) 혈통
- 迭(일) 번갈아 들다
- 若輩(약배) 너희들
- 瀆(독) 더럽히다
- 負(부) 저버리다
- 提挈(제설) 끌고 감
- 渴(갈) 목이 마르다
- 蒼蠅(창승) 쉬파리
- 蝦蟆(하마) 두꺼비
- 充斥(충척) 가득하게 퍼짐
  斥(척) 나타나다, 물리치다
- 祟(수) 빌미
- 嘬(최) 물다
- 嚙(교) 깨물다

- 稼(가) 농작물
- 蝗(황) 메뚜기
- 穡(색) 거두어 들인 것
- 雹(박) 우박
- 奮(분) 휘두르다
- 暢遂(창수) 막힘없이 따르다
- 厲疫(려역) 역병
- 冢息(총식) 맏이
- 哈苗(합묘) 함의 음역
- 隆(륭) 극진하다
- 殖(식) 번성하다
- 邊(변) 부근
- 疆(강) 지경
- 抵(저) 다다르다
- 畿封(기봉) 천자가 직접 다스리는 땅
- 敞(창) 높고 평평하다
- 捨(사) 버리다
- 乃翁(내옹) 아비
- 鵠(곡) 과녁
- 彷佛(방불) 어렴풋하게 비슷함
- 彷(방) 거닐다, 비슷하다
- 佛(불) 어렴풋하다, 부처
- 弊(폐) 해지다
- 觸迕(촉오) 범하고 거스르다
- 衷(충) 속마음
- 颺(양) 날리다
- 閟(비) 문을 닫다
- 擄(로) 노략질하다
- 慨(개) 분노하다
- 若瑟(약슬) 요셉의 음역
- 法蓮(법련) 에브라임의 음역
- 簡擢(간탁) 인재를 가려 뽑음
- 選(선) 가려뽑다
- 眷戀(권련) 간절히 생각하며 그리워 함
- 峨峨(아아) 위엄있게 치솟은 모양
- 築(축) 쌓다, 짓다
- 僕(복) 종
- 自若(자약) 태연자약하다
- 勵(려) 힘쓰다
- 慤(각) 성실하다
- 納(납) 거두어 들이다
- 軌(궤) 법도에 따르다
- 憑(빙) 의거하다
- 經略(경략) 나라를 다스리고 경영함

옮김

1 백성들아 귀 기울여 들을지어다 나의 교훈 듣고 깨달을지어다 2 오랫동안
삭히고 되새김한 바 이제 입을 열어 풀어내리라 3 조상들에게서 전해온 바
니 이 말씀에는 근본이 있고 4 자손들에게 주어져야 하니 어찌 숨기고 감추
어 두랴! 세세대대 주님의 덕 노래하면서 그분 은총을 드높이게 하리라 5
야훼께서 이 겨레 지켜주시며 지켜야 할 법도를 정하셨도다 선조들에게 간
곡히 이르시길 부지런히 힘써 지키라셨네 6 아울러 후손에게 일러주어서 삼
가며 잘 살피라 명하셨도다 7 우러를 분 오직 주님이시오 의지할 분 오직

주님이시니 거룩한 행하심 잘 새겨두며 진실하게 그 명을 따를지어다 8 고
집불통이 몸에 배인 아비들을 본받지 말지니 신실치도 못하고 마음 또한
바르지 못하였도다 9 에브라임 자손은 활과 칼을 들었으나 전쟁의 날에 뒷
걸음질치고 숨었으니 10 하느님과 맺은 맹약 저버리고서 주님의 명령을 지
키지 않았으며 11 주님의 크신 자비 잊어버리고 놀라웠던 주의 역사 기억치
않았도다 12 옛적에 이집트와 소안에서 보이신 그 놀랍고 기이한 이적과 승
리들 13 바다를 갈라 길을 내시고 큰 물결들 담벽처럼 굳게 세우셨도다 14
낮에는 흰구름이 인도하였고 밤에는 밝은 불로 이끄셨도다 15 광야에 물이
없어 이 백성들 목마를 제 16 주님께서 친히 바위를 쪼개시고 근원에서 솟
구치는 샘을 내시니 흐르는 물이 내를 이뤘고 말랐던 땅들이 기름지게 되
었네 17 무리들 도무지 만족할 줄 모르고 지나친 욕심들 부려댔도다 18 탐욕
으로 주님을 원망하면서 '어찌하여 빵은 주시지 않는가?' 19 마음은 원망이
요, 입은 비방이라 '주님 어찌 이리도 인색하신가? 20 반석 쪼개 물 흐르게
하셔 놓고는 상을 차려 맛난 음식 주시지는 않는가?' 21 그 소리 들으신 야
훼 주께서 야곱의 자손에게 분노하셨으니 22 '어찌 이 백성은 목이 이리 곧
은가?' 23 화는 나셨지만 저들 불쌍히 여겨 하늘을 호령하여 문을 활짝 여
셨네 24 만나가 비처럼 내리게 되니 하늘로부터 떨어진 것이라 25 천사들 양
식을 백성에게 주셨으니 사람 사람마다 배가 불렀고 그렇지 않은 이 하나
없었네 26 동풍으로 좋은 기운 일게 하시고 남풍으로 분노를 풀어버리셨네
27 날던 새들 진영에 떨어지게 되었고 28 고기가 하늘에서 넉넉하게 주어졌
네 29 모래와 티끌처럼 넉넉했으니 집집마다 풍족하기 이를 데 없었으나 30
저들 실컷 먹고 배불렀음에도 도리어 탐욕은 그치지 않았도다 31 저들 입에
먹을 것 아직 남아 있으나 주께선 크게 노를 일으키셨네 젊고 건장한 자들
거꾸러뜨리시고 위태롭게 하시고 죽이셨도다 32 이토록 악을 저지르고도 여
전히 깨달을 줄 모르는도다 33 주께서 벌하사 젊은이들 요절하니 서슬퍼런
그 위엄에 사람들 떨었도다 34 목숨이 위태롭게 되고 나서야 죽음이 코앞에

닥치고서야 큰 소리로 주님께 구해주길 청하니 35그제서야 야훼 주님 구원
자이심 알았도다 36입은 아첨이요 혀는 기만뿐 마음에 진실함 담지 않았으
니 여전히 그 속은 거짓이어라 37주님께 맹세를 드려놓고도 떡 먹듯이 꿀
꺽 삼켜버렸네 38그럼에도 사랑으로 저들 품으시고 거칠기만한 저들의 죄
사하셨도다 악이 넘쳐났어도 멸망케 않으셨고 마음 가다듬으사 진노 거듭
멈추셨네 39저들은 한낱 연약한 인생이라 바람 지나면 흔적 없는 그런 인
생이기에 40광야길에서 주님을 대적하여 원망을 일삼고 반역 빈번하였네
41거룩하신 주님을 한없이 모독했으니 행하셨던 이적들 생각지 않고 42베
푸신 은혜는 잊어버리며 주님과의 신의를 저버렸도다 43지난날 주께서 어
찌 건지셨던가? 소안에서 그들을 어찌 이끄셨던가? 44애굽의 모든 내 피
로 변하여 원수들 목말라 어쩔 줄 모르고 45파리 떼 가득하고 개구리 넘쳐
났네 46물고 뜯는 재앙을 내리셨으며 벌레와 메뚜기떼 수확물들 먹어치웠
네 47우박이 떨어져 포도밭 무너지고 서리로 뽕나무잎 다 지고 말았도다 48
얼음과 불덩이 함께 떨어져 저들의 가축을 죽이셨도다 49하느님의 진노 맹
렬하기 그지 없고 천사들도 많은 재앙 내리부었네 50하늘의 진노는 쉴 틈
없었고 역병까지 저들에게 임하였도다 51끝내 애굽의 장자들 다 죽이시니
함 족속의 땅에 장정들 끊어졌네 52이 겨레 홀로 총애를 베푸시어 주님 친
히 저들의 목자되셔서 광야 한가운데서 이끄셨도다 53안전하게 그 걸음 인
도하시며 큰 물 넘쳐서 적들을 멸하셨네 54변방을 지나 주님의 땅 이르니
높고 평평한 언덕이어라 주님의 거룩한 뜻 담긴 곳이라! 55이방 족속 쫓아
서 몰아내시고 우리 겨레 번성케 하셨음에도 56여전히 고집은 불통이어라
거룩한 명령 순종치 않았네 57그 아비와 다를 바 전혀 없어라 바른 것 버
리고 삿된 것 취하니 쓸모없는 활과 다를 바 없구나 완전히 엇나가 버리는
도다 58높은 단을 쌓고는 우상을 숭배하니 하느님의 진노 우습게 여기고
애틋한 주의 마음 저버렸도다 59하느님 크게 진노하였으니 가차 없이 죄
의 무리 버리셨도다 60당신의 거처 닫으시고는 홀연히 멀리 떠나셨도다 61

택함 받은 백성들 노략질 당하고 수없는 죽음 겪게 된 것은 62주님의 진노
두려워 않다가 이같은 몹쓸 화 당하였도다 63장정들은 불에 삼켜졌고 규방
의 처녀들은 평생 홀로 거하며 64제사장들은 살해 당하나 과부들은 울지도
못하였다네 65주님의 마음이 찢어지셨네 분노의 우레와 천둥 일으키셨네
66정신을 번쩍 차린 장사와 같이 적을 부수시고 수치 당케 하셨네 67(그러나)
요셉의 장막을 기뻐하지 않으셨고 에브라임 지파도 세우지 않으셨네 68유
다 홀로 주님이 택하셨으며 거룩한 산 시온을 사랑하셨도다 69위엄 가득한
거룩한 집이여 주께서 친히 지으신 집이여 흔들리지 않는 굳건한 대지처럼
영원토록 든든히 변함없어라 70(그러고는) 다시 다윗을 택하사 신실한 종으로
세워주셨네 71본래는 목장에서 양을 치던 그였는데 백성의 목자로 삼으시
고서 이 나라 이스라엘 다스리게 하시고 야곱의 자손 바로잡게 하셨네 72
신실과 성실로 주님 뜻 받들어 온 힘을 기울여 다스렸으니 이로써 백성들
은 바르게 되고 그 나라 온전히 세워졌도다

해설

시편 78편은 출애굽과 가나안의 역사 전체를 아울러 전개시키는 파노라마이다. 하느님의 놀라우신 구원과 이스라엘의 빈번한 배반과 거역을 역사를 통해 대조시키고 있다.

신앙에 있어서 가장 중요한 행위 중의 하나는 바르게 기억하는 것이다. 구약을 기억의 책이라고 부르는 이유가 여기에 있지 않을까? 과거의 역사 속에서 하느님이 어떤 분이셨는지, 그분이 우리 조상들에게 어떻게 역사하셨고 우리 겨레는 어떻게 응하였으며 그 결과 어찌 되었는지를 바르게 기억하는 것이 지금 여기에서 온전히 살아갈 수 있는 믿음과 지혜를 낳는다. 과거를 바르게 기억하는 이가 미래에 올바른 걸음을 내디딜 수 있다.

오경웅은 이 시편의 제목을 '조상들의 고집불통'이라 하였다. 택함 받은 백성이라는 은총에 대한 감격보다는 선택되었음에도 불구하고 어리석음을 거듭 저지른 부끄러움을 고백하고 기억한다. 부끄러운 모습을 주님 앞에 드리는 중에 다듬으시는 주님의 손길을 더 선명히 느낄 수 있으리라! 긴 호흡의 노래이니 끊임없이 입에 담아 부르는 중에 부지불식간 깨어있는 신앙으로 이끌려갈 수 있으리라 여긴다.

6절의 공구수성恐懼修省은 『주역』「진괘震卦」의 풀이에 나온다. '거듭해서 우레가 울리는 것이 진震이니 군자는 이를 보고 두려워 떨며 자신을 닦고 반성한다'洊雷 震 君子以恐懼修省(천뢰 진 군자이공구수성)고 하였다.

8절의 완경성성頑梗成性은 고집불통이 본성이 되었다는 말이다. 시편 36편에도 불초지인성호악不肖之人性怙惡이라 하여 악한 이는 악을 좋아하는 것이 본성이라고 하였다. 본디 성性은 하늘이 부여한 본성天命之謂性(천명지위성)이다. 어떻게 하늘이 준 본성이 고집불통이며 악을 좋아하는 것일 수 있을까? 그만큼 본래적인 것을 잃고 습속(고집과 악)에 물들어버린 것을 드러내는 말이라 하겠다.

26절의 남풍南風은 『사기』에 나오는 것으로 순 임금이 만든 노래를 일컫는다. 가사 중에 '남풍이 불어오누나, 우리 백성들 화가 풀리겠구나'南風之薰兮 可以解吾民之慍兮(남풍지훈혜 가이해오민지온혜)라는 구절이 있다. 이로 인해 전통적으로 남풍은 오곡을 익어가게 하며 백성들에게 위로를 주는 바람으로 받아들였다.

34절의 화연미첩火燃眉睫은 불길이 눈썹 가까이 닿았다는 뜻으로 매우 급박함을 뜻한다. 연미지급燃眉之急과 같은 뜻이다.

38절의 포황包荒은 포함황예包含荒穢의 줄임말이다. 거칠고 더러운 것을 품어주는 관대함을 의미한다. 『주역』「태괘泰卦」의 해설에 '거친 사람들을 품어주고 용감하게 강을 건넌다. 멀다고 버리지 않으며 가깝다고 붕당을 짓지 않는다. 덕을 숭상하여 올바른 길을 간다'包荒 用馮河 不遐遺 朋亡 得尙于中行(포황 용풍하 불하유 봉망득상우중행)고 하였다. 같은 절의 불위이심不爲已甚은 지나치거나 과하지 않고 적당하다는 의미로 편파적이지 않음을 의미한다. 『맹자』「이루離婁」상에 나오는데 공자의 행실이 지나치지 않고 중용을 지켰음을 말한다.

54절의 변강邊疆과 기봉畿封은 변경지역과 경기京畿지역(경기는 임금이 사는 500리 이내를 뜻함)의 대조이다. 봉封은 봉토로 주는 것이다. 오경웅은 예루살렘을 기봉畿封이라 하여 하느님께서 직접 다스리시는 땅임을 지적하고 있다.

같은 절의 소종所鍾은 정지소종情之所鍾의 뜻이다. 마음이 절로 쓰여서 기울어진다는 의미가 있다. 『진서晉書』「왕연전王衍傳」에 '성인에겐 기우는 마음이 없고 어리석은 인생은 마음을 기울이는 것이 무엇인지도 모를 정도로 굳어 있다. 그저 마음이 가서 기우는 것은 우리 같은 인생인가 보다'聖人忘情最下不及于情 然則情之所鍾 正在我輩(성인망정 최하불급우정 연즉정지소종 정재아배)라고 하였다.

57절의 부중정곡不中正鵠은 공자의 말이다. '활쏘기는 군자의 사람됨을 위한 수양과 같으니 중심을 맞추지 못하였으면 이러쿵 저러쿵 말할 것이 없다. 그저 자신을 돌아보고 자기의 공부가 부족한 것을 탓해야 한다'射箭像君子的做人之道 射不中正鵠 不要怪來怪去 要反求諸己 怨自己的工夫不够(사전상군자적주인지도 사부중정곡 불요괴래괴거 요반구제기 원자기적공부불구)고 하였다.

65절의 취면초각醉眠初覺은 술에서 막 깨어남, 혼미한 데서 막 빠져나와 정신을 차리는 것을 의미한다.

72절의 여정도치勵精圖治는 온 힘을 기울여 정치에 힘쓰다는 성어成語로 반고班固의 『한서』「위상전魏相傳」에 나오는 말이다. 납민궤물納民軌物은 백성들이 세워진 법도를 지키고 기물을 바르게 사용할 수 있도록 잘 받아들이는 것을 의미하는 성어成語로 『좌전』에 나온다.

제79수

겨레의 고난 民族之厄運
민족지액운

1 我主我主 盍一眷顧? 異邦之人 作孽無度
아주아주 합일권고? 이방지인 작얼무도

侵爾畿輔 辱爾聖所 毀爾京城 殺爾子民
침이기보 욕이성소 훼이경성 살이자민

2 子民之屍 委諸飛禽 聖徒之肉 委諸群畜
자민지시 위제비금 성도지육 위제군축

3 流血成潦 盈我四郊 積骨如柴 無人葬埋
유혈성료 영아사교 적골여시 무인장매

4 見嗤鄰邦 遺笑四方 5 炎炎天威 盍其有央?
견치린방 유소사방 염염천위 합기유앙?

6 列國蠢蠢 何曾識主 主何恬然 應怒不怒?
열국준준 하증식주 주하념연 응노불노?

7 雅谷被呑 居室成墟
아곡피탄 거실성허

8 先民之罪 莫歸吾徒 開爾慈懷 憫我悲苦
선민지죄 막귀오도 개이자회 민아비고

9 為爾令名 救我窮途 為爾光榮 赦我罪辜
위이령명 구아궁도 위이광영 사아죄고

10 莫令異邦 長加笑侮 曰: "所謂彼主 究在何處"?
막령이방 장가소모 왈 "소위피주 구재하처"?

恤爾子民 所流之血 使彼列邦 知所警惕
휼이자민 소류지혈 사피열방 지소경척

11 冤囚之泣 祈爾聽之 待死獄中 祈爾拯之
원 수 지 읍 기 이 청 지 대 사 옥 중 기 이 증 지

12 鄰邦之詛 祈爾懲之 懲之如何? 七倍以厲
인 방 지 저 기 이 징 지 징 지 여 하? 칠 배 이 려

13 俾爾所牧 稱謝不已 頌揚大德 乃至世世
비 이 소 목 칭 사 불 이 송 양 대 덕 내 지 세 세

글자풀이

- **厄運**(액운) 불행을 당하는 처지, 운수
- **孽**(얼) 죄악
- **畿**(기) 경기
- **輔**(보) 돕다, 수레의 덧방나무
- **屍**(시) 주검
- **禽**(금) 날짐승
- **潦**(료) 길바닥에 괸 물
- **郊**(교) 교외, 성밖
  四郊(사교) 성밖의 네 주위
- **柴**(시) 잡목
- **葬**(장) 장사하다
- **埋**(매) 시신을 묻다
- **嗤**(치) 비웃다
- **遺**(유) 남기다
- **炎炎**(염염) 불꽃같이 이글거리는 모양
- **央**(앙) 끝나다
- **蠢**(준) 어리석다
  蠢蠢(준준) 우매하고 소란한 모양
- **恬然**(념연) 천연덕스럽다
- **呑**(탄) 삼키다
- **墟**(허) 옛터, 폐허
- **憫**(민) 불쌍히 여기다
- **令名**(령명) 아름답고 훌륭한 명성
- **赦**(사) 용서하다
- **侮**(모) 업신여기다
- **冤**(원) 원통하다
- **囚**(수) 죄인, 가두다
- **泣**(읍) 울다
- **拯**(증) 구조하다
- **詛**(저) 저주하다
- **懲**(징) 벌하다
- **厲**(려) 재앙

옮김

1하느님 나의 하느님 이방인이 저지르는 저 횡포와 악행 어찌 그냥 두시는
겁니까? 주님의 땅 침범하여 주의 성소 욕보이고 주의 성읍 짓밟으며 당신
백성을 살육합니다 2주의 백성 주검되어 날짐승의 먹이가 되고 성도들의
몸뚱이 짐승먹이 되었습니다 3흐르는 피 내를 이뤄 사방에 들이차고 시신

은 쌓였는데 묻어줄 이가 없습니다 4 저희는 이웃에게 조롱거리 되었고 주
위 사람들에겐 놀림감 되었습니다 5 불처럼 타오르는 당신의 진노 어찌 끝
날 기미 전혀 없습니까? 6 어리석고 우매한 이방인들이 주님을 언제 안 적
이라도 있습니까? 헌데 어찌 모르쇠 하시면서 마땅한 진노 쏟아붓지 않으
십니까? 7 야곱은 저들에게 삼키워졌고 그 집은 폐허가 되었나이다 8 조상
의 죄 저희에게 돌아오게 마시고 자비를 베푸사 우리를 불쌍히 여기소서 9
주님의 거룩한 이름 때문이라도 막다른 이 끝에서 저희를 구하소서 당신
영광을 위해서라도 저희 죄와 허물 사하여 주소서 10 "저네들의 하느님 대
체 어디 있는거야?" 모욕하는 이방인들의 조소 그치게 하소서 이 백성 피
흘림을 긍휼히 여기시는 주님으로 인하여 열국이 두려워 떨게 하소서 11 억
울하게 갇힌 이의 울음소리 들으시고 죽음만 기다리며 옥에 갇힌 이들 구
해주소서 12 저들이 내뱉은 저주들을 벌하소서 저들이 말한 그 저주를 일곱
배로 갚으소서 13 주님은 우리의 목자이시라 돌보시는 은혜에 감사노래 끊
이잖고 그 크신 덕 영원히 찬양하리이다.

해설

시편 23편에서 시인은 주님의 거룩한 이름으로 인하여爲聖名故(위성명고) 나를 바른 길로 인도하신다고 노래하였는데 79수에 전혀 다른 상황이지만 동일한 근거의 호소가 보인다. 당신의 거룩하신 이름을 위해서라도爲爾令名(위이령명) 우리를 구원하여 주소서! 신앙의 근거가 어찌 우리 자신에게 있을 수 있으랴? 신앙의 근거는 오직 주님께만 있다. 믿는 이의 행위와 의, 선한 공적이 어찌 하느님의 행하심을 이끌어 낼 수 있으랴? 우리의 신앙고백대로 하느님이 전부全部이시라 함은 우리의 전무全無(그야말로 아무 것도 아님이요 Nothing 이다)됨에 있고, 그분의 전지全知하심은 인간의 전적인 무지無知의 고백에 다

름 아니다. 성령의 전능全能하심은 인생의 무능無能, 아무 것도 할 수 없노라는 고백에 있다. 마치 무엇이라도 되는 양, 아는 양, 할 수 있는 양 한다면 어불성설이다. 그런 의미에서 악이 횡행하는 세상에서 구원을 간구함은 우리가 악한 이들보다 나아서가 아님을 기억해야겠다. 비교에 빠지는 순간 교만에 빠진다. 위험하다. 아무 것도 아닌 인생을 구하셔서 하느님 당신의 살아계심을 드러내주십시오! 이것이 참된 기도이다.

1절의 무도無度는 『서경』「다사多士」에 나오며 무절제와 횡음무도하다는 뜻이다. 주공이 망한 멸망한 은나라의 관리들에게 전하는 말에 나온다. '내가 그대들에게 하고픈 말은 그대들이 크게 법도를 잃었으므로 (반란에 참가하였다는 뜻) 내가 여러분을 옮기는 것이 아니라 여러분 스스로가 불러들인 것이라'予其曰惟爾洪無度 我不爾動 自乃邑(여기왈유이홍무도 아불이동자내읍)고 하였다.

같은 절의 기보畿輔는 천자가 직접 다스리는 지역과 그 영향이 미치는 주위를 의미한다. 기畿는 고대에 천자가 거하는 곳을 중심으로 500리 이내의 지역을 뜻하고 보輔는 고대에 수레에 외부에 얹는 나무로 그로써 수레에 짐을 더 실을 힘을 받게 하였다. 후에 천자의 직접 통치 지역畿과 그 주위 지역을 뜻하게 되었다.

3절의 흐르는 피 내를 이루다流血成潦(유혈성료)라는 묘사는 두보의 시「병거행兵車行」에도 비슷한 구절이 있다. '변방에는 피가 흘러 바다를 이루는데도 임금은 변경 개척의 뜻을 아직도 버리지 않았다네'邊亭流血成海水 武皇開邊意未已(변정유혈성해수 무황개변의미이)라고 읊었다.

5절의 천위天威는 『서경』「군석君奭」에 나온다. '나 또한 감히 하느님께서 보살피시는 땅을 편안히 하여 영원토록 하늘의 위엄을 두려워할 것을 생각하고 또 영원토록 우리 백성이 원망하고 배반하지 않으리라고 생각되지 않으니 그것은 오직 사람에게 달린 것이라'我亦不敢寧于上帝命 不永遠念天威 越我民 罔尤違 惟人(아역불감녕우상제명 불영원념천위 월아민 망우위 유인)고 하였다.

9절의 죄고罪辜는 죄과罪過와 같은 말이다.

제80수

꺾인 포도나무 葡萄樹之被折

포도수지피절

1 義塞之大牧 垂聽吾之禱　若瑟為爾羊 夙賴爾引導
의새지대목 수청오지도　약슬위이양 숙뢰이인도

望爾御凱神 發揚爾光輝
망이어개신 발양이광휘

2 庶幾我法蓮 馬拏 便雅明　瞻仰爾靈蹟 沾漑爾救恩
서기아법련 마나 편아명　첨앙이령적 첨개이구은

3 求主愍吾族 賜我以光復　求主開慈顏 予我以拯贖
구주민오족 사아이광복　구주개자안 여아이증속

4 吁嗟萬有宰 胡為長相瞋　何時霽聖怒 聽我哀禱聲?
우차만유재 호위장상진　하시제성노 청아애도성?

5 爾民日戚戚 涕淚充飲食
이민일척척 체루충음식

6 皆為主所賜 幾時得休息?　哀哉我鮮民 已成眾矢的
개위주소사 기시득휴식?　애재아선민 이성중시적

鄰國圖瓜分 相顧笑嚇嚇
인국도과분 상고소하하

7 祈主一顧盼 加我以顏色　求主愍吾族 賜我以光復
기주일고반 가아이안색　구주민오족 사아이광복

求主開慈顏 予我以拯贖
구주개자안 여아이증속

8 吾族在昔日 備承主之德　猶如葡萄樹 移之出埃及
오족재석일 비승주지덕　유여포도수 이지출애급

諸夷既被逐 植之於聖域
제 이 기 피 축　식 지 어 성 역

9 園地沃且廣 根深枝自達
원 지 옥 차 광　근 심 지 자 달

10 山嶽被其蔭 翠柯如靈柏
산 악 피 기 음　취 가 여 령 백

11 扶疎臨海角 蔓衍到幼法
부 소 림 해 각　만 연 도 유 법

12 今何毀其籬? 行人競相折
금 하 훼 기 리?　행 인 경 상 설

13 既為野獸餌 又被林豕踏
기 위 야 수 이　우 피 림 시 답

14 懇切求恩主 回首一眷顧
간 절 구 은 주　회 수 일 권 고

15 自天注爾目 惠然保此樹
자 천 주 이 목　혜 연 보 차 수

此樹爾手植 竟遭人焚伐
차 수 이 수 식　경 조 인 분 벌

16 求爾震神威 一掃諸悖逆
구 이 진 신 위　일 소 제 패 역

17 吾族主所寵 向承主培植
오 족 주 소 총　향 승 주 배 식

求爾加扶佑 感恩永不輟
구 이 가 부 우　감 은 영 불 철

18 求主愍吾族 賜我以光復
구 주 민 오 족　사 아 이 광 복

19 求主開慈顏 予我以拯贖
구 주 개 자 안　여 아 이 증 속

글자풀이

- **御**(어) 다스리다
- **凱神**(개신) 그룹의 의미
- **瞻**(첨) 쳐다보다
- **沾**(첨) 다하다
- **漑**(개) 물을 대다
- **愍**(민) 불쌍히 여기다
- **瞋**(진) 성내다
- **霽**(제) 그치다
- **戚**(척) 슬퍼하다, 겨레
  戚戚(척척) 근심하는 모양
- **涕淚**(체루) 눈물을 흘리다
- **幾**(기) 얼마, 기미
- **嚇**(하) 비웃다
- **瓜分**(과분) 칼로 박을 자르듯 자르다, 영토를 분할하다
- **盼**(반) 바라보다
- **移**(이) 옮기다
- **夷**(이) 오랑캐
- **沃**(옥) 기름지다
- **蔭**(음) 그늘, 그늘 아래 있음
- **翠**(취) 비취색
- **柯**(가) 나무 가지
- **扶疏**(부소) 무성하게 자라다
- **蔓**(만) 뻗어나가다
- **衍**(연) 넘쳐 흐르다
- **籬**(리) 울타리
- **獸**(수) 짐승
- **餌**(이) 먹이
- **豕**(시) 돼지
- **踏**(답) 밟다
- **懇**(간) 정성스럽다
- **伐**(벌) 베다

- **輟**(철) 멈추다
- **悖**(패) 어그러지다, 기준에 어긋나다
- **幼法**(유법) 유프라테스 강의 음역
- **馬拿**(마나) 므낫세의 음역
- **便雅明**(편아명) 베냐민의 음역
- **法蓮**(법련) 에브라임의 음역

옮김

1이스라엘의 목자이신 하느님이시여 우리들의 기도 들어주소서 일찍이 요
셉을 당신 양떼로 삼고 인도하사 이끄셨던 분이여 그룹들 위에 좌정하신
분이여 당신의 광휘 드러내소서 2간절히 바라오니 에브라임과 므낫세, 베
냐민 족속이 주의 놀라운 행적 우러러 보며 구원의 은혜에 젖어들게 하소
서 3이 겨레 주께서 불쌍히 여기사 다시금 주의 광채 보게 하시고 주의 자
비한 얼굴 열어 보이사 우리로 구원을 얻게 하소서 4만유의 주재되신 야
훼 하느님 어찌 이리 오래도록 노하십니까? 어느 때에 당신 노를 거둬주시
고 애절한 기도소리 들으시렵니까? 5날마다 당신 백성 근심 두려움 가득
하고 하염없는 눈물로 음식 삼았나이다 6이 모든 괴롬 주께서 허락하신 바
어느 때에야 안식을 얻으리이까? 슬프도소이다 버려진 백성들 무수한 화
살 그 몸에 떨어지고 곁에 있는 나라들 기뻐하면서 나라와 백성들 갈가리
찢습니다 7주님 돌아보소서 그 얼굴을 비추소서 이 겨레 주께서 불쌍히 여
기사 다시금 주의 광채 보게 하시고 주의 자비한 얼굴 열어 보이사 우리로
구원을 얻게 하소서 8옛적 이 겨레 주의 크신 덕입어 애굽에서 옮겨온 포
도나무였습니다. 모든 이방 족속 쫓아내시고 주님 거룩한 땅에 심겨졌지요
9주님이 베푸신 땅 비옥하고 너르니 뿌리 깊이 내리고 가지는 뻗었어라 10
산들이 그 그늘에 덮이게 되었고 푸른 줄기 아름다운 측백 같았네 11무성
한 가지들 바다까지 이르렀고 유프라테스 강까지 미쳤습니다 12그런데 대
체 누가 울타리를 부쉈던가요? 지금은 가던 이들 다투어 꺾으며 13들짐승

들의 먹잇감이 되었고 숲속의 멧돼지들 마구 짓밟습니다 14은혜의 주님께
간절히 구하오니 고개를 돌리셔서 보아주소서 15당신께서 손수 심었던 포
도나무 사람들에게 베이며 불타고 있사오니 하늘에서 보시고 은혜를 베푸
사 이 포도나무를 지켜주소서 16당신의 위엄을 다시금 떨치소서 패역한 무
리들 쓸어내소서 17이 백성 주님의 사랑을 입어 주께서 심고 가꾸셨으니 주
님 다시금 붙잡아 주소서 감사 찬양 끊이잖고 드리리이다 18이 겨레 주께서
불쌍히 여기사 다시금 주의 광채 보게 하시고 19주의 자비한 얼굴을 열어
보이사 우리에게 구원을 얻게 하소서

해설

히브리 시 80편은 유독 '만군萬軍의 주님'이라는 호칭이 자주 등장한다. 그런데 오경웅은 이 호칭을 피하고 있다. 고대 히브리적인 호칭이어서일까? 그가 믿고 의뢰하는 하느님을 전쟁의 신이라 부르는 것에 거리낌이 있어서인가? 그가 체험한 그리스도 신앙 안에서든, 그의 토양이 된 동양적 사유 안에서든 만군萬軍의 주님이라는 호칭이 자리 잡기 어려워 보인다.

하늘과 땅의 자연스런 이치로 모든 만물을 생生하게 하고 잘 기르며, 인생을 잘 교화하여 바르지 못한 것들을 버리고 참된 이치에 따라 살도록 돕는 것이 성인의 길이요 하늘의 길이라 여기는 사유가 있기 때문일 것이다. 유목민족의 사유와 농경민족의 사유의 차이라고 할 수도 있겠고 살아온 역사적 경험의 차이일 수도 있을 것이다.

2절의 서기庶幾는 바란다는 의미이다. 『시경』 「소아小雅」 「거할車舝」에 '맛있는 술과 안주가 아니라 해도 제발 먹고 마셔달라고 부탁'式飮庶幾 式食庶幾(식음서기 식식서기)하는 장면이 있다.

같은 절의 첨앙瞻仰은 『시경』 「대아大雅」 「첨앙瞻卬」에 '드넓은 저 하늘만

바라보는데 어찌해서 우리를 살피지 않으셔서 온 천지 편안한 곳 하나 없이 이토록 재앙과 고통 속에서 견뎌야 하는지'瞻仰昊天 則不我惠 孔塡不寧 降此大厲(첨앙호천 즉불아혜 공진불녕 강차대려)를 하소연하는 노래가 있다.

또 같은 절의 첨개沾漑는 물을 관개한다는 뜻도 있으나 여기서는 은혜가 미쳐 그 은혜에 젖어든다는 의미이다. 청淸의 당손화의 시 「희우喜雨」에 '높고 낮은 곳곳에 비가 내리니 물 흐르는 골짜기마다 가득하구나'高下竝沾漑 溪壑皆渟泓(고하병첨개 계학개정홍)라고 하였다.

3절의 자안慈顔은 자상하고 온화한 얼굴을 의미하며 많은 경우 어머니를 칭하는 낱말이다. 소동파의 시 「등충신모주만사鄧忠臣母周挽詞」에 '인자한 얼굴 봄바람 같은데 도리의 열매 보지 못하고 가셨구나'慈顔如春風 不見桃李實(자안여춘풍 부견도리실)라는 시구가 있다.

6절의 중시적衆矢的은 모든 이들의 화살받이가 되었다衆矢之的는 성어成語이다.

17절의 불철不輟은 『장자』 「추수秋水」 편에 공자가 광匡지역을 지나다 송나라 사람들에게 겹겹으로 포위당했으나 거문고 타며 노래하는 것을 그치지 않았는데絃歌不輟(현가불철) 제자 자로가 이리도 위험한데 즐기고만 계시느냐고 묻자 공자는 궁지에 처하길 꺼려왔으나 피할 수 없는 것은 하늘의 명이니 두려워말라고 자로를 권면하는 장면이 있다. 얼마 안 있어 병사들의 지휘자가 찾아와 양호陽虎로 잘못 알고 포위했다면서 물러갔다는 기록이 있다.

오경웅은 시편을 번역하면서 이 구절 현가불철絃歌不輟을 자주 인용하고 있다. 찬미는 평안 중에 부르기도 하겠으나 경각 속에서도 찬미를 드려야 한다는 의미로 받아들일 수 있겠다.

제81수

진리를 지키고 삿된 마음을 버리라 存天理去人欲
존천리거인욕

1 我願雅谷之後裔 引吭高歌主之美
아원아곡지후예 인항고가주지미

2 攜爾金鼓與琴瑟 共奏一曲誦雅瑋
휴이금고여금슬 공주일곡송아위

3 新月盈月宜吹角 4 佳節原為主所制
신월영월의취각 가절원위주소제

5 曩在出征埃及時 已為若瑟定此例
낭재출정애급시 이위약슬정차례

6 當時聞異香 聲聲入我耳: 我已釋爾肩上累 我已脫爾手中筐
당시문이향 성성입아이 아이석이견상루 아이탈이수중비

7 爾昔呼籲危難中 我即援手將爾濟
이석호유위난중 아즉원수장이제

我自雷霆深處應爾求 復於風波場中砥礪爾心志
아자뇌정심처응이구 부어풍파장중지려이심지

8 吾民其諦聽 義塞其注意 9 異端慎無染 邪神切莫事
오민기체청 의새기주의 이단신무염 사신절막사

10 我是雅瑋爾之主 攜爾脫離埃及地 但須爾張口 我必賜供飼
아시아위이지주 휴이탈리애급지 단수이장구 아필사공사

11 詎意吾民莫我聽 義塞之裔將我棄
거의오민막아청 의새지예장아기

12 縱人欲 昧天理 愚而好自用 冥頑不靈徇私智
종인욕 매천리 우이호자용 명완불령순사지

13 吾民倘回頭 聽我諄諄誨 **14** 吾必克其敵 手擊眾醜類
오 민 당 회 두 청 아 순 순 회 오 필 극 기 적 수 격 중 추 류

15 悖逆悉歸順 不復懷異志
패 역 실 귀 순 불 부 회 이 지

16 賜爾嘉麥實爾腹 巖中湧蜜作爾餌
사 이 가 맥 실 이 복 암 중 용 밀 작 이 이

글자풀이

- 裔(예) 후손
- 吭(항) 목구멍
- 攜(휴) 끌다
- 曩(낭) 이전에
- 釋(석) 풀어주다
- 肩(견) 어깨, 견디다
- 篚(비) 대광주리
- 砥(지) 고운 숫돌
- 礪(려) 거친 숫돌
  砥礪(지려) 숫돌로 갈다, 연마하다
- 諦(체) 살피다
- 端(단) 바르다
- 飼(사) 먹이다, 기르다
- 詎(거) 어찌, 무슨 생각으로
- 徇(순) 드러내보이다
- 倘(당) 혹시라도
- 諄(순) 타이르다
- 誨(회) 가르치다, 인도하다
- 悖(패) 사리에서 벗어나다
- 嘉(가) 훌륭하다
- 麥(맥) 보리, 곡식
- 巖(암) 바위
- 湧(용) 샘솟다
- 餌(이) 먹이, 먹다

옮김

1야곱의 후예된 백성들이여 목소리 높여 주의 아름다우심 노래하여라 2북
울리고 거문고와 비파 타면서 야훼 주님께 노래지어 올려라 3초하루와 보
름 정해진 때에 축제의 뿔나팔 불지어다 4이는 주님께서 정하신 아름다운
절기요 5이러한 법도는 애굽에서 출정할 때 요셉을 통하여 세운 것이라 6
그때 신비한 향내 진동하며 아름다운 말씀 내 귀에 들렸으니
"나 너의 어깨에 놓인 짐을 내려주며 네가 든 광주리를 내려놓게 하였도다

7옛적에 너 고난 중에 내게 호소하였고 나 즉시 손 내밀어 너를 건졌도다
천둥 구름 깊은 곳에서 네 간구에 응하였으며 풍파 속에서도 거듭하여서
네 마음의 뜻 단련시켰노라 8내 백성아 새겨들을지어다 이스라엘아 주의를
기울이라 9삼가 거짓된 것에 물들지 말며 거짓된 신일랑 결코 섬기지 말라
10나는 야훼 너희의 하느님이니 널 품어 애굽을 벗어나게 하였노라 오로지
네 입을 크게 벌리라 반드시 너희를 채워주리라 11대체 무슨 심산으로 이
백성 내 말에 귀 기울이지 않으며 이스라엘 후손들은 나를 버리려 하는 건
지… 12욕심을 따르니 진리에 어둡고 어리석어 제멋대로 하기나 좋아하고
우둔하여 하찮은 지혜 따르는도다 13정녕 이 백성 내게로 돌아와 진리의
가르침 귀 기울인다면 14나 반드시 적들을 물리쳐주고 저들의 원수를 무찌
를텐데 15거역하던 무리들 돌아오게 되고 다시는 딴 마음 먹지 않을 터인
데 16기름진 곡식으로 이스라엘은 배부르며 바위에서 꿀을 내어 저들이 먹
으련만."

해설

존천리거인욕存天理去人欲에 대한 짧은 이해

공자 이후 맹자에 이르기까지 전개된 유가 사상을 일러 선진先秦유교라 하는데 그 이후 유교의 맥은 잠시 흐트러졌다. 진시황의 분서갱유焚書坑儒로 인해 사상적 단절이 생겨난 것이다. 그렇게 수백 년이 흐르고 난 후 한, 당 시대에 이르러서는 옛 글을 읽는 데 어려움을 느끼게 되었다. 그러다 보니 점차 유학이 중요한 국가의 학문으로 발전하는 과정에서 고대의 유교경전의 뜻을 정확히 밝히는 학문이 발달하였다. 이를 훈고학訓詁學(주석을 주로 하는 학문)이라 한다.

그러나 당 이후 송대宋代에 이르러 유학 사상의 중심이 무엇인가? 하는 물음이 다시 던져졌다. 그 당시의 불교적 혹은 도교적인 세계관의 도전에 직면한 것이다. 그러한 물음의 과정을 통해 유학은 훈고학적인 문자의 해석이 아니라 맹자가 말한 것처럼 '사람이 바르게 힘쓰고 노력하면 누구나 요순과 같은 성인이 될 수 있다'人皆可以爲堯舜(인개가이위요순)는 것이 그 핵심이라고 주장하게 되었다. 그리고 이 성인됨의 길은 하늘의 바른 이치天理(천리)를 지키고 인간의 삿된 욕심人欲(인욕)을 제하는 것에 있다고 천명하였다. 이것이 '존천리거인욕'이다. 사람의 본성은 하늘이 부여한 것인데 이 본성이 사욕私欲으로 가려져 있다고 여겼고 이를 극복할 길을 새롭게 추구한 것이다.

『중용』에 나오는 유교의 정법안장으로 여기는 '하늘의 마음은 희미해서 찾기 어렵고 사람의 마음은 위태롭기 짝이 없다. 잘 살피고 살펴서 오롯이 그 중심을 잡아야 한다'道心唯微 人心唯危 惟精惟一 允執厥中(도심유미 인심유위 유정유일 윤집궐중)는 주장과 같은 의미를 담고 있다. 그런 의미에서 존천리거인욕은 송, 명 성리학의 핵심 수양과제가 되었다.

히브리 시인은 야훼께서 이스라엘 백성에게 순종하길 원하시며 주님을 거스르지 말 것을 권하는데 오경웅은 이를 '존천리거인욕'이라는 유학의 주요주제로 연결하고 있다. 존천리거인욕을 하지 못하니 12절에 종인욕縱人欲 매천리昧天理, 즉 사람의 삿된 욕심대로 따르니 하늘의 진리에 어두울 수밖에 없다고 한 것이다.

1절의 인항고가引吭高歌는 목소리를 길게 늘어뜨리며 소리 높여 노래한다는 성어成語이다.

6절의 성성입이聲聲入耳는 주위 환경이 어떠하든 아주 선명하게 들리는 것을 의미한다.

12절의 우이호자용愚而好自用은 『중용』에 나오는 말로 '어리석으면서도 스스로 쓰임받기를 좋아하고 낮은 신분이면서 제 맘대로 하기를 좋아하고 지금 세상에 났으면서도 옛날의 도로 돌아가는 이런 자에게는 재앙이 그 몸에 미친다'愚而好自用 賤而好自專 生乎今之世 反古之道 如此者 災及反其身者也(우이호자용 천이호자전 생호금지세 반고지도 여차자 재급반기신자야)고 하였다.

같은 절의 사지私智는 자기 이익에 기울어진 지혜로 공적인 것, 영원한 법칙과는 반대되는 개념이다. 『관자』「금장禁藏」편에 그러므로 '나라에 개인적 원한에 대한 분노가 더 많으면 나라의 군대가 약해지고 관리들이 사적인 지혜를 자꾸 사용하게 되면 그 법이 혼란스러워진다'故国多私勇者其兵弱, 吏多私智者其法乱(고국다사용자기병약 이다사지자기법란)고 하였다. 자기 이익은 늘 공적인 것과 대립하기 때문이다.

제82수

판결에 있어 공평함에 힘쓰라 決獄務平

결 옥 무 평

1 主在聖會中 審判諸神道: 汝等行訊鞫 是非皆顚倒
주재성회중 심판제신도 여등행신국 시비개전도

2 目中無法紀 闇然媚強暴 泯泯復棼棼 將於何時了?
목중무법기 엄연미강폭 민민부분분 장어하시료?

3 胡不恤孤貧? 胡不扶窮民? 秉公斷曲直 掃除諸不平
호불휼고빈? 호불부궁민? 병공단곡직 소제제불평

4 保障寡與弱 莫被群兇凌
보장과여약 막피군흉릉

5 若輩何昏昧 不復識天理 徬徨黑闇中 綱常已頹廢
약배하혼매 불부식천리 방황흑암중 강상이퇴폐

6 我稱爾為神 且為至尊子
아칭이위신 차위지존자

7 今與世合污 應與人同死 又如彼侯王 終必見傾否
금여세합오 응여인동사 우여피후왕 종필견경비

生前作威福 沒世長已矣
생전작위복 몰세장이이

8 願主速興起 黜陟人間世 願爾撫萬邦 神器原屬爾
원주속흥기 출척인간세 원이무만방 신기원속이

글자풀이

- 決獄(결옥) 판결과 송사
- 道(도) 말하다
- 汝(여) 너, 너희
- 訊(신) 하문하다
- 顚倒(전도) 뒤집다
- 紀(기) 벼리
- 閹(엄) 감추다
- 媚(미) 아첨하다
- 泯(민) 뒤섞이다
- 棼(분) 어지럽다
- 了(료) 마치다
- 胡不(호불) 어찌 아니한가?
- 秉(병) 손으로 잡다
- 掃(소) 비로 쓸다
- 障(장) 막다
- 彷(방) 거닐다
- 徨(황) 어정거리다
- 綱(강) 벼리
- 頹(퇴) 쇠퇴하다
- 廢(폐) 폐하다
- 汙(오) 더럽다
- 傾否(경비) 운수가 막혀 트이지 않음
- 沒(몰) 죽다, 가라앉다
- 速(속) 빨리 하다
- 黜(출) 내쫓다
- 陟(척) 오르다, 추천하다
- 撫(무) 손에 쥐다

옮김

1 주께서 거룩한 자리에서 신들을 심판하시며 말씀하시니 "너희는 심판함에
있어 시비를 뒤엎는구나 2 법의 기율은 안중에도 없고 겉과 속이 다르게 폭
력을 일삼으며 어지럽고 문란하기 이를 데 없으니 어느 때에야 이를 멈추
겠느냐? 3 고아와 가난한 이 어찌 돌보지 않으며 궁핍한 이들을 어찌 돕지
않느냐? 참과 거짓을 판단함에 공정을 취하고 공평치 않은 것들 깨끗이 씻
어내라 4 과부와 연약한 이 돌보아주고 악인들에게 능욕을 받지 않게 하여
라" 5 혼미하고 어둔 저들 주의 뜻을 알지 못해 어둠 속 헤매며 사람 도리
무너뜨리도다 6 "나 너희들 신이라 불렀으며 지존자의 아들이라 칭하였으나
7 세상에 짝하여 물들었으니 너희 또한 사람처럼 죽게 되리라 저 제후나 왕
들처럼 살아서는 복 누리나 끝내는 막히리니 죽음에 떨어지리라"
8 하느님이여 속히 일어나셔서 이 세상 바르게 판단해 주소서 모든 민족들
을 다스리소서 그 제위帝位가 본래 당신 것이옵니다

히브리 시인은 5절에서 저들의 거짓된 판단으로 세상의 기초들이 흔들린다고 하였는데 오경웅은 이들의 어둑어둑함과 어리석음으로 인간이 지켜야 할 근본적인 도리綱常(강상)가 헐려 무너진다고 묘사한다. 강상綱常은 인간됨의 근본 강령이 되는 삼강三綱과 사람이 관계를 맺고 살아가는 중 지녀야 할 윤리적 도리인 오상五常=五倫의 줄임말이다. 강綱은 벼리, 즉 그물의 굵은 줄로써 이 줄을 당기면 작은 그물들이 일제히 딸려온다. 그렇지 않고 가는 줄을 당기면 그물은 끊어진다. 즉 중심이 되고 본이 되는 것이 강綱이다. 삼강은 군위신강君爲臣綱, 부위자강父爲子綱, 부위부강夫爲婦綱이다.

삼강에 적용해 보면 아버지가 움직이거나 말하고 자녀들이 가지런히 움직이면 가정이 바르게 된다. 그런데 아버지는 허수아비처럼 있고 자녀들이 서로 벼리가 되려고 하면 집안이 어지러울 수밖에 없다. 신하들이 임금을 따라야 하는데 도리어 임금을 능멸하면 나라가 어지럽다. 지아비와 지어미의 관계도 그러하다. 물론 유교 사회적 사유이다.

오상은 부자유친父子有親, 군신유의君臣有義, 부부유별夫婦有別, 장유유서長幼有序 붕우유신朋友有信이다.

같은 절에서 하느님의 뜻을 천리天理라 번역하였다. 천리天理는 송명宋明 유학의 핵심적 개념으로 보편적 도덕 법칙을 의미한다. 우리가 자주 사용하는 이치理致가 여기서 비롯되었다.

2절의 법률과 기율에서 안중에도 없다目無法紀(목무법기)는 말은 성어成語이다. 제멋대로 나쁜 짓을 일삼는다는 의미이다.

같은 절의 민민분분泯泯棼棼은 『서경』「여형呂刑」 편에 나오는 말이다. 주의 목왕이 여후를 사구司寇(법무부 장관)로 임명하면서 훈계한 말인데 '백성들이 서로 물들어 어수선하고 어지러워졌고 학정으로 많은 사람이 죽음을 당하니 하늘에 죄 없음을 호소하게 되었다. 하느님이 백성들을 굽어보시니 향기로운 덕은 없고 참혹한 형벌로 피비린내만 났다'民興胥漸 泯泯棼棼 …虐威庶戮 方告無辜于上 上帝監民 罔有馨香德 刑發聞 惟腥(민흥서점 민민분분… 학위서륙 방고무고우상 상제감민 망유형향덕 형발문 유성)고 하였다. 그러니 정확히 선악을 판별하여 권선징악하여 사람들이 심복하게 하라 하였다. 시편 82수의 내용과 어우러진다.

이어 나오는 엄연미강폭閹然媚强暴은 『맹자』「진심盡心」 하에 맹자에게 거짓된 선비鄕愿(향원)가 어떠한가를 묻자 '이 세상에 태어나 이 세상을 위하고 잘하면 되지 하면서 실은 본심을 감추고 세상에 아첨하는 사람이 바로 향원이다'生斯世也 爲斯世也 善斯可矣 閹然媚於世也者 是鄕愿也(생사세야 위사세야 선사가의 엄연미어세야자 시향원야)라는 문장이 있다. 본문에서는 그저 폭력에 의지한다는 의미로 해석할 수 있다.

3절의 병공秉公은 공정한 표준을 취한다는 의미이다. (7절의 경비傾否는 71편의 해설을 참고하라.)

8절의 출척黜陟은 『서경』「주관周官」에 임금이 순수巡狩(지방을 순행함)하여 제후들의 어질고, 어질지 못함을 묻고 살펴 내치거나 올리는 법을 밝히라大明黜陟(대명출척)고 하였다.

같은 절의 신기神器는 본래 신령에게 제사지낼 때 쓰는 그릇을 의미했으나 전轉하여 신물神物이나 제왕의 권력을 뜻하게 되었다.

제83수

주님을 대항하여 동맹을 맺은 자들 反主同盟

반 주 동 맹

1 蕩蕩造化主 誰能與比侔?　祈主毋緘默 祈主毋長幽
탕 탕 조 화 주　수 능 여 비 모?　기 주 무 함 묵　기 주 무 장 유

2 群逆正騰沸 竟與主為仇　側目視天主 洋洋昂其頭
군 역 정 등 비　경 여 주 위 구　측 목 시 천 주　양 양 앙 기 두

3 欲害主所庇 相聚共議謀
욕 해 주 소 비　상 취 공 의 모

4 咸曰滅義塞 莫令厥名留　5 諸兇惟一心 反主成同盟
함 왈 멸 의 새　막 령 궐 명 류　제 흉 유 일 힘　반 주 성 동 맹

6 夷東 以示之戰棚 摩亞 阿甲之土人
이 동　이 시 지 전 붕　아 마　아 갑 지 토 인

7 迦巴 阿門 亞瑪力 菲璃 諦羅之居民
가 파　아 문　아 마 력　비 리　체 라 지 거 민

8 亞述亦與之聯合 共助羅得之子孫
아 술 역 여 지 연 합　공 조 라 득 지 자 손

9 求主處群逆 一如昔日處米町　又如曩在基順水 對待西拉與亞賓
구 주 처 군 역　일 여 석 일 처 미 정　우 여 낭 재 기 순 수　대 대 서 랍 여 아 빈

10 紛紛隕命於隱朶 血肉塗地染垢塵
분 분 운 명 어 은 타　혈 육 도 지 염 구 진

11 求主磔彼眾牧伯 一如阿立 西伊柏
구 주 책 피 중 목 백　일 여 아 립　서 이 백

求主殲彼諸侯王 一如西伯 撒摩納
구 주 섬 피 제 후 왕　일 여 서 백 살 마 납

12 主豈不聞其狂言“吾欲併呑主第宅?”
주 기 불 문 기 광 언 “오 욕 병 탄 주 제 택?”

13 願主使彼如糠粃 隨風飄蕩無寧息
원 주 사 피 여 강 비 수 풍 표 탕 무 녕 식

14 求主遣驚飆 願主發雷霆 15 驅逐眾悖逆 如火燒山林
구 주 견 경 표 원 주 발 뇌 정 구 축 중 패 역 여 화 소 산 림

16 令彼無所措手足 汗顏無地呼主名
영 피 무 소 조 수 족 한 안 무 지 호 주 명

17 恥辱蒙其首 愴怳歸幽冥
치 욕 몽 기 수 창 황 귀 유 명

18 務使眾逆知 雅瑋是真神 普天與率土 惟主是至尊
무 사 중 역 지 아 위 시 진 신 보 천 여 솔 토 유 주 시 지 존

글자풀이

- **侔**(모) 동등하다
  比侔(비모) 대등하게 두다
- **緘**(함) 봉하다
  緘默(함묵) 침묵을 지키다
- **騰**(등) 오르다
- **沸**(비) 끓다
  騰沸(등비) 끓어오르다
- **昂**(앙) 높이 들다
- **棚**(붕) 누각
  戰棚(전붕) 고대 성곽 위에 세워진 막사
- **曩**(낭) 이전에
- **隕**(운) 떨어지다
- **隕命**(운명) 목숨을 잃다
- **塗**(도) 진흙
- **染**(염) 물들다
- **垢**(구) 티끌
- **塵**(진) 흙먼지
- **磔**(책) 찢어 죽이는 형벌
- **殲**(섬) 다 죽이다
- **併**(병) 아우르다
  併呑(병탄) 아울러 삼키다
- **糠**(강) 겨
- **粃**(비) 쭉정이
- **飄蕩**(표탕) 바람따라 이리저리 휘날리다
- **寧息**(영식) 편안한 쉼과 안정
- **遣**(견) 보내다
- **飆**(표) 폭풍, 회오리 바람
- **驅**(구) 핍박하다
  驅逐(구축) 핍박하며 몰다
- **悖**(패) 도리에서 벗어나다
- **燒**(소) 불사르다
- **汗**(한) 땀
- **愴**(창) 어지러워하다
- **怳**(황) 멍한 모양
- **夷東**(이동) 에돔의 음역
- **以示**(이시) 이스마엘의 음역
- **摩亞**(마아) 모압의 음역
- **阿甲**(아갑) 하갈의 음역
- **迦巴**(가파) 그발의 음역
- **阿門**(아문) 암몬의 음역
- **亞瑪力**(아마력) 아말렉의 음역
- **菲璃**(비리) 블레셋의 음역

- **諦羅**(체라) 두로의 음역
- **亞述**(아술) 앗시리아의 음역
- **羅得**(라득) 롯의 음역
- **米玎**(미정) 미디안의 음역
- **基順**(기순) 기손의 음역
- **西拉**(서라) 시스라의 음역
- **亞賓**(아빈) 야빈의 음역
- **隱朵**(은타) 엔돌의 음역
- **阿立**(아립) 오렙의 음역
- **西伊柏**(서이백) 스엡의 음역
- **西伯**(서백) 세바의 음역
- **撒摩納**(살마납) 살문나의 음역

옮김

1이 세상 창조하신 크신 하느님 뉘 있어 당신과 감히 비기리이까? 주께 비
오니 침묵하지 마소서 너무 오래도록 가만 계시지 마시옵소서 **2**반역의 무
리 술렁이며 들끓더니 끝내 주님을 원수 삼았습니다. 천지의 주재이신 주
님 무시하면서 고개를 빳빳이 들었습니다 **3**저들 머리 맞대고 꾸미는 것은
주께서 돌보는 이 해치고자 함이니 **4**저들 모여 이르길 "이스라엘을 멸망시
키자 그 이름 아예 남지 못하게 하자" **5**주님께 대항하여 동맹 맺으니 원수
들 한마음 되었습니다 **6**에돔과 이스마엘 한데 뭉쳤고 모압과 하갈 또한 함
께 했습니다 **7**그발과 암몬, 아말렉과 블레셋 두로의 거주민들과 **8**앗시리아
도 합세하고 롯의 자손들도 손을 보탰습니다 **9**주께 구하오니 예전에 미디
안에게 하셨던 것처럼 기손 물가에서 시스라와 야빈에게 하셨던 것처럼 저
들을 무찔러 주시옵소서 **10**엔돌에서 그 목숨들 온통 땅에 떨어져 흙먼지와
뒹굴며 사라졌습니다 **11**저들의 수령들 오렙과 스엡처럼 찢으옵소서 주께서
저들의 제후들을 세바와 살문나처럼 섬멸하소서 **12** "우리가 하느님의 집을
집어 삼키자" 교만하기 그지없는 저들의 말 주님께서 이미 들으셨지 않습
니까? **13**저들을 흩날리는 겨와 쭉정이 같게 하사 바람결에 흩어지고 정처
없이 떠돌아 편안한 쉼이라곤 아예 없게 하소서 **14**회오리바람 일으키소서
천둥과 벼락 발하소서 **15**패역의 무리들 뒤쫓는 것이 숲을 태우는 불길 같

게 하소서 16 식은 땀 흘리며 야훼 이름 부르기까지 도무지 머리 둘 곳 없
게 하소서 17 저들의 머리 위에 치욕을 안기셔서 절망 가운데 멸망하게 하
소서 18 그로 인해 원수들이 알게 하소서 야훼만이 참된 하느님이시며 온
세상 다스리는 존귀한 주이심을

해설

1절의 함묵緘默은 입을 닫고 말하지 않음을 의미한다. 양나라의 소자현이 편찬한 『남제서南齊書』에 '그 생각을 멈추고 입을 다물어 그저 시운에 맡겼다'息意緘默 一委時運(식의함묵 일위시운)는 글이 있다.

2절의 측목이시側目而視는 경멸하는 눈빛으로 보는 것을 의미하는 성어成語이다. 앙두昂頭는 앙두정흉昂頭挺胸의 줄임말로 보면 좋겠다. 고개를 들고 가슴을 내밀어 투지를 불태우는 것을 형용한다.

13절의 수풍표탕隨風飄蕩은 바람결에 따라 이러저리 흔들린다는 성어成語이다. (16절의 무조수족無措手足의 설명은 76편의 해설을 참고하라.)

16절의 한안무지汗顏無地는 부끄러워 몸 둘 바를 모르다는 뜻의 성어成語로 얼굴에 땀이 난다 함은 수치의 표현이며 무지無地는 도무지 몸을 둘 곳이 어디에도 없음을 의미한다.

17절의 창황愴悦은 실의한 모양을 뜻한다. 『초사』「구변九辯」에 '처량하기 이를 데 없어라 고향을 떠나 낯선 곳으로 향하네'愴悦懭悢兮 去故而就新(창황광량혜 거고이취신)라며 탄식하는 내용이 있다.

18절의 보천솔토普天率土는 『시경』「소아小雅」「북산北山」에 '세상의 모든 땅은 임금님의 것이고 모든 백성은 임금님의 신민이라'普天之下 莫非王土 率土之濱 莫非王臣(보천지하 막비왕토 솔토지빈 막비왕신)고 노래한다.

제84수

주님 계신 집을 사모하네 眷戀庭闈
권련정위

1 萬有主宰 爾宮可愛
만유주재 이궁가애

2 夢魂依依 庭闈藹藹 心歌腹詠 生靈淵海
몽혼의의 정위애애 심가복영 생령연해

3 啁啁之雀 樂主之廬 燕亦來巢 言哺其雛
조조지작 낙주지려 연역래소 은포기추

4 吁嗟吾主! 鑒我區區 聖壇之下 欲寄微軀
우차오주! 감아구구 성단지하 욕기미구

福哉諸聖! 聖宅是居 絃歌不絕 和樂以舒
복재제성! 성택시거 현가부절 화락이서

5 仰賴所天 其福無邊 心慕聖殿 景行乾乾
앙뢰소천 기복무변 심모성전 경행건건

6 行經悲谷 化為甘泉 及時之雨 膏澤是宣
행경비곡 화위감천 급시지우 고택시선

7 愈行愈健 彌勞彌堅 竟抵西溫 直達主前
유행유건 미로미견 경저서온 직달주전

8 向主投誠 祈主俯聽 9 庇主之蔭 祈主垂青
향주투성 기주부청 비주지음 기주수청

10 在斯一日 勝似千春 寧在主宅 充一閽人
재사일일 승사천춘 영재주택 충일혼인

莫為惡逆 入幕之賓
막위악역 입막지빈

11 以熙春陽 以潤吾身　寵惠備至 百祿是膺
이 희 춘 양　이 윤 오 신　총 혜 비 지　백 록 시 응

12 大主何私? 忠貞是親　一心恃主 樂哉斯人!
대 주 하 사?　충 정 시 친　일 심 시 주　낙 재 사 인!

글자풀이

- 依依(의의) 깊이 의지하다, 사랑하다
- 庭闈(정위) 대궐의 깊숙한 집, 임금이 계신 곳
- 藹藹(애애) 무성한 모양, 평화로운 모양
- 啁啁(조조) 재잘거리는 모양, 지저귀는 모양
- 雀(작) 참새
- 燕(연) 제비
- 巢(소) 보금자리를 짓다
- 廬(려) 오두막집
- 言(은) 화기애애하다
- 哺(포) 먹이다
- 雛(추) 새끼
- 壇(단) 단
- 寄(기) 의탁하다
- 微軀(미구) 미천한 몸
- 舒(서) 편안하다
- 愈(유) ~할수록(비교의 의미)
- 彌(미) ~ 할수록(비교의 의미)
- 抵(저) 맞닥뜨리다
- 投誠(투성) 온 마음으로 헌신하다
- 庇(비) 감싸다, 의탁하다
- 閽(혼) 문지기
- 幕(막) 막사
- 錄(록) 녹, 녹봉
- 膺(응) 가슴

옮김

1 온 세상 다스리시는 야훼 하느님 주님의 궁전 얼마나 사랑스러운지요 2
꿈에서조차 내 영혼 그리워하며 야훼의 집 포근함에 젖어 드나니 이 몸과
맘 기꺼이 주 찬미하오니 내 영혼 생기 넘치나이다 3 재재거리는 참새도 주
님의 집 즐거워하며 제비도 보금자릴 지어 제 새끼 기쁨으로 먹이나이다 4
오 나의 하느님! 미천한 이 인생도 살펴주셔서 당신 제단 아래 거하게 하
소서 복되도다! 성전에 거하는 성도들! 늘 찬양하며 평안을 누리네 5 주
인 되신 하느님 우러르며 신뢰하니 주께서 주시는 그 복락 가없으며 마음
은 주의 전 온전히 사모하며 사람됨의 바른 길 쉼 없이 힘쓰도다 6 눈물 골

짜기 걸어도 샘물이 솟고 때 맞게 내리는 비로 윤택하리니 7걸을수록 오히
려 강건해지고 힘쓸수록 더욱 더 굳세어지네 주님의 집 시온에 끝내 다다
르니 님 뵙는 자리에 나아가도다 8끝내 당신께 두 손 들고 나아가니 야훼
여 이내 간구 들어 주소서 9주님 그늘 아래 감싸주시고 불쌍히 여겨 돌보
아주소서 10주님의 집 문지기로 사는 하루가 다른 데서 사는 천년보다 낫
사오니 주님 거스르는 악인들은 결코 주의 장막에 들지 못하리 11빛 되신
주님 그 볕 아래서 이 몸 주의 은덕 넉넉히 입으며 지극하신 주님의 그 은
총으로 온갖 복록을 누리리이다 12야훼 하느님 어찌 사사로우시랴? 정직
하고 순결한 이 사랑하시니 오롯한 맘으로 주님 신뢰하는 이 그 인생 참으
로 행복하구나!

해설

언제든지 마음만 먹으면 하루에 몇 번이라도 예배당에 갈 수 있는 이에게 이 시인의 노래는 얼마나 전달력이 있을까? 쉽지 않겠다.

이 시인에게 하느님 계신 전에 나아가는 길은 몸과 맘을 깨끗이 하고 편안함을 뿌리치고 눈물 골짜기와 유혹을 지나 이르는 순례의 목적지이다. 그 여정이 그를 거룩으로 이끈다. 현대인은 이 여정을 잃었기에 목적지에 이르고서도 도무지 이른 줄도 모른다. 그러니 자신이 무엇을 하고 있는지 알 수 있을까? 그 여정 끝에 주님의 전에 이르렀으니 거기 머무는 하루가 악인의 장막에 머무는 천 날보다 나음은 그 하루가 영원으로 잇닿는 완전한 시간이기 때문이다. 그러니 오경웅의 번역대로 그 하루가 천 년보다 더 나으리라는 것 또한 자명한 일이다.

2절에서 옛 사람들은 꿈에서는 혼이 육체를 벗어날 수 있다고 여겼기에 이를 몽혼夢魂이라 하였다. 그만큼 간절한 바람을 의미한다.

5절의 경행景行은 사람이 걸어야 할 바른 길, 훌륭한 행실을 뜻한다. 『시경』「소아小雅」「거할車舝」에 '높은 산을 우러러 보고 마땅한 도리를 행한다' 高山仰止 景行行止(고산앙지 경행행지)라는 문장이 있다. 덕이 높은 이를 우러르며 그를 본받을 삶의 표준으로 삼는다는 뜻을 지닌다. 아울러 『천자문』에도 '행실을 바르게 하고 올곧게 하여 참된 사람이 되며 생각을 바르게 하면 성인이 될 수 있다'景行維賢 克念作聖(경행유현 극념작성)는 문구가 있다.

같은 절의 앙뢰仰賴는 믿음을 뜻하는 동양의 언어로 신앙信仰 즉 믿고 우러름이며 동시에 우러러 맡김仰賴(앙뢰)이다. 믿음은 나를 넘어서는 것이기에 우러름이며, 온전히 맡겨 따르는 것이기에 의뢰依賴이다. 그렇기에 인식적 사유와 의지적 행위가 분리될 수 없다. 믿음이 어떤 교리에 대한 인식적 동의에 머물 수 없는 이유이다.

사실 성서에서 믿음의 사람들이 보여준 믿음은 온전한 맡김과 우러름이었다. 맡김과 우러름은 나를 부인하는 행위이다. 신앙의 흔들리지 않는 든든한 기반, 자기부인이다.

같은 절의 건건乾乾은 『주역』「문언文言」전에 나온다. '군자는 종일토록 쉬지 않고 애쓰며 저녁에라도 삼가 두려워하며 허물이 없으리라'君子終日乾乾 夕惕若厲無咎(군자종일건건 석척약려무구)고 하였다.

6절의 고택膏澤은 이슬과 비의 혜택, 타인의 은택을 말한다. 『맹자』「이루離婁」하에 '바른 말을 올린 것이 시행되고 진언이 받아들여지면 은택이 그 백성들에게 내려지고, 신하가 바른 말을 올려도 시행되지 않고 진언해도 받아들여지지 않으면 은택이 백성들에게 내려지지 않는다'諫行言聽 膏澤下於民 諫則不行 言則不聽 膏澤不下於民(간행언청 고택하어민 간즉불행 언즉불청 고택불하어민)는 문장이 있다.

8절의 투성投誠은 투헌성심投獻誠心의 줄임말로 온 마음 다해 헌신한다는 의미도 있고 군인이 자기 진영을 빠져 나와 상대방에 항복한다는 뜻도 있다.

9절의 수청垂靑은 특별히 호의를 보이다는 뜻으로 청靑은 눈동자의 검은 부분을 의미한다. 그와 같은 눈으로 대상을 바라본다는 뜻으로 그만큼 소중히 여기며 기뻐한다는 의미를 담고 있다.

11절의 총혜寵惠는 황제의 은덕을 의미한다. 여기서는 야훼의 은총이라는 뜻이다.

12절의 충정忠貞에서 충忠은 두 마음을 품지 않는 신실함이며 정貞 또한 지아비를 향한 마음을 바꾸지 않는 절개를 의미한다. 인간이 품어야 할 바른 품격을 의미한다.

제85수

하느님과 그 백성 함께 기뻐하네 天人交歡

천인교환

1 感雅瑋之眷聖地兮 領回雅谷之衆俘
감아위지권성지혜 영회아곡지중부

2 宥我之罪兮 除我之辜
유아지죄혜 제아지고

3 慶天威之新霽兮 4 祈轉否而為泰
경천위지신제혜 기전비이위태

5 豈仁主之怒吾族兮 亘百世而不改?
기인주지노오족혜 긍백세이불개?

6 其即復蘇爾民兮 俾融融於爾之懷中
기즉복소이민혜 비융융어이지회중

7 沐浴芳澤兮 酣暢春風
목욕방택혜 감창춘풍

8 諦聽聖言兮 其馨若蘭
체청성언혜 기형약란

主願與子民言歸於好兮 苟若輩不再陷於冥頑
주원여자민언귀어호혜 구약배부재함어명완

9 但能小心翼翼以事主兮 應證救恩之實邇
단능소심익익이사주혜 응증구은지실이

行見光榮之重臨兮 盤桓乎吾地
행견광영지중림혜 반환호오지

10 仁慈共妙諦交歡 正義與和平吻合
인자공묘체교환 정의여화평문합

11 妙諦自地而萌兮 正義由天而發
묘 체 자 지 이 맹 혜　정 의 유 천 이 발

12 夫唯雅瑋之降甘霖兮 吾土乃騰茂實
부 유 아 위 지 강 감 림 혜　오 토 내 등 무 실

13 以仁為居 以義為路　康莊大道 眾庶所步
이 인 위 거　이 의 위 로　강 장 대 도　중 서 소 보

글자풀이

- **眷**(권) 돌아보다
- **俘**(부) 포로
- **宥**(유) 용서하다
- **慶**(경) 발어사
- **霽**(제) 개다, 그치다
- **亙**(긍) 걸쳐있다
- **蘇**(소) 소생하다
- **俾**(비) 시키다
- **融**(융) 화하다, 녹다
  融融(융융) 화목하고 즐거운 모양
- **沐**(목) 씻다
- **酣**(감) 한참 성하다
- **暢**(창) 통하다
  酣暢(감창) 생생하게 살아남
- **諦**(체) 살피다
- **馨**(형) 향기가 나다
- **陷**(함) 빠지다
- **冥**(명) 어둡다
- **頑**(완) 완고하다
- **邇**(이) 가깝다
- **盤**(반) 서리다
- **桓**(환) 머뭇거리다
  盤桓(반환) 계속되다
- **吻**(문) 입술
- **萌**(맹) 싹트다
- **霖**(림) 장마
- **騰茂**(등무) 무성하고 많은 모양
- **康莊大道**(강장대도) 사통팔달의 큰 길

옮김

1야훼께서 당신의 거룩한 땅 돌아보시고 야곱의 사로잡힌 자들 돌아오게
하셨네 2우리의 죄를 사하여 주시고 그 허물을 깨끗이 덮어주셨네 3주님의
그 격노 말끔히 거두셨으니 4이제는 막힌 바를 열어주소서 5주님은 인자하
신 우리 주이신데 계속 이 겨레에게 노하시렵니까? 6 그런즉 이 백성 다시
살려주셔서 주님 안에서 복되고 즐겁게 하소서 7주님의 은총으로 적셔 주

소서 당신의 자비 넉넉히 부으소서 8거룩하신 주 말씀 깨어 들으니 그 말
씀 은은한 난향이로다 주님 당신 백성을 다시금 품으시니 다시는 어둑함
에 빠지지 않으리라 9삼가 깨어 조심하며 주님을 섬겨 구원의 은혜 가까이
있음 드러내리니 이 땅에 주의 영광 거듭 임하며 한없이 머무는 것을 보게
되리라 10자비와 진리 어우러지며 정의와 평화가 입맞추리라 11진리가 땅
에서 돋아나오며 정의가 하늘에서 피어나리라 12야훼 주님 은혜의 단비 내
려주시고 우리 땅에 열매가 넘쳐나리라 13주님의 인자하심 우리 거처가 되
고 하느님 의로우심 길이 되리니 그 넓고 큰 길 뭇사람이 걸어가리라

해설

하느님과 그 백성이 어우러지는 기쁨을 노래한 후반부에 오경웅의 번역의 맛이 있다. 히브리 시인은 마지막 절에서 '의가 주님 앞에 앞서가며 주의 길을 닦으리로다'라고 하는데 오경웅은 '주의 어지심이 인생의 거할 바요 그분의 의로우심이 우리 갈 길이니 주의 자비와 의로우심으로 이루어진 그 넓고 큰 길 뭇 사람이 걸으리라'고 노래한다.

히브리 시인이 하느님의 의義에 대해 말하고 있다면 오경웅은 그러하신 하느님을 따르는 인생의 길을 안내한다. 유학의 사유에서 인仁은 언제나 거할 집宅으로 비유되고 의義는 걸어야 할 길路로 비유되곤 해서 안택정로安宅正路라고 하기도 한다. 86수의 제목에서 보이는 것처럼 인仁은 연淵, 깊이로 표현되고 의義는 부府 꿋꿋하게 세워진 관청처럼 드러나는 바로 표현되고 있다. 같은 의미이다.

아울러 7, 8절의 번역 또한 되새겨볼 만하다. 히브리 시인은 하느님의 사랑과 구원을 청하는데 오경웅은 이를 방택芳澤과 춘풍春風으로 번역하여 동양적 정서의 맛을 더한다. 또한 하느님께서 하신 말씀이 대부분의 한글

번역은 평화라고 하는데 오경웅은 이 또한 기형약란其馨若蘭이라 하여 하느님의 덕을 묘사한다. 난초의 향은 군자의 향이다. 자신을 주장하지 않되 오래가고 멀리 간다. 하여 『공자가어孔子家語』에 '난은 깊은 골짜기에 나서 사람이 없다고 향기 내지 않지 않으니 군자는 곤궁하다고 하여 떳떳함을 바꾸지 않는다'蘭生於幽谷 不以無人而不芳 君子不以困窮而改常(난생어유곡 불이무인이불방 군자불이곤궁이개상)고 하였다.

2절의 죄를 용서하다宥罪(유죄)는 『주역』 「해괘解卦」에 나온다. '하늘 땅이 풀리면 우레가 울고 비가 내린다. 우레 울고 비 내리면 오곡백과와 초목이 다 껍질을 벗고 싹이 튼다. 군자는 이것을 보고 죄와 허물을 용서해주고 사면해준다'天地解而雷雨作 雷雨作而百果草木皆甲坼 君子以赦過宥罪(천지해이뢰우작 뇌우작이백과초목개갑탁 군자이사과유죄)고 하였다.

3절의 신제新霽는 비나 눈이 온 후 갠 첫 때이다. 송옥의 「고당부高唐賦」에 '때에 맞는 비 내리다 날 개이고 나니 온갖 식물 빠짐없이 잘 자란 게 드러나네'遇天雨之新霽兮 觀百穀之俱集(우천우지신제혜 관백곡지구집)라고 노래하였다.

4절의 비否와 태泰는 『주역』의 괘卦의 이름으로 서로 상반된 의미를 지닌다. 꽉 막힌 막다른 상태가 비否이고 그것이 풀려 새로운 길이 열린 것이 태泰이다.(71편의 해설을 참고하라.)

7절에서 방택芳澤은 고대 여인들의 머릿결을 윤이 나게 하는 기름을 뜻하고 춘풍春風은 모든 생명을 소생케 하는 봄바람을 뜻하는데 둘 다 은혜와 자비의 뜻을 가지고 있다.

8절의 기형약란其馨若蘭은 혜강의 시 「증수재종군贈秀才從軍」에 '마음속에 그리워하며 같은 뜻과 마음을 지닌 사람, 그 덕은 고상하여 깊은 골짜기의 난초 같아라 아름다운 그 사람 지금 여기 없으니 내 어찌 장탄식 하지 않으랴!'仰慕同趣 其馨若蘭 佳人不存 能不永嘆(앙모동취 기형약란 가인부존 능불영탄)라고 노래하였다.

예로부터 난초는 고상한 덕을 지닌 사람을 비유하였다. 여기서는 마음에 새긴 하느님 말씀이 지닌 깊은 덕을 의미한다고 하겠다.

같은 절의 언귀어호言歸於好는 화해를 이루어 다시 사이가 좋아지는 것을 의미하는 성어成語이다.

9절의 소심익익小心翼翼은 『시경』「대명大明」 편에 나오는 것으로 '우리 문왕 조심하고 삼가셔서 하느님을 밝게 섬겨 많은 복을 얻으시고 베푸신 덕 훌륭하여 온 나라를 받으셨네'維此文王 小心翼翼 昭事上帝 聿懷多福 厥德不回 以受方國(유차문왕 소심익익 소사상제 율회다복 궐덕불회 이수방국)라고 하였다.

12절의 야훼께서 은혜의 단비 내리시니降甘霖(강감림)는 천강감림天降甘霖으로 많이 쓰인다. 하늘에서 알맞은 때에 내리는 비는 지상의 모든 식물을 적시고 풍성한 곡식을 맺도록 도와 그 백성을 살리는 데까지 이른다는 의미이다.

제86수

사랑과 정의의 원천 仁淵義府
인 연 의 부

1 求主傾耳 垂聽我訴 憐我轗軻 恤我貧苦
구주경이 수청아소 연아감가 휼아빈고

2 鑒我丹忱 保我性命 一心仰賴 拯爾僕人
감아단침 보아성명 일심앙뢰 증이복인

3 小子何恃?實惟真神 朝夕呼籲 盍不見矜?
소자하시? 실유진신 조석호유 합불견긍?

4 引領望主 寬慰吾魂
인령망주 관위오혼

5 仁恕惟主 恩澤豐盛 凡百有求 靡不見應
인서유주 은택풍성 범백유구 미불견응

6 請聽吾禱 聆吾哀聲
청청오도 영오애성

7 我今有難 求主開恩 固知我主 必惠佳音
아금유난 구주개은 고지아주 필혜가음

8 眾神之中 孰堪配主? 功德無邊 超絕寰宇
중신지중 숙감배주? 공덕무변 초절환우

9 萬邦兆民 主所締造 胡不歸順?顯揚尊號
만방조민 주소체조 호불귀순? 현양존호

10 真宰惟主 經綸浩浩
진재유주 경륜호호

11 求主教我 服膺聖道 惟精惟一 是則是效
구주교아 복응성도 유정유일 시칙시효

12 凝神專志 昭事恩保 千秋萬歲 宣揚真教
응신전지 소사은보 천추만세 선양진교

13 主之待我 恩德不小 拯吾之身 出於泉窖
주지대아 은덕불소 증오지신 출어천교

14 驕人悻悻 逞其狂傲 群逆結黨 恣其凶暴
교인행행 영기광오 군역결당 자기흉폭

目中無主 哀哉不肖!
목중무주 애재불초!

15 慈悲惟主 不易有怒 仁愛之淵 信義之府
자비유주 불이유노 인애지연 신의지부

16 祈主眷顧 祈主垂恤 維護爾僕 爾婢所出
기주권고 기주수휼 유호이복 이비소출

17 示以愛徵 用昭大德 賜以神助 加以慰藉
시이애징 용소대덕 사이신조 가이위자

敵人見之 庶幾惶惕
적인견지 서기황척

글자풀이

- **轗**(감) 때를 얻지 못해 불우함
- **軻**(가) 일이 뜻대로 되지 않음
- **丹忱**(단침) 거짓 없는 참된 마음(=丹心)
- **引領**(인령) 스스로 조심하고 경계하는 바른 몸가짐
- **寬**(관) 너그럽다
- **慰**(위) 위로하다
- **恕**(서) 헤아려 동정하다
- **聆**(령) 듣다, 따르다
- **堪**(감) 견디다
- **締**(체) 맺다, 연결하다
- **顯**(현) 드러나다
- **尊號**(존호) 임금의 제위
- **凝**(응) 집중하다.
- **窖**(교) 움집, 구멍
  泉窖(천교) 저승, 죽음
- **悻**(행) 성내다
- **逞**(령) 왕성하다
- **徵**(징) 조짐, 징표
- **慰藉**(위자) 위로하고 도와줌
- **惶**(황) 두려워하다
- **惕**(척) 떨다
- **庶幾**(서기) 거의

옮김

1주님 귀 기울이사 저의 호소 들으소서 제가 겪는 어려움 긍휼히 여기시고
괴롬 겪는 저를 불쌍히 여기소서 2거짓 없는 참된 마음 살펴주시고 제 영
혼의 걸음 지켜주소서 오롯한 마음으로 주님만 섬기려는 당신의 종이오니
구원하소서 3제가 누구를 의지하리이까? 참되신 하느님 당신뿐입니다. 온
종일 주님께 호소하는데 어찌 안타까이 여기지 않습니까? 4몸 맘가짐 바
로 하여 주를 바라오니 제 영혼 너그러이 받아주소서 5너그러운 용서 오직
주께 있사오며 은총 또한 풍성하기 그지없으니 구하는 이들 누구에게나 응
답치 않으심 없사옵니다 6하오니 저의 기도 들어주소서 애달픈 간구에 귀
기울여주소서 7곤고한 중에 갇힌 이 신세 주님 은혜 덧입기 간구하오니 정
녕 주께서 구해 주실 것을 나 확신하기 때문입니다 8신들 중에 우리 주와
같으신 분 어디 있습니까? 가없이 크신 은총 비할 바 없습니다 9세상 모든
백성들 주님 친히 지으셨으니 거룩하신 그 이름 드높이고자 그들 어찌 돌
아오지 않겠습니까? 10세상 다스리시는 이 오직 주님이시라 그 경륜 한없
이 넓고 큽니다

11거룩한 주의 길 제대로 따르도록 저를 가르치사 일러주소서 주의 길 참
되고 온전하오니 마땅히 따르며 지켜야 할 법입니다 12오롯이 마음과 뜻을
모아서 베푸신 은혜 되새기노라면 영원토록 찬양하며 드높일 바는 주님의
거룩하신 진리의 말씀이라 13이 몸을 죽음에서 건지셨으니 베푸신 그 은혜
한없습니다 14오만한 자들 분 못이겨 씩씩대며 방자히 무리 지어 횡포히
행하니 저들의 안중에는 하느님 없어라 가련한 인생일 뿐이옵니다 15허나
주님 자비하사 분노에 더디시고 인애와 정의의 원천이셔라 16주여 돌아보
사 긍휼을 베푸소서 당신 종을 지키시고 여종이 낳은 자들 지켜주소서 17
당신의 사랑 보여주시고 크신 자비 밝혀주소서 적들이 이를 보고 떨며 당
황하리니 주님 저를 도우사 위로하셨음이니다

제목인 인연의부仁淵義府는 15절의 인애지연 신의지부仁愛之淵 信義之府의 줄임말이다. 즉 하느님을 사랑과 공의의 원천이라 하였다. 인연仁淵이라 함은 '두텁고 어진 자비가 끊이지 않고 흐르는 모습'肫肫其仁 淵淵其淵(순순기인 연연기연)을 의미하고 의부義府라 함은 『좌전』에 '『시경』과 『서경』은 올바름을 가늠하는 근거요 기준'詩書義之府也(시서의지부야)이라고 한데서 유래하였다.

히브리 시편 2절에서는 영혼 혹은 생명을 의미할 수 있는데 오경웅은 성명性命이라고 하여 단순히 육체적 생명의 의미뿐만이 아니라 하늘이 허락한 천명天命을 지켜달라고 기도하는 것으로 확장하였다. 동양적 사유에 있어서 진리를 지향하는 삶은 단순한 목숨붙이의 문제에서 그치지 않는다. 하느님이 허락하신 사명天命(천명)을 이루고 채우는 것이다. 이걸 감당할 수 있게 해달라고 기도하는 것이다.

4절의 인령引領은 구보인령矩步引領의 줄임말로 읽는 게 좋을 듯하다. 『천자문』에 나오는 말로 스스로 조심하고 경계하는 바른 몸가짐을 뜻한다. 히브리 시인은 영혼이 주를 우러른다고 하였는데 오경웅은 주를 우러른다는 것이 바로 스스로를 삼가며 경계하는 바른 몸가짐이라고 일러준다.

5절에서 용서를 즐겨하시는 주님을 오경웅은 인서仁恕로 표현한다. 인애관용仁愛寬容의 줄임말이며 『논어』「위령공衛靈公」에서 공자는 자신이 붙잡은 진리의 길이 충서忠恕 즉 진실된 마음과 용서하는 마음이라 하였다. 제자가 평생 두고 행할 만한 것이 무엇이냐고 묻자 '서恕'라고 하면서 '내가 바라지 않는 것은 남에게 행하지 말아야 한다'己所不欲勿施於人(기소불욕물시어인)고 하였다.

오경웅은 11절에서 주님의 길, 주님의 진실을 유정유일惟精惟一로 번역하였다. 유학에서 진리를 추구하는 참된 공부의 방법이 유정유일이라 하였다. 일반적으로 정밀하게 살펴 혹은 정성을 다해 한결같은 한 마음이 되는 것이라 해석한다. 이러저리 흔들리고 헤매는 인간의 마음이 흔들리지 않는 하늘의 마음을 닮을 수 있는 길이기도 하다.

왕양명은 유정유일이 무엇인가를 묻는 제자의 물음에 쌀을 얻는 것으로 비유하여 벼를 찧어 키질하고 체질하며 고르는 등의 일련의 과정을 정精이라 하였고 그 결과로 쌀알을 얻는 것을 온전한 일一을 얻는다고 하면서 유정과 유일이 다른 것이 아니라고도 하였다. 과정과 결과가 하나로 엮여있음을 의미한다. 사실 믿음의 길이 그렇지 않던가? 길 따로 목적지 따로 일 수가 없다. 길이 곧 목적지임은 믿음의 선조들의 한결같은 고백이기도 하다. 그래서 예수님께서도 당신이 곧 길이라고 하셨나 보다.

12절의 응신전지凝神專志는 마음을 오롯이 하나로 집중시킨다는 뜻으로 전심치지專心致志, 전심일의專心一意와도 통용된다. 『장자』「달생達生」편에 '뜻을 한데 모아 흩어지지 않게 하고 오롯이 정신을 집중한다'用志不分 乃凝於神(용지불분 내응어신)는 문장이 나온다.

제87수

근원을 생각하라 念本
염 본

1 主之安宅 在彼靈山
주 지 안 택 재 피 령 산

2 雅谷宅第 奚啻萬千 獨戀西溫 厥門嫺嫺
아 곡 택 제 해 시 만 천 독 련 서 온 궐 문 한 한

3 於穆聖邑 光榮何極?
어 목 성 읍 광 영 하 극?

4 拉哈 西比 為予素識 菲璃 諦羅 乃至古實
납 합 서 비 위 여 소 식 비 리 체 라 내 지 고 실

莫不歸化 視同己出
막 불 귀 화 시 동 기 출

5 善育之母 當推西溫 某也某也 皆彼所生
선 육 지 모 당 추 서 온 모 야 모 야 개 피 소 생

厥福所自 實惟至尊
궐 복 소 자 실 유 지 존

6 主點聖民 錄之於冊 彼哉! 彼哉! 西溫所出
주 점 성 민 녹 지 어 책 피 재! 피 재! 서 온 소 출

7 潤爾歌音 鼓爾鳴琴 吾輩生源 悉在西溫
윤 이 가 음 고 이 명 금 오 배 생 원 실 재 서 온

子民愉哉! 歌舞洋洋 生命泉源 是我故鄉
자 민 유 재! 가 무 양 양 생 명 천 원 시 아 고 향

글자풀이

- 奚(해) 어찌
- 啻(시) 다만 ~뿐 아니라
  奚啻(해시) 어찌 ~만이겠는가?
- 嫺(한) 우아하다
- 於(어) 아! (감탄사)
- 穆(목) 장엄하다
- 邑(읍) 마을
- 素(소) 본디
- 歸化(귀화) 귀순하여 복종하다
- 推(추) 천거하다, 받들다
- 某(모) 아무개
- 點(점) 점 찍다
- 錄(록) 기록하다
- 冊(책) 책
- 潤(윤) 젖다, 윤이 나다
- 輩(배) 무리
- 愉(유) 기뻐하다

옮김

1저 거룩한 산에 주님의 집 있도다 2야곱의 좋은 집들 아무리 많다 해도
주님 사랑 오롯이 시온이어라 시온의 성문이여 우아하고 아름답구나 3오!
거룩한 주님의 도성이여 그 영광 지극하기 그지없도다! 4애굽과 바빌론은
본디부터 내가 알고 블레셋과 두로, 구스까지도 결국은 다들 돌아오게 되
리니 그들 모두 내게서 난 것으로 여기노라 5잘 기르는 어미로 시온을 꼽
나니 누구네 누구네 해도 다 그의 소생이니 그 복의 근원은 지존하신 분이
로다 6주께서 가려 뽑은 거룩한 백성들 그 이름을 서책에 적으시나니 이
사람 저 사람 나뉜다 해도 그대들 또한 시온에서 났도다 7아름다운 노래에
신명을 더하고 거문고 소리 더욱 크게 울려라 백성된 이들이여! 춤추고 노
래하라 생명샘의 근원이 우리 고향이라

두 가지 방식으로 읽을 수 있겠다. 하나는 하느님이 사랑하시는 시온에 대한 찬미라는 첫 번째 주제를 따라 새김질을 하는 것이고 다른 하나는 그 시온을 근원으로 하는 모든 것들(지금은 원수일 수 있음에도)이 끝내 돌아와 하나 될 것이라는 꿈을 새김질 하는 것이다. 본래 히브리 시는 전자에 중심이 놓여 있다. 하느님의 거룩한 성소요, 사랑이 머무는 곳이 시온이다. 그러므로 시온의 영광을 노래하고 시온이 얼마나 귀중한 근원이요 좋은 어미인지를 밝히려고 한다.

그러면서 동시에 오경웅의 번역을 통해 후자의 의미도 더해진다. 세상에 나누어진 모든 이방민족들이 시온을 통해 돌아오리라는 꿈같은 노래이다. 그래서 오경웅은 이 시편의 끝에 이 시는 '미리 거룩한 교회를 보여주는 시편'이라는 주를 달았다.

2절의 해시亥啻는 해시亥翅로도 쓰인다. 『맹자』「고자告子」하에 '굶어 죽지 않으려면 먹어야 하니 먹는 게 중하다고 할 수 있다. 그러나 그걸로 예의를 갖추는데 그리 중요하지도 않은 것으로 비교한다면 그게 말이 되겠는가?'取食之重者 與禮之輕者而比之 亥翅食重?(취식지중자 여례지경자이비지 해시식중)라는 물음이 나온다.

4절의 소식素識은 오래전부터 잘 알고 있는 사이를 의미한다. 보통 잘 모르는 사람이라고 하여 소불상식素不相識이라는 성어成語가 자주 쓰인다.

같은 절의 시동기출視同己出은 직접 낳은 자녀처럼 사랑한다는 의미이다. 일반적으로 윗사람이 아랫사람과 아무 혈연관계가 없음에도 그를 사랑하고 아끼는 것이 자기 자녀처럼 대한다고 할 때 사용되었다.

5절에서 시온을 어머니라 표현하는데 오경웅은 선육지모善育之母라 묘사하였다. 『도덕경』에 '도道는 낳아주고 덕은 길러주며 자라게 하고 크게 해주고 성숙케 하며 완성시켜 주고 보양해 주고 보호해 주는 것이다. 낳되 소유하지 않고 해주되 공을 내세우지 않으며 자라게 해주되 지배하지 않는다. 이를 그윽한 덕이라 한다'故道生之 德畜之 長之 育之 亭之 養之 覆之 生而不有 爲而不恃 長而不宰 是爲玄德(고도생지 덕육지 장지 육지 정지 양지 부지 생이불유 위이불시 장이부재 시위현덕)고 하였다. 시온을 잘 기르는 어미라 하였을 때 자연스레 연결되는 사유이다.

같은 절의 소생所生은 낳으신 부모님을 의미한다. 『시경』「소완小宛」에 '부지런히 일을 해서 낳아주신 부모님을 욕되게 하지 말아야지'夙興夜寐 無忝爾所生(숙흥야매 무첨이소생)라고 노래하였다.

6절의 점點은 권점圈點의 뜻이다. 고대에 글을 지어 올렸을 때 평가하는 이가 매우 훌륭한 문장이나 구절에 점을 찍어 그 가치를 인정하거나 칭찬하였다. 또는 선택될 후보자의 이름 아래에 둥근 점을 찍는 것을 의미한다.

제88수

곤고함 속에서 주께 호소하네 處困籲主
처곤유주

1 一心懷恩主 哀嘆徹朝暮
일심회은주 애탄철조모
3 願爾納我禱 聽我聲聲訴
원이납아도 청아성성소

3 百憂結柔腸 吾命瀕危亡
백우결유장 오명빈위망
4 雖生無異死 無告亦無望
수생무이사 무고역무망

5 譬彼陳死人 寂寞杳冥鄉
비피진사인 적막묘명향
久為主所絕 已為主所忘
구위주소절 이위주소망

6 處身幽壑中 黯澹不見光
처신유학중 암담불견광
7 聖怒加吾身 風濤不堪當
성노가오신 풍도불감당

8 相識日以疎 視我為不祥
상식일이소 시아위불상
身困重重縛 末由脫其繮
신곤중중박 말유탈기강

9 愁多目已枯 呼主朝復暮
수다목이고 호주조부모
每每舉雙手 聊抒中心慕
매매거쌍수 요서중심모

10 開言問吾主 胡為長相苦?
개언문오주 호위장상고?
人死既瞑目 大猷誰復覩?
인사기명목 대유수부도?

11 氣絕已呑聲 寧能揚令譽?
기절이탄성 영능양령예?
頌聲淪幽冥 雅音絕邱墓
송성륜유명 아음절구묘

12 誰在無光地 能將明德布?
수재무광지 능장명덕포?

13 何以夙夜祈
하이숙야기
14 不見主垂顧?
불견주수고?

15 吾命一何薄 自幼飽辛楚
오명일하박 자유포신초
每思主之威 恐怖塞臟腑
매사주지위 공포색장부

16 如何血肉身 能載主之怒? 17 怒濤滅我頂 何日見恩撫?
여 하 혈 육 신 능 재 주 지 노? 노 도 멸 아 정 하 일 견 은 무?

18 擧目無所親 所見惟陰府
거 목 무 소 친 소 견 유 음 부

글자풀이

- 徹(철) 통하다, 뚫다
- 納(납) 받아들이다
- 訴(소) 하소연하다
- 瀕(빈) 임박하다.
- 無告(무고) 괴로운 처지를 하소연할 곳조차 없는
- 譬(비) 비유하다
- 陳死人(진사인) 죽은 지 오래된 사람
- 寂寞(적막) 쓸쓸하고 고요함
- 杳(묘) 어둡다, 아득하다
- 冥(명) 어둡다
  杳冥(묘명) 아득한 어둠
- 壑(학) 구렁, 골짜기
- 黯澹(암담) 암담하다
- 風濤(풍도) 풍랑, 어려움
- 疏(소) 멀다
- 縛(박) 동여매다, 속박하다
- 繮(강) 고삐, 굴레
- 聊(료) 애오라지
- 抒(서) 펼치다, 꺼내 놓다
- 瞑(명) 눈을 감다, 죽다
- 猷(유) 꾀, 계략
- 覩(도) 보다
- 淪(륜) 빠져들다
- 雅(아) 우아하다
- 邱(구) 무덤
- 墓(묘) 묘지
- 夙夜(숙야) 이른 아침과 늦은 밤
- 薄(박) 엷다
- 飽(포) 배부르다, 싫증이 나다
- 辛(신) 고생하다
- 楚(초) 매질하다
  辛楚(신초) 괴로움과 고통(辛酸痛楚의 줄임말)
- 臟腑(장부) 오장육부, 내면
- 載(재) 싣다
- 滅(멸) 멸하여 없어지다
- 頂(정) 정수리
- 撫(무) 어루만지다, 누르다

옮김

1오롯한 마음으로 주님 그리며 새벽부터 한밤까지 슬피 기도 드리네 2주님 저의 기도 받아주소서 부르짖는 저의 호소 들어주소서 3온갖 불행으로 제 영혼 부서지고 이 목숨 죽음에 가까워졌나이다 4살아도 죽은 자와 진배 없으며 하소연할 곳 없고 기댈 곳도 없나이다 5이미 죽은 지 오래된 사람

처럼 아득한 죽음의 땅에 머무는 것처럼 주께로부터 끊어진 지 오래되어서
이제는 아예 잊힌 바 되었나이다 6깊은 구렁에 몸뚱이 던져져 캄캄하여
빛조차 스며들지 못하는데 7주의 진노 이 몸에 더하여지니 그 풍파 견디
질 못하나이다 8잘 알던 이들도 점차 멀어져 저들에겐 피하고픈 사람 되
었고 몸뚱이 겹겹으로 묶여져 있어 도무지 헤어날 방법이 없나이다 9근심
으로 두 눈 흐릿해졌으나 아침부터 저녁까지 주께 매달립니다 온종일 주께
두 손 높이 들고 애오라지 이내 심정 내어드립니다 10생명이신 주님께 여
쭙니다 어찌 이리 고난이 끝없는지요? 인생이 죽어 눈 감겨 버리면 주님의
크신 섭리 어찌 보겠습니까? 11호흡 끊어지고 소린 삼켜졌는데 놀라운 주
님 이름 어찌 드높입니까? 찬양 소리 저승에선 울려날 수 없으며 찬미 노
래 죽음의 땅에선 부를 수 없나이다 12빛도 없는 곳에서 그 어떤 이가 주
의 밝으신 덕 선포하겠습니까? 13,14그런데도 왜 끊임없는 이 기도, 귀 기
울여 주시지 않으시는지요? 15이 인생 어찌 이리 박복한지요 어려서부터
고초만 가득하였고 주님의 위엄 생각할 적마다 두려움으로 온몸이 얼어붙
었나이다 16어느 인생이 감히 주의 노하심 견뎌낼 수가 있겠습니까? 17주
의 진노 정수리까지 차올랐는데 어느 때에야 주의 위로 받을 수 있는지요?
18눈을 들어 보아도 가까운 이 하나 없고 보이는 거라곤 죽음의 그늘뿐입
니다

해설

제목이 처곤유주處困籲主이다. 곤고함에 처하여 주님께 부르짖는 것이다. 옛 사람들은 처곤양정處困養靜하려 힘썼다. 어려움에 처하였을 때일수록 자신의 고요함을 지키고 정밀히 살펴 흔들림 없이 중심을 지키려 하였다. 오경웅은 처곤양정의 의미를 시인의 자리에서 처곤유주라 하여 곤고함 가운

데 주님께 호소함이라 하였다. 간절한 호소의 내용이 절절하다. 삶보다는 죽음과 어둠이 가득 배어있다. 살아도 죽은 것과 진배없고 견디기 어려운 고통만 가득하여 도무지 길을 찾을 수 없다. 이 몸뚱이로는 주님의 분노를 담아낼 수 없어 주님께 구하면서도 그 위엄에 짓눌린다.

그럼에도 시인은 덮쳐 오는 죽음에 사로잡히지 않고 주님을 우러른다. 인생의 유일한 길은 벗어날 수 있는 능력이 아니라 간구이다. 벗어날 수 없으나 벗어나게 해달라고 청할 수는 있다. 기도하는 이에게 주어진 은총의 시작이다. 호소와 기도 가운데 주님을 향한 오롯한 마음이 더 깊어지고 간절해진다. 우러르는 저 하늘과 자신이 처한 어둠 사이의 이 무한한 간격을 오직 주님만이 넘으실 수 있기에 오롯이 매달릴 수밖에 없다. 그리고 아주 나중에야 고백할 수 있다. 그것이 유일한 길이자 인생의 전부임을. 고난을 겪는 이가 하늘을 향해 하는 하소연은 동서東西와 고금古今이 다르지 않을 것이다.

3절의 백우결유장百憂結柔腸은 유장백결柔腸百結의 의미이다. 근심으로 인해 부드러운 마음이 수없이 응어리로 묶여진 고통스러움을 뜻한다. 곡자경이 쓴 「성남류城南柳」에 '네가 만약 내가 일러주는 바른 길을 따르지 않고, 나 또한 네가 길을 잃었다는 것을 일러주지 않는다면 류柳 너는 곧 응어리져 굳어져서 고통에 휩싸일 거라고 질책했다'爾若不依着我正道 我若不指與爾迷途 柳呵 爾便柔腸百結(이약불의착아정도 아약불지여이미도 유가 이변유장백결)라는 말이 나온다.

8절 말유末由의 말末은 없다는 뜻이며 유由는 손 붙일 곳이란 의미이다. 불가능함을 뜻한다. 『논어』「자한子罕」편에 공자의 제자 안연이 스승의 깊이에 대해 말하면서 '우러러 볼수록 더 높이 계시고 뚫을수록 더 굳으며 앞에 계신가 하면 홀연히 뒤에 계신다… 선생님을 따르고자 하지만 도무지 좇아갈 수가 없네'仰之彌高 鑽之彌堅 瞻之在前 忽焉在後 …雖欲從之 末由也已(앙지미고 찬지미견 첨지재전 홀언재후 수욕종지 말유야이)라고 하였다.

같은 절의 상식相識이란 피차 서로 아는 사이란 뜻이다.

제89수

주님의 약속 天主之盟
천주지맹

1 歌詠主大仁 傳述主大義 仁義固無窮 諷誦亦不已
가영주대인 전술주대의 인의고무궁 풍송역불이

2 惟仁為安宅 惟義乃天梯 3 “我與僕大維 曾訂一盟誓:
유인위안택 유의내천제 “아여복대유 증정일맹서

4 ‘保定爾宗室 皇輿永不替’” 5 靈蹟燦中天 信義照聖會
‘보정이종실 황여영불체’” 영적찬중천 신의조성회

6 天上主獨尊 人間誰能比? 7 赫赫臨天朝 雍雍眾聖侍
천상주독존 인간수능비? 혁혁림천조 옹옹중성시

8 浩浩宇宙宰 威儀實大備 全能亦全信 孰敢不敬畏?
호호우주재 위의실대비 전능역전신 숙감불경외?

9 神威鎮滄海 狂濤應聲止
신위진창해 광도응성지

10 痛擊拉哈伯 一蹶不復起 掃蕩諸悖逆 端賴大手臂
통격랍합백 일궐불부기 소탕제패역 단뢰대수비

11 天地爾所有 乾坤爾所締 12 北方與南極 莫非爾所紀
천지이소유 건곤이소체 북방여남극 막비이소기

13 他泊與黑門 誦名不勝喜 聖臂具大能 神權無比擬
타박여흑문 송명불승희 성비구대능 신권무비의

14 正直與公平 實為御座址 信義與仁愛 充主之前騎
정직여공평 실위어좌지 신의여인애 충주지전기

15 諳爾福音者 當膺無窮祉 怡怡復欣欣 安步明光裏
암이복음자 당응무궁지 이이부흔흔 안보명광리

16 樂天緣聖名 條達賴真理
낙천연성명 조달뢰진리

17 嶄然露頭角 非主孰能致?
참연로두각 비주숙능치?

18 義塞之恩主 吾族所托庇
의새지은주 오족소탁비

19 主曾憑異像 示彼有道人: "吾於爾族中 已得一俊英
주증빙이상 시피유도인 오어이족중 이득일준영

20 俊英非有他 大維為吾臣 吾心之所鍾 膏澤被其身
준영비유타 대유위오신 오심지소중 고택피기신

21 親手加扶佑 使其永固貞
친수가부우 사기영고정

22 敵人不得擾 凶逆莫之淩
적인부득요 흉역막지능

23 與彼為敵者 紛紛必見傾
여피위적자 분분필견경

24 吾仁與吾義 長與彼為鄰 使彼賴聖號 頭角得崢嶸
오인여오의 장여피위린 사피뢰성호 두각득쟁영

25 威權及大海 統治達河濱
위권급대해 통치달하빈

26 向我披心腹 呼我為慈親: '爾為我金湯 爾為我恩神'
향아피심복 호아위자친 '이위아금탕 이위아은신'

27 彼乃我冢息 德威超萬君
피내아총식 덕위초만군

28 恩寵靡有極 一如吾所盟
은총미유극 일여오소맹

29 大維之苗裔 綿綿萬世存 大維之宗室 天地共長春
대유지묘예 면면만세존 대유지종실 천지공장춘

30 子孫苟離經 不守吾規箴
자손구리경 불수오규잠

31 金科與玉律 棄置不復遵
금과여옥률 기치불부준

32 吾當加鞭策 降罰以為懲
오당가편책 강벌이위징

33 終不為已甚 怒中留餘恩
종불위이심 노중류여은

34 盟約焉可廢? 言出豈能更?
맹약언하폐? 언출기능경?

35 吾既向大維 立誓見吾誠
오기향대유 입서견오성

36 後嗣必常興 宗室如大明
후사필상흥 종실여대명

37 明證懸中天 有如月之恆"
명증현중천 유여월지항"

38 今者竟何如? 棄置莫復論 昔蒙爾膏澤 今遭爾之瞋
금자경하여? 기치막부론 석몽이고택 금조이지진

39 盟約見厭惡 冠冕委垢塵
맹약견염오 관면위구진

40 屏藩盡被撤 岑樓悉淪泯
병번진피철 잠루실륜민

41 行人恣劫奪 鄰邦咸相輕
행 인 자 겁 탈 인 방 함 상 경

42 敵人蒙提拔 洋洋喜氣騰
적 인 몽 제 발 양 양 희 기 등

43 臨敵無神助 實劍喪鋒棱
임 적 무 신 조 실 검 상 봉 릉

44 光輝入明夷 皇輿遭覆輪
광 휘 입 명 이 황 여 조 복 륜

45 年壯氣已衰 恥辱實頻仍
연 장 기 이 쇠 치 욕 실 빈 잉

46 何時開聖顏? 何時息炎蒸?
하 시 개 성 안? 하 시 식 염 증?

47 應憐年光促 人生似浮萍
응 련 년 광 촉 인 생 사 부 평

48 誰能無老死? 誰能逃幽冥?
수 능 무 로 사? 수 능 도 유 명?

49 舊恩今安在? 信誓豈無憑?
구 은 금 안 재? 신 서 기 무 빙?

50 爾僕蒙大辱 吾主寧不矜?
이 복 몽 대 욕 오 주 녕 불 긍?

51 強敵日相逼 何以舒憂心? 蹙蹙靡所騁 何日聞德音?
강 적 일 상 핍 하 이 서 우 심? 축 축 미 소 빙 하 일 문 덕 음?

52 德音一何美? 萬世所仰欽
덕 음 일 하 미? 만 세 소 앙 흠

글자풀이

- **述**(술) 말하다
- **諷**(풍) 말하다
- **誦**(송) 암송하다
- **梯**(제) 사다리
- **僕**(복) 종
- **曾**(증) 일찍이
- **訂**(정) 맺다
- **盟誓**(맹서) 맹세하다
- **皇輿**(황여) 천자의 수레, 보위
- **替**(체) 쇠퇴하다, 바꾸다
- **燦**(찬) 빛나다
- **天朝**(천조) 봉건국가들의 중심이 되는 국가
- **侍**(시) 모시다
- **備**(비) 갖추다
- **鎮**(진) 진압하다
- **滄**(창) 큰 바다
- **狂濤**(광도) 큰 물결
- **痛擊**(통격) 거세게 치다
- **蹶**(궐) 넘어지다
- **掃蕩**(소탕) 쓸어버리다
- **端**(단) 바르다
- **締**(체) 맺다
- **紀**(기) 계통을 세우다
- **擬**(의) 헤아리다
  比擬(비의) 비교하다
- **御座**(어좌) 임금의 보좌
- **址**(지) 터
- **充作**(충작) 쓰이다
- **騎**(기) 말을 타다
- **諳**(암) 암송하다
- **膺**(응) 마음속에 품다
- **祉**(지) 하늘의 복
- **怡**(이) 기뻐하다
- **欣**(흔) 기뻐하다
- **裏**(리) 내부
- **緣**(연) 말미암다
- **條**(조) 가지
- **條達**(조달) 뻗어나가다

- 嶄(참) 높고 가파르다
- 露(로) 드러나다
- 托(탁) 맡기다
- 庇(비) 감싸다
- 憑(빙) 의거하다
- 俊(준) 뛰어나다
- 擾(요) 어지럽히다
- 凌(릉) 능욕하다
- 崢嶸(쟁영) 아주 높은 모양
- 濱(빈) 물가, 끝
- 冢息(총식) 맏아들
- 靡(미) 없다, 쓰러지다
- 苗(묘) 모, 싹
- 裔(예) 후손
- 綿(면) 이어지다
- 苟(구) 진실로
- 離(리) 떠나다
- 規(규) 법
- 箴(잠) 경계하다, 바늘
  規箴(규잠) 따를 법과 경계할 가르침
- 科(과) 조목
- 棄置(기치) 내버려두다
- 遵(준) 따르다
- 鞭(편) 채찍
- 策(책) 채찍
- 甚(심) 지나치다
- 廢(폐) 폐하다
- 嗣(사) 상속자
- 懸(현) 매달다
- 恆(항) 항구하다
- 遭(조) 일을 당하다
- 瞋(진) 성내다
- 厭(염) 싫어하다
- 惡(오) 미워하다
- 冠(관) 관
- 冕(면) 면류관
  冠冕(관면) 벼슬하는 것
- 垢(구) 먼지, 때
- 屛(병) 담, 병풍
- 藩(번) 울타리
- 撤(철) 폐하다
- 劫奪(겁탈) 위협하여 빼앗다
- 提拔(제발) 끌어올리다
- 騰(등) 높은 곳으로 가다
- 鋒(봉) 날카롭다
- 稜(릉) 서슬퍼렇다
- 輪(륜) 바퀴
- 頻(빈) 빈번히
- 仍(잉) 거듭거듭
- 炎蒸(염증) 찌는 듯한 더위
- 年光(년광) 세월
- 促(촉) 재촉하다
- 浮萍(부평) 부평초같이 뜨다
- 逃(도) 달아나다
- 幽冥(유명) 죽음, 저승
- 矜(긍) 불쌍히 여기다
- 逼(핍) 협박하다
- 蹙(축) 궁지에 빠지다
  蹙蹙(축축) 움츠러들어 불안한 모양
- 騁(빙) 말달리다
- 欽(흠) 공경하다
- 拉哈伯(라합백) 라합의 음역
- 他泊(타박) 다볼의 음역
- 黑門(흑문) 헬몬의 음역

옮김

1야훼의 크신 사랑 노래하리라 그분의 신실하심 전하리이다 그 사랑과 신

실하심 한없으시니 찬미 노래 또한 끝없으리라 2자비로 주님의 거처 삼으
시고 신실하심으로 하늘 계단 삼으셨도다
3"나는 내 종 다윗과 맹세하였나니 4그 종실 굳게 지켜줄 것이며 그 왕좌
영원히 잇게 하리라"
5놀라우신 그 업적 하늘에 빛나고 야훼의 신실하심 성회聖會에 드리우니 6
홀로 존귀하신 야훼 하느님 뉘 있어 비할 수 있겠습니까? 7찬란히 빛나네
주님의 보좌 한 뜻되어 화목하네 주님 섬기는 이들 8가없이 넓은 세상 다
스리시며 위엄과 법도 모두 갖추셨으니 전능하신 주 신실하신 하느님 경
외를 받으시기 합당합니다 9그 위엄 바다를 내리 누르며 미친 파도 그치
게 하시는도다 10라합을 치시니 다신 못일어나며 손을 드사 패역자들 멸
하시도다 11천지가 주의 소유 당신이 지으신 것, 12 남과 북도 주께서 정
하신 것이니 다볼과 헬몬이 기쁨 이기지 못해 즐거이 주의 이름 찬양합니
다 13주님의 거룩한 손 큰 능력 지니셨고 그 권세 정녕 비할 곳 없어라 14
정직과 공평으로 어좌를 삼으시고 인자와 성실을 앞세우셨네 15이 복된 소
식 외치는 이들 한없는 축복에 가슴 벅차 올라 기쁨과 즐거움 가득하여서
거룩한 빛 속을 거닐리로다 16주님의 이름으로 즐거워하고 진리를 의지하
여 뻗어나가니 17이리도 우뚝하게 세워주시니 주님만이 이렇게 하실 수 있
으십니다 18은혜의 야훼 이스라엘의 하느님! 이 백성 주께서 돌보아 주십
니다 19예전에 주께서 환상을 보이시며 신실한 이들에게 말씀하셨습니다
"너희 족속 가운데 빼어난 자를 얻었노니 20다른 이 아니라 나의 종 다윗
이라 내 마음이 온통 그에게 있어 거룩한 기름을 그에게 붓나니 21나 직접
그를 붙들어 주고 흔들리지 않는 근간되게 하리라 22원수들 그를 뒤흔들지
못하고 악한 자들 결코 그를 능욕치 못하리라 23그를 대적하여 싸우는 원
수들 이리저리 흩어지며 넘어지리라 24나의 자비와 신실함이 언제나 그와
함께 하리니 그는 내 이름 의뢰하겠고 나는 그를 높이 세워 주리라 25그의
위세 바다에 이를 것이고 그 다스림 강 끝까지 미치리로다 26그는 기쁨으

로 내게 순종하며 부모에게 하듯 호소하리니 '주님은 저의 요새 성벽이시
며 저의 구원의 하느님이십니다' 27 그는 나의 맏아들이요 뭇 임금 위에 뛰
어난 이로 삼을 것이며 28 나의 은총 영원토록 부어 주리니 나의 언약은 언
제나 변함없으리 29 다윗의 후예 끊겨짐 없으리니 그 종실宗室 천지와 여상如
常하리라 30 혹여 그 자손 내 길을 벗어나 내가 준 법도를 지키지 않는다면
31 거룩한 내 계명 외면하고서 따르려는 마음 저버리게 되면 32 마땅히 채찍
들어 징벌이야 하겠으나 33 차마 심하게 하진 않으리니 진노 중에 은혜를
남겨두리라 34 내가 맺은 계약을 어찌 내가 폐하랴? 이미 약속하였는데 어
찌 다시 바꾸랴? 35 나 이미 다윗에게 맹세하였으니 그 맹세 신실하게 지켜
가리니 36 그 후손 항구하게 이어질 것이요 그 종실 해처럼 밝을 것이니 37
영원토록 빛나는 밝은 달처럼 하늘 한가운데서 증인되리라" 38 그런데 이게
어찌된 일입니까? 내치시곤 재론再論조차 않으십니다 예전에 그 큰 은택 입
었었는데 이제는 미움받이 되었습니다 39 거룩한 맹세 신물내시고 그 왕관
흙구덩에 던지셨습니다 40 성벽과 성채들 허물어졌고 요새들 무너지고 말았
습니다 41 지나는 이들마다 약탈 일삼고 이웃 나라들 모두 하찮게 여깁니다
42 도리어 원수들이 높여져서 기세가 등등하고 의기양양합니다 43 진실로 검
날은 무뎌졌으니 적들과 싸워도 주의 도우심 없나이다 44 좋은 날 다 지나
어둠에 뒤덮이니 왕좌는 뒤집혀지고 말았습니다 45 젊은 날의 그 기세 이미
쇠하고 치욕만이 거듭 덮쳐옵니다. 46 어느 때가 되어야 주의 얼굴 보이실
런지요? 언제쯤에야 이 진노 멈추시렵니까? 47 가련한 인생에겐 세월마저
재촉하니 이 인생 뿌리 없는 부평초 같습니다 48 뉘 있어 감히 늙어 죽지
않으며 죽음에서 도망칠 수 있겠습니까? 49 다윗에게 베푸셨던 그 은혜 어
딜 갔기에 신실한 그 맹세 의지할 수 없습니까? 50 당신의 종 큰 치욕 당하
고 있는데 주님 정녕 긍휼히 아니 여기시는지 51 못된 적들 날마다 핍박하
는데 어떻게 해야 이 근심에서 놓여날런지 너무도 힘겨워 피할 곳조차 없
는데 언제쯤 주의 음성 들려오려는지

52주님의 그 약속 얼마나 복되던가? 주님 영원토록 흠숭받으소서

해설

4절의 보정이종실保定爾宗室은 『시경』 「소아小雅」 「천보天保」에 '하늘이 뒤에서 임을 받쳐주시네'天保定爾(천보정이)라는 구절이 나온다.

7절의 천조天朝는 옛날 봉건국가들로 나뉘어 있는 중에 천자가 있는 나라를 뜻하였다.

10절의 단뢰端賴는 신분이 낮은 이가 높은 이에게 말할 때 쓰는 겸사와 같다. '그저 제 자신을 바르게 기리는 공부를 할 뿐이지요'端賴自己的涵養工夫(단뢰자기적함양공부)와 같은 문장이다.

16절의 낙천樂天은 하늘의 명을 기꺼이 수용하고 근심하지 않는다는 낙천명樂天命의 의미로 쓰인다.

17절의 참연로두각嶄然露頭角은 한유의 「유자후묘지명柳子厚墓誌銘」에 나오는 것으로 '비록 젊었지만 스스로 성취를 이루어 진사급제하고 많은 이들 중에 특별히 빼어난 사람으로 알려졌다'雖少年已自成人 取進士第 嶄然見頭角(수소년이자성인 취진사제 참연현두각)는 문장이 있다.

20절의 소종所鍾은 정지소종情之所鍾의 의미이다. 마음이 십분 쓰인다는 뜻이다.(78편의 해설을 참조하라.)

21절의 고정固貞은 『주역』 「건괘乾卦」에 '정貞, 올바르다는 것은 모든 일의 뼈대가 된다. 올바르고 견고한 것이야 말로 모든 일의 뼈대이다'貞者 事之幹也… 貞固足以幹事(정자 사지간야… 정고족이간사)라는 내용이 있다.

26절의 심복心服은 『맹자』에 나오는 것인데 심열성복沈悅誠服의 줄임말로 충심으로 기뻐하고 성심을 다해 순종하는 것을 의미한다. 그리고 자친慈親은 자애하신 부모님을 뜻한다.

섭이중의 시 「유자음遊子吟」에서 '자애로운 어머님 문에 기대어 바라보나 (멀리 떠나는 자식 걱정에) 훤초(원추리) 꽃도 눈에 들어오지 않는다네'慈親倚門望 不見萱草花(자친의문망 불견훤초화)라고 노래하였다.

28절의 일여一如는 영원토록 변함없다는 뜻이다. 불가佛家에 '둘이 아니므로 하나요 다르지 않아서 같다는 것이니 둘도 아니고 다르지도 않으니 일여라 하니 참된 이치요 영원한 도리이다'不二曰一 不異曰如 不二不異 謂之一如 卽眞如之理 永桓眞理(불이왈일 불이왈여 불이불이 위지일여 즉진여지리 영환진리)라고 하였다.

29절의 면면만세존綿綿萬歲存은 『도덕경』에 '오묘한 암컷의 문은 하늘과 땅의 근본이라 끊임없이 언제나 이어지고 존재케 해주고 언제나 작용을 하는데도 지치지를 않는다'玄牝之門 是謂天地根 綿綿若存 用之不勤(현빈지문 시위천지근 면면약존 용지불근)란 말이 나온다. 끊어질 듯하나 끊어지지 않고 영원히 계속됨을 의미한다.

31절의 금과옥율金科玉律은 본래 법령과 조문의 온전함을 의미했는데 후에는 반드시 지켜야 할 법률이나 신조를 뜻하게 되었다.

36절의 대명大明은 여기서 해를 뜻한다.

37절의 여월지항如月之恒은 『시경』 「소아小雅」 「천보天保」 편에 나온다. '달이 점차 차오르듯 해가 점점 드높이 솟아오르듯 남산이 오래 가듯 이즐고 무너짐이 없으리라'如月之恒 如日之升 如南山之壽 不騫不崩 如松柏之茂 無不爾或承(여월지항 여일지승 여남산지수 불건불붕 여송백지무 무불이혹승)는 의미로 소나무, 잣나무 무성하듯이 님의 자손 무궁히 이어지리라는 뜻이다.

44절의 명이明夷는 밝은 것이 상처 입어 어둠이 지배하는 시기를 뜻하는 『주역』의 괘卦 이름이다. '밝은 것이 땅 속에 들어간 것을 명이라고 한다. 고난 속에서 바르게 처신함이 이롭다'明入地中 明夷 利艱貞(명입지중 명이 리간정)고 하였다.

51절의 축축미소빙蹙蹙靡所騁은 『시경』 「절남산節南山」에 '임금의 폭정을 힘겨워하며 동서남북 사방을 돌아보아도 피하여 달려갈 곳이 하나도 없네'我

瞻四方 蹙蹙靡所騁(아첨사방 축축미소빙)라고 하였다.

52절의 덕음德音은 『시경』「패풍邶風」의 「곡풍谷風」에 나오는 것으로 부부가 어려운 때를 만났으나 '처음 맺은 그 약속 어기지 말고 죽는 날까지 우리 사랑 변하지 말자'德音莫違 及爾同死(덕음막위 급이동사)고 노래하였다.

히브리 시인의 노래를 온전하게 듣는다면 사랑노래처럼 들릴까? 시인은 떠나간 님을 기억하면서 힘겹고 어두운 시간, 절망의 시간에 잠겨 있다. 그러나 절망 속에 자신을 내버려두지 않는다. 그는 기억을 더듬어 님이 주신 한 말씀 한 말씀, 내밀던 손길의 따스함과 열정을 되살린다.

그 복되신 시간을 지금 여기에서 한 구절 한 구절 더듬고 있다. 지금 여기의 현실이 고통스러울 수 있다. 그러나 힘겹고 고통스러울 수도 있지만 그것만이 지금의 희망이다. 그렇기에 다시 여쭐 수 있다. 님이여! 처음의 그 약속 잊으셨습니까?

오경웅은 이를 첫사랑의 맹세德音(덕음)로 기억해달라고 청한다. 히브리 시인의 노래에 화답하는 오경웅의 노래도 아름답다. 그는 번역 말미에 짧게 주를 달아 이 시편에 대해 평하길 슬프되 거기에 함몰되지 않고 아픔이 있으나 절망하지 않으며 근심으로 둘러싸여 벗어날 길이 없으나 그럼에도 온유함과 충후함을 잃지 않음으로 시편 걸작 중의 한 편이라 하였다.

하늘은 기뻐 어쩔 줄 모르고

주님 세상을 다스리시니
온 세상 사랑으로 보살피시네
당신 백성 어루만져 위로하시며
공의로 세상을 심판하시네
하늘은 기뻐 어쩔 줄 모르고
대지는 환희로 뛰어오르니
바다 또한 즐거이 춤을 추누나
밭 두둑 아름다운 향기 뿜으며
수목들 생기 넘쳐 노래하나니
환호하며 야훼께 영광 돌리네
위대하신 주께서 임하셨으니
온 백성 바르게 살피시리라
주께서 고루 밝게 다스리시며
슬기로운 심판은 공의로우시네

제90수

인생人生
인 생

1 安宅惟真宰 庇人亙萬代
안택유진재 비인긍만대

2 未有天地前 吾主先已在 無始亦無終 獨立永不改
미유천지전 오주선이재 무시역무종 독립영불개

3 悠悠人世子 終須歸塵土 遲速承主命 爾今可回去
유유인세자 종수귀진토 지속승주명 이금가회거

4 千秋在主目 不過一朝夕
천추재주목 불과일조석

5 又如中宵夢 夢醒更已易
우여중소몽 몽성경이역

6 光陰似急湍 漂人到大海 人生如朝菌 晨榮暮凋謝
광음사급단 표입도대해 인생여조균 신영모조사

7 況復值聖怒 孰能無怵惕?
황부치성노 숙능무출척?

8 吾罪參在上 隱惡何從匿?
오죄참재상 은악하종닉?

9 度日霆威下 終身一歎息
도일정위하 종신일탄식

10 人生七十年 康強至八十 中間惟愁苦 俯仰成陳迹
인생칠십년 강강지팔십 중간유수고 부앙성진적

11 一念主之威 不寒自懍慄
일념주지위 불한자늠률

12 願常存此念 俾啟超凡識
원상존차념 비계초범식

13 爾僕喁喁望 天威何時霽?
이복옹옹망 천위하시제?

14 求主早開恩 清晨加仁惠
구주조개은 청신가인혜

15 俾我樂餘生 絃歌度年歲 計我往日苦 授我來日愉
비아락여생 현가도년세 계아왕일고 수아내일유

失於東隅者 畀我收桑榆
실 어 동 우 자 　비 아 수 상 유

16 望主顯大能 莫令僕向隅 　17 佑我建大功 流澤永不枯
망 주 현 대 능 　막 령 복 향 우 　우 아 건 대 공 　유 택 영 불 고

글자풀이

- 庇(비) 감싸다, 의탁하다
- 亘(긍) 뻗치다, 미치다
- 悠悠(유유) 아득하다, 흘러가다
- 遲(지) 더디다
- 宵(소) 밤
- 醒(성) 잠이 깨다
- 更(경) 시간
- 湍(단) 빠르게 흐르다
- 漂(표) 흐르다
- 菌(균) 하루살이
- 凋(조) 시들다
- 謝(사) 물러나다
  凋謝(조사) 시들어 떨어지다
- 況(황) 하물며
- 怵(출) 두려워하다
- 惕(척) 두려워하다
- 參(참) 줄지어있다
- 匿(닉) 숨기다
- 霆(정) 천둥소리
- 陳(진) 묵다, 오래되다
- 懍(름) 위태롭다
- 啓(계) 가르치다
- 喁喁(옹옹) 입을 벌름거리는 모양
- 霽(제) 비가 개다
- 畀(비) 주다, 베풀다
- 隅(우) 모퉁이
- 桑榆(상유) 뽕나무와 느릅나무

옮김

1영원히 우리의 거처되신 주님, 인생을 세세토록 돌보아주십니다 2천지가
생기기 전 주는 이미 계셨고 시작도 끝도 없는 홀로 영원한 분이시라 3정
처 없는 인생들아 끝내 흙으로 돌아가라 하시니 빠르고 늦음이야 주의 명
命에 달렸사오니 지금이라도 당장 돌아가라 하실 수 있나이다 4천 년도 주
앞에선 한날에 지나지 않고 5한밤의 꿈 같아라 깨어보니 어느새 시간 흘렀
나이다 6세월은 급류 같아 어느새 바다로 흘러들고 삶은 순간이어라 아침
에 피었다가 저녁이면 지나이다 7게다가 주의 진노 떨어진다면 그 누가 두

려워 떨지 않겠습니까? 8저의 죄 주 앞에 놓여있사오니 그 죄악 어찌 숨길
수 있으리까? 9당신 진노에 날들은 지나가며 종신토록 인생은 탄식뿐이라
10인생 기껏해야 칠십뿐이요 강건해도 팔십에 지나지 않으며 그조차도 근
심과 수고 가득할 뿐 순식간에 흔적만 남길 뿐이라 11주께서 한순간 진노
하시면 인생은 춥지 않아도 떨 수밖에 없사오니 12이 마음 늘 간직하고서
주의 영원한 지혜를 깨우치게 하소서 13당신의 종 우러러 간절히 바라오니
어느 때에야 그 노를 거두시리이까? 14동틀 녘에 은혜를 허락하시고 이른
아침 어진 은혜 더해주소서 15남은 생 즐거이 누리게 하시고 기쁨의 노래
로 세월 맞게 하소서 지나간 수고의 날을 헤아려 오는 날의 기쁨으로 돌려
주셔서 젊은 날 힘겨운 중에 잃은 것들을 노년에 이르러 거두게 하소서 16
주님 크신 능력을 드러내셔서 이 종이 불행 속에 머물지 않게 하소서 17저
희로 하여금 큰일 이루게 하사 주님 은택 영원히 마르지 않게 하소서

해설

시편 90편의 사유가 동양적 사유와 크게 다르지 않아서일까? 오경웅의 번역은 자연스럽고 첨부하는 구절들도 본래 있었던 것처럼 읽힌다.

1절에서 안택安宅은 히브리 시에서는 주님이 우리의 거처가 되심을 노래하는데 유교적 사유에서 안택은 거처라는 의미를 지닌 동시에 인仁을 뜻하기도 한다. 주님만이 거할 곳이고 의지할 사랑의 터라는 뜻으로 읽으면 되겠다.

2절의 미유천지전 무시무종未有天地前 無始無終은 『회남자淮南子』에 나오는 말로 '시간이라고 할 수 있는 것이 없던 때 시작도 끝도 없어 천지가 나눠지기 전의 혼돈에서 천지가 생성되었으니 이것은 지극히 심오하고 미묘하며 큰 도라 아니할 수 없다'無古無今 無始無終 未有天地而生天地 至深微廣大矣(무고무금 무시무종 미

유천지이생천지 지심미광대의)고 하였다.

같은 절의 독립불개獨立不改는 『도덕경』에 도를 천하만물의 어미라 하면서 그 모습을 묘사하는데 '고요하고 텅 비었구나, 홀로 있으되 바뀌지 않고 두루 다니되 없어지지 않으니 천하의 어미라 할 수 있구나'寂兮寥兮 獨立而不改 周行而不殆 可以爲天下母(적혜료혜 독립이불개 주행이불태 가이위천하모)라고 하였다.

6절의 조균朝菌은 『장자』「소요유逍遙遊」에 나오는 것으로 '아침에 생겼다 저녁이면 죽는 하루살이는 새벽과 한밤을 모르고 한여름 울음 우는 여치는 봄 가을을 모른다'朝菌不知晦朔 蟪蛄不知春秋 (조균부지회삭 혜고부지춘추)는 뜻으로 생의 덧없음을 비유하는 말이다.

10절의 부앙성진적俯仰成陣迹은 왕희지의 글 「난정서蘭亭序」에 인생이 순식간에 흘러가며 변화하는 양상을 설명하는 중에 '이전에 기뻐하던 것들도 잠깐 사이에 낡은 자취가 되어 버린다'向之欣 俯仰之間 以爲陣迹(향지흔 부앙지간 이위진적)고 하였다.

11절의 불한이률不寒而慄은 춥지도 않은데 두려움으로 떤다는 뜻이다. 『사기』에 나오는 것으로 한 무제 시절 의종이라는 태수가 부임하여 법에 따라 죄수와 뇌물 받은 이들 등 사백 명을 하루에 처형하였다. 이 때문에 지역 사람들이 두려워 떨었다고 하였다.

12절의 초범식超凡識은 세상 지혜를 넘어서는 지혜와 앎을 뜻한다. 주님을 아는 지혜요, 주께서 허락하시는 지혜가 아닐 수 없다. 오경웅이 주를 달기를, 짧은 인생에 대한 인간의 반응 중 하나가 결국 끝내는 망할터이니 즐기자며 절망의 심연으로 발을 디디는 것이다. 또 다른 반응은 초범입성超凡入聖으로 이 현실을 통해 거룩의 길에 들어서는 것이다. 그러니 하느님과 동행한다면 그 즐거움이 무궁할 것이라 하였다.

히브리 시인은 날수를 제대로 헤아릴 줄 알아 그로써 지혜에 이르게 해 달라고 하였는데 오경웅은 인생이 하느님 앞에서 정녕 아무 것도 아님을 알고 하느님께만 마음을 두어 참된 지혜에 이르게 해 달라고 변화를 주었다.

15절의 실지동우 수지상유失之東隅 收之桑楡는 동쪽에서 잃고 서쪽에서 찾는다는 의미로 『후한서』「풍이전馮異傳」에 한의 광무제가 장수 풍이로 하여금 적미군赤眉軍을 치게 하였을 때 회계 지역에서 패배하였으나 마지막 민지澠池에서 크게 승리하였다. '처음에는 비록 회계에서 날개가 꺾였으나 끝네 면지에서 크게 날개를 펼쳤도다. 동쪽에선 잃었으나 서쪽에서 되찾았구나'始虽垂翅回溪 終能奮翼澠池 可謂 失之東隅 收之桑楡(시수수시회계 종능분익민지 가위 실지동우 수지상유)라는 문장이 나온다. 동쪽에서 해가 뜨고 서쪽에서 해가 지므로 젊은 날에는 누리지 못했던 것을 노년에 얻어 누린다는 의미를 갖기도 한다.

16절의 향우向隅는 향우지탄向隅之歎의 줄임말이다. 모인 이들이 다 즐거워하나 자기만 구석을 향해 한탄함을 뜻한다. 때를 얻지 못하여 낙담함을 이른다.

제91수

거룩한 길이 인생을 지켜주네 聖道保身

성 도 보 신

1 居止至尊之堂奧 必得優游覆育下
거지지존지당오 필득우유복육하

2 我之金湯惟雅瑋 除主寧復有廣廈
아지금탕유아위 제주녕부유광하

3 主能出爾於羅網 癘疫不加爾身上
주능출이어라망 여역불가이신상

4 翼卵呴伏恩罔極 聖道保身洵不妄
익란구복은망극 성도보신순불망

5 夜間無有諸恐怖 白日無慮中飛箭
야간무유제공포 백일무려중비전

6 午夜魑魅不爾擾 中晝群魔不爾殄
오야리매불이요 중주군마불이진

7 千人萬人倒爾側 死喪之威爾獨免
천인만인도이측 사상지위이독면

8 親見惡人遭報應 天主待爾恩不淺
친견악인조보응 천주대이은불천

9 既以至尊為安宅 10 免爾災難報爾善
기이지존위안택 면이재난보이선

11 主必叮嚀眾天神 左扶右翼免爾傾
주필정녕중천신 좌부우익면이경

12 惟恐爾足觸躓石 天神親手托爾身
유공이족촉지석 천신친수탁이신

13 豺狼虎豹不能害 猛獅毒蛇供蹂躪
시 랑 호 표 불 능 해　맹 사 독 사 공 유 린

14 彼既向我致丹忱 寧能孤負有心人?
피 기 향 아 치 단 침　영 능 고 부 유 심 인?

將彼拔擢登高位 以彼永懷予之名
장 피 발 탁 등 고 위　이 피 영 회 여 지 명

15 彼有所求吾必應 彼有急難吾必拯
피 유 소 구 오 필 응　피 유 급 난 오 필 증

16 介以眉壽與榮秩 使彼酣暢我救恩
개 이 미 수 여 영 질　사 피 감 창 아 구 은

글자풀이

- 奧(오) 깊숙하다
- 覆(복) 덮다
- 廈(하) 큰 집
- 羅網(라망) 그물
- 癘(려) 역병
- 疫(역) 전염병
  癘疫(려역) 전염병
- 昫(구) 따뜻하다
- 洵(순) 진실로
- 妄(망) 허망하다
- 慮(려) 걱정하다
- 魑(리) 도깨비
- 魅(매) 도깨비, 미혹하다
  魑魅(리매) 도깨비
- 殄(진) 죽이다
- 淺(천) 얕다
- 叮(정) 정성스럽다
- 嚀(녕) 간곡하다
- 觸(촉) 부딪히다
- 礩(지) 넘어지다
- 豺(시) 승냥이
- 狼(랑) 이리
- 虎豹(호표) 호랑이와 표범
- 獅(사) 사자
- 蹂(유) 짓밟다
- 躪(린) 유린하다
- 丹忱(단침) 진실된 마음
- 拔擢(발탁) 발탁하다
- 秩(질) 녹봉
- 酣(감) 한창 성하다

옮김

1 지존하신 분의 은밀한 곳에 머무는 이여 주의 돌보심 아래 평안함을 누리
리니 2 야훼 우리 하느님 굳건한 요새이시라 이처럼 평안한 곳 주님 외에

또 있으랴 3사냥꾼의 올무에서 벗어나게 하시고 무서운 역병 덮치지 못하
게 하시네 4당신의 날개 아래 품으시는 그 은혜여 생명 살리시는 주의 도
진실로 참되도다 5한밤에도 두려움에 떨지 않게 하시고 한낮에도 화살 맞
을 염려 없게 하시네 6깊은 밤 귀신조차 널 흔들지 못하며 밝은 대낮 마귀
들이 널 멸하지 못하리라 7수많은 사람이 곁에서 쓰러져도 죽음 고비 결
코 네겐 닿지 않으리라 8외려 악인의 화 입음을 네 눈으로 보리니 네게 베
푸시는 야훼 은혜 자못 깊어라 9지존하신 분이 너의 거처 되셨으니 10재난
면케 하시고 네게 선히 대하시네 11주님 천사들에게 간곡히 당부하셨으니
좌우에서 널 붙들어 넘어지잖게 하시고 12혹여라도 돌부리에 채일까 싶어
천사들 손 내밀어 네 몸 붙잡으리니 13승냥이와 이리 너를 해치지 못하고
사자와 독사 네가 짓밟으리라
14"나를 향한 뜨거운 너의 마음 아는데 그같이 애쓰는 이 어찌 홀로 버려
둘까? 너를 일으켜 높은 곳에 세우리니 네가 내 이름을 영원토록 간직함이
라 15네가 구하면 나 반드시 응답하고 어려움에 빠지면 어김없이 건지리라
16장수와 영화 네게 허락하리니 너 나의 구원을 온전히 누리라"

해설

믿는 이를 돌보시고 지켜주시는 하느님의 손길과 사랑이 구절마다 깊이 배어있다. 올무에서 벗어나게 하시고 역병에서도 건지신다. 한밤의 공포와 한낮의 공격에도 하느님이 지켜주신다. 곁에서 수 천 수 만의 사람이 쓰러져도 저만은 지켜주시니 그 은혜 정녕 깊다. 그뿐만이 아니다. 천사를 시켜 지켜주시고 돌부리에 채일까 눈여겨보시고 손 내밀어 주신다. 사나운 짐승을 오히려 밟고 서며 높이 세워지고 영화를 누리게 하신다. 그 은혜가 도무지 한량없는데 그 연유는 한마디로 표현된다. 지존자의 은밀한 곳

에 거함이며 그분의 그늘 아래 사는 것이다. 오경웅은 이를 당오堂奧라 하여, 깊은 심처요 오묘한 도리라 하였으니 몸뿐만 아니라 영혼까지 그분 안에 온전히 머물러 그 진리에 젖어드는 것으로 표현하였다. 그렇기에 그분의 진실함이 방패가 되고 그분의 말씀聖道(성도)이 힘이 된다.

그렇다면 믿는 이는 주님의 은밀한 거처에서 무엇을 할까? 하느님께서 직접 말씀하신다. 그가 나를 사랑하고 내 이름을 안다! 오경웅은 주님을 향한 뜨거운 마음과 그분의 거룩한 이름을 마음에 품고 살아간다고 번역한다. 은밀한 곳에서는 사랑만 나눌 뿐이다. 사랑으로 채워졌기에 상대방으로 가득하다. 더 말할 나위가 없다.

1절의 당오堂奧는 집안의 깊은 심처를 말하기도 하고 임금 계시는 조정을 뜻하기도 한다. 전轉하여 깊고 오묘한 의리義理나 깊은 학문을 의미하기도 한다.

같은 절의 복육覆育은 양육의 의미를 담고 있는데 윤리적 훈련과 덕과 지혜로 양육함을 뜻한다. 또한 하늘은 덮어주고 땅은 길러준다는 의미도 내포하고 있다.

4절의 익란구복은翼卵昫伏恩은 『삼국지』「오지吳志」「오주전吳主傳」에 나오는 것으로 '어려서부터 감싸주고 돌보아주는 큰 은혜를 입었노라'少蒙翼卵昫伏之恩(소몽익란구복지은)고 하였다.

6절의 오야午夜는 십이시十二時(고대는 시간을 열둘로 나눔) 중 자시子時(밤 11시-1시)의 한 가운데로 밤 열두시이다.

7절의 사상지위死喪之威는 『시경』「소아小雅」「상체常棣」에 나오는 말로 '죽을 고비 닥쳤어도 형제는 서로를 생각하네 어려운 일 당할수록 형제들은 구해주네'死喪之威 兄弟孔懷 原隰裒矣 兄弟求矣(사상지위 형제공회 원습부의 형제구의)라고 노래하였다.

14절의 고부孤負는 보통 고부辜負로 쓰인다. 이상은의 시「위유爲有」에 '괜시리 금거북이(높은 관직) 찬 남편에게 시집왔구나 향기로운 이불 저버리고

서 이른 아침 궁중조회를 일삼으니'無端嫁得金龜婿 辜負香衾事早朝(무단가득금구서 고부향금사조조)라고 하였다. 버려두다, 허사가 되다란 뜻이 있다.

같은 절의 유심인有心人은 마음에 모종의 뜻을 품고 이를 위해 진력을 다하는 사람이란 뜻이다.

16절의 개이미수介以眉壽는 『시경』 「빈풍豳風」 「칠월七月」에 나오는데 '8월이면 대추 따고 시월이면 벼베기라 이것으로 봄술 빚어 노인들 축수하세'八月剝棗 十月穫稻 爲此春酒 以介眉壽(팔월박조 시월확도 위차춘주 이개미수)라고 노래하였다. 미眉는 장수하여 눈썹이 긴 사람을 뜻한다.

같은 절의 영질榮秩은 영화와 높은 관직을 뜻한다. 백거이의 시 「출부귀오려出府歸吾廬」에 '몸이 한가하면 저절로 고귀해지니 어찌 반드시 영화를 누리는 지위에 있어야 하랴 마음이 흡족하면 가난하지 않나니 어찌 황금을 집에 가득 채우려 드나'身閒自爲貴 何必居榮秩 心足卽非貧 豈唯金滿室(신한자위귀 하필거영질 심족즉비빈 기유금만실)라고 노래하였다.

제92수

임의 뜰에 심겨진 아름다운 나무 庭植嘉樹
정식가수

1 稱謝洪恩 歌頌至尊 此事洵美 怡悅心魂
칭사홍은 가송지존 차사순미 이열심혼

2 朝誦爾仁 暮詠爾信 3 撫我十絃 寄我幽韻
조송이인 모영이신 무아십현 기아유운

4 諦觀大猷 令我心醉 心醉如何? 歡歌不已
체관대유 영아심취 심취여하? 환가불이

5 功德浩浩 不可思議 聖衷淵淵 經天緯地
공덕호호 불가사의 성충연연 경천위지

6 豈彼冥頑 所能領會?
기피명완 소능령회?

7 紛紛群小 譬彼茅草 乘時蓬勃 終付一燒
분분군소 비피모초 승시봉발 종부일소

夭夭灼灼 豈能長好?
요요작작 기능장호?

8 至尊惟主 真貴惟道 統御萬有 永不枯槁
지존유주 진귀유도 통어만유 영불고고

9 與主為敵 以卵投石 嗟彼群小! 心勞日拙
여주위적 이란투석 차피군소! 심로일졸

10 心感我主 崢嶸我角 澡身浴德 芳澤是沐
심감아주 쟁영아각 조신욕덕 방택시목

11 目覩敵潰 親聞其噩 以戒以慎 以欣以樂
목도적궤 친문기악 이계이신 이흔이락

12 雍雍君子 何以比擬? 鳳尾之棕 鬱鬱葱葱
옹 옹 군 자 하 이 비 의? 봉 미 지 종 울 울 총 총

麗盆之柏 暢茂條達
여 분 지 백 창 무 조 달

13 植根聖圃 霑漑化雨
식 근 성 포 점 개 화 우

14 經霜猶青 歷久彌固 嘉實累累 綠陰交布
경 상 유 청 역 구 미 고 가 실 루 루 녹 음 교 포

15 以表正直 以宣永祚
이 표 정 직 이 선 영 조

글자풀이

- 洵(순) 진실로
- 幽韻(유운) 그윽하고 아련한 울림
- 諦觀(체관) 주의하여 똑바로 살핌
- 衷(충) 정성스런 마음
- 緯(위) 가로
- 茅(모) 띠 풀
- 蓬勃(봉발) 흐드러져 왕성한 모양
- 付(부) 붙이다
- 燒(소) 불태우다
- 夭(요) 어리다, 왕성하다.
- 灼(작) 사르다, 성한 모양
- 禦(어) 막다, 담당하다
- 枯(고) 마르다
- 槁(고) 초목이 바싹 마름
- 拙(졸) 서투르다, 쓸모가 없다
- 崢嶸(쟁영) 높고 험한 모양
- 澡(조) 씻다, 맑게 하다
- 覩(도) 보다
- 噩(악) 놀라다
- 擬(의) 비교하다, 헤아리다
  比擬(비의) 견주어 비교하다
- 鳳(봉) 봉황새
- 尾(미) 꼬리
- 棕(종) 종려나무
- 鬱(울) 무성하다
- 蔥(총) 푸르다
  鬱蔥(울총) 우거져 푸르름
- 柏(백) 나무 이름
- 圃(포) 밭
- 霑(점) 적시다, 두루 미치다
- 漑(개) 물을 대다
- 彌(미) 더욱
- 累(루) 포개다
- 祚(조) 복

옮김

1 지존하신 주님의 크신 은혜 찬송하네 우리 주님 찬송함이 진실로 좋은지

라 이내 맘과 영혼이 기쁨으로 가득하네 2아침에 주님의 인자하심을 노래
하고 저물 녘엔 주님의 신실하심을 찬양하네 3십현금 타며 그 고운 가락에
이 내 몸을 의지하네 4놀라우신 섭리 곰곰 새기노라면 내 영혼 야훼께 젖
어드나니 은총에 취한 이 몸 무엇하리이까? 감읍의 찬미 그치지 않으리
라 5그 크신 은덕 헤아릴 수 없사옵고 한없이 깊은 뜻 온 세상의 법도시라
6미욱한 자들이 어찌 깨달으리요? 7날뛰는 악인들은 띠 풀과 같은지라 불
일 듯 일어나나 한순간에 사라지니 그 모습 아무리 화려해 보여도 길지 않
은 한순간일 따름입니다 8지존하신 하느님 우리 야훼이시라 참으로 귀한
것 주님의 말씀이니 말씀으로 온 세상 다스리시고 영원토록 마르지 않사옵
니다 9주님을 적으로 여기는 짓은 계란으로 바위를 치는 격이라 어리석구
나 악인들이여 꾀를 부릴수록 궁지에 빠지네 10우리 주께 이 마음 감읍하
나니 저의 뿔을 높이 들어 올려주시고 당신의 은덕으로 채워주시며 주님의
은택으로 적셔주시네 11쓰러지는 원수들 보게 하시고 저들의 단말마 듣게
하시니 이로써 삼가고 지켜야 할 바와 기꺼이 따를 바를 알게 하시네
12오롯한 믿음으로 살아가는 이 무엇에 비할 수 있으리이까? 울창하게 자라
는 종려나무요 무성히 뻗은 레바논의 향백이라 13주님의 정원에 뿌리내리고
당신의 은총으로 적셔지나니 14서리 맞아도 오히려 푸르러라 갈수록 뿌리
더 견고해지니 푸르름 더욱 더 무성해지고 아름다운 열매 쌓이는구나 15
이로써 야훼의 올곧으심 밝히며 주께서 주시는 영복永福을 선포하네

해설

2, 3절은 '아침에 주님의 인자하심을 노래하고 저물 녘엔 주님의 신실하심을 찬양하네 십현금 타며 그 고운 가락에 이 내 몸을 의지하네'朝誦爾仁 暮詠爾信 撫我十絃 寄我幽韻(조송이인 모영이신 무아십현 기아유운)라고 노래한다. 찬양에 젖어 든

영혼의 가락이 깊이 배어있고 배어있던 것이 자연스레 우러나온다. 터져 나오는 노래에 녹아든 영혼의 기쁨만이 가득하다. 함께 읊조리게 만든다.

3절의 유운幽韻은 깊은 울림을 의미한다. 맹교의 「정녀음靜女吟」에 '이런 뜻을 그 누가 너그럽게 이해할지 거문고 줄 나지막한 울림마저 조심스럽네'此志誰與諒 琴絃幽韻重(차지수여량 금현유운중)라고 노래하였다.

히브리 시편의 5절은 하느님의 업적과 뜻의 놀라움을 말하지만 오경웅은 그 내용에 대하여 경천위지經天緯地, 즉 온 세상을 바르게 다스리시는 하느님의 능력이요 법도라 하였다. 그분의 뜻과 업적이 오늘 여기를 살아가는 이의 씨줄과 날줄이 되어야 함을 일러주는 것일까? 경천위지는 『춘추좌전』에 나오는 말로 '하늘과 땅의 도를 법도로 삼는 것을 문文이라 한다'經天緯地曰文(경천위지왈문)고 하였다. 하늘의 법도가 드러난 것이 천문天文이라면 인간의 문화와 사람의 도리와 무늬로 드러난 것이 인문人文이다.

7절의 승시乘時는 승세승시乘勢乘時의 줄임말이다. 때를 잘 만나 흥성하게 됨을 의미하기도 하고 중심을 지키지 않고 시류만 타려는 모습을 가리키기도 한다. 『맹자』「공손추公孫丑」에 '슬기가 있다하더라도 시세를 따르는 것보다 낫지 않고 좋은 농기구가 있다 하더라도 때를 기다려 경작하는 것보다는 못하다'雖有智慧不如乘勢 雖有鎡基不如待時(수유지혜불여승세 수유자기불여대시)는 문장이 있다. 본문과는 반대의 의미이다.

11절에서도 히브리 시인은 적들이 흩어지는 것을 눈으로 보고目睹(목도) 저들의 넘어지는 소리 듣는다親聞(친문)고 하였는데 오경웅은 이를 유교적 사유로 전환시켜 이렇게 보고 들었으니 삼가고 경계할 것이 무엇이며 즐거워하며 기꺼이 따를 것이 무엇인지를 생각하게 함으로써 하느님을 의지하는 이가 경계하며 더 힘써야 할 것을 덧붙이고 있다. 즉 뒤 구절에 계신戒愼을 넣은 것이다.

『중용』에 '군자는 보이지 않는 바를 삼가하고 들리지 않는 것을 삼가 두려워한다'君子 戒愼乎 其所不睹 恐懼乎 其所不聞(군자계신호 기소부도 공구호 기소불문)고 하였다.

다만 한걸음 더 나아가는 것이 있다면 『중용』의 언어가 삼가고 조심하는 것이라면 오경웅에겐 그 삼가고 조심하는 것이 즐거움이며 기꺼움과 다르지 않다는 것이다. 은혜 안에서 계신戒愼은 즐겁고 복된 순종이기 때문이다.

7절의 요요작작夭夭灼灼은 『시경』 「주남周南」의 「도요桃夭」에 나온다. '복숭아 가지 뻗어 꽃들이 만발하네'桃之夭夭 灼灼其華(도지요요 작작기화)라는 노래 가사가 있다.

9절의 이란투석以卵投石은 『순자荀子』 「의병議兵」에 나오는데 '걸 왕 같은 폭군이 요 임금 같은 성군을 속이는 것은 계란으로 바위를 깨뜨리려는 것과 같다'以桀詐堯 譬之以卵投石 以指撓沸(이걸사요 비지이란투석 이지요비)는 문장이다. 자신을 아주 과대평가한 것이니 반드시 실패할 수밖에 없다라는 의미이다.(9절의 심로일졸心勞日拙은 7편의 해설을 참고하라.)

13절의 화우化雨는 교화가 사람에게 미치는 바가 때에 따라 오는 비와 같음을 비유한 것으로 『맹자』 「진심盡心」 상에 나온다. '군자의 교육방법에는 다섯 가지가 있다. 마치 때맞추어 내리는 비가 만물을 이롭게 하듯이 하는 방법, 제자가 지닌 덕을 이루도록 하는 방법, 재능을 길러 통달하게 하는 방법, 질문에 답해주는 방법이 있으며 개인적으로 다른 이의 학행을 사숙하는 방법이 있다'君子之所以敎者五 有如時雨化之者 有成德者 有達財者 有答問者 有私淑艾者 此五者 君子之所以敎也(군자지소이교자오 유여시우화지자 유성덕자 유달재자 유답문자 유사숙애자 차오자 군자지소이교야)고 하였다.

첫째는 공자가 안회를 가르친 방법이요, 둘째는 염백우나 민자건이요, 셋째는 자로와 자공이요, 넷째는 공자와 맹자가 번지와 만장에게 한 것이며 다섯째는 맹자가 공자를 사숙한 것과 같다고 하였다.

제93수

생명의 길 죽음의 길 王道與霸道

왕 도 여 패 도

1 雅瑋御宇 威儀堂堂 德以為衣 能以為裳
아 위 어 우 위 의 당 당 덕 이 위 의 능 이 위 상

建立下土 綏以寧康
건 립 하 토 수 이 녕 강

2 皇輿永固 神權無疆 3 洪水氾濫 浪濤澎湃
황 여 영 고 신 권 무 강 홍 수 범 람 낭 도 팽 배

4 赫赫在上 坐鎮四海 狂瀾以恬 聖道常在
혁 혁 재 상 좌 진 사 해 광 란 이 념 성 도 상 재

5 千秋萬歲 庭闈藹藹
천 추 만 세 정 위 애 애

글자풀이

- 霸(패) 우두머리
- 裳(상) 치마
- 綏(수) 편안하다
- 輿(여) 수레
- 疆(강) 지경
- 氾(범) 넘치다
- 濫(람) 넘치다
- 浪(랑) 물결
- 濤(도) 큰 물결
- 澎(팽) 물결 부딪는 기세
- 湃(배) 물결이 이는 모양
- 赫赫(혁혁) 밝게 빛나는 모양
- 恬(념) 편안하다
- 藹藹(애애) 평화로운 기운이 있는 모양

옮김

1야훼 세상을 다스리시니 그분의 위엄 당당하셔라 자비로 옷을 삼고 큰 능
력 두르시곤 온 누리 세우시니 평강이 넘치도다 2주님 어좌 영원히 굳건하
시고 주의 권능 끝없이 펼쳐진다네 3큰 물 일어나 넘쳐흐르고 큰 파도 부
딪치며 삼키려 하나 4빛나는 보좌에 앉으신 주님 광란의 바다 잠잠케 하고
주의 위엄 파도를 평온케 하니 거룩하신 주의 법 여상하심이라 5야훼 하느
님 찬양 받으소서 주의 집의 평화가 영원하리라

해설

2절의 황여皇輿는 임금의 크고 높은 수레를 뜻하는데 확장되어 왕조를 의미하기도 한다. 굴원의 『초사』「이소離騷」에 '소인배들 오로지 안일만 탐하니 그 앞길이 캄캄하고 험난하구나 내 몸이 재앙을 입을까 두려운 게 아니라 임금의 수레가 뒤집어질까 두렵도다'惟夫黨人之偸樂兮 路幽昧以險隘 豈余身之憚殃兮 恐皇輿之敗績(유부당인지투락혜 노유매이험애 기여신지탄앙혜 공황여지패적)라고 하였다.

5절의 정위庭闈는 부모님의 거처 혹은 부모님을 의미한다. 여기서는 하느님과 그분의 다스림으로 이해할 수 있다.

오경웅은 93편을 '왕도王道와 패도霸道'라는 제목으로 번역하였다. 왕도와 패도는 전국시대 맹자에 의해 주장된 것으로 성인 요순과 같이 인仁과 덕德으로 백성을 교화하고 천하를 다스리는 정치를 왕도정치라 하였고 천하를 장악하기 위해 권세와 무력을 사용하고 그 힘과 폭력으로 백성을 다스리려는 정치를 패도정치라고 하였다. 당시의 제후들은 실제적으로 어떤 정치 이데올로기를 선택하고 그것으로 자신의 정치를 실현해야 했다.

맹자의 관점에서는 인정仁政이야말로 권세와 무력에 비교되지 않는 참된

힘이었다. 그러나 왕도정치를 주장한 맹자가 활동하던 전국시대戰國時代에는 대부분의 제후들이 왕도정치보다 힘을 갖고 남을 굴복시키는 패도정치를 더 선호했다. 그만큼 침략과 정복전쟁이 반복되는 혼란기였기에 권력자는 빠른 결실을 맺을 수 있는 강력한 이익과 힘에 대한 추구를 지향하였다.

그러나 맹자는 아무리 눈앞의 이利와 힘에 매인다고 해도 끝내 버릴 수 없는 것이 있다고 주장하며 하늘이 부여한 인간의 도덕적 능력인 인仁과 의義를 설파하였다. 힘의 추구와 인의의 추구라는 이 대조적인 정치적 선택을 통해 역사는 이어져왔다.

오경웅은 하느님의 다스리심이 왕도정치요, 바다와 큰 물(바다와 큰 물은 성서에서 하느님을 대적하는 어둠을 상징한다.)은 힘과 광란狂瀾을 통해 두려움으로 다스리고자 하는 패도정치와 다름없음을 비유하고 있다. 하느님은 덕으로 다스리셔서 세상을 평안케 하시나 세상의 권력은 힘과 공포로 뒤흔들 뿐이다. 다른 면이 있다면 중국 역사에서 왕도정치의 이상이 고대 선사시대의 요순堯舜에 의해 이루어졌다고 여기는 복고주의적 성격이 있다면 오경웅의 신앙에 있어서는 지금 여기에서 내가 믿고 선택할 길이며 또한 이루어질 하느님의 약속이자 기대이다.

제94수

지혜로움과 올바름 聰明正直
총 명 정 직

1 勤懇白雅瑋 爾乃報應主
근 간 백 아 위 이 내 보 응 주

2 願爾勃然興 一鞠斯寰宇 務令驕慢徒 受其所應得
원 이 발 연 흥 일 국 사 환 우 무 령 교 만 도 수 기 소 응 득

3 兇暴恣橫行 將至於何日?
흉 폭 자 횡 행 장 지 어 하 일?

4 炎威不可當 炙手信可熱
염 위 불 가 당 자 수 신 가 열

5 蹂躪爾天民 摧殘爾基業
유 린 이 천 민 최 잔 이 기 업

6 孤寡與羈旅 莫不受荼毒
고 과 여 기 려 막 불 수 도 독

7 意謂主無眼 不復眷雅谷
의 위 주 무 안 불 부 권 아 곡

8 痲木焉得仁? 冥頑何時靈?
마 목 언 득 인? 명 완 하 시 령?

9 孰云作耳者 自身反不聞? 孰云造目者 自身轉無明?
숙 운 작 이 자 자 신 반 불 문? 숙 운 조 목 자 자 신 전 무 명?

10 孰云化育主 無權施鞭撻? 孰云甄陶主 莫具超人哲?
숙 운 화 육 주 무 권 시 편 달? 숙 운 견 도 주 막 구 초 인 철?

11 固知人千算 心勞徒日拙
고 지 인 천 산 심 로 도 일 졸

12 受主諄諄誨 斯為無上福
수 주 순 순 회 사 위 무 상 복

13 履險亦如夷 坐看敵人覆
이 험 역 여 이 좌 간 적 인 복

14 寧能忘天民? 寧能棄基業?
영 능 망 천 민? 영 능 기 기 업?

15 公道歸無辜 凱音屬正直
공 도 귀 무 고 개 음 속 정 직

16 誰為我禦侮? 誰相我抗敵?
수 위 아 어 모? 수 상 아 항 적?

17 若非主相佑 久矣歸冥寂
약 비 주 상 우 구 의 귀 적 막

18 甫云將失足 慈恩扶我立
보 운 장 실 족 자 은 부 아 립

19 愁思千萬緒 思主是一樂
수 사 천 만 서　사 주 시 일 락

20 兇逆居上位 弄法施暴虐
흉 역 거 상 위　농 법 시 폭 학

21 害良殺無辜 豈能邀主悅?
해 량 살 무 고　기 능 요 주 열?

22 主是我岑樓 主是我磐石
주 시 아 잠 루　주 시 아 반 석

23 群小罪盈貫 必遭主殲滅
군 소 죄 영 관　필 조 주 섬 멸

글자풀이

- 聰(총) 귀가 밝다
- 懇(간) 정성스럽다
- 勃(발) 우쩍 일어나다
- 鞫(국) 국문하다
- 炙(자) 굽다, 가까이 하다
  炙手(자수) 세력이 왕성함
- 蹂躪(유린) 함부로 짓밟음
- 摧(최) 꺾다
- 殘(잔) 해치다
- 羈(기) 굴레, 재갈
  羈旅(기려) 객지에 머뭄
- 麻木(마목) 근육이 굳어져 감각이 없음
- 鞭(편) 채찍
- 撻(달) 매질하다
  鞭撻(편달) 매질하고 때림, 격려하고 권함
- 甄(견) 질그릇
- 陶(도) 질그릇
- 誨(회) 가르쳐 보이다
- 履(이) 밟다
- 險(험) 험하다
- 禦侮(어모) 모욕을 막아냄
- 甫(보) 아무개
- 緖(서) 실마리
- 弄(농) 제 맘대로 다루다
- 邀(요) 초대하다
- 岑樓(잠루) 높은 망루
- 盈(영) 가득하다
- 貫(관) 달성하다
- 殲(섬) 다 죽이다

옮김

1행한 대로 갚으시는 야훼 주님께 간절한 마음으로 아뢰옵나니 2주님 떨쳐
일어나사 이 땅 심판하소서 교만한 저들 행실대로 갚으소서 3악인들 제멋
대로 휩쓸고 다니는데 언제까지 저대로 두시렵니까? 4그들의 행패 감당할
길 없사오며 저들 세력 날로 더해만 갑니다 5야훼의 백성 잔인하게 짓밟으
며 주님의 소유 억누르려듭니다 6고아와 과부, 나그네들이 저들 패악에 속

수무책입니다 7저들 속으로 지껄입니다 "야훼는 보지도 않으시잖는가? 야
곱을 돌보지 않으시는 거지"
8마음 강퍅한 자들 어찌 자비로워지며 고집불통 저들이 언제쯤 지혜로우
랴? 9뉘 감히 함부로 떠들어대는가? 귀를 만드신 분께 듣지도 못한다고
뉘 감히 멋대로 입을 놀리는가? 눈을 만드신 분더러 보질 못한다고 10뉘
감히 함부로 지껄이는가? 만유의 주께 채찍 들 능력 없다고 뉘 감히 멋대
로 웅성대는가? 만물의 설계자께 지혜 없다고 11도리어 인생이 천만번 고
심해도 끝내는 저들 발로 궁지에 들어가니 12겸손히 주의 교훈 받드는 것
이 위없는 복임을 알아야 하리 13주께서 도우사 험한 길 수이 걷고 적들 넘
어짐을 지켜보리라 14야훼께서 당신 백성 어찌 잊으시며 당신 소유를 모른
척 하시랴? 15주의 공정한 심판 아무 허물없으니 정직한 이들 승리의 노래
부르리 16누가 날 위해 저들 모욕 막아주며 뉘 있어 날 위해 적들과 싸우
려나? 17주께서 도우시지 않으셨다면 나 이미 오래전에 죽은 목숨이라 18
나 휘청이며 넘어지려 할 때에 어지신 주께서 붙잡아 주셨으며 19하 많은
걱정들 올올이 얽어들 때 야훼를 생각함이 유일한 기쁨이라 20흉포한 자들
높은 자리에 앉고 법도를 뒤집고 폭력을 휘두르며 21어진 이 해치고 무고
한 이 죽이는 데 어찌 하늘의 기쁨 누리랴? 22야훼는 나의 요새 내 반석이
시니 23죄 가득한 저들 주께서 멸하시리

해설

히브리 시인은 8절에서 어리석은 이들이 하느님을 깨닫지 못한다고 하였는데 오경웅은 그들이 어떻게 득인得仁하랴?고 되묻는다. 득인은 구인득인求仁得仁의 줄임말로 보면 되겠다. 『논어』「술이述而」 편에서 제자가 공자에게 백이 숙제가 굶주려 죽으면서 후회하거나 원망하지 않았을까요?라고 물

었는데 공자는 '인을 추구하다 인을 얻었는데 무슨 후회나 원망이 있겠느냐'求仁得仁 又何怨(구인득인 우하원)고 대답하였다.

구인득인求仁得仁은 진리를 추구하는 중에 끝내 진리에 이르고 참에 다다른 것을 의미한다. 본문에서는 하느님을 알며 깨닫는다는 것과 같은 뜻으로 사용하였다. 길을 찾는 것이 곧 길이며 참을 찾는 것이 곧 참일 따름이다. 그렇게 찾을 뿐이라 겸손히 고백하는 중에 깊어진다. 뉘 감히 이르렀다고 할 수 있으랴? 그러니 오늘날처럼 혼란한 시기에는 길을 찾았다고 큰소리로 외치는 이를 조심할 일이다.

3절의 자수가열炙手可熱은 손을 델만큼의 뜨거움으로, 전轉하여 세력이 왕성해진다는 뜻으로 두보의 시 「여인행麗人行」에 '손을 대면 델만큼 혁혁한 권세이니 가까이 가지 않도록 삼가 하여 승상의 노여움을 피할지라'炙手可熱勢絶倫 愼莫近前丞相嗔(자수가열세절륜 신막근전승상진)는 구절이 나온다.

9절의 숙운孰云은 반어적인 물음이다. 두보의 시 「몽이백夢李白」에 '그 누가 말했던가? 하늘의 뜻은 빈틈이 없다고, 늘그막에 그대는 오히려 화를 입었구려'孰云網恢恢 將老身反累(숙운망회회 장로반신루)라고 노래하였다.

10절의 견도甄陶는 질그릇과 그 제작자를 뜻하였으나 후에 천지를 잘 기르는 화육을 뜻하거나 천지의 조화를 이루는 것으로 의미가 확대되었다. 양웅의 「법언法言」에 '천하를 잘 길러 화육함이여 정녕 조화롭구나'甄陶天下者其在和乎(견도천하자 기재화호)라고 하였다. 12절의 무상복無上福은 최고의 복, 더 이상 위가 없는 복으로 완전한 복을 뜻하는 불교적 용어이다. 오경웅은 주님의 곡진한 가르침을 받는 것이 최고의 복이라고 말하고 있다.

참고로 무상도無上道라 하면 석가모니 부처가 얻은 깨달음을 가리키는 것으로 더 이상의 깨달음이 없는 완전한 깨달음을 의미한다. 13절의 이험여이履險如夷는 위험한 길을 평지 건듯 하다는 뜻으로 비유하여 어려움에 처해서도 평안히 건너는 것을 뜻한다. 19절의 하 많은 걱정 올올이 얽매인다는 뜻의 수사천만서愁思千萬緖는 천수만서千愁萬緖라는 성어成語의 변용이다.

제95수

모든 신들의 임금이신 하느님 百神之君
백 신 지 군

1 嗟我良朋 盍興乎來? 向主獻歌 歌聲和諧
차 아 량 붕 합 흥 호 래? 향 주 헌 가 가 성 화 해

惟我恩主 為我磐石
유 아 은 주 위 아 반 석

2 何以朝覲? 心懷大德 詠詩頌美 抒我怡悅
하 이 조 근? 심 회 대 덕 영 시 송 미 서 아 이 열

3 偉哉造物! 百神之君 4 高山深谷 咸賴陶鈞
위 재 조 물! 백 신 지 군 고 산 심 곡 함 뢰 도 균

5 浩浩滄海 茫茫大陸 莫非主屬 聖手所作
호 호 창 해 망 망 대 륙 막 비 주 속 성 수 소 작

6 可不稽首? 可不跪拜? 感激涕零 昭事真宰
가 불 계 수? 가 불 궤 배? 감 격 체 령 소 사 진 재

7 吾人何幸? 蒙主寵愛 牧我如羊 靡有倦怠 今聞慈音:
오 인 하 행? 몽 주 총 애 목 아 여 양 미 유 권 태 금 문 자 음

8 "毋閉爾心 炯戒不遠 在爾先人
"무 폐 이 심 형 계 불 원 재 이 선 인

9 雖遭百罹 猶不知悛 率彼曠野 頻忤吾神
수 조 백 리 유 부 지 전 솔 피 광 야 빈 오 오 신

目擊大猷 冥頑不靈
목 격 대 유 명 완 불 령

10 心厭彼逆 垂四十春 中心懷邪 天理不明
심 염 피 역 수 사 십 춘 중 심 회 사 천 리 불 명

11 吾憤乃誓: 不令安寧"
오 분 내 서 불 령 안 녕"

글자풀이

- 嗟(차) 탄식의 발어사
- 獻(헌) 바치다
- 和諧(화해) 서로 조화를 이루어 협조함
- 覲(근) 뵈다
  朝覲(조근) 알현, 성지순례
- 抒(서) 토로하다
- 怡悅(이열) 즐겁고 기쁨
- 陶(도) 빚다
- 鈞(균) 고르게 하다
- 茫(망) 아득하다
  茫茫(망망) 물이 아득히 이어진 모양
- 陶鈞(도균) 그릇을 빚기 위해 돌리는 회전판
- 稽(계) 조아리다
- 跪(궤) 꿇다
- 拜(배) 절하다
- 激(격) 심하다
- 涕(체) 눈물 흘리다
- 零(령) 영락하다
- 倦(권) 게으르다
- 怠(태) 시들해져서 게을러지다
- 炯(형) 빛나다
- 罹(리) 어려움에 빠지다
- 悛(전) 고치다
- 頻(빈) 자주
- 忤(오) 거스르다
- 擊(격) 보다
- 垂(수) 거의
- 邪(사) 간사하다
- 憤(분) 성내다

옮김

1오호라 함께 하세 믿음의 벗이여 어우러져 야훼 주께 찬양 드리세 반석이
신 은혜의 주께 찬미 올려드리세 2우리 주님 어떻게 뵈어야 할까? 놀라운
그 은혜 마음에 새기고 감격의 기쁨 펼쳐드려 송가 부르세 3크신 야훼 주
님 위대하셔라 모든 신들의 임금이시라 4높은 산 깊은 골 온 세상이 주의
손에 지어지고 다스려지네 5가없는 바다며 가뭇한 땅들 그 손길 안 닿은
곳 전혀 없도다 6정성을 다해 엎드려 경배하세 그 은혜에 감읍하며 야훼를
섬기세 7목자이신 주님의 은총 입으니 어리석은 우리에게 얼마나 다행인지
양무리 같은 인생 이끄시면서 언제나 신실하게 대해주시네 그러니 이제 백

성들이여 주님의 음성에 귀 기울이라
8"너희는 마음 문 닫아 걸지 말지어다 선조에게 주었던 밝은 계명 또렷하
다 9수없는 어려움 그리 겪으면서도 저들은 도무지 고치려 들지 않고 광야
를 건너는 그 길에서 네 하느님 얼마나 거슬렀던가? 나의 놀라운 능력 눈
앞에서 보고도 어리석기 그지없어 깨닫지 못했도다 10마흔 해 광야 길 진
절머리 이는구나 저들의 마음 거짓뿐이었고 도무지 나의 뜻 깨닫지 못했도
다 11나 노하여 맹세하나니 저들은 안식에 들지 못하리라"

해설

1절의 합홍호래盍興乎來는 왜 함께 하지 않겠는가? 하는 물음으로 기꺼이 함께 하자는 요청이다. 『맹자』「이루離婁」 상에 '백이가 문왕이 흥기했다는 소문을 듣고 말하기를 어찌 문왕에게 돌아가지 않겠는가? 그는 늙은이를 잘 봉양하는 사람이라고 들었노라'伯夷… 聞文王作興 曰 盍歸乎來 吾聞西伯 善養老者(백이… 문문왕작흥 왈 합귀호래 오문서문 선양로자)는 문장이 나온다.

2절의 조근朝覲은 신하가 조정에 나아가 임금을 뵙는 것을 뜻한다. 『예기禮記』「악기樂記」 편에 '임금 이 신하를 만나는 아침조례를 행하니 제후가 신하된 도리를 알고, 임금이 몸소 제사지낼 곡식을 경작하니 제후가 이를 본받아 공경하는 바를 알았다'朝覲然後諸侯知所以臣 耕籍然後諸侯知所以敬(조근연후제후지소이신 경적연후제후지소이경)고 하였다.

후에는 종교적인 의미로 성지나 성상을 찾아 순례함을 뜻한다. 특히 이슬람교에서 무슬림은 건강과 경제적 여건이 허락된다면 평생에 반드시 한 번은 종교성지인 메카를 순례하여야 하는데 이를 조근朝覲(hajj)이라 한다.

3절의 도균陶鈞은 도기를 만들 때 사용하는 회전판인데, 후에 뜻이 확장되어 나라를 다스리는 바른 이치를 의미하게 되었다. 『사기』「노중련추양

열전魯仲連鄒陽列傳」에 '그러므로 성군이 세상을 거느리고 풍속을 바로잡을 때에는 저 도공이 녹로반 위에서 진흙으로 모양을 만들 듯이 세상을 교화시킨다'是以聖王制世御俗 獨化於陶鈞之上(시이성왕제세어속 독화어도균지상)고 하였다.

6절의 계수稽首는 신하가 군주를 뵐 때 취하는 예에 속하는데 군주 앞에 엎드려 머리를 땅에 닿게 하여 그대로 잠시 멈추는 것이다. 군신지례君臣之禮의 아홉 가지 예 가운데 가장 중重한 것이다.

같은 절의 체령涕零은 눈물을 흘린다는 뜻으로 제갈량이 군주 유선에서 올린 「전출사표前出師表」에 '신은 받은 바 은혜의 감격을 이기지 못하겠습니다. 이제 멀리 떠남에 앞서 표(출사표)를 올리려 하니 눈물이 흘러 말할 바를 알지 못하겠습니다'臣不勝受恩感激 今當遠離 臨表涕零 不知所言(신불승수은감격 금당원리 임표체령 부지소언)라는 글이 있다.

같은 절의 소사昭事는 정성을 다해 섬긴다는 뜻이다. 『시경』「대아大雅」「대명大明」에 '하느님을 밝게 섬겨 많은 복을 받으시고 베푸신 덕 훌륭하여 온 나라를 받으셨네'昭事上帝 聿懷多福 厥德不回 以受方國(소사상제 율회다복 궐덕불회 이수방국)라고 노래하였다.

8절의 형계炯戒는 너무도 선명해서 반드시 지켜야 할 경계를 뜻한다. 이백의 시 「수왕보궐등증별酬王補闕等贈別」에서 '그대에게 주는 이 시가 분명한 경계를 이르는 것 아니라 할지라도 이 긴 시 깊이 새겨 간직하게나'酬贈比炯誡 永言銘佩紳(수증차형계 영언명패신)라고 읊었다.

전반부와 후반부의 분위기가 너무나 다르다. 앞부분이 놀라우신 하느님의 창조의 능력과 그 구원의 감격을 찬양하며 환호한다면 뒷부분은 그렇게도 하느님의 마음을 저버리고 거역했던 완고한 광야의 기억이 경고와 저주처럼 펼쳐진다.

어떻게 한 편의 시로 되새겨야 할까? 그래서인지 오경웅은 7절에서 우리는 얼마나 다행인가? 그분의 은총을 깊이 입었으니라고 고백한다. 동시에 8절에서 '너무나도 선명해서 외면할 수 없는 주님의 교훈이 조상들에게 있었다'烱誡不遠 在爾先人(형계불원 재이선인)라고 진술한다.

여기서 형烱은 명백하게 빛나 눈을 돌리지 못하는 모양을 의미한다. 한없는 은총을 누리는 바로 그 자리에서 맘껏 감격의 찬양을 드리면서도 기실은 그렇게 찬양하는 인생이 반역과 거절, 하느님을 외면하는 죄와 아무 간격도 없음을 분명히 인식하는 것이 삼가 깨어 있는 길이다. 그래서 놀라운 찬양의 자리에 서서 맘껏 감사하면서도 그것이 애오라지 주님의 은총임을 새기는 것이다. 이 고양과 추락 사이에서 은총으로 자유를 누리는 것! 그것이 믿음이요 참으로 놀라운 선물이다.

제96수

천하여다 기뻐하라 普天同慶
보 천 동 경

1 我願普天下 向主奏新曲
아원보천하 향주주신곡

2 同聲誦聖名 朝朝詠拯贖
동성송성명 조조영증속

3 播榮於兆民 宣德於萬族
파영어조민 선덕어만족

4 大主宜大讚 稜威超百神
대주의대찬 능위초백신

5 列邦所供像 無生焉得靈? 惟主是真宰 親手設諸天
열방소공상 무생언득령? 유주시진재 친수설제천

6 美德蘊心府 光輝發於前
미덕온심부 광휘발어전

7 萬民應感德 歸榮生命淵
만민응감덕 귀영생명연

8 頌美且獻珍 咸集主宮庭
송미차헌진 함집주궁정

9 聖潔以為佩 朝拜爾尊君 凡屬血氣倫 孰敢不肅穆?
성결이위패 조배이존군 범속혈기륜 숙감불숙목?

10 雅瑋御寰宇 舉世蒙仁育 安撫我百姓 秉公行訊鞫
아위어환우 거세몽인육 안무아백성 병공행신국

11 諸天應怡悅 大地當歡騰 滄海洋洋舞
제천응이열 대지당환등 창해양양무

12 田疇吐芬芳 萬木吟春風 欣欣咸向榮
천주토분방 만목음춘풍 흔흔함향영

13 大主已臨格 將審率土民 真宰樂平章 睿斷公且明
대주이림격 장심솔토민 진재락평장 예단공차명

글자풀이

- **奏**(주) 연주하다
- **贖**(속) 제물을 바치고 속죄하다
- **播**(파) 뿌리다
- **讚**(찬) 기리다
- **稜**(능) 위광
- **超**(초) 뛰어넘다
- **蘊**(온) 간직하다
- **獻**(헌) 바치다
- **珍**(진) 진귀한
- **潔**(결) 깨끗하다
- **佩**(패) 몸에 지니다
- **孰**(숙) 누구
- **肅**(숙) 공경하다
- **穆**(목) 공경하다
- **秉**(병) 잡다
- **訊**(신) 하문하다
- **鞫**(국) 국문하다
- **疇**(주) 밭의 두둑
- **芬**(분) 향기롭다
- **芳**(방) 향기
- **吟**(음) 읊다
- **審**(심) 살피다
- **睿**(예) 슬기롭다
- **斷**(단) 끊다, 판단하다

옮김

1 온 세상이여! 야훼 주님께 새로운 찬미 지어 올려라 2 거룩하신 그 이름
함께 찬양하며 날마다 그 구원을 노래하여라 3 만민에게 주의 영광 전파하
여라 민족들에겐 주의 은덕 선포하여라 4 야훼의 위엄 뭇 신들을 넘어서니
크신 하느님 어찌 다 찬양할 수 있으랴 5 열방들 섬기는 것 우상일진대 숨
조차 없는데 어찌 영靈은 있을까? 야훼만이 홀로이 참되신 하느님 당신 친
히 하늘을 지으셨다네 6 아름다운 덕이 주께 갖춰졌으며 빛과 영광 그분 앞
에 드러나도다 7 만민이여 야훼의 덕에 감사드리며 생명의 근원 주께 영광
돌려라 8 모두들 함께 찬미하면서 야훼 앞에 나아가 귀한 제물 드리자 9 성
결을 두르신 존귀하신 주께 엎드려 경배를 드릴지어다 지음 받아 살아가는
인생일진대 뉘 감히 마음 바쳐 공경치 않으랴? 10 야훼 주님 세상을 다스리
시니 온 세상 사랑으로 보살피시네 당신 백성 어루만져 위로하시며 공의로
세상을 심판하시네 11 하늘은 기뻐 어쩔 줄 모르고 대지는 환희로 뛰어오르

니 바다 또한 즐거이 춤을 추누나 12밭 두둑 아름다운 향기 뿜으며 수목들 생기 넘쳐 노래하나니 환호하며 야훼께 영광 돌리네 13위대하신 주께서 임하셨으니 온 백성 바르게 살피시리라 주께서 고루 밝게 다스리시며 슬기로운 심판은 공의로우시네

해설

이 시의 제목인 보천동경普天同慶은 천하 모든 사람이 다 함께 기뻐한다는 성어成語이다. 2절의 조조朝朝는 매일매일이란 뜻이다. 같은 절에서 하느님의 구원을 증속拯贖이라 옮겼다. 증拯은 손을 내밀어 물이나 함정에서 구조한다는 뜻이고 속贖은 값을 쳐서 되찾아오는 것을 의미한다.

5절의 진재眞宰는 우주의 주재자, 다스리시는 분이란 뜻이다. 『장자』「제물론齊物論」에 '참된 주재가 있는 모양인데 그 모습은 볼 수가 없다. 작용은 뚜렷한데 그 형태를 볼 수 없다'若有眞宰 而特不得其眹 可行已信 而不見其形(약유진재 이특부득기짐 가행이신 이불견기형)고 하였다.

7절의 생명연生命淵에서 연淵은 근원으로 이해하면 좋을 듯하다. 9절에는 성결聖潔을 패용하셨다고 묘사하는데 고대 군자들은 허리춤에 옥을 둘러 옥으로 자신의 고결함과 군자다움을 상징하였다. 『예기』「옥조玉藻」에도 '군자는 수레에 올라서는 방울소리를 울리고 걸을 때에는 옥소리를 낸다'君子在車 則聞鸞和之聲 行則鳴佩玉(군자재거 즉문란화지성 행즉명패옥)고 하였다.

히브리 시인은 거룩한 광채를 입으셨다(공동번역)고 하였는데 오경웅은 하느님께서 성결聖潔을 지니셨다고 풀어간다. 히브리 시가 외양을 묘사하였다면 오경웅은 하느님의 진면목을 묘사하며 믿는 인생이 또한 지녀야 할 것이 무엇인지를 보여준다.

10절의 환우寰宇와 거세擧世는 하느님이 다스리는 영토라는 같은 뜻을 지

녔다.

12절의 춘풍春風은 문자 그대로 봄바람을 의미하나 전轉하여 모든 것에 생기를 불어넣는 따스한 기운과 하느님의 자비를 의미하고 있다.

같은 절의 분방芬芳은 최원의 글 「좌우명座右銘」에 '행함에 있어서는 항구해야 하리니 그래야만이 그 덕의 아름다움이 오래가리라'行之苟有恒 久久自芬芳(행지구유항 구구자분방)고 하였다.

13절의 평장平章은 『서경』 「요전堯典」에 '온 백성을 고루 밝게 다스리니 그 백성들이 모두 밝아지고 온 세상이 화평하게 되었다'平章百姓 百姓昭明 協和萬邦(평장백성 백성소명 협화만방)는 문장이 있다.

『개역성경』은 13절에서 심판이란 단어를 세 번이나 사용하면서 하느님의 임재의 목적이 심판이라고 하지만 다른 번역본들은 하느님의 임재가 그분의 성실하심으로 세상을 다스리기 위해서라고 하였다. 심판은 하느님의 다스림 중의 일부이며 하느님의 정의를 온전히 드러내시기 위한 과정이다.

오경웅은 이를 평장平章이라 하였다. 평平은 잘 분별한다는 의미와 공명하다는 의미를 지녔고 장章은 창彰으로 밝히 드러난다는 뜻이다. 하느님이 기꺼워하시는 것은 잘 살펴 왜곡된 것들을 바로 잡고 고르게 하시는 것이다. 그로써 자연스레 모든 것이 환해지고 뒤틀린 것이 사라진다. 따라서 평장平章과 공명公明이 어우러진다. 이러한 다스리심의 완성이란 의미로 이 시편을 되새기면 찬미의 흐름이 한결 선명해진다. 앞부분의 구원의 하느님의 찬양과 후반부의 하느님에 대한 임재와 영광에 대한 찬양이 같은 것임이 드러난다.

제97수

아름다운 소식 佳音
가 음

1 雅瑋御寰宇 監臨斯下土 大地應騰歡 諸島宜鼓舞
아 위 어 환 우 감 림 사 하 토 대 지 응 등 환 제 도 의 고 무

2 靉靆圍周帀 幽深不可窺 仁義與正直 實為御座基
애 체 위 주 잡 유 심 불 가 규 인 의 여 정 직 실 위 어 좌 기

3 烈火為前驅 焚燒諸叛逆
열 화 위 전 구 분 소 제 반 역

4 靈光燭宇宙 坤輿惴焉慄
영 광 촉 우 주 곤 여 췌 언 률

5 眾岳懾天威 紛紛熔如蠟
중 악 섭 천 위 분 분 용 여 랍

6 諸天宣義理 萬民仰光烈
제 천 선 의 리 만 민 앙 광 렬

7 奉事偶像者 終必見隕越 願爾諸神道 敬向主屈膝
봉 사 우 상 자 종 필 견 운 월 원 이 제 신 도 경 향 주 굴 슬

8 佳音燠西溫 靈蹟慰樹德 諸城如靜女 聞風坐相悅
가 음 욱 서 온 영 적 위 수 덕 제 성 여 정 녀 문 풍 좌 상 열

9 至尊惟真主 眾神所仰矚
지 존 유 진 주 중 신 소 앙 촉

10 傳語愛主者 愛主當疾惡 主必拯良善 群小休糾纏
전 어 애 주 자 애 주 당 질 악 주 필 증 량 선 군 소 휴 규 전

11 光明播心田 神樂湧如泉
광 명 파 심 전 신 락 용 여 천

12 雍雍諸君子 耿耿懷所天 稱謝主洪恩 永將芬芳宣
옹 옹 제 군 자 경 경 회 소 천 칭 사 주 홍 은 영 장 분 방 선

글자풀이

- 監臨(감림) 감독의 임무를 띠고 현장에 나감
- 斯(사) 이(대명사)
- 靉靆(애체) 구름이 많이 낀 모양
- 圍(위) 에워싸다
- 帀(잡) 두르다
- 窺(규) 엿보다
- 驅(구) 몰다, 채찍질하여 달리게 하다
- 焚(분) 불사르다
- 燒(소) 불사르다
- 坤(곤) 땅, 대지
- 輿(여) 수레
- 坤輿(곤여) 대지
- 惴(췌) 두려워 벌벌 떨다
- 懾(섭) 두려워하다
- 熔(용) 녹이다
- 蠟(랍) 밀초
- 隕越(운월) 넘어져 떨어지다
- 屈(굴) 굽히다
- 膝(슬) 무릎
  屈膝(굴슬) 무릎 꿇고 절함, 복종함
- 燠(욱) 따뜻하다
- 聞風(문풍) 소문을 듣다
- 矚(촉) 보다
- 糾纏(규전) 서로 뒤엉킴
- 播(파) 퍼뜨리다
- 芬芳(분방) 꽃다운 향내

옮김

1야훼 온 누리 굽어보사 다스리시니 대지는 기뻐하며 뭇 섬들 춤 추누나 2
구름이 그 주위 둘러 있으니 아득한 그 깊이 엿볼 수 없어라 사랑과 정의,
그리고 정직이 우리 주님 어좌의 기틀이라네 3거룩한 불길이 그분 앞서 달
려가니 반역의 무리들 불살라지고 4거룩한 빛 온 세상 비추니 대지는 두려
워 어쩔 줄 모르도다 5뭇 산들 그 위엄에 떨며 녹아내리고 6뭇 하늘 주의
진리 드러내니 만민이 그 영광 우러르도다 7우상을 섬기는 자 끝내 넘어지
리니 너희 신들아 야훼께 무릎 꿇어 경배하라 8아름다운 소식에 시온이 기
뻐하며 야훼의 손길에 유다가 위로 얻네 유다의 성읍은 정숙한 여인 같아
그 소식 듣고 은근히 기뻐하네 9지존하신 분 오직 야훼뿐이라 뭇 신들이
그저 우러러 볼 뿐이네
10주 사랑하는 이여 귀 기울일지니 마땅히 악을 미워하여라 주님은 어진
이를 구해주시고 악인의 굴레에서 풀어주시네 11그들의 마음 밭에 주의 빛

뿌려지며 주님 주신 즐거움이 용솟음치네
12주님을 사랑하는 신실한 이들 오롯하고 간절히 야훼 주 사모하니 주님의 크신 은혜 감사드리네 영원히 그 선하심 찬양드리네

해설

6절의 제천諸天은 마음을 수양하는 경계에 따라 나뉘어 있는 여덟 하늘을 말하기도 하고 모든 신들과 호법들을 뜻하기도 한다.

8절에서 히브리 시인은 시온이 그 소식을 듣고 기뻐하며 유다의 딸들이 즐거워한다고 노래하나 오경웅은 그 소식이 곧 하느님이 유다에게 주시는 위로의 손길이라고 표현하면서 유다의 성읍을 정숙한 여인으로 비유하여 정숙한 여인이 그 소식을 듣고 은근히 기뻐한다고 묘사한다.

여기에서 문풍聞風은 『맹자』 「진심盡心」 하에 나오는 말로 '성인은 백대百代의 스승으로 백이, 유하혜가 그러한 분들이다. 그러므로 백이의 풍도를 들은 사람은 탐욕스런 사람이 청렴해지고 나약한 사람은 자립의 의지를 가지며 유하혜의 풍도를 들은 사람은 각박한 사람이 돈후해지고 비루한 사람이 관대해진다'聖人百世之師也 伯夷柳下惠是也 故聞伯夷之風者 頑夫廉 懦夫立志 聞柳下惠之風者 薄夫敦 鄙夫寬(성인백세지사야 백이유하혜시야 고문백이지풍자 완부렴 나부입지 문류하혜지풍자 박부돈 비부관)는 문장이 있다.

이처럼 문풍聞風은 단순하게 소문을 듣는 것이 아니라 잘 듣고 감화되는 것을 의미한다. 복된 소식은 단순한 말의 나열이 아니라 삶과 영혼에 드리우는 그분의 손길이요, 위로이다. 따라서 그 복된 소식은 믿는 이의 삶을 바꾸며 변화시킨다. 그 소식福音(복음)이 삶을 변화시키는 능력이다. 또한 문풍좌상열聞風坐相悅은 당唐의 시인 장구령의 「감우感遇」에 나오는 문장으로 '뉘 알리요? 깊은 숲에 숨어 사는 은사隱士가 (철따라 풍성한 난향과 계수향에) 아름다움

에 취하여 즐거워함을' 誰知林栖者 聞風坐相悅(수지림서자 문풍좌상열)이라고 노래하였다.

오경웅은 10절에서 믿는 이를 양선良善이라 옮겼다. 주희는 양선한 사람이란 정직正直하여 거짓이 없는 이를 말한다고 하였다. 하느님이 보전하며 구원하는 사람은 정직한 사람, 거짓이 없는 사람이다. 그에 반해 악인(소인)은 얽어매어 뒤엉키게糾纏(규전) 한다. 이것저것 얽어놓고 늘어놓아 선악을 분별하지 못하게 하는 것이 악인의 일이다. 선악은 아주 자주 선명하게 분별될 때보다 희미하거나 흐릿한 경우가 훨씬 더 많다. 그렇게 길을 잃게 하고 흔들리게 한다.

그렇게 희미하고 흐릿한 현실에 하느님은 빛을 뿌리셔서 모든 것을 밝히 보게 하시고 그 빛에 의지하여 주의 선함을 닮아가는 이에게 하늘의 기쁨이 솟구치게 하신다. 주께서 주시는 기쁨은 우러나는 것이며 솟구치는 것이다. 내 속에 뿌리를 둔 것이 아니기에 한이 없는 것이며 마르지 않는다. 그러니 그 거룩한 이름으로 인하여 감사를 멈출 수 없다.

12절에서 믿는 이를 히브리 시인은 의인이라 하였는데 오경웅은 옹옹군자雍雍君子요 경경회주耿耿懷主로 풀이하였다. 옹옹雍雍은 화목하게 모든 것을 어우르는 모습을 뜻하며 경경耿耿은 한시도 잊지 않고 마음에 담아 생각하는 것을 뜻한다. 위로 하느님을 향한 믿음으로는 경경이요 함께 하는 성도들 안에서는 옹옹이다. 온전하다.

오경웅은 2절에서 구름이 그 주위 가득 둘러 있으니 아득한 그 깊이 엿볼 수 없으나 사랑과 정의, 그리고 정직이 우리 주님 어좌의 기틀이라고 풀이하면서 '하느님의 진리는 한없이 깊고 또 높으셔서 사람이 가늠할 수 없다'玄之又玄(현지우현)고 했다. 그러나 하느님의 자비는 해와 달처럼 명명백백하다. 그러므로 하느님의 법道(도)을 닮고자 하는 우리는 마땅히 덕德에서 시작해 도道로 들어가야 한다. 지극한 덕至德(지덕)에 이르지 못하고서야 어떻게 지극한 하느님의 도至道(지도)에 다다를 수 있겠는가?라고 하였다.

제98수

새노래 新曲
신곡

1 向主奏新曲 暢詠主靈蹟 主憑大手臂 作成救世業
향주주신곡 창영주령적 주빙대수비 작성구세업

2 福音已昌明 正義燭兆域 恆懷信與仁 眷顧我義塞
복음이창명 정의촉조역 항회신여인 권고아의새

3 救恩被邇遐 舉世所目擊
구은피이하 거세소목격

4 普天應同慶 引吭寫歡悅
보천응동경 인항사환열

5 頌美宜鳴琴 歌聲貴和協
송미의명금 가성귀화협

6 吹號且吹角 欽崇天地王
취호차취각 흠숭천지왕

7 滄海騰諠愉 水族舞洋洋 大地及眾生 欣欣仰春光
창해등훤유 수족무양양 대지급중생 흔흔앙춘광

8 洪濤齊鼓掌 群山吐芬芳
홍도제고장 군산토분방

9 主將鞫大地 世事賴平章 睿斷惟正直 哀矜見慈腸
주장국대지 세사뢰평장 예단유정직 애긍견자장

글자풀이

- 憑(빙) 의거하다
- 燭(촉) 비추다
- 邇(이) 가깝다
- 遐(하) 멀다
  邇遐(이하) 온 세상(=擧世)
- 吭(항) 목구멍
- 寫(사) 묘사하다
- 吹(취) 불다
- 號(호) 부르다
- 欽崇(흠숭) 높여 공경하다
- 諠(훤) 밝다, 떠들썩하다

옮김

1야훼께 새 노래를 지어 부르세 놀라우신 주의 손길 찬양드리세 주께서 능
력의 손 펼치셔서 구원의 대업을 이루셨도다 2복된 소식 이미 밝히 드러났
으니 정의가 사망의 땅에 밝혀졌도다 변치 않는 사랑과 신실함으로 이 백
성 이스라엘을 돌보신다네 3놀라운 구원의 그 은혜를 온 세상 모두 목도하
였도다 4천지가 더불어 기뻐하나니 목소리 높여 기쁨을 토로하세 5아름다
운 노래와 울리는 비파로 하모니 이루며 찬양소리 올려라 6나팔을 불며 뿔
나팔을 울려 온 누리 임금되신 야훼 찬양하여라 7바다와 거기 사는 모든
것들아 솟구치는 기쁨을 맘껏 누리라 땅과 그에 속한 모든 생명아 즐거이
주의 광휘 우러러 보라 8큰 물들아 일제히 손뼉 울려라 뭇 산들아 아름다
운 향내 뿜어라 9주님 이제 이 땅을 심판하시고 세상을 고루 밝게 다스리
시리 슬기로운 판결 의로우시며 야훼의 긍휼을 보이시리라

해설

시편 98편은 교회력에 따르면 성탄절에 받들어 읽는 말씀이다. 하느님의

놀라운 구원을 맛본 이들의 기쁨과 감격으로 가득한 시편이기에 예수 그리스도의 오심을 묵상하는 데 제격이기도 하다. 그래서인가? 오경웅은 2절의 야훼의 구원을 복음福音으로 번역하였다. 이어서 하느님의 공의가 세상에 명백히 드러났다고 할 때 조역兆域이란 낱말을 사용하였다. 세상이라고 번역할 수도 있지만 본래 조역은 무덤과 그 주위를 뜻하는 말이기도 하다. 그러니 복된 소식이 죽음의 땅에 임하였다고 말할 수도 있다. 따라서 복된 소식은 생명의 소식이며 구원의 소식이다.

더구나 이 구원의 기쁜 소식은 인생에게만 한정된 것이 아니다. 바다와 산들도 응답해야 할 소식이며 그 안에 있는 모든 것들이 화답해야 할 소식이다. 아울러 구원의 기쁜 소식 안에는 하느님의 심판이 내재되어 있는데 그 중심은 바로잡으심, 공평이다.

오경웅은 9절을 통해 자신의 묵상을 연장한다. 히브리 시인은 슬기로운 심판을 노래하는 데 그치지만 오경웅은 그와 함께 긍휼히 여기심도 보게 될 것이라고 노래한다. 믿는 이에게 심판은 두려운 사건이 아니다. 오히려 하느님의 자비와 긍휼을 기대할 수 있는 은혜의 장이다.

2절의 권고眷顧는 늘 잊지 않고 생각하며 마음을 쓴다는 뜻이다. 『사기』 「굴원전屈原傳」에 굴원이 비록 '유배되어 멀리 떨어져 있으나 언제나 나라를 잊지 않고 임금을 생각하였다'眷顧楚國 系心懷王(권고초국 계심회왕)고 하였다.

4절의 보천동경普天同慶은 천하 모든 사람이 다 함께 기뻐한다는 성어成語이다.

6절의 흠숭欽崇은 『서경』 「중훼지고仲虺之誥」에 '예가 있는 사람은 길러주고 어둡고 포악한 자는 뒤엎으며 하늘의 도를 공경하고 높여 하늘의 명을 길이 보전하시라'殖有禮 覆昏暴 欽崇天道 永保天命(식유례 복혼폭 흠숭천도 영보천명)는 글이 있다.

7절의 춘광春光은 봄의 경치를 뜻하기도 하며 매우 좋은 시절을 의미하기도 한다.

9절의 평장平章은 『서경』「요전堯典」에 나오는 것으로 '백성을 고루 밝게 다스리니 백성들이 밝히 알게 되고 온 나라가 화합하게 되었다'平章百姓 百姓昭明 協和萬邦(평장백성 백성소명 협화만방)고 하였다. 평장은 평정창명平正彰明의 줄임말로 평平은 고르게 함과 잘 분별한다는 의미를 지니고 있다.

『천자문』에도 '조정에 앉아 다스림에 대하여 물으며 옷소매를 늘어뜨린 채 있어 아무 일 하지 않는 것 같으나 나라가 밝게 다스려진다'坐朝問道 垂拱平章(좌조문도 수공평장)는 문장이 있다.

같은 절의 예단叡斷은 슬기로운 판단을 뜻하지만 동시에 황제의 결정을 의미하기도 한다.(96편의 해설을 참고하라.)

제99수

한없는 주님의 영광 篤實光輝

목 실 광 휘

1 主坐凱神上 赫赫臨下土 大地肅肅顫 萬民慄慄懼
주 좌 개 신 상 혁 혁 림 하 토 대 지 숙 숙 전 만 민 률 률 구

2 駐蹕西溫山 浩氣塞寰宇 眾庶所愛戴 至尊惟真主
주 필 서 온 산 호 기 색 환 우 중 서 소 애 대 지 존 유 진 주

3 恆應誦聖名 用表敬與慕
항 응 송 성 명 용 표 경 여 모

4 神力既無邊 正直蘊心府 運其大手臂 建立公正序
신 력 기 무 변 정 직 온 심 부 운 기 대 수 비 건 립 공 정 서

教我義塞民 兢兢守法度
교 아 의 새 민 긍 긍 수 법 도

5 爾應向聖君 中心懷畏怖
이 응 향 성 군 중 심 회 외 포

6 每瑟與亞倫 充主祭司伍 自古敬主者 虔誠數撒母
매 슬 여 아 륜 충 주 제 사 오 자 고 경 주 자 건 성 수 살 모

諸聖籲雅瑋 雅瑋應其籲
제 성 유 아 위 아 위 응 기 유

7 復自雲柱中 諄諄與之語 教之遵典章 翼翼中規矩
부 자 운 주 중 순 순 여 지 어 교 지 준 전 장 익 익 중 규 구

8 愆尤蒙糾正 益見慈恩富
건 우 몽 규 정 익 견 자 은 부

9 我願奉主者 朝拜向聖圃 主乃造物宰 神聖實昭著
아 원 봉 주 자 조 배 향 성 포 주 내 조 물 재 신 성 실 소 저

글자풀이

- **凱神**(개신) 그룹
- **肅**(숙) 엄숙하다
- **顫**(전) 떨리다
- **慄**(율) 두려워하다
- **懼**(구) 두려워하다
- **駐**(주) 머무르다
- **蹕**(필) 길을 치우다(임금이 지나갈 때 다들 비켜나는 것)
- **塞**(색) 가득하다
- **寰**(환) 세상
- **戴**(대) 머리 위에 올려놓다
- **恆**(항) 항구하다
- **蘊**(온) 쌓다
- **序**(서) 안정시키다
- **競**(긍) 삼가다
- **怖**(포) 두려워하다
- **司**(사) 맡다
- **伍**(오) 대오
- **虔**(건) 경건하다
  虔誠(건성) 경건하고 지극한 정성
- **籲**(유) 부르짖다
- **柱**(주) 기둥
- **諄**(순) 타이르다
- **翼**(익) 삼가다
- **矩**(구) 곱자
- **愆**(건) 허물
- **尤**(우) 과실
- **糾**(규) 바로 잡다
- **圃**(포) 뜰, 채마밭
- **每瑟**(매슬) 모세의 음역
- **亞倫**(아륜) 아론의 음역
- **撒母**(살모) 사무엘의 음역

옮김

1 주께서 그룹 위에 좌정하셔서 이 땅에 환히 임하시도다 그 엄위에 두려워
땅들은 요동하며 만민들 벌벌 떨며 어쩔 줄 모르네 2 임금께서 시온 산에
머무르시니 온전하고 바른 기운 세상에 충만하네 뭇 백성들 사랑으로 주님
받드니 지극히 존귀하신 하느님이시라 3 거룩하신 그 이름 늘 찬송 부르며
경모하는 마음 올려드리세 4 주님의 크신 능력 가없으시고 그분의 올곧으
심 한결같아라 당신의 손 펼치사 공정公正 굳게 세우시고 우리에게 가르치
사 깨어 지키라셨네 5 너희는 거룩하신 주님을 바라라 경외하는 마음을 온
전히 품으라 6 충실한 사제였던 모세와 아론 지극한 정성으로 주님 모신 사
무엘 이들이 야훼 주께 호소드리니 주께선 그들 간구 들어주셨네 7 구름 기
둥 안에서 곡진히 이르시고 그들은 배운 법도 따르며 지켰도다 8 허물을 고

쳐 바로 잡아주셔서 풍성한 주의 은혜 더하여졌네 9야훼를 섬기는 백성들이여 거룩한 산 향하여 경배드리자 야훼 주님 만물의 주재자시니 우리 하느님 진실로 거룩하시다

해설

1절의 밝고 밝게 땅에 임하시다臨下土(림하토)는 『시경』「소아小雅」「소명小明」에 나오며 '밝고 밝은 저 하늘이 이 땅을 비춰주네'明明上天 照臨下土(명명상천 조림하토)라고 노래하였다.

2절의 주필駐蹕은 왕이 행차하는 도중 잠시 머무르는 것이나 그로 인하여 사람들을 물리게 하여 길을 내는 것을 의미한다. 같은 절의 호기浩氣는 호연지기浩然之氣의 줄임말이다. 정대하고 강직한 기운을 의미하며 『맹자』「공손추公孫丑」상에 나온다. 같은 절의 환우寰宇는 세상 천하를 뜻한다. 당唐의 시인 낙빈왕의 「제경편帝京篇」에 '그 명성은 세상을 덮었고 그 문물은 별의 운행을 본떴다'聲名冠寰宇 文物象昭回(성명관환우 문물상소회)는 문장이 있다.

6절의 건성虔誠은 공경하며 정성스러운 태도를 뜻한다. 유신의 「사오제가祀五帝歌」에 '붉은 거문고 울리고 진붉은 경쇠 정성 다해 연주하니 만물이 생장하며 잘 자라는도다'朱絃絳鼓磬虔誠 萬物含養各長生(주현강고경건성 만물함양각장생)라고 하였다.

7절의 전장典章은 제도와 법령의 총칭이라면 규구規矩는 원형과 정사각형을 그리는 그림쇠와 곱자로 반드시 지켜야 할 규칙과 법도이다. 『순자』「예론禮論」에 '그림쇠와 곱자가 진실로 잘 사용되면 모나고 둥근 것을 속일 수가 없으니 그림쇠와 곱자는 모나고 둥근 것의 지극함이다'規矩誠設矣 則不可欺以方圓 規矩者 方圓之至(규구성설의 즉불가기이방원 규구자 방원지지)라고 하였다.

8절의 건우愆尤는 죄와 허물을 의미한다. 이백의 시 「고풍古風」에 나오는

것으로 '큰 업적 이루고 물러날 줄 모르더니 예부터 다 허물만 얻었더라'功成身不退 自古多愆尤(공성신불퇴 자고다건우)고 노래하였다. 공을 이루고 그로 인해 자기를 내세우지 않고 물러나는 것이 사람이 자기를 지킬 수 있는 길임을 역사가 보여주고 있다. 9절의 소저昭著는 밝히 드러남을 의미한다.

히브리 시인은 4절에서 하느님께서 이스라엘에게 공정과 정의를 베푸셨다고 노래하는데 오경웅은 공정과 정의를 펼치시고 가르치시며 삼가 지키게 하셨다고 노래한다. 주님의 행위만 있는 것이 아니라 그 행위를 본받아야 마땅한 인생이 있음을 말하고 싶어 한다. 동양적 사유에서 하늘은 늘 본받아야 할 무엇이며 참된 사람은 본받고자 한결같이 힘쓰는 사람이다. 그래서 하늘과 사람이 어우러지고 닮아가며 마침내 하나가 된다.

신앙의 여정에서도 인생의 간구가 있고 그에 귀 기울여주시는 하느님이 계시다. 허락하신 거룩한 말씀이 있고 이 말씀을 정성스레 받들어 새기는 인생이 있다. 더구나 하느님의 말씀과 가르침이야 더할 나위 없이 온전하지만 그 말씀을 듣고 몸에 새기는 이로 인하여 말씀은 참으로 말씀이 된다. 우리 주 예수 그리스도처럼…. 그런 마음이 있기 때문인가? 7절에서 오경웅은 하느님께서 백성들에게 말씀하셨다는 히브리 시의 묘사를 하느님께서는 곡진하게 가르치셨다고 번역한다. 순순諄諄은 인내심을 가지고 진실된 마음으로 가르치고 이끈다는 뜻을 지녔다. 『시경』「대아」「억抑」에서 '그대들을 하나하나 곡진히 가르치나 내 말을 건성건성 흘려버리고 중요한 교훈으로 아니 여기고 도리어 농담으로 받아들이는구나'誨爾諄諄 聽我藐藐 匪用爲敎 覆用爲虐(회이순순 청아막막 비용위교 복용위학)라며 안타깝게 노래한다. 진리가 사라진 적이 없고 그 가르침이 모자란 적이 없다. 다만 그 곡진한 말씀을 귀 기울이는 이가 적을 뿐이다. 그러므로 믿는 이가 지녀야 할 태도를 거듭 일러준다. 삼가 조심하고兢兢(긍긍) 또 삼가 조심하며翼翼(익익) 마음에 경외를 품고畏怖(외포) 어둔 세상에서 지향이 되시는 주님만 바라보라!向聖君(향성군)

제100수

성전에 오르며 升堂
승 당

1 大地歡騰 咸誦主恩
대 지 환 등　함 송 주 은

2 何以事主? 和樂且湛　何以承顔? 響遏行雲
하 이 사 주?　화 락 차 담　하 이 승 안?　향 알 행 운

3 於穆真宰 天地之王　作我蒸民 仁育無疆
어 목 진 재　천 지 지 왕　작 아 증 민　인 육 무 강

主為我牧 我乃其羊
주 위 아 목　아 내 기 양

4 既入其門 既升其堂　歌功詠德 厥聲琅琅
기 입 기 문　기 승 기 당　가 공 영 덕　궐 성 랑 랑

5 聲教四訖 莫匪爾極　世代緜緜 慈恩不竭
성 교 사 흘　막 비 이 극　세 대 면 면　자 은 불 갈

글자풀이

- **湛**(담) 즐기다
- **響**(향) 울리다
- **遏**(알) 멈추다
- **穆**(목) 공경하다
- **琅**(랑) 옥구슬 소리
- **訖**(흘) 이르다
- **緜**(면=綿) 연잇다
- **竭**(갈) 다하다, 마르다

옮김

1온 세상이여 기뻐 뛰어라 야훼의 크신 은혜 송축하여라 2즐거움과 기쁨으
로 야훼 섬기며 아름다운 찬양으로 그분을 받들라 3어지신 하느님 천지만
물의 주재시라 지으실 뿐 아니라 자비로 기르시네 야훼는 우리의 목자되시
고 우리는 그분의 양무리여라 4주의 은덕 노래하며 성문에 들어서며 그의
은총 찬양하며 성전에 오르라 5주님 교화 온 누리 두루 미치니 그 손길 벗
어난 이 하나 없도다 세세토록 이어지는 야훼의 은혜 영원토록 마르지 아
니하도다

해설

히브리 시편은 환호성과 기쁨, 감격과 감사의 찬양으로 가득하다. 오경웅은 이 벅차오르는 감격과 환호를 화락차담和樂且湛이라고 묘사한다. 유교적 맥락에서 낙樂은 솟구치는 기쁨이다. 외부에서 무엇인가가 주어져 그로 인해 생겨나는 기쁨이나 감정으로 느끼는 즐거움이 아니다. 낙樂은 온몸으로 누리는 즐거움이며 조건과 경계를 넘어선 즐거움이다. 안빈낙도安貧樂道 같은 성어成語에서 볼 수 있듯이 누구도 빼앗을 수 없는 내면의 기쁨이다.

『논어』「학이學而」 편에 공자의 제자 자공이 '가난해도 아첨하지 않고 부유해도 교만하지 않으면 어떻습니까? 하고 물었을 때 공자 답하길 가난해도 즐거워하며 부유해도 예를 좋아하는 것만 못하다'貧而無諂 富而無驕 如何 子曰 可也 未若貧而好樂 富而好禮者也(빈이무첨 부이무교 여하 자왈 가야 미약빈이호락 부이호례자야)고 답하였다.

이러한 즐거움은 또한 쾌快와 통한다. 시원함이기도 하고 즐거움이기도 하고 병이 나았다는 뜻이기도 한데 선비의 평생 업인 수신공부를 통해 막

혔던 것이 뚫리거나 내면의 모순이 한순간에 풀려서 얻는 즐거움의 경지이다. 이것이 쾌락快樂의 본질이다. 말초적 신경을 자극하는 것이 쾌락일 수는 없다.

장재의 『정몽正蒙』에 '크나큰 즐거움이야말로 도의 진실됨이라 조화하니 커질 수 있고 즐거워하니 오래가도다 이는 천지의 본성이니 마땅히 크고 오래가도다'和樂 道之端乎 和則可大 樂則可久 天地之性 久大而已矣(화락 도지단호 화즉가대 낙즉가구 천지지성 구대이이의)라고 하였다.

오경웅은 이 시편 말미에 위의 장재의 말과 바울의 고백을 함께 인용하며 결론을 맺는다. '우리가 비록 환란에 처하나 지극한 즐거움이 있도다.'吾人雖處患難 亦有至樂(오인수처환난 역유지락)

위의 말들은 사람을 속이는 말이 아니다. 정녕 즐거움을 맛본 자의 선언이다.

2절의 승안承顏은 높은 분의 뜻을 잘 받들어 순종한다는 의미이다. 같은 절의 향알행운響遏行雲은 지나가는 구름도 멈추게 하는 아름다운 노랫소리란 뜻으로 『열자』에 나온다.(68편의 해설을 참고하라.)

3절의 증민蒸民은 일반 백성을 뜻한다. 『시경』「대아大雅」「증민蒸民」에 '하늘이 뭇 백성을 낳으셨으니 모든 것은 제각각 법칙 있도다. 그러기에 백성들의 떳떳한 본성 아름다운 인품을 좋아한다오'天生蒸民 有物有則 民之秉彝 好是懿德(천생증민 유물유칙 민지병이 호시의덕)라고 노래하였다. 고대에는 백성百姓이란 낱말이 귀족을 칭하는 단어였다.

5절의 성교사흘聲敎四訖은 '제왕이 백성을 교화하는 덕聲敎(성교)이 온 세상에 미쳤다'聲敎訖于四海(성교흘우사해)는 의미로 『서경』「우공禹貢」편에 나온다.

제101수

주의 사람들과 가까이 지내고 악인은 멀리 하라! 親君子遠小人
친군자원소인

1 我於天主前 立志為聖賢 吟詠惟仁義 歌誦惟所天
아어천주전 입지위성현 음영유인의 가송유소천

2 孶孶遵大道 兢兢莫踰閑 主肯惠然臨 我心固以貞
자자준대도 긍긍막유한 주긍혜연림 아심고이정

修身以齊家 3 蕩滌邪與淫 痛絕虛偽習
수신이제가 탕척사여음 통절허위습

4 根拔悖逆意 5 傲者我莫親 讒者我所棄
근발패역의 오자아막친 참자아소기

6 惟願求賢良 與我共國事 簡拔忠實徒 充我心腹吏
유원구현량 여아공국사 간발충실도 충아심복리

7 行見我宮中 無復奸佞跡 挾私懷邪者 不復近我側
행견아궁중 무부간녕적 협사회사자 불부근아측

8 夙夜勉自強 殲滅諸悖逆 務使天主城 煥然成聖域
숙야면자강 섬멸제패역 무사천주성 환연성성역

글자풀이

- **孳**(자) 부지런하다
  孳孳(자자) 부지런하다, 부지런한 모양
- **兢兢**(긍긍) 삼가며 조심함
- **踰**(유) 넘다, 지나가다
  踰閑(유한) 법을 어기지 않다
- **肯**(긍) 옳게 여기다
- **惠**(혜) 은혜를 베풀다
- **蕩**(탕) 씻다
- **滌**(척) 씻다
  蕩滌(탕척) 더러운 것을 없애고 깨끗하게 함
- **拔**(발) 뽑다
- **讒**(참) 중상모략하다
- **簡拔**(간발) 여러 사람 가운데서 뽑음
- **心腹**(심복) (=**心腹之人**) 반드시 필요한 사람
- **吏**(리) 벼슬아치
- **佞**(녕) 아첨하다
  奸佞(간녕) 간사하고 아첨하는 사람
- **挾**(협) 가지다

옮김

1거룩한 삶 살기로 주 앞에서 뜻 세우고 사랑과 의를 마음에 새기며 아버
지 하느님만 찬양하리라 2부지런히 주의 길을 따라 걸으며 삼가 주의 법
도 벗어나지 않으리 주께서 은혜로이 임하시리니 나 오롯이 주께만 마음
두리라 온전히 나를 닦아 주님만을 모시며 온 집안은 주님만 받들어 섬기
리 3거짓과 음란한 것 깨끗이 씻어내고 허위의 습[習]들을 과감히 끊어내리 4
임 거스르는 생각일랑 뿌리 채 뽑고 5거만하게 굴면서 중상모략하는 자 가
까이 하지 않고 끊어내리라 6오직 지혜롭고 어진 이들 구하여 그들과 함께
주의 나라 논하리라 한결같이 신실한 이들 잘 찾아서 마음 합한 일꾼들과
함께 일하리라 7간사한 아첨꾼은 발붙이지 못하고 삿된 욕심 부리며 거짓
을 품는 자 내 곁에 가까이 오지 못하리라 8새벽부터 밤까지 님 닮으려 힘
쓰며 주님 거스르는 자들 몰아내리니 야훼의 도성 환히 빛나는 거룩한 땅
되도록 힘쓰오리다

오경웅은 이 시편을 읽으며 임금 다윗의 기도를 유교적 사유에서 마땅히 지도자라면 추구하며 지향해야 할 참된 인간의 목표와 그 과정을 끌어와 묘사하였다. 그 첫째가 성인聖人이 되고자 뜻을 세우는 것이다.立志(입지) 이는 유학의 출발점이요 근본이다. 뜻을 세우지 않고는 방향이 생겨날 수 없고 뜻 없이 목적지에 이를 수는 없다. 그랬기에 모든 성현들의 첫 번째 권고가 입지였다. 그렇게 뜻을 세운 후에야 성의誠意, 헛된 생각을 버리고 진리만을 오롯이 우러르는 것이다.

2절에서 긍긍兢兢은 부지런히 뜻을 따르고 삼가 조심하여 그릇된 것에 빠지지 않는 것이다. 그저 한 생각 한 생각에서 조금의 삿된 것조차 끊어내는 것, 극기성찰克己省察이 참된 공부요 신앙이다. 그렇게 부지런히 나아가 정심正心에 이른다. (2절에서 정심貞心은 오롯한 마음으로 묘사되고 있다.) 그렇게 나아가 자신을 다스리는 수신修身이 되고 더 나아가 제가齊家로 드러난다.

수신과 제가의 길도 일러준다. 3절에서 삿된 생각을 씻어내고 허위에 젖어 든 습習을 끊어낸다. 이러한 것들은 쉬 밖으로 드러나지 않는다. 남에게 뿐만 아니라 자신에게 조차 감출 수 있는 것이다. 그래서 더 위험하기에 자신을 향해 깨어있지 않고는 습習을 놓치기 십상이다.

어느 현자의 말처럼 고양이가 쥐를 노릴 때 숨죽여 기다리며 꼼짝 않고 노려보는 것처럼 해야 할 일이다. 누가 대신 해 줄 수 있는 것은 더더욱 아니다. 그렇게 닦아가는 중에 자기 속에 감추인 거짓되거나 패역된 근본적인 뿌리들을 뽑아내게 된다. 그런 연후에야 자연스레 치국 평천하治國 平天下로 이어지는데 치국평천하는 개인의 수양의 지평을 넘어선다.

그 비결은 바른 이를 가까이 하고 소인小人을 멀리하는 것이다. 의義, 하느님의 뜻을 먼저 생각하고 자기 뜻, 즉 자기 이익을 추구하지 않는 사람이어야 한다. 군주가 의를 생각하면 신하도 의를 생각하며 백성도 의를 생각한다고 했다. 군주가 하느님을 외면하고 자기 뜻만을 추구하는데 어떻게 신하가 하느님의 뜻을 구하겠는가? 하물며 백성은 또 어떠하겠는가? 그렇기에 참된 사람은 하느님의 뜻을 찾는 이君子(군자)를 가까이 하여야 한다. 서로 물들지 않겠는가? 그러니 더더욱 소인배를 멀리해야 하지 않겠는가?

2절의 막유한莫踰閑은 『논어』「자장子張」 편에 나오는 말로 '큰 덕은 규범에서 벗어나서는 안 된다. 그러나 작은 덕은 다소의 굴곡이 있어도 용납된다'大德不踰閑 小德出入可也(대덕불유한 소덕출입가야)고 하였다.

이 시편은 오경웅의 의식이 신앙 안에서 자연스럽게 젖어들어 우러난 번역이기도 하고 다윗의 소망과 동양적 통치의 이상이 하나 되어 그려져 있기도 하다. 오경웅은 이 시편을 번역 말미에 '군왕의 거울이 되는 시편'이라고 하였다.

제102수

참회의 노래 (5) 은혜를 구하다 懺悔吟之五 求恩

참 회 음 지 오 구 은

1 願主聽我禱 呼籲達尊前
원 주 청 아 도 호 유 달 존 전

2 小子患難日 莫掩爾慈顏 小子竭聲呼 營救莫遷延
소 자 환 난 일 막 엄 이 자 안 소 자 갈 성 호 영 구 막 천 연

3 歲月容易度 消散如雲煙 精力已枯焦 有如火相煎
세 월 용 이 도 소 산 여 운 연 정 력 이 고 초 유 여 화 상 전

4 我心如秋草 萎頓不復鮮 遑遑若有失 無意沾盤餐
아 심 여 추 초 위 췌 불 복 선 황 황 약 유 실 무 의 첨 반 찬

5 形容消瘦盡 長噓更短歎 6 鶘啼荒野地 鴞泣淒涼天
형 용 소 수 진 장 허 갱 단 탄 호 제 황 야 지 효 읍 처 량 천

7 孤燕棲空梁 夜夜不成眠 與此相彷彿 我情亦堪憐
고 연 서 공 량 야 야 불 성 면 여 차 상 방 불 아 정 역 감 련

8 頑敵不相饒 終日苦糾纏 惡仇謀吾命 相將立誓言
완 적 불 상 요 종 일 고 규 전 악 구 모 오 명 상 장 립 서 언

9 風塵充餱糧 涕淚和水飲 祇緣主震怒 顛沛一何甚?
풍 진 충 후 량 체 루 화 수 음 기 연 주 진 노 전 패 일 하 심?

10 昔蒙主高舉 今為主遐遺
석 몽 주 고 거 금 위 주 하 유

11 日暮景翳翳 吾生復幾時? 主若不反顧 將隨秋草萎
일 모 경 예 예 오 생 복 기 시? 주 약 불 반 고 장 수 추 초 위

12 吾主坐天闕 萬古永不移 神威日日在 榮名世世垂
오 주 좌 천 궐 만 고 영 불 이 신 위 일 일 재 영 명 세 세 수

13 吾主必興起 愍我西溫卑　西溫卑已極 蒙寵宜今茲
오주필흥기 민아서온비　서온비이극 몽총의금자

14 爾僕戀西溫 恩愛無與比　既珍西溫石 亦憐西溫泥
이복련서온 은애무여비　기진서온석 역련서온니

16 主建西溫後 風光應無涯　15 萬民必賓服 百王來觀儀
주건서온후 풍광응무애　만민필빈복 백왕래관의

17 主已聽我禱 未蔑卑者祈　18 書此傳後裔 俾知頌雅瑋
주이청아도 미멸비자기　서차전후예 비지송아위

19 主自九天上 監臨人間世　20 垂聽幽囚泣 親釋羈魂縲
주자구천상 감림인간세　수청유수읍 친석기혼류

21 惟願我子孫 讚主無窮已　西溫全盛日 瑟琳映光輝
유원아자손 찬주무궁이　서온전성일 슬림앙광휘

22 萬邦既齊集 爾當宣主美　23 我躬逢聖怒 中道將衰落
만방기제집 이당선주미　아궁봉성노 중도장쇠락

24 長跪白我主 盛年莫見折　我主壽無量 豈靳此一勺
장궤백아주 성년막견절　아주수무량 기근차일작

25 我主立地基 親手設天幕
아주립지기 친수설천막

26 天地終消毀 惟主長卓卓　乾坤乃主衣 衣敝換新服
천지종소훼 유주장탁탁　건곤내주의 의폐환신복

27 萬物有變化 惟主無今昨
만물유변화 유주무금작

28 還望我子孫 綿綿相嗣續　常立主之前 長蒙主之福
환망아자손 면면상사속　상립주지전 장몽주지복

글자풀이

- **掩**(엄) 가리다
- **遷**(천) 옮기다
- **延**(연) 늘이다, 지체하다
  遷延(천연) 시일을 지체하다
- **消散**(소산) 흩어져 사라짐
- **煙**(연) 연기
- **焦**(초) 지치다
- **煎**(전) 불에 달이다
- **萎**(위) 시들어 마르다
- **顇**(췌) 파리하다
- **遑遑**(황황) 몹시 허둥대다
- **沾**(첨) 더하다
- **盤**(반) 소반, 대야
- **餐**(찬) 음식물

- 瘦(수) 파리하다
- 嘘(허) 한숨 쉬다
- 鶘(호) 사다새
- 啼(제) (새, 짐승이) 울다
- 鴞(효) 부엉이
- 淒(처) 쓸쓸하다
- 棲(서) 깃들이다
- 梁(량) 들보
- 眠(면) 잠자다
- 彷(방) 비슷하다
- 彿(불) 구별하기 어렵다
- 堪(감) 견디다
- 饒(요) 너그럽다
- 糾(규) 꼬다
- 纏(전) 얽히다
  糾纏(규전) 얽어매다
- 謀(모) 꾀하다
- 餱(후) 건량(말린 음식)
- 涕(체) 울다
- 淚(루) 눈물
- 祇(지) 마침, 다만
- 顚(전) 엎드러지다
- 沛(패) 쓰러지다
- 甚(심) 정도에 지나치다
- 遐(하) 멀다
- 翳(예) 흐릿해지다
- 幾(기) 얼마나
- 闕(궐) 대궐
- 愍(민) 불쌍히 여기다
- 卑(비) 비천하다
- 戀(련) 사모하다
- 泥(니) 흙
- 賓(빈) 손님
- 儀(의) 예의, 거동
- 蔑(멸) 업신여기다
- 羈(기) 굴레, 재갈
- 縲(류) 포승
- 齊(제) 가지런히 모으다
- 躬(궁) 몸
- 跪(궤) 꿇어 앉다
- 折(절) 꺾다
- 靳(근) 인색하다
- 勺(작) 잔, 술 뜰 때의 기구
- 卓(탁) 뛰어나다
- 敝(폐) 해지다
- 嗣(사) 상속자

옮김

1야훼여 저의 기도 들어주소서 이 호소 당신 앞에 다다르게 하소서 2제 곤
경의 날에 자비로운 주의 얼굴 감추지 마소서 부르짖어 당신을 찾고 있으
니 주님 제발 너무 늦지 말아주소서 3흩어지는 구름처럼 세월은 쉬 지나고
불길에 달여지고 졸여진 것처럼 젊은 날의 힘은 말라버렸나이다 4이 마음
가을 풀같이 시들어버리니 싱싱함이라곤 전혀 없으며 어찌할 바 몰라 허둥
대면서 끼니 이을 생각조차 잊었나이다 5점점 더 마르고 파리해지는데 느

느니 눈물이요 나오느니 탄식뿐 6 황량한 광야의 사다새 같고 처량한 울음
우는 부엉이 같습니다 7 외론 제비 빈 들보에 깃들이고는 밤 맞도록 잠들
지 못하는 것처럼 제 마음도 그와 같이 불쌍한 신셉니다 8 악한 이들 종일
저를 얽곤 들볶으며 제 목숨 거둘 것을 맹세합니다 9 시련이 저의 음식이
되고 흐르는 눈물 마시게 되니 주의 진노로 인한 내던져짐이 어찌 이리도
심한 건지요? 10 전에는 주께서 들어올려 주셨건만 지금은 너무 멀리 버려
졌습니다 11 저물녘엔 만상이 흐릿해지듯 이 생도 얼마 남지 않은 건가요?
주께서 돌아보지 않으신다면 스러지는 가을 풀에 지나지 않습니다 12 그러
나 주님은 하늘보좌에 계신 영원토록 변함없는 야훼이십니다 주님의 위엄
여상하시고 당신의 영광 세세토록 드리웠습니다 13 오 주님 반드시 일어나
시어 불쌍한 시온을 가여이 여기소서 시온의 비참함이 너무 깊사온데 이제
는 주의 은총 받을 때입니다. 14 당신 종들 무엇보다 시온을 사랑하니 시온
의 돌들도 보배로이 여기며 흙덩이조차 애틋해합니다
16 야훼께서 시온을 세우실 때에 그 모습 얼마나 아름다운지 15 먼 땅에서
뭇 사람들 찾아들 오며 왕들도 그 법도 보고자 오리이다 17 야훼 우리 기도
들어주시며 가난한 자의 기도 멸시치 않으시니 18 이를 적어 후손에게 전하
여 주고 저들은 야훼를 찬양하리라 19 야훼 높디 높은 하늘에 계시나 이 땅
의 사람살이 살펴보시니 20 깊은 곳에 갇힌 이의 눈물 보시고 얽맨 굴레 친
히 푸사 그 영혼 살리시니 21 자녀들아 영원토록 야훼 주님 찬양하라 시온
이 온전히 흥왕하는 날에 예루살렘 영광의 빛 가득하리라 22 뭇 겨레와 백
성들 모여들게 되리니 너희는 주의 선하심 선포하여라 23 (그러나) 이내 몸은
주의 진노로 쇠하여 가는도다 24 무릎 꿇고 주님께 기도하기를 "제 생의 중
간에서 꺾지 말아 주소서 주님은 영원한 분이시건만 어찌 제 목숨의 잔 이
리도 작습니까? 25 주께서 땅의 터를 다지셨으며 손수 하늘 장막 두르셨지
요 26 천지는 그 끝이 있으려니와 주님만은 영원히 우뚝하십니다 그들은 주
의 옷에 지나지 않으니 옷이야 헤지면 갈아입을 뿐입니다 27 만물은 변하여

다 스러지겠으나 주님은 영원하신 하느님이십니다 28 이 자손들 대대로 주
백성 삼으시고 주 앞에서 그 은혜 누리게 하소서"

* 내용의 흐름을 자연스레 하기 위해 오경웅은 15절과 16절의 순서를 바꾸었다.

해설

시인은 자신을 저물녘 흐릿해지는 그림자요 어둠 속에 잠겨 사라지는 물상物像과 같다고 탄식한다. 빈 들보에 깃들이는 외로운 제비요, 황량하고 처량한 저녁 하늘을 나는 부엉이와 같다고 읊조린다. 이토록 견디기 어려운 시련은 주님의 진노하심이다. 주의 진노로 생이 꺾여 간다. 그럼에도 그는 자신의 회복을 요청하기보다 시온의 회복을 기도하며 시온의 영광을 간청한다. 그로 인하여 세대를 이어 야훼 하느님께서 찬송 받으시길 간구한다.

시인은 고난 속에서 자신의 고난에 갇혀 눈이 멀지 않는다. 오히려 그의 눈은 더 밝아진다. 이 짧은 인생에 비해 하느님은 영원壽無量(수무량)하시며 손수 지으신 천지를 옷가지 삼으시니 옷이 낡으면 바꾸실 수 있는 분이심을 직시한다. 주님만이 영원無今昨(무금작)하시다. 인생의 길은 나 자신이 겪는 고난이 끝나는 데 있는 것이 아니라 영원하신 하느님을 알고 시인함으로 우리 생에도 영원함이 유입할 수 있도록 내어드림에 있다.

3절의 화상전火相煎은 당唐의 시인 원결의 시 「적퇴시관리賊退示官吏」에 '지금 저들이 강제로 징수하는 것이 불에 졸이듯이 몰아대는 것 같구나'今彼徵斂者迫之如火煎(금피징렴자 박지여화전)라는 구절이 있다.

4절의 황황약유실遑遑若有失은 무엇인가 아끼고 소중히 여기는 것을 잃은 듯 실의한 모양을 뜻하는 성어成語 망약유실惘若有失의 의미이다.

5절의 장허단탄長噓短嘆은 긴 한숨과 짧은 탄식들이 끊이지 않고 계속된다

는 성어成語이다.

11절의 장수추초위將隨秋草萎는 『문선文選』에 나오는 시로 '그 꽃을 따지 않고 때 지나가면 세월 따라 가을 풀처럼 시들고 말리라'過時而不采 將隨秋草萎(과시이불채 장수추초위)고 하였다.

같은 절의 모경暮景은 저물 무렵을 의미하기도 하지만 노년을 의미하기도 한다. 같은 절의 기시幾時는 시간이 얼마 되지 않음을 뜻한다. 한무제의 「추풍사秋風辭」에 '젊음은 얼마나 되겠는가! 늙는 것을 어찌하리요?'少壯幾時 奈老何(소장기시 내로하?)라고 탄식하였다.

26절 천지종소훼天地終消毁는 이백의 시 「의고擬古」에 '해와 달 끝내는 쓰러질 것이고 하늘과 땅 모두 시들고 말리라 매미가 소나무에 붙어 울지만 그 소나무 늙은 모습 어찌 볼 수 있으랴'日月終銷毁 天地同枯槁 蟪蛄啼青松 安見此樹老(일월종소훼 천지동고고 혜고제청송 안견차수로)라고 노래하였다.

제103수

자애로우신 아버지 慈父

자 부

1 吁嗟吾魂 稱謝主恩! 心歌腹咏 顯揚聖名
우 차 오 혼 칭 사 주 은! 심 가 복 영 현 양 성 명

2 吁嗟吾魂 盍不感主? 恩澤綿綿 嘉惠無數
우 차 오 혼 합 불 감 주? 은 택 면 면 가 혜 무 수

3 赦爾諸罪 蘇爾疾苦 4 救爾於死 冠以仁恕
사 이 제 죄 소 이 질 고 구 이 어 사 관 이 인 서

5 心願飫足 無美不俱 反老回童 如鷹更羽
심 원 어 족 무 미 불 구 반 로 회 동 여 응 갱 우

6 公平惟主 屈者得直
공 평 유 주 굴 자 득 직

7 煌煌聖範 親授每瑟 教我義塞 順主之則
황 황 성 범 친 수 매 슬 교 아 의 새 순 주 지 칙

8 可則惟主 慈惠和藹 緩於譴責 富於仁愛
가 즉 유 주 자 혜 화 애 완 어 견 책 부 어 인 애

9 即有恚怒 移時則解 10 吾人之罪 已蒙寬貸
즉 유 에 노 이 시 즉 해 오 인 지 죄 이 몽 관 대

11 如天之覆 如地之載 天高地厚 主恩莫大
여 천 지 부 여 지 지 재 천 고 지 후 주 은 막 대

12 脫我於罪 如隔絕塞 所望吾人 敬主毋懈
탈 아 어 죄 여 격 절 새 소 망 오 인 경 주 무 해

13 人能敬主 必蒙青睞 父之憐子 尚有不逮
인 능 경 주 필 몽 청 래 부 지 련 자 상 유 불 체

14 寬綽惟主 諒我人性 我本泥土 主所陶甄
관작유주 양아인성 아본니토 주소도견

15 人生如草 當春發榮
인생여초 당춘발영

16 朔風一至 杳焉無存 踪跡蕩然 一如未生
삭풍일지 묘언무존 종적탕연 일여미생

17 所恃我主 大慈大仁 千秋萬歲 常若和春
소시아주 대자대인 천추만세 상약화춘

18 愷悌君子 聖道是遵 必蒙眷顧 澤及子孫
개제군자 성도시준 필몽권고 택급자손

19 明明在上 統御萬有
명명재상 통어만유

20 凡百天神 敢不稽首? 諦聽妙音 兢兢自守
범백천신 감불계수? 체관묘음 긍긍자수

21 凡百天民 敢不跪拜? 小心翼翼 昭事真宰
범백천민 감불궤배? 소심익익 소사진재

22 芸芸衆生 充塞宇宙 敢不稱謝 主德之茂?
운운중생 충색우주 감불칭사 주덕지무?

吁嗟吾魂 頌讚神祐!
우차오혼 송찬신우!

글자풀이

- **吁**(우) 탄식하다
- **嗟**(차) 탄식하다
- **稱**(칭) 칭송하다
- **顯揚**(현양) 이름, 지위를 높이 드러냄
- **嘉**(가) 뛰어나다
- **赦**(사) 용서하다
- **蘇**(소) 소생하다
- **冠**(관) 관(씌우다)
- **恕**(서) 헤아려 동정하다
- **飫**(어) 배불리 먹다
- **俱**(구) 함께 하다
- **鷹**(응) 매
- **屈**(굴) 굽히다
- **煌煌**(황황) 휘황하게 빛나다
- **範**(범) 규범
- **藹**(애) 온화하다
- **緩**(완) 느슨하다 느리다
- **譴**(견) 꾸짖다
- **恚**(에) 성내다
- **移**(이) 옮기다
- **寬**(관) 너그럽다
- **貸**(대) 관대히 다스리다

- 隔(격) 멀어지다
- 絶塞(절새) 아주 아득한 변방
- 懈(해) 게으르다
- 睞(래) 보다
  青睞(청래) 총애와 호의
- 逮(체) 미치다
- 綽(작) 너그럽다
- 諒(량) 살펴 알다
- 泥(니) 진흙
- 甄(견) 질그릇 굽는 가마
  陶甄(도견) 질그릇을 빚다, 교화하다
- 朔風(삭풍) 겨울에 북쪽에서 부는 찬바람
- 杳(묘) 아득하다
- 踪(종) 자취
- 蕩然(탕연) 자취 없이 된 모양
- 愷(개) 마음이 편안하다
- 悌(제) 공경하다
- 愷悌(개제) 용모와 기상이 화평하고 단아함
- 稽(계) 고개 숙이다
- 諦(체) 자세히 알다
- 兢(긍) 삼가다
- 跪(궤) 꿇어앉다
- 芸芸(운운) 성한 모양
- 祐(우) 천지신명의 도움

옮김

1내 영혼아 야훼께 찬양드려라 몸맘 다해 거룩한 그 이름 높이어라 2내 영
혼아 어찌 주께 감사하지 않으랴? 그의 은혜 끝없고 자비 가없어라 3네 모
든 허물 사하여 주시고 질고에서 다시 일으켜 주시니 4죽음에서 생명으로
이끌어주시고 자비와 긍휼의 관 씌워주시네 5참 귀한 것들로 네 심령 먹이
시고 독수리 날갯깃 다시 나듯 젊음 되찾게 하시네 6공명정대하심이 야훼
께 있으니 억눌린 이들 어깨 세워 주시네 7환히 밝은 그 법도 모세에게 친
히 주사 이스라엘 가르치사 따르도록 하셨네 8한결같이 받아주심 주께 있
으니 자비하신 은혜와 온화함이라 꾸짖으시기는 더디 하시고 사랑 베푸심
에는 넉넉하시네 9노하시고는 곧 잊으시고 10우리의 죄 너그러이 사해 주
시네 11하늘은 덮어주고 땅은 실어주듯 높고 두터운 은혜 한량없어라 12죄
에서 우리를 벗어나게 하심이 아득한 땅끝처럼 멀어지게 하시고 우리 인
생에게 원하시는 바 주님 경외하기에 힘쓰는 것뿐이라 13인생이 야훼 주님
섬기게 되면 반드시 그분의 사랑 덧입으리니 육의 아비 자식을 사랑한다

하여도 하느님의 그 사랑엔 미치지 못하리라 14주께서 사람 성정 알고 계
셔서 인생에게 너그러움 지니시도다 우리는 본디 흙에 지나잖으나 주께서
친히 빚으신 바라 15인생은 그저 풀과 같아서 봄이면 만발하여 뽐내다가
도 16삭풍 한 번에 가뭇없이 사라지니 감히 살았었다고 할 수도 없어라 17
허나 크신 영광이 주께 있으며 영원한 자비 주의 것이니 인생아 주님만 의
지하여라 야훼의 크신 자비 의뢰하여라 18신실히 주님 섬기는 이는 거룩한
주의 길 준행하나니 주님의 돌보심을 덧입으며 그 은총 자손에게 미치리
로다 19밝디 밝은 하느님 세상 다스리시니 20뭇 천사들 어찌 경배하지 않
으랴? 오묘한 말씀 새겨들으며 조심스레 그 말씀 따르는도다 21야훼의 백
성들아 엎드려 경배하라 경건하고 공손히 주님 예배하여라 22세상에 지음
받은 뭇 생명들아 한없는 주의 자비 감사하고 찬양하라 오 내 영혼아 야훼
찬미하여라!

해설

오경웅은 이 시편의 제목을 '자부慈父'라 하였다. 인자하신 아버지요 사랑이 넘치는 아버지이다. 누가복음 15장에 나오는 탕자의 아버지와 같다. 오경웅 자신이 너무도 늦게 돌아온 아들임에도 불구하고 맞아주신 하느님이라 여겨서일까? 아니면 그마저 잊고 오롯이 사랑이신 하느님 아버지만 우러러서인가? 하느님의 인자하심으로 가득한 아름다운 노래가 되었다.

하느님의 인자하심을 다양하게 묘사하고 있기에 한 구절 한 구절이 좋은 묵상의 주제로 다가온다. 자비가 낳는 치유와 용서, 회복과 풍성함이 울려 퍼진다. 아울러 인간의 연약함과 유한함에도 불구하고 부어지는 하느님의 무한한 사랑과 한결같으심이 대비되고 있다.

오경웅은 그의 자서전에서 자신을 양육해주신 어머니의 한없이 희생적

인 사랑을 가슴 먹먹하게 서술한 적이 있다. 그러나 이 시편 13절에서는 그러한 부모의 사랑이 아무리 깊다 해도 하느님의 그 사랑에 미칠 수 없다고 노래한다.

이 구절을 번역하면서 히브리 시에서 한 걸음 더 나아간 그의 심정이 전달된다. 자식이 되어 희생적인 어버이의 사랑을 한없이 입었던 그였기에 하느님의 자비와 사랑에 미치지 못한다 고백함은 어버이의 사랑이 부족함을 말하는 것은 아니다. 오히려 하느님의 사랑이 불가사의함을 노래하는 것이다. 이렇듯 덧붙여지는 서술에 묘미가 있다.

1절의 심가복영心歌腹咏은 『삼국지』「오지吳」「호종전胡綜傳」에 나오는 말로 '뭇 영웅과 준걸들 천하에 달통한 재사들이 다들 크게 기뻐하며 노래하였다.'英雄俊傑 上達之士 莫不心歌腹咏(영웅준걸 상달지사 막불심가복영)

4절의 인서仁恕는 인애仁愛와 관용寬容의 의미이다. 5절의 반로회동反老回童은 본디 도가道家의 젊음을 회복하는 일종의 술법이었으나 후에는 노인에게 축수하는 언어가 되었다.

11절의 천지부天之覆 지지재地之載는 『중용』에 '하늘과 땅이 실어주지 않는 게 없고 덮어주지 않는 게 없음과 같다'辟如天地之無不持載 無不覆幬(벽여천지지무부지재 무불복주)고 하였다.

같은 절의 천고지후天高地厚는 『시경』「소아小雅」「정월丁月」에 '하늘이 대개 높다고 하지만 감히 굽히지 않을 수 없고 땅이 대개 두텁다고 하지만 감히 조심해 걷지 않을 수 없네'謂天盖高 不敢不局 謂地盖厚 不敢不脊(위천개고 불감불국 위지개후 불감불척)라고 노래하였다.

13절의 청래靑睞는 청안靑眼과 같은 말이다. 눈을 정면으로 응시하여 눈동자靑=黑가 눈의 중앙에 있다는 의미로 사랑과 호의가 가득한 눈으로 바라본다는 뜻이다. 반대로 백안시白眼視는 옆으로 보아 눈 중앙이 하얗게 됨을 의미한다.

19절의 명명明明은 『시경』「대아大雅」「대명大明」에 '땅에서 밝아져야 하늘에서 찬란한 법'明明在下 赫赫在上(명명재하 혁혁재상)이라고 노래하였다.

20절의 계수稽首는 『주례周禮』「대축大祝」에 '머리를 땅에 대고 한참 머무르며 절하는 것으로 절의 종류 중 가장 중重한 것이니 신하가 임금께 절하는 것이다'頭至地多時 則爲稽首也 稽首 拜中最重 臣拜君之拜(두지지다시 즉위계수야 계수 배중최중 신배군지배)라고 하였다.

같은 절의 긍긍兢兢은 삼가 조심한다는 의미이고 21절의 소심익익小心翼翼 또한 유사한 뜻을 갖는다. 같은 절의 소사昭事는 정성을 다하여 섬긴다는 뜻으로 『시경』「대아大雅」「대명大明」에 '문왕이 하느님을 정성을 다해 섬김으로 많은 복을 누렸다'昭事上帝 聿懷多福(소사상제 율회다복)고 하였다. 소昭는 원래 근면함을 의미하였다.

제104수

위대하셔라 창조주 하느님! 偉哉造物

위 재 조 물

1 吁嗟吾魂 盍不頌主? 我主蕩蕩 威耀寰宇
우 차 오 혼 합 불 송 주? 아 주 탕 탕 위 요 환 우

2 披光為裳 黼黻文章 展天為幕 庇覆八荒
피 광 위 상 보 불 문 장 전 천 위 막 비 복 팔 황

3 建宮水中 峩峩其梁 駕雲馳騁 御風翱翔
건 궁 수 중 아 아 기 량 가 운 치 빙 어 풍 고 상

4 風以為驛 音布四方 火以為臣 邇遐仰光
풍 이 위 역 음 포 사 방 화 이 위 신 이 하 앙 광

5 地基既立 永不動搖
지 기 기 립 영 불 동 요

6 被之以水 有如褞袍 厥水滔滔 淹彼岧嶢
피 지 이 수 유 여 온 포 궐 수 도 도 엄 피 초 요

7 我主怒譴 退彼洪濤 懾主雷霆 逡巡潛逃
아 주 노 견 퇴 피 홍 도 섭 주 뢰 정 준 순 잠 도

8 山嶽以升 衆谷以沈 高卑定位 實合天心
산 악 이 승 중 곡 이 침 고 비 정 위 실 합 천 심

9 作之防閑 莫使相侵 10 引泉入谷 水流山麓
작 지 방 한 막 사 상 침 인 천 입 곡 수 류 산 록

11 群獸來飲 野驢解渴
군 수 래 음 야 려 해 갈

12 飛鳥來集 巢於其林 相顧而樂 嚶嚶其鳴
비 조 래 집 소 어 기 림 상 고 이 락 앵 앵 기 명

13 主自高宮 沐山以霖 大地欣欣 結實盈盈
주자고궁 목산이림 대지흔흔 결실영영

14 離離芳草 飼彼六畜 青青新蔬 酬人勞作
이리방초 사피육축 청청신소 수인로작

俾我芸芸 取食地腹
비아운운 취식지복

15 酒以怡神 膏以潤顏 餅餌養生 可以永年
주이이신 고이윤안 병이양생 가이영년

16 相彼喬木 酣暢芳澤 麗盆之柏 主所手植
상피교목 감창방택 여분지백 주소수식

17 以棲眾禽 以憩倦翮 雍雍慈鶴 家於喬松
이서중금 이게권핵 옹옹자학 가어교송

18 膶膶山羊 盤桓層峯 爰爰吵嚙 深居巖中
이이산양 반환층봉 원원사번 심거암층

19 中天挂月 以序時節 叮嚀驕陽 出納無忒
중천괘월 이서시절 정녕교양 출납무특

20 沈沈遙夜 群獸乃出 21 獅吼林間 向主求食
침침요야 군수내출 사후림간 향주구식

22 東方既白 遄返其窟
동방기백 천반기굴

23 惟我蒸民 與彼異轍 日出而作 日入而息
유아증민 여피이철 일출이작 일입이식

夙興夜寐 無敢荒逸
숙흥야매 무감황일

24 巍巍我主 經綸無數 陶鈞萬物 澤被寰宇
외외아주 경륜무수 도균만물 택피환우

25 相彼滄海 浩蕩無垠 鱗族繁滋 巨細咸陳
상피창해 호탕무은 인족번자 거세함진

以泳以游 載浮載沈
이영이유 재부재침

26 以通舟楫 以憩鱷鯤
이통주집 이게악곤

27 凡屬受造 仰主資生 按時給食 自有權衡
범속수조 앙주자생 안시급식 자유권형

28 彼之所受 莫非主恩　主恩不匱 亦富亦均
피지소수 막비주은　주은불궤 역부역균

29 主但掩顔 庶類遂塵　30 一經溫昫 大地回春
주단엄안 서류수진　일경온구 대지회춘

31 惟願我主 光榮長存　惟願我主 悅懌生靈
유원아주 광영장존　유원아주 열역생령

32 聖目一視 大地震顫　聖手一指 群山噴焰
성목일시 대지진전　성수일지 군산분염

33 終吾之身 惟主是讚　有生之日 惟主是歎
종오지신 유주시찬　유생지일 유주시탄

惟主是樂 唯主是戀
유주시락 유주시련

34 耿耿此心 倘邀聖眷
경경차심 당요성권

35 願彼群小 絕跡地面　掃蕩廓清 不復為患
원피군소 절적지면　소탕확청 불부위환

吁嗟吾魂 可不頌主?　芸芸眾生 歡忭鼓舞
우차오혼 가불송주?　운운중생 환변고무

글자풀이

- **吁**(우) 아! 탄식하다
- **嗟**(차) 탄식하다
- **蕩蕩**(탕탕) 넓고 아득한 모양
- **耀**(요) 빛나다
- **裳**(상) 화려한 옷
- **黼黻**(보불) 임금의 예복에 수를 놓은 모양
- **幕**(막) 막, 막사
- **峩**(아) 높다, 위험이 있다.
- **梁**(량) 들보
- **駕**(가) 탈 것
- **馳**(치) 달리다
- **騁**(빙) 말을 달리다
- **翺**(고) 날다
- **翔**(상) 빙빙 돌며 날다
- **邇**(이) 가깝다
- **遐**(하) 멀다
- **驛**(역) 역참
- **搖**(요) 흔들리다
- **褞**(온) 무명으로 된 옷 위에 걸치는 옷
- **袍**(포) 솜옷과 도포
- **滔**(도) 물이 넘치다
- **淹**(엄) 담그다
- **岧**(초) 산이 높은 모양
- **嶢**(요) 산이 높은 모양
- **譴**(견) 꾸짖다
- **潛**(잠) 잠기다
- **防閑**(방한) 막다(防은 둑으로 물을 막는 것이고 閑은 울타리로 짐승을 막음을 뜻한다)

- 麓(록) 산기슭
- 驢(려) 나귀
- 巢(소) 보금자리
- 嚶嚶(앵앵) 새가 우는 소리
- 霖(림) 장마
- 離離(리리) 아주 왕성한 모양
- 蔬(소) 푸성귀
- 酬(수) 갚다, 보상하다
- 芸芸(운운) 매우 성한 모양
- 餠(병) 떡, 먹다
- 餌(이) 먹이
- 喬(교) 높이 솟다
- 酣暢(감창) 무성하게 자라남
- 棲(서) 깃들이다
- 憩(게) 쉬다
- 倦(권) 피로하다
- 翮(핵) 깃
- 陑陑(이이) 산 언덕
- 盤桓(반환) 머물다, 배회하다
- 層(층) 층
- 爰爰(원원) 깡총거리다
- 吵番(사번) shapan 음역이다. 바위너구리나 오소리를 뜻한다
- 挂(괘) 매달다
- 驕(교) 씩씩한 모양
- 忒(특) 어긋나다
- 沈沈(침침) 침침하게
- 遙(요) 아득하다
- 吼(후) 아우성치다
- 遄(천) 빠르게
- 窟(굴) 굴
- 轍(철) 흔적, 행적
- 荒逸(황일) 허황되게 보내다
- 巍(외) 높고 큰 모양
- 鈞(균) 고르게 하다
- 垠(은) 지경
- 鱗(린) 물고기
- 繁(번) 번성하다
- 滋(자) 번식하다
- 浮(부) 뜨다
- 楫(집) 노
- 鱷(악) 악어
- 鯤(곤) 큰 물고기
- 權衡(권형) 저울, 균형
- 均(균) 평평하게 하다
- 遂(수) 끝내다
- 懌(역) 기뻐하다
- 昫(구) 해 돋아 따뜻하다
- 顫(전) 떨리다
- 噴(분) 뿜다
- 焰(염) 불꽃
- 倘(당) 빼어나다
- 邀(요) 맞이하다
- 廓(확) 바로잡다
- 忭(변) 기뻐하다

옮김

1내 영혼아 야훼 주님 찬양하여라 주님은 위대하신 하느님이시니 위엄과
광휘 온 땅 가득하네 2빛을 겉옷처럼 두르시나니 위엄 두루 갖추시고 하늘
을 장막처럼 펼치시니 온 세상 그 아래 덮이는도다 3물 가운데 궁전을 지

으셨으니 아득히 높구나 우뚝한 들보여 구름 타고 달리시며 바람부려 나시
는도다 4바람을 당신의 사자로 삼아 주의 명령 세상에 펼쳐내시고 타오르
는 불꽃 종으로 삼아 어디서나 그 빛 우러르게 하시네 5땅의 기초를 든든
히 세우시니 영원히 흔들리지 아니하는도다 6주께서 물을 도포처럼 펼치시
니 도도한 물 높은 곳까지 가득하도다 7주님 꾸짖으시니 큰 물결 달아나고
우레 소리에 떨며 뒤로 물러났도다 8산들은 오르고 계곡은 내려앉아 높낮
이 정해지며 주님 뜻에 순종했네 9주께서 경계를 정해주셔서 서로가 침범
치 않게 하셨네 10샘을 터트려 골짜기로 들게 하고 흐르는 물 산기슭 돌게
하시니 11뭇 짐승들 모여들어 그 물 마시고 들나귀도 마른 목 축이게 하셨
네 12날짐승들 숲속에 보금자리 지었으니 서로를 바라보며 노랫소리 즐겁
구나 13주님 높은 거처에서 비를 주사 산들 적셔주시니 대지는 기뻐 즐거
워하며 결실은 때에 맞게 가득하도다 14좋은 풀들 무성해라 짐승들 먹이
삼고 푸른 소채 인생들로 거두게 하시니 우리의 먹거리 이 땅에 넉넉하네
15신명을 돋우는 술을 주시고 얼굴에 윤기나게 기름을 주셨으니 생을 길러
가기에 부족함 없이 오래토록 누리며 살아가도다 16높이 솟은 나무들 무성
히도 자라니 레바논의 저 송백 주가 친히 심으셨네 17뭇 새들 거처삼고 곤
하면 쉬게 하고 어울려 즐거이 노니는 학 높은 나무 위 집을 삼네 18능숙
한 산양들 봉우리들 넘나들며 느긋한 바위너구리 바위 틈에 몸 감추네 19
창공에 달을 거사 때와 절기 순서 짓고 높디 높은 태양도 들고남을 지키네
20어둑한 밤이 오면 뭇 짐승들 나다니고 21사자는 울부짖어 주께 먹이 구
하다가 22먼동이 터오는 아침이 되면 그 몸 얼른 돌이켜 굴로 들어가네 23
인생은 저들과 다르게 사나니 해 뜨면 일하고 해지면 쉰다네 아침이면 일
어나고 밤이면 누우니 어찌 촌음을 허황되게 보내랴 24아득히 높으셔라 야
훼의 경륜 주의 은택이 온 세상에 고루 미치네 25물결 이는 바다 한없이
넓어라 크고 작은 물고기 떼지어 헤엄치니 떠올랐다 갈앉으며 이리저리 노
닐도다 26배들은 바다 위 돌아다니고 악어는 그곳에서 쉼을 얻도다 27지음

받은 숨붙이들 주 우러러 생 얻으니 때를 따라 먹이 얻고 그 삶을 누리누
나 28 저들이 받는 바 주 은혜 아님 없고 그치지 않는 은혜는 고르고 가멸
구나 29 (그러나) 주께서 당신 얼굴 감추시면 뭇 생명 마침내 먼지로 돌아가고
30 주님의 따뜻한 숨 한번 스치면 일순간에 온 땅이 봄으로 화하네
31 야훼의 영광 영원하시길, 살아 있는 것들로 기뻐하시길 32 거룩한 눈길
로 땅은 두려워 떨고 그 손길에 산들은 화염을 토하네 33 이 생명 다하도록
야훼 찬미하리라 생명 있는 날 동안 주 찬양하리라 참된 즐거움은 주께만
있으니 오직 야훼 주님만을 사랑하여라 34 이 마음 오롯이 간직하리니 거룩
한 돌보심 누리고 있음이라 35 악한 자들 땅에서 끊어지게 하소서 깨끗이
사라져 환난 없게 하소서 내 영혼아 야훼를 찬양하여라 산 것들아 기뻐 뛰
며 찬미하여라

해설

시편 104편은 피조된 만물을 바라보면서 창조하신 주님의 위대하심을 노래한다. 시인의 눈길이 닿는 곳마다 물상物像에 담긴 주의 손길과 돌보심이 터져 나온다. 위로는 하늘이며 아래로는 땅이 그러하고 멀리는 바닷속이 그러하고 깊고 높은 산 또한 그러하다. 그 한 가운데 거닐며 이 창조의 위대함과 아름다움을 찬양할 수 있는 생명이며 감사할 수 있는 숨결임이 고마울 따름이다. 오경웅의 번역의 맵시가 더욱 도드라지는 시편이다. 오경웅 또한 이 번역 말미에 창조 시편 중의 걸작이라 하였다.

2절의 보불黼黻은 고대 천자의 예복에 수놓인 무늬와 문장을 가리킨다. 황제는 12개의 장문章文을, 왕은 9개의 장문을 사용하였다. 후에 문장이 아주 훌륭함을 의미하게 되었다. 12절의 앵앵기명嚶嚶其鳴은 『시경』「소아小雅」「벌목伐木」에 '지지배배 우는 새도 제 벗을 찾아 우는 것이라'嚶其鳴矣 求其友聲(앵

기명의 구기우성)는 노래가 있다.

15절의 영년永年은 장수함을 뜻한다. 18절의 원원爰爰은 『시경』「왕풍王風」「토원兎爰」에 '토끼는 느긋하게 움직이는데 꿩이란 녀석은 그물에 걸렸구려'有兎爰爰 雉離于羅(유토원원 치리우라)라는 문장이 있다.

23절의 해가 뜨면 일하러 나가고 해지면 쉰다 함은 「격양가擊壤歌」의 노래가사이다. 요순시대에 천지가 잘 다스려졌을 때 불린 노래로 '해 뜨니 일하고 해지면 쉬는구나 우물 파서 물마시고 밭 갈아 밥 먹으니 임금의 다스림 나와 무슨 상관이랴'日出以作 日入以息 鑿井以飮 耕田以食 帝力于我何有哉(일출이작 일입이식 착정이음 경전이식 제력우아하유재)라고 노래하고 있다.

거기에 더하여 오경웅은 일찍 일어나고 늦게 누우며 주어진 시간 허황되게 보내지 않으려 하며夙興夜寐 無敢荒逸(숙흥야매 무감황일) 사람의 도리를 다독인다. 물物(구체적 사실)을 보고 도리道理를 끌어내는 유교적 정신이 배어있다.

실제로 중국 송의 진백은 「숙흥야매잠夙興夜寐箴」이란 글을 지어 자신을 경계하였는데 주희의 「경재잠敬齋箴」과 함께 유학자들의 주요한 잠언이었다. 조선시대에 이황은 「숙흥야매잠」을 도표로 지었고(숙흥야매잠도) 노수신은 이것의 해설서(숙흥야매잠주해)를 짓기도 하였다. 길지만 옛 선비의 공부의 자세를 살피고자 인용해 본다.

숙흥야매잠夙興夜寐箴 온전히 깨어있는 하루를 위한 훈계

- 鷄鳴而寤 思慮漸馳 盍於其間 擔以整之계명이오 사려점치 합어기간 담이정지
  닭이 울어 잠에서 깨어나면 생각이 차츰 일어나게 되니 그 사이에 조용히 마음을 정돈해야 한다.
- 或省舊愆 或紬新得 次第條理 瞭然黙識혹성구건 혹주신득 차제조리 요연묵식
  혹은 지난 허물을 반성하고 혹은 새로 깨달은 것을 모아서 차례와 조리

를 분명하게 알아차려야 한다.

- 本旣立矣 昧爽乃興 盥櫛衣冠 端坐斂形본기립의 매상내흥 관즐의관 단좌렴형

근본이 세워졌으면 새벽에 일찍 일어나서 세수하고 빗질하고 의관을 갖추고 단정히 앉아 몸을 가다듬는다.

- 提掇此心 皦如出日 嚴肅整齊 虛明靜一제철차심 교여출일 엄숙정제 허명정일

마음을 이끌기를 밝게 떠오르는 햇살처럼 해야 하며 몸은 엄숙하며 가지런하고 마음은 빈 듯하면서도 밝고 고요하게 한결같이 해야 한다.

- 乃啓方冊 對越聖賢 夫子在坐 顔曾後先내계방책 대월성현 부자재좌 안증후선

책을 펴서 성현을 대하게 되면 공자께서 자리에 계시고 안회와 증자가 앞뒤에 계신 듯 하라.

- 聖師所言 親切敬聽 弟子問辨 反覆參訂성사소언 친절경청 제자문변 반복참정

성현께서 말씀하신 것을 간절히 귀담아 듣고 제자들의 질문과 변론을 반복하고 참고해서 바로 잡아야 한다.

- 事至斯應 則驗于爲 明命赫然 常目在之사지사응 즉험우위 명명혁연 상목재지

일이 생겨서 응하게 될 경우에는 실천으로 증명해야 한다. 천명은 밝게 빛나는 것이니 항상 눈을 거기에 두어야 한다.

- 事應旣已 我則如故 方寸湛然 凝神息慮사응기이 아즉여고 방촌담연 응신식려

일에 응하고 난 다음에는 이전과 같이 돌아가야 하니 마음을 고요하게 하고 정신을 모아 사사로운 생각을 쉬게 해야 한다.

- 動靜循環 惟心是監 靜存動察 勿貳勿參동정순환 유심시감 정존동제 물이물삼

움직임과 고요함이 순환하는 것을 오직 마음만은 볼 수 있으므로 고요할 때는 보존하고 움직일 때는 관찰해서 마음이 둘, 셋으로 나뉘어서는 안 된다.

- 讀書之餘 間以游詠 發舒精神 休養情性독서지여 간이유영 발서정신 휴양정성

글을 읽다가 틈이 나면 간혹 휴식을 취하고 정신을 푸근히 하여 성정을

아름답게 길러야 한다.

- 日暮人倦 昏氣易乘 齋莊整齊 振拔精明일모인권 혼기이승 재장정제 진발정명

  날이 저물어 사람이 피곤해지면 흐릿한 기운이 들어오기 쉬우므로 몸과 마음을 잘 가다듬어 정신을 맑게 이끌어야 한다.

- 夜久斯寢 齊手斂足 不作思惟 心神歸宿야구사침 제수렴족 부작사유 심신귀숙

  밤이 깊어 잠을 잘 때는 손발을 가지런하게 모아 생각을 일으키지 말고 마음과 정신을 잠들게 해야 한다.

- 養以夜氣 貞則復元 念玆在玆 日夕乾乾양이야기 정즉부원 염자재자 일석건건

  밤의 기운으로 잘 기르면 정이 다시 원으로 돌아올 것이니 이것을 항상 생각하고 마음에 두어 밤낮으로 부지런히 힘써야 한다.

23절의 무감황일無敢荒逸은 『서경』「무일無逸」 편에 나온다. 주공이 섭정 중에 어린 성왕에게 임금은 결코 안일해서는 안 됨을 일러 경계한 내용으로 늘 임금에게 상기케 하였다. 중국이나 고려, 조선에서도 임금을 위해 무일의 내용을 그림으로 그려 간직하여 경계케 하고 군자의 근본 도리로 삼았으며 선비들 또한 늘 새기는 바였다.

제105수

주님 은혜 지극하여라! 主恩罔極

주은망극

1 懷恩主 誦聖名 向眾庶 宣經綸

회은주 송성명 향중서 선경륜

2 宜謳歌 獻頌美 念大德 述靈異

의구가 헌송미 염대덕 술령이

3 以聖名 為爾飾 仰主者 自怡悅

이명성 위이식 앙주자 자이열

4 眷雅璋 慕其德 承色笑 樂何極!

권아위 모기덕 승색소 낙하극!

5 憶偉業 主所作 彼靈異 何卓卓!

억위업 주소작 피령이 하탁탁!

6 亞伯漢 主之僕 雅谷伯 蒙拔擢 聖祖裔 可不勉 能敬主 庶無忝

아백한 주지복 아곡백 몽발탁 성조예 가불면 능경주 서무첨

7 我真主 惟雅瑋 彼宏謨 塞天地

아진주 유아위 피굉모 색천지

8 主不忘 所盟誓 將聖言 詔萬世

주불망 소맹서 장성언 조만세

9 受盟者 亞伯漢 聞誓者 曰義繖

수맹자 아백한 문서자 왈의산

10 向雅谷 申舊命 俾吾族 永保定

향아곡 신구명 비오족 영보정

11 吾賜爾 迦南地 爾子孫 繩繩繼

오사이 가남지 이자손 승승계

12 當彼時 人可數 在迦南 如客旅

당피시 인가수 재가남 여객려

13 游列國 與雜處 矜其寡 賜佑護

유렬국 여잡처 긍기과 사우호

14 誡君民 莫之侮: 15 我聖民 莫虐待 我先知 慎毋害

계군민 막지모: 아성민 막학대 아선지 신무해

16 降彼土 以饑饉 民惶惶 糈糧盡

강피토 이기근 민황황 서량진

17 有一人 名若瑟 預遣之 到埃及

유일인 명약슬 예견지 도애급

18 初作奴 被桎梏 19 實聖意 試忠慤

초작노 피질곡 실성의 시충각

20 鍛鍊畢 蒙開釋 彼大王 民之辟
단련필 몽개석 피대왕 민지벽

21 命若瑟 任平章 理萬幾 御親王
명약슬 임평장 이만기 어친왕

22 諸長老 列門牆
제장로 열문장

23 時義塞 入斯邦 眾天民 寄於邯
시의새 입사방 중천민 기어한

24 未幾時 我滋繁 庶且富 強於敵
미기시 아자번 서차부 강어적

25 敵懷妒 弄詭譎
적회투 농궤휼

26 主鑒此 遣每瑟 簡亞倫 相吾國
주감차 견매슬 간아륜 상오국

27 於邯地 樹標幟 向眾敵 彰靈異
어한지 수표치 향중적 창영이

28 降晦冥 徧地黑 主之命 孰敢逆?
강회명 편지흑 주지명 숙감역?

29 川變血 魚不活
천변혈 어불활

30 蛙成群 侵宮室
와성군 침궁실

31 蠅無數 虱充斥
승무수 슬충척

32 下冰雹 降烈火
하빙박 강렬화

33 毀葡萄 損眾果
훼포도 손중과

34 主一言 飛蝗至 又蚱蜢 不可計
주일언 비황지 우책맹 불가계

35 蔬與黍 盡被食
소여서 진피식

36 彼國人 喪冢息
피국인 상총식

37 主導我 出災域 攜金銀 離埃及 我支派 皆康強 非埃及 所能當
주도아 출재역 휴금은 이애급 아지파 개강강 비애급 소능당

38 見我出 喜欲狂
견아출 희욕광

39 主張雲 庇我行 夜作火 照吾民
주장운 비아행 야작화 조오민

40 應民求 集鵪鶉 降天糧 實其腹
응민구 집암순 강천량 실기복

41 裂磐石 出噴泉 沙磧地 成清川
열반석 출분천 사적지 성청천

42 主永懷 夙所言 亦未忘 鼻祖賢
주영회 숙소언 역미망 비조현

43 主親領 我百姓 使天民 咸相慶
주친령 아백성 사천민 함상경

44 列邦地 我得承 我何功? 獨蒙恩
열방지 아득승 아하공? 독몽은

45 主為此 豈無因? 欲吾族 守聖法 勉之哉 慎毋忒!
주위차 기무인? 욕오족 수성법 면지재 신무특!

글자풀이

- 謳(구) 흥얼거리다, 노래하다
- 述(술) 말하다
- 飾(식) 보물, 장식하다
- 卓卓(탁탁) 높고 뛰어난 모양
- 伯(백) 우두머리
- 僕(복) 종
- 拔(발) 빼어나다
- 託(탁) 뽑아 세우다
- 裔(예) 후손
- 勉(면) 힘쓰다
- 忝(첨) 욕되게 하다
- 宏(굉) 광대하다
- 謨(모) 계책
- 塞(색) 가득하다
- 詔(조) 알리다
- 申(신) 베풀다
- 俾(비) 하게 하다
- 賜(사) 주다
- 繩(승) 새끼 줄
  繩繩(승승) 계속 이어지는 모양
- 繼(계) 계승하다
- 旅(려) 나그네
- 雜(잡) 섞이다
- 處(처) 살다
- 寡(과) 적다, 약하다
- 護(호) 감싸시다
- 侮(모) 업신여기다
- 愼(신) 삼가다
- 毋(무) 아니다
- 饑(기) 굶주리다
- 饉(근) 흉년이 들다
- 惶(황) 당황하다
- 糈(서) 양식, 쌀알
- 糧(량) 식량
- 盡(진) 없어지다
- 預(예) 미리
- 遣(견) 파견하다
- 奴(노) 노예
- 桎(질) 차꼬
- 梏(곡) 수갑
  桎梏(질곡) 속박을 당하다
- 試(시) 시험하다
- 慤(각) 성실하다
- 鍛鍊(단련) 몸과 맘을 굳세게 닦음
- 畢(필) 끝내다
- 釋(석) 풀리다
- 辟(벽) 우두머리
- 幾(기) 기미, 낌새
- 御(어) 다스리다
- 牆(장) 담장
- 邦(방) 나라
- 寄(기) 얹혀살다
- 滋(자) 번식하다
- 繁(번) 무성하다
- 妒(투) 시샘하다
- 弄(농) 제마음대로 다루다
- 詭譎(궤휼) 기만과 속임
- 鑒(감) 살피다
- 標幟(표치) 표지
- 彰(창) 밝히다
- 晦(회) 어둠
- 變(변) 변하다
- 蛙(와) 개구리
- 蠅(승) 파리
- 虱(슬) 이
- 斥(척) 나타나다
  充斥(충척) 그득하게 퍼져 넓어지다
- 雹(박) 우박
- 葡萄(포도) 포도
- 損(손) 잃다 손해보다
- 蝗(황) 누리, 메뚜기
- 蚱蜢(책맹) 메뚜기
- 蔬(소) 푸성귀
- 黍(서) 곡식(기장)

- **喪**(상) 죽다
- **冢息**(총식) 맏이
- **導**(도) 이끌다
- **携**(휴) 끌다
- **張**(장) 넓히다
- **鶴**(암) 메추라기
- **鶉**(순) 메추라기
- **裂**(열) 찢다
- **噴**(분) 뿜어내다
- **鼻祖**(비조) 처음 시작한 이
- **忒**(특) 변심하다
- **亞伯漢**(아백한) 아브라함의 음역
- **雅谷伯**(아곡백) 야곱의 음역
- **義徽**(의산) 이삭의 음역
- **邯**(한) 함(지역 명)의 음역

옮김

1은혜로우신 야훼 가슴에 담고 거룩한 그 이름 찬송함으로 세상을 살아가
는 인생들에게 주의 놀라운 경륜 선포하여라 2주의 아름다우심 기꺼이 노
래하며 주의 기이한 일들 이야기하여라 3거룩하신 그 이름 자랑하여라 주
우러르는 이 기쁨 넘치리라 4돌보아 주시는 주의 자비 사모하라 그 얼굴
빛 뵈올 때 얼마나 즐거우랴? 5야훼께서 행하신 위업 되새기노니 그 얼마
나 놀라운 기적이던가? 6아브라함은 야훼의 종으로 불렸고 야곱은 주께서
뽑아 세우셨으니 성조聖祖의 후예들아 주 온전히 섬기며 주님을 욕되게 하
지 말지어다 7우리의 주님은 오직 야훼시라 크고 놀라운 섭리 천지에 가득
찼네 8주님은 당신 맹세 잊지 않으시니 거룩한 그 언약 영원하리라 9그 언
약 맺은 이 아브라함이요 귀로 들은 이는 이삭이어라 10야곱을 향해서 옛
약속 펼치시고 우리 겨레 영원히 지켜주심이라 11"나 너에게 가나안 땅을
주리라 네 자손 그곳에서 대대로 이어지리" 12그때에 우리는 몇 되지 않았
고 가나안을 떠돌았던 인생들이라 13여러 나라 이곳저곳 다니며 살았는데
긍휼히 여기시고 돌보아 주셨도다 14저들의 임금과 백성을 꾸짖으사 우리
를 모욕하지 못하게 하시며 15"이들은 거룩한 내 백성이라 너희는 이들을
학대하지 말지어다 이들은 나의 예언자 된 백성들 너희는 이들을 해하지

말지어다" 16 그 땅에 기근을 내리셨으니 양식 떨어지고 두려워 떨었네 17
한 사람 있으니 그 이름 요셉이라 미리 보내었으니 애굽에 닿았도다 18 처
음에는 노예라 차꼬에 묶였으니 19 신실함 보시려는 주님의 뜻이었네 20 모
진 단련 끝나자 풀려나게 되었으니 백성의 왕 바로에 의해서였음이라 21 요
셉을 명하여 재상으로 삼았고 모든 정무 돌보아 임금 보필하였으니 22 애굽
의 장로들도 그에게서 배웠네 23 그제서야 이스라엘 애굽에 들어와 함의 땅
에 거하는 삶이 시작되었도다 24 그리 오래지 않아 번성하여졌으니 많아지
고 부유해져 저들보다 강해졌네 25 애굽 사람 우리를 미워하였고 저들은 시
기하며 농간부렸네 26 주께서 이를 보사 모세를 보내시며 아론을 택하셔서
겨레 돕게 하셨네 27 함의 땅에 주의 표지 세우시고 모든 적들 향하여 기적
일으키셨네 28 어둠을 내리사 온 땅 깜깜해지니 주님의 말씀이라 뉘라 거역
하리오? 29 강은 피로 변하여 물고기 살 수 없고 30 개구리 떼 궁전에 몰려
들었네 31 셀 수 없는 파리와 이 온 땅에 퍼졌다네 32 우박이 떨어지고 뜨거
운 불 쏟아져 33 포도밭 무너지고 실과들 다 떨어졌네 34 주 말씀 한 마디에
메뚜기 떼 날아드니 한없이 날아들어 끝도 없었도다 35 푸른 소채와 곡식
다 먹어치웠으며 36 애굽의 장자들도 다 죽고 말았도다 37 이 겨레 재앙의
땅 떠나게 될 때 금과 은을 들고서 떠나게 하셨으니 이스라엘 지파들 강하
고 왕성해라 애굽이 도무지 감당할 수 없었기에 38 떠나는 우릴 보며 저들
기뻐하였도다 39 주께서 구름을 드리우셔서 우리 행진을 감싸주셨으니 밤
에는 불꽃으로 이 백성 비추셨네 40 백성들의 간구에 응답하셔서 메추라기
모여들게 해주셨으며 하늘 양식 내려주사 그 배를 불리셨네 41 반석을 찢
어 샘이 솟게 하시니 메마른 사막에 푸른 내가 흘렀구나 42 주님은 일찍이
말씀하셨던 당신의 약속을 기억하셨고 어질었던 종 아브라함도 주께선 잊
지 않으셨도다 43 주님 친히 이 백성 인도하셔서 택한 백성 기쁨으로 채워
주셨으니 44 여러 나라의 땅들 우리에게 주셨는데 우리에게 무슨 공이 있기
나 한가? 우리 홀로 주의 은혜 입었음이라 45 이같이 하심은 무슨 연유이던

가? 우리 겨레 야훼의 법 지키도록 하심이니 그러니 정녕 힘쓰고 애쓸지며 정녕코 두 마음일랑 품지 말지라

해설

7절의 굉모宏謨는 크고 원대한 계획이다. 규모의 의미도 있지만 시간적으로도 길고 심원深遠함을 뜻한다.

10절의 보정保定은 『시경』「소아小雅」「천보天保」에 나온다. '하느님이 보우하사 우리 님께선 반석처럼 든든하고 늠름하시네 하느님이 보우하사 우리 님께선 불처럼 일어나서 세상 밝히네'天保定爾 亦孔之固 天保定爾 以莫不興(천보정이 역공지고 천보정이 이막불흥)라고 노래하였다. 보호하고 안정되게 한다는 뜻이다.

13절의 유열국游列國은 공자의 주유열국周遊列國을 떠올리게 한다. 자신의 이상을 펼치고자 떠돌았던 공자와 약속의 땅을 얻지 못해 떠돌던 이스라엘이었다.

21절의 리만기理萬幾는 『시경』「고요모皐陶謨」에 나오는 말로 '편안함과 욕심으로 나라를 다스리지 마시고 조심하고 두려워하소서, 하루 이틀 사이에 만가지 일들이 있으니 모든 벼슬을 함부로 폐하지 마소서 하늘의 일을 사람이 대신하는 것입니다'無敎逸欲有邦 兢兢業業 一日二日萬幾 無曠庶官 天工 人其代之(무교일욕유방 긍긍업업 일일이일만기 무광서관 천공 인기대지)라고 하였다.

리理는 처리한다는 것이며 만기萬幾=萬機는 제왕의 수없이 많은 번다한 정무를 뜻한다. 같은 절의 평장平章은 공정한 정치를 한다는 뜻이나 여기서는 재상으로 번역함이 좋을 듯 하다.

22절에서 열문장列門牆은 첨열문장忝列門牆, 부끄럽게도 스승의 문하에 있다는 성어成語이다. 문장門牆은 스승의 문하에 있는 것을 뜻한다. 예를 들면 공문孔門은 공자의 문하를 가리키며 공자의 제자들을 지칭한다. 히브리 시

인은 요셉의 지혜로 장로들을 교훈하였다고 노래하는데 오경웅은 장로들이 요셉의 문하에서 배웠다라고 번역하여 그로 하여금 교화의 스승이 되게 하였다. 유교적 사유에서 끌어낸 번역답다.

24절의 미기未幾는 오래지 않아, 곧이란 뜻이다. 『시경』「제풍齊風」「보전甫田」에 '얼마 안 되 다시 보니 어느덧 갓을 썼네'未幾見兮 突而弁兮(미기견혜 돌이변혜)라며 멋진 총각을 남몰래 보는 여인의 노래이다.

40절의 실기복實其腹은 『도덕경』에 나오는 것으로 '성인의 다스림은 그 마음을 비우게 하고 그 배를 부르게 하며 뜻을 약하게 하고 뼈를 강하게 한다'聖人之治 虛其心 實其腹 弱其志 强其骨(성인지치 허기심 실기복 약기지 강기골)고 하였다.

이것은 단지 먹을 것으로 배를 부르게 한다는 의미가 아니다. 옛 사람들에게 인간 생명의 중추는 뇌가 아니라 복부였다. 생명의 중심을 튼튼케 한다는 의미이다. 뜻을 약하게 하고 뼈를 강하게 하면 그가 터무니없는 것을 바라지 않게 하고 감당할 일을 능히 할 수 있도록 한다는 것이다.

이 시편의 번역은 삼자서三字書 형식을 취하였다. 중국의 고대 경전 중에도 『삼자경三字經』이 있는데 누구나 쉽게 이해할 수 있도록 쓰인 어린이 계몽교재이다. 『삼자경』은 중국의 광범위한 고전과 전통문화를 간략하게 담고 있어 덕성함양의 초급교재이기도 하였다.

오경웅은 이스라엘의 출애굽의 역사와 하느님의 섭리를 삼자三字의 형태로 쉽고 평이하게 서술하였다. 그래서인가? 더더욱 오경웅의 시편의 말미는 곡진한 권면으로 채워진다. '부지런히 힘쓰고 지킬지어다 두 마음일랑 결코 품지 말아라!'受聖法 勉之哉 愼毋忒!(수성법 면지재 신무특!) 또한 청淸 말기 제국 열강의 침략 위기 속에서 중국인들의 계몽을 위해 쉽게 읽을 수 있는 형태로 당대의 정치적 위기를 해설한 『애국삼자서愛國三字書』가 출판되기도 하였다.

제106수

깨끗지 못한 자들 民之不淑

민 지 불 숙

1 可懷惟主 肫肫其仁　慈恩不匱 萬古和春
가회유주 순순기인　자은불궤 만고화춘

2 主之偉蹟 誰能盡述? 美德如海 難以蠡測
주지위적 수능진술? 미덕여해 난이려측

3 守正不移 必膺多福　為善有恒 斯人常樂
수정불이 필응다복　위선유항 사인상락

4 惟彼聖民 慈主所憶　求主憐我 廁彼之列
유피성민 자주소억　구주련아 측피지열

惠然來臨 賜以拔擢
혜연래림 사아발탁

5 俾我親沾 天民之福　俾我同享 帝族之樂
비아친첨 천민지복　비아동향 제족지락

爾國發榮 吾心乃足
이국발영 오심내족

6 吾與列祖 一丘之貉　心跡未清 懷邪作惡
오여열조 일구지학　심적미청 회사작악

7 憶昔吾祖 客居埃及　不悟靈異 不念大德
억석오조 객거애급　불오령이 불념대덕

紅海之濱 肆行叛逆
홍해지빈 사행반역

8 我主忍之 仍予救拔　以保令名 以彰神力
아주인지 잉여구발　이보령명 이창신력

9 呵叱紅海 厥水立竭 俾民得濟 如行沙磧
가질홍해 궐수립갈 비민득제 여행사적

10 保之於仇 脫之於敵 11 海水復合 群敵盡溺
보지어구 탈지어적 해수부합 군적진닉

12 乃信聖言 乃歌顯績 13 不久即忘 慈訓不恤
내신성언 내가현적 불구즉망 자훈불휼

14 纔得安寧 便恣淫佚 率彼曠野 惟求口實
재득안녕 변자음일 솔피광야 유구구실

15 姑應其求 賜以美食 貪食無厭 紛紛嬰疾
고응기구 사이미식 탐식무염 분분영질

16 復在營中 嫉妒每瑟 暨彼亞倫 天縱之哲
부재영중 질투매슬 기피아륜 천종지철

17 彼大坍者 實為巨猾 大地頓開 將彼吞滅
피대담자 실위거활 대지돈개 장피탄멸

僻賴之黨 亦葬地窟 18 煙騰火發 悉焚餘孽
벽뢰지당 역장지굴 연등화발 실분여얼

19 若輩鑄犢 於彼何烈? 五體投地 禮拜斯物
약배주독 어피하열? 오체투지 예배사물

20 竟以牛像 替彼尊極 夫牛何靈? 惟草是齕
경이우상 체피존극 부우하령? 유초시흘

21 遽忘恩主 威靈顯赫 震威敵邦 耀德邯域
거망은주 위령현혁 진위적방 요덕한역

22 紅海之事 應猶歷歷 哀哉冥頑 獨不知憶!
홍해지사 응유력력 애재명완 독부지억!

我主用是 大震霹靂
아주용시 대진벽력

23 若非每瑟 為之緩頰 彼代之人 久矣絕跡
약비매슬 위지완협 피대지인 구의절적

24 惡性難改 罔悛於心 藐視樂土 不信佳音
악성난개 망전어심 묘시락토 불신가음

25 心怨口讟 弁髦良箴
심원구독 변모량잠

26 主乃發誓 傾覆頑強 使於曠野 終身徬徨
주내발서 경복완강 사어광야 종신방황

27 子子孫孫 羈旅異邦 散處各地 欲歸無鄉
자 자 손 손 기 려 이 방 산 처 각 지 욕 귀 무 향

28 斯民之罪 不可勝計 逐物移意 耽心淫祀
사 민 지 죄 불 가 승 계 축 물 이 의 탐 심 음 사

奉事死神 食其所祭
봉 사 사 신 식 기 소 제

29 復以汚行 觸忤雅瑋 激主震怒 降以疫癘
부 이 오 행 촉 오 아 위 격 주 진 노 강 이 역 려

30 菲尼哈者 乘時崛起 納民軌物 厥災以止
비 니 합 자 승 시 굴 기 납 민 궤 물 궐 재 이 지

31 中流砥柱 千古稱義
중 류 지 주 천 고 칭 의

32 風波之地 民亦忤主 每瑟受累 實為彼故
풍 파 지 지 민 역 오 주 매 슬 수 루 실 위 피 고

33 爾時民眾 向主跋扈 每瑟遑急 言有失度
이 시 민 중 향 주 발 호 매 슬 황 급 언 유 실 도

34 雅瑋有命 敗類是鋤
아 위 유 명 패 류 시 서

35 非惟不從 且與雜居 習其異端 同流合汚
비 유 부 종 차 여 잡 거 습 기 이 단 동 류 합 오

36 供其偶像 甘作其奴
공 기 우 상 감 작 기 노

37 犧牲子女 子女何辜?
희 생 자 녀 자 녀 하 고?

38 忍流其血 以媚惡魔 迦南之地 眾惡之窠
인 류 기 혈 이 미 악 마 가 남 지 지 중 악 지 과

39 穢氣沖天 邪淫實多
예 기 충 천 사 음 실 다

40 大主發怒 厭惡斯族
대 주 발 노 염 오 사 족

41 奪其獨立 托命他國 令彼仇人 為其君牧
탈 기 독 립 탁 명 타 국 영 피 구 인 위 기 군 목

42 仇人逞威 肆其淩虐
구 인 령 위 사 기 능 학

43 頻蒙救拔 依然怙惡 哀哉斯民! 自求荼毒
빈 몽 구 발 의 연 호 악 애 재 사 민! 자 구 도 독

44 窮極呼主 主聞其哭 天心實慈 愍其窘蹙
궁 극 호 주 주 문 기 곡 천 심 실 자 민 기 군 축

45 追念宿盟 不為已甚 46 憬彼敵人 心懷惻隱
추념숙맹 불위이심 경피적인 심회측은

47 求我恩主 拯救吾人 自彼列國 集吾流氓
구아은주 증구오인 자피열국 집오류맹

俾得完聚 共誦聖名 以爾美德 為我光榮
비득완취 공송성명 이이미덕 위아광영

48 可頌惟主 義塞之宰 振古如玆 乃至萬代
가송유주 의새지재 진고여자 내지만대

願爾兆民 同心愛戴
원이조민 동심애대

글자풀이

- **淑**(숙) 맑다
- **肫**(순) 정성스러운 모양
- **述**(술) 표현하다
- **蠡**(려) 조개껍질로 만든 바가지
- **憶**(억) 기억하다
- **廁**(측) 곁
- **沾**(첨) 보다
- **享**(향) 누리다
- **貉**(학) 오소리
- **濱**(빈) 물가
- **肆**(사) 거리낌 없이 함부로 말하다
- **叛**(반) 배반하다
- **仍**(잉) 거듭하다
- **呵**(가) 꾸짖다
- **叱**(질) 꾸짖다
- **竭**(갈) 엉기어 굳어지다
- **磧**(적) 서덜, 냇가나 강가의 돌이 있는 곳
- **不恤**(불휼) 개의치 않다
- **纔**(재) 겨우
- **便**(변) 곧
- **恣**(자) 내키는 대로 하다
- **淫**(음) 욕심내다
- **佚**(일) 잘못
- **口實**(구실) 배부르기만 구함
- **姑**(고) 잠시
- **厭**(염) 싫증내다
- **嬰**(영) 연약하다
- **疾**(질) 질병
- **嫉**(질) 미워하다
- **妒**(투) 투기하다
- **曁**(기) 다다르다
- **縱**(종) 내려주다
- **哲**(철) 밝은 사람
- **大坍**(대담) 다단의 음역
- **猾**(활) 교활하다
- **頓**(돈) 갑자기
- **僻賴**(벽뢰) 아비람의 음역
- **孽**(얼) 죄
- **鑄**(주) 쇠를 부어 만들다
- **犢**(독) 송아지
- **替**(체) 바꾸다
- **齕**(흘) 씹다
- **遽**(거) 재빠르게
- **邯**(한) 지역의 이름(여기선 함의 땅)
- **歷歷**(역력) 모든 것이 환히 알 수 있게 분명함
- **霹靂**(벽력) 벼락

- **緩頰**(완협) 온건하게 천천히 말함
- **悛**(전) 고치다, 깨닫다
- **藐**(묘) 업신여기다
- **讟**(독) 원망하다
- **弁髦**(변모) 쓸모 없음
- **箴**(잠) 바늘, 경계
- **羈旅**(기려) 나그네살이
- **耽**(탐) 즐기다
- **祀**(사) 제사
- **汚**(오) 더럽다
- **忤**(오) 거역하다
- **疫癘**(역려) 전염병
- **菲尼哈**(비니합) 비느하스의 음역
- **崛**(굴) 우뚝 솟다
- **跋扈**(발호) 권세나 세력을 제멋대로 휘두름
- **鋤**(서) 없애다
- **迦南**(가남) 가나안의 음역
- **端**(단) 바로잡다
- **奴**(노) 노예
- **犧牲**(희생) 제물로 바치다
- **窠**(과) 보금자리
- **穢**(예) 더럽다
- **沖**(충) 솟구치다
- **哭**(곡) 울다
- **愍**(민) 불쌍히 여기다
- **窘**(군) 고생하다
- **蹙**(축) 궁지에 빠지다
- **宿**(숙) 오랜
- **憬**(경) 알아차리다
- **流氓**(류맹) 떠도는 백성들
- **聚**(취) 모이다
- **振古**(진고) 예부터
- **玆**(자) 이에, 여기
- **戴**(대) 머리에 이다

옮김

1야훼의 한없는 그 사랑 감읍하네 그 자비 다함 없고 영원하셔라 2뉘 있
어 주의 위업 다 말할 수 있으랴? 크신 덕 바다여라 헤아릴 수 없도다 3바
른 길 걸으며 변치 않는 이에게 주님의 넉넉한 복 임하게 되고 선을 행함
에 한결같은 이들 영원한 즐거움 누리게 되리 4야훼여 당신 백성 기억하셔
서 우릴 불쌍히 여기사 함께 하소서 주께서 친히 세워주셨으니 자비와 사
랑으로 임하여 주소서 5저희로 주 백성된 복을 누리게 하시고 주의 겨레된
기쁨 향유케 하소서 주의 나라의 영광 드러나게 하셔서 저희 마음 흡족케
하여주소서 6저희 역시 열조들과 다를 바 없는 어리석은 무리에 지나지 않
기에 마음과 행위 깨끗지 못하고 거짓을 품고는 악을 지었습니다
7애굽에 붙어살던 우리 조상들 주님의 크신 일들 깨닫지 못해 주의 크신

자비를 기억지 않고 홍해에서 주님을 거역하였습니다 8그러나 야훼 주님
참아주시고 거듭 저들을 구해주셨으니 거룩하신 주 이름 지키시고자 놀라
우신 능력을 드러내셨습니다 9홍해를 꾸짖으사 물길 가르셨으니 이 백성
은 마른 땅 건너듯 했습니다 10원수들에게서 지켜주시고 적들에게서 건져
주신 후 11그 물 합하게 하사 적들 빠뜨리셨지요 12그제야 그들은 주님 말
씀을 믿고 놀라운 위업 노래하였으나 13그도 오래지 않아 잊어버리고 자비
의 말씀 외면하였습니다 14안전하게 되자 함부로 욕심부려 광야 지나는 동
안 먹을 것만 찾았습니다 15야훼 저들의 요구 응해주셔서 귀한 먹거리 허
락하셨으나 도무지 탐욕이 끝없는지라 저들에게 질병 또한 보내셨도다 16
저들의 진중에서 모세를 시기하고 하느님의 사람 아론까지 투기하니 17대
들었던 다단은 교활한 자였으나 땅이 갈라져 저를 삼켰고 아비람의 도당들
도 묻히고 말았으니 18연기 솟으며 화염 일어나 남은 죄악의 무리 모두 불
살랐도다 19저들이 쇠를 부어 송아질 만들고 극진히 섬겨본들 무슨 공덕있
을까? 20아니 소의 형상으로 뭘 대신하려는지? 풀이나 뜯는 것이 뭐가 신
령하다고? 21애굽에서 펼치셨던 놀라운 일들 그 땅을 환히 밝힌 야훼의 구
원! 어찌 그리도 재빠르게 잊을까? 22홍해의 기적이 오히려 생생하고 야훼
의 진노 여전히 놀라운데 오호라 완악하기 그지 없는 저들 홀로 잊고선 기
억지 못하도다! 23간절히 중재했던 모세 없었더라면 저들 끊어진 지 오래
였을 터인데 24악한 성품 참으로 고치기 어렵고 그 마음 바꾸려 들지 않으
니 약속의 땅은 우습게 여기고 주님의 말씀 믿지 않았도다 25마음엔 원망
이요 입술엔 비방이니 생명의 말씀이 무용지물이라 26이에 주님 스스로 맹
세하셨으니 고집 센 저들 넘어뜨리리라 죽기까지 이 광야 떠돌게 하리라
27후손들 타지에서 떠돌이 되어 흩어져 살리니 돌아갈 곳 없으리라 28이
백성의 죄악 헤아릴 수 없으니 헛된 것 좇다 중심을 잃고 탐욕의 마음과
음란한 제사로 죽은 신을 섬기고 그 제물을 먹었도다 29거듭된 죄악으로
야훼 거스르니 주께서 진노하사 역병으로 치셨도다 30그때에 비느하스 떨

쳐 일어나 저들에게 법도 세워 재앙 그치게 하고 31세파에 요동 않고 우뚝
섰으니 영원토록 의롭다고 칭하여졌네 32거친 광야 저 백성들 주님을 거스
를 제 모세도 허물이 없다 할 수 없으나 기실은 백성들로 인함이어라 33그
때에 저들이 주님께 덤벼드니 다급했던 모세가 함부로 말했었네
34주께서 이방족속 멸하라 하셨거늘 35그 말씀 따르잖고 섞여살면서 이방
습속에 젖어 더럽혀졌도다 36우상을 섬기면서 그 종노릇 달가워하며 37자
녀들을 제물로 바치었으니 자녀들이 무슨 죄가 있기나 한가? 38차마 못할
피를 흘려 악마에게 아첨하니 가나안은 온갖 죄의 소굴이어라 39더러운 기
운 하늘로 솟구치고 사악함과 음란함 넘쳐났도다 40야훼의 진노 불타오르
니 저들의 죄악에 질리신지라 41저들을 타국에 넘겨버리고 원수들이 저들
을 다스리게 하셨네 42원수들 방자하게 학대하면서 저들에게 능멸을 일삼
았도다 43얼마나 많이 구해주셨던가 그런데도 여전히 악을 붙좇다니 안타
깝기 그지없는 백성들이나 이 모든 괴롬 불러들인 것이라 44곤경의 바닥에
서 야훼 주님 찾으니 주께서 통곡소리 들으셨도다 하느님 진실로 사랑이신
지라 저들 고통 안타까이 여기셨도다 45옛 맹세 다시금 되새기시고 더 심
하게 몰아가진 않으셨으니 46적들로 하여금 측은한 맘 품게 했네 47은혜의
야훼여 우리를 구하소서 유랑하는 이 백성들 모아주소서 저희들 모여서 야
훼 이름 높이며 귀한 은덕 영광으로 삼게 하소서 48찬미 받으실 야훼 이스
라엘의 하느님 이 백성 한마음으로 받드나이다 태초부터 이제까지 그리고
영원토록!

해설

출애굽은 이스라엘을 이스라엘 되게 한 사건이자 그들의 하느님을 온전히 만난 사건이다. 그 사건을 통해 이스라엘은 자신이 어떤 존재인지 뿌리깊

이 체험하였고 하느님이 어떤 분이신지 선명하게 맛보았다. 출애굽 없이는 이스라엘도, 신앙의 역사도 있을 수 없다. 따라서 출애굽 사건은 끝없는 되새김의 원천이자 이스라엘의 영감과 찬송의 근원이다. 출애굽 이후 다양한 상황과 위기 속에서 그들은 거듭 기억을 되살려보며 그때의 빛으로 오늘을 살피고 발걸음을 내디뎌야 했다.

같은 사건이고 원천이지만 새로운 상황에서 그 원천은 다양한 버전version을 낳을 수밖에 없다. 참된 영적 체험은 오늘날 늘 새롭게 해석되기 때문이다. 시편에는 출애굽과 관련된 여러 편의 노래가 있다. 비교하여 읽으면 더 깊어질 것이다. 비슷한 시편 78편과 비교해보아도 적잖이 다른 맛이 있다.

1절의 순순기인肫肫其仁은 『중용』에 나온다.(118편의 해설을 참고하라.) 2절의 여측蠡測은 이려측해以蠡測海의 뜻이다. 소견이 천박하고 변변찮은 것으로 큰 바다를 헤아린다는 의미로 한漢의 동방삭의 「답객난答客難」에 '대롱구멍으로 하늘을 보고 바가지로 바다를 잰다'以管窺天 以蠡測海(이관규천 이려측해)는 글이 나온다.

3절의 수정불이守正不移는 바른 길을 지켜 견지함에 변함이 없다는 뜻이다.

6절의 일구지학一丘之貉은 별로 다를 바 없는 무리, 한통속의 나쁜 무리란 뜻으로 『한서漢書』「양창전楊敞傳」에 나온다. '이는 마치 진나라 때 소인을 기용하고 충신을 주살하여 멸망에 이른 것과 같으니 대신을 신임하였더라면 지금까지 존속되었을 것이 틀림없다. 예나 지금이나 어리석은 군주는 한 언덕에 모여사는 오소리와 다를 바 없다'若秦時但任小臣 誅殺忠良 竟以滅亡 令親任大臣 卽至今耳 古與今如一丘之貉(약진시단임소신 주살충량 경이멸망 영친임대신 즉지금이 고여금여일구지학)고 하였다.

14절에서 히브리 노래가 욕심을 내며 하느님을 시험하였다 하였는데 오경웅은 그저 입의 만족만을 구하였다고 구체적으로 묘사한다. 『주역』

「산뢰이山雷頤」 괘에 '스스로 양식을 구한다 함은 그렇게 자기 스스로를 길러가야 함을 꿰뚫어보는 것이라'自求口實 觀其自養也(자구구실 관기자양야) 하였다. 먹는 것을 구하는 태도가 삶을 결정한다.

16절의 천종지철天縱之哲은 하늘이 내신 성인=天縱之聖(천종지성)이란 뜻으로 공자나 제왕의 덕을 찬양하는 데 쓰였다. 오경웅은 히브리 시편에서 하느님의 사람 아론을 칭하는 데 사용하였다. 색다르게 읽히는 맛이 있다.

19절의 오체투지五體投地는 양손과 양발, 그리고 머리가 땅에 닿도록 꿇어엎드리는 것을 말하는데 당唐 현장법사의 『대당서역기大唐西域記』에서 인도의 경배의식 아홉 가지를 설명하는 중에 나오는 최고의 경배의식이다.

23절의 완협緩頰은 다른 이를 위해 마음을 써주기를 완곡하게 부탁하는 것을 의미한다.

25절의 변모弁髦는 어린아이들이 쓰는 고깔과 머리채인데, 이것들은 성인이 되면 쓸모가 없어지기에 전轉하여 무용지물이란 의미이다.

28절의 축물이의逐物移意는 『천자문』에 나오는 말로 본래는 축물의이逐物意移이다. 사물을 좇다보면 마음과 뜻이 변하게 된다는 의미를 담고 있다. '참뜻을 지키면 의지가 가득해지고 사물을 좇으면 뜻이 바뀌게 됨'守眞志滿 逐物意移(수진지만 축물의이)을 말한다.

45절의 불위이심不為已甚은 『맹자』 「이루離婁」 하에 '맹자가 공자에 대해 너무 심한 것은 하지 않으신 분이라'孟子曰仲尼 不爲已甚者(맹자왈중니 불위이심자)고 하였다.

46절의 측은惻隱은 측은지심惻隱之心의 줄임말이다. 인仁의 단초이다.

48절의 진고여자振古如茲는 『시경』 「주송周頌」 「재삼載芟」에 나오는 말로 '여기 같은 풍년은 여기만이 아니고 지금 같은 풍년은 지금만이 아니라 예로부터 언제나 이러했느니라'匪且有且 匪今斯今 振古如茲(비차유차 비금사금 진고여자)고 하였다.

자비하신 하느님

하늘과 땅과 바다 주께서 지으신 것
주만이 신실하며 한결같으시니
억눌린 자 반드시 일으켜주시고
굶주린 자 먹을 것 얻게 하시며
눈먼 자 눈을 다시 뜨게 하시고
갇힌 자 풀려남을 입게 되리라
겸손한 자 일으켜 높이 세우고
나그네를 따뜻하게 대해주시며
고아와 과부에게 긍휼을 베푸시고
거스르는 무리를 꺾으시도다
한없이 높으신 천지의 하느님
영원히 이 땅을 다스리시니
영원히 야훼 주님 흠모하여라

제107수

고난 가운데 하느님께 돌아가네 人窮返本

인 궁 반 본

1 浩浩其天 淵淵其淵 心感我主 仁澤緜緜
호호기천 연연기연 심감아주 인택면면

2 誰宜詠此? 普天群賢 群賢伊何? 主所矜全 蒙主救贖 脫身凶惡
수의영차? 보천군현 군현이하? 주소긍전 몽주구속 탈신흉악

3 自東自西 自南自北 祁祁衆聖 無思不服 相聚而歌 抒其心曲
자동자서 자남자북 기기중성 무사불복 상취이가 서기심곡

4 或遊窮荒 迷途徬徨 煢煢征魂 撫影自傷
혹유궁황 미도방황 경경정혼 무영자상

5 載飢載渴 欲歸無鄉 6 山窮水盡 惟求主恩
재기재갈 욕귀무향 산궁수진 유구주은

7 花明柳暗 引入芳村 8 可不稱謝 大仁大能?
화명류암 인입방촌 가불칭사 대인대능?

9 慰我飢渴 錫我溫存
위아기갈 사아온존

10 或作幽囚 銷魂獄中 黑影幢幢 鏈鎖重重
혹작유수 소혼옥중 흑영동동 연쇄중중

11 不敬天命 遘此鞠凶 12 援手無人 憂心忡忡
불경천명 구차국흉 원수무인 우심충충

13 悔罪籲主 拯其厄窮
회죄유주 증기액궁

14 忽然開朗 天地一新 主實垂憐 桎梏脫身
홀연개랑 천지일신 주실수련 질곡탈신

15 可不稱謝 大能大仁?
가불칭사 대능대인?

16 銅門鐵檻 粉碎如塵 17 或陷昏惑 積辜成疾
동문철함 분쇄여진 혹함혼혹 적고성질

18 雖有珍羞 亦焉能食? 戚戚嗟嗟 日與死逼 宛轉病榻 惟存喘息
수유진수 역언능식? 척척차차 일여사핍 완전병탑 유존천식

19 哀哀求主 賜其康復
애애구주 사기강복

20 憑主一言 竟獲勿藥 主言洵奇 生死肉骨
빙주일언 경획물약 주언순기 생사육골

21 可不稱謝 再造之恩? 22 可不獻祭 慶此更生?
가불칭사 재조지은? 가불헌제 경차갱생?

23 或航大海 依水為生 24 於彼洋洋 目擊大能
혹항대해 의수위생 어피양양 목격대능

25 但一起意 風掀浪翻 26 升如冲天 降若墜淵
단일기의 풍흔랑번 승여충천 강약추연

27 踉蹌瞑眩 有如醉顛 雖有智巧 何以自全?
양창명현 유여취전 수유지교 하이자전?

28 情急求主 轉危為安
정급구주 전위위안

29 狂風懾威 噤若寒蟬 駭浪順命 靜如蠶眠
광풍섭위 금약한선 해랑순명 정여잠면

30 既經風波 彌甘安恬 卒賴帝力 泊彼岸邊
기경풍파 미감안념 졸뢰제력 박피안변

31 可不稱謝 大慈大猷 32 宜向老幼 揚主之休
가불칭사 대자대유 의향로유 양주지휴

33 頑民怙惡 主心不悅 變川為沙 泉源枯竭
완민호악 주심불열 변천위사 천원고갈

34 膏腴之地 倏成磽瘠 咎實自取 鹵莽滅裂
고유지지 숙성교척 구실자취 노망멸렬

35 窮民號飢 主心愍之 開石為泉 沙漠成池
궁민호기 주심민지 개석위천 사막성지

36 俾建城邑 安居樂業
비건성읍 안거낙업

37 良田多稼 葡萄徧植 春播其種 秋登其實
양 전 다 가 포 도 편 식 춘 파 기 종 추 등 기 실

38 百穀既豐 六畜蕃殖 庶矣富矣! 優游化域
백 곡 기 풍 육 축 번 식 서 의 부 의! 우 유 화 역

39 主德蕩蕩 無偏無黨
주 덕 탕 탕 무 편 무 당

40 憎彼侯王 黜之遐荒 遐荒無路 四顧茫茫 寖削寖弱 淪胥以亡
증 피 후 왕 출 지 하 황 하 황 무 로 사 고 망 망 침 삭 침 약 윤 서 이 망

41 恤此寡弱 錫以寧康 靡暴於眾 無凌於強
휼 차 과 약 사 이 녕 강 미 폭 어 중 무 릉 어 강

子孫振振 多於群羊 民生裕哉! 如熙春陽
자 손 진 진 다 어 군 양 민 생 유 재! 여 희 춘 양

42 賢者覩此 相顧怡悅 不肖覩此 相顧結舌
현 자 도 차 상 고 이 열 불 초 도 차 상 고 결 설

43 哲人覩此 會心玄德
철 인 도 차 회 심 현 덕

글자풀이

- 伊(이) 어조사
- 矜(긍) 불쌍히 여기다
- 祁(기) 성하다 많다
  祁祁(기기) 아주 많은
- 聚(취) 모여들다
- 遊(유) 다니다
- 煢煢(경경) 외롭고 시름이 겨운 모양
- 征(정) 빼앗다, 치다
- 傷(상) 상처
- 載(재) 거듭
- 錫(사) 주다
- 囚(수) 갇히다
- 銷(소) 녹이다
- 幢(동) 드리워진 모양
- 鏈鎖(련쇄) 쇠사슬에 묶임
- 遘(구) 만나다
- 鞠(국) 국문하다
- 援(원) 당기다
- 忡(충) 근심하다
- 籲(유) 부르짖다
- 厄(액) 재앙
- 朗(랑) 밝고 환하다
- 桎梏(질곡) 차꼬와 수갑
- 銅(동) 구리
- 鐵(철) 쇠
- 檻(함) 우리, 감옥
- 粉(분) 가루를 빻다
- 碎(쇄) 잘게 부수다
- 惑(혹) 미혹되다
- 辜(고) 허물
  珍羞(진수=珍饈) 산해진미
- 戚(척) 슬퍼하다

- 嗟(차) 탄식하다
- 逼(핍) 닥치다
- 宛(완) 굽다
- 轉(전) 구르다, 변화하다
- 榻(탑) 침상
- 喘(천) 헐떡이다
- 獲(획) 얻다
- 洵(순) 참으로
- 航(항) 배, 건너다
- 掀(흔) 번쩍 들다
- 翻(번) 뒤집다
- 墜(추) 떨어지다
- 踉(량) 뛰다
- 蹌(창) 흔들리다, 비틀거리다
- 瞑(명) 눈을 감다
- 眩(현) 아찔하다

  瞑眩(명현) 아찔하여 눈을 감다
- 巧(교) 아름답다
- 噤(금) 입을 다물다
- 寒(한) 춥다
- 蟬(선) 매미

  寒蟬(한선) 울지 않는 가을 매미
- 駭(해) 놀라다
- 蠶(잠) 누에
- 卒(졸) 마침내
- 泊(박) 배를 물가에 대다
- 邊(변) 부근
- 休(휴) 관대한 은혜
- 腴(유) 살지다, 비옥하다
- 倏(숙) 잠깐, 갑자기
- 磽(교) 돌이 많은 땅
- 瘠(척) 파리하다

  磽瘠(교척) 모래나 돌이 많은 거친 땅
- 咎(구) 허물, 근심거리
- 鹵(로) 소금
- 莽(망) 우거지다

  鹵莽(로망) 소금땅, 황무지
- 裂(렬) 찢어지다, 무너지다, 미워하다
- 號(호) 울며 한탄하다
- 愍(민) 불쌍히 여기다
- 池(지) 못, 물길
- 邑(읍) 고을
- 稼(가) 농작물
- 葡萄(포도) 포도
- 徧(편) 두루
- 播(파) 씨를 뿌리다
- 種(종) 씨앗
- 登(등) 익다
- 蕃(번) 늘다
- 殖(식) 번성하다
- 偏(편) 치우치다
- 黜(출) 물리치다
- 遐荒(하황) 멀고 황량한 땅
- 寖(침) 점점, 차차
- 削(삭) 깎이다
- 胥(서) 모두, 서로
- 振(진) 떨쳐 일어나다
- 裕(유) 넉넉하다

옮김

1한없이 넓은 하늘처럼 그 깊이 알 수 없는 깊은 물처럼 사랑 끊이지 않는
야훼께 감사드리세 2누가 찬양할 것인가? 주님의 백성이라 주께서 저들을
긍휼히 여기셔서 원수의 손에서 속량하셨도다 3동에서 서까지 남에서 북녘

까지 하 많은 주의 백성 진심으로 무릎 꿇네 함께 모여 찬양 드리며 그 감
격을 토로하네 4거친 땅 끝에서 길 잃고 방황하며 홀로이 넋을 잃고 제 그
림자 슬피 바라볼 때 5굶주리고 갈하여라 돌아갈 곳 없어라 6산 첩첩 막히
고 물줄기는 끊어져 도무지 나아갈 길 보이지 않는 중에 야훼 우리 주님
부르짖어 찾았더니 7우거진 버들 활짝 핀 꽃 마을로 헤메이던 영혼 인도하
셨네 8그 사랑 한없고 그 능력 크시니 구원받은 인생 어찌 감사 않으랴? 9
목축이게 하시고 주린 배 채우시사 따뜻이 대하시며 위로하셨네 10깊고 음
침한 뇌옥 사슬에 묶였으니 영혼에 어두운 그림자 드리웠네 11하느님 말씀
경외치 않다가 이런 심판을 마주함이라 12도움의 손길 전혀 없어라 근심은
점점 깊어만 갈 때 13죄를 고백하며 주님께 호소하니 곤경의 궁지에서 건
져주셨네 14홀연히 밝은 빛에 천지가 새롭구나 가여이 여기시사 차꼬를 푸
시니 15그 사랑 한없고 그 능력 크시니 구원받은 인생 어찌 감사 않으랴?
16구리 문 쇠 빗장을 먼지처럼 흩으셨네 17함정에 빠지고 유혹에 넘어져
허물은 쌓여 병까지 얻었구나 18산해진미라 한들 목구멍에 넘어갈까? 근
심과 탄식으로 죽음에 내몰리니 병상에서 뒤척이며 가쁜 숨만 몰아쉬었네
19곤고함 속에서 야훼께 호소하니 주님께서 강건케 회복시켜 주셨도다 20
주의 말씀 한마디에 약 없이도 회복되니 그 말씀 진실로 기적이어라 다 죽
은 자 살려서 살을 붙이셨도다 21다시 살리신 그 은혜 어찌 감사 않으랴?
22제물을 주께 드려 새 삶 주심 기뻐하네 23바다를 항해하며 물 의지해 살
아가다 24넓은 바다서도 주의 능력 목도했네 25주의 뜻 정해지니 광풍 일
고 파도 솟네 26하늘로 치솟다가 나락으로 떨어지네 27취해서 넘어진 사람
같구나 눈앞은 캄캄하고 걸음은 비틀대네 지혜와 재주 아무 소용없으니 목
숨 보전할 길 아주 없었네 28경각 가운데서 주께 매달렸더니 위태롭던 바
다가 고요해졌네 29광풍은 주 위엄에 입 다문 가을 매미요 놀란 파도 주
명령에 잠든 누에 같았도다 30풍파가 지나니 순조롭고 평안하다 야훼 인도
하사 피안에 이르렀네 31크신 사랑 그 섭리 어찌 감사 않으랴? 32어른들

뿐 아니라 아이들 앞에서도 주님의 사랑을 찬양하리라 33완고한 자들 악을
좋아하는지라 야훼 정녕 기뻐하지 않으셨으니 흐르던 물 변하여 사막이 되
고 샘의 근원이 말라버렸다네 34옥토가 갑작스레 소금밭 되어버리니 몹쓸
땅이 된 것은 뿌린 대로 거둔 거라 36이에 주린 백성 주께 호소하였고 주
님께서 저들을 안타까이 여기셨네 바위를 여셔서 샘이 되게 하시고 메마른
사막에 물길 내주셔서 35살아갈 성읍 세우게 하시고 기쁘게 일하며 살아가
게 하셨네 37밭은 기름지니 거둘 것 많으며 포도나무 곳곳에 심겨졌구나
따뜻한 봄이 오면 씨를 뿌리고 가을엔 풍성한 열매 거두네 38온 백곡이 풍
성해라 육축도 잘 번식하니 야훼 주신 땅 가멸하구나 39야훼의 사랑 한없
으셔라 공평하시며 치우침 없어라 40죄지은 수령들 먼 땅으로 내치시니 길
없는 황무지요 어딜 봐도 아득해라 갈수록 야위어 약해졌으며 모두들 죽
음으로 내몰렸도다 41작고 약한 이들에겐 긍휼 베푸셨으니 저들이 회복되
고 힘을 얻었네 폭압과 능멸에서 벗어나게 하셨으며 자손들 많아져 양무리
같구나 넉넉해진 인생들아 좋은 날을 맞았구나! 42올바른 자 이를 보며 서
로서로 기뻐하고 어리석은 자 이를 보고 서로 그 입 다물었네 43주의 지혜
얻은 이들 이것을 지켜보고 깊으신 주님의 덕 가슴 속에 담았도다

해설

시편 5권이 시작되는 시편이다. 인생이 처하는 다양한 자리에서 곤궁에 처하게 되어 돌이켜 주님께 간구하여 도우심을 얻은 바를 노래하고 있다. 삶의 자리 어디든 하느님 뵈옵는 자리이자 그분을 체험하는 자리이다. 그런 의미에서 이 생生 자체가 은혜가 아닐 수 없다.

1절의 호호기천 연연기연浩浩其天 淵淵其淵은 『중용』에 나오는 것으로 '간곡하고 지극한 그 어짐이여 고고하고 깊은 그 지혜여 한없이 넓고 넓은 하늘

이시니'肫肫其仁 淵淵其淵 浩浩其天(순순기인 연연기연 호호기천)라고 하여 지극한 성至聖(지성)을 묘사하였다.

히브리 시인은 6, 7절에서 곤궁한 중에 부르짖자 주님이 건지시고 거주할 성읍에 이르렀다고 노래하는데 오경웅은 육유의 시 「유산서촌游山西村」에서 적절하게 차용하고 있다. '산과 물 겹겹이 둘러싸여 길이 없나 싶었더니 갑자기 버들잎 짙고 꽃 활짝 핀 마을이 나타나누나!'山重水複疑無路 柳暗花明又一村(산중수복의무로 유암화명우일촌)

산중수복山重水複이 산궁수진山窮水盡으로 쓰인 곳도 있다.

9절의 온존溫存은 진정한 위로와 안위를 뜻한다. 12절의 원수援手는 곤궁에 빠진 이를 돕는다는 뜻이다. 『맹자』 「이루離婁」 상에 '천하가 물에 빠져 있으면 도로써 끌어당기고 형수가 물에 빠지면 손으로 끌어당긴다'天下溺 援之以道 嫂溺 援之以手(천하닉 원지이도 수닉 원지이수)고 하였다.

18절의 척척차차戚戚嗟嗟는 『주역』 「이괘離卦」 풀이에 나오는데 '눈물이 강물처럼 흐른다. 슬퍼하고 탄식하니 길하다'出涕沱若 戚嗟若 吉(출체타약 척차약 길)라고 하였다. 20절의 생사육골生死肉骨은 죽었던 자를 살려 백골에 살을 붙인다는 뜻으로 큰 은혜를 입은 것을 뜻한다. 『춘추좌전』에 '정녕 나 의여가 임금을 다시 모실 기회를 만들어 준다면 생사육골의 은혜로 알겠다'苟使意如得改事君 所謂生死而肉骨也(구사의여득개사군 소위생사이골육야)라고 하였다.

27절의 자전自全=自全之計(자전지계)은 안전을 도모하는 꾀를 뜻하는 성어成語이다. 28절의 전위위안轉危為安은 『전국책戰國策』에 '놀라운 계책과 생각지 못한 지모로 위기를 바꾸어 안전하게 하고 망해가던 걸 되살려놓으니 이 역시 기쁜 일이라'出奇策異智 轉危爲安 運亡爲存 亦可喜(출기책이지 전위위안 운망위존 역가희) 하였다.

29절의 한선寒蟬은 가을이 되어 추워지면 매미가 울지 않는다는 뜻으로 전傳하여 가만히 있거나 아무 쓸모없음을 뜻하게 되었다. 『초사楚辭』 「구변九辯」에 '슬프구나 처량한 가을날이여 매미도 울지 않는 적막함이여'悲哉秋之爲

氣也 蟬寂寞而無聲(비재추지위기야 선적막이무성)라고 하였다. 같은 절의 잠면蠶眠은 왕유의 시「위천전가渭川田家」에 '꿩 울음소리에 보리순이 자라고 누에는 잠들 때라 뽕잎이 드무네'雉雊麥苗秀 蠶眠桑葉稀(치구맥묘수 잠면상엽희)라고 노래하였다.

30절에서 히브리 시인은 그들이 바라는 항구로 인도하신다고 하였는데 오경웅은 피안彼岸에 정박하게 하신다고 하여 읽는 이로 하여금 이중적 의미를 생각하게 한다. 34절의 고유지지膏腴之地는 매우 비옥하고 풍요로우며 아름다운 땅을 의미한다. 가의의「과진론過秦論」에 '동쪽의 비옥하고 풍요한 땅을 분할하니 계림과 상군이라'東割膏腴之地 以爲桂林 象郡(동할고유지지 이위계림 상군) 하였다. 같은 절의 구실자취咎實自取=咎由自取는 재앙이든 죄과든 모두 자기가 초래한 것이라는 성어成語이다.

35절의 호기號飢는 호한제기號寒啼飢의 줄임말로 한유의「진학해進學解」에 '겨울이 따뜻해도 아이는 추위에 울고 풍년든 해여도 아내는 굶주림에 흐느끼네'冬暖而兒號寒 年豊而妻啼飢(동난이아호한 연풍이처제기)라고 하였다. 추위에 울부짖고 굶주림에 운다는 의미이다. 41절의 미폭어중靡暴於衆은 진晉의 반악의「관중關中」에 나오는 것으로 '폭력과 힘 있는 자들의 능멸을 받지 않게 되었으니 두려워 떨던 연약한 이들에게 봄볕이 쬐이누나!'靡暴於衆 無淩於强 惴惴寡弱 如熙春陽(미폭어중 무릉어강 췌췌과약 여희춘양)라고 하였다.

마지막 구절에서 오경웅은 정직한 자, 사악한 자, 지혜 있는 자를 현자賢者와 불초不肖와 철인哲人으로 번역하여 주님의 역사하심을 경험한 이들에게 일어난 감회를 비교하여 서술하였다. 바른 이는 하느님의 역사에 기뻐하고 지혜 있는 이는 하느님의 손길을 보고 그 마음에 깊숙이 새긴다. 그러나 어리석은 인생은 어쩔 줄 모르며 넋을 잃어버린다. 나는 어디쯤에 있는가?

참고로 오경웅은 39절의 번역을 공평하신 하느님이라 번역함으로써 이후의 40절과 41절에 연결지었는데『개역성경』은 38절과 연관되어 있다. 또한 번역의 자연스러움을 위하여 35절과 36절의 위치를 바꾸었다.

제108수

거문고 타며 새벽을 맞네 絃歌迎曉
현가영효

1 神樂蘊心 頌聲發脣 2 昧爽鼓瑟 喚醒清晨
신락온심 송성발순 매상고슬 환성청신

3 謝主之德 詠主之恩 以傳萬國 以告生靈
사지주덕 영주지은 이전만국 이고생령

4 大仁塞宇 高義薄雲 5 峻極於天 光耀乾坤
대인색우 고의박운 준극어천 광요건곤

6 祈爾賜佑! 祈爾垂聽! 引手拯拔 爾之所親
기이사우! 기이수청! 인수증발 이지소친

7 大主有命 吾心用樂 將分隰岑 將據疎谷
대주유명 오심용락 장분습잠 장거소곡

8 基列 西蒙 莫匪我屬 法蓮為屏 樹德為笏
기렬 서몽 막비아속 법련위병 수덕위홀

9 摩瓦充盤 夷東置屩 菲莉之野 供我歡躍
마와충반 이동치교 비리지야 공아환약

10 誰能領我 襲彼崇墉? 誰能引我 征彼夷東?
수능령아 습피숭용? 수능인아 정피이동?

11 我主胡為? 棄我泥中 我主胡為? 不護我戎
아주호위? 기아니중 아주호위? 불호아융

12 縱有人助 何以為功? 求主相我 克彼元凶
종유인조 하이위공? 구주상아 극피원흉

13 既有神助 吾氣則雄 主必佑我 消滅敵蹤
기유신조 오기즉웅 주필우아 소멸적종

글자풀이

- 迎(영) 맞이하다
- 曉(효) 동틀 무렵
- 蘊(온) 간직하다
- 脣(순) 입술
- 爽(상) 날이 새다
  昧爽(매상) 먼동이 틀 무렵
- 瑟(슬) 큰 거문고
- 喚(환) 외치다
- 醒(성) 잠이 깨다
- 晨(신) 새벽
- 塞(색) 가득 차다
- 峻(준) 높다
- 耀(요) 빛나다
- 據(거) 움키다
- 濕岑(습잠) 세겜의 음역
- 疏谷(소곡) 수꽃의 음역
- 基列(기렬) 길르앗의 음역
- 西蒙(서몽) 므낫세의 음역
- 法蓮(법련) 에브라임의 음역
- 屛(병) 병풍, 울타리
- 樹德(수덕) 유다의 음역
- 笏(홀) 왕을 상징하는 왕홀
- 牧(목) 다스리다
- 摩瓦(마와) 모압의 음역
- 夷東(이동) 에돔의 음역
- 屩(교) 짚신
- 菲莉(비리) 블레셋의 음역
- 襲(습) 불의에 쳐들어 가다
- 崇(숭) 높다
- 墉(용) 담
- 戎(융) 군대, 병장기
- 縱(종) 설령 ~일지라도
- 雄(웅) 뛰어나다, 수컷
- 蹤(종) 발자취

옮김

1주님 주신 기쁨 이 마음 적시니 내 입술 열어 찬양드리네 2먼동 틀 제 거
문고 타며 새벽 깨우며 찬미 올리네 3야훼의 덕 감사하며 그 은혜 노래하
리 겨레들에 전파하며 산 자들에게 이르리라 4크신 사랑 세상을 가득히 채
웠고 높으신 뜻 구름처럼 널리 펼쳐졌네 5하늘의 하늘보다 더 높으시고 천
지에 그 영광 환히 빛나도다 6주님 귀 기울이사 우릴 구원하소서 손 내미
사 사랑하는 이들을 건지소서
7크신 주님 말씀하시니 우리는 기뻐하며 즐거워하네 "나 장차 세겜을 나누
고 수꽃 골짜기 차지하리라 8길르앗과 므낫세가 내게 속할 것이며 에브라
임 울타리 되고 유다가 다스리리라 9모압으로 대야를 삼을 것이며 에돔에

신발을 놓아두리라 블레셋 들판에서 울려나는 것 나 야훼의 승리의 환호라
10누가 능히 날 이끌어 높은 성벽 넘어 저들을 치며 누가 나를 인도하여
에돔을 정복할꼬?"
11내 주님 어찌하여 저희를 흙더미에 버리십니까? 주님 어찌하여 우리 군
대 지켜주지 않으십니까? 12설령 사람의 도움 있다고 한들 무엇 하나 이룰
수가 있겠습니까? 하느님 우리를 도와주셔서 저 원수들 이기게 하여 주소
서
13주님 도우시나니 우리 기백 솟구치네 우리와 함께 하사 적들 짓밟으시리
라

해설

4절의 고의박운高義薄雲은 『송서宋書』 「사령운전謝靈運傳」에 나오는 말로 사령운의 글을 평함에 '아름다운 글은 보석처럼 반짝이고 높은 뜻은 하늘에까지 이르렀다'英辭潤金石 高義薄雲天(영사윤금석 고의박운천)고 하며 그의 문장을 높이 평가한 것이었는데 후에는 고의박운 만을 따로 떼어 높은 의기義氣를 묘사하게 되었다.

5절의 준극어천峻極於天은 『중용』에 나오는 말로 '크구나 성인의 도여! 넓고 넓어 만물을 지어 잘 기르니 하늘보다 높구나'大哉聖人之道! 洋洋乎 發育萬物 峻極於天(대재성인지도! 양양호 발육만물 준극어천)라고 하였다.

13절의 오기즉웅吾氣則雄에서 기웅氣雄은 씩씩하고 굳센 기상이 웅대하고 건전하다는 기백웅건氣魄雄健의 줄임말로 볼 수 있다.

시인이 찬양하며 새벽을 맞고 비파를 타며 아침을 맞는 이유는 자명하다. 하느님 주신 즐거움神樂(신락)이 그 마음에 자라기 때문이다. 오경웅은 이를 온심蘊心이라 하였다. 본래 온蘊은 모아 쌓은 것을 의미한다. 불가佛家에서

는 생멸하고 변하는 것을 종류대로 모아서 오온五蘊(물질, 감각, 지각, 의지, 마음)이라 하여 사람의 육체적이고 정신적인 작용을 망라하면서, 참된 지혜로 보면 이 오온五蘊 모두가 없는 것空(공)이라 하였다.

오경웅은 그런 사유를 비튼다. 하느님께서 그러한 인간 마음에 하늘의 기쁨을 쌓이게 하시고 모이게 하신다. 인생은 결코 허망한 것空(공)이 아니고 썩어갈 것만은 아니다.

6절에서처럼 하느님과 온전한 관계 즉 사랑이신 분의 사랑받는 자녀親(친)에까지 나아간다. 땅에서 시작하여 하늘에 이르며 유한에서 시작해 영원에 잇닿는다.

이 시편의 전반부는 시편 57편에서 가져왔고 중후반부는 시편 60편과 동일하다.

제109수

죄를 짓고는 온전한 삶 없으리 自作孼不可活

자 작 얼 불 가 활

1 吁嗟我所天 無然守緘默!
우 차 아 소 천 무 연 수 함 묵!

2 群小張讒口 向我弄詭譎
군 소 장 참 구 향 아 농 궤 휼

3 惡言紛相加 無故肆抨擊
악 언 분 상 가 무 고 사 평 격

4 愛之反見咎 吾禱何曾息?
애 지 반 견 구 오 도 하 증 식?

5 將讐報我恩 以怨酬我德
장 수 보 아 은 이 원 수 아 덕

6 願彼昧良者 自身遇健敵! 黃雀逐螳螂 循環相磨折
원 피 매 량 자 자 신 우 건 적! 황 작 축 당 랑 순 환 상 마 절

7 願彼受判時 獲其所應得! 願彼虛偽禱 轉增其罪責!
원 피 수 판 시 획 기 소 응 득! 원 피 허 위 도 전 증 기 죄 책!

8 願彼遭夭伐 他人繼其職!
원 피 조 요 벌 타 인 계 기 직!

9 子女為孤兒 嫠婦歎空室
자 녀 위 고 아 이 부 탄 공 실

10 兒孫作流氓 行乞於異域
아 손 작 류 맹 행 걸 어 이 역

11 家業被拼吞 外人食汗血
가 업 피 병 탄 외 인 식 한 혈

12 生前無人憐 死復不見恤
생 전 무 인 련 사 부 불 견 휼

13 世系即見斬 姓名被塗抹
세 계 즉 견 참 성 명 피 도 말

14 願其父母罪 常為主所憶
원 피 부 모 죄 상 위 주 소 억

15 沒世而無聞 影蹤歸沈寂
몰 세 이 무 문 영 종 귀 침 적

16 平生懷刻薄 好乘人之急 欺壓傷心人 窮民供殘殺
평 생 회 각 박 호 승 인 지 급 기 압 상 심 인 궁 민 공 잔 살

17 彼既愛呪詛 呪詛應蝟集 彼既惡祝福 百福應遠逸
피 기 애 주 저 주 저 응 위 집 피 기 오 축 복 백 복 응 원 일

18 自以詛為服 斯服何由脫 如水亦如油 浸心復沁骨
자 이 저 위 복 사 복 하 유 탈 여 수 역 여 유 침 심 부 심 골

19 衣帶重重束 誰能解其結?
의 대 중 중 속 수 능 해 기 결?

20 含血以噴人 報答在朝夕
함 혈 이 분 인 보 답 재 조 석

21 求主為聖名 秉公伸我屈 求主按仁慈 賜我以救拔
구 주 위 성 명 병 공 신 아 굴 구 주 안 인 자 사 아 이 구 발

22 我今處困境 中心傷欲絕
아 금 처 곤 경 중 심 상 욕 절

23 吾生如暮景 翳翳慘將入 身世同飛蝗 飄颻無寧息
오 생 여 모 경 예 예 참 장 입 신 세 동 비 황 표 요 무 녕 식

24 齋久雙膝軟 肌膚不復實
재 구 쌍 슬 연 기 부 불 복 실

25 見者皆搖首 我成眾矢的
견 자 개 요 수 아 성 중 시 적

26 惟望我恩主 援手昭慈臆
유 망 아 은 주 원 수 소 자 억

27 務使世間人 咸覩爾神力
무 사 세 간 인 함 도 이 신 력

28 任憑人謗詛 但求主輔翼 若輩終承羞 爾僕應怡悅
임 빙 인 방 저 단 구 주 보 익 약 배 종 승 수 이 복 응 이 열

29 行見吾諸敵 被辱且蒙恥
행 견 오 제 적 피 욕 차 몽 치

30 我欲揚洪恩 當眾獻頌美
아 욕 양 홍 은 당 중 헌 송 미

31 誰救窮困者? 其惟主雅瑋
수 구 궁 곤 자? 기 유 주 아 위

글자풀이

- **孽**(얼) 죄
- **緘**(함) 꿰매다
- **讒**(참) 참소하다
- **肆**(사) 방자하다
- **抨**(평) 탄핵하다
- **咎**(구) 허물
- **禱**(도) 기도하다
- **讐**(수) 원수
- **酬**(수) 갚다
- **昧**(매) 어둡다

  昧良(매량) 양심을 속이는 일
- **雀**(작) 참새
- **螳螂**(당랑) 사마귀
- **磨**(마) 갈다
- **折**(절) 꺾다
- **僞**(위) 속이다
- **夭**(요) 일찍 죽다
- **伐**(벌) 정벌하다
- **嫠**(리) 과부
- **兒**(아) 아이
- **孫**(손) 손자, 자손
- **氓**(맹) 백성

- 乞(걸) 구걸하다
- 倂(병) 나란하다
  倂呑(병탄) 아울러 삼켜지다
- 汗(한) 땀
- 系(계) 잇다
- 斬(참) 베다
- 塗抹(도말) 지워 없애다
- 蹤(종) 자취
- 刻薄(각박) 혹독하여 인정이 박함
- 壓(압) 누르다
- 呪詛(주저) 저주하다
- 蝟(위) 고슴도치(털)
  蝟集(위집) 한꺼번에 많이 모임
- 逸(일) 달아나다
- 沁(심) 스며들다
- 帶(대) 허리에 맨 띠
- 束(속) 묶여지다
- 含(함) 머금다
- 噴(분) 내뿜다
- 伸(신) 펴다
- 暮(모) 저물다
- 翳(예) 흐리다, 그늘
  翳翳(예예) 점점 어두워지다
- 慘(참) 비참하다
- 蝗(황) 메뚜기
- 飄(표) 나부끼다
- 颻(요) 불어오는 바람
- 齋(재) 재계하다
  齋久(재구) 오랜 동안 재계(정진)함
- 雙(쌍) 쌍, 둘
- 膝(슬) 무릎
- 軟(연) 연약하다
- 肌(기) 살가죽
- 膚(부) 살갗
- 搖(요) 흔들다
- 臆(억) 가슴, 생각
- 覩(도) 보다
- 憑(빙) 의거하다
  任憑(임빙) 마음대로 하게 하다
- 謗(방) 헐뜯다
- 輔(보) 돕다
  輔翼(보익) 잘 도와서 좋은 데로 인도함
- 輩(배) 무리
- 羞(수) 부끄러운
- 恥(치) 부끄러운

옮김

1내 주 되신 하느님께 간구하오니 짐짓 일 없으신 양 침묵하지 마소서! 2
악인들 입을 벌려 저를 참소하며 저에게 거짓 농간 마구 부려댑니다 3악한
말 퍼부으며 이유 없이 공격하고 4사랑으로 대했는데 비난으로 돌아오니
어떻게 기도를 쉴 수 있겠습니까? 5은혜 베풀었건만 외려 원수로 삼고 베
푼 건 덕인데 원한으로 갚습니다. 6양심도 없는 저들이오니 자기보다 더한
적을 만나게 하소서 참새에 쫓기는 사마귀처럼 좌절에 빠져 맴돌게 하소서

7저들 재판 받을 때 행한 대로 돌려받길! 거짓 기도 고스란히 죄악으로 더
해지길! 8그 목숨 일찍 끊어지게 되어서 다른 이가 그 자리 차지하게 하시
고 9자식들 고아되고 아내는 과부되어 빈 방에서 탄식하며 울게 하소서 10
자손들 정처 없이 떠돌게 하시고 타지에서 걸식하며 살아가게 하소서 11가
산은 타인에게 삼켜지게 하시고 저들 흘린 땀과 눈물 남이 갖게 하소서 12
살아선 이웃의 동정 얻지 못하고 죽어선 불쌍히 여김 받지 못하며 13후손
은 결국 끊어져버리고 그 이름 끝내 지워지게 하소서 14조상들이 지은 죄
악 야훼 주님께 기억되게 하시고 15죽어서는 아무런 흔적 없게 하소서 16
인정머리 전혀 없이 평생 혹독했으며 어려움에 빠진 이 뒤에서 떠밀었고
마음 아파하는 이 더욱 괴롭히고 곤궁한 이 죽음으로 내몰았습니다 17그는
저주하기를 좋아하였으니 그 저주들 그에게 모여들게 하시고 축복하는 것
을 싫어하였으니 모든 복이 그에게서 달아나게 하소서 18그 스스로 저주를
옷처럼 입었으니 그 옷 벗을 일이 무에 있겠습니까? 물이 스며들고 기름이
배듯 마음과 뼛속 깊이 스며들게 하소서 19저주의 옷과 죄악의 띠 겹겹이
걸쳤으니 뉘 있어 이것들을 풀 수 있겠습니까? 20근거 없는 날조로 헐뜯던
그들 밤낮으로 돌려받을 대가입니다 21주님의 거룩한 그 이름 위하여 공의
를 펼치시고 저를 일으키소서 당신의 사랑으로 위로해 주시고 자비를 베
푸사 저를 건지소서 22곤고한 지경에 떨어진 인생 마음은 상하여 끊어지려
합니다 23목숨은 저물녘 어스름 같아 어둠 속에 비참히 가라앉습니다 늦가
을 찬바람 속 메뚜기 같아 평안히 쉴 곳 찾을 수 없나이다 24엎드려 비느
라 무릎조차 상하였고 살가죽은 점점 야위어만 갑니다 25사람들 저를 보고
고개 절레 흔드니 저들의 입초사에 오르기 바쁩니다 26저의 소망이신 야훼
하느님 손 내미사 당신 사랑 보여주소서 27그로 인하여 믿지 않는 이들이
주님의 크신 능력 보게 하소서 28저들 내게 함부로 저주하지만 주님은 절
돌보사 좋이 인도하소서 저들 끝내 수치를 당하려니와 당신 종은 기쁨을
누리게 하소서 29저를 적대한 적들 욕을 당하며 치욕 속으로 빠져들게 하

소서
30나 야훼의 크신 은혜 높이리니 사람들 앞에서 주께 찬송드리리라 31궁핍
한 자 건지시는 그분 누구이신가? 야훼이신 하느님 오직 당신이십니다.

해설

제목인 자작얼불가활自作孽不可活은 『서경』「태갑太甲」에 나오는데 '무릇 하늘이 내린 재앙은 오히려 피할 수가 있지만 사람이 스스로 죄를 지어 불러들인 재앙은 피할 수가 없다'天作孼猶可違 自作孽不可逭(천작얼유가위 자작얼불가환)고 하였다.

4절의 견구見咎는 툭하면 비난을 받는다는 뜻으로 동첩견구動輒見咎로 쓰인다. 한유의 「진학해進學解」에 '앞을 밟고 뒤에서 미끄러져 걸핏하면 곧 허물을 얻었다'跋前疐後 動輒得咎(발전체후 동첩득구)라고 하였다.

6절의 황작축당랑黃雀逐螳螂의 이야기는 『장자』「산목山木」 편에 나오는데 장자는 이상하게 생긴 까치를 보고 활을 겨누는데 그 까치는 사마귀를 잡으려 정신이 팔려 있고 사마귀는 매미를 잡으려 스스로를 잊고 있었다. 이를 보고 놀란 장자도 자신을 잊고 있었음을 깨닫고 활을 버리고 숲에서 도망쳐 나왔다는 고사故事이다.

8절의 요벌天伐은 다 자라기 전에 죽는다는 뜻이다. 사령운의 시 「유적석진범해游赤石進帆海」에 '명예에 집착하면 도를 이루기 어렵고 뜻에 맞게 살면 대수롭지 않은 것을 잊으니 부탁컨대 임공의 말을 잘 따라서 끝내 천수를 다하기를 바라네'肯名道不足 適己物可忽 請附任公言 終然謝天伐(긍명도부족 적기물가홀 청부임공언 종연사요벌)라고 읊었다.

9절의 이부嫠婦는 과부寡婦란 뜻이다. 16절의 승인지급乘人之急은 다른 이의 어려움을 틈타서 더 해를 가하려고 으르고 협박하는 것을 뜻하는 성어成語

이다.

같은 절의 기압欺壓은 기부압박欺負壓迫의 줄임말로 타인을 괴롭히고 압박한다는 뜻이다.

20절의 함혈분인含血噴人은 아무 근거도 없이 사실을 날조하여 남을 헐뜯는 일을 뜻하는 성어成語이다.

21절의 병공秉公은 공정함을 바탕으로 한다는 뜻으로 장거정의「사소견소謝召見疏」에 '신민의 참된 도리는 나라를 위함에 있어서 오직 공의를 바탕으로 하는 것이다'而人臣之道 必秉公爲國(이인신지도 필병공위국)라고 하였다.

28절의 승수承羞는 부끄러움을 당한다는 뜻으로『주역』「항괘恒卦」에 '덕을 행함에 있어서 항구해야 하니 그렇지 못하면 부끄러움을 당한다'不恒其德 或承之羞 貞吝(불항기덕 혹승지수 정린)고 하였다.

히브리 시에서 믿는 이는 끝내 주님의 은총을 덧입고 악인들은 부끄러움을 당하리라는 믿음이 있다. 그래서인가? 히브리 시인은 악인들이 당해야 할 수치를 적나라하게 나열하고 있다. 너무 하지 않은가?라고 되물을 수도 있겠지만 이 진술이 하느님 앞에서 드려지는 기도임을 기억해야 한다.

시인은 하느님 앞에서 그의 마음속 슬픔과 분노를 토해놓는다. 그는 이 모든 시련을 다 견뎌내면서도 남을 미워하지 않는 성인군자가 아니다. 그는 나약한 인간이다. 그 나약한 인생이 하느님 앞에서 자신의 속을 다 꺼내놓으면서 그는 점차 미워할 사람에게서 자비를 베푸시고 신원伸冤하시는 하느님께로 옮겨간다. 자신이 겪은 시련과 고난의 감정에서 자비하신 하느님의 손길로 눈길이 옮겨가는 것이 기도이다. 그런 의미에서 기도는 가장 연약한 인간의 모습이 여과 없이 드러나는 시간이 되고 은혜의 공간이 된다.

그에 반해 동양적 전통에서는 쉽게 드러낼 수 없는 진술이기도 하다. 오히려 도리에 맞지 않는 사람과 관계를 끊을 때 그 사람의 허물을 꺼내지 않고 덮는 것을 마땅히 여겼다.

시편의 기도가 하느님께 드리는 고발과 탄원이라면 동양적 기저에는 침묵 가운데 스스로 소화함이 있다. 어느 것이 옳고 어느 것이 그르다 할 수 없으니 잘 새길 일이다.

유교에서 옳다함을 지켜내는 것義(의)은 마땅히 해야 할 바를 하지 않거나 하지 말아야 할 것을 하게 될 때 양심 속에서 일어나는 부끄러움과 악을 미워하는 마음으로 사람됨의 근본 단초였다.

그런 의미에서 옛 사람에게 부끄러움을 모르는 사람이라는 말은 가장 큰 비난이었으며 모욕이었다. 사람의 도리를 잊은 것이니 짐승과 다를 바가 무어랴? 그러나 오늘날은 부끄러움을 잊어버린 시대가 되고 말았으니 욕망에 충실하고 탐욕을 부리는 것이 미덕인 시대가 되고 말았다. 오늘날의 기독교 또한 이를 조장하고 있지는 않은가 두려울 뿐이다.

제110수

군자의 길 영원하리 君子道長
군 자 도 장

1 天主語吾主:"安坐我右邊 俟我為爾克諸敵 令彼俯伏爾足前"
천 주 어 오 주 "안 좌 아 우 변 사 아 위 이 극 제 적 영 피 부 복 이 족 전"

2 主必自西溫 授爾以天權 統治爾敵人 子民咸將心悅誠服獻其身
주 필 자 서 온 수 이 이 천 권 통 치 이 적 인 자 민 함 장 심 열 성 복 헌 기 신

3 佩德以為飾 共熙光天與化日　爾稟平旦氣 芳露所滋潤
패 덕 이 위 식 공 희 광 천 여 화 일 이 품 평 단 기 방 로 소 자 윤

4 主已立誓豈能悔 爾當永為司鐸第一品 與彼麥基德 職位相彷彿
주 이 립 서 기 능 회 이 당 영 위 사 탁 제 일 품 여 피 맥 기 덕 직 위 방 상 불

5 佑爾之主震霞霹 世之君王被痛擊
우 이 지 주 진 하 벽 세 지 군 왕 피 통 격

6 彼將鞫全世 屍體遍大地 元惡大憝既被夷
피 장 국 전 세 시 체 편 대 지 원 악 대 대 기 피 이

7 主乃逍遙路上飲清溪 正道擡頭邪道微
주 내 소 요 로 상 음 청 계 정 도 대 두 사 도 미

글자풀이

- **俟**(사) 기다리다
- **獻**(헌) 바치다
- **稟**(품) 타고난 기품
- **旦**(단) 해돋을 무렵
  平旦(평단) 새벽녘
- **鐸**(탁) 방울, 교령을 선포할 때 흔드는 방울
  司鐸(사탁) 사제
- **麥基德**(맥기덕) 멜기세덱의 음역
- **彷彿**(방불) 같다, 구별하기 어렵다
- **霞**(하) 노을, 멀다
- **霹**(벽) 벼락, 천둥
- **鞫**(국) 국문하다
- **遍**(편) 두루
- **憝**(대) 간악하다
- **夷**(이) 멸하다
- **擡**(대) 들어 올리다
- **微**(미) 아주 작다, 없다

옮김

1야훼께서 내 주께 말씀하시네 “너는 내 우편에 앉으라 나 널 위해 원수들
을 무찌르리니 그들이 네 발 앞에 엎드리리라”
2시온에서 나오는 하늘 권세를 야훼께서 친히 당신에게 주시리니 이 백성
기꺼이 복종하며 헌신하리니 당신께서 원수들을 다스리소서 3거룩한 덕으
로 치장하고서 만천하 다스려 화평케 하리니 새벽 기운 머금은 당신의 천
품 향기 서린 맑은 이슬같으시네 4주님 이미 맹세하셨으니 어찌 뒤집으실
까? “너를 멜기세덱의 반열과 같은 영원한 제일위의 사제로 삼으리라” 5야
훼 오른편에서 주님 진노하시니 세상의 군왕들 부숴지리라 6장차 세상을
심판하시리니 주검들이 대지에 가득할 것이며 악을 꾸민 주모자들 들썩임
도 어느새 사라져 조용해지리라 7승리의 발걸음 내딛으시는 중 길가 시내
맑은 물 마실 것이니 바른 길 걷는 이들 머리 들리니 악의 길 걷던 자들 흔
적 없으리

1절의 부복俯伏은 고개를 깊이 숙이고 엎드린다는 부수복지俯首伏地의 줄임말로 지극한 두려움과 공경이 함께 담겨 있다.

3절의 광천화일光天化日은 『서경』「익직益稷」편에 나오는 말로 우가 순 임금에게 '임금께서 천하를 잘 다스리셔서 바다 끝 백성들까지 이르러 온 나라에 여러 어진 사람들이 모두 임금의 신하가 되고자 할 것'帝光天之下 至于海隅蒼生 萬邦黎獻 共惟帝臣(제광천지하 지우해우창생 만방려헌 공유제신)이라고 하였다.

광천光天은 아주 밝은 대낮을 의미하고 파일化日은 모든 것을 생장시키고 자라게 하는 태양을 의미하는데 바른 정치를 통한 태평성세를 뜻한다.

같은 절의 평단지기平旦之氣는 『맹자』「고자告子」상에 나오는데 '하룻밤 자고 일어날 때 되살아나는 맑은 새벽 기운이 사람이 바르게 살아야 할(좋아할 것을 좋아하고 미워할 것을 미워하는 바) 마음과 서로 가깝기 쉽지 않음은 낮에 행하는 허물들로 인해 없어지기 때문이라'其日夜之所息 平旦之氣 其好惡與人相近也者幾希 則其旦晝之所爲 有梏亡之矣(기일야지소식 평단지기 기호오여인상근야자기희 즉기단주지소위 유곡망지의)고 하였다.

맹자의 성선설을 해설하는 말로 인간의 본래 선하고 좋은 기운이 인간의 어리석은 행위들로 쇠함을 설명한 장면이다. 주희는 이 평단지기를 해설하면서 '세상의 사물과 부딪히기 전의 청명한 기운이라'未與接物之時 淸明之氣也(미여접물지시 청명지기야) 하였다.

히브리 시편에서 3절의 거룩한 치장을 오경웅은 패덕佩德으로 옮겼다. 『예기』에 '예로부터 군자는 옥을 반드시 차야 한다'古代君子 必佩玉(고대군자 필패옥)고 했다. 옥의 내면적 의미가 덕德과 같으므로 덕으로 치장하고 꾸몄다고 번역하였다.

오늘날의 기독교인들이 가장 사랑하는 시편이 23편이라면 박해받던 초대교회의 교우들이 가장 사랑했던 시편이 이 시편이라고 한다. 시편 23편은 한 인생에게 부어진 하느님의 은총에 대한 신실한 고백과 감격으로 개인적 성격을 지니고 있다. 그에 비해 시편 110편은 철저하게 공동체적이고 동시에 역사적이며 우주적이다. 그리스도인의 승리는 한 개인의 승리가 아니라 주님 되신 예수 그리스도의 승리에서 오며 그 승리를 함께 누리는 것이고 그 승리에 참여하는 감격이다. 그렇기에 이 시편에는 그분의 싸움과 심판에 함께 참여하는 성도의 승리의 소망이 담겨있다.

주께서 오셔서 거짓되고 악으로 관영한 세상을 심판하실 때 기쁨으로 주님에게 헌신하고자 하는 믿음과 싸움 후 맑은 시냇물로 목을 축이는 승리의 갈구가 담겨있다. 박해와 죽음의 위협이 육신의 생명보다 가까이 있는 현실에서 쉼 없이 드려질 기도요 소망이다. 그런 의미에서 신앙은 그분의 나라, 그분의 통치, 그분의 승리를 구하는 것이다. 그러니 주의 기도처럼 "나라가 임하소서" 하는 기도만큼 중하며 화급한 것이 어디 있겠는가?

이것이 그리스도인의 기도이다. 그런 의미에서 기독교는 공동체적 종교이며 기도는 철저하게 공동체적이다. 오경웅은 이 시편을 군자도장君子道長이라 하였다. 주님의 길 영원하리라고도 말할 수 있고 참된 신앙인의 길 영원하리라고도 할 수 있겠다. 무엇을 뜻하든 간에 그 바탕에는 야훼 하느님께서 역사를 주관하시는 분이며 참된 인생은 그분의 길 위에 서있다는 고백이다.

제111수

앎과 행함 知與行
지 여 행

1 一心感大德 歌誦聖會中
일심감대덕 가송성회중

2 功德實浩蕩 諦觀樂無窮
공덕실호탕 체관락무궁

3 經綸既煌煌 仁義亦源源
경륜기황황 인의역원원

4 聖蹟堪永懷 聖心乃慈淵
성적감영회 성심내자연

5 眷戀虔誠者 恆念夙所言
권련건성자 항념숙소언

6 兆域付天民 德威信無邊
조역부천민 덕위신무변

7 所行真且善 所言可實踐
소행진차선 소언가실천

8 言行俱正直 千秋永不變
언행구정직 천추영불변

9 救贖恩既殊 盟約成經典
구속은기수 맹약성경전

聖名可不敬? 慈德可不戀?
성명가불경? 자덕가불련?

10 人能畏真宰 妙慧即在斯
인능외진재 묘혜즉재사

聖誡宜篤行 能行始有知
성계의독행 능행시유지

可頌惟雅瑋 流芳無窮已
가송유아위 유방무궁이

글자풀이

- 諦(체) 살피다, 깨닫다
- 煌(황) 빛나다
- 堪(감) 즐기다
- 虔(건) 공경하다, 단정하다
- 殊(수) 특별하다
- 誡(계) 경계하다
- 篤(독) 도탑다, 신실하다

옮김

1오롯한 마음으로 주께 감사드리니 거룩한 모임에서 야훼 찬미하여라 **2**주
께서 베푸신 바 크고 한없으시니 마음에 새길수록 기쁨 한량없도다 **3**야훼
의 경륜 환히 빛나며 사랑과 공의 영원하셔라 **4**거룩한 행적 마음에 품었으
니 거룩하신 야훼는 한없는 사랑이라 **5**신실한 이들 살뜰히 돌보시니 일찍
이 하신 말씀 기억하심이라 **6**당신 백성에게 땅을 주셨으니 신실하신 덕과
위엄 한없으시네 **7**행하시는 바는 진리와 선이요 말씀하신 바는 반드시 이
루시니 **8**말씀과 행하심 모두 올곧으시며 영원토록 변함 없으시도다 **9**구속
의 은혜 그 얼마나 남다른지 굳건한 약속 진리의 말씀이라 거룩한 그 이름
어찌 경외 않으며 자비의 그 사랑 어찌 연모 않을손가? **10**사람이여 마땅히
야훼 경외할지니 지혜의 근원이 여기 있도다 거룩한 계명 신실히 행할지니
말씀을 따른 즉 안다 하리라 야훼 주님을 송축하여라 야훼 아름다우심 영
원하여라

해설

10절에서 히브리 시인은 지혜의 근원은 하느님을 경외함에 있다고 노래하고 있는데 오경웅의 번역 또한 다르지 않다. 그러면서 다음 구절에서 히

브리 시인은 계명을 지키는 자는 슬기를 얻으리라고 노래하는데 오경웅은 거룩한 계명을 독실히 행해야만 비로소 안다 할 수 있다고 슬쩍 변주를 가하면서 지식인들의 해묵은 문제 즉 지행합일知行合一의 문제를 끄집어낸다. 동양적 사유에 있어서 아는 것과 행하는 것의 일치知行一致(지행일치) 문제는 오랫동안 논쟁거리였다.

오경웅은 5절과 7절에서 먼저 하느님께서는 당신의 말씀과 행위가 하나知行合一(지행합일)이신 분임을 역설하고 있다. 경건한 자를 돌보시는 것은 당신이 일찍이 말씀하신 것을 기억하기 때문이며, 행하심에 진리와 선함이 있으며 말씀하신 것은 반드시 행하시는 분이라고 말한다. 그러면서 지행합일의 길은 바로 하느님을 경외하는 것이라며 이것이 지혜의 근원이라고 노래하고 있다.

송대 이후 신유학에서 지식인이 배우고 아는 바대로 행하거나 살아내지 못하는 괴리와 모순을 어떻게 해결할 것인지 큰 논쟁거리였다. 그러다가 주희 이후 이 간격을 해소하고자 먼저 알아야 행할 수 있다는 선지후행先知後行이라는 주장이 한동안 유행하기도 하였다. 허나 그런 이론이 생겼다고 해서, 잘 알게 되었다고 해서 바른 행위가 자연스레 따르는 것도 아니었다. 도리어 지知와 행行이 더 분리되기도 하였다.

성리학의 이 모순은 후에 왕양명의 지행합일론에 의해 해결의 실마리를 잡기도 하였다. 유학의 역사 속에서 오랫동안 논의된 주제를 오경웅은 신앙 안에서 풀어간다. 그는 이 시편을 통해 주님의 말씀을 따라 행함으로 즉 행하고서야 비로소 앎이 있다고 말한다.能行始有知(능행시유지)

행함이 따르지 않고 머리로만 아는 것은 아는 것이 아니라는 뜻이다. 아는 것과 행하는 사이에 간격이 없어야 바르게 아는 것이다. 지와 행 사이에 즉卽 말고는 아무것도 있어서는 안 된다. 다른 것이 끼어드는 순간 지와 행은 분리되고 만다. 어찌 그것이 가능할까? 다른 길이 없다. 인생보다 더 크신 하느님의 말씀에 사로잡히는 것이 그 길이다. 어리석은 인생의 머리로 하느님의 말씀을 이해하고 해석하여 행할 방도를 구하는 것은 모순을 낳을 수밖에 없다.

어찌 흙인 인생이 진리를 품을 것인가? 진리가 인생을 품고 사로잡을 뿐이다. 말씀에 사로잡혀야 말씀을 따를 수 있고 그로써 절로 행할 수 있다. 그러니 은혜로 행하는 것이다. 누가 감히 하느님 말씀을 스스로 행할 수 있다 하겠는가? 어불성설이다.

6절의 조역兆域은 본래 조역肇域이다. 왕이 다스리는 땅 천리 이내를 왕기王畿 또는 경기京畿라 하였는데 이를 조역肇域이라 하였다. 사람이 거하는 땅이란 의미를 지녔는데 이후 세상을 뜻하는 낱말이 되었다.

10절의 유방流芳은 아름다운 명성을 후세에 남기는 것으로 만고류방萬古流芳과 같은 뜻이다.

같은 절의 묘혜妙慧는 불교 용어로 『법화경』 「서품」에 '부처의 참된 제자는 그 마음에 집착함이 없어 거룩한 지혜로 위 없는 도를 구한다'佛子心無所着以此妙慧求無上道(불자심문소착 이차묘혜구무상도)고 하였다.

제112수

어둠 속에서도 환히 빛나는 闇然日彰
암 연 일 창

1 敬主無懈 樂道不倦 福哉斯人! 聖心所眷
경 주 무 해 낙 도 불 권 복 재 사 인! 성 심 소 권

2 積善之家 必有餘慶 3 潤身潤屋 子孫克昌
적 선 지 가 필 유 여 경 윤 신 윤 옥 자 손 극 창

4 溫溫恭人 曖曖含光 5 慷慨好施 扶弱抑強
온 온 공 인 애 애 함 광 강 개 호 시 부 약 억 강

6 福哉斯人! 終身無殃 典型常在 萬世流芳
복 재 사 인! 종 신 무 앙 전 형 상 재 만 세 류 방

7 厥心堅固 惟主是怙 雖聞凶音 無有恐佈
궐 심 견 고 유 주 시 호 수 문 흉 음 무 유 공 포

8 惟貞無畏 知敵必潰
유 정 무 외 지 적 필 궤

9 平生疏財 其德長存 宜其挺秀 頭角崢嶸
평 생 소 재 기 덕 장 존 의 기 정 수 두 각 쟁 영

10 不肖覩之 怒目切齒 切齒何為? 胡不遄死!
불 초 도 지 노 목 절 치 절 치 하 위? 호 불 천 사!

身敗名裂 何苦出此?
신 패 명 렬 하 고 출 차?

글자풀이

- 闇(암) 어둡다
- 懈(해) 나태하다
- 倦(권) 권태롭다
- 眷(권) 돌보다
- 餘(여) 넉넉하다
- 曖(애) 희미하다
- 慷(강) 의분이 넘치다
- 慨(개) 개탄하다
  慷慨(강개) 의롭지 못한 것을 보고 정의심이 치밀어 오르다
- 施(시) 베풀다
- 殃(앙) 재앙
- 潰(궤) 무너지다
- 疏(소) 트이게 하다
- 挺(정) 빼어나다
- 崢嶸(쟁영) 빼어나게 높은 모양
- 不肖(불초) 어리석은 이
- 覩(도=睹) 보다
- 齒(치) 이
- 遄(천) 빠르다
- 裂(렬) 찢기다

옮김

1행복하구나 이러한 사람! 주님을 경외함에 게으름 없고 야훼 말씀 즐거워
라 싫증내지 않으니 거룩하신 주님께서 돌보아 주시네 2선한 일 힘쓰니 기
쁨 넘치고 3덕이 흘러 넘치고 집안 또한 넉넉하여 자손들 모두 큰 복을 받
는구나 4이웃에게 공손하고 내면을 잘 길러서 5기꺼이 베풀며 불의에 분노
하니 약자는 세워주고 강자는 누르도다 6이런 사람 참으로 행복하여라! 생
명있는 동안 해받지 않으며 바른 삶의 본보기로 회자되리니 오랫동안 그
명성 떨치게 되리라 7그 마음 곧게 지켜 오직 주님 의뢰하니 나쁜 소식 들
어도 두려워 않으니 8굳게 마음 지켜 두려워 않음은 악한 이들 끝내 망할
것을 앎이라 9사는 동안 재물은 가난한 이에게 흘려보내 그의 덕이 정녕
오래 가게 하나니 빼어난 그의 삶 칭송을 받고 뭇 사람들 높이며 우러르리
라 10어리석은 자 이를 보고 눈 부라리며 이 갈지만 이를 간들 무엇하리?
제 목숨 재촉할 뿐이라! 그 몸 수치 당하고 이름 더럽혀지니 그 치욕에서
벗어날 길 없으리라

제목인 암연일창闇然日彰은 『중용』에 나오는 말로 '군자의 길은 은은한 것 같으나 날마다 빛이 더하고 소인배의 삶은 한때는 그럴 듯 하나 점차 빛을 잃어간다'君子之道 闇然而日章 小人之道 的然而日亡(군자지도 암연이일장 소인지도 적연이일망)고 하였다.

2절의 적선지가 필유여경積善之家 必有餘慶은 『주역』「곤괘坤卦」의 해설에 '선을 쌓은 집안은 반드시 경사가 넘치고 불선을 쌓은 집안에는 반드시 재앙이 넘친다'積善之家 必有餘慶 積不善之家 必有餘殃(적선지가 필유여경 적불선지가 필유여앙)라고 하였다.

3절의 윤신윤옥潤身潤屋은 '덕은 그 사람을 온전케 하고 부는 그 집을 윤택하게 한다'는 부윤옥 덕윤신富潤屋 德潤身의 줄임말로 『대학』에 나온다.

4절의 온온공인溫溫恭人은 『시경』「대아大雅」「억抑」에 '따스하고 부드럽고 공손한 사람 덕 쌓을 수 있게 하는 터전이 되네 애오라지 현명하고 어진 사람은 그들에게 좋은 말을 일러주면 덕을 따라 순조롭게 행동하네'溫溫恭人 維德之基 其維哲人 告之話言 順德之行(온온공인 유덕지기 기유철인 고지화언 순덕지행)라고 노래하였다.

같은 절의 애애함광曖曖含光은 최원의 「좌우명座右銘」에 '드러난 이름이 그 실력에 지나치지 않게 조심하고 어리석은 듯 행동하는 일은 성인께서도 하셨다. 검은 곳에 잠겨서도 검게 되지 않아야 귀하니 어둑한 곳에서도 빛을 지녀야 하리라'無使名過實 守愚聖所藏 在涅貴不緇 曖曖内含光(무사명과실 수우성소장 재열귀불치 애애내함광) 하였다.

9절의 소재疏財는 재물로서 어려움 겪는 이들을 잘 돕는다는 소재장의疏財仗義의 줄임말이다.

10절의 노목절치怒目切齒는 죽림칠현에 속한 유백륜이 쓴 「주덕송酒德頌」에 '눈을 부라리고 이를 갈며 예법을 늘어놓고 시비를 칼날처럼 일으켰다'怒目

切齒 陳設禮法 是非蜂起(노목절치 진설예법 시비봉기)고 하였다.

같은 절의 호불천사胡不遄死는 『시경』「용풍鄘風」「상서相鼠」에 '쥐를 보니 가진 바 몸뚱이가 있는데 사람인데 예절이 없구나 사람으로서 예절없으면 어찌 바로 죽지 않나'相鼠有體 人而無禮 人而無禮 胡不遄死(상서유체 인이무례 인이무례 호불천사)라고 하였다. 같은 절의 신패명렬身敗名裂은 지위를 상실하고 명예도 잃어버린 철저한 실패를 뜻한다.

밖으로 드러나는 사람의 도리와 도덕적 행위는 내면에서 비롯된다. 제목처럼 어둑어둑한 것 같으나 날마다 더 빛나는 것은 희미한 것 같으나 내면에서 빛을 품고 있기 때문이다.

시인은 이를 하느님을 경외하는 데 게으르지 않고 말씀을 새김질하는 데 권태로워하지 않아서라고 노래한다. 하느님과 함께하기에 한결 같은 결이 생기고 그 결이 아름다운 무늬를 낳는다. 결이 생겼으니 흐트러짐이 있을 수 없고 무늬가 생겼으니 절로 아름다움을 낳는다. 그러니 그런 사람이 어찌 이름名(명)을 구하려 할까? 내실이 깊어지니 이름은 따라오는 것이다. 믿음의 사람들이 언제나 그러하였다.

제113수

가난한 이와 약한 이를 긍휼히 여김 矜貧恤寡

궁빈휼과

1 願雅瑋之衆僕兮 咸讚恩主
원아위지중복혜 함찬은주

2 昉自今日兮 以逮永古
방자금일혜 이체영고

3 頌主之名兮 朝朝暮暮
송주지명혜 조조모모

4 高高在上 監臨萬民 威鎮寰宇 光耀天廷
고고재상 감림만민 위진환우 광요천정

5 蕩蕩乎其不可象兮 莫之與京
탕탕호기불가상혜 막지여경

6 獨屈尊而紆貴兮 垂視乾坤
독굴존이우귀혜 수시건곤

7 拯貧寒於糞壤兮 拔煢獨於泥中
증빈한어분양혜 발경독어니중

8 使與王侯兮並駕 與牧伯兮比隆
사여왕후혜병가 여목백혜비륭

9 又使不妊之婦兮 安居深宮
우사불임지부혜 안거심궁

竟成多子之母兮 其樂靡窮
경성다자지모혜 기락미궁

글자풀이

- **昉**(방) 처음으로
- **逮**(체) 미치다
- **朝朝暮暮**(조조모모) 이른 아침부터 저녁까지, 하루 종일, 매일매일의 의미도 있다
- **鎭**(진) 누르다
- **廷**(정) 조정
- **紆**(우) 굽히다
- **貧寒**(빈한) **貧窮寒微**(빈궁한미)의 줄임말, 빈궁은 몹시 가난하고 어려움을 뜻하고 한미는 출신이 아주 낮음을 뜻한다
- **糞**(분) 똥
- **壤**(양) 흙, 먼지
- **煢**(경) 외롭다 근심하다
  煢獨(경독) 의지할 곳 없는 외로운 사람
- **隆**(륭)크다, 높다
  比隆(비륭) 흥하고 성함에 있어서 동등하다
- **妊**(임) 아이를 배다
- **深宮**(심궁) 제왕의 거주처
- **靡窮**(미궁) 다함이 없다, 무궁(無窮)과 같은 말

옮김

1야훼의 모든 종들아 은혜의 주님 찬미하여라 2이제로부터 영원에 이르기
까지 3해 뜰 녘부터 해 질 녘까지 주님 거룩한 이름 찬양하여라 4높디 높
은데 계신 주님이시나 낮고 낮은 인생을 굽어 살피시니 주님의 위엄 세상
을 감싸시고 그 영광 하늘에 가득하도다 5가없이 넓으셔라! 표현할 길이
없고 감히 견줄 바 없으니 높고 크셔라 6이리도 고귀한 주 겸허히 낮추시
어 이 땅의 사정을 굽어보시니 7가난한 인생 진토에서 구하시고 외로운 이
들 진흙탕에서 건지셔서 8제후들과 말머리를 같이 하게 하시고 귀족들과
그 어깨를 나란하게 하시네 9아일 갖지 못했던 여인 내실에 거하게 하셔서
많은 아이의 어미 되니 그 즐거움 끝없구나

해설

주님의 높으심을 찬양함은 그분의 낮추심을 기억함이다. 주님의 크심을

찬미함은 그분께서 작고 연약한 것을 돌보심에 감사함이다. 한없이 높고 크신 분과 연약하여 제 몸 돌보지 못하는 인생 사이에 무한한 간격이 있다. 이 간격을 어찌 숨 있는 (언젠가 끊어질 숨) 인생이 메울 수 있으랴?

그분이 친히 해주셔야만 한다. 높으신 하느님은 당신을 낮추시는 하느님이다. 이것이 비롯음이다. 이것 없이 아무 것도 없다. 하느님의 낮아지심은 굽어보심에서 시작된다. 영원에서 시간을 살피시고 무한에서 유한을 기억하시며 높은 데서 낮은 곳을 굽어보신다. 그로써 썩을 것이 썩지 않을 가능성을 입고 죽을 것이 생명을 덧입는다. 감사한 일이다.

후반부에서 하느님의 은총을 점층적으로 묘사하는 것이 더욱 감상할만하다. 7절에서 불쌍한 인생을 어려움 중에 건져주신 하느님이신데 8절에서는 감히 견줄 수 없었던 높은 이들과 동등하게 세워주시고 9절에 이르러서는 임금의 내실에서 사랑받는 여인으로 다산의 복까지 누리게 하신다.

4절의 고고재상高高在上은 『시경』「주송周頌」「경지敬之」에 '위에만 계신다고 말하지 마시라 일이 있을 때마다 내려오셔서 날마다 여기에서 살피시나니'無曰高高在上 陟降厥事 日監在玆(무왈고고재상 척강궐사 일감재자)라고 노래하였다.

5절의 탕탕蕩蕩은 넓고 넓어 그 끝이 보이지 않음을 의미하기도 하고 군자의 넓은 마음의 관용을 의미하기도 한다. 『서경』「홍범洪範」 편에 '임금의 도는 넓고도 넓어 치우침이 없고 그 길은 평평하여 기울어짐이 없다'無偏無黨 王道蕩蕩 無黨無偏 王道平平(무편무당 왕도탕탕 무당무편 왕도평평)고 하였고 『논어』「술이述而」 편에도 '군자는 마음이 편안하고 너그러우며 소인은 언제나 걱정에 싸여 초조하다'君子坦蕩蕩 小人常戚戚(군자탄탕탕 소인상척척)고 하였다.

같은 절의 막지여경莫之與京은 비할 바 없이 크고 높음을 의미하는 것으로 『춘추좌전』에 나오는 말이다.

6절의 굴존屈尊은 몸을 낮추다는 의미이며 뒤에 나오는 우귀紆貴는 지위가 높고 귀함을 뜻한다. 성어成語에 우존강귀紆尊降貴라 하여 높은 지위에 있으면서도 스스로 겸허히 낮은 곳에 처신함을 의미하는 것으로 『소명태자집서昭明太子集序』에 나온다.

7절의 경독煢獨에서 경煢은 형제가 없는 것, 독獨은 자식이 없는 것 곧 의지할 것 없는 사람이다. 『서경』 「홍범洪範」에 '외롭고 미천한 백성이라도 함부로 내치지 말고 어질고 고결한 인격자라도 두려워하거나 꺼려말라' 無虐煢獨 以畏高明(무학경독 이외고명)고 하였다.

같은 절의 분양糞壤은 더러운 땅이라는 뜻이다. 굴원의 시 「이소離騷」에 '썩은 흙을 향주머니에 꽉 채우고는 신초풀이 향기롭지 못하다고 비아냥거리네' 蘇糞壤以充幃兮 謂申椒其不芳(소분양이충위혜 위신초기불방)라고 노래하였다.

8절의 병가並駕는 병가제구並駕齊驅의 줄임말로 말머리를 나란히 하여 나아가다, 어깨를 나란히 한다는 의미이다.

제114수

해방의노래 解放歌
해 방 가

1 泝自義塞出埃及 雅谷宗室得獨立
소 자 의 새 출 애 급 아 곡 종 실 득 독 립

2 樹德成聖所 義塞為聖域
수 덕 성 성 소 의 새 위 성 역

3 紅海為之不敢潮 約但倒流萬頃濤
홍 해 위 지 불 감 조 약 단 도 류 만 경 도

4 大山踴躍如牡羊 小丘紛舞如群羔
대 산 용 약 여 모 양 소 구 분 무 여 군 고

5 借問紅海胡為不敢潮?約但胡為逡巡逃?
차 문 홍 해 호 위 불 감 조? 약 단 호 위 준 순 도?

6 大山胡為躍如羊?小丘胡為舞如羔?
대 산 호 위 약 여 양? 소 구 호 위 무 여 고?

7 雅谷之主臨大地 大地亦戰戰
아 곡 지 주 림 대 지 대 지 역 전 전

8 孰能泰然無動真宰前?曾變沙磧為良田
숙 능 태 연 무 동 진 재 전? 증 변 사 적 위 량 전

頑石化為活水泉 主之德威信無邊
완 석 화 위 활 수 천 주 지 덕 위 신 무 변

글자풀이

- **溯**(소) 거슬러 올라가다
- **潮**(조) 조수가 밀려들다
- **萬頃**(만경) 지면이나 수면이 아주 넓음
- **濤**(도) 큰 물결
- **踊**(용) 도약하다
- **躍**(약) 뛰어오르다
  踊躍(용약) 기뻐서 뛰어오르다
- **牡**(모) 수컷
- **羔**(고) 새끼 양
- **借**(차) 핑계를 삼다
  借問(차문) 시험 삼아 물음
- **丘**(구) 언덕
- **沙**(사) 모래
- **磧**(적) 모래가 쌓인 곳
  沙磧(사적) 사막
- **約但**(약단) 요단의 음역

옮김

1 옛일을 살피노라! 그 옛적 이스라엘 애굽을 벗어나니 야곱의 집안은 노예
살이 벗어났네 2 유다는 야훼의 성소가 되고 이스라엘은 그분의 나라가 되
었도다 3 홍해 물결 감히 밀려오지 못했고 요단강 넓은 물결 뒤로 물러났도
다 4 큰 산은 숫양처럼 높이 뛰어오르며 언덕은 새끼 양처럼 춤추듯 뛰어
놀았네 5 이에 묻노라 홍해여 어찌하여 밀려오지 못하였고 요단강아 어찌해
서 뒤로 물러났더냐? 6 큰 산아 너 어찌 양처럼 뛰어다녔고 언덕들아 너 어
찌 어린 양처럼 춤추었더냐? 7 야곱의 하느님 이 땅에 임하시니 이 땅도 두
려워 벌벌 떨었구나 8 뉘 있어 주 앞에서 태연할 수 있으랴? 사막은 변하여
옥토 되었고 굳은 바위 열려 샘물 내었네 주님의 위엄 한없이 높고 그분의
자비 가이 없도다

해설

"뉘 있어 능히 주님 앞에서 태연할 수 있으랴?"孰能泰然無動眞宰前?(숙능태연무동진재

전?) 히브리 시인은 8절에서 하느님께서 물을 내시고 바위를 치셨다고 노래하는데 오경웅은 하느님 앞에서 가만히 있을 수 없었던 사막과 바위가 그렇게 변하였노라고 노래하고 있다.

히브리 시인이 하느님의 능력을 묘사하고 있다면 오경웅은 하느님 앞에서 가만히 있을 수 없는 피조물들이 그분의 임재에 기꺼이 호응하는 것으로 그렸다. 큰 산악이 패기에 찬 숫양처럼 뛰어오르고 언덕들이 어린 양같이 뛰어놀며 홍해가 갈라지고 요단강이 거꾸로 흐르는 것, 이 모두가 하느님의 임재 앞에 피조된 만물의 외경이다.

이 외경은 어디에서 비롯된 것인가? 시인은 하느님께서 이스라엘의 노예살이에서 해방시키신 그 사건과 만물의 외경을 연관시킨다. 구원의 사건에 온 세상이 진동하며 감격으로 동의하고 천지가 놀라운 생명사건에 기꺼워한다. 구원은 자연이나 역사와 무관한 개인적이거나 단편적 사건이 아니라고 말하는 듯 하다. 구원은 진실로 역사적 사건이며 우주적 사건이라고 시인은 말하고 있다. 구원 사건을 개인적 사건으로 축소시키는 것은 하느님이 다스리시는 온 세상을 외면하는 어리석은 인식이다.

5절의 차문借問은 옛 시에서 자주 볼 수 있는 가상의 의문어이다. 묻는 이와 답하는 이가 같다. 도연명의 시 「비종제중덕悲從弟仲德」에 '묻노라 뉘 때문에 이리도 슬피 우는지 마음에 간직한 이 저승에 있기 때문이라. 촌수로 따지면 사촌이지만 아끼고 사랑함은 형제 같았노라'借問爲誰悲 懷人在九冥 禮服名群從 恩愛若同生(차문위수비 회인재구명 예복명군종 은애약동생)고 읊었다.

8절의 무동無動은 선정에 들어 망상이 생기지 않음을 의미한다. 무동어충無動於衷의 줄임말로도 볼 수 있겠다. 마음에 조금의 흔들림도 없음을 뜻한다. 완석頑石은 전혀 다듬지 않은 바위 혹은 굉장히 경도가 강한 돌을 뜻하는데 전轉하여 어리석은 인간이나 악인을 비유하기도 한다.

제115수

참되신 하느님과 우상 眞宰與偶像
진 재 여 우 상

1 非為吾人兮為主 願主顯揚兮聖名
비 위 오 인 혜 위 주 원 주 현 양 혜 성 명

證爾之仁兮長存 昭爾之信兮有徵
증 이 지 인 혜 장 존 소 이 지 신 혜 유 징

2 莫令異邦兮驕泰 曰:彼之主兮安在?
막 령 이 방 혜 교 태 왈: 피 지 주 혜 안 재?

3 詎知吾主固在九天之上兮 行其心之所愛
거 지 오 주 고 재 구 천 지 상 혜 행 기 심 지 소 애

4 豈同若輩手製之偶像兮 乃金銀之所成:
기 동 약 배 수 제 지 우 상 혜 내 금 은 지 소 성:

5 口不能言 耳不能聽 6 目不能視 鼻不能聞
구 불 능 언 이 불 능 청 목 불 능 시 비 불 능 문

7 手不能握 足不能行 雖具喉舌 寂寂無聲
수 불 능 악 족 불 능 행 수 구 후 설 적 적 무 성

8 是知造像者固痲木而不仁矣
시 지 조 상 자 고 마 목 이 불 인 혜

而信奉之者又安得而非冥頑不靈者乎?
이 신 봉 지 자 우 안 득 이 비 명 완 불 령 자 호?

9 嗟吾義塞之族兮 當恃主以安固!
차 오 의 새 지 족 혜 당 시 주 이 안 고!

10 嗟吾亞倫之苗裔兮 應惟主之是怙!
차 오 아 륜 지 묘 예 혜 응 유 주 지 시 호!

11 嗟爾普世之聖徒兮 咸應仰賴永生之主!
차 이 보 세 지 성 도 혜　함 응 앙 뢰 영 생 지 주!

12 既無間義塞與他族兮 亦不分貴賤與貧富
기 무 간 의 새 여 타 족 혜　역 불 분 귀 천 여 빈 부

13 惟天主之無偏袒兮 歸斯受之
유 천 주 지 무 편 단 혜　귀 사 수 지

14 苟中情其悅服兮 主必佑之 既潤爾身兮 亦昌爾後
구 중 정 기 열 복 혜　주 필 우 지　기 윤 이 신 혜　역 창 이 후

15 須知主乃真宰兮 天地是締
수 지 주 내 진 재 혜　천 지 시 체

16 天為主之天兮 而授人以大地
천 위 주 지 천 혜　이 수 인 이 대 지

17 夫彼痲木而不仁兮 焉能讚主?
부 피 마 목 이 불 인 혜　언 능 찬 주?

18 何吾人之僥倖兮 得頌美以終古
하 오 인 지 요 행 혜　득 송 미 이 종 고

글자풀이

- **顯揚**(현양) 세상에 높이 드러냄
- **徵**(징) 효험, 징조
- **詎**(거) 어찌
- **若輩**(약배) (일반적으로) 이런 사람들
- **製**(제) 만들다
- **握**(악) 쥐다
- **喉**(후) 목구멍
- **寂寂**(적적) 괴괴하고 조용함
- **痲**(마) 마비되다
  痲木(마목) 근육이 굳어지는 병
- **冥頑**(명완) 어리석고 고집이 센
- **偏**(편) 치우치다
- **袒**(단) 편들다, 어깨를 드러내다
- **僥**(요) 요행
- **倖**(행) 요행

옮김

1우리 위해서 아니오라 주님을 위해서 거룩하신 그 이름 높여지기 바라오

니 야훼의 자비 영원하시며 주의 신실하심만이 온전함을 밝히소서 2교만
하여 건방 떠는 이방 사람들 "저들의 하느님 대체 어디 있느냐?"며 함부로
떠들지 못하게 하소서 3우리 주님 높디 높은 하늘에 계시며 당신의 뜻대로
행하시는 분이심을 저들이 감히 어찌 알겠습니까? 4그런 인생들이 만든 우
상이라야 은과 금이요 사람 손 탄 것 5입 있으나 말 못하고 눈 있어도 보질
못하며 6귀 달려도 듣지 못하고 코 있어도 냄새 못맡네 7손이 무얼 잡길
하나 발이라고 걸음을 걷나 목구멍과 혀 있어도 아무 소리 없도다 8만들어
진 우상이란 그저 말라 비틀린 것 그러니 아무 감각도 없는데 그따위 우상
섬기는 자들이 어찌 참된 지혜 있고 신령하겠습니까? 9이스라엘이여 야훼
주만 의지하여라 주께서 너희를 견고케 하시리라! 10아론의 후예들아 오롯
이 야훼만을 신뢰하여라! 11너희 믿음의 사람들이여 생명이신 야훼만을 의
뢰하며 우러르라! 12이스라엘과 이방 민족 아무 간격 없으니 빈부와 귀천
또한 나뉘지 않으리라 13참되신 주 야훼는 치우침 없으셔서 돌아오는 모든
이들 품으시도다 14진실한 마음으로 기뻐 엎드리는 이를 주님은 반드시 도
우시리니 그는 주님의 덕을 입으며 그들의 자손 또한 창대하리라 15야훼께
서 참된 하느님이심 알지니 하늘과 땅 모두 주님 지으신 바라 16하늘은 야
훼 주의 하늘이어도 땅은 사람에게 허락하신 바라 17말라지고 굳어져 감각
조차 없는 것이 어찌 주님을 찬송할 수 있으랴? 18우리 인생 얼마나 다행
이던가? 영원토록 야훼 주님 찬송하여라

해설

1절의 유징有徵은 신이유징信而有徵의 줄임말로 『좌전』에 '군자의 말은 진실하여 신뢰할 만 하기에 원망이 그 몸에서 멀다'君子之言 信而有徵 故怨遠而其身(군자지언 신이유징 고원원이기신)고 하였다.

2절의 교태驕泰는 『대학』에 나오는 말로 '군자에게는 큰 도가 있으니 충과 신으로써 그것을 얻게 되고 젠체하고 뽐내는 교만방자함과 안일함으로써 대도를 잃게 된다'君子有大道 必忠信以得之 驕泰以失之(군자유대도 필충신이득지 교태이실지)고 하였다.

3절의 구천九天이란 높아서 도저히 측정할 수 없음을 뜻하며 가장 높은 하늘이라는 의미이다. 『손자병법』에 가장 높은 하늘을 구천九天이라 하고 가장 깊은 심처深處를 구지九地라 하였다. 이백의 시 「망望여산폭포」에 '물줄기 내리 쏟아 길이 삼천 자 높디높은 하늘에서 은하수 쏟아지는가'飛流直下三千尺 疑是銀河落九天(비류직하삼천척 의시은하락구천)라고 노래하였다.

8절과 17절의 마목불인麻木不仁은 아무 감각도 없고 지각도 없어 외적으로 아무 반응이 없는 것을 뜻한다. 벽기의 『의안醫案』에 '첫날은 거죽이 죽어 아무 감각이 없고 이튿날은 살이 죽어 침을 찔러도 통증이 없다'一日皮死麻木不仁 二日肉死針刺不痛(일일피사마목불인 이일육사침자불통)는 설명이 있다.

13절의 편단偏袒은 본래 한쪽 어깨부분의 옷을 벗어 공경의 의미(불교에서 승려가 가사의 우측을 벗는 것)를 표현하였는데 후에는 어느 한편으로 치우쳐 편드는 것을 뜻하게 되었다.

14절의 중정열복中情悅服은 중심열복中心悅服과 같다. 『맹자』「공손추公孫丑」에 '덕으로써 사람을 복종케 하면 마음을 다해 기뻐하면서 진정으로 복종한다'以德服人者 中心悅而誠服(이덕복인자 중심열이성복)라고 하였다.

9절과 11절에서 히브리 하느님을 의지하라 그는 너희의 도움이요 방패시라고 반복하여 노래하였는데 오경웅은 이 믿음의 흐름을 시恃, 호怙, 앙뢰仰賴로 확장해간다. 시恃는 자애로운 어머니의 사랑에 의지하는 것이며 호怙는 아버지의 든든함을 의지하는 믿음이다. 앙뢰仰賴는 말 그대로 우러르며 온전히 신뢰하여 맡기는 것이다. 어머니 자애의 품에 기대는 것도 믿음이요, 아버지의 든든함에 의지하는 것도 믿음이며 온전한 신뢰로 갈 길을 알지 못하나 발걸음 내딛는 것도 믿음이다. 하느님을 향한 우리의 믿음이 어느 하나의 모양새만 가질 수 없다.

이 시편의 후반부에서 오경웅은 번역에 자신의 해석을 덧붙인다. 히브리 시는 우상을 섬기는 이방과 하느님을 섬기는 이스라엘을 대조하여 노래하고 있는데 오경웅은 12절에서 이스라엘과 이방민족의 간격을 허물고 있다.

이스라엘과 이방민족이 대조되는 것이 아니라 우상을 섬기는 이들과 오롯이 하느님을 섬기는 이들로 대조한다. 하느님은 치우치심이 없는 분(13절)이시기에 온 마음으로 엎드리는 이라면 누구나 품어주신다. 구약의 이스라엘의 노래를 예수 그리스도를 신앙하는 중국인으로서 신약의 새 노래로 부른 것이라고 할 수 있겠다.

아울러 오경웅은 18절에서처럼 우리 인생이 얼마나 다행스러운가를 여러 차례 반복한다. 주님을 알고 그분을 찬송할 수 있음이, 온 우주에 울려 퍼지는 야훼 향한 찬양에 함께 참여할 수 있음이 그에게 얼마나 은총 가득한 것인지를 은연 중에 보여준다. 이렇게 찬양할 수 있어서 정말 다행이다!

제116수

주께 서원한바 갚고자 하네 報主願
보주원

1 中心愛天主 主已聞我訴
중심애천주 주이문아소

2 既蒙主垂聽 終身申孺慕
기몽주수청 종신신유모

3 曩日罹危難 羅網周圍布 憂心信如結 性命瀕陰府
낭일리위난 나망주위포 우심신여결 성명빈음부

4 竭聲呼主名 除主復誰怙?
갈성호주명 제주부수호?

5 雅瑋惠且信 慈悲充臟腑
아위혜차신 자비충장부

6 童蒙被仁育 小子承恩撫
동몽피인육 소자승은무

7 既為主所眷 吾魂復何怖? 息爾惶惶意 安心依大父
기위주소권 오혼부하포? 식이황황의 안심의대부

8 大父待小子 恩澤豈不富? 脫我於萬死 拭我目中淚
대부대소자 은택기불부? 탈아어만사 식아목중루

9 殷勤相扶持 令我無跌墜 虔將餘生獻 翼翼承甘旨
은근상부지 영아무질추 건장여생헌 익익승감지

10 昔在患難中 自言陷絕境
석재환난중 자언함절경

11 世人皆虛偽 無一堪置信 此言出倉卒 心實未絕望
세인개허위 무일감치신 차언출창졸 심실미절망

12 備承主之惠 盛德何以償?
비승주지혜 성덕하이상?

13 惟願接恩杯 恆頌主名芳
유원접은배 항송주명방

14 勉行報主願 宣德於萬方
면행보주원 선덕어만방

15 我主待聖徒 猶似掌上珠 其生固足珍 其死價尤殊
아주대성도 유사장상주 기생고족진 기사가우수

16 殷勤啟吾主 我乃爾之僕 爾僕誰家子? 出爾婢女腹
은근계오주 아내이지복 이복수가자? 출이비녀복

我今獲自由 主實解其縛
아금획자유 주실해기박

17 敬獻謝恩祭 恭祝聖名芳 18 欲償報主願 宣德於萬方
경헌사은제 공축성명방 욕상보주원 선덕어만방

19 讚主在何處? 宜在主之堂 咸集瑟琳城 暢揚主恩光
찬주재하처? 의재주지당 함집슬림성 창양주은광

글자풀이

- **訴**(소) 하소연하다
- **孺**(유) 젖먹이, 사모하다
- **曩**(낭) 이전에
- **周**(주) 두루
- **圍**(위) 에워싸다
- **瀕**(빈) 임박하다
- **陰府**(음부) 저승
- **竭**(갈) 다하다
- **臟**(장) 오장
- **腑**(부) 오장육부
- **拭**(식) 닦아 깨끗케하다
- **殷勤**(은근) 야단스럽지 않고 꾸준함
- **跌**(질) 넘어지다
- **墜**(추) 떨어지다
- **陷**(함) 빠지다
- **虛**(허) 비다
- **堪**(감) 맡다
- **倉**(창) 갑자기
- **卒**(졸) 별안간
- **接**(접) 받들다
- **尤**(우) 특히
- **殊**(수) 특별하다
- **啓**(계) 말씀드리다
- **婢**(비) 여종
- **縛**(박) 묶다

옮김

1나의 사랑 야훼 나의 주께서 내가 드린 기도 들어주셨네 2죽음의 위협에서 아이처럼 찾을 때 주께서 내게 귀 기울여 주셨네 3위험에 빠져 올가미에 싸였고 두려움에 굳어져 죽음 가까울 적에 4전심으로 주의 이름 부르짖

없으니 야훼 말고 뉘 있어 의지하리오? 5야훼 너그럽고 신실하시며 그분의
자비 또한 충만하시니 6여린 아이 은혜로 쓰다듬으셨고 불쌍히 여겨 품어
키워주셨네 7주께서 이미 나를 돌봐주시니 내 영혼아 무엇을 두려워하랴?
두려워 떠는 마음 내려놓고서 편안하게 야훼께 의지하여라 8어린아이 대하
는 할아버지 같아라 그 사랑 어찌나 가멸하던가? 죽음의 구렁에서 건져주
시곤 흐르던 눈물 닦아 주셨네 9은근히 내 곁에 함께 하셔서 혹시나 넘어
질까 잡아주셨으니 이제 내 삶 경건히 야훼께 드려 주님의 뜻 삼가 받들고
자 하네 10전에 환난 가운데 떨어졌을 때 '이젠 끝났구나' 말하기도 하였
고 11 '사람들은 모두 가식덩어리 믿을 만한 구석 하나 없구나' 부지불식중
에 그런 말도 했지만 진실로 내 영혼 절망하지 않았노라 12한없는 은혜를
주께 입었으니 풍성하신 그 사랑 어찌 갚으랴? 13바라기는 은혜의 잔을 들
고서 미쁘신 야훼 이름 늘 찬송하리라 14주님께 세운 서원 채우고자 힘쓰
며 온 세상에 주의 은혜 선포하리라 15성도들은 우리 주께 금지옥엽이어라
생명도 진실로 귀히 여기시나 죽음은 더욱 더 특별히 여기시네 16야훼여
이 인생 당신의 종이오며 당신 여종이 낳은 종에 지나지 않습니다 헌데 주
께서 속박을 풀어주사 이렇게 자유를 얻게 하셨습니다 17야훼 우러러 감사
제사 드리며 그 거룩한 이름 높이 받드옵니다 18주님께 세운 서원 채우고
자 하오며 주 크신 덕 온 땅에 선포합니다 19어디서 주님을 찬양하리이까?
마땅히 주님의 성전에서라 모두들 예루살렘 성전에 모여 야훼 은총의 영광
높이 찬미드리세

해설

히브리 시 10, 11절에서 시인은 고달픈 인생을 탓하고 세파의 거짓됨을 탄식하였으나 믿음을 잃지는 않았노라고 말하고 있다. 오경웅은 이를 재

미있게 묘사하고 있다. '이러한 탄식 내뱉게 됨은 창졸간이요 부지불식간이나 그럼에도 결코 절망치 않았노라.'此言出倉卒 心實未絶望(차언출장졸 심실미절망)

연약한 인생이라 부지불식간에 짓는 허물 피할 수 없으나 그 허물 속에 주저앉지 않는 것은 돌이켜 그 믿음의 근원을 다시금 되새겼기 때문이다. 오경웅은 이 노래의 제목을 보주원報主願, 주께 서원한 바를 갚고자 한다고 하였다. 돌이켜보면 받은 은혜뿐이니 나아갈 길은 오직 그 은혜 앞에서 드린 마음을 온전히 되바치는 것뿐인가 보다.

오경웅의 번역 전반에 흐르는 분위기는 야훼 주님과 시인의 관계가 마치 할아버지大父(대부)의 한없는 사랑에 감싸인 어린아이 같다. 2절의 유모孺慕, 6절의 동몽童蒙과 소자小子, 8절의 대부大父와 소자小子, 15절의 장상주掌上珠, 16절의 수가자誰家子 등의 표현을 통해 한없이 사랑받은 인생의 깊은 감격을 담았다. 그래서 부지불식간에 저지른 실수라며 머리 긁적이며 용서를 빌 수도 있어 보인다. 그러나 시인은 마냥 사랑받기만 하는 어린아이가 아니다. 받은 사랑이 절절하기에 어떻게 하면 그 은혜를 조금이라도 갚을 수 있는지를 생각하는 철이 든 인생이기도 하다. 이를 일러 반본返本이라 할 것이다.

2절의 유모孺慕는 본래 어린아이가 돌아가신 부모를 애도하며 추모하는 것을 뜻했는데 후에 그 뜻이 확장되어 웃어른이나 스승 등을 어린아이처럼 그리워하는 마음을 의미하게 되었다. 왕안석의 「제장안국검정문祭張安國檢正文」에 '그대의 효성 어찌나 지극한지 죽을 때까지 부모님을 그리워하였네'君孝至矣 孺慕以至死(군효지의 유모이지사)라고 하였다.

7, 8절의 대부大父는 일반적으로 외할아버지나 할아버지의 칭호이다. 할아버지와 한 항렬을 이루는 친척을 뜻한다.

15절의 장상주掌上珠는 장상명주掌上明珠로 쓰인다. 매우 사랑하는 사람을 뜻하였는데 후에는 대부분 부모가 애지중지 하는 아이, 금지옥엽을 뜻하게 되었다.

왕굉의 시 「종군행從軍行」에 '아이가 태어나 사흘 되었으니 손바닥 위에 보옥이어라 생긴 건 장군감이라 팔도 길쭉길쭉 하고 피부는 활짝 핀 도리꽃 같아라'兒生三日掌上珠 燕頷猿肱穠李膚(아생삼일장상주 연함원굉농리부)라고 노래하였다.

같은 절의 족진足珍은 충분히 귀히 여긴다는 뜻이다. 소동파의 시 「유씨이외생구필적柳氏二外甥求筆跡」에 '몽당붓이 산처럼 쌓인다고 해도 그리 귀할 게 없으니 책 일만 권은 읽어야 비로소 신명이 통하네'退筆如山未足珍 讀書萬卷始通神(퇴필여산미족진 독서만권시통신)라고 하였다.

우수尤殊는 특별히 귀하게 여긴다는 뜻이다.

자비와 진실하심 仁與誠

인 여 성

1 普世誦恩 萬民謳德
보 세 송 인 만 민 구 덕

2 仁育無邊 至誠不息
인 육 무 변 지 성 불 식

글자풀이

- **謳**(구) 노래하다, 흥얼거리다
- **誦**(송) 노래하다, 암송하다

옮김

1 온 세상이여 주님 은총 찬양하여라 만민들아 크신 덕을 노래하여라 **2** 사랑으로 길러주심 가없으셔라 그분의 진실하심 영원하도다

해설

짧지만 함축적이다. 옛 세례문답의 첫 질문과 같다. 인생의 목적이 무엇이

뇨? 하느님께 영광을 돌리는 것이라. 하느님을 찬양하되 정녕 무엇을 찬양해야 할지를 아는 삶이라면 덧붙일 것이 무엇이 더 있을까? 히브리 시인은 '우리에게 향하신 야훼의 인자하심이 크시고 영원하시다'라고 노래한다. 이에 오경웅은 그 인자하심이 주님의 사랑 가득한 돌보심이라 화답한다.

유교적 사유에 있어서 인仁의 다른 표현은 충서忠恕이다. 공자의 시대에는 아직 성誠이란 낱말을 쓰지 않았으며 대신 충忠으로 성실함, 진실함(충성되다는 의미는 후대에 더하여졌다.)을 표현하였다. 따라서 이미 인仁에 성誠의 의미가 담겨져 있기도 하다. 서恕는 헤아려 보는 것, 남을 생각해주는 것인데 글자 그대로 같은 마음을 품는 것이다. 인仁과 자연스레 어우러지는 낱말이 육育이다. 인육仁育은 '인과 덕으로 교화하고 잘 길러냄'以仁德敎化培育(이인덕교화배육)을 의미한다. 유교적 사유에서 생명 있는 모든 만물들은 하늘의 덕으로 길러지거니와 그 덕을 벗어나서 길러지는 것은 없다고 여겼다. 그런 의미에서 참된 찬양은 자신의 근원을 발견하게 한다.

오경웅은 하느님의 진실하심을 지성무식至誠無息이라 하였다『중용』에 나오는 말로 성誠은 하늘의 길이요 성誠을 이루고자 힘쓰는 것은 사람의 길이라고 하였다. 풀이하자면 '변함없는 진실과 정성스러움은 하늘의 모습이고 그러한 하늘을 닮고자 하는 것이 사람의 도리'誠者天之道也 誠之者人之道也(성자천지도야 성지자인지도야)라 하겠다.

성誠이 자연에 있어서는 천지자연의 진실무망한 도리이며 진리요, 변함없는 이치라고 한다면 인간됨의 도리로 말한다면 진실과 성실이다. 김홍호 선생은 이를 단순하게 '정직'이라고 번역하기도 하였다. 이러한 지극한 하늘의 도리가 어찌 멈춤이 있으며 쉼이 있겠는가? 지성무식至誠無息을 하느님이 한순간도 쉬지 않으시고 우릴 돌보신다고 읽어도 무방하겠다. 찬양하는 중에 인생은 하느님의 하느님 되심과 인생의 인생 됨을 터득한다.

제118수

성전행진가 行進曲

행 진 곡

啟行時吟 계행시음

1 稱謝至尊 肫肫其仁 慈恩不匱 萬古和春
칭사지존 순순기인 자은불궤 만고화춘

2 歌哉! 歌哉! 義塞之民 慈恩不匱 萬古和春
가재! 가재! 의새지민 자은불궤 만고화춘

3 亞倫之裔 鼓爾歌脣 慈恩不匱 萬古和春
아륜지예 고이가순 자은불궤 만고화춘

4 諸凡虔誠 一口同聲 慈恩不匱 萬古和春
제범건성 일구동성 자은불궤 만고화춘

進行中吟 진행중음

5 昔罹患難 惟主是求 蒙主垂聽 我獲自由
석리환난 유주시구 몽주수청 아획자유

6 主作我保 我復何憂? 敵人謀害 亦焉能酬?
주작아보 아부하우? 적인모해 역언능수?

7 願我同人 敬主之休 相彼頑敵 終必蒙羞
원아동인 경주지휴 상피완적 종필몽수

8 可庇惟主 為我岑樓 悠悠人寰 無可依投
가비유주 위아잠루 유유인환 무가의투

9 可庇惟主 為我岑樓 誰能依托 世之君侯?
가비유주 위아잠루 수능의탁 세지군후?

10 萬民洶洶 環我四周 我恃主名 粉碎諸仇
만 민 흉 흉 환 아 사 주 아 시 주 명 분 쇄 제 구

11 萬民洶洶 圍我周帀 我恃主名 迎頭痛擊
만 민 흉 흉 위 아 주 잡 아 시 주 명 영 두 통 격

12 萬民洶洶 勢如群蜂 我恃主名 驅之絕蹤
만 민 흉 흉 세 여 군 봉 아 시 주 명 구 지 절 종

13 萬民洶洶 勢如燎火 我恃主名 克消厥禍
만 민 흉 흉 세 여 료 화 아 시 주 명 극 소 궐 화

14 逼人咄咄 意我必墮 爾亦徒勞 主實全我
핍 인 돌 돌 의 아 필 타 이 역 도 로 주 실 전 아

15 主乃我德 入我歌詞 主是我福 中心好之
주 내 아 덕 입 아 가 사 주 시 아 복 중 심 호 지

善人承恩 雍雍怡怡 歌樂之聲 透其簾帷
선 인 승 은 옹 옹 이 이 가 악 지 성 투 기 렴 유

16 主之右手 大施神奇 主之右手 拯我於危
주 지 우 수 대 시 신 기 주 지 우 수 증 아 어 위

17 主之右手 能作能為 我既得生 宜宣主威
주 지 우 수 능 작 능 위 아 기 득 생 의 선 주 위

18 主之懲我 允其厲矣 未至於死 亦其慈矣
주 지 징 아 윤 기 려 의 미 지 어 사 역 기 자 의

民眾之首領至殿門前吟 민중지수령지전문전음

19 為我洞開 正義之門 納我入殿 頌主之恩
위 아 통 개 정 의 지 문 납 아 입 전 송 주 지 은

祭司從門內應 제사종문내응

20 雅瑋之門 義者可入
아 위 지 문 의 자 가 입

首領進門時吟 수령진문시음

21 蒙主垂聽 可不頌德? 吾生何幸? 長沐芳澤
몽 주 수 청 가 불 송 덕? 오 생 하 행? 장 목 방 택

22 梓人所棄 竟成隅石
재인소기 경성우석

祭司吟 제사음

23 主之所為 神妙莫測
주지소위 신묘막측

民眾進殿時吟 민중진전시음

24 良辰美景 乃主所設 濟濟一堂 歡愉何極?
양신미경 내주소설 제제일당 환유하극?

25 求我雅璋 賜我安逸! 求我恩主 加以百吉!
구아아위 사아안일! 구아은주 가이백길!

祭司對首領吟 제사대수령음

26 為主而來 應蒙多福 我自聖宅 祝爾康樂
위주이래 응몽다복 아자성택 축이강락

27 主是真神 靈光曜目
주시진신 영광요목

祭司對民眾吟 제사대민중음

27 好將祭牲 繫諸壇角
호장제생 번제단각

民眾吟 민중음

28 敬向我主 披我心腹 欽哉雅璋 皇皇穆穆!
경향아주 피아심복 흠재아위 황황목목!

齊吟 제음

29 稱謝至尊 肫肫其仁 慈恩不匱 萬古和春
칭사지존 순순기인 자은불궤 만고화춘

글자풀이

- 肫(순) 정성스러운 모양
- 裔(예) 후손
- 鼓(고) 떨다, 두드리다
- 脣(순) 입술
- 虔(건) 공손하다
- 昔(석) 옛날
- 獲(획) 얻다
- 酬(수) 이루다, 갚다
- 庇(비) 감싸다
- 岑樓(잠루) 높은 망루
- 環(환) 두르다
- 粉(분) 가루를 빻다
- 碎(쇄) 잘게 부수다
- 圍(위) 포위하다
- 帀(잡) 빙 두르다
- 痛擊(통격) 통렬히 쳐부수다
- 蜂(봉) 벌
- 驅(구) 몰다
- 蹤(종) 자취
- 燎(료) 횃불
- 禍(화) 불행
- 逼(핍) 협박하다
- 洶洶(흉흉) 분위기가 술렁이며 어수선함
- 咄咄(돌돌) 괴이하게 여겨서 놀라는 모양
- 墮(타) 떨어지다
- 徒(도) 헛되다
- 勞(로) 노력하다
- 透(투) 뛰어넘다
- 簾(렴) 주렴
- 帷(유) 휘장
- 施(시) 베풀다
- 允(윤) 진실로
- 厲(려) 격렬하다
- 洞開(통개) 활짝 열림
- 納(납) 들이다
- 沐(목) 목욕하다
- 梓(재) 목수
- 棄(기) 버리다
- 隅(우) 모퉁이
- 測(측) 헤아리다
- 良辰(양신) 좋은 시절
- 濟濟(제제) 아주 많고 성한 모양
- 愉(유) 기뻐하다
- 曜(요) 빛나다
- 牲(생) 제사에 쓰이는 동물
- 繫(계) 묶다
- 壇(단) 단
- 角(각) 뿔
- 披(피) 꺼내어놓다
- 欽(흠) 공경하다

옮김

행진을 시작하며 이끄는 노래

1지극히 높으신 주 자비하심 한없도다 감사 찬송 드리세 그 사랑 영원하도
다 2찬양하고 찬양하라 이스라엘 백성이여 자비하신 그 사랑 영원하도다 3
아론의 후손들아 입술 열어 찬미하라 자비하신 그 사랑 영원하도다 4신실

한 성도들아 한 맘 되어 찬양하라 자비하신 그 사랑 영원하도다

행진 중의 노래

5곤경에 빠졌을 때 야훼께 구했더니 주께서 들으시고 자유함을 주셨네 6
야훼 나를 지키시니 무엇을 근심하랴? 원수들 해치려드나 무슨 수로 이루
랴? 7믿음의 식구들아 주의 은덕 찬미하세 어리석은 저 무리들 끝내 치욕
당하리라 8야훼님 요새시니 능히 피할 곳이로다 흘러가는 인생살이 의지
할 바 못되도다 9야훼님 요새시니 능히 숨을 곳이로다 군주와 제후라도 의
탁할 바 못되도다 10열방이 술렁이며 나를 에워쌌으나 야훼 이름 의지하여
원수들을 무찔렀네 11저들이 사방에서 에워싸고 옥죄었으나 야훼 이름 의
지하여 적의 머리 내리쳤네 12벌떼 같은 세력으로 몰려오고 덤볐으나 야훼
이름 의지하여 내몰고 쓸어 버렸네 13요원의 불길처럼 세차게 덮쳐왔으나
야훼 이름 의지하여 그 재앙 물리쳤네 14어떻게든 넘어뜨리려 핍박해 왔
으나 저들 수고 헛되도다 주님 나를 지키시네 15야훼는 나의 구원 나의 노
래 되시고 주님은 나의 복락 진정 좋으신 분이네 바른 이 은혜 입고 화락
이 넘쳐흘러 노래와 연주소리 장막 넘어 울려나네 16야훼의 오른손 큰 기
적 베푸시고 야훼의 오른손 위험에서 건지셨네 17야훼의 오른손 능치 못함
없으시니 생명 얻게 하셨도다 그 위엄 선포하세 18야훼 나를 징계하사 모
질 없지 않았으나 죽음까진 아닌지라 이 또한 사랑이라

백성의 지도자가 성전 문 앞에서 부르는 노래

19활짝 열려라 정의의 문이여 성전에 들어가서 야훼 은총 찬송하리

사제가 문 안에서 응답하는 노래

20이것이 야훼의 성전 문이라 의인들이 이곳으로 들어가리라

지도자가 문에 들어서며 부르는 노래

21 우리 기도 들어주신 야훼 찬송하리라 크신 은혜 입었도다 이 얼마나 감
사한가? 22 집 짓는 이들에겐 내쳐졌는데 끝내는 모퉁이의 머릿돌이 되었
도다

사제의 노래

23 주께서 행하신 바 신묘막측하여라

백성이 성전에 들어오며 부르는 노래

24 이리도 좋은 시절 주께서 베푸셨네 함께 모인 성도들아 기뻐하며 즐거워
하라! 25 야훼께 구하오니 평안함을 주소서! 구원의 주님 형통하게 하소서!

사제가 지도자들을 향해 부르는 노래

26 야훼 위해 나아온 이들 큰 복을 받으리니 야훼 거룩한 집에서 너흴 축복
하노라 27 야훼는 참되신 하느님이시라 거룩한 주의 빛 눈부시도다

사제가 백성들을 향해 부르는 노래

27 이제는 희생제물 제단 뿔에 맬지어다

백성들의 노래

28 우리 주께 경배하며 전심으로 엎드리네 영광을 받으소서 거룩하신 야훼
시여

합창

29 지극히 높으신 주 자비하심 한없도다 감사찬송 드리세 그 사랑 영원하도
다

야훼의 성전에서 드려질 제의를 위해 사제와 백성들이 행진하면서 부르는 찬양이다. 행진을 시작하기에 앞서 모인 가운데 선창과 후렴을 주고받는다. 그런 후에 행진이 시작되고 이스라엘을 구원하신 하느님의 승리의 손길을 노래한다.

산성이 되신 야훼의 이름 높여지고 원수들의 반복되는 핍박에도 이스라엘을 구원하신 놀라운 기적들이 기억에서 솟아나 성도들의 입술에서 터져 나온다. 에워싸던 적들, 둘러싸고 조여왔던 원수들, 벌들처럼 달려들던 핍박자들, 밀쳐 넘어뜨리려 하던 파괴자들의 기억이 하나하나 생생해지고 오직 야훼 그 이름만을 의지할 수밖에 없었던 순간들이 마치 현재처럼 다가온다.

그랬다. 가진 것이라곤 아무 것도 없고 오직 야훼 그분의 거룩하신 이름뿐이었다. 적들에겐 아무 것도 아니나 믿는 이들에겐 목숨보다 소중한 그분의 이름이었고 그 이름으로 구원에 이르렀던 기억들이다. 행진의 한 걸음 한 걸음 마다 그분의 임재가 더욱 선연해진다.

이제 성전 문에 이른다. 백성과 그 지도자들이 하느님의 구원을 성전에서 찬양하는 기쁨을 구하고 사제는 그 찬양에 동의하며 문을 연다. 열린 하느님의 집에서 하느님의 위엄을 우러르며 레위와 백성들의 찬양이 오고 간다. 거대한 합창이요 오케스트라이다.

시편이 마치 동영상처럼 전달되면서 정점을 향해 달려간다. 시편이 그저 읽혀야 할 글이 아니라 온몸으로 부를 노래임이 드러난다. 그분의 구원과 영광을 오롯이 간직한 이 시편을 어떻게 가만히 읽을 수 있을까? 터져 나오고 울려나고 숨을 고르고 다시 울려 퍼진다. 찬양 속에 하느님의 영광만이 가득하고 생생하다

1절의 만고화춘萬古和春은 만고장춘萬古長春 혹은 만고장청萬古長靑으로도 쓴

다. 영원토록 변함없다는 의미이다.

같은 절의 순순기인肫肫其仁은 『중용』에 '지극한 성誠이 대저 어디에 치우침이 있는가? 간절하고 지극한 마음으로 인仁을 행하고 어느 것에도 흔들림 없는 깊은 마음으로 자신을 지키며 넓고 광대한 마음으로 하늘의 뜻을 살핀다'至誠 夫彦有所寄 肫肫其仁 淵淵其淵 浩浩其天(지성 부언유소기 순순기인 연연기연 호호기천)고 하였다.

7절의 휴休는 천휴天休의 의미이다. 하늘의 명命이라 할 수도 있고 하늘의 은혜, 주님의 은덕이라 해석할 수도 있다. 여기서는 주님의 은혜로 이해하는 게 좋겠다.

8절의 인환人寰은 백거이의 「장한가長恨歌」에 '머리 돌려 저 아래 인간 세상 보아도 장안은 보이지 않고 짙은 안개와 먼지뿐이라'迴頭下望人寰處 不見長安見塵霧(회두하망인환처 불견장안견진무)고 노래하였다.

15절의 중심호지中心好之는 『시경』「당풍唐風」「유체지두有杕之杜」에 '저기 멋지신 군자 내게로 오세요 진심으로 좋아하니 함께 밥을 먹어요'彼君子兮 噬肯適我 中心好之 曷飮食之(피군자혜 서긍적아 중심호지 갈음식지)라고 노래하였다.

24절의 양신미경良辰美景은 사령운의 글 「의위태자업중집시서擬魏太子鄴中集詩序」에 '인생에서 좋은 시절, 아름다운 경치, 이를 감상할 수 있는 편안한 마음, 이것을 누리는 일 이 넷이 함께 하기는 정말 어렵구나'天下良辰 美景 賞心 樂事 四者難幷(천하량신 미경 상심 낙사 사자난병)라고 하였다.

같은 절의 제제濟濟는 사람이 많은 모양이다. 『서경』「대우모大禹謨」에 '우禹가 제후를 모아놓은 후 여기 모인 이들이여 모두들 내 명을 들으시라'濟濟有衆 咸聽朕命(제제유중 함청짐명)고 하였다.

28절의 황황목목皇皇穆穆은 『시경』「대아大雅」「가락假樂」에 '근엄하고 온화하여 임금 노릇 잘 하시고 허물 아니 짓고 잊지도 않아 옛 법도를 따르시네'皇皇穆穆 宜君宜王 不愆不忘 率由舊章(황황목목 의군의왕 불건불망 솔유구장)라고 노래하였다.

제119수

진리의 길 道學津梁

도 학 진 량

시편 119편의 제목 도학진량道學津梁에서 도학은 진리의 학문이며 진량은 나루터와 다리라는 뜻으로 물을 건널 수 있는 시설을 이르는 말이다. 진리의 학문으로 나아가는 길과 방법을 풀이한 시편이라고 할 수 있다. 이 시편은 히브리어의 알파벳 스물두 개에 각각 여덟 절을 붙여 스물 두 대목으로 구성하였고 각 대목에서 율법의 동의어로 말씀, 약속, 언약, 뜻, 계명, 진리, 명령 등의 단어가 반복되고 있다. 오경웅은 이 시편을 번역하면서 스물 두 대목에 작은 소제목을 붙여서 율법의 대의들을 간략히 정의하였는데 이러한 소제목들 거의가 유학적 배경을 띠고 있다. 그 흐름을 살펴보자.

1. 정심성의正心誠意 진리에 나아가는 이의 근본자세
2. 입지학도立志學道 배우고자 뜻을 세우는 것의 중요성
3. 택심지훈宅心知訓 마음에 새겨 잊지 않음
4. 택선고집擇善固執 바른 것을 굳게 붙잡음
5. 종용중도從容中道 자연스레 진리에 들어맞음
6. 수정불이守正不移 변치 않는 마음
7. 자강불식自强不息 끊임없이 본받아 힘씀
8. 심적쌍청心跡雙淸 진리 안에서 몸과 마음이 시원함

9. 옥아어성玉我於成 진리 안에서 다듬어지는 여정

10. 일신기덕日新其德 진리 안에서 날마다 자라다

11. 위선유항爲善有恆 선을 행함에 한결같도록

12. 지성불식至誠不息 진리는 영원하여라

13. 함저의리涵咀義理 진리를 음미하고 체득하다

14. 흑야명등黑夜明燈 진리는 나의 빛

15. 유정유일惟精惟一 세밀히 살피고 중심을 붙잡다

16. 극기복례克己復禮 자기를 이겨 진리로 돌아감

17. 한사존성閑邪存誠 거짓을 막고 참을 간직함

18. 거인유의居仁由義 인에 거하고 의에 따르다

19. 숙야무해夙夜無懈 게으르지 않고 정성을 다함

20. 본말겸해本末兼賅 본뜻과 행위가 다르지 않다

21. 화기유색和氣愉色 말씀에 젖어든 이의 모습

22. 묵식심통默識心通 고요한 가운데 말씀을 깨닫다

1. 正心誠意 정심성의(진리에 나아가는 이의 근본자세)

1 樂只君子 心地純潔
낙지군자 심지순결

2 遵行聖道 兢兢業業
준행성도 긍긍업업

3 優哉! 游哉! 順主之則 惟精惟一 無貳無忒
우재! 유재! 순주지칙 유정유일 무이무특

4 聖誡彰彰 寧敢荒逸?
성계창창 영감황일?

5 祈主導我 虔守大法
기주도아 건수대법

6 庶幾無愧 金科玉律
서기무괴 금과옥률

7 俾得暢詠 主之靈騭 正心誠意 惟主是式
비득창영 주지령즐 정심성의 유주시식

8 但求吾主 莫我棄絕
단구오주 막아기절

글자풀이

• 只(지) 다만	• 彰(창) 밝다
• 優(우) 넉넉하다	• 庶幾(서기) 바라건대
• 游(유) 헤엄치다	• 愧(괴) 부끄러워하다
• 貳(이) 두 마음	• 騭(즐) 정하다
• 忒(특) 변하다	• 式(식) 법

옮김

1행복하여라 바른 길 걷는 이 그 마음 참으로 순결하여라 2늘 조심하며 삼가는 중에 거룩한 말씀 따르는도다 3기꺼우며 즐거이 주님의 법 따르니 주님의 말씀만이 진리되시니 두 마음 품으려 하지 않도다 4거룩한 계명 그 맘에 환하니 어찌 그 계명 소홀히 하랴? 5주님 저를 이끄소서 주의 법을 지키리다 6바라오니 귀한 법에 부끄럼 없게 하소서 7놀라운 주의 섭리 기뻐 노래하리니 곧은 맘과 정성으로 주의 법 따르리다 8주님께 구하오니 저를 버리지 마옵소서

해설

첫 단락을 정심성의正心誠意라 하였다. 유학에서 공부하는 이의 목표는 수신修身, 자기를 올바르게 닦는 것이다. 수신이 되어야 집안을 가지런히 할 수 있고齊家(제가) 나라를 바르게 다스릴 수 있으며治國(치국) 천하를 태평하게平天下(평천하) 할 수 있기 때문이다. 수신을 위한 근본은 바른 마음正心(정심)이 되어야 하는데 이 정심의 바탕이 바로 성의誠意이다. 그래서 왕양명은 선비의 참된 공부는 오직 성의誠意뿐이라고 강조하기도 하였다. 의意는 마음에서 일어

나는 모든 생각들인데 부지불식간에 일어나는 생각의 첫머리들을 포함한다. 막 생각이 일어날 때 그 순간 깨어 그 생각을 진실하고 정직하게 하는 것, 그것이 바른 마음의 출발이며 자신을 닦는 길의 출발점이다. 이것을 벗어나서 무슨 수신이 있으랴? 위의 글들은 사서의 하나인 『대학』에 나오는 말들이다. 1절의 낙지군자樂只君子는 『시경』 「소아小雅」 「채숙采菽」에 나오는 말로 '즐거운 저 제후들 천자께서 돌보시네'樂只君子天子葵之(낙지군자 천자규지)라고 노래하였다. 본래의 노래에서 군자는 제후나 높은 신분을 뜻하나 오경웅은 믿음의 사람을 군자라 칭하였다. 이렇게 계급적 신분을 도덕적 지위로 전환시킨 이가 공자였다.

3절 우재유재優哉游哉 또한 「채숙采菽」에 나온다. '넉넉하고 느긋하구나 이제 다 당도했네'優哉 游哉 亦是戾矣(우재유재 역시려의)라고 노래하였다. 같은 절의 유정유일惟精惟一은 '하늘의 마음은 그 드러남이 희미하여 알아채기 쉽지 않고 사람의 마음은 쉬이 위험에 빠진다. 그러므로 오롯이 살펴서 진리를 붙잡고 진리의 중심에 든든히 서야 한다'人心惟危 道心惟微 惟精惟一 允執厥中(인심유위 도심유미 유정유일 윤집궐중)는 유교적 사유의 핵심 문장이다. 정精이란 비유한다면 벼米를 찧고 빻아서 까불고 겨를 날리는 과정으로 볼 수 있다. 세밀히 살펴서 그 정수를 남기는 것이며 여타의 것들을 깎아내는 것이다. 이 과정을 지나면 자연히 그 정수인 쌀알一(일)이 거두어진다. 그런 의미에서 유정유일은 수단과 목적이 하나요 길의 여정과 목적지가 분리되지 않는 공부이다. 오경웅은 3절에서 주님의 법을 이와 같은 유정유일로 표현하고 있다.

2. 立志學道입지학도(배우고자 뜻을 세우는 것의 중요성)

9 嗟爾青年 何以潔身? 其惟立志 聖訓是遵
차 이 청 년 하 이 결 신? 기 유 립 지 성 훈 시 준

10 一心仰主 守命惟勤 11 恒將法度 藏之於心
일 심 앙 주 수 명 유 근 항 장 법 도 장 지 어 심

12 惟恐獲罪 有忝洪恩 可頌惟主 敎我明經
유공획죄 유첨홍은 가송유주 교아명경

13 俾我脣舌 述爾諄諄 14 悅懌爾言 勝似金銀
비아순설 술이순순 열역이언 승사금은

15 潛心妙理 瞻仰典型 16 心歌腹詠 咀華含英
잠심묘리 첨앙전형 심가복영 저화함영

글자풀이

- 嗟(차) 감탄하다
- 勤(근) 부지런하다
- 藏(장) 간직하다
- 諄(순) 매우 정성스럽다
- 潛(잠) 잠기다
- 瞻(첨) 우러러보다
- 咀(저) 씹어서 맛을 보다

옮김

9 젊은이여 어찌 해야 바른 삶 살아갈까? 거룩한 뜻 따르려는 뜻 세움이 핵
심이라 10 마음 다해 주 우러르며 부지런히 계명지켜 11 마음속에 주의 법을
늘 간직할지라 12 혹여 주께 죄지을까 크신 은혜 더럽힐까 두렵사오니 찬양
받으시기에 합당한 주님 제게 주의 밝은 길을 가르치소서 13 제 입술은 당
신 말씀 정성스레 읊조리리니 14 주님의 말씀에 기쁨 넘치고 그 말씀 금은
보다 낫나이다 15 오묘한 도리에 깊이 젖어서 거룩한 말씀 사모하오니 16 말
씀의 깊은 속살 음미하면서 온몸과 마음 다해 찬양합니다

해설

공부의 첫걸음은 입지立志, 즉 뜻을 세움에 있다. 공자는 『논어』「위정爲政」

편에서 자신의 삶을 평함에 있어 열다섯에 공부에 뜻을 두었다志于學(지우학)고 하였고 서른에 입장을 가졌고而立(이립) 마흔에 확신을 얻었고不惑(불혹) 쉰에 천명을 알았으며知天命(지천명) 예순에 남의 말이 순순히 들렸고耳順(이순) 일흔에 마음대로 하여도 도에서 벗어나지 않았다從心所欲不踰矩(종심소욕불유구)고 하였다.

옛 사람들은 입지가 학문의 근본임을 강조하곤 하였다. 뜻을 세우지 않고 가는 길은 흐트러지고 끝내는 무엇을 해야 할 지 알지 못하게 되고 만다. 그렇다고 오늘날의 언어처럼 목표를 세우는 것과도 다르다. 목표는 외적인 지향에 속한다. 그러나 입지는 내적인 지향이며 눈에 드러나 평가할 수 있는 목표와도 분명히 다르다. 그렇기에 입지立志는 벼슬을 얻고 이름을 날리는 입신양명立身揚名과도 전혀 다른 것이다. 옛 사람들에게 입지는 참 사람이 되고자 결심하는 것이고 더 나아가 군자 혹은 성현聖賢이 되고자 하는 것이 공부의 목표였다. 참 사람이 되는 공부, 자기 자신을 위한 공부爲己之學(위기지학)이지 남보다 잘되려 하거나 자기를 드러내는 공부爲人之學(위인지학)가 아니었다. 또한 입지는 이후의 모든 공부와 성장의 나침반이기도 하다. 끊임없이 입지에 비추어 그 뜻에서 벗어나지 않았는가를 살펴야 한다.

15절의 잠심潛心과 첨앙瞻卬이 어우러진다. 말씀을 마음으로 새기면서도 주님의 말씀이라 거룩한 그 말씀 우러르지 않을 수 없다. 내면으로는 점점 더 깊이 젖어들어야 하고 그 거룩한 말씀 앞에서 더욱 우러를 수밖에 없다. 첨앙瞻卬은 주로 하늘에 비는 기도에 쓰인 용어로 『시경』「대아大雅」「운한」 편에 '하늘에 비옵나이다'瞻卬昊天(첨앙호천)라는 말이 나온다.

16절의 저화함영咀華含英은 문장과 문맥의 중요한 의미와 맥락을 깊이 음미하고 흡수하는 것을 뜻하는데 운을 맞추느라 앞뒤를 바꾸었다. 한유의 글 「진학해進學解」에 '그 깊고 짙은 맛에 푹 빠져서 그 아름다움과 정수를 제대로 맛본다'沈浸濃鬱 含英咀華(심침농울 함영저화)는 말이 나온다.

3. 宅心知訓 택심지훈(마음에 새겨 잊지 않음)

17 福佑小子 加以慈愍　有生之日 誓遵爾命
복우소자 가이자민　유생지일 서준이명

18 發我之矇 宅心知訓
발아지몽 택심지훈

19 吾生如寄 踪跡靡定　示我大道 俾識途徑
오생여기 종적미정　시아대도 비식도경

20 永慕典章 如渴思飲
영모전장 여갈사음

21 固知天心 疾彼頑梗　頑梗伊何? 弁髦明令
고지천심 질피완경　완경이하? 변모명령

22 我既守法 當免困窘
아기수법 당면곤군

23 權貴相逼 我惟守正
권귀상핍 아유수정

24 可師惟禮 怡養吾性
가사유례 이양오성

글자풀이

- **宅**(택) 정하다
- **愍**(민) 불쌍히 여기다
- **矇**(몽) 어리석다
- **靡**(미) 없다. 다하다
- **梗**(경) 강경하다
- **伊**(이) 어조사
  弁髦(변모) 아무 쓸모가 없음
- **窘**(군) 궁해지다

옮김

17 어리석은 이 종을 도와주셔서 자비와 긍휼 베풀어주소서 생명 있는 날
동안 주 말씀 지키리이다 18 어리석은 마음의 눈 뜨게 하셔서 마음 굳게 지
키며 말씀 따르렵니다 19 이 삶은 더부살이 갈 바 조차 모르오니 주의 길을
보이사 갈 길 깨닫게 하소서 20 목마른 이 물을 찾듯 주의 법도 사모합니다

21진실로 주님은 고집 센 이 미워하시니 고집은 아무 짝에 쓸모없는 것임
을 어리석은 인생이 밝히 알게 하소서 **22**저는 주의 법을 지켰사오니 곤고
함에 빠지지 않게 하소서 **23**권세가들 저를 핍박하여도 저는 바른 길 굳게
지키리니 **24**진리만이 저의 스승되시며 속사람 온전하게 다듬습니다.

해설

제목에서 택심宅心은 존심存心 즉 마음에 새겨 잊지 않음을 뜻하는 말로 『서경』「강고康誥」에 나오는 말이다. 귀한 가르침과 경험을 줄 수 있는 이들을 생각하고 그들의 '바른 가르침을 들어 마음을 정하고 교훈을 삼아서 백성들을 돌보고 보호하라'宅心知訓 用康保民(택심지훈 용강보민)고 하였다.

19절의 종적미정蹤跡靡定은 평종미정萍蹤靡定의 의미로 읽는 것이 좋겠다. 부평초가 물결에 흔들려 어디로 갈지 전혀 정해진 바가 없다는 뜻이다. 나그네살이 인생인지라 늘 선명하게 주의 길을 보지 못할 때가 많다. 주님께서 흐릿한 이 눈을 밝혀주셔야만 한다. 길이 없는 것이 아니라 길을 보지 못하기 때문에 흔들릴 뿐이다.

20절의 여갈사음如渴思飮은 목마른 이가 물을 찾듯 한다는 의미로 옛 사람들은 '착한 일 보기를 목마른 것 같이 하라'見善如渴(견선여갈)고 일렀다.

21절에서 히브리 시인은 계명을 어기는 자들을 꾸짖으시라고 청하는데 오경웅은 완고하여 저만 옳다고 여기는 고집 센 자들이라고 옮겼다. 계명을 어기는 근원이 자신만이 옳다고 주장함에 있다 하겠다.

24절의 가사유례可師惟禮는 글자의 의미로 번역하자면 예法(법)로 스승을 삼는다는 뜻이 되지만 유교적 사유에 있어서 예禮는 단순히 예의범절이 아니라 진리가 인간의 삶이나 관계를 통해 자연스레 드러나는 형식이라고 여겼다. 진리를 품은 자에게서 자연스레 드러나는 자세와 태도, 그가 사회

에서 살아가는 삶의 태도가 예禮인 것이다. 결코 형식적일 수가 없는 것이었다. 물론 형식에 빠질 위험이야 늘 상존하는 것이긴 하지만….

4. 擇善固執 택선고집(바른 것을 굳게 붙잡음)

25 吾命瀕危 將轉溝壑　祈保吾身 依爾所諾
오 명 빈 위　장 전 구 학　기 보 오 신　의 이 소 락

26 鑒我丹忱 教我大法　27 開我明悟 會心玄德
감 아 단 침　교 아 대 법　개 아 명 오　회 심 현 덕

28 憂心欽欽 祈賜慰藉　29 示以真道 庶遠邪說
우 심 흠 흠　기 사 위 자　시 이 진 도　서 원 사 설

30 耿耿予懷 擇善固執　31 居仁由義 應免隕越
경 경 여 회　택 선 고 집　거 인 유 의　응 면 운 월

32 發憤守誡 自強不息　祈主使我 心冲體逸
발 분 수 계　자 강 불 식　기 주 사 아　심 충 체 일

글자풀이

- **瀕**(빈) 임박하다
- **溝**(구) 도랑
- **壑**(학) 골짜기
- **溝壑**(구학) 움푹빠진 깊은 곳
- **諾**(낙) 승낙
- **欽**(흠) 공경하다, 근심하다
- **慰藉**(위자) 위로하고 도와줌
- **隕**(운) 떨어지다
- **越**(월) 잃다
- **憤**(분) 흥분하다
- **冲**(충=沖) 비다, 담백하다

옮김

25제 목숨 위태롭고 구렁 속을 뒹굽니다 주께 의탁하오니 이 몸 살려주소서 26거짓 없는 이 마음 살펴보시고 주의 법을 제게 가르치소서 27저로 밝

히 깨닫게 하여주시고 주의 깊은 도리를 간직하게 하소서 28근심으로 이
마음 녹아내리오니 당신의 위로를 허락하소서 29진리의 길 보이소서 삿된
교훈 멀리하리이다 30바른 길 택하여 굳게 지키며 마음에 새겨 잊지 않게
하소서 31사랑에 터하고 의로 행하리니 넘어지지 않게 하여주소서 32주님
의 계명에 마음을 두고 힘쓰고 가다듬길 쉬지 않으리니 영혼을 맑게 하여
주시고 몸은 평안을 누리게 하소서

해설

제목 택선고집擇善固執은 『중용』에 나오는 말로 '그 행위가 중용에 이르러 자연스레 진리에 들어맞는다면 이는 성인이라 할 것이다. 그러나 아직 그에 미치지 못하여 진리에 이르고자 하는 이는 선을 택하여 굳게 잡아야만 한다'誠者 不勉而中 不思而得 從容中道 聖人也 誠之者 擇善而固執者也(성자 불면이중 불사이득 종용중도 성인야 성지자 택선이고집자야)고 하였다.

인생이 정녕 힘써야 할 것이 택선고집이며 순간순간 자신을 돌아보며 무엇을 붙잡고 가는 인생인지를 살필 필요가 있다. 의롭다 칭함을 입었지만 의인이라고 도무지 말할 수 없지 않던가? 자신이 누군지 알고 분수를 알며 깨어있어야 한다. 의롭다 칭함 받은 죄인이 지녀야할 태도로 적절하지 않은가?

27절의 현덕玄德은 유교적 의미로는 밖으로 드러나지 않은 깊은 덕 혹은 하늘의 덕을 의미하고 도교적으로는 억지가 없는 무위자연의 덕성을 뜻한다. 『서경』에는 '순 임금의 숨겨진 덕이 드러나 요 임금에게 등용되었음'玄德升聞 乃命以位(현덕승문 내명이위)을 말하고 『도덕경』에서는 '낳되 가지지 않고 위해주되 기대지 않고 기르되 주장하지 않으니 이를 현덕이라'生而不有 爲而不恃 長而不宰 是謂玄德(생이불유 위이불시 장이부재 시위현덕) 하였다.

31절의 거인유의居仁由義는 『맹자』 「진심盡心」 상에 나오는데 '인에 거하고 의를 행하면 참 사람의 일은 갖춰지게 된다'居仁由義 大人之事備矣(거인유의 대인지사비의)고 하였다.

32절의 자강불식自强不息은 『주역』 「건괘乾卦」에 대한 풀이이다. '하늘의 운행은 잠시도 쉬지 않는다. 군자는 그것을 본받아 끊임없이 힘써야 한다'天行健 君子以 自强不息(천행건 군자이자강불식)는 의미이다. 같은 절의 발분發憤은 『논어』에 나오는 것으로 발분망식發憤忘食의 줄임말이다. 초의 대부 섭공이 공자의 제자 자로에게 스승에 대하여 묻자 자로는 대답하지 않았는데 공자는 자로에게 자신을 '학문을 좋아하여 분발하면 식사도 잊고 도를 즐겨 근심을 잊으며 늙음이 닥쳐와도 모르는 그런 인물이라고'發憤忘食 樂以忘憂 不知老之將至云爾(발분망식 낙이망우 부지노지장지운이) 말하지 않았느냐고 하였다. 같은 절의 심충心冲은 욕심이 없고 마음이 깨끗하여 빈 듯한淡泊謙虛(담박겸허) 마음이다.

5. 從容中道종용중도(자연스레 진리에 들어맞음)

33 虔求吾主 迪以聖謨 俾我祇遵 始末不渝
건구오주 적이성모 비아지준 시말불투

34 賜我真慧 守誡有孚 心乎愛矣 行自中矩
사아진혜 수계유부 심호애의 행자중구

35 願主指導 當行之路
원주지도 당행지로

36 務使小子 景慕法度 內有足樂 奚羡財富?
무사소자 경모법도 내유족락 해선재부?

37 去華崇實 莫使外騖 令我親嘗 道中之趣
거화숭실 막사외목 영아친상 도중지취

38 令我恆懷 修省恐懼 39 雪我恥辱 莫令受侮
영아항회 수성공구 설아치욕 막령수모

40 典章炳煥 我心所慕 賜我生命 昭爾恩祜
전장병환 아심소모 사아생명 소이은호

글자풀이

- 虔(건) 공경하다
- 迪(적) 나아가다
- 謨(모) 계책
- 祇(지) 다만
- 渝(투) 달라지다
- 孚(부) 참되고 믿음직하다
- 矩(구) 곱자
- 奚(해) 어찌
- 羨(선) 부러워하다
- 嘗(상) 맛보다
- 鶩(목) 달리다
- 趣(취) 뜻, 풍취
- 祜(호) 복

옮김

33야훼여 거룩한 주의 뜻을 따르게 하시고 오롯한 마음 되어 변치 않게 하
소서 34참된 지혜를 베풀어주사 미쁨으로 주의 계명 준행하게 하소서 마
음 다해 말씀을 사랑하게 하시고 행함은 주의 법에 들어맞게 하소서 35마
땅히 행할 길로 주님 저를 이끄소서 36이 몸이 주의 법도 우러르게 하소서
내밀한 기쁨 솟구치리니 어찌 잇속을 부러워하리이까? 37밖을 꾸미기보다
영혼 가다듬어 밖으로 치달리지 않게 하소서 진리에서 솟아나는 그 기쁨을
제대로 맛들이게 하여 주소서 38주의 진리 늘 품고 삼가 닦고 살피리니 39
치욕을 깨끗이 씻게 하시고 괴로운 수모 당치 않게 하소서 40환히 빛나는
주님의 법도 이 마음 간절히 사모하오니 주님의 은총을 허락하셔서 온전한
생명 얻게 하소서

해설

제목 종용중도從容中道는 『중용』에 나오는 말이다. 성誠, 참된 것은 하늘의 길인데 애쓰지 않아도 들어맞고不勉而中(불면이중) 바라지 않아도 얻으며不思而得(불

사이득) 자연스레 진리에 들어맞는다.從容中道(종용중도) 그러하기에 성인聖人이라 하는 것이다. 앞의 장에서 제시한 택선고집에 항구하면 절로 마음과 몸에 밸 터이니 자연스레 이어지는 다음 경계라 하겠다.

34절의 심호애의心乎愛矣는 『시경』 「소아小雅」 「습상隰桑」에 나오는 노래이다. '마음에는 이렇게도 사랑하면서 어이하여 말 한마디 하지 못하나? 마음속에 사랑 가득 남아 있으니 얼마나 세월가야 잊을 수 있나?心乎愛矣 遐不謂矣 中心藏之 何日忘之(심호애의 하불위의 중심장지 하일망지)라고 하였다.

34절의 구矩는 곱자를 뜻한다. 규規와 구矩는 지름과 선을 재는 도구인데 집을 짓는 데 매우 중요한 물건이다. 이는 유교적 맥락에서 진리를 가늠하는 규준法度之器(법도지기)이 되었다. 또한 이러한 기준으로 헤아리는 자세를 혈구지도絜矩之道라 하는데 선비의 중요한 마음가짐이다. 『대학』에 '윗사람에게 싫어했던 것으로 아랫사람을 대하지 말며 아랫사람에게서 싫어했던 것으로 윗사람을 섬기지 말라 이를 혈구지도라 한다'所惡於上 毋以下使 所惡於下 毋以事上 此之謂絜矩之道(소오어상 무이하사 소오어하 무이사상 차지위혈구지도)고 하였다.

37절의 거화숭실去華崇實은 겉보기의 화려함을 버리고 실질을 숭상한다는 의미로 무실거화 務實去華로도 쓰인다. 같은 절의 외목外騖 또한 본분 밖의 일을 하거나 마음이 산만함을 뜻한다. 청淸의 위원의 글 「묵고상默觚上」에 '그렇기에 군자는 본本에 힘쓴다. 온 힘을 다해 덕을 기르지 본분 밖의 일에 매달리지 않는다'故君子務本 專用力於德性而不敢外騖(고군자무본 전용력어덕성이불감외목)라고 하였다.

같은 절의 도중지취道中之趣는 진리를 추구하는 중에 생겨나는 정취로서 일반적으로 도취道趣로 쓰인다. 진리에 맛들이는 것이다.

38절의 수성공구修省恐懼는 『주역』 「진괘晋卦」의 풀이에 나오는데 '계속해서 우레가 울리는 것이 진이니 군자는 이를 보고 두려워 떨며 자신을 닦고 반성한다'荐雷震 君子以恐懼修省(천뢰진 군자이공구수성)고 하였다.

6. 守正不移수정불이(변치 않는 마음)

41 依爾金諾 賜我仁育　42 俾向讒人 知所答覆
의이금낙 사아인육　비향참인 지소답복

43 爾之慈訓 吾命所托　爾之聖誡 吾望所屬
이지자훈 오명소탁　이지성계 오망소속

44 惟願我口 常宣金玉　一息尚存 守命惟篤
유원아구 상선금옥　일식상존 수명유독

45 優游聖道 恢恢綽綽
우유성도 회회작작

46 庶在王前 申我諤諤　直陳正理 不致屈辱
서재왕전 신아악악　직진정리 불치굴욕

47 正理之外 寧有他樂?
정리지외 영유타락?

48 典章常懸 可以仰矚　耳濡目染 燠我心曲
전장상현 가이앙촉　이유목염 욱아심곡

글자풀이

- 移(이) 옮기다
- 諾(낙) 승낙하다
- 覆(복) 알리다
- 屬(속) 복종하다, 속하다
- 恢(회) 넓다
- 綽(작) 너그럽다
- 諤(악) 거리낌없이 바른 말 하다
- 陳(진) 펼치다
- 懸(현) 매달다
- 矚(촉) 자세히 보다
- 濡(유) 젖다
- 染(염) 물들다
- 燠(욱) 따뜻하다

옮김

41주님의 굳건하신 약속 덧입어 당신의 교화와 양육 받게 하소서 42이것이
저를 참소하던 자들에게 주어지는 대답이 될 것입니다 43자애로운 주 교

훈에 이 목숨 맡기오니 이 몸 정녕 엎드릴 곳 거룩한 말씀뿐이라 **44**제 입
술 언제나 주의 말씀 선포하며 숨 있는 한 그 계명 신실히 행하리니 **45**거
룩한 말씀 안에 살아가면서 언제나 흔들리지 않게 하소서 **46**바라기는 임금
들 앞일지라도 주님의 바른 법 올곧게 전하며 진실된 주의 진리 진술하리
니 굴욕을 당하지 않으리이다 **47**주의 말씀 그밖에 무슨 즐거움 있으랴? **48**
주의 법 영원토록 환히 빛나니 우러르며 그 말씀 새기옵나니 귀 적시고 눈
에 스며들어서 내밀한 기쁨으로 채워집니다

해설

이 단락의 제목 수정불이守正不移는 정도正道를 굳게 지켜 변치 않는 마음을 의미한다. 이移는 마음이 바뀌는 것이나 흔들리는 것을 뜻하여서 일반적으로 불이不移라 하면 흔들리지 않는 굳센 마음을 의미한다. 정한 바 마음을 굳게 지켜 요동치 않는다는 견정불이堅定不移로 많이 쓰인다.

41절에 주님의 약속을 금락金諾이라 하였다. 황금 또는 황금보다 귀한 약속의 뜻으로 『사기』「계포란포열전季布欒布列傳」에 '황금을 백 근 얻는 것보다 차라리 계포에게 얻는 승낙이 더 낫다'得黃金百斤 不如得季布一諾(득황금백근 불여득계포일낙)라는 말에서 유래되었다.

44절의 일식상존一息尙存은 숨이 있는 한, 생명의 마지막 순간까지라는 의미를 갖고 있다. 주희는 이 말 속에는 '공부하는 이에게 있어 마지막 순간까지 조금의 흐트러짐이나 게으름을 피우지 않겠다는 다짐이 들어 있다'一息尙存 此志不容少懈(일식상존 차지불용소해)라고 했다. 같은 절의 금옥金玉은 금과옥률金科玉律의 줄임말이다.

45절의 회회작작恢恢綽綽은 넓고 큰 모양 혹은 여유 있는 모양을 의미하며 어떤 일을 당하여 흔들리지 않고 침착함을 뜻한다. 46절의 악악諤諤은 거리

낌 없이 바르게 말함을 의미한다. 『사기』 「상군열전商君列傳」에 '천 사람이 맹종하며 아첨하는 끄덕임보다 곧은 선비 한 사람의 거리낌 없는 직언이 더 낫다'千人之諾諾 不如一士之諤諤(천인지낙낙 불여일사지악악)고 하였다.

46, 47절의 정리正理는 참된 이치라고 할 수 있는데 옛 사람들은 이치理(리)라는 것이 사물을 깊이 관찰할 때에 사물 간의 아주 미세한 차이점이라도 반드시 구분되며 사물의 고유한 바가 있다고 여겼다. 그래서 성리학에서는 '모든 사물은 나름의 고유한 이치를 다 가지고 있다'事事物物皆有定理(사사물물 개유정리)고 주장한 것이다. 그렇게 사물이 구분을 얻게 되면 곧 계통이 서게 되어 문란하지 않게 되니 이를 조리條理라고 하였으며 유교에서는 공자를 이 조리를 완성하신 분이라고 여겼다. 또한 이치를 잃었다거나 모른다는 것은 사물의 실제를 제대로 살펴보지 못하여 의혹과 잘못이 생겨난 것이니 이것은 어리석은 짓이다. 이처럼 유학에서 이理는 진리眞理의 의미를 담고 있다. 이理가 곧 진리眞理이고 이理가 곧 상리常理, 영원한 것이다.

48절의 이유목염耳濡目染은 한유의 글 「청하군공방공묘갈명淸河君公房公墓碣銘」에 '보고 듣기를 자주하여 자연스레 그 영향에 젖어들어 배우지 않고도 능히 할 수 있게 되었다'耳濡目染 不學以能(이유목염 불학이능)고 하였다.

같은 절의 심곡心曲은 내면의 깊은 마음을 뜻한다. 『시경』 「진풍秦風」 「소융小戎」에 '마음은 한없이 어지럽기만 하구나'亂我心曲(난아심곡)라고 하였다.

7. 自強不息자강불식(끊임없이 본받아 힘씀)

49 聖道煌煌 吾心所望
성 도 황 황 오 심 소 망

50 雖在顚沛 寬慰愁腸 常飮活泉 令我自強
수 재 전 패 관 위 수 장 상 음 활 천 영 아 자 강

51 任彼驕人 逞其猖狂 我行我素 守誡無荒
임 피 교 인 영 기 창 광 아 행 아 소 수 계 무 황

52 永懷古道 樂此綱常　53 群小離主 我心憂傷
영회고도 낙차강상　군소리주 아심우상

54 我生斯世 如客他鄕　他鄕寡歡 惟樂典章
아생사세 여객타향　타향과환 유락전장

55 卽在暮夜 未嘗或忘　56 一生順命 胡云不臧?
즉재모야 미상혹망　일생순명 호운불장?

글자풀이

- 顚(전) 엎드러지다
- 沛(패) 쓰러지다
- 逞(령) 왕성하다
- 猖狂(창광) 미쳐 날뛰다.
- 素(소) 바탕
- 綱(강) 중심, 벼리
- 寡(과) 적다
- 臧(장) 착하다

옮김

49 거룩하신 그 말씀 밝히 빛나니 제 마음 비추는 소망이오며 50 엎어지고 자빠져도 상한 마음 위로 받고 생명수 말씀되어 굳건하게 하시네 51 교만한 자들 미쳐 날뛸지라도 이내 본분 행하며 계명을 지키리라 52 예부터 내려오는 그 말씀 사모하며 영원하신 주의 도리 즐거워하네 53 주님 떠난 악인들로 이내 마음 괴로우나 54 땅 거죽에 머무는 나그네 살이니 타향에선 으레 즐거움이 적은 법 오직 주의 법도만이 제게 기쁨됩니다 55 해 저물고 어두우나 주님 말씀 잊지 않고 56 말씀으로 한 생을 살아가오니 어찌 잘못됨이 있겠습니까?

제목이 자강불식自强不息이다.(네 번째 단락 택선고집擇善固執을 참고하라.) 하늘을 본받으려는 군자는 밖에서 이유를 구하지 않는다. 하느님만이 그의 이유이기 때문이다. 그러니 두리번거릴 이유가 없고 그저 하늘을 우러러 닮으려 힘쓰고 자신을 돌아보며 다잡을 뿐이다.

51절 아행아소我行我素의 소素는 바탕 혹은 인간이 살아가며 지켜야 할 본분이다. 『중용』에 '군자는 자기에게 주어진 삶의 자리를 바탕 삼아 행하니 밖에서 구하려 하지 않는다'君子 素其位而行 不願乎其外(군자 소기위이행 불원호기외)고 했다. '부귀에 처해서는 부귀를 누리고 빈천에 처해서는 빈천하게 살며 이방 땅에서는 이방인으로 처신하고 환난을 당해서는 환난을 겪으니 군자는 어디를 가든지 그곳을 자기 자리로 삼는다'素富貴 行乎富貴 素貧賤 行乎貧賤 素夷狄 行乎夷狄 素患難 行乎患難 君子 無入而不自得焉(소부귀 행호부귀 소빈천 행호빈천 소이적 행호이적 소환난 행호환난 군자무입이부자득언)고도 하였다.

왕양명은 이를 줄여 소이불원素而不願이라 하였다. 본분을 지켰으니 더 원하는 바 없다고 할까? 자신의 삶의 이유를 발견한 사람의 겸허하고도 당당한 고백이라 하겠다.

유교적 사유에 있어서는 지나침過(과)도 문제이고 미치지 못한 것不及(불급)도 문제이다. 소素는 하늘이 허락하신 본성이라고도 할 수 있고 동시에 중용中庸의 도라 할 수 있겠다. 사도 바울의 말을 빌리자면 부르심 받았을 때의 처지대로라고 할 수 있고, 어떤 처지에서도 자족하는 법을 배웠다는 고백과도 상통한다.

같은 절의 무황無荒은 함부로 어지럽히지 않는다는 뜻으로 『시경』「당풍唐風」「실솔蟋蟀」에 '즐거움을 누린다 해도 함부로 어지러이 않으니 선비들은 조심하는구나'好樂無荒 良士瞿瞿(호락무황 양사구구)라고 하였다.

52절의 강상綱常은 삼강三綱과 오상五常 혹은 오륜五倫을 뜻한다. 인간이 지켜야 할 근본 도리仁義禮智信: 五常(인의예지신: 오상)와 인간의 근본 관계君臣, 夫婦, 父子(군신, 부부, 부자: 삼강)를 칭한 것이다.

55절의 미상혹망未嘗或忘은 잠시도 잊어본 적이 없다는 뜻의 성어成語이다. 56절의 부장不臧은 불선不善 불량不良의 뜻이다. 『시경』「패풍邶風」「웅치雄雉」에 '욕심내지 않는다면 어찌 아니 좋겠는가'不忮不求, 何用不臧(불기불구 하용부장)라는 구절이 있다.

8. 心跡雙清심적쌍청(진리 안에서 몸과 마음이 시원함)

57 於穆雅瑋 為我乾坤　從容中道 亦自溫存
어목아위 위아건곤　종용중도 역자온존

58 一心求主 賜以洪恩　翼卵呴伏 踐爾前言
일심구주 사이홍은　익란구복 천이전언

59 遊心玄德 托足聖門　60 遵主大路 載欣載奔
유심현덕 탁족성문　준주대로 재흔재분

61 慍於群小 彌懷春暄
온어군소 미회춘훤

62 中夜獨興 稱謝至尊　稱謝云何? 愛爾明箴
중야독흥 칭사지존　칭사운하? 애이명잠

63 敬主之人 為我良朋
경주지인 위아량붕

64 感爾仁育 大地歡騰　求主教我 諳爾德音
감이인육 대지환등　구주교아 암이덕음

글자풀이

- **穆**(목) 공경하다
- **呴**(구) 따뜻하다
- **載**(재) 싣다
- **奔**(분) 달리다
- **慍**(온) 성내다
- **彌**(미) 더욱
- **箴**(잠) 바늘, 경계하다
- **諳**(암) 암송하다

옮김

57그윽하신 주님 우리의 전부시니 그 말씀 따르는 것 제가 살 길입니다 58
이 마음 다하여 주의 자비 구하오니 전에 말씀하신 대로 제게 은혜 베푸
소서 59제 영혼 오묘한 주의 법에 노닐며 이 발걸음 주님 집에 담그옵니다
60즐거이 걸으며 기쁨 가득하니 주께서 일러주신 길이기 때문이라 61악인
들로 인하여 속상할지라도 그럴수록 주의 위로 더욱 사모합니다 62한밤에
도 홀로 깨어 주께 감사드림은 당신의 잠언이 하 좋기 때문이라 63주님 사
랑하는 이들 저의 참된 벗입니다 64어진 사랑 감격하여 대지가 기뻐 뛰니
복된 말씀 잊지 않게 저를 가르치소서

해설

제목이 심적쌍청心跡雙淸이다. 두보의 시 「병적屛迹」에 나오는 것으로 '지팡이 짚고 흰머리이긴 하나 마음과 몸은 더 없이 상쾌하네'杖藜從白首 心跡喜雙淸(장려종백수 심적희쌍청)라고 했다. 이후 수많은 묵객 시인들에게 차용되었다. 전轉하여 사상과 행함에 있어 전혀 속기俗氣가 없음을 의미한다. 가슴에 말씀을 품고 그 발은 거룩한 전에 담근다. 한밤에도 명징한 주님의 잠언에 홀로 깨어 되새기며 감읍한다. 몸 맘 맑아지고 장차 투명해지겠다.

57절의 오목於穆은 『시경』 「주송周頌」 「유천지명維天之命」에 나오는 말로 '아하! 하늘이 명하시나니 그윽하여 그침이 없으시도다'維天之命 於穆不已(유천지명 오목불이)라고 하였다.

58절의 익란구복翼卵呴伏은 『삼국지』 오나라 편 손권의 말에서 나온다. 날개로 알을 감싸고 따뜻하게 엎드려 품어준다는 뜻으로 은혜에 대한 표현이다.

59절의 탁족托足은 몸을 맡기거나 의지할 곳을 뜻하는데 명明의 원굉도의 「서문장전徐文長傳」에 '영웅이 길을 잃고 몸 맡길 곳조차 없는 슬픔이여'英雄失路托足無門之悲(영웅실로탁족무문지비)라고 하였다.

60절의 재흔재분載欣載奔은 도연명의 「귀거래사」에 나오는 구절이다. 도연명이 현령 벼슬을 그만 두고 집에 돌아올 때 '집의 대문과 처마가 보이자 기쁨에 못이겨 달려가니 종들은 기뻐 맞고 어린 자식들은 문간에서 맞아들였다'乃瞻衡宇 載欣載奔 僮僕歡迎 稚子候門(내첨형우 재흔재분 동복환영 치자후문)고 묘사하였다.

61절의 춘훤春暄은 봄의 따뜻함을 의미하는데 여기서는 하느님의 은혜로 차용하였다. 64절의 덕음德音은 제방의 조서를 뜻하거나 덕 있는 말씀을 의미한다. 『시경』「패풍邶風」「곡풍谷風」편에 '그때 맺은 그 말씀 어기지 말고 죽기까지 우리 사랑 변치말기를'德音莫違 及爾同死(덕음막위 급이동사)이라는 말이 나온다.

9. 玉我於成옥아어성(진리 안에서 다듬어지는 여정)

65 巍巍我主 言出惟行 **66** 祈賜真慧 酬我忠心
외외아주 언출유행 기사진혜 수아충심

67 昔處順境 沈溺邪淫 既遭顛沛 玉我於成
석처순경 침닉사음 기조전패 옥아어성

68 仁主所為 靡有不仁 祈示玉律 俾得遵循
인주소위 미유불인 기시옥률 비득준순

69 傲人相誣 我懷良箴
오인상무 아회량잠

70 相彼群小 腸肥心昏 我獨樂道 怡怡欣欣
상피군소 장비심혼 아독락도 이이흔흔

71 體會大法 端賴困屯 **72** 寶主之訓 勝於金銀
체회대법 단뢰곤둔 보주지훈 승어금은

글자풀이

- **巍**(외) 아주 높고 큰 모양
- **酬**(수) 갚다
- **沈**(침) 가라앉다
- **循**(순) 좇다
- **傲**(오) 오만하다
- **誣**(무) 무고하다
- **端**(단) 끝
- **困**(곤) 시달리다
- **屯**(둔) 모으다, 어려움

옮김

65한 없이 높고 크신 야훼 하느님 당신은 말씀대로 행하시는 분이시라 **66**
진실된 이 마음에 응답하시사 주의 참된 지혜를 허락하소서 **67**이전에 순조
롭고 편안하다고 거짓과 음란함에 빠졌었는데 그로 인해 넘어지고 깨어졌
더니 그걸 통해 주님 나를 다듬으시네 **68**어지신 주님 행하시는데 사랑 아
닌 것 있겠습니까? 거룩한 말씀 제게 가르치셔서 그 말씀 온전히 따르게
하소서 **69**오만한 자들 무고할지라도 저는 오직 생명 말씀 사모하리니 **70**악
인들 몸뚱이 기름질지라도 마음은 오히려 어둑할 뿐 저 홀로 주의 법을 즐
거워하니 내밀한 기쁨으로 가득합니다 **71**고난 겪는 것조차 신뢰할 것임은
그로 인해 주의 법 잘 배우게 되니 **72**주님의 가르침 참으로 귀해라 금과
은보다 더욱 더 귀합니다

해설

제목 옥아어성玉我於成은 나를 옥처럼 다듬어 가시는 중이라는 뜻이다. 예부터 옥은 군자의 상징이어서 옥을 다듬는 것을 군자의 수신으로 이해하였다. 『시경』「대아大雅」「민로民勞」에 '왕께서 그대를 보배처럼 여기시니 그래

서 이다지도 간곡하게 간한다오'王欲玉汝 是用大諫(왕욕옥여 시용대간)라는 노래가 있다. 또 북송의 철학자 장재의 글 「서명西銘」에 '가난과 어려움 근심과 걱정이 모든 게 너를 다듬고 훈련시켜 온전하도록 돕는 것이라'貧賤優戚 庸玉汝於成(빈천우척 용옥여어성)는 서술이 있다.

사실 옥玉은 단단해서 다듬기가 쉽지 않고 정교한 공정을 필요로 한다. 다듬지 않은 것을 박옥璞玉이라 하는데 돌하고 섞인 옥을 절단하고 연마해야 하는데 이때 결을 잘 고려하여 균열이 가지 않도록 주의하고 오래 살펴서 가장 자연스레 옥 안에 담긴 디자인을 끌어내야 한다.

리理(다스림)라는 한자는 옥의 무늬와 결을 따라 돌을 분리해 냄을 뜻하고 하자瑕疵는 옥에 흠이 있는 것을 말한다. 우리가 사용하는 한자에는 옥과 관련된 단어가 많다. 어쨌거나 흙으로 빚어져 먼지로 돌아갈 인생이 하느님의 생기를 온전히 담아내고 영원한 생명으로 옮겨가는 과정과 비길 만하지 않을까?

65절의 외외巍巍는 아주 높이 솟은 모양을 뜻한다. 『논어』「태백泰伯」편에 '우뚝 솟았구나 웅대함은 오직 하늘뿐인데 요 임금만이 그것을 본받았구나'巍巍乎 唯天之大 唯堯則之(외외호 유천지대 유요칙지)라고 하였다.

같은 절의 언출유행言出惟行은 『서경』「주관周官」편에 나오는 말로 '삼가 명이 떨어지면 그 명은 곧 행해졌으니 거스름이 없었다'愼乃出令 令出惟行 弗惟反(신내출령 영출유행 불유반)라고 하였다. 71절의 단뢰端賴는 전적으로 신뢰하는 것으로 지위가 낮은 이가 높은 이에게 말할 때 사용한다. 곤둔困屯은 고난을 뜻하며 체회體會는 몸으로 겪어 깨달은 바를 의미한다

10. 日新其德일신기덕(진리 안에서 날마다 자라다)

73 渺渺予躬 主所陶鈞　祈開明悟 體道日深
묘묘여궁　주소도균　기개명오　체도일심

74 務使君子 因我歡欣　咸稱我主 不負丹忱
무사군자 인아환흔　함칭아주 불부단침

75 靈鷩無瑕 實維真神　愛我以德 降災以懲
영즐무하 실유진신　애아이덕 강재이징

76 所賜仁惠 寬慰吾心　固知我主 言出惟行
소사인혜 관위오심　고지아주 언출유행

77 不見慈愍 何以為生?　金科玉律 怡悅心魂
불견자민 하이위생?　금과옥율 이열심혼

78 相彼群姦 無故相侵　我仍樂道 涵泳日新
상피군간 무고상침　아잉락도 함영일신

79 惟願君子 與我為鄰　君子伊何? 守命惟勤
유원군자 여아위린　군자이하? 수명유근

80 惟願我心 懷道惺惺　恃主不辱 保我令名
유원아심 회도성성　시주불욕 보아령명

글자풀이

- **渺**(묘) 작다, 아득하다
- **鈞**(균) 고르게 하다
  陶鈞(도균) 그릇을 만드는 녹로
- **負**(부) 저버리다
- **鷩**(즐) 하늘의 섭리
- **瑕**(하) 옥의 티
- **仍**(잉) 거듭하다
- **鄰**(린) 이웃
- **惺**(성) 슬기롭다
  惺惺(성성) 매우 지혜로운 모양

옮김

73 작고 유약하기 그지없으나 주님께서 친히 빚으셨으니 주님의 진리 깨닫
게 하시고 날로 더욱 깊어지게 하소서 **74** 참된 길 걷는 이들 기뻐하면서 함
께 주님께 감사드림은 주님의 말씀 담은 이 마음을 저버리지 않았기 때문
입니다 **75** 주님만이 참되신 하느님이시고 당신 섭리 아무 허물도 없으니 덕
으로 은혜를 보이시기도 재난으로 징계를 내리시기도 합니다 **76** 주님은 말

씀대로 행하시는 분이시라 제 영혼에 위로를 베푸십니다 **77**주의 자비 없이
제가 어찌 살리이까? 거룩하고 복된 말씀 제 영혼의 기쁨이니 **78**간사한 무
리들 까닭없이 해하려 하나 저는 주의 진리 안에서 즐거워하니 말씀에 젖
어 날로 새로워지네 **79**참된 길 걷는 이들 저의 좋은 이웃이니 그들 또한
주 말씀을 부지런히 받듭니다 **80**주님의 진리안에 더욱 슬기로워져 주 의지
함으로 욕됨 겪지 않으며 신실한 이로 살아가게 하소서

해설

제목 일신기덕日新其德은 날마다 주 안에서 성장한다는 뜻이다. 은나라의 성군聖君 탕은 그의 세숫대야에 '구일신 일일신 우일신'苟日新 日日新 又日新이라는 아홉 자를 새겨서 자신을 일깨웠다고 한다. 진실로 날마다 새로울지니 나날이 새롭고 또 새로울지라!

73절의 묘묘渺渺는 아주 보잘 것 없이 작은 모양을 의미하며 도균陶鈞은 도공이 그릇을 빚는 돌림판이다. 묘는 천억 분의 일을 의미하며 거의 무에 가까운 것을 말한다. 그런 인생이 지으신 분의 손에 잡혀 생명을 얻었다. 묘묘라 고백하면서도 도공의 손에 잡혀 있음을 선언하는 이 무한한 간격 안에서의 하나 됨이 하느님과 우리 사이에 있다. 체도體道는 궁행정도躬行正道 즉 진리를 몸소 실행하여 몸으로 체득하는 것을 의미한다.

78절의 함영일신涵泳日新에서 함영涵泳은 더욱 깊이 체험하고 깨달아가는 것을 뜻하고 일신日新은 날마다 새로워지는 것을 의미한다. 자신의 덕성을 잘 기르는 것을 함양涵養이라 하는데 함양 혹은 함영이라 함은 유교적 공부가 제 몸에 배이고 젖어들도록 힘쓴 것임을 뜻한다. 젖어드는 공부라 함은 그저 지식의 전달을 의미하는 것이 아니다. 몸으로 살아내는 귀한 스승의 삶을 통해 몸에 배인 것이 자연스레 흘러나오는 것으로 이를 믿음의 언어

로는 충만이라 한다. 배우는 이를 자연스레 적시는 것이다. 그래서 젖어 헤엄치는 것涵泳(함영)이며 배어드는 것習(습)이며 적셔져 길러지는 것涵養(함양)이라 하겠다. 그 어느 것 하나 은혜 아닌 것이 없다. 제 힘으로 배우거나 새로워졌다고 우길만한 것이 어디 있겠는가?

70절과 78절에 주의 도를 즐거워한다고 하였다. 거듭 말하지만 낙은 우러나오는 기쁨과 즐거움이다. 그 누가 앗아갈 수 없으며 솟구치는 것인지라 외적인 상황으로 인해 사라질 수 없는 것이다. 그랬기에 옛 사람들은 안빈낙도安貧樂道라 하였다.

80절의 영명令名은 아름답고 명예가 있음을 뜻한다. 이 땅에서 한 생을 살면서 먼지로 돌아가지 않고 주께서 베푸신 선한 은총 안에 머문다는 것 자체가 영명이다.

11. 為善有恆 위선유항(선을 행함에 한결같도록)

81 吾魂盼主 惄如調飢　82 望眼欲穿 嗣音何遲?
오 혼 반 주　역 여 조 기　　망 안 욕 천　사 음 하 지?

83 肌削色奪 如煙薰皮　造次顛沛 守道不移
기 삭 색 탈　여 연 훈 피　조 차 전 패　수 도 불 이

84 吾生在世 復能幾時?　豈其懲惡 渺茫無期?
오 생 재 세　부 능 기 시?　기 기 징 악　묘 망 무 기?

85 驕人設網 我跡是窺　心懷叵測 目無明規
교 인 설 망　아 적 시 규　심 회 파 측　목 무 명 규

86 主不見佑 我將何依?　87 雖在泥塗 未棄禮儀
주 불 견 우　아 장 하 의?　수 재 니 도　미 기 예 의

88 祈賜康寧 昭爾仁慈　俾我守誡 終身不回
기 사 강 녕　소 이 인 자　비 아 수 계　종 신 불 회

글자풀이

• 恒(항) 늘 변하지 않다	• 削(삭) 깎다
• 盼(반) 바라보다	• 奪(탈) 빼앗다
• 惄(녁) 허전하다	• 煙(연) 그을음
• 調飢(조기= 朝飢) 굶주림	• 薰(훈) 향내
• 穿(천) 뚫고 나오다	• 茫(망) 아득하다
• 嗣(사) 잇다	• 窺(규) 엿보다
• 遲(지) 더디다	• 叵(파) 어렵다
• 肌(기) 피부	• 塗(도) 진흙

옮김

81 제 영혼 오로지 주님만 바라다 기다림에 점점 지쳐가나이다 82 기다리다 지쳐 눈 빠질 지경인데 기다리는 소식은 오지를 않네 83 살가죽과 얼굴색 파리해져서 연기에 그을린 가죽처럼 되었고 숨 끊어질 지경에 이르렀으나 그래도 당신 말씀 떠날 수 없습니다 84 악인 향한 징계는 아득한 것 같은데 저에게 남은 생은 그 얼마나 될려는지… 85 교만한 저들 그물 던져 제 발걸음 엿보니 저들의 속마음 알 수도 없고 저들 눈엔 뵈는 것 또한 없습니다 86 주께서 아니 도우신다면 제가 무엇을 의지하겠습니까? 87 진흙탕에 빠져 헤매지만 그럼에도 주의 법도 버릴 수 없사오니 88 주의 자애 밝히셔서 저를 살려주소서 종신토록 주의 계명 지키며 당신을 떠나지 않으리이다

해설

위선유항爲善有恒은 선을 행함에 한결같아야 한다는 말이다. 시인은 어려움의 한가운데에 처해 있다. 응답 없는 주님으로 인해 허탈하고調飢(조기) 위기

는 지척에 있으며造次(조차) 악인에게 있어야 할 징계는 아득해 보이며渺茫(묘망) 수렁에 빠져泥塗(니도) 헤어나올 수 없다. 이러한데도 시인은 주님을 신뢰하며守道不移(수도불이) 진리를 버리지 않는다.未棄禮儀(미기예의) 끝내 포기할 수 없는 바가 있으니 진리의 길은 이같은 항상성恒常性이다.

이 단락의 제목은 『논어』「술이述而」편에서 끌어왔다. 공자 이르길 '내가 성인聖人을 만나 볼 수 없지만 군자君子를 만나면 그것으로 좋다. 이어 말씀하시길 내가 선인善人을 만나 볼 수는 없으나 항성恒性있는 사람을 만나 보면 그것으로 좋다.'善人吾不得而見之矣 得見有恒者 斯可矣(선인오부득이견지의 득견유항자 사가의) '없는데도 있는 체하고, 텅 비었는데도 가득 찬 체하며 구차스러우면서도 부유한 체하니, 항성恒性있기가 어렵다'亡而爲有 虛而爲盈 約而爲泰 難乎有恒矣(망이위유 허이위영 약이위태 난호유항의)고 하였다.

81절의 역여조기惄如調飢는 『시경』「주남周南」「여분汝墳」에 '그리운 님 못 뵈오니 굶주린 듯 허전하네'未見君子 惄如調飢(미견군자 녁여조기)라는 구절이 있다.

같은 절의 사음嗣音은 『시경』「정풍鄭風」「자금子衿」에 나오는데 '내가 비록 아니 찾아간다고 해서 님께서는 어찌 소식조차 없으신가!'縱我不往 子寧不嗣音(종아불왕 자녕불사음!) 하며 탄식한다. 소식을 전한다는 의미이다.

83절의 조차전패造次 顚沛는 『논어』「이인里仁」편에 '군자는 한식경도 인을 떠나서는 안 된다. 갑작스러운 때라도 인을 떠나지 말아야 하며 좌절하여 쓰러질 때에도 반드시 인을 지켜야 한다'君子無終食之間違仁 造次必於是 顚沛必於是(군자무종식지한위인 조차필어시 전패필어시)고 하였다.

84절의 부능기시復能幾時는 두보의 시「증위팔처사贈衛八處士」에 '젊은 날은 그 얼마나 되리오! 귀밑머리 벌써 희끗해졌네'少壯能幾時! 鬢髮各已蒼!(소장능기시! 빈발각이창)라는 구절이 나온다. 같은 절의 묘망渺茫은 아득하다는 의미이다. 백거이의「장한가長恨歌」에 '한 번 이별하니 그 목소리 그 얼굴 아득히 멀어지네'一別音容兩渺茫(일별음용량묘망)라고 노래한다.

85절의 심회파측心懷叵測은 도저히 마음을 헤아릴 수 없음을 뜻하는 성어

成語인데 주로 악함이 가득 담겨있음을 의미한다. 나관중의 『삼국지연의』에 '조조는 도무지 속을 알 수 없는 사람이라 숙부가 간다 할지라도 해를 입을까 두려워하였다'曹操心懷叵測 叔父若往 恐遭其害(조조심회파측 숙부양왕 공조기해)는 구절이 있다.

87절에서 오경웅은 주님의 법도를 예의禮儀로 번역한다. 예의는 형식 이전에 형식을 우러나오게 하는 마음가짐이기에 진리가 외적으로 드러난 바이다.

12. 至誠不息지성불식(진리는 영원하여라)

89 帝德罔愆 終古乾乾
제덕망건 종고건건

90 至誠不息 仁育無邊 締造大地 大地彌堅
지성불식 인육무변 체조대지 대지미견

91 綱常不變 維繫乾坤 普天率土 莫非爾臣
강상불변 유계건곤 보천솔토 막비이신

92 須臾離道 何以自存? 93 道爲活泉 賴此以生
수유리도 하이자존? 도위활천 뇌차이생

94 旣爲爾僕 當蒙救恩
기위이복 당몽구은

95 洶洶群小 欲害吾身 我惟學道 彼徒悻悻
흉흉군소 욕해오신 아유학도 피도행행

96 萬物有涯 大道無垠
만물유애 대도무은

글자풀이

- **罔**(망) 없다, 그물
- **愆**(건) 죄
- **繫**(계) 매달다
- **悻**(행) 화내다
- **涯**(애) 끝
- **垠**(은) 끝

옮김

89하느님 크신 덕은 완전하시니 한결같으시며 영원하셔라 90주님 말씀 영
원하며 그 자비 가없어라 땅을 지으시니 대지 더욱 굳건하네 91주의 법도
영원하니 하늘과 땅이 자리 잡고 주님 세상 다스리니 만물이 주의 종복이
라 92뉘 있어 주의 법을 떠나 목숨 부지할 수 있으랴? 93주의 법이 생명
샘되니 그 말씀으로 살 수 있도다 94저 이미 주의 소유 되었사오니 마땅히
구원의 은혜 입게 하소서 95악한 무리 일어나 이 몸 해하려 들고 주의 말
씀 따르려는 제게 분노하지만 96세상 만물 모두 끝이 있으나 주님 말씀 한
없으며 영원합니다

해설

제목 지성불식至誠不息은 『중용』에 나오는 말로 '지극한 진리는 쉼이 없으니 이미 헛되고 거짓됨이 없으며 잠시의 끊어짐도 없다'至誠無息 旣無虛假 自無間斷(지성무식 기무허가 자무간단)고 하였다. 여기서는 주님 말씀의 영원함으로 번역하였다.

노자 또한 같은 말을 한다. '도의 작용은 현묘하여서 끊이지 않고 계속 이어지니 그 작용은 지치지 않는다'綿綿若存 用之不勤(면면약존 용지불근)라고 하였다.

히브리 시편 또한 하느님 말씀이 하늘과 땅을 든든케 하는 근원이라 하였는데 동양적 사유에 있어서도 진리는 천지의 근간이다. 동서와 고금에 다름이 없다.

89절의 종고건건終古乾乾은 『주역』「건괘乾卦」 문언에 나오는 것으로 '하루 종일 삼가 조심히 섬기되 자강불식하니 일월과 함께 운행하여 영원하다'終

日乾乾 與時偕行(종일건건 여시해행)고 하였다.(91절의 강상綱常은 51절의 해설을 참조하라.)

강상綱常은 유교적 사유에 있어서 영원히 변치 않는 도리이다. 송의 주밀은 '예나 지금이나 도저히 없어질 수 없는 이치가 있으니 그것이 무엇인가? 그것이 바로 강상의 도이다'古今有不可亡之理 理者何? 綱常是也(고금유불가망지리 이자하 강상시야)라고 말했다.

92절의 수유리도須庾離道는 『중용』의 첫 장에 나오는 말로 '진리라고 하는 것은 잠시 잠깐도 떨어질 수 없으니 떨어지면 도라고 할 수 없다'道也者 不可須臾離也 可離 非道也(도야자 불가수유리야 가리 비도야)고 하였다.

95절이 재미있다. 오경웅은 그저 자신은 주님의 진리를 배우고자 할 뿐인데 악인들은 그에게 화를 낸다고 묘사한다. 까닭 없어 보이나 이 땅에서 진리에 대한 관심과 사랑이 악인들에게 분노를 자아낸다. 저들의 모습을 비추는 거울이 되기 때문이겠다. 그래서 예수님도 당신으로 인해 모욕을 당하고 터무니없는 말로 갖은 비난을 받으면 기뻐하라고 하셨나 보다.

13. 涵咀義理 함저의리(진리를 음미하고 체득하다)

97 我愛玉律 吟味終日
아애옥률 음미종일

98 身體聖誡 令我明哲 微妙玄通 遠勝諸敵
신체성계 영아명철 미묘현통 원승제적

99 會心大道 名師擊節
회심대도 명사격절

100 遵行宏範 智邁父執
준행굉범 지매부집

101 棄邪從正 孜孜兀兀
기사종정 자자올올

102 主之心傳 寧容有忒
주지심전 영용유특

103 聖言有味 甘於芳蜜
성언유미 감어방밀

104 正惟好善 疾彼邪僻
정유호선 질피사벽

글자풀이

- 涵(함) 젖다, 잠기다
- 咀(저) 씹어서 맛을 보다
- 哲(철) 사리에 밝다
- 擊(격) 치다
- 節(절) 단락
- 宏(굉) 넓다
- 邁(매) 뛰어넘다
- 孜(자) 힘쓰다
- 兀(올) 우뚝하다
- 僻(벽) 치우치다

옮김

97주의 말씀 사랑하여 온 종일 되새기네 98주의 계명 행함으로 명철하게 하셔서 원수들 보다 저를 슬기롭게 하십니다 99주의 진리 깨달으니 귀한 스승님들 무릎을 치고 100참된 말씀 따르니 노년의 지혜 앞서게 됩니다 101부지런하고도 꿋꿋한 자세로 바른 길 걸으며 삿된 것 버리니 102주께서 주신 말씀 어찌 허물 있으랴! 103거룩한 그 말씀 꿀보다도 달아라 104오롯이 선善을 기꺼워하며 거짓되고 편벽한 것 미워합니다.

해설

의리義理, 중국 유학의 역사 가운데 북송 이후 신유학자들은 자신들의 학문을 의리지학義理之學이라고 하였다. 본래 의리는 합당한 이치와 도덕행위의 준칙 정도로 여겼으나 성리학 이후 경전을 통한 진리 탐구 자체를 의리라 하였다. 오경웅은 이 번역에서 의리를 주님의 말씀 혹 진리로 받아들이고 있다.

함저涵咀, 본래는 아주 잘도록 씹어 맛을 우려먹는 것을 뜻하나 전轉하여 깊이 음미하여 체득함을 뜻하게 되었다. 육구몽의 글 「복우생론문서復友生論

文書」에 '늘 바른 도리를 깊이 곰삭여 음미하길 해 질 녘까지 홀로 앉아 그리하였다'每涵咀義味 獨坐日昃(매함저의미 독좌일측)라는 내용이 있다.

말씀에 젖어드는 것涵(함)은 은총으로 인함이며 그 말씀을 되새김질하는 것咀(저)은 은혜 받은 이의 다함없는 정성이다. 여기에 수동과 능동이 어우러지고 하느님 은총과 감격하는 이의 응답이 조화를 이룬다. 묵상기도를 반추反芻, 되새김질에 비유하는데 저咀 또한 그 의미와 같다.

제목을 그리하여서인가? 이 단락에는 주님의 말씀에 대한 맛을 묘사하는 단어들이 여럿이다. 맛을 본 이들은 어떻게 하든지 그 맛을 전하고자 한다. 어려운 줄 뻔히 알면서도 말이다.

98절의 미묘현통微妙玄通은 『도덕경』에 '옛적에 훌륭한 선비들은 미묘현통하여 그 깊이를 알 수 없었다'古之善爲士者 微妙玄通 深不可識(고지선위사자 미묘현통심불가식)고 하였다.

99절의 격절擊節은 박자를 맞춘다는 뜻이나 격절탄상擊節嘆賞이라 하여 무릎을 치면서 탄복하여 칭찬한다는 의미이다.

100절의 부집父執은 부집존장父執尊長의 준말로, 아버지의 친구로 아버지 연배의 어른을 높여 이르는 말이다. 101절의 자자올올孜孜兀兀에서 자자孜孜는 부지런하고 근면함을 의미하고 올올兀兀은 그에 더하여 더욱 한결같아 벗어남 없이 노력함을 의미하고 있다.

102절의 심전心傳은 선종 불교에서 스승으로부터 제자에게 전달되는 문자에 의존하지 않고不立文字(불립문자) 마음에서 마음으로 이어지는心心相印(심심상인) 불법의 요체이며 유교적 의미로는 『서경』에서 순 임금이 우에게 전한 천심과 도심에 대한 가르침人心惟危 道心惟微 惟精惟一 允執厥中(인심유위 도심유미 유정유일 윤집궐중)이다. 오경웅은 주님의 말씀을 이에 비유하여 진리의 요체임을 전하고 있다.

14. 黑夜明燈 흑야명등(진리는 나의 빛)

105 妙哉聖道! 為我靈燈　雖行闇地 亦見光明
묘 재 성 도! 위 아 령 등　수 행 암 지 역 견 광 명

106 永矢勿諼 堅守良箴　107 橫逆頻加 求主保身
영 시 물 훤 견 수 량 잠　횡 역 빈 가 구 주 보 신

108 自頂至踵 歸功恩神　109 朝不保夕 未忘諄諄
자 정 지 종 귀 공 은 신　조 불 보 석 미 망 순 순

110 惡人設穽 我惟懷刑　111 仁宅義路 惟吾德馨
악 인 설 정 아 유 회 형　인 택 의 로 유 오 덕 형

112 傾心於道 持之以恆　始末不渝 以慰平生
경 심 어 도 지 지 이 항　시 말 불 투 이 위 평 생

글자풀이

- **闇**(암) 어둡다
- **矢**(시) 맹세, 화살
- **諼**(훤) 거짓을 말하다
- **頂**(정) 정수리
- **踵**(종) 발꿈치
- **穽**(정) 함정
- **馨**(형) 향기가 나다
- **持**(지) 지키다
- **渝**(투) 달라지다

옮김

105 오묘하구나 주님의 말씀! 제 인생 길의 등불이오며 어둠 속에서 빛이 되시니 106 영원히 아니 잊기로 맹세를 하고 생명의 말씀 힘써 지키네 107 무도한 무리들 제게 괴롬 더하오니 주여 이 내 몸을 지켜주소서 108 머리부터 발끝까지 저의 저됨은 오직 주님의 은총이어라 109 위기와 어려움에 처할지라도 마음속 깊이 말씀 간직하며 결코 잊지 않고 곡진히 새기리이다 110 악한 자 함정을 팔지라도 저는 주를 공경하며 주의 법 따르리니 111 인

에 거하고 의의 길을 걸음으로 저에게 덕의 향기 풍겨납니다 **112**마음은 애
오라지 주의 법에 기운지라 변함없는 이 믿음이 생의 위로입니다

해설

제목이 흑야명등黑夜明燈이다. 요즈음에야 칠흑 같은 어둠을 경험할 수가 없으니 빛을 갈구함이 간절할 이유가 없다. 세상의 하 많은 지침들과 계발서들이 자기주장을 소리 높이니 진리의 말씀과 빛이 그리 간절하게 느껴지지도 않게 되고 말았다. 빛이 우선이 아니라 흑야가 우선이며 스스로가 캄캄함 속에 갇혀 있음을 보아야 한다. 깜깜한 밤임을 스스로 알 때에야 빛을 그리워한다. 칠흑 같은 밤은 작은 빛조차도 정녕 반갑고 환하게 다가온다.

106절의 영시물훤永矢勿諼은 『시경』 「위풍衛風」 「고반考槃」에 나오는데 '홀로 자고 홀로 일어나며 혼자 말 하네, 이 즐거움 영원히 잊지를 말자꾸나'獨寐寤言 永矢弗諼(독매오언 영시불훤)라고 읊는다. 세상을 등진 현자賢者가 자신의 맹세를 영원히 지킬 것을 다짐하는 내용이다. 여기서 시矢는 맹세를 뜻한다.

107절의 빈가顰加는 백안빈가白眼顰加의 줄임말로 계속 무시하는 태도로 깔보는 것을 뜻한다.

108절의 자정지종自頂至踵은 머리에서 발끝까지, 전부를 뜻한다. 109절의 조불보석朝不保夕은 『좌전左傳』 「소공昭公」에 나오는 말로 아침에조차 저녁이 되면 무슨 변화가 있을지 모른다는 뜻으로 그만큼 상황이 위급하고 어렵다는 의미이다.

110절의 회형懷刑은 『논어』 「이인里仁」 편에 '공자 이르길 군자는 덕을 품으려 하고 소인은 땅에 집착한다. 군자는 법칙을 존중하고 소인은 은혜에 집착한다'子曰 君子懷德 小人懷土 君子懷刑 小人懷惠(자왈 군자회덕 소인회토 군자회형 소인회혜)고 하였다. 주희는 법을 존중하고 두려워하는 마음이라고 주해하였다.

111절의 유오덕형惟吾德馨은 당唐 류우석의 「누실명陋室銘」에 이르기를 '나의 집은 비록 작고 누추하나 나의 인품은 넉넉하고 크다'斯是陋室 惟吾德馨(사시누실 유오덕형)고 하였다.

같은 절의 인택의로仁宅義路는 『맹자』「이루離婁」 상에 '어짐은 사람이 편히 거할 집이며 의로움이란 사람의 올바른 길이다'仁 人之安宅也 義 人之正路也(인 인지안택야 의 인지정로야)라고 하였다. 맹자는 '인의仁義를 행할 수 없다면 자기를 포기한 사람'不能居仁由義 謂之自棄(불능거인유의 위지자기)이라고 하였다.

112절의 시말불투始末不渝는 처음부터 끝까지 한결같이 변치 않음을 의미하고 경심傾心은 마음을 쏟고 앙모함을 의미한다. 같은 절의 지지이항持之以恒은 항구하게 한 마음을 견지하고 계속한다는 뜻의 성어成語로 한결같음을 의미한다.

15. 惟精惟一 유정유일(세밀히 살피고 중심을 붙잡다)

113 二三其德 我所痛疾　吾愛大法 惟精惟一
이삼기덕 아소통질　오애대법 유정유일

114 以主為盾 惟道是悅
이주위순 유도시열

115 傳語群姦 莫近我側　容我安然 順主之則
전어군간 막근아측　용아안연 순주지칙

116 祈主恩佑 莫令望觖　117 祈主扶持 莫令傾蹶
기주은우 막령망결　기주부지 막령경궐

118 無道之人 應遭隕越　我主惟誠 無取詭譎
무도지인 응조운월　아주유성 무취궤휼

119 主棄惡人 猶如糟粕　小子覩此 心悅誠服
주기악인 유여조박　소자도차 심열성복

120 我體戰戰 實畏陰騭
아체전전 실외음즐

글자풀이

- **盾**(순) 방패
- **側**(측) 곁, 옆
- **觖**(결) 서운해 하다
- **蹶**(궐) 넘어지다
- **糟**(조) 지게미
- **粕**(박) 술을 짠 찌꺼기
  糟粕(조박) 술지게미
- **睹**(도) 보다
- **讋**(즐) 섭리
- **戰戰**(전전) 두려워하는 모양

옮김

113두 마음을 품은 이들 미워하오니 저는 주의 진리만을 사랑합니다 **114**주
님 저의 방패시니 말씀만이 저의 기쁨 **115**주의 법을 따름이 저를 안온케
하니 거짓된 이들아 내 가까이 오지 말라 **116**주님 은혜 제게 베풀어주셔서
원망에 빠지지 않게 하시고 **117**저를 붙잡아 주사 넘어지지 않게 하소서 **118**
주의 법을 떠난 자들 넘어지고 말리니 주님 진실하셔서 저들의 궤휼 버리
심이라 **119**주님 악인 버리시니 저들은 술지게미라 미욱한 인생 목도하고
감격하며 엎드리니 **120**이 몸 놀라 떠는 것은 주님 섭리 경외함이라

해설

제목 유정유일惟精惟一의 뜻은 본 편 첫째 단락을 참고하라. 113절의 이삼기덕二三其德은 『시경』「위풍衛風」「맹氓」에 나오는 것으로 '여자들은 안 변해도 남자들은 잘도 변해 사내마음 알 길 없네 이랬다가 저랬다가'女也不爽 士貳其行 士也罔極 二三其德(여야불상 사이기행 사야망극 이삼기덕)라고 노래했다. 뒤바뀌어 알 수 없는 마음을 묘사한 것이다. 오경웅은 인간의 잔꾀와 하느님의 법을 숫자로 비교한다. 이삼기덕二三其德과 유정유일惟精惟一이다. 이랬다저랬다 하는 마

음은 궤휼(118절)에 지나지 않고 결국은 술지게미(119절)처럼 버려진다.

114절에서 히브리 시인은 주님께서는 피신처요 방패라고 하는데 오경웅은 기쁨悅이라 하였다. 열悅은 기쁨과 즐거움喜悅(희열)을 뜻하지만 한 걸음 더 나아가 기쁨으로 온전히 따른다는 뜻을 지니고 있다. 즉 열悅은 복服, 엎드림으로 이어진다.

119절에서 시인은 하느님의 역사를 목도하며 기뻐 엎드리고 순종한다. 맹자는 '마음 중심에 기뻐 정성스레 순복한다'中心悅而誠服(중심열이성복)고 하였다. 116절의 망결望觖은 결망觖望의 도치이다. 불만으로 인하여 원망하고 끝내 원한을 갖는다는 뜻이다.

118절의 아주유성我主惟誠은 주님만이 진실하시다는 뜻이다.(제12수의 지성유천주至誠惟天主의 해설을 참조하라.)

119절의 조박糟粕의 원래 의미는 술을 짜낸 찌꺼기인 술지게미의 뜻으로 쓸모없는 것을 의미한다. 청의 학자 대명세의 「기묘묵권己卯墨卷」 서序라는 글에 '그 정수를 취하고 쓸모없는 것들을 버리고서 붓을 들어 글을 지으니 막힘없이 써내려가게 되었다'得其精華而去其糟粕 擧筆爲文 洒洒自遠(득기정화이거기조박 거필위문 쇄쇄자원)고 했다.

120절의 전전戰戰은 전전긍긍戰戰兢兢의 줄임말이다. 긍긍兢兢은 삼가 조심하는 모양이며 전전戰戰은 두려워 떠는 모양을 뜻한다.

16. 克己復禮 극기복례(자기를 이겨 진리로 돌아감)

121 鑒我忠愨 莫令受虐　**122** 驕人罔極 祈保爾僕
감아충각 막령수학　교인망극 기보이복

123 望眼欲穿 盼爾救贖　惟爾聖言 為我正鵠
망안욕천 반이구속　유이성언 위아정곡

124 祈賜小子 寵恩優渥　教我以禮 用以自縮
기사소자 총은우악　교아이례 용이자축

125 示我大法 涵泳純熟
시 아 대 법 함 영 순 숙

126 群凶橫行 我主其興 127 吾心愛道 勝於黃金
군 흉 횡 행 아 주 기 흥 오 심 애 도 승 어 황 금

128 金科玉律 靡有不純 覩彼無道 孰能無瞋?
금 과 옥 률 미 유 불 순 도 피 무 도 숙 능 무 진?

글자풀이

- 慤(각) 성실하다
- 穿(천) 뚫다
- 盼(반) 바라보다
- 鵠(곡) 과녁
- 渥(악) 마음 씀씀이가 두텁다
- 縮(축) 올바르다, 줄이다
- 純(순) 순수하다
- 熟(숙) 잘 익다
- 瞋(진) 성내다, 눈을 부릅뜨다

옮김

121 주님 향한 저의 신실함을 보시고 학대와 굴욕 당치 않게 하소서 122 교
만한 자들의 간교함 한 없사오니 저들에게서 당신 종을 지켜주소서 123 주
의 거룩한 말씀만이 저의 살 길이기에 눈 빠져라 주의 구원 기다립니다 124
주님 제게 도타운 당신 은총 주시고 바른 법도 가르치사 올곧게 하소서 125
당신의 진리를 가르치소서 거기에 젖어들어 온전해지리이다 126 악한 무리
주의 법도 흐트러뜨리오니 주께서 일어나실 때이옵니다 127 저는 주님 말
씀 사랑하오니 황금보다 그 말씀 값지옵니다 128 귀하고 거룩한 주의 말씀
은 거짓 섞이지 않은 순결이오니 주님 말씀 저버린 자들에게 누군들 화내
지 않겠습니까?

이 단락의 제목은 극기복례克己復禮로 『논어』「안연顔淵」 편에 나온다. 제자 안연이 인仁이 무엇인가를 묻자 공자 대답하길 '자기를 바로잡아 예로 돌아가는 것을 인이라 한다. 하루 내 몸을 바로 잡아서 예로 돌아가면 천하가 인으로 돌아갈 것이라'克己復禮爲仁 一日克己復禮 天下歸仁(극기복례위인 일일극기복례 천하귀인)고 하였다.

자기를 바로잡는다 함은 일개인의 정正으로 끝나지 않는다. 그는 주위를 그의 정正으로 물들이고 선한 영향을 미친다. 그렇지 않을 수가 없다. 예수께서 하늘 아버지와 온전한 관계를 맺으시고서 역사에서는 그분을 따르고 그분을 닮으려는 이들이 계속 생겨나게 되었다. 이 역시 극기복례이다.

121절의 충각忠慤은 충성스럽고 성실함을 뜻한다. 123절의 정곡正鵠은 정확한 목표를 뜻한다. 원래 과녁의 중앙을 의미한다. 『예기』「중용」에 공자 이르길 '활쏘기는 군자와 같다. 잘못하였을 때 다른 핑계를 찾지 않고 자신을 돌아보아야 하는 것'射有似乎君子 失諸正鵠反求諸己身(사유사호군자 실제정곡반구제기신)이라고 하였다.

같은 절의 망안욕천望眼欲穿은 백거이의 시 「강루야음원구율시江樓夜吟元九律詩」에 '좋은 시 지으려다 흰머리 되었으나 그래도 눈빠져라 (좋은 시 짓길) 바란다오'白頭吟處變 青眼望中穿(백두음처변 청안망중천)라고 노래하였다. 간절한 바람과 기다림을 묘사하는 것이다

124절의 자축自縮은 스스로 돌아보아 옳다 여긴다는 자반이축自反而縮의 줄임말이다. 『맹자』「공손추公孫丑」 상에 '스스로 반성하여 곧지 못하면 헐렁한 무명옷을 입은 사람에게라도 어찌 두려워하지 않겠는가 그러나 스스로 반성하여 곧으면 비록 천만의 사람이 대적하더라도 나는 갈 것이라'自反而不縮 雖褐寬博 吾不惴焉 自反而縮 雖千萬人 吾往矣(자반이불축 수갈관박 오불췌언 자반이축 수천만인 오왕의) 하였다.

125절의 함영涵泳은 깊이 젖어드는 것이다. 한유의 글 「체협의禘祫議」에 '임금님의 명철함을 만나 제가 한없는 은혜를 입었습니다'臣生遭聖明 涵泳恩澤(신생조성명 함영은택)라고 하였다. 같은 절의 순숙純熟은 기교와 능력이 깊어져 그에 대한 이해가 온전해지는 것을 의미한다.

17. 閑邪存誠한사존성(거짓을 막고 참을 간직함)

129 聖謨奇妙 中心所寶 反覆玩味 漸得其奧
성모기묘 중심소보 반복완미 점득기오

130 振聵發矇 童蒙悟道 131 如飢如渴 慕爾大誥
진외발몽 동몽오도 여기여갈 모이대고

132 盍一顧盼 加以矜憐? 俾我承恩 廁身群賢
합일고반 가이긍련? 비아승은 측신군현

133 根深柢固 信道彌堅 莫使謬種 長我心田
근심저고 신도미견 막사류종 장아심전

134 惡人相逼 求主矜全 135 俾我守法 恒承歡顏
악인상핍 구주긍전 비아수법 항승환안

136 群小背主 我為泫然
군소배주 아위현연

글자풀이

- 閑(한) 막다
- 玩(완) 가지고 놀다
- 奧(오) 깊은, 안
- 振(진) 울리다.
- 聵(외) 배냇귀머거리
- 矇(몽) 청맹과니
- 誥(고) 가르치다
- 廁(측) 기울다, 섞이다.
- 柢(저) 뿌리, 근본
- 謬(류) 그릇된
- 泫(현) 눈물 흘리다

옮김

129거룩한 그 섭리 기묘하시니 제 인생 더욱 더 귀히 여깁니다 거듭거듭
그 맛 들이노라면 오묘한 뜻 점점 더 깊어집니다 130우둔한 이도 깨닫게
하시고 어린아이라도 능히 깨우쳐주시니 131진리에 주리고 목마르오니 주
님의 깨우쳐주심 갈망합니다 132주님 어찌 아니 돌아보시고 긍휼 베풀지 않
으십니까? 거룩한 은혜 덧입게 하시고 슬기로운 무리에 들게 하소서 133주
의 법에 뿌리 더욱 깊이 내리고 진리 향한 걸음 더욱 굳건해져서 삿된 가르
침일랑 이 마음 밭에 영원히 심겨지지 않게 하소서 134악인들 저를 핍박하
오니 불쌍히 여기사 구원하소서 135저는 주의 법을 지켜 주님 얼굴 뵈오리
라 136주님을 배반한 무리들로 인하여 제게는 슬픈 눈물 한없이 흐릅니다

해설

이 단락의 제목은 한사존성閑邪存誠이다. 『주역』의 「건괘乾卦」에 대한 문언전의 풀이에 나오는 글이다. '사특한 생각을 막고 언제나 진실한 세계를 살아간다. 좋은 세상을 만나도 자기를 내세우지 않고 덕을 널리 펴서 사람들을 감화시킨다'閑邪存其誠 善世而不伐 德博而化(한사존기성 선세이불벌 덕박이화)고 하였다. 거짓되거나 사특한 생각의 시작부터 잘 막는 것이 존성存誠이자 성의誠意이다.

삿된 생각을 막는 것과 진실된 것을 지키는 것이 둘이 아니다. 많은 이들이 밝은 곳에서는 진실을 지키는 듯하고 아무도 보지 않는 곳에서는 삿된 생각을 막지 않는다. 그러니 점차 둘로 나뉜다. 위선이 생겨나고 후에는 저 스스로도 자신을 통제할 수 없다. 그래서 옛날에 공부하는 이들은 신독愼獨, 홀로 있는 때에 더욱 삼가고 근심한다 하였다.

시인은 자신을 지키는 방법을 일러준다. 어리석은 이조차도 깨우쳐주시

는 생명의 말씀이니 거듭거듭 맛보아玩味(완미) 점점 더 깨달으며奧義(오의), 정녕 목마른飢渴(기갈)이가 되라고 권한다. 뿌리 깊이 내리고根深(근심) 가라지謬種(류종)는 아예 심을 생각도 말라고 권한다. 그리고 진리를 저버린 이를 기억하며 울라泫然(현연)고 일러준다.

129절의 완미玩味는 거듭 맛보고 즐기는 것을 뜻한다. 완玩은 예쁜 옥구슬을 손안에서 갖고 노는 것으로 지속적인 즐거움을 담고 있다. 130절의 진외발몽振聵發矇은 귀청이 울릴 정도로 크게 말하여 귀머거리라도 크게 각성시키고 청맹과니조차도 깨우치게 한다는 의미이다. 132절의 고반顧盼은 돌아본다는 의미와 함께 돌본다는 뜻도 지니고 있다.

133절의 근심저고根深柢固는 『한비자韓非子』 「해로解老」 편에 나오는 말이다. '뿌리 깊이 내리면 잘 자라고 오래 간다'柢固則生長 根深則視久(저고즉생장 근심즉시구)고 하였다.

134절의 긍전矜全은 안타까이 여겨 도움을 준다는 뜻이다. 136절의 현연泫然은 안타까움으로 눈물이 흐르는 모양을 의미한다. 『예기』 「단궁檀弓」에 '공자가 슬피 울며 눈물 흘리며 말하길 그 무덤을 돌보지 않은지 오래 되었다고 내가 들었노라'孔子泫然流涕曰 吾聞之 古不修墓(공자현연류체왈 오문지 고불수묘)고 하였다.

18. 居仁由義 거인유의(인에 거하고 의에 따르다)

137 正直惟主 睿斷公平
정직유주 예단공평

138 主之所命 惟義與仁
주지소명 유의여인

139 群小叛道 我心如焚
군소반도 아심여분

140 聖誡純潔 可以怡神
성계순결 가이이신

141 雖在危厄 未忘天經
수재위액 미망천경

142 爾義不匱 爾法惟真
이의불궤 이법유진

143 雖遭百罹 典章是欣
수조백리 전장시흔

144 帝德罔愆 順之則生
제덕망건 순지즉생

글자풀이

• **由**(유) 말미암다	• **叛**(반) 배반하다
• **睿**(예) 슬기롭다	• **焚**(분) 불사르다
• **斷**(단) 판단하다, 끊다	• **罹**(리) (근심, 재앙)에 걸리다

옮김

137 주님 당신은 올바르시며 슬기로운 판단은 공평하시니 **138** 당신이 명하신
바 오로지 사랑과 올바름입니다 **139** 제 마음이 불같이 타오름은 원수들이
당신 말씀 저버렸기 때문이니 **140** 거룩한 계명 지극히 순결하여 그 말씀 제
삶을 치유합니다 **141** 저 비록 곤경에 처하였으나 당신이 주신 말씀 잊지 않
사오니 **142** 주의 의로우심은 다함이 없고 주의 법은 참되기 때문입니다. **143**
수없는 어려움을 만나더라도 말씀만이 제게 기쁨인지라 **144** 하느님의 크신
사랑 완전하옵고 그 말씀 따른 즉 살 것입니다.

해설

제목이 거인유의居仁由義이다. 『맹자』「진심盡心」상에 나오는 말로 어디에 거하여야 하며 어떤 길을 걸을 것인가? '인仁에 거하며 의義의 길을 걸어야 한다. 그러면 참 사람의 일은 갖추어지는 것'居仁由義 大人之事備矣(거인유의 대인지사비의)이다.

육유의 글 「노학암필기老學庵筆記」에도 '인에 거하고 의로 살아가는 것이 내 본 바탕이니 하늘 뜻에 따라 거하고 시절 따라 편안하니 이치는 절로 드러난다'居仁由義吾之素 處順安時理則然(거인유의오지소 처순안시리즉연)고 하였다.

안으로는 인의 마음을 품고 행함에 있어서는 의를 따른다. 도무지 걱정

하고 두려워할 것이 없다. 믿음의 눈으로 보면 하느님께서 공평정직하시니 우리의 걸음 또한 의로워야 하며 그분이 사랑이시니 그 안에 거하는 것은 인에 머무는 것이다. 그래야 하늘 아버지를 닮는 인생이 된다. 그렇지 못하면 불초不肖 아버지를 닮지 못한 몹쓸 인생일 뿐이다.

139절의 심여분心如焚은 심여화분心如火焚의 줄임말이다. 마음이 불에 타듯 급박하여 초조함을 이른다.

140절의 이신怡神은 광심이신曠心怡神의 줄임말로 마음은 넓어지고 그 정신은 유쾌하다는 의미이다.

141절의 천경天經은 천지의 영원한 도, 천지상도天地常道를 뜻한다. 천경지의天經地義 혹은 천경지위天經地緯라고도 한다. 『춘추좌전』에 '예는 위와 아래의 법칙이다. 천지간에 다스려지는 도리와 법'禮 上下之紀 天地之經緯也(예 상하지기 천지기경위야)이라 하였다. 시인은 곤경과 어려움에 처하여서도 주의 말씀을 놓지 않는다. 말씀이 진리이며 그 진리가 흔들리지 않은 굳셈定(정)을 주기 때문이다. 이 정定에서 생명이 생명됨을 누리고 거기에서 기쁨이 우러나온다. 그러니 이 말씀을 놓을 수가 없다.

19. 夙夜無懈 숙야무해(게으르지 않고 정성을 다함)

145 竭聲呼主 祈主見應 我欲發憤 守爾慈訓
갈성호주 기주견응 아욕발분 수이자훈

146 如蒙見救 順命益勤 147 仰望爾道 昧爽而興
여몽견구 순명익근 앙망이도 매상이흥

148 侵更歷夜 永懷德音
침경력야 영회덕음

149 求主垂憐 昭爾慈仁 按爾典章 錫我康寧
구주수련 소이자인 안이전장 사아강녕

150 相彼無道 惟惡是欣
상피무도 유악시흔

151 但望我主 與我為鄰　金科玉律 靡有不純
단 망 아 주　여 아 위 린　금 과 옥 률　미 유 불 순

152 真宰所訂 終古不更
진 재 소 정　종 고 불 갱

글자풀이

- **懈**(해) 게으름을 피우다
- **益**(익) 더하다
- **昧**(매) 동틀 무렵
- **爽**(상) 날이 새다
- **訂**(정) 정하다, 바로 잡다

옮김

145 야훼께 부르짖어 간구하오니 들으시고 응답하소서 주께서 주신 생명의
말씀 지키고자 있는 힘 다하였습니다 146 주님의 구원 덧입게 하소서 당신
계명 더욱 따르리이다 147 새벽에 일어나 주의 도를 우러르며 148 한밤에도
당신 말씀 묵상하리이다 149 저를 가련히 여기사 주의 자비 보이시고 당신
말씀에 비추어 평안을 주소서 150 주님의 법을 거스르는 자들은 오직 죄악
만을 기뻐합니다 151 그저 주께 바라오니 저의 이웃 되어주소서 생명의 말
씀은 진실할 따름입니다 152 진리되신 주께서 세우셨으니 영원토록 변함이
없사옵니다

해설

제목이 숙야무해夙夜無懈이다. 『시경』 「대아大雅」 「증민蒸民」에 나오는 것으로 '현명하고 지혜롭게 처신하여서 자기 한 몸 무사히 보전하고 아침부터 밤

늦도록 정성을 다해 애오라지 한 분을 섬겼네'既明且哲 以保其身 夙夜匪懈 以事一人(기명차철 이보기신 숙야비해 이사일인)라고 노래한다. 중산보라는 사람이 임금을 잘 섬김을 노래한 내용이다. 밤낮 게으름 없이 정성을 다한다는 의미이다.

145절의 발분發憤은 발분망식發憤忘食의 줄임말이다. 공자 스스로 자신을 어떤 사람으로 여기고 있는지를 말한 적이 있는데 '학문에 빠져들면 끼니를 잊고 진리를 기뻐하여 근심을 잊어 늙는 줄도 모르는 사람'이라고 하였다.(32절을 참고하라.)

147절의 매상昧爽은 먼동이 틀 무렵이다. 『공자가어孔子家語』에 '새벽이면 일찍 일어나 그 의관을 바르게 한다'昧爽夙興 正其衣冠(매상숙흥 정기의관)고 하였다.

148절의 침경력야侵更歷夜는 늦은 밤까지도 깨어있는 것을 의미한다. 동해원의 희곡 「서상기제궁조西廂記諸宮調」에 '늦은 밤 뜰에 나가보니 달이 한낮처럼 밝았다'更夜出庭 月色如晝(경야출정 월색여주)고 하였다.

151절의 여아위린與我為鄰은 『논어』 「이인里仁」 편에 '덕이 있는 사람은 결코 외롭지 않다. 반드시 이웃(동지)이 있다'德不孤 必有隣(덕불고 필유린)는 공자의 말을 떠올리게 한다. 시인은 어떻게든지 하느님을 닮아가려는 인생이다. 그분을 닮아감으로써 그 속에 덕이 자라고 하느님께서 기꺼이 그의 벗이 되어 주신다. 152절의 종고불갱終古不更은 89절의 종고건건終古乾乾과 같은 의미이다. 영원토록 변함이 없다는 뜻이다.

20. 本末兼賅본말겸해(본뜻과 행위가 다르지 않다)

153 鑒我阨窮 拔我泥中 未忘爾法 耿耿其忠
감 아 액 궁 발 아 니 중 미 망 이 법 경 경 기 충

154 伸我之屈 贖我之躬 依爾聖道 脫我於凶
신 아 지 굴 속 아 지 궁 의 이 성 도 탈 아 어 흉

155 相彼群逆 不懷大法 自絕於道 不可救藥
상 피 군 역 불 회 대 법 자 절 어 도 불 가 구 약

156 慈悲惟主 吾命所托 祈保小子 依爾之諾
자비유주 오명소탁 기보소자 의이지락

157 吾敵何多? 恣其凌虐 吾乃兢兢 守命彌篤
오적하다? 자기릉학 오내긍긍 수명미독

158 一見群小 令我不樂 目無法紀 背理縱欲
일견군소 영아불락 목무법기 배리종욕

159 我之所愛 惟在聖誡 祈主開恩 予以覆載
아지소애 유재성계 기주개은 여이복재

160 我愛聖法 聖法罔愆 規模弘遠 條理井然
아애성법 성법망건 규모홍원 조리정연

글자풀이

- **賅**(해) 갖추다
- **拔**(발) 빼다
- **耿**(경) 절개를 지키다
- **藥**(약) 약
- **恣**(자) 내키는 대로 하다
- **篤**(독) 독실하다
- **紀**(기) 벼리
- **背**(배) 등지다
- **縱**(종) 내버려두다
- **弘**(홍) 넓다
- **條**(조) 가지
- **井**(정) 우물, 조리가 있다

옮김

153 번뇌 가운데 괴롭사오니 이 몸 구렁에서 건져주소서 주님 말씀 잊지 않고 절절하게 간직합니다 154 억눌린 저를 일으켜주시고 곤고함 가운데서 건져주소서 거룩한 주의 법 의지하오니 악인들에게서 벗어나게 하소서 155 주의 뜻 거역하는 자들 당신의 법 관심 없고 저들 스스로 진리와 멀어지니 구할 도리 없나이다 156 야훼여 자비하시니 이 생명 살리소서 어리석은 인생이나 주님 품에 들게 하소서 157 저의 적이 어찌 이리 많은지요? 방자하게 억압하고 학대하지만 그러나 저는 삼가 깨어서 주의 명령 굳건히 붙잡

습니다 **158**악인들 안중에는 법도라곤 없으며 진리를 뒤집고 욕심만 추구하니 저들을 보노라면 역겨울 뿐입니다 **159**제가 보다듬는 것은 거룩한 계명뿐 주여 은혜 베푸사 저를 감싸주소서 **160**저는 주의 거룩한 법 사랑하오니 주의 법은 조금의 허물도 없으며 그 교훈 지극히 넓고 깊으며 그 이치 조금도 뒤틀림 없습니다

해설

제목이 본말겸해本末兼賅인데 주희의 『논어집주論語集註』에 나온다. 『논어』「술이述而」 편에서 공자 이르길 '도에 뜻을 두며 덕에 바탕을 두며 인에서 떠나지 않고 예를 즐긴다'志於道 據於德 依於仁 游於藝(지어도 거어덕 의어인 유어예)라고 하였는데 주희가 이를 풀이하면서 배움에 있어 진리에 뜻을 두고 덕을 기르며 어짐을 바탕으로 하여 예를 즐기니 그 선후가 바르며 본말이 겸비本末兼賅(본말겸해)되어 있다고 풀이하였다.學者於此 有以不失其先後之序輕重之倫彦 則本末兼賅(학자어차 유이불실기선후지서경중지륜언 즉본말겸해)

유교적 사유에서는 체용구비體用具備 즉 본질과 그 작용이 함께 있음을 의미하기도 한다. 안으로는 흔들리지 않는 참된 이치를 새겼기에 이제 드러나는 상황에 휘둘리지 않으며 중용의 도리를 행할 수 있게 된 것이다. 어찌 자유롭지 않을 수 있을까?

158절의 목무법기目無法紀는 나라의 법률을 안중에도 두지 않고 잘못된 것을 제멋대로 행함을 이르는 성어成語이다. 같은 절의 배리背理는 일반적으로 역천배리逆天背理라는 성어成語로 쓰인다. 하늘의 도를 거스르고 상리를 위배한다는 의미이다. 같은 절의 종욕縱欲은 제 하고픈 대로 내버려둔다는 뜻도 있고 『서경』「태갑太甲」에서 말하는 바 '욕심으로 법도를 어기고 방종함으로 예를 떨어뜨린다'欲敗度 縱敗禮(욕패도 종패례)는 의미를 담고 있기도 하다.

결국은 같은 뜻이다. 159절의 부재覆載는 천부지재天覆地載의 줄임말로 『중용』에 '하늘은 덮어주는 바요 땅은 실어주는 바'天之所覆 地之所載(천지소부 지지소재)라고 하였다.

160절의 조리條理는 말이나 글의 앞뒤가 들어맞고 체계가 있음을 뜻한다. 『맹자』「만장萬章」하에 공자는 때를 아는 성인이라고 설명하면서 이를 음악으로 풀이한 내용이 있다. '악기의 종소리가 울려 퍼지는 것은 시작하는 음률의 맥락이고, 경쇠소리로 거두어들이는 것은 마지막 음률의 맥락이다. 처음의 맥락은 지혜의 일이고 마지막 맥락은 성덕聖德의 일이다'金聲也者 始條理也 玉振之也者 終條理也 始條理者 智之事也 終條理者 聖之事也(금성야자 시조리야 옥진지야자 종조리야 시조리자 지지사야 종조리자 성지사야)라고 하였다. 따라서 조리라 함은 사고와 언어에 질서와 맥락이 있음을 뜻하며 일을 진행함에 바른 순서와 도리가 있음을 의미한다.

21. 和氣愉色 화기유색(말씀에 젖어든 이의 모습)

161 世之權貴 咄咄相逼　吾心所畏 惟主之律
세지권귀 돌돌상핍　오심소외 유주지율

162 樂主之道 勝於財帛　163 深惡邪妄 獨愛正直
낙주지도 승어재백　심오사망 독애정직

164 瞻仰道統 日七其頌
첨앙도통 일칠기송

165 樂道之人 和氣內蘊　有倚何蹶? 有恃無恐
낙도지인 화기내온　유의하궐? 유시무공

166 小子平生 惟望主恩　兢兢業業 聖誡是遵
소자평생 유망주은　긍긍업업 성계시준

167 煌煌法度 怡懌心魂
황황법도 이역심혼

168 守法無懈 懷訓有恆　規行矩步 對越天君
수법무해 회훈유항　규행구보 대월천군

글자풀이

- **咄**(돌) 소리 지르다
- **逼**(핍) 위협하다
- **律**(률) 법
- **帛**(백) 비단
- **妄**(망) 망령되다
- **瞻**(첨) 우러러보다
- **蘊**(온) 간직하다
- **蹶**(궐) 넘어지다
- **矩**(구) 바르다, 곱자
- **越**(월) 넘어가다

옮김

161 권세가들 들썩이며 핍박하지만 저는 오직 주의 법만 경외합니다 **162** 재
물과 비단보다 주님 말씀 즐거워하오니 **163** 삿되고 망령된 것 미워하오며
오직 주의 말씀만을 사랑합니다 **164** 영원한 주님 말씀 우러러보며 하루에도
일곱 번씩 찬양합니다 **165** 야훼의 말씀을 좋아하는 이 얼굴빛 평안하고 마
음 너그러워라 말씀 의지하는데 어찌 넘어지리오? 주님 의뢰하나니 두려
움 없네 **166** 일평생 주의 은총 덧입기 바라며 늘 삼가 조심하며 계명을 준
행하네 **167** 밝게 빛나도다 주님의 법도여 제 영혼 기뻐하며 사랑합니다 **168**
주의 법을 지킴에 게으름 없고 그 말씀 항구히 사랑하오니 주의 법에 따라
행하며 걸으니 주님 모시며 사는 것과 같사옵니다

해설

제목이 화기유색和氣愉色이다. 『예기』 「제의祭義」 편에 '효자에게는 부모님을 깊이 아끼고 사랑하는 마음이 있기에 반드시 온화한 기운을 품으며 이 온화한 기운은 반드시 얼굴에 드러나게 되니 기쁘고 부드러운 기색으로 나타난다. 그렇게 부드러운 기색을 지녔으니 반드시 정숙한 태도를 지니는

것이라'孝子之有深愛者 必有和氣 有和氣者必有愉色 有愉色者必有婉容(효자지유심애자 필유화기 유화기자 필유유색 유유색자 필유완용)고 하였다. 하느님의 말씀에 젖어서 그 말씀의 은총이 드러난 이의 모습을 그린 것으로 읽는다면 과욕일까?

166절의 긍긍업업兢兢業業은 『서경』「고요모皐陶謨」 편에 나오는데 '고요가 우왕에게 편안함과 욕심으로 나라를 다스리지 마시고 조심하고 두려워하소서 하루 이틀 사이에 만 가지 기미가 생기는 것입니다'無敎逸欲有邦 兢兢業業 一日二日 萬幾(무교일욕유방 긍긍업업 일일이일 만기)라고 권하였다.

168절에서 규행구보規行矩步의 규規는 원을 그리는 도구, 구矩는 네모난 모양을 그리는 도구를 뜻한다. 바른 법에 따라 행하는 것을 의미한다. 『안씨가훈』에 '일거수일투족은 반드시 바른 법에 따라 행하고, 얼굴색은 평안하게 하며, 말함에 있어서는 부드러운 기운을 갖추어야 한다. 걸음에 있어서는 엄숙하면서도 바르게 걸어 마치 임금을 알현하는 것과 같아야 한다'規行矩步 安辭定色 鏘鏘翼翼 若朝嚴君焉(규행구보 안사정색 장장익익 약조엄군언)고 하였다.

같은 절의 대월천군對越天君은 『시경』「주송周頌」「청묘淸廟」 편에 대월재천對越在天으로 나온다. 정성스런 제사의 모습을 묘사한 것으로 하늘에 계신 님을 눈앞에 모시듯이 받든다는 뜻이다. 무아 방유룡은 이를 하느님 앞에서 깨어있는 자세라고 하였다.

22. 默識心通 묵식심통(고요한 가운데 말씀을 깨닫다)

169 願我呼籲 上達宸聽　依爾之言 命我明通
원아호유 상달신총　의이지언 명아명통

170 垂納我訴 濟我於窮
수납아소 제아어궁

171 教我脣舌 讚揚仁風
교아순설 찬양인풍

172 默識微言 法度是從
묵식미언 법도시종

173 求主扶佑 渺渺之躬　平生懷德 大道是宗
구주부우 묘묘지궁　평생회덕 대도시종

174 求主垂顧 酬我勤忠
구주수고 수아근충

175 俾藉慈訓 體逸心沖
비자자훈 체일심충

176 我如迷羊 歧途徬徨 祈主導引 歸於牧場
아여미양 기도방황 기주도인 귀어목장

鑒我丹忱 未忘典章
감아단침 미망전장

글자풀이

- **達**(달) 다다르다
- **宸**(신) 대궐
- **納**(납) 받아들이다
- **酬**(수) 보답하다
- **渺**(묘) 매우 작다
- **藉**(자) 돕다
- **沖**(충) 담박하다
- **迷**(미) 길을 잃다
- **岐**(기) 갈림길
- **彷**(방) 어정거리다
- **徨**(황) 어정거리다

옮김

169 모든 것을 아시는 하느님 전에 이 부르짖음 다다르기 원하오니 야훼여 당신 말씀으로 저를 깨우치소서 170 저의 간청 들으셔서 곤고한 인생을 건지소서 171 이 입술로 주의 어지심 찬양하게 가르치시고 172 고요 가운데 오묘한 말씀 깨닫게 하셔서 거룩한 주의 법 따르게 하소서 173 주님 저를 도우소서 어리석고 하찮은 인생이오나 사는 날 동안 주의 사랑 품고서 야훼 말씀 종지宗旨로 삼습니다 174 주님 저의 충심을 돌아보시고 당신 향한 마음에 응답하소서 175 자비로운 말씀으로 위로를 받아 몸과 맘 담백함을 누리게 하소서 176 저는 길 잃은 양과 같으니 갈림길에서 방황합니다 주님 저를 인도하사 목장으로 들이소서 이 마음의 일편단심 살펴주소서 저는 주의 계명 잊지 않습니다

제목이 묵식심통默識心通이다. 침묵 가운데 마음으로 깨달아 앎이다. 『논어』「술이述而」 편에 '묵묵히 침잠하여 옛 것(참된 것)을 알고 그것을 싫증냄 없이 배우며 사람들을 가르치는 일에 게으르지 않는 것, 이것이 곧 나(공자)의 일'默而識之 學而不厭 誨人不倦 何有於我哉(묵이식지 학이불염 회인불권 하유어아재)이라는 글이 나온다.

말씀을 따르는(행하는) 길은 먼저 말씀을 대면하는 것, 말씀 앞에 서는 것에서 비롯된다. 말씀 앞에 머물며 침묵 가운데 기다림이 깊어질 때 그 말씀이 인생에게 말을 걸어오고 그 말씀이 인생을 사로잡지 않겠는가? 그래야 어줍잖은 인간의 인식으로 해석한 말이 아니라 말씀이 되신 그분을 만나는 것이 아니겠는가? 그렇게 말씀이 되신 분께 사로잡혔으니 그 뜻에 순종하지 않겠는가?

169절의 신총宸聰은 황제의 귀에 들어가는 것 혹은 황제의 주의를 끄는 것을 뜻한다. 171절의 인풍仁風은 은혜를 바람에 비유한 것이다. 고대로부터 제왕의 덕정德政을 칭송할 때 사용하였다.

172절의 미언微言은 매우 깊이 있고 오묘한 도리가 있는 말이란 의미로 미묘지언微妙之言의 줄임말로 읽을 수 있다. 또 한편으론 드러나지 않고 숨겨진 말씀이란 의미도 있다. 유흠의 글 「이서양태상박사移書讓太常博士」에서 '유학에서는 공자가 세상을 떠난 이후 미언도 끊어지고 일흔 명의 제자들이 세상 떠난 후 참된 뜻도 어그러졌다'及夫子沒而微言絶 七十子卒而大義乖(급부자몰이미언절 칠십자졸이대의괴)고 하였다.

173절의 묘묘지궁渺渺之躬은 연약하기 그지없는 인생을 뜻한다. 174절의 근충勤忠은 충심근로忠心勤勞의 줄임말이다. 마음을 다해 노력하는 것을 의미한다.

제120수

함께 살 수 없다네 不可與處
불 가 여 처

1 昔日罹危厄 籲主乃見脫
석일리위액 유주내견탈

2 今日復求主 濟我於讒舌
금일부구주 제아어참설

3 讒舌與利口 殺人不見血 主將加何刑 方與厥罪稱?
참설여리구 살인불견혈 주장가하형 방여궐죄칭?

4 利箭集其身 爇炭澆其頂
이전집기신 설탄요기정

5 吾生何不幸! 旅居於昧設 煢煢無所依 長作圻達客
오생하불행! 여거어매설 경경무소의 장작기달객

6 異心而同處 喧嘈增寂寞
이심이동처 훤조증적막

7 和平無所愛 戰爭彼所樂
화평무소애 전쟁피소락

글자풀이

- 籲(유) 부르짖다
- 濟(제) 구제하다
- 刑(형) 벌하다
- 箭(전) 화살
- 爇(설) 불타다
- 炭(탄) 숯
- 澆(요) 얇다. 가깝다
- 旅(려) 나그네
- 煢(경) 외롭다
- 喧(훤) 떠들썩하다
- 嘈(조) 지껄이다
- 增(증) 늘어나다
- 昧設(매설) 메섹의 음역
- 圻達(기달) 게달의 음역

옮김

1 전에 곤경에 빠져 주께 부르짖었을 때 야훼 주님 응답하사 건져주셨네 2
이제 주께 다시 간구하오니 거짓된 혀들에서 구해주소서 3 거짓된 모함과
반지르르한 입 재간 피 흘리지 않고도 사람을 죽입니다 주님 장차 어떤 형
벌로 저들의 죄값 치르시려는지 4 날카로운 화살 그 몸에 쏘아지고 타오르
는 숯불 머리 위에 얹어지리 5 가련쿠나 내 신세여! 메섹땅의 나그네살이
여! 기댈 곳 없는 게달에서 외론 객살이 오래로구나 6 전혀 다른 생각 품고
함께 거하니 그들 소리 높을수록 나 홀로 입다무네 화평을 바라는 맘 아예
없으니 저들이 즐기는 것 전쟁뿐이구나

해설

순례자의 노래가 시작되었다. 이 시편에서 134편까지 열다섯 편이 '순례자의 노래' 또는 '성전에 올라가는 이의 노래'라 불린다. 순례자의 시작은 자발적인 떠남이면서 동시에 어쩔 수 없는 떠남이기도 하다. 거룩한 곳을 향한 열망이 있기에 자발적인 것이라면 도무지 한순간도 머물 수 없는 현실에 대한 깊은 자각이기에 어쩔 수 없는 떠남이기도 하다. 역설적 언어로 자발적 추방이라 할까?

시인에게 하느님의 은총의 기억은 아스라한 과거에 머물고 있다. 현실은 하느님 없이 제 주장들로 넘쳐나고 인간을 악으로 넘어뜨리려는 거짓이 판치는 세상이다. 그러한 인생들이 맞을 결과가 시인의 눈에는 선연히 보인다. 자기가 쏜 화살 제게로 돌아오고 그 머리 바로 위에 뜨거운 숯불 놓여있음은 명약관화한 일이다. 지금은 저들의 죄가 보이고 저들의 핍박이 내게 향하지만 언젠가 그마저 보이지 않고 저들과 한마음 되는 건 아닐

까? 그러고 보니 너무 오래 있었구나! 외로워하면서도 너무 오래 머물렀구나! 이 간격이 보이는 그 순간이 은총의 때요 순례의 시작이다.

오경웅의 번역처럼 이심동처異心同處, 도무지 한마음을 품을 수 없는 주어진 현실을 자각하는 것이 곧 떠날 수밖에 없는 길이 된다. 이심異心은 다른 마음이기도 하지만 반역의 마음으로도 의미를 짚을 수 있다.

오경웅의 번역을 읽으면서 도연명의 「귀거래사歸去來辭」의 구절들과 얽혀 들어간다. '돌아가세 돌아가세 고향으로 돌아가세… 이제껏 존귀한 정신을 천한 육체의 노예로 삼았으니 슬피 탄식해도 서러워할 것이라… 지난 시간의 삶이 잘못되었고 지금 자각한 삶이 옳음을 알았도다.'歸去來兮 歸去來兮… 旣自以心爲形役 奚惆悵而獨悲… 覺今是而昨非(귀거래혜 귀거래혜… 기자이심위형역 해추창이독비… 각금시이작비)

3절의 피 흘리지 않고도 사람을 죽이네殺人不見血(살인불견혈)라는 구절은 나대경羅大經의 「학림옥로鶴林玉露」에 '그 혀 위에는 용천검(보검의 명칭)이 놓여 있어 사람을 죽여도 피 한 방울 흘림이 없다'舌上有龍泉 殺人不見血(설상유룡천 살인불견혈)고 하였다. 그만큼 사람에게 해를 가함이 음험하고 악랄함을 뜻한다.

제121수

자비로우신 주님 慈愛之主

자애지주

1 舉目向青山 悠然望天顏 偉哉造物主! 吾心所仰攀
거목향청산 유연망천안 위재조물주! 오심소앙반

2 有主作金湯 小子復何患? 3 爾立主扶持 足跟誰能移?
유주작금탕 소자부하환? 이립주부지 족근수능이?

4 爾眠主守護 眷爾如嬌兒 佑爾無朝暮 更比慈母慈
이면주수호 권이여교아 우이무조모 갱비자모자

5 慈母有時倦 爾主永不睡 6 朝日不爾害 宵月不爾祟
자모유시권 이주영불수 조일불이해 소월불이수

7 行藏勿離主 出入百無忌 8 靈哉主大德! 慈恩永不匱
행장물리주 출입백무기 영재주대덕! 자은영불궤

글자풀이

- 悠然(유연) 여유로우면서도 마음 깊이 담고 있는 모양
- 攀(반) 붙잡고 오르다
- 仰攀(앙반) 자신보다 지위가 높은 이와 교분을 맺다
- 跟(근) 발꿈치
- 嬌(교) 사랑스럽다
  嬌兒(교아) 사랑스런 아이
- 倦(권) 게으르다
- 睡(수) 잠자다
- 宵(소) 밤중
- 祟(수) 빌미
- 藏(장) 감추다
- 忌(기) 꺼리다, 싫어하다
- 匱(궤) 다하다

옮김

1푸른 산 향해 눈을 돌리나니 주님의 도우심 그리워하노라 만물 지으신
야훼 위대하셔라 내 영혼 우러러 사모하나이다 2주께서 굳건한 요새되시니
어리석은 인생이나 무엇을 근심하랴? 3주께서 든든히 잡아주시니 뉘 있어
네 발걸음 뒤흔들 수 있으랴? 4너 잠들 때조차 야훼 지켜주시니 사랑스런
아이처럼 돌봐주시네 밤낮없이 너를 도우시나니 자애로운 어미보다 더하
시도다 5자애로운 어미라도 때론 지치나 네 하느님 졸지도 아니하시네 6낮
의 해 너를 해치지 못하며 밤의 달도 너에게 시비걸지 못하리라 7나아가든
멈추든 주 함께 하시니 나거나 들거나 아무 꺼림 없으리라 8주님의 크신
덕 신령하여라 자비로운 그 은혜 영원하도다

해설

순례는 이 여정을 시작하게 하시고 그 여정을 주도하시며 끝내 이 길의 목적이 되시는 하느님을 점점 더 깊이 담아내는 과정이다. 길이 바로 그분의 은혜를 체험하는 장이기 때문이다. 길은 순례자의 여정을 생생하게 하는 힘이 있는 바 이 길의 주인이신 야훼와 그분의 은총을 마음에 오롯이 새기지 못한다면 순례자는 이 여정의 주인공이 자신인 양 착각하게 되고 여정의 경험들을 미화하게 된다. 주의할 일이다.

길은 낯설고 낯섦은 두려움을 불러일으킨다. 그 가운데서 우러러 하느님을 찾고 그분의 동행을 청하지 않을 수 없다. 그분 없이는 한 걸음도 내디딜 수 없음을 발견하는 것이 순례의 길이며 그분께서 나보다 더 내게 가까이 계신 분이시며 부르기도 전에 이미 오시는 분이심을 체험하게 된다. 하느님은 순례자의 걸음이 흔들리지 않도록 발을 붙드시는 분, 졸지도 주

무시지도 않으시는 분이시다. 그토록 위험한 한낮의 해와 시린 밤의 달도 결국은 그분의 피조물일 뿐이다. 그리고 우러러 찾던 하느님은 7절에 이르러 순례자와 늘 함께 하시는 분行藏勿離主 出入百無忌(행장물리주 출입백무기)이라고 고백한다.

아울러 오경웅은 이러한 하느님은 자애로운 어머니보다 더 자애로우신 분이라며 개인적 진술을 끼워 넣는다. 오경웅은 그의 자서전『동서의 피안』에서 자신을 길러주신 어머니의 사랑을 묘사하면서 자신의 열병을 스무 날 넘게 간호하다 끝내 그 때문에 세상을 떠나신 어머니의 사랑을 서술한 적이 있다. 그 사랑을 기억하노라면 떠난 지 스무 해가 넘어서도 통곡을 한다고 하였는데 그 절절한 사랑보다 더한 것이 하느님의 자비라고 고백한다.

1절에서 산을 청산靑山이라 하였다. 유교적 사유에서 머물고 싶은 이상향을 뜻한다.

7절의 행장行藏의 나아감과 간직함은『논어』「술이述而」편에 공자가 제자 안연에게 '쓰임을 받으면 도를 행하고 쓰임 받지 못하면 도를 간직하는 것'用之則行 舍之則藏(용지즉행 사지즉장), 그것을 할 수 있는 사람은 아마 너 안연과 나뿐이구나'라고 하였다.

단순한 출입의 문제만이 아니라 때를 얻어 삶이 잘 풀리든 그렇지 못하고 막혀서 침잠할 때든 주님을 떠나지 않는 것이며 또한 주께서 언제나 함께 하심을 확신하는 것이다. 하느님과 동행한다는 고백行藏勿離主(행장물리주)은 시편 23편에도 나오는 구절이다.

제122수

한 마음에서 나오는 말 同心之言
동 심 지 언

1 良朋邀我上聖山 相偕入殿謁天顔 同心之言馨如蘭
양 붕 요 아 상 성 산 상 해 입 전 알 천 안 동 심 지 언 형 여 란

2 昔聞瑟琳名 今入瑟琳門
석 문 슬 림 명 금 입 슬 림 문

3 城廓完堅市容整 室居櫛比民相親
성 곽 완 견 시 용 정 실 거 즐 비 민 상 친

4 聖民各支派 義塞之子孫 按常例 上瑟琳 稱謝天主之洪恩
성 민 각 지 파 의 새 지 자 손 안 상 례 상 슬 림 칭 사 천 주 지 홍 은

5 大維宗室之寶座 亦在斯京城
대 유 종 실 지 보 좌 역 재 사 경 성

6 爾等皆應為聖邑 祝昇平! 愛戴聖邑者 百福萃其身
이 등 개 응 위 성 읍 축 승 평! 애 대 성 읍 자 백 복 췌 기 신

7 我願和平常寓爾城中 百祥咸集爾諸宮
아 원 화 평 상 우 이 성 중 백 상 함 집 이 제 궁

8 我為親朋故 願爾安且固! 9 更為聖宅故 祝爾庶且富!
아 위 친 붕 고 원 이 안 차 고! 갱 위 성 택 고 축 이 서 차 부!

글자풀이

- 邀(요) 청하다
- 偕(해) 함께
- 謁(알) 뵙다
- 馨(형) 향기
- 蘭(란) 난초
- 廓(곽) 둘레
- 整(정) 가지런하다
- 櫛(즐) 빗질하다
- 櫛比(즐비) 나란히 늘어서다
- 昇(승) 오르다
- 戴(대) 생각하다, 머리에 이다
- 萃(췌) 모이다

옮김

1 친밀한 벗 나에게 "성산聖山에 오르자 야훼 전에 함께 들어 주 얼굴 뵙자"
했네 마음 합한 그 말은 은은한 난향이라 2 전에는 예루살렘 이름만 들었는
데 오늘은 그 문으로 들어가누나 3 도성은 완전하고 견고하여라 그 도시 정
갈하기 그지 없도다 지어진 집들 줄지어 있고 이웃간엔 친밀함 한몸 같도
다 4 거룩한 백성의 지파들이여 택함받은 이스라엘 자손들이여 주의 법도에
따라 성에 오르며 하느님 크신 은혜 찬양드리네 5 다윗의 보좌 자리한 곳도
바로 이곳 예루살렘 성내로구나 6 예루살렘을 위해 평화를 빌지어다! 이 성
읍 사랑하는 모든 이에게 한없는 복락 모여들지라 7 나 비노라 영원한 평화
너 예루살렘에 머물기를! 상서로운 모든 일 도성에 가득하길! 8 형제와 벗
들 위해 나 비노니 "너 늘 평안하며 든든하기를!" 9 야훼의 집을 위하여 나
비노니 "너에게 풍요로움 가득하기를!"

해설

순례자의 길에 동행하는 이가 있다는 것은 얼마나 행복한 일인가! 한 목적

지를 품고 같은 길을 걷는 중에 체험하는 사건들과 은혜들이 동일한 반향을 일으키고 나누는 중에 더 풍성해진다. 서로를 통해 더 깊어지고 덕분에 이 길을 가고 있음을 절실히 느끼게 된다. 꺼내느니 마음이 합한 말이요 담아두느니 점점 더 은밀한 영적 우정이다. 진리의 길에 제일 소중한 것이 무엇인가? 함께 그 길을 가는 도반道伴이 길의 전부라고 말한 어른이 있다. 그렇게 말씀하실 충분한 이유가 있다. 어쨌거나 함께 하는 길벗으로 인하여 시인은 더욱 풍성하다. 귀로 듣던 도성을 눈으로 보며 도성의 사람들과도 한 마음이 된다. 이 거룩한 땅에 발을 디디고 섰음이 감읍이다. 거룩한 곳의 평강을 온몸으로 누리며 그는 이 소중한 평강을 위해 함께 빌자고 한다. 어느새 자신을 잊고 하느님의 도성만이 가득하다. 여기에는 시인 자신을 위한 기도는 없다. 오직 그분의 나라와 그 백성을 위한 기도만 가득하다.

제목 동심지언同心之言과 1절의 난의 향은 『주역』에 '두 사람이 한 마음이 되면 그 날카로움이 능히 쇠라도 자를 수 있고 한 마음이 되어 나오는 말은 그 향기롭기가 난초와 같다'二人同心 其利斷金 同心之言 其臭如蘭(이인동심 기리단금 동심지언 기취여란)고 하였다. 3절에서 히브리 시인은 도성의 아름다움을 예찬하는데 오경웅은 도성의 아름다움과 함께 거하는 백성의 친밀함을 덧붙인다. 거룩한 도성의 아름다움은 외적 형태에만 있는 것이 아니라 거기 거하는 이들이 한 몸처럼 가까운 이로 살아가는 것이다. 6절의 승평昇平은 태평성대를 뜻한다. 적안산인이 지은 『평산냉연平山冷燕』에 '옛적 선조들이 융성할 때에 임금은 참된 도리를 지녔고 세상은 평화로웠으며 문무백관은 충성되고 어질었으며 백성들은 자신들의 일을 잘 감당하였다'先祖隆盛之時 天子有道 四海昇平 文武忠良 萬民樂業(선조융성지시 천자유도 사해승평 문무충량 만민낙업)고 했다. 9절의 서차부庶且富는 공자의 말을 생각나게 한다. 『논어』「자로子路」 편에 공자가 위나라에 갔을 때 그 백성이 많음庶(서)을 보고 이 백성을 어떻게 해야 하느냐고 제자가 묻자 그들이 풍족해져야富(부) 한다고 하자 다음은 또 무엇을 해야 하느냐고 묻자 잘 가르쳐야敎(교) 한다고 하였다.

제123수

학수고대함 延頸企踵
연 경 기 종

1 為盼天上主 向天頻仰首
위 반 천 상 주 향 천 빈 앙 수

2 猶如彼僮僕 常看東翁手 猶如婢女目 恆在主婦肘
유 여 피 동 복 상 간 동 옹 수 유 여 비 녀 목 항 재 주 부 주

吾目亦視主 望主頒恩佑
오 목 역 시 주 망 주 반 은 우

3 主其加矜憐! 受垢亦已久 4 既為富人笑 更被驕人呪
주 기 가 긍 련! 수 구 역 이 구 기 위 부 인 소 갱 피 교 인 주

글자풀이

- 延(연) 늘어뜨리다
- 頸(경) 목 부분
- 企(기) 발돋움하다
- 踵(종) 발꿈치
- 盼(반) 바라보다
- 頻(빈) 절박하다. 자주
- 僮(동) 하인
- 翁(옹) 늙은이
- 婢(비) 계집 종
- 肘(주) 팔꿈치
- 頒(반) 베풀다
- 垢(구) 때
- 呪(주) 저주하다

옮김

1하늘에 계신 하느님께 바라오며 연신 고개 들어 주님 우러릅니다 2어린
종이 주인 어른 손만 바라보듯 여종의 눈 안주인의 손에 머물듯 제 눈 역
시 주만 바라보오니 도타운 그 은총 바라옵니다 3야훼여 자비를 베풀어주
소서! 멸시와 모욕 오래 겪었나이다 4가진 자들의 조롱과 오만한 자들의
저주 지겹도록 실컷 받았나이다

해설

제목 연경기종延頸企踵은 목을 빼고 발뒤꿈치를 들어 앙모하고 바란다는 의미이다. 학수고대鶴首苦待와 같은 말이다. 『장자』「거협胠篋」에 '지금은 백성이 목을 길게 늘이고 발돋움하여 어디어디에 어진 이가 있다 하며 곡식을 둘러메고 찾아가게 되었다'今遂至使民延頸擧踵 曰某所有賢者 贏糧而趣之(금수지사민연경거종 왈모소유현자 영량이취지)라는 문장이 있다. 옛 사람들은 백난지중대인난百難之中待人難이라 하여 수많은 일들 중에 사람을 기다리는 것이 가장 어려운 일이라고 하였다.

2절의 동옹東翁은 명, 청조에 지방관청이나 군에서 관직 없이 업무를 보좌하던 직을 비장裨將이라 하였는데 그들이 자신을 임명한 관리를 동옹이라 불렀다. 공식적인 명칭은 아니나 그야말로 그의 자리가 동옹의 손에 달린 것이다.

3절의 수구受垢는 『도덕경』에 '나라의 욕됨을 떠안는 사람은 나라의 주인이고 천하의 불행을 떠맡는 사람이 천하의 왕이라 하였다'受國之垢 是謂社稷主 受國不祥 是謂天下王(수국지구 시위사직주 수국불상 시위천하왕)는 문장이 나온다.

순례자가 된다는 것은 곧 길 위에 서는 것이고 길 위에 선다는 것은 흔

들리는 삶에 들어서는 것을 의미한다. 예측할 수 없는 것이 길 위에 서는 것이고 불안 속으로 뛰어드는 것이다. 스스로가 통제할 수 없는 상황으로 뛰어드는 것을 누가 좋아할 것인가? 그렇게 예측할 수 없는 길에 나선 사람이기에 간절히 구하는 것은 이 길의 주인이신 하느님께서 선하게 대해주시고 외면치 않으시는 것이다. 그것 말고 순례자가 더 무엇을 구할 수 있겠는가? 종이 상전의 손을, 여종이 여주인의 명을 기다리는 것처럼 늘 눈길은 하느님을 향할 수밖에 없다. 거기에 종의 전부가 걸려있다.

그런데 이것은 안정을 추구하는 사람들富人(부인), 삶을 제 것으로 여겨 통제할 수 있다고 여기는 사람들驕人(교인)에겐 조롱거리가 되고 경멸받을 수 있는 요소이다. 그들이 조롱하고 경멸하는 이유는 단 하나이다. 외면하고 싶은 것을 기꺼이 받아들이고 그들이 열심히 감추고 싶은 사실을 거리낌 없이 밝히 드러내기 때문이다. 사람이 제 힘으로 사는 것 같으나 기실은 어림없는 소리요, 그분이 가라시면 언제든 돌아가야 할 존재라는 것을 겸손히 시인하기 때문이다.

그렇기에 저들은 그렇게 벌거벗고 빈손으로 하느님 앞으로 나아가는 이들의 존재가 불편하다. 따라서 그들이 받는 조롱과 멸시는 세상 죄를 짊어지는 것과 별반 다르지 않으며 예수 그리스도와 같은 길에 서는 은총을 누리는 것과 같다. 그래서 더더욱 노자의 주장이 끄덕여진다. 세상의 수치를 떠안음으로 천하의 왕이라 불린다는 사실이다. 그리스도와 닮아가는 길을 걷고서 세상에서 칭송받은 경우는 없었다.

제124수

올무를 벗어난 새처럼 鳥脫樊籠
조 탈 번 롱

1 惟願我義塞 向主披心臆:
유 원 아 의 새 향 주 피 심 억:

2 若非雅瑋在我側 敵人勢烈烈 3 吾儕早應被呑滅
약 비 아 위 재 아 측 적 인 세 렬 렬 오 제 조 응 피 탄 멸

4 洪濤洶湧狂瀾奔 5 大水駸駸沒吾魂
홍 도 흉 용 광 란 분 대 수 침 침 몰 오 혼

6 賴主佑 身得存 未為敵人所犧牲 焉能不感再造恩?
뇌 주 우 신 득 존 미 위 적 인 소 희 생 언 능 불 감 재 조 은?

7 吾魂如小鳥 已脫佃者羅 羅網已破吾得逸 佃者雖多如我何?
오 혼 여 소 조 이 탈 전 자 라 나 망 이 파 오 득 일 전 자 수 다 여 아 하?

8 仰恃天地之主宰 死裏逃生能無歌?
앙 시 천 지 지 주 재 사 리 도 생 능 무 가?

글자풀이

- **脫**(탈) 벗어나다
- **樊**(번) 새장, 울타리
- **籠**(롱) 새장, 대그릇
- **側**(측) 곁
- **烈**(렬) 세차다
- **儕**(제) 무리
- **洶**(흉) 물살이 세차다
- **湧**(용) 물이 솟구치다
- **狂瀾**(광란) 세찬 물결
- **奔**(분) 달리다
- **駸**(침) 말이 질주하는 모양, 점점
  駸駸(침침) 아주 세력이 성한 모양
- **沒**(몰) 가라앉다
- **犧**(생) 희생하다

• 牲(희) 희생하다
• 佃(전) 사냥하다
• 羅(라) 새그물
• 逸(일) 편안하다
• 裏(리) 속(겉의 반대)

옮김

1이스라엘이여 주 앞에 네 속심 아뢰어라 2야훼 하느님 우리 곁에 계시지
않았더라면 3세차게 밀려드는 원수들에게 일찍이 삼켜지고 말았으리라 4거
센 파도 떨쳐 일어 미친 듯 몰아치고 5큰 물결 몰려와 우리 영혼 덮쳤으나
6주님을 의지하여 이 몸 건짐 받았고 원수들의 제물이 되지 않게 하셨도다
다시 살아난 것과 진배 없어라 어찌 그 은혜 감사치 않으랴? 7겨우 나는
작은 새와 같은 내 영혼 사냥꾼의 그물에서 벗어났도다 그물 찢어지고 내
영혼 평안하니 사냥꾼이 하 많은들 무슨 걱정이랴? 8천지 다스리시는 우
리 주님 의지하니 죽음에서 벗어나 생명으로 들어가네 그러니 그 은혜 어
찌 찬미 않으랴?

해설

4절의 홍도흉용洪濤洶湧은 세차게 덮쳐오는 큰 물결이다. 이백의 시 「분도산수가粉圖山水歌」에 '놀란 파도 치솟거늘 어디로 가려하나 외로운 배 한 번 가면 돌아올 날 모르레라'驚濤洶湧向何處 孤舟一去未歸年(경도흉용향하처 고주일거미귀년)라고 노래하였다.

광란狂瀾도 같은 뜻이다. 한유의 「진학해進學解」에 '온갖 물줄기 막아 동쪽으로 흐르게 하고 이미 엎어진 데서 세찬 물결을 회복(유학의 부흥)시키셨습

니다'障百千而東之 廻狂瀾於旣倒(장백천이동지 회광란어기도)라는 문장이 있다.

6절의 재조은再造恩은 재조지은再造之恩이다. 죽을 생명을 살려준 큰 은혜를 의미한다. 『송서宋書』 「왕승달전王僧達傳」에 '살려주시는 은혜를 새기며 허튼 짓하지 않고 열심히 일하겠습니다'再造之恩 不可妄屬(재조지은 불가망속)라고 풀이한다.

순례자의 다섯 번째 노래이다. 순례의 길은 생생한 은총을 체험하는 장이다. 일상을 살아갈 때는 늘 익숙한지라 새로운 것 없이 당연하고 마땅한 것들, 습관화한 것들로 채워졌다. 그러나 길 위에 서면 익숙하거나 당연한 것들은 드물다. 낯선 것들이 다가오고 순간순간 어떻게 응해야 할지를 여쭙기도 하고 결단해야 한다.

길 위에서는 대략적일 수도 없고 미룰 수도 없다. 선택하고 발걸음을 내디뎌야 한다. 비록 어리석을지라도 말이다. 그렇기에 우리 연약함과 어리석음도 생생하며 악의 유혹과 시험도 생생하다. 어리석은 선택이 낳은 결과를 충분히 맛보았고 유혹에 넘어졌을 때의 쓰라림도 견디기 쉽지 않다.

그러니 지혜를 구할 수밖에 없고 그분의 개입을 청할 수밖에 없다. 그렇게 청하고 구하는 중에 임재한 그분의 은총의 손길보다 더 생생한 것이 있던가? 그러니 시인의 고백대로 날마다 새로이 태어난다. 새로운 생명을 날마다 받아 사는 것이다.

그런 의미에서 사도바울의 고백 '나는 날마다 죽노라'는 선언은 나는 동시에 날마다 다시 태어난다는 기쁨과 감격의 선언이다. 그러니 노래할 것은 얼마나 많겠으며 가슴 속에서 솟구치는 고백은 얼마나 풍성하겠는가? 시인은 이를 한 마디로 요약한다. '하느님 계시지 않았더라면….'

제125수

너그러움으로 포학을 대신하네 代虐以寬

대학이관

1 依主之人 安如西溫 確乎不拔 終古長存!
의주지인 안여서온 확호불발 종고장존!

2 穆穆瑟琳 群山圍之 雍雍聖民 慈主衛之
목목슬림 군산위지 옹옹성민 자주위지

昉自今茲 乃至世世!
방자금자 내지세세!

3 暴虐之政 不可終日 豈容匪類 高壓化域?
폭학지정 불가종일 기용비류 고압화역?

誠恐良民 受其熒惑
성공량민 수기형혹

4 祈我雅瑋 福彼善人! 善人無邪 心地光明
기아아위 복피선인! 선인무사 심지광명

5 舍其正路 轉入歧途 當與群逆 同伏其辜!
사기정로 전입기도 당여군역 동복기고!

庶幾義塞 安謐無虞!
서기의새 안밀무우!

글자풀이

- **虐**(학) 잔인하다
- **寬**(관) 너그럽다
- **穆**(목) 화목하다, 공경하다
- **圍**(위) 둘러싸다
- **衛**(위) 방비하다
- **昉**(방) 비로소
- **玆**(나) 이에
- **匪**(비) 도둑
- **壓**(압) 누르다
- **熒**(형) 현혹하다
- **邪**(사) 사악하다
- **舍**(사) 버리다
- **歧**(기) 갈림길
- **謐**(밀) 고요하다
- **虞**(우) 근심하다

옮김

1주 의지하는 이 시온 산 같으리니 흔들리지 않으며 영원히 굳건하리! 2온
화한 예루살렘 뭇 산들 둘러서니 화목하여라 야훼께서 그 백성 지켜주시니
이제로부터 영원토록 평화로워라! 3폭력으로 다스림은 오래 갈 수 없으니
주의 도성 핍박하고 그 백성을 떨게 하며 인심을 미혹하는 강도무리를 주
께서 어찌 그냥 두시랴?
4야훼여 선한 이들에게 복을 주소서! 거짓된 마음 없고 밝고 깨끗합니다 5
바른 길 버리고 헛된 길로 빠진 자들 죄악의 무리와 함께 무릎 꿇으리니
이스라엘이여 바라노니 흔들리지 않으며 평안하기를!

해설

제목 대학이관代虐以寬은 『서경』 「이훈伊訓」 편에 '상 나라의 임금님은 그 성덕과 위무를 펴 밝히시고 너그러움으로 포학함을 대신하니 모든 백성들이 진심으로 따르게 되었습니다'惟我商王 布昭聖武 代虐以寬 兆民允懷(유아상왕 포소성무 대학이

관 조민윤회)라고 하였다.

1절의 확호불발確乎不拔은 『주역』「건괘乾卦」에 나오는 것으로 '참으로 그 의지가 확고해서 뽑아버릴 수가 없다. 그런 사람을 숨은 용이라 한다'確乎其不可拔 潛龍也(확호기불가발 잠룡야)고 하였다.

3절의 불가종일不可終日은 하루조차도 견딜 수 없다는 뜻이다. 비류匪類는 강도의 무리이다. 같은 절의 성공誠恐은 성공성황誠恐誠惶의 줄임말로 대단히 두렵고 조심스러우며 불안하다는 의미이다. 봉건제 시대에 신하가 황제에게 글을 올리며 쓰는 용어이다. 형혹熒惑은 인심을 어지럽히고 현혹한다는 뜻을 담고 있다.

4절의 무사無邪는 거짓됨이 없다는 뜻인데 공자는 『논어』「위정爲政」편에서 '『시경』 3백 편을 한마디로 말한다면 생각에 사악함이 없다'詩三百 一言以蔽之 曰 思無邪(시삼백 일언이폐지 왈 사무사)고 하였다.

5절의 바른 길을 버리고 잘못된 길을 빠졌다 함은 『맹자』「고자告子」상에 '인仁은 사람의 마음이요 의義는 사람의 길이다. 그 길을 버리고 가지 아니하며 그 마음을 버려두고 찾을 줄 모르니 슬프도다. 학문의 길이란 다른 것 없다. 그 달아난 마음을 찾는 것뿐이다'仁人心也 義人路也 舍其路而不由 放其心而不知求 哀哉 學問之道 無他 求其放心而已矣(인인심야 의인로야 사기로이불유 방기심이부지구 애재 학문지도 무타 구기방심이이의)라고 하였다.

같은 절의 동복기고同伏其辜는 『시경 』「소아小雅」「우무정雨無正」에 나오는 말로 '죄 있는 자들 놓아두고 죄들을 다 숨기려 하네'舍彼有罪 旣伏其辜(사피유죄 기복기고)라고 하였는데 여기서 복고伏辜는 복죄服罪의 뜻으로 죄에 대한 벌로 죽음에 처하는 것을 뜻한다.

거짓된 무리들 속에서 도무지 견딜 수 없는 선한 이들은 하느님의 다스리심을 갈구한다. 순례자가 시온의 예루살렘을 향하는 이유이다. 그곳은 하느님이 다스리시는 곳이다. 삿됨이 없고無私(무사) 삿됨 또한 없다.無邪(무사) 그곳에서는 거짓됨이 잠시도 자리할 수 없으며 거짓된 길로 들어선 이들은 그곳에 머물 수 없다. 신실한 이들만이 참된 평안을 누리는 곳이다. 그러나 거룩한 땅도 잠시의 흔들림과 거짓됨에 휩싸일 때가 있다. 패도적인 힘이 잠시 승리할 때가 있다. 그러나 시인은 그것이 오래 가지 않는다고 순례자를 위로한다. 거기에 휘둘리지 말고 마음의 고요를 잃지 말 것을 권한다. 저들 끝내 죄인의 무리 속에 무릎 꿇을 것이라고….

순례의 여정을 통해 순례자가 점점 더 깨끗하고 선한 이가 되는 것은 그가 길 위에서 오롯이 하느님만을 갈구하기 때문이기도 하지만 동시에 길이 그를 정화시키고 새로운 눈을 뜨게 한다. 톨스토이의 말이 옳다. 하느님께 가까이 가면 갈수록 그는 자신의 죄를 더 많이 보게 된다. 온전한 빛이신 분께 가까이 갈수록 그는 자신의 허물이 더 보인다. 그러니 역설적으로 그는 점점 더 그 은총의 빛으로 말미암아 깨끗해져 간다.

제126수

울며 씨 뿌리고 기쁨으로 거두리 耕耘與收穫
경 운 여 수 확

1 昔主挈眾俘 安然返聖地 吾儕當是時 驚喜同夢寐
석 주 설 중 부 안 연 반 성 지 오 제 당 시 시 경 희 동 몽 매

2 心中饒甘味 舌端宣歡意 我主施聖蹟 列邦亦驚異
심 중 요 감 미 설 단 선 환 의 아 주 시 성 적 열 방 역 경 이

3 我主大作為 實令我心慰
아 주 대 작 위 실 령 아 심 위

4 我今求我主 續引吾民至 源源歸故鄉 猶如南流水
아 금 구 아 주 속 인 오 민 지 원 원 귀 고 향 유 여 남 류 수

5 錫彼收穫樂 償彼耕耘淚
사 피 수 확 락 상 피 경 운 루

6 去時皆嗚咽 含淚播種子 來時應怡悅 帶笑刈嘉穗
거 시 개 오 열 함 루 파 종 자 내 시 응 이 열 대 소 예 가 수

글자풀이

- **耕**(경) 밭을 갈다
- **耘**(운) 김매다
- **穫**(확) 벼를 베다
- **挈**(설) 거느리다
- **俘**(부) 사로잡다, 포로
- **返**(반) 돌아오다
- **儕**(제) 무리
- **夢寐**(몽매) 잠을 자면서 꾸는 꿈
- **饒**(요) 넉넉하다, 배불리 먹다
- **端**(단) 끝
- **續**(속) 이어지다
- **源源**(원원) 연이어 끊어지지 않다
- **嗚**(오) 탄식소리
- **咽**(열) 목메다, 삼키다

- **淚**(루) 눈물 흘리다
- **播**(파) 씨를 뿌리다
- **帶**(대) 띠다
- **刈**(예) 베다, 자르다
- **嘉**(가) 아름다운
- **穗**(혜) 벼 이삭

옮김

1그 옛적 주께서 포로였던 우리를 거룩한 땅으로 돌아오게 하셨을 제 우리
들은 놀라 기뻐하면서 꿈인지 생시인지 하였나이다 2마음은 기쁨으로 가득
하였고 입술은 환성으로 넘쳐났는데 야훼 우리 주님 베푸신 기적에 이웃
나라들도 크게 놀랐나이다 3주께서 크신 은혜 베푸셨기에 우리 영혼 받은
위로 얼마나 컸던지
4야훼여! 이제 다시 이 백성을 구하사 거룩한 땅으로 돌아오게 하소서 네
겝의 물 남으로 한결같이 흐르듯 백성들의 귀향도 그리되게 하소서 5울며
밭을 갈던 이 백성 위로하사 기쁨으로 수확하는 즐거움을 주소서 6떠날 때
목메 울며 씨 뿌렸사오니 돌아올 제 환호하며 수확하게 하소서

해설

순례의 길이라 하여 떠나는 길이요, 버리는 길인 줄 알았는데 막상 이 길을 통해 깨닫는 것은 이 길이 집으로 돌아가는 길이며 회복하는 길이란 사실이다. 본래 있어야 할 곳으로 돌아가는 길이며 자기 자리를 찾는 길이다. 원시반본原始返本, 시원으로 돌아가며 뿌리로 돌아가는 길이다. 무엇에 비할 수 있을까? 포로로 끌려갔던 이들의 귀향길이 이러했으리라! 물론 역사적으로는 포로의 귀환이라는 사건이 먼저 있었을 테고 순례 속에서의 해석이 나중에 있었겠지만 순례자의 기쁨이 그에 비견하리라고 충분히 상상할

만하다.

순례자의 감정은 개인적인 기쁨과 감격에만 국한되지 않는다. 4절 이후의 간구는 믿음의 백성들 모두에게 있어야 할 귀향을 위한 기도이다. 아직도 눈물로 씨를 뿌리는 이가 허다하며 아직도 아버지의 집으로 돌아오지 못한 이들이 많다. 순례의 여정은 개인의 시각을 넘어서게 하고 공동체적 연대로 깊어지게 한다.

히브리 시의 4절은 말랐던 네겝에 물길이 다시 흐르듯 백성들이 고향으로 돌아오게 해달라(개역에서는 남방 시내들 같이 돌려 보내소서)고 청하였는데 오경웅은 남류수南流水라고 번역하였다. 유수流水라 함은 끊이지 않고 흐르는 것을 의미하는데 예로부터 동류수東流水라 하여 한 번 가고 다시 반복될 수 없는 사물의 흘러가는 변화를 뜻하였다.

이백의 시 「몽유천로음류별夢游天姥吟留別」에 고래만사동류수古來萬事東流水라 하여 '옛적부터 세상 모든 일이 그렇게 흘러가 되돌릴 수 없다'고 하였다. 동류수가 인간이 어쩔 수 없는 운명 같은 힘을 의미한다면 오경웅의 남류수는 하느님께서 인생에게 부어주셔서 그를 짓누르는 운명을 거스를 수 있는 은총으로 다가오고 있다.

4절의 원원源源은 원원부절源源不絶의 줄임말로 읽어야겠다. 물이 흘러 끊이지 않는 모양을 의미하는데 『맹자』 「만장萬章」 상에 '순 임금이 자신을 미워했던 이복동생 상象을 늘 보고 싶어 하였고 그래서 끊임없이 와서 접견하였다'欲常常而見之 故源源而來(욕상상이견지 고원원이래)고 하였다.

제127수

마음 너그롭고 몸 평안하네 心廣體泰
심 광 체 태

1 微主建爾屋 建屋徒自苦 微主守爾城 守城豈能固?
미주건이옥 건옥도자고 미주수이성 수성기능고?

2 擾擾復攘攘 孜孜度晨昏 究竟何所得? 愁苦供盤飧
요요부양양 자자도신혼 구경하소득? 수고공반손

盍看主之友 安臥亦蒙恩
합간주지우 안와역몽은

3 家室承主澤 兒孫忽盈門
가실승주택 아손홀영문

4 壯士手中箭 青春膝下兒
장사수중전 청춘슬하아

5 蓄箭須滿橐 結子須滿枝 同心而協力 出門誰敢欺?
축전수만탁 결자수만지 동심이협력 출문수감기?

글자풀이

- 微(미) ~아니라고 한다면
- 徒(도) 헛되이
- 擾(요) 어지럽히다
- 攘(양) 어지럽다
  擾攘(요양) 한꺼번에 떠들어서 어수선함
- 孜(자) 힘쓰다
- 晨(신) 새벽
- 昏(혼) 해질 무렵
- 盤(반) 소반
- 飧(손) 저녁밥
- 膝(슬) 무릎
  膝下(슬하) 부모의 곁
- 蓄(축) 쌓다
- 須(수) 마땅히, 모름지기
- 橐(탁) 자루, 전대
- 結子(결자) 열매
- 枝(지) 가지가 나오다
- 欺(기) 속이다, 업신여기다

옮김

1 야훼께서 네 집을 세우지 않으시면 집을 짓는 것이 도무지 헛수고요 야훼
께서 네 성을 지키지 않으시면 지키려 한들 어찌 견고하리오? 2 제 아무리
새벽부터 한밤까지 애써도 끝내 헛수고 되고 말리니 근심이 그의 밥과 반
찬되리라 그러나 야훼께 벗된 이들은 편히 누우며 은총을 입는도다 3 그의
집은 야훼의 은택을 입어 자녀손들 집안에 가득하리니 4 젊어서 얻은 그 자
녀들은 장사의 손에 잡힌 화살과 같아 5 화살통에 화살이 가득함 같고 뻗어
나간 가지에 열매 가득함 같네 한 마음 되어 힘을 합치니 문 밖으로 나선
들 뉘 있어 건드릴까?

해설

제목인 심광체태心曠體泰는 심광체반心廣體胖과 같은 의미이다. 『대학』에 나오는 말로 마음이 넓어져 관대하여 편안해진다는 뜻이다. '부는 집안을 윤택하게 하고 덕은 몸을 윤택하게 한다. 그리하여 덕이 있어서 마음이 넓어지면 몸이 편안해진다. 그렇기에 군자는 반드시 그 뜻을 정성스럽게 한다'富潤屋 德潤身 心廣體胖 故君子必誠其意(부윤옥 덕윤신 심광체반 고군자필성기의)고 하였다. 주희는 심광체반에 주를 달기를 '선이 내면에 충실하여 밖으로 드러난 것이라'蓋善之實於中而形於外者如此(개선지실어중이형어외자여차)고 하였다.

2절의 반손盤飧은 일반적인 식사의 통칭인데 저녁밥을 뜻하기도 한다. 2절에서 히브리 시인은 하느님께서 사랑하시는 이에게 잠을 주신다, 또는 잘 때에도 그만큼 주신다고 하였는데 오경웅은 하느님의 신실한 벗主之友(주지우)에게 편히 눕게 하시며 은총을 주신다고 번역한다. 아울러 5절에서도 히브리 시인은 화살통에 가득한 자식들로 인해 수치를 당하지 않는다 하

였는데 오경웅은 그 자녀들이 동심협력, 한마음이 되어 서로 힘을 합하므로 누구도 그를 기만할 수 없으리라고 노래한다. 본래의 시(히브리 시편)가 있고 이를 읽고 묵상하는 중에 확장되고 은혜에 젖어 상상력이 더해진 노래가 있다.

5절의 동심협력은 『삼국지연의三國志演義』에 나오는 것으로 '세 사람이 향을 올려 맹세하기를 유비, 관우, 장비 저희 셋이 성은 다르나 형제의 연을 맺고 한마음으로 힘을 모아 어려움에 빠진 자를 구하여 위로는 나라에 보답하고 아래로는 백성을 안온케 하고자 합니다'三人焚香再拜而說誓曰 念 劉備 關羽 張飛 雖然異姓 旣結爲兄弟 則同心協力 救困扶危 上報國家 下安黎庶(삼인분향재배이설서왈 념 유비 관우 장비 수연이성 기결위형제 즉동심협력 구곤부위 상보국가 하안려서)라고 하였다.

제128수

선한 이에게 복이 돌아오네 善人福報

선 인 복 보

1 敬主邀天樂 從容聖道中
경 주 요 천 락 종 용 성 도 중

2 勤勞應有果 君子豈終窮?
근 로 응 유 과 군 자 기 종 궁?

3 妻比葡萄樹 葡萄結滿廊 麟兒紛繞膝 和氣溢門牆
처 비 포 도 수 포 도 결 만 랑 인 아 분 요 슬 화 기 일 문 장

4 悃悃寧無報?
곤 곤 녕 무 보?

5 西溫與汝親 平生濡帝澤 長樂瑟琳春
서 온 여 여 친 평 생 유 제 택 장 락 슬 림 춘

6 積善有餘慶 兒孫世世芳 和平臨義塞! 國泰民斯康!
적 선 유 여 경 아 손 세 세 방 화 평 림 의 새! 국 태 민 사 강!

글자풀이

- **邀**(요) 마주치다
- **妻**(처) 아내
- **廊**(랑) 행랑(죽 이어짐)
- **麟**(린) 기린, 빛나는 모양
- **繞**(요) 둘러싸다
- **膝**(슬) 무릎
- **溢**(일) 가득하다
- **牆**(장) 담장
- **悃**(곤) 거짓 없는 마음
- **汝**(여) 너
- **濡**(유) 젖다, 은혜를 입다
- **兒**(아) 아이
- **泰**(태) 넉넉하다
- **康**(강) 편안하다

옮김

1 야훼를 경외하며 거룩한 길 걷는 이들 하늘의 즐거움을 누리게 되리라 2
수고에 맞갖는 열매를 맺으리니 신실한 걸음 끝이 어찌 곤궁하리오? 3 아
내는 포도나무 포도알 주렁주렁 달려있으니 훤칠한 자녀들 슬하에서 뛰어
놀며 화목한 기운이 담장을 넘네 4 신실한 그 믿음에 어찌 보답 없으시랴?
5 시온은 그에게 골육지친이 되어 사는 동안 주님의 은택을 입고 예루살렘
의 번영 누리게 되리 6 선한 삶으로 기쁨이 넘쳐나고 그 자손 세세토록 덕
행 떨치리 이스라엘에 평화가 임하기를! 그 나라 태평하고 백성들 편안하
라!

해설

1절의 천락天樂은 『장자』「천도天道」에 '사람과 조화되면 사람의 즐거움이라 하고 하늘과 조화되면 하늘의 즐거움이라 한다'與人和者 謂之人樂 與天和者 謂之天樂(여인화자 위지인락 여천화자 위지천락)라고 하였다.

2절의 종궁終窮은 『초사』「구장九章」「섭강涉江」편에 '속세를 좇아 마음을 접을 수는 없으리니 평생 근심과 가난을 담담히 받아들이겠노라'吾不能變心以從俗兮 固將愁苦而終窮(오불능변심이종속혜 고장수고이종궁)고 읊조렸다.

3절의 인아麟兒는 기린아麒麟兒의 뜻으로 다른 이의 자녀를 귀히 여겨 부를 때 사용하였다. 기린송자麒麟送子에서 비롯된 것인데 기린은 고대의 전설적 동물로 상서롭게 여겼는데 아이를 데려다준다고 여겼다. 『습유기拾遺記』에 공자가 태어나기 전에 기린이 그 집에 와 입에서 옥서玉書를 토해내고 나서 태어났다고 전한다.

6절의 적선여경積善餘慶은 『주역』에 나오는 말로 '선한 일을 쌓은 집안은

반드시 경사가 넘쳐난다'는 적선지가 필유여경積善之家 必有餘慶의 줄임말이다. 반대로 '나쁜 일을 쌓은 집안은 반드시 재앙을 받는다'積不善之家 必有餘殃(적불선지가 필유여앙)고 하였다.

히브리 시인은 1절과 5절에 복을 내리신다고 노래한다. 1절의 복의 내용이 수고의 열매와 화목한 가정이며 5절의 복의 내용은 시온에서 복을 주사 예루살렘의 번영을 본다고 하였다.

오경웅은 1절의 복을 하늘이 주시는 즐거움, 즉 천락天樂이라 하였고 5절의 복을 시온과 골육지친骨肉之親이 된다고 번역하였다. 전자의 복이 개인적인 것이라면 후자의 복은 확장된 공동체의 의미를 지닌다. 수고하고 그 열매를 누리는 개인적인 삶도 하느님의 은혜이며 하느님의 다스리심 안에 공동체로 살아가는 것 또한 하느님의 은혜요 복이다.

특히 이를 골육지친이라 표현하였는데 친親은 육체적으로 가까운 친족의 의미를 갖지만 동시에 관계의 가장 온전한 형태이기도 하다. 친親은 위에서 아래로는 온전히 사랑하는 것이요 아래에서 위로는 온전히 섬기며 닮아가는 것이다. 친親은 친밀親密로 나아가 하나 되는 것이기에 서로를 있는 그대로 받아들이고 동시에 그가 되어야 할 삶으로 나아갈 수 있도록 자신을 내어주기까지 한다. 이러한 의미에서 친은 결코 일방적이지 않다. 일방적인 것은 왜곡될 뿐이다. 복을 내리신다는 것을 친親으로 번역한 것은 그 함의가 크다. 또 다른 의미로 읽는다면 순례자의 여정이 깊어질수록 신앙인은 점차 공동체적인 눈매가 더욱 깊어진다고 할 수 있다.

제129수

지붕 위에 자란 풀 屋巓草
옥 전 초

1 嗟我義塞族! 自幼多顚沛
차 아 의 새 족! 자 유 다 전 패

2 外患實頻仍 所幸未崩潰
외 환 실 빈 잉 소 행 미 붕 궤

3 敵人何猖狂 扶犂耕我背
적 인 하 창 광 부 리 경 아 배

犂溝深且長 凌虐亦云備
이 구 심 차 장 능 학 역 운 비

4 公正惟天主 強項應手碎
공 정 유 천 주 강 항 응 수 쇄

5 蠢爾仇西溫 焉能不傾否?
준 이 구 서 온 언 능 불 경 비?

6 猶如屋巓草 未秀先枯萎
유 여 옥 전 초 미 수 선 고 위

7 采之不盈掬 束之不盈袂
채 지 불 영 국 속 지 불 영 메

8 棄置道路邊 見惡如垢穢
기 치 도 로 변 견 오 여 구 예

行人不祝福 天主豈賜惠?
행 인 불 축 복 천 주 기 사 혜?

글자풀이

- **巓**(전) 꼭대기
- **幼**(유) 어리다
- **顚**(전) 엎어지다
- **沛**(패) 쓰러지다
- **頻**(빈) 빈번히
- **仍**(잉) 거듭하다
- **崩**(붕) 무너지다
- **犂**(리) 밭 갈다
- **耕**(경) 밭 갈다
- **背**(배) 등
- **溝**(구) 고랑
- **備**(비) 모두
- **項**(항) 목
  强項(강항) 목이 세어 여간하여서는 굽히지 아니함
- **碎**(쇄) 부수다
- **蠢**(준) 어리석다
- **仇**(구) 미워하다
- **萎**(위) 시들어 마르다

- **采**(채) 캐다
- **掬**(국) 움켜쥐다
- **袂**(메) 소매
- **穢**(예) 더럽다

옮김

1안타까워라 이스라엘이여! 어려서부터 넘어지고 꺼꾸러졌네 2저들 핍박
거듭하여 몰아쳤으나 다행히도 아주 무너지진 않았네 3적들은 광분하여 우
리 등 갈아엎고 고랑을 깊고도 길게 내었으니 능욕과 학대 어찌 이루 말하
랴 4허나 주님 야훼는 정의로우시니 힘만 부리던 저들 쳐부수셨네 5시온을
미워하는 어리석은 저들은 기울어져 끝내 꽉 막히리라 6지붕 위에 자라난
풀포기 같아 자라기도 전에 마르고 말리니 7벤다고 한들 한 움큼도 안되고
묶으려고 해도 아름조차 안되네 8길가에 버려져서 외면 당하리니 그 추함
에 다들 고개돌리리라 지나는 이들이 복을 빌지 않는데 야훼께서 어찌 은
총 베푸시랴?

해설

1절의 전패顚沛는 『시경』「대아大雅」「탕蕩」에서 '사람들은 이렇게 말들을 하지, 넘어지고 뽑혀서 뿌리 드러나면 가지와 잎이 안 상했어도 뿌리가 이미 먼저 망가졌다'人亦有言 顚沛之揭 枝葉未有害 本實先撥(인역유언 전패지게 지엽미유해 본실선발)고 노래하였다.

『논어』「이인里仁」편에도 '군자는 밥 한 끼 먹는 시간에도 인仁에서 떠나는 일이 없어야 하고 갑작스런 일을 당해도 그러해야 한다. 좌절하여 쓰러질 때에도 반드시 인仁을 지켜야 한다'君子無終食之間違仁 造次必於是 顚沛必於是(군자무종식

지간위인 조차필어시 전패필어시)고 언급한다.

5절의 경비傾否는 『주역』의 「천지비天地否」 괘의 풀이에 나온다. 기울어지고 꽉 막혀있음을 의미한다.

6절의 미수未秀는 덜 여문 것이다. 섭이중의 시 「전가田家」에 '때는 유월이라 벼 이삭 아직 패지도 않았는데 관청에선 이미 창고를 넓히고 있네'六月禾未秀 官家已修倉(유월화미수 관가이수창)라고 읊었다.

7절의 채지불영采之不盈은 『시경』 「소아小雅」 「채록采綠」에 '아침 내내 녹두를 따네 한 줌도 차지 않네, 아침 내내 쪽을 베도 앞치마에 차지 않네'終朝采綠 不盈一匊 終朝采藍 不盈一襜(종조채록 불영일국 종조채람 불영일첨)라고 노래하고 있다.

순례의 여정은 순례자로 하여금 자주 자신이 어디쯤 있는지를 돌아보게 한다. 떠난 곳에서부터 여기까지 이르는 동안 겪었던 것들이 주마등처럼 스친다. 떠날 수밖에 없었던 삶의 실상들과 길 위의 일들의 의미들이 점차 선명하게 다가온다. 그것들과 멀어지는데 그 의미는 점점 더 깊어진다.

시인은 이를 표현한다. 시인이 겪은 현실 즉 등에 고랑이 파일 만큼의 고통과 거듭되는 시련들도 하느님의 은총 안에서 보니 아무것도 아니다. 그렇게 커 보이던 악의 힘도 곧 말라버리는 지붕 위의 풀이다. 눈 앞에 있을 때는 태산처럼 덮쳐오는 파도이나 은혜로 겪고 나면 물거품과 환영에 지나지 않는다.

순례는 이 둘을 다 마음에 담는 것이다. 결코 고난이 아무 것도 아닌 것처럼 말해서는 안 된다. 그렇다고 그것만이 유일한 실재인 양 말해서도 안 된다. 순례자는 그 둘을 다 마음에 담고 그 가운데 길, 즉 하느님의 뜻을 발견하는 길을 걷는다. 그래서 온전한 순례는 순례자 자신은 사라져 버리고 주님을 향한 찬양만 남게 하는 것일까?

제130수

참회의 노래 (6) 아침을 기다리네 懺悔吟之六 待旦

참 회 음 지 육 대 단

1 我自窮幽 籲主不休 2 主其傾耳 俯聽我求!
아 자 궁 유 유 주 불 휴 주 기 경 이 부 청 아 구!

3 天下之人 誰無罪尤? 主若深究 孰能無憂?
천 하 지 인 수 무 죄 우? 주 약 심 구 숙 능 무 우?

4 惟主寬仁 不絕自新 悠悠人世 可不尊親?
유 주 관 인 부 절 자 신 유 유 인 세 가 불 존 친?

5 我心遑遑 惟主是望 望主一言 慰我愁腸
아 심 황 황 유 주 시 망 망 주 일 언 위 아 수 장

6 長夜漫漫 惟主是盼 盼主不至 坐以待旦
장 야 만 만 유 주 시 반 반 주 부 지 좌 이 대 단

7 我告義塞 望主莫怠 肫肫其仁 救恩似海
아 고 의 새 망 주 막 태 순 순 기 인 구 은 사 해

8 誰贖爾罪? 厥惟真宰
수 속 이 죄? 궐 유 진 재

글자풀이

- **窮幽**(궁유) 아득히 깊은 곳
- **籲**(유) 큰 소리로 외치다
- **尤**(우) 과실
- **遑**(황) 허둥거리다
- **愁**(수) 시름
- **漫**(만) 넓다 멀다
  漫漫(만만) 멀고도 지리함
- **盼**(반) 바라보다
- **旦**(단) 아침
- **怠**(태) 게으르다, 업신여기다
- **肫**(순) 정성스러운
- **贖**(속) 제물을 바쳐 죄를 면제받다

옮김

1아득히 깊고 어둔 곳에서 쉬지 않고 야훼께 간구합니다 2야훼여 귀 기울
여 이 내 기도 들으소서! 3천하에 뉘 있어 허물없다 하겠으며 주님 뒤져보
신다면 누가 떨지 않으리까?
4(그러나) 주께선 자비하셔서 끊임없이 인생을 새롭게 해주시니 덧없는 이
땅에서 어느 인생이 야훼 주님 사랑하지 않겠는지요? 5제 영혼 허둥대며
헤매이지만 주님만이 저의 소망이시라 주께서 한 말씀만 하신다면야 제 모
든 근심 녹아지리이다 6끝날 것 같지 않은 기나긴 밤 오직 주님만 간절히
기다리니 그렇게 주님을 기다리다가 앉은 채로 아침 맞기도 하네 7이스라
엘아 야훼를 고대하여라 님 기다림에 게으르지 말지니 야훼의 사랑은 곡진
하시며 구원의 그 은혜 하해와 같네 8누가 너희 죄 속량할 수 있으랴? 오
직 참되신 하느님뿐이시라

해설

4절에서 히브리 시인은 주께 용서하심이 있기에 주를 경외한다고 하였는데 오경웅은 한걸음 더 나아간다. 하느님의 관대하심과 어지심으로 인하

여 인생은 자신을 끊임없이 새롭게 할 수 있으며 허망한 이 땅의 인생살이 悠悠人世(유유인세)에서 위로를 받으며 소망을 가질 수 있어 믿고 따른다고 고백한다. 믿는 이의 걸음은 주님의 어지심으로 인하여 더 든든해진다. 그러니 어떻게 주님을 더욱 경모하며 사랑하지 않을 수 있겠느냐고 되묻는다. 可不尊親(가불존친)

2절의 부청俯聽은 고개를 숙여 듣는다는 부수이청俯首而聽의 줄임말이다. 4절의 가불존친可不尊親은 막불존친莫不尊親과 같은 말이다. 『중용』에서 성인의 삶과 가르침은 백성들로 하여금 믿지 않을 수 없게 한다고 하였다. 그래서 '모든 목숨붙이들이 다 그를 존경하여 가까이하지 않을 수 없으니 그래서 이르기를 하늘에 짝한다'凡有血氣者 莫不尊親 故曰配天(범유혈기자 막불존친 고왈배천)고 하였다.

더불어 증자曾子는 효孝의 3단계를 말하였는데 가장 큰 효가 부모를 존중하며 늘 가까이 모시고 친밀한 것尊親(존친)이다. 그 아래가 부모를 욕되게 않는 것弗辱(불욕)이며 그 아래는 부모를 모시는 것能養(능양)이다. 신앙의 모습으로도 비추어 봄직하다. 같은 절의 자신自新은 허물을 고쳐 스스로를 새롭게 한다는 개과자신改過自新의 줄임말이다.

6절의 장야만만長夜漫漫은 『회남자』「반우가飯牛歌」라는 노래에 나온다. 영척이라는 사람이 '불행하게도 요와 순과 같은 훌륭한 임금의 시대를 만나지 못하였으니… 이 긴긴 세월(밤)에 어느 때에야 성군을 만나 빛을 보겠는가?'生不逢堯與舜禪… 長夜漫漫何時旦(생부달요여순선… 장야만만하시단) 하는 탄식의 노래를 부른다. 아무도 알아주지 않는 밤의 어둠은 더 깊고 그래서 더욱 길다.

같은 절의 좌이대단坐以待旦은 『서경』「태갑太甲」상에 나오는 것으로 새로운 임금 태갑에게 고언을 전하는 이윤이 '선왕께서 착한 덕을 힘써서 닦으심에 편히 계실 겨를이 없어 새벽부터 깊이 생각하셨고 또 밤늦게까지 마땅히 행할 것을 생각하시어 앉아서 아침을 맞기도 하였다'先王 昧爽 丕顯 坐以待旦(선왕매상 비현 좌이대단)고 전한다.

제131수

천진무구 天真

천 진

1 我心如小鳥 毛羽未全豐 不作高飛想 依依幽谷中
아 심 여 소 조 모 우 미 전 풍 부 작 고 비 상 의 의 유 곡 중

2 我心如赤子 乳臭未曾乾 慈母懷中睡 安恬凝一團
아 심 여 적 자 유 취 미 증 건 자 모 회 중 수 안 념 응 일 단

3 勗哉吾義塞! 飲水輒思源 世世承流澤 莫忘雨露恩
욱 재 오 의 새! 음 수 첩 사 원 세 세 승 류 택 막 망 우 로 은

글자풀이

- 豐(풍) 넉넉하다, 풍성하다
- 依依(의의) 사모하고 그리워하는 모양
- 幽(유) 그윽하다, 아늑하다
- 赤子(적자) 갓난아기
- 乳(유) 젖, 젖을 먹이다
- 臭(취) 냄새
- 乾(건) 하늘, 마르다
- 恬(념) 편안하다
- 凝(응) 엉기다
- 勗(욱) 힘쓰다, 권면하다
- 輒(첩) 언제나

옮김

1내 영혼 어린 새와 다를 바 없네 깃털과 날개 온전치 않아 높이 날 생각일랑 아예 하지 않으며 깊고 안전한 골짜기 사모한다오 2내 영혼은 갓난아

기 젖 냄새 아직 마르지 않았고 자애로우신 어미 품에 잠드니 든든한 평안 가득하구나 3이스라엘이여 네 근원을 잊지 말기를! 세세토록 부으시는 주님의 은총, 단비처럼 내리는 주님의 은혜!

해설

이 시편의 제목은 천진天眞이다. 본디 하늘이 부여한 때 묻지 않은 마음을 뜻한다. 『장자』 「어부漁父」 편에 '예법이란 세속 사람들이 하는 짓이다. 참된 본성이란 하늘에서 받으며 자연스러운 것이므로 바꿀 수가 없다. 때문에 성인은 하늘을 본받아 참된 본성을 존중하며 세속 따위에 구속받지 않는다'禮者 世俗之所爲也 眞者 所以受於天也 自然不可易也 故聖人法天貴眞 不拘於俗(예자 세속지소위야 진자 소이수어천야 자연불가역야 고성인법천귀진 불구어속)고 하였다. 여기에서 천진天眞이란 말이 나왔다.

오경웅은 1절에서 오만하지도 거창한 것을 추구하지도 않는다는 시인의 고백을 적절하게 중국적 사유인 소조小鳥에 비유한다. 소조의인小鳥依人은 사랑스러운 어린아이가 다정하게 부모에게 기대는 것을 의미한다. 『전국책全國策』에 '날개깃과 털이 완전하게 자라지 못한 새는 결코 높이 날 수가 없다'毛羽不豐滿者 不可以高飛(모우불풍만자 불가이고비)고 하였다.

같은 절의 의의依依는 아련한 연모의 마음으로 차마 떨어지려 하지 않는 마음을 뜻한다. 유상의 시 「호가십팔박胡笳十八拍」에 '지는 석양 바라보는 그 얼굴에 눈물 가득하니 고향 그리움에 헤어나오질 못하는구나'淚痕滿面對殘陽 終日依依向南北(누흔만면대잔양 종일의의향남북)라고 노래하였다.

2절의 유취미건乳臭未乾은 젖내 나는 아이라는 말이다. 구상유취口尙乳臭라는 성어成語와 상통한다. 젖비린내가 가시지 않아 어떤 일이든 제대로 해낼 수 없다는 경멸적 의미로 자주 쓰인다. 『한서漢書』에 '젖비린내도 가시지 않았는데 어떻게 한신을 당해날 수 있겠는가?'是口尙乳臭 不能當韓信(시구상유취 불능당 한신)라는 내용이 있다.

3절의 욱재勗哉는 『서경』「목서牧誓」에 '무왕이 상나라와 결전을 벌이기 전에 군사들을 훈시하며 그대 장사들이여 힘써 싸우라 힘써 싸우지 않는다면 그대들의 몸에 죽음이 이를 것이라'勗哉 夫子 爾所不勗 其于爾躬 有戮(욱재 부자 이소불욱 기우이궁 유륙)고 하였다.

같은 절의 단비처럼 내린다는 우로은雨露恩은 우로지은雨露之恩의 줄임말이다. 유우석의 「소주사상표蘇州謝上表」에 '하 멀리 떨어져 위태로운 변방의 신하에게도 성은이 미치니 않음이 없습니다'江海遠地 孤危小臣 雖雨露之恩 幽遐必被(강해원지 고위소신 수우로지은 유하필피)라고 하였다. (음수사원飮水思源은 8편의 해설을 참고하라.)

제132수

약속의 법궤 結約之櫃
결 약 지 궤

1 憶昔大維 勞心焦思　悃悃款款 主其念之
억 석 대 유　노 심 초 사　곤 곤 관 관　주 기 념 지

2 曾向雅瑋 懇切起誓:
증 향 아 위　간 절 기 서:

3 必為吾主 物色勝地　以設閟幄 以安法櫃
필 위 오 주　물 색 승 지　이 설 비 악　이 안 법 궤

4 主無安宅 誓不回第 不願登榻 5 不遑假寐
주 무 안 택　서 불 회 제　불 원 등 탑　불 황 가 매

6 風聞法櫃 在彼以法　我竟得之 於彼林邑
풍 문 법 궤　재 피 이 법　아 경 득 지　어 피 림 읍

7 爰入其所 向主撫臆
원 입 기 소　향 주 무 억

8 求主興起 移爾駐蹕　俾爾及櫃 俱得安息
구 주 흥 기　이 이 주 필　비 이 급 궤　구 득 안 식

9 使爾司鐸 佩德為裳　使爾諸聖 諠愉洋洋
사 이 사 탁　패 덕 위 상　사 이 제 성　훤 유 양 양

10 追念大維 福佑元良
추 념 대 유　복 우 원 량

11 既允大維 主寧能忘?　“爾之冢息 必得為王
기 윤 대 유　주 녕 능 망?　“이 지 총 식　필 득 위 왕

12 茍爾來胤 咸守綱常　兢兢業業 遵我典章
구 이 래 윤　함 수 강 상　긍 긍 업 업　준 아 전 장

當賜康樂 國祚無疆”
당 사 강 락 　국 조 무 강”

13 聖心所鍾 實在西溫: 14 “樂此美土 可安吾神
성 심 소 종 　실 재 서 온: 　“낙 차 미 토 　가 안 오 신

15 必使聖域 歲慶豐登 與與百穀 以慰饑民
필 사 성 역 　세 경 풍 등 　여 여 백 곡 　이 위 기 민

16 溫溫司鐸 聖德飾身 祁祁天民 齊騰歡聲
온 온 사 탁 　성 덕 식 신 　기 기 천 민 　제 등 환 성

17 大維之裔 頭角崢嶸 為我元良 永燃明燈
대 유 지 예 　두 각 쟁 영 　위 아 원 량 　영 연 명 등

18 諸敵蒙辱 彼獨長榮”
제 적 몽 욕 　피 독 장 영”

글자풀이

- **櫃**(궤) 함, 궤
- **蕉**(초) 바짝 마르다
- **悃**(곤) 거짓 없는 마음
- **款**(관) 자복하다
- **曾**(증) 일찍이
- **懇切**(간절) 지성스럽고 절실하게
- **物色**(물색) 어떤 목적이나 표준을 지니고 그에 맞는 것을 찾다
- **閟**(비) 깊다, 문을 닫다
- **幄**(악) 천막, 휘장
- **榻**(탑) 침상
- **遑**(황) 한가하다, 급하다
- **假**(가) 잠시, 거짓
- **爰**(원) 이에, 그래서
- **撫**(무) 쓰다듬다
- **臆**(억) 가슴
- **駐蹕**(주필) 잠시 머물다
- **俾**(비) 하게 하다
- **司**(사) 맡다
- **鐸**(탁) 교령을 선포할 때 흔드는 방울
  司鐸(사탁) 사제
- **裳**(상) 치마, 옷
- **諠**(훤) 떠들다
- **愉**(유) 기쁘다
- **允**(윤) 진실로
- **冢**(총) 맏이(=家)
- **胤**(윤) 자손
- **祚**(조) 복
- **疆**(강) 지경
- **登**(등) 잘 익다
- **與與**(여여) 매우 번성하여 많은 모양
- **穀**(곡) 곡식
- **饑**(기) 굶주리다
- **祁**(기) 성하다
- **騰**(등) 오르다
- **裔**(예) 후예
- **崢嶸**(쟁영) 산의 형세가 가파르고 한껏 높은 모양
- **燃**(연) 불타다

옮김

1야훼여 다윗을 기억하여 주소서 노심초사 정성 쏟던 그가 아니옵니까? 2
그가 야훼 주님께 맹세하기를 5“나 주님 머무실 곳 찾아내리니 어떻게든
성소를 마련하여서 주 말씀 담긴 법궤 모셔 들이리라 3주께서 편히 쉴 곳
아직까지 없으신데 나 어찌 집에 들며 침상에 오르랴? 4잠시라도 한가히
눈붙일 맘 내게 없네”
6에브라다에 법궤 있단 소문을 듣고 끝내 나무 마을에서 찾아냈도다 7이에
그곳에 가서 가슴치며 고하였으니 8“주님 일어나소서 발걸음 옮기소서 주
의 법궤와 더불어 안식하소서” 9당신의 사제들 덕의 옷 입히시고 거룩한
백성들 기뻐 뛰게 하소서
10지난날 다윗에게 기름 부으시고 복 주셨던 일들을 기억하소서 11“네 자
손들로 하여금 왕위를 잇게 하리라” 야훼께서 다윗에게 맹세하셨으니 주께
서 하신 말씀 어찌 잊으시랴? 12“진실로 네 자손이 자나깨나 조심하여 맺
은 계약 준행하며 나의 법에 신실하면 그 나라 편안하며 즐거우리니 왕위
또한 영원토록 이어지리라” 13거룩하신 야훼 주님의 마음 쓰이는 곳 바로
시온이어라 14“아름다운 이 땅을 기뻐하나니 이곳에 내가 머물만 하도다 15
거룩한 땅 삼았으니 오곡은 풍성하며 넉넉한 복을 내려 주린 이를 먹이리
라 16온유한 사제들은 거룩한 덕 두르고 수많은 주의 백성 기뻐 환호하리
라 17다윗의 자손들 높이 세워지리니 나의 맏이 되어 등불 들고 이으리라
18나 친히 적들에게 치욕을 입히리니 저만이 홀로 영화를 누리리라”

해설

1절의 노심초사勞心焦思는 온통 마음을 쏟고 속을 태우는 것을 뜻하는 성어成

語이다. 보통 심초心焦로 쓰인다. 위魏의 완적의 시「영회詠懷」에 '평생토록 얇은 얼음 디디듯 하였으니 이 마음 다 타들어간 것을 뉘 있어 알랴'終身履薄氷 誰知我心焦(종신리박빙 수지아심초)라고 노래하였다.

같은 절의 곤곤관관悃悃款款은 굴원의『초사』「복거卜居」에 '나 애면글면 충성하며 꼭 성실하게 살아야만 하는지 아니면 차라리 얼렁뚱땅 두루뭉술하게 한 생을 보내야 하는지'吾寧悃悃款款朴以忠乎 將送往勞來斯無窮乎(오녕곤곤관관박이충호 장송왕로래사무궁호)라고 읊조렸다.

5절의 불황가매不遑假寐는『시경』「소아小雅」「소반小弁」에 '조각배 같은 이내 신세 어디로 흐르는지 걱정으로 속이 타서 잠도 한 번 제대로 잘 수가 없네'譬彼舟流 不知所屆 心之憂矣 不遑假寐(비피주류 부지소계 심지우의 불황가매)라고 하였다.

3절의 승지勝地는 지형이나 형세가 매우 유리하고 뛰어난 곳이라는 뜻이다.『관자管子』「칠법七法」에 '그러므로 현명하고 슬기로운 군주는 반드시 승리하는 위치에 서니 그가 천하를 통일하고자 할 때 아무도 막지 못할 것이다'故賢知之君 必立於勝地 故正天下而莫之敢御也(고현지지군 필립어승지 고정천하이막지감어야)라고 했다.

같은 절의 비악閟幄은 매우 깊숙한 곳에 위치한 장막이란 뜻이다. 여기서는 하느님의 거처를 의미한다.

7절의 무억撫臆은 가슴을 쓰다듬다는 뜻인데 진실을 품고 스스로에게 묻고 답한다는 의미가 있다.

10절의 원량元良은 왕위를 이을 태자를 칭하는 단어이다.『예기』를 보면「문왕세자文王世子」에 '태자는 나라의 중심이요 기둥이니 세자를 일컫는다.'一有元良 萬國以貞 世子之謂也(일유원량 만국이정 세자지위야)라고 하였다. 11절의 총식冢息은 맏이란 뜻인데 일반적으로 총식冢息으로 쓰인다.

12절의 강상綱常은 천륜과 인륜의 근본도리를 뜻한다.(82편의 해설을 참고하라.) 같은 절의 국조國祚는 한 왕조가 유지되는 기간을 뜻한다.

13절의 소종所鍾은 정지소종情之所鍾의 의미이다.『진서晉書』「왕연전王衍傳」

에 '성인은 사사로운 정에 휩쓸리지 않고 최하의 인간은 사람이 지녀야 할 정조차 지니지 않는다. 이러든 저러든 정에 기울어지는 것은 우리 같은 사람들이로구나'聖人忘情 最下不及之情 然則情之所鐘 正在我輩(성인망정 최하불급지정 연즉정지소종 정재아배)라고 하였다. 사람인지라 마음이 자연스레 가닿아 기울어지는 것을 의미한다.

히브리 시인은 하느님께서 시온을 택하시고 거처로 삼으셨다고 하여 객관적으로 묘사하였는데 오경웅은 소종所鐘이란 단어를 사용하여 하느님의 마음이 다른 어느 곳보다 시온에 닿아있음을 표현하고 있다.

물론 그분은 사사로움에 휘둘리시는 분이 아니시다. 그렇다고 애틋함과 연민이 전혀 없으신 분도 아니시다. 그분의 마음이 온통 시온에 잠겨 있으시다고 말함으로써 시온을 향한 성도의 마음 또한 끌어내고 있다. 실제 이 노래는 성전에 올라가는 순례자의 노래이다.

그는 하느님 계신 성전이 있는 시온을 찾아온 사람이다. 시온이 어떤 곳인지 알면 알수록 믿는 이들에게 그곳은 더욱 은총으로 가득한 곳이다. 시온에 담긴 하느님의 사랑을 알면 알수록 그의 걸음은 더욱 굳세어지고 확신에 찰 것이다. 유한한 땅에서 거룩한 장소를 경험하고 유한한 인생이 거룩한 시간을 경험하는 것보다 복된 일이 어디 있으랴?

15절의 풍등豊登은 오곡풍등五穀豊登의 줄임말로 풍년이 되어 양식이 풍성함을 뜻한다. 태공망이 지은 병법서 「육도六韜」에 '바람과 비가 시절에 맞게 내리니 오곡이 풍성하여 풍년이 드니 나라의 사직이 안녕하도다'時故風雨時節 五穀豊登 社稷安寧(시고풍우시절 오곡풍등 사직안녕)라고 하였다.

16절의 기기祁祁는 『시경』 「빈풍豳風」 「칠월七月」에 '뽕잎을 따 모아도 봄날은 길고 길어 수북이 쑥을 캐도 속이 타는 소녀 마음'爰求柔桑 春日遲遲 采蘩祁祁 女心傷悲(원구유상 춘일지지 채번기기 여심상비)이라고 노래하였다. 무성하고 많음을 의미한다. 아울러 오경웅은 번역의 흐름을 위하여 3, 4, 5절의 순서를 조금 바꾸었다.

순례자는 자신이 다다른 성소가 어떤 연유를 통해 지금 여기에 이르렀는지를 되새기고 있다. 순례자 자신이 이곳에 이른 여정도 녹록치 않았겠으나 거룩한 시온의 역사 자체가 하느님의 마음이 쏟아져 있는 곳이며 하느님의 신실한 이들의 마음이 녹아있는 곳이다. 시인은 그런 대표적인 인물로 다윗의 이야기를 떠올린다.

3, 4절의 다윗의 고백은 마치 순 임금 시대에 치수의 임무를 맡았던 우禹가 8년 가까이 맡은 임무를 다하느라 밖에서 지내고 세 번이나 자기 집 문 앞을 지나갔지만 집에 들르지 못하였다는 고사를 떠올리게 한다. 『맹자』 「등문공滕文公」에 當是時也 禹八年於外 三過其門 而不入(당시시야 우팔년어외 삼과기문 이불입)이라 하였다. 이 같은 마음으로 성도의 일치와 연합이 형성되는 것인가 보다.

제133수

사랑스럽고 즐거워라 和樂且湛
화 락 차 담

1 弟兄同居樂無涯
제 형 동 거 락 무 애

2 渾似靈膏沐首時 靈膏流浹亞倫鬢 直下浸潤亞倫褵
혼 사 영 고 목 수 시 영 고 류 협 아 륜 빈 직 하 침 윤 아 륜 리

3 又如黑門山上露 降於西溫芳以飴
우 여 흑 문 산 상 로 강 어 서 온 방 이 이

君不見 西溫山 主所喜 永生泉 福履綏
군 불 견 서 온 산 주 소 희 영 생 천 복 리 수

글자풀이

- 湛(담) 즐기다
- 涯(애) 끝, 물가
- 渾(혼)섞이다
- 似(사) 비슷하다
  渾似(혼사) ~와 꼭 흡사하다
- 沐(목) 머리를 감다
- 浹(협) 적시다
- 鬢(빈) 귀밑털
- 褵(리) 갖추어 입은 옷차림
- 飴(이) 맛있는 음식
- 履(리) 복록
- 綏(수) 편안하다

옮김

1형제들 함께 사니 즐거움 한 없어라 2머리 위에 거룩한 기름이 부어질 때
그 기름 아론의 귀밑머릴 적시고 그이의 옷깃에도 흘러내림 같도다 3헬몬
산 이슬이 시온에 내려 그 향기 널리 널리 퍼짐과 같으니 그대 보지 못하
였던가? 주님 기뻐하시는 시온 산! 영원한 생명 샘, 복의 근원이로다

해설

제목 화락차담和樂且湛은 『시경』「소아小雅」「상체常棣」에 '성찬을 갖춰 놓고 흡족하게 마셔보세 형제 모두 모였으니 이 아니 즐거운가 처자들 화합하여 슬을 뜯고 금을 뜯네 형제간에 우애 있어 그 더욱 즐겁구나'儐爾邊頭 飮酒之飫 兄弟旣具 和樂且孺 妻子好合 如鼓瑟琴 兄弟旣翕 和樂且湛(빈이변두 음주지어 형제기구 화락차유 처자호합 여고슬금 형제기흡 화락차담)라고 노래하였다.

3절의 군불견君不見은 그대 보지 못하였는가?라는 물음으로 뒷부분을 강조하기 위한 수사적 용법이다. 이백이 그의 시「장진주將進酒」,「행로난行路難」 등에서 사용하였다. '그대 보지 못하였는가? 황하의 물이 하늘 위에서 내려와 세차게 흘러 바다에 이르러 다시 돌아오지 못함을'君不見 黃河之水天上來 分溜到海不復廻(군불견 황하지수천상래 분류도해불복회)이라 읊었다.

같은 절의 복리수福履綏는 『시경』「주남周南」「규목樛木」에 '저 남쪽의 굽은 나무 칡넝쿨이 감고 있네 즐거울사 우리 님아 복 넝쿨이 감고 있네'南有樛木 葛藟纍之 樂之君子 福履綏之(남유규목 갈류루지 낙지군자 복리수지)라고 노래하였다. 형제가 함께 살아가는 즐거움을 노래한 시편이다.

하지만 순례자가 성전에 올라가며 부르는 찬미라는 시각에서 본다면 성전에 나아오기까지 순례자들마다 겪은 여정은 다를 것이나 이 모든 여정

을 마치고 그들이 지금 이곳에서 누리는 것은 이 길을 지켜주신 하느님의 은총이며 하느님의 영광이다. 각자에게 부어진 여정의 개별적 은총은 이제 시나브로 흐려진다. 이제는 모두가 함께 누리는 하느님의 영광 안에서 하나이며 한 집안의 식구들이다. 하느님의 은혜 안에서 다른 것들은 흐릿해지고 희미해진다. 자기가 사라지고 은혜와 영광만이 가득하기 때문이다.

제134수

밤의 축복 昏定
혼정

1 啟 終宵守主宅 善哉主之僕! 2 願爾常誦芬 舉手向靈幄
계 종소수주택 선재주지복! 원이상송분 거수향령악

3 應 願主自西溫 介爾以景福! 天地與萬物 莫非主所作
응 원주자서온 개이이경복! 천지여만물 막비주소작

글자풀이

- 啓(계) 열다, 일깨우다
- 宵(소) 밤
- 幄(악) 휘장, 장막
- 昏(혼) 날이 어둡다, 해질녘

옮김

이끄는 노래

1 아름답구나! 밤이 새도록 야훼의 집을 지키는 종들아 2 야훼의 거룩한 덕
찬미하여라 성소를 향하여 두 손 들어라

응답의 노래

3 하늘과 땅 세상 만물 모두 야훼께서 지으셨네 그 주님이 시온에서 복 주시길 원하노라

해설

제목인 혼정昏定은 혼정신성昏定晨省의 줄임말이다. 『예기』「곡례曲禮」 상에 '무릇 사람의 자식이 되어 지켜야 할 예가 있으니 겨울에는 따뜻하신지 여름에는 시원하신지 봐드리며 저녁에는 부모님의 잠자리를 살펴드리고 아침에는 밤새 평안하셨는지 문안을 드려야 한다'凡爲人子之禮 冬溫而夏凊 昏定而晨省(범위인자지례 동온이하청 혼정이신성)고 하였다.

자식은 부모님의 침상의 이부자리(겨울의 이불과 여름의 돗자리)를 봐드리고 불편함은 없는지 반드시 점검해야 하는데 이것을 정定이라 한다. 아침에는 일찍 일어나 부모의 침소에 가서 밤새의 안후를 살피는 것이 신성晨省이다. 유교는 부모를 향한 효를 사람됨의 근본으로 삼았고 효孝를 백행지본百行之本, 모든 행실의 근본으로 삼았다.

겨울에는 따뜻하고溫(온) 여름에는 시원하고凊(청) 밤에는 이부자리를 펴드리고定(정) 아침에는 문안을 드리는省(성) 온청정성溫凊定省이나 겨울엔 따뜻하게 여름엔 시원하게 해드린다는 동온하청冬溫夏凊도 같은 의미이다.

부모님에 대한 효성을 강조하는 의미도 있겠으나 그보다는 정녕 사람이 되어서 감당해야 할 도리가 무엇인지를 살피는 구절로 읽는다면 우리 자신을 더 잘 돌아볼 수 있을 것이다.

오경웅은 주님의 전에 머물다 한밤이 되어 떠나는 이들이 성전에 남아 밤에 전례를 거행하는 사제들과 주고받는 짧은 축복의 기도를 부모님을 향한 자녀들의 마음을 담아 노래하고 있다. 떠나는 이와 남는 이가 어떻게

부모님을 잘 모셔야 할지를 서로 일깨워주며 축복하는 기도가 되었다.

히브리 시인은 1절에서 주님의 집에 있는 이들이라 하였는데 오경웅은 주님의 집을 지킨守(수) 사람들이라 칭하고 있다. 주의 전을 물리적으로 방어하였다는 의미가 아닐 것이다. 주님의 집을 주님의 집답게 한 것이 곧 주님의 집을 지킨 것이니 깨어 있는 믿음으로 주의 전에 머물렀음을 뜻하겠다.

1절의 선재善哉는 매우 잘하였다는 칭찬의 의미로 예부터 누군가가 바른 도리를 말하거나 행하였을 때 그에 찬동하는 의미로 쓰였다. 후에 불경에서 감탄과 칭찬의 의미로 자주 쓰이게 되었다.

3절의 개이이경복介爾以景福은 『시경』「주송周頌」「잠潛」에 나오는 말로 '이것들을 잡아 제사 드리고 큰 복 내려주십사 빌어보리라'以享以祀 以介景福(이향이사 이개경복)는 구절이 있다. 큰 복을 뜻하며 홍복洪福이라고도 한다. 위魏의 명제가 지은 궁전의 이름이기도 하고 조선시대의 궁전 이름이기도 하다.

제135수

지으신 이와 지음 받은 만물 造物與受造

조물여수조

1 善哉主之僕! 咸誦主之名
선재주지복! 함송주지명

2 肅肅守主宅 雍雍立主庭
숙숙수주택 옹옹립주정

3 詠主之仁德 挹主之芬芳
영주지인덕 읍주지분방

4 雅谷膺主選 義塞承主恩
아곡응주선 의새승주은

5 大德惟我主 浩蕩邁百神
대덕유아주 호탕매백신

6 隨意造萬物 品類紛以陳 天地與淵海 咸賴主陶鈞
수의조만물 품류분이진 천지여연해 함뢰주도균

7 騰霧於地極 運霆作甘霖 大風何所自? 實出雲雷屯
등무어지극 운정작감림 대풍하소자? 실출운뢰둔

8 降災於埃及 人畜喪冢息
강재어애급 인축상총식

9 法老及諸臣 紛紛伏威烈
법로급제신 분분복위렬

10 強國被痛擊 霸君受殲滅
강국피통격 패군수섬멸

11 亞摩王西宏 巴珊王曰噩 迦南之諸侯 靡不嬰顯戮
아마왕서굉 파산왕왈악 가남지제후 미불영현륙

12 宗室既淪亡 疆域授吾族
종실기륜망 강역수오족

13 吁嗟主雅瑋! 芳名長卓卓
우차주아위! 방명장탁탁

14 主將鞫其民 忠僕當蒙擢
주장국기민 충복당몽탁

15 異邦之偶像 乃為金銀器 明明是死物 人工之所鑄
이방지우상 내위금은기 명명시사물 인공지소주

16 有口不能言 有目不能視
유구불능언 유목불능시

17 有耳不能聽 鼻觀了無氣
유이불능청 비관료무기

18 凡鑄偶像者 將與偶像似 供奉偶像者 亦是偶像類
범주우상자 장여우상사 공봉우상자 역시우상류

19 但願義塞族 一心懷雅瑋
단원의새족 일심회아위

20 亞倫與利未 頌揚主德偉 舉世敬主者 咸應獻頌美
아륜여리미 송양주덕위 거세경주자 함응헌송미

21 西溫與瑟琳 永為主所位 主居聖殿中 於穆盍有已
서온여슬림 영위주소위 주거성전중 어목합유이

글자풀이

- **肅**(숙) 공경하다
- **雍**(옹) 온화해지다
- **挹**(읍) 받들어 높이다
- **膺**(응) 받다
- **浩蕩**(호탕) 크고 광대한 모양
- **邁**(매) 뛰어나다
- **隨意**(수의) 뜻대로
- **陳**(진) 늘어놓다
- **鈞**(균) 고르게 하다
- **霧**(무) 안개
- **霆**(정) 번개
- **霖**(림) 장마
- **屯**(둔) 진을 치다
- **法老**(법로) 바로(파라오)의 음역
- **冢息**(총식) 맏아들
- **痛擊**(통격) 통렬하게 쳐부수다
- **霸**(패) 으뜸
- **殲滅**(섬멸) 모조리 멸하다
- **嬰**(영) 분노를 촉발하다
- **戮**(륙) 죽이다
- **卓**(탁) 뛰어나다
- **擢**(탁) 발탁하다
- **鑄**(주) 쇠를 부어 만들다
- **鼻觀**(비관) 콧구멍
- **穆**(목) 경외를 일으키다
- **亞摩**(아마) 아모리의 음역
- **西宏**(서굉) 시혼(왕의 이름)의 음역
- **巴刪**(파산) 바산의 음역
- **噩**(악) 옥(왕의 이름)의 음역
- **利未**(리미) 레위의 음역

옮김

1참으로 좋구나 주의 종들아 야훼 이름 높이어 찬송드리세 2야훼 전에 경
건히 머무는 이들아 하느님 집 뜰에서 화락하여라 3크신 자비하심에 찬미

올리고 주의 아름다우심 높여드려라 4야곱을 택하여 품어주신 주님이시니
이로서 이스라엘 은총을 입었도다! 5우리 하느님은 자비하신 분이니 뭇 신
들보다 넓고 크시며 6당신의 뜻에 따라 만물을 지으셔서 온갖 것들로 펼쳐 놓
으셨으니 하늘과 대지 깊은 물과 바다까지 주님의 다스리심 의지하도다 7땅의
저 끝에서 안개 솟으며 우레를 가져다 단비 내리시니 바람은 어디에서 불어오
는가? 구름 번개 모인 데서 나오는도다 8애굽에 재난을 쏟아내시자 사람과
육축의 맏이가 죽고 9격렬한 그 위세에 너무도 놀라 바로와 신하들이 엎드
렸네 10강대한 나라들 주의 손에 얻어맞고 힘 있던 임금들이 죽임을 당했
으니 11아모리 왕 시혼과 바산 왕 옥이며 가나안의 제후들도 피할 수 없었
도다 12주께서 그 왕실 멸망시키시고 그 땅을 우리에게 허락하셨으니
13위대하신 야훼 우리 하느님! 거룩하신 그 이름 만세에 빛나도다
14주께서 이 백성 판단하시고 신실한 종들을 세우시리라 15이방의 우상이
란 금붙이에 불과하니 사람 손이 주무른 것 죽은 것이라 16입 있으나 말
못하고 눈 있으나 볼 수 없고 17귀 있으나 못 들으며 콧구멍에 숨결이 들
고나지 않네 18우상을 만든 자도 우상처럼 생명없고 우상을 섬기는 자 우
상과 똑같도다 19그러니 너 이스라엘 민족아 일구월심 야훼만을 사랑하여
라 20아론과 레위의 집안들이여 야훼의 사랑과 위업 찬송하여라 주님을 경
외하는 모든 이들아 다함께 주님을 찬미하여라 21영원토록 시온에 야훼 머
무시니 성전에 계신 주님 찬양받으소서

해설

2절의 숙숙肅肅과 옹옹雍雍은 『시경』「대아大雅」「사제思齊」에서 '궁궐에선 온화하고 은근하셔도 종묘에선 엄숙하고 근엄하시네 드러내지 않으시고 임하시오며 싫증내지 않으시고 살펴주시네'雍雍在宮 肅肅在廟 不顯亦臨 無射亦保(옹옹재궁 숙

숙재묘 불현역림 무사역보)라며 문왕을 찬양한 노래이다. 6절의 품류品類는 만물을 뜻하며 분진紛陣은 진열하여 전시한다는 뜻으로 합하여 창조하신 만물을 세상에 펼쳐놓으셨다고 하였다.(도균陶鈞은 95편의 해설을 참고하라.) 7절의 감림甘霖은 때에 맞는 적절한 비를 말한다. 10절의 패군覇君은 패도정치를 추구하는 임금이다.(왕도정치에 반하는 패도정치는 54편의 해설을 참고하라.) 『순자』「왕제王制」편에 나온다. 17절의 료무了無는 전혀 없다는 단정의 뜻을 지녔다.

19절의 일심회아위一心懷雅瑋는 오롯한 마음으로 주님을 사모함이다. 옛글에 나라의 일을 맡은 자의 일 처리에 있어서 오로지 공평한가一心懷公(일심회공), 사심을 가지고 행하는가設心行私(설심행사)가 공公의 관건임을 지적하는 바가 많았다. 시편에서도 믿는 이들에게 일관되게 권하는 것은 한마음一心(일심)이다. 인간이 지닌 마음은 바늘 끝보다 좁아서 오롯이 하나만 담을 수 있다. 그 좁은 곳에 두 마음이 더불어 있을 여지는 없다. 말과 생각으로는 섞이는 것이 가능할지 모르나 마음은 전혀 그렇지 못하다. 그래서 단심丹心이기도 하다. 21절의 어목불유이於穆盍有已는 『시경』「주송周頌」「유천지명維天之命」에 '하느님이 이 세상에 내리신 명은 끗끗하여 쉼이 없도다'維天之命 於穆不已(유천지명 어목불이)라고 하였다.

오경웅은 이 시편을 번역하며 제목을 '지으신 분과 지음 받은 인생'이라고 붙였다. 지으신 분을 바르게 알아야 지음 받은 인생 또한 어떤 존재이며 무엇을 해야 할지 선명해진다. 어디서 왔는지 알아차리면 지금은 어디쯤이며 또 어디로 가야 할지도 짐작할 수 있게 된다. 그러니 시작하신 분에 대한 신뢰가 있고 알맞은 때에 마치리라는 평안함이 있다.

예(여기)까지 왔으니 계(거기)까지 가게 하시리라는 믿음은 지으신 분을 인식하는 데서 오는 선물이다. 그 간격을 알지 못하면 지음 받은 인생이 얼토당토않으며 엉뚱한 짓(우상을 만들기)을 하려든다. 시인은 통렬하게 비판한다. 우상을 만든 자도 우상과 같고 우상을 섬기는 자도 우상에 지나지 않는다! 제가 만들고 제가 취하여 놀아나니 어리석음이 한이 없다!

제136수

주의 은총을 찬술함 敍德辭
서 덕 사

1 啟 稱謝至尊 肫肫其仁　應 慈恩不匱 萬古和春
계 칭사지존 순순기인　응 자은불궤 만고화춘

2 啟 歌頌真宰 百神之神　應 慈恩不匱 萬古和春
계 가송진재 백신지신　응 자은불궤 만고화춘

3 啟 皇矣雅瑋 萬君之君　應 慈恩不匱 萬古和春
계 황의아위 만군지군　응 자은불궤 만고화춘

4 啟 經綸無數 靈異日新　應 慈恩不匱 萬古和春
계 경륜무수 영이일신　응 자은불궤 만고화춘

5 啟 憑其真慧 締造天廷　應 慈恩不匱 萬古和春
계 빙기진혜 체조천정　응 자은불궤 만고화춘

6 啟 洪濤之上 展布乾坤　應 慈恩不匱 萬古和春
계 홍도지상 전포건곤　응 자은불궤 만고화춘

7 啟 匠心獨運 靈光紛呈　應 慈恩不匱 萬古和春
계 장심독운 영광분정　응 자은불궤 만고화춘

8 啟 何以御晝? 實憑大明　應 慈恩不匱 萬古和春
계 하이어주? 실빙대명　응 자은불궤 만고화춘

9 啟 何以御夜? 惟月與星　應 慈恩不匱 萬古和春
계 하이어야? 유월여성　응 자은불궤 만고화춘

10 啟 懲創埃及 矜恤天民　應 慈恩不匱 萬古和春
계 징창애급 긍휼천민　응 자은불궤 만고화춘

11 啟 領我義塞 脫彼刼塵　應 慈恩不匱 萬古和春
계 영아의새 탈피겁진　응 자은불궤 만고화춘

12 啟 主之手臂 實具大能　應 慈恩不匱 萬古和春
계 주지수비 실구대능　응 자은불궤 만고화춘

13 啟 但一舉手 紅海中分　應 慈恩不匱 萬古和春
계 단일거수 홍해중분　응 자은불궤 만고화춘

14 啟 俾我義塞 魚貫而行　應 慈恩不匱 萬古和春
계 비아의새 어관이행　응 자은불궤 만고화춘

15 啟 海水復合 法老喪身　應 慈恩不匱 萬古和春
계 해수부합 법로상신　응 자은불궤 만고화춘

16 啟 引我登陸 平沙無垠　應 慈恩不匱 萬古和春
계 인아등륙 평사무은　응 자은불궤 만고화춘

17 啟 世之牧伯 受主痛懲　應 慈恩不匱 萬古和春
계 세지목백 수주통징　응 자은불궤 만고화춘

18 啟 赫赫侯王 紛紛伏刑　應 慈恩不匱 萬古和春
계 혁혁후왕 분분복형　응 자은불궤 만고화춘

19 啟 亞摩之君 名曰西宏　應 慈恩不匱 萬古和春
계 아마지군 명왈서굉　응 자은불궤 만고화춘

20 啟 巴珊王噩 遄赴幽冥　應 慈恩不匱 萬古和春
계 파산왕악 천부유명　응 자은불궤 만고화춘

21 啟 固有疆域 歸我所承　應 慈恩不匱 萬古和春
계 고유강역 귀아소승　응 자은불궤 만고화춘

22 啟 惟我義塞 實主之臣　應 慈恩不匱 萬古和春
계 유아의새 실주지신　응 자은불궤 만고화춘

23 啟 昔見衰削 今慶復興　應 慈恩不匱 萬古和春
계 석견쇠삭 금경부흥　응 자은불궤 만고화춘

24 啟 寇盜懾威 不敢再侵　應 慈恩不匱 萬古和春
계 구도섭위 불감재침　응 자은불궤 만고화춘

25 啟 主以日糧 惠我生靈　應 慈恩不匱 萬古和春
계 주이일량 혜아생령　응 자은불궤 만고화춘

26 啟 上天之主 可不尊親?　應 慈恩不匱 萬古和春
계 상천지주 가불존친?　응 자은불궤 만고화춘

글자풀이

- 敍(서) 진술하다
- 匱(궤) 다하다
- 辭(사) 말씀, 말하다
- 肫(순) 정성스럽다
- 皇(황) 위대하다
- 憑(빙) 전거로 삼다
- 締(체) 짓다
- 匠(장) 장인
- 呈(정) 갖추다
  紛呈(분정) 잇달아 드러나다
- 御(어) 다스리다
- 懲(징) 징계하다
- 創(창) 혼이 나다
  懲創(징창) 허물이나 잘못을 뉘우치도록 벌을 주거나 꾸짖어 경계함
- 劫塵(겁진) 천지가 뒤집힐 때 일어나는 먼지, 전쟁의 혼란
- 臂(비) 팔
- 丧(상) 잃다
- 平沙(평사) 모래펄
- 垠(은) 지경, 가장자리
- 侯(후) 제후
- 伏刑(복형) 처결에 처해지다
- 遄(천) 속히
- 赴(부) 가다
- 幽冥(유명) 저승
- 衰(쇠) 약하다
- 削(삭) 작다, 약하다
- 慶(경) 다행한 일
- 寇(구) 도적
- 盜(도) 도둑
- 慴(섭) 두려워하다
- 糧(량) 양식
- 惠(혜) 은혜를 베풀다

옮김

이끄는 찬양	응답의 후렴
1 한없이 어지신 야훼 주께 감사하세	다함없는 그 사랑 영원하여라
2 신들의 신 주재자께 찬양드리세	다함없는 그 사랑 영원하여라
3 위대할 손 야훼는 임금들의 임금님	다함없는 그 사랑 영원하여라
4 헤아릴 수 없는 경륜 날마다 새로워라	다함없는 그 사랑 영원하여라
5 당신의 슬기로 하늘을 지으셨네	다함없는 그 사랑 영원하여라
6 큰 물 위에 천지를 펼치신 주님	다함없는 그 사랑 영원하여라
7 오묘하고 놀라워라 신령한 빛 만드셨네	다함없는 그 사랑 영원하여라
8 어찌 낮을 다스릴까 밝은 해를 지으시고	다함없는 그 사랑 영원하여라

9어찌 밤을 다스릴까 별과 달 지으셨네 다함없는 그 사랑 영원하여라
10당신 백성 안쓰러워 애굽을 치셨다네 다함없는 그 사랑 영원하여라
11혼돈의 땅 애굽에서 이스라엘 이끄셨네 다함없는 그 사랑 영원하여라
12강한 손과 크신 팔 놀라우신 능력이라 다함없는 그 사랑 영원하여라
13손 한 번 펼치시니 홍해가 갈라지고 다함없는 그 사랑 영원하여라
14이스라엘 그 가운데 지나게 하셨도다 다함없는 그 사랑 영원하여라
15나뉜 물 합치시니 바로 군대 삼켜졌네 다함없는 그 사랑 영원하여라
16우리 겨레 이끄시고 너른 광야 건너셨네 다함없는 그 사랑 영원하여라
17세상의 왕들이 주의 징벌 받았으니 다함없는 그 사랑 영원하여라
18뛰어난 제후와 왕 꼼짝없이 형벌받네 다함없는 그 사랑 영원하여라
19아모리 왕 시혼이 징벌을 받았으며 다함없는 그 사랑 영원하여라
20바산의 왕 옥마저도 죽음에 옮겨졌네 다함없는 그 사랑 영원하여라
21저들의 강토를 우리에게 주셨네 다함없는 그 사랑 영원하여라
22이 겨레 이스라엘 주님의 백성이라 다함없는 그 사랑 영원하여라
23전엔 비참했으나 오늘은 홍왕하니 다함없는 그 사랑 영원하여라
24도적들은 두려워 다시 침범 못하도다 다함없는 그 사랑 영원하여라
25날마다 양식 주사 우리 생명 돌보시네 다함없는 그 사랑 영원하여라
26하늘에 계신 주님 어찌 경외 않으랴 다함없는 그 사랑 영원하여라

해설

1절의 순순기인肫肫其仁은 『중용』 32장에 나온다.(118편의 해설을 참고하라.) 3절의 황의아위皇矣雅瑋는 『시경』「대아大雅」「황의皇矣」에 나오는 말로 '거룩하신 저 하늘의 하느님께서 밝고 밝게 이 땅에 임하시어서 사방 백성 살피시어 구해 주셨네'皇矣上帝 臨下有赫 監觀四方 求民之莫(황의상제 임하유혁 감관사방 구민지막)라고 하였다.

5절의 천정天廷은 천정天庭으로 하느님 계신 궁전 혹은 하늘 그 자체를 의미한다. 여기서는 후자이다. 『문선文選』 「답빈희答賓戲」에 '하늘을 우러러 밝은 햇빛을 바라보지 않으려 했다'未仰天庭而覩白日也(미앙천정이도백일야)고 하였다. 같은 절의 체조締造는 매우 위대한 사업을 행하는 것을 의미한다.

6절의 전포展布는 펼쳐 드러내는 것인데 송宋의 나대경의 「학림옥로鶴林玉露」에 '예부터 능력과 덕이 있는 이는 많지 않았고 그 뜻을 펼쳐내지 못한 채 이리저리 떠돌다 쇠락하기에 이르기도 하였으니 근심 가운데서 탄식한다 해도 이미 늦고 말았다'自古才德之士 方其少也 不使得以展布 及其飄零衰老 乃拳拳嘆息之 亦已晩矣(자고재덕지사 방기소야 불사득이전포 급기표령쇠로 내권권탄식지 역이만의)고 하였다.

7절의 장심독운匠心獨運은 매우 독창적인 사유와 예술적이고 정교한 사유를 의미한다. 당唐의 왕사원이 『맹호연집서孟浩然集序』에 '맹호연의 문장은 그저 옛 것에만 의지하지 않았으니 그 사유는 정치하고도 독창적이었다'文不按古 匠心獨妙(문불안고 장심독묘)고 평하였다.

14절의 어관이행魚貫而行은 물고기가 유영하듯 줄줄이 떼지어 지나는 것을 이른다. 『삼국지』 위지 「등예전」에 어관이진魚貫而進이란 말이 나오는데 병사들이 목연애라는 절벽 길을 차례로 줄지어 지나는 모습을 묘사한 것이다.(26절의 가불존친可不尊親은 130편의 해설을 참고하라.)

우리가 예배에서 부르는 찬송은 선창과 호응으로서의 의미가 따로 없어 함께 부르기에 맛이 덜하다. 그러나 찬양에서 이끄는 부분과 호응하는 부분이 나뉘어있다면 찬양은 이끔과 호응이 반복되면서 점차 고조될 것이다.

후렴구는 다함없는 그 사랑 영원하여라慈恩不匱 萬古和春(자은불괘 만고화춘)이다. 불궤不匱는 끝없이 이어지는 모양을 뜻한다. 『시경』 「대아大雅」 「기취旣醉」에 '효자가 이어지네 길이길이 복을 주네'孝子不匱 永錫爾類(효자불궤 영석이류)라는 노래가 있다. 만고화춘萬古和春은 일반적으로 만고장춘萬古長春으로 쓰인다. 저자를 알 수 없는 원곡元曲 「사금오謝金吾」에 '공을 세운 바를 논하고 그에 걸 맞는 봉토를 더하니 황제의 가문 모두 영원하도다'也論功增封食邑 共皇家萬古長春(야논공증봉식읍 공황가만고장춘)라고 하였다.

후렴으로 호응하는 이는 앞부분의 인도자가 그들 삶에 임하시고 역사하신 하느님을 어떻게 찬양하며 그들의 마음을 격동시키는가를 기다리며 기대하고 그에 호응한다. 인도자는 기다리는 대중을 향해 하느님이 행하신 역사와 은혜가 얼마나 놀라운지 한 호흡 한 호흡 더하면서 고조시키고 비약을 감행한다.

찬양 가운데 그 은혜에 놀라며 찬양을 주고받으며 역할로 나뉘어져 있는 이들이 서로에게 동화되고 하나된다. 성음상화聲音相和요 울림이 계속되는 기도이다. 피조된 만물 가운데 하느님을 부르는 인생으로도 감격이요 노예살이에서 구원받은 믿음의 백성으로도 감읍이다. 선창에 감격하고 후렴에 감읍한다.

제137수

끌려간 땅에서 시온을 그리네 憶昔
억석

1 憶昔淹留巴比倫 河濱默坐泣西溫
억석엄류파비륜 하빈묵좌읍서온

2 白楊枝上挂靈瑟 遙寄鄉思到帝村
백양지상괘령슬 요기향사도제촌

3 敵人戲弄恣歡謔 勸我謳歌一笑呵
적인희롱자환학 권아구가일소가

4 身作俘囚淪異域 誰能含淚唱鄉歌?
신작부수륜이역 수능함루창향가?

5 一心惟戀瑟琳城 雖落他邦未失貞
일심유련슬림성 수락타방미실정

6 倘使鳴彈媚仇敵 手應絕藝舌吞聲
당사명탄미구적 수응절예설탄성

7 猶憶瑟琳遭難日 夷東蠻子競相呼
유억슬림조난일 이동만자경상호

摧殘聖邑方為快 祈主毋忘作孽徒
최잔성읍방위쾌 기주무망작얼도

8 巴比倫人恣刼奪 可憐稚子亦遭殃
파비륜인자겁탈 가련치자역조앙

9 誰能一雪斯奇恥 聖澤潤身萬古芳
수능일설사기치 성택윤신만고방

글자풀이

- **淹**(엄) 머무르다, 담그다
- **留**(류) 머물다
- **濱**(빈) 물가
- **泣**(읍) 울다
- **楊**(양) 버드나무
- **挂**(괘) 걸다
- **遙**(요) 멀다
- **寄**(기) 얹혀 살다
- **戲**(희) 희롱하다
- **弄**(농) 놀다
- **恣**(자) 마음대로
- **謔**(학) 희롱하다
- **謳**(구) 노래하다
- **呵**(가) 웃는 소리
- **俘**(부) 포로
- **囚**(수) 갇히다
- **淪**(륜) 빠져들다
- **淚**(루) 눈물 흘리다
- **戀**(련) 사랑하다
- **邦**(방) 나라
- **倘**(당) 혹시라도
- **媚**(미) 아첨하다
- **遭**(조) 만나다
- **蠻**(만) 야만스러운
- **競**(경) 경쟁하다
- **催**(최) 재촉하다
- **殘**(잔) 죽이다
- **孽**(얼) 죄
- **劫**(겁) 빼앗다
- **稚**(치) 어리다
- **雪**(설) 씻다
- **巴比倫**(파비륜) 바빌론의 음역

옮김

1남의 땅 바빌론에 끌려온 지 이미 오래 강변에 앉아 시온을 떠올리노라면
소리 없는 눈물 그치질 않는구나 2예배 때 타던 비파 버드나무에 걸고 아
득한 고향 임금 계시던 도성 그리노라 3원수들 조롱하며 희희낙락하는데
우리더러 신나는 노래부르라 하네 4이역만리 낯선 땅에 포로된 몸뚱이가
어떻게 눈물 머금고 고향 노래 부르랴? 5비록 남의 땅에 끌려왔으나 마음
은 애오라지 예루살렘에 있네 6혹여 원수에게 아첨하며 비파 타면 이 손이
여 끊어져라 입이여 붙어버려라

7거룩한 성 살렘이 무너지던 그날! 악의 무리 행하던 짓 잊지 마소서 에돔
의 무리배들 경쟁하듯이 "허물고 무너뜨려라 그야말로 통쾌하네" 8제 맘껏
겁탈한 바빌론이여 너희의 아이까지 재앙을 만나기를 9누가 능히 이 큰 치

욕 씻어주리오 거룩한 주의 은총 우릴 깨끗게 하사 영원토록 떳떳하게 하실 수 있네

해설

시편 137편은 그저 바빌론 포로기에 불린 노래라고 아련한 향수를 일으키는 고향 노래로만 밀쳐둘 수 없는 노래이다. 도리어 오늘 자신이 누구인지, 하느님의 백성으로 산다는 것이 무엇인지를 잠시도 떠올리지 못하게 하려는 정신없는 물질문명의 첨단 세상에서 더 깊이 되새겨야 할 노래이다.

차라리 이 시편의 시인은 자신의 처지를 선연히 기억하며 거룩한 성 예루살렘을 간절히도 그리워한다. 그리고 그만큼 자신을 이곳에서 얽어매는 것에서 벗어나길 기도한다. 자신이 지금 여기 있는 이유가 분명하니 무엇을 기도해야 할지도 알고 있다. 묵묵히 이 말씀을 들여다보면 혹 나는 그조차 잊어버리고 무엇을 바라며 무엇을 기도해야 할지를 잊은 오늘의 신앙인이 아닐까 두렵다.

1절의 엄류淹留는 오래 머무르다는 뜻이다. 조비의 「연가행燕歌行」에 '돌아오고 싶은 하염없는 생각에 고향 그리움 간절할텐데 그대는 어이하여 타향에 그리 오래 계시는지'慊慊思歸戀故鄕 君何淹留寄他方(겸겸사귀련고향 군하엄류기타방)라고 노래하였다.

2절의 요기遙寄는 마음을 담아 멀리 보낸다는 뜻이다. 맹호연의 시 「숙동려강기광릉구유宿桐廬江寄廣陵舊游」에 '도리어 두 줄기 흐르는 눈물 멀리 바다 서쪽으로 보내고 싶어라'還將兩行淚 遙寄海西頭(환장량행루 요기해서두) 하고 읊조렸다.

3절의 자환학恣歡謔은 제멋대로 놀며 즐거워한다는 뜻으로 이백의 「장진주將進酒」에 '옛날에 진사왕이 평락관에서 연회를 열어 한 말에 일 만금짜리 미주를 마시며 맘껏 즐겼다하니'陳王昔時宴平樂 斗酒十千恣歡謔(진왕석시연평락 두주십천자환학)라고 하였다. 여기서는 제멋대로 놀며 조롱한다는 의미로 읽을 수 있다.

5절의 실정失眞은 여인이 정절을 잃었다는 의미로 마음이 변한 것을 뜻한다.

6절의 명탄鳴彈은 현악기琵琶, 琴瑟를 뜻하다. 도연명의 시 「제인공유주가묘백하諸人共遊周家墓柏下」에 '오늘 날씨는 참으로 좋은데 적(피리)과 금(현을 뜯는 악기)의 연주도 있네'今日天氣佳 淸吹與鳴彈(금일천기가 청취여명탄)라고 노래하였다.

9절의 기치奇恥는 큰 치욕을 의미하며 기치대욕奇恥大辱의 줄임말이다. 같은 절의 윤신潤身은 『대학』에 나오는 것으로 '부유함은 집을 윤택하게 하고 덕은 그 사람을 윤택하게 한다'富潤屋 德潤身(부윤옥 덕윤신)고 하였다.

제138수

야훼와 그 말씀 道與名
도 여 명

1 感激湧心府 詠主眾神前
감격용심부 영주중신전

2 穆穆朝聖殿 將爾聖名傳
목목조성전 장이성명전

篤實生光輝 慈德何淵淵!
독실생광휘 자덕하연연!

聖名固已弘 聖道更無邊
성명고이홍 성도갱무변

3 昔日罹患難 恃主得平安
석일리환난 시주득평안

充我浩然氣 令我心彌堅
충아호연기 영아심미견

4 百王應頌主 感主諄諄誨
백왕응송주 감주순순회

5 歌詠主之道 歸榮於雅瑋
가영주지도 귀영어아위

6 高高無與比 謙謙獨蒙憐
고고무여비 겸겸독몽련

驕者終被抑 傲人遭棄捐
교자종피억 오인조기손

7 吾雖處困厄 知主必相援
오수처곤액 지주필상원

保我於凶敵 解我之倒懸
보아어흉적 해아지도현

8 慈恩徹始末 心願賴成全
자은철시말 심원뢰성전

前功寧可棄 初月豈無圓?
전공녕가기 초월기무원?

글자풀이

- 穆(목) 공경하다
- 諄諄(순순) 곡진하게 타이름
- 謙謙(겸겸) 겸손한 모양
- 棄捐(기연) 내다 버림
- 援(원) 당기다
- 懸(현) 매달다
- 徹(철) 뚫다
- 成全(성전) 사람을 도와 그로 하여금 목적하는 바를 이루게 하다

옮김

1이 마음 감격하여 신들 앞에서 거룩하신 우리 주님 찬양하오니 2주님의
성전에 공손히 엎드리며 거룩한 그 이름 널리 전하오리다 주님의 신실하심
찬란하오며 그 사랑 얼마나 깊으신지요! 거룩한 그 이름 온 세상 가득하고
거룩한 그 말씀 가없으십니다 3일찍이 환난에 빠졌을 때에 주님을 의지하
여 평안을 얻었으니 진리의 마음으로 담대케 해주시고 이 내 심령 굳건하
게 세워주셨네 4세상의 임금들 주님을 찬양하며 곡진한 그 말씀 새겨듣고
감격하네 5주님의 말씀을 노래하여라 야훼 주님께 영광 돌리세
6한없이 높이 계신 주님이시되 겸허히 땅의 것을 살펴주시네 교만한 자 끝
내 억누르시고 오만한 자 마침내 버림받으리라
7나 비록 곤경에 처할지라도 주께서 도우사 건져주심 믿노니 원수의 손에
서 지켜주시며 절박한 처지에서 풀어주시리라 8자비로운 그 사랑 여일하시
니 이 몸을 온전케 하여 주시리 초승달 차올라 둥글게 되듯 친히 시작하신
일 이루시리라

동양적 사유에서 이 제목이 떠올리는 것은 노자의 『도덕경』 첫 장이다. 첫 장은 '말로 규정할 수 있는 것으로 도라 하면 그것은 영원한 도가 아니요 이름 지어 부를 수 있다면 그것은 영원한 이름이 아니다'道可道 非常道 名可名 非常名(도가도 비상도 명가명 비상명)라는 구절로 시작된다.

정녕 영원한 것이 어떻게 유한한 인간이 규정하는 언어의 한계에 매일 수 있을까? 참으로 영원한 것은 딱히 이러한 것이라고 띠지를 붙여 그 안에 가둘 수 없다는 의미이다. 그러나 히브리 시인은 야훼 그분의 이름과 그분의 말씀道(도)을 찬양하며 감사하자고 권면한다.

도덕경적 사유가 유한한 것을 절대화하려는 인간의 어리석음과 유혹에 깨어있고자 한다면 성서적 사유는 그분의 거룩한 이름과 말씀에 오롯이 뛰어들어 그분의 은혜 안에서 자신의 한계를 넘어서고자 한다. 전자가 유한한 인간 자신을 물끄러미 바라보는 것이라면 후자는 그런 인간이기에 오롯이 투신할 영원을 사모할 수밖에 없음을 묘사하고 있다. 그런 의미에서 둘은 서로 멀리 있지 않다. 그렇기에 오경웅은 이 시편의 제목을 그분의 이름과 말씀이라고 제목을 붙여 머뭇거리는 인생을 초대한다.

다만 히브리 시인은 하느님 그분의 이름을 부르면서 그 이름 안에 영원하신 분을 감히 박제하려 하지 않는다. 그분의 말씀을 묵상하면서 언어와 자구 너머의 것을 추구하였으리라. 그렇기에 히브리 신앙은 그분의 이름이라고 하는 신명神名 사문자(YHWH)를 읽지 않고 그분의 상像을 만들려는 어떤 시도도 하지 않았을 것이다. 그분의 이름을 부르며 내가 없어지고 그분의 말씀을 새기며 자신을 넘어서는 은혜 안에 녹아지는 것! 그것이 그분의 이름과 말씀의 능력임을 맛보면 충분하다. 늘 말씀을 읽으면서 말씀 너머를 기억하고 그분을 간절히 부르되 그 이름에 잡히지 말 일이다.

2절의 목목穆穆은 공경하는 모양 혹은 화목한 기운이 넘치는 것을 뜻한다. 『이아爾雅』에는 목목 경야穆穆 敬也라 하였고 『서경』 「순전舜典」에는 빈우사문 사문목목賓于四門 四門穆穆이라 하여 '사방에서 오는 제후들을 순 임금이 빈례賓禮로 맞이하니 모든 제후들이 다 기뻐하고 화순하였다'는 내용이 있다.

3절의 호연지기浩然之氣는 『맹자』 「공손추公孫丑」 상에 나오는 말이다. 맹자가 자신은 호연지기를 잘 기른다고 말하자 호연지기가 무엇인지를 묻는 제자의 물음에 '말하기가 쉽지 않으나 그것을 기氣라 할 수 있을 것이다. 크고 굳센 것으로 그것을 곧게 길러서 해가 되지 않는다면 하늘과 땅 사이에 가득 차게 되고, 그 기운은 정의義와 도道에 맞게 되고, 그렇지 못하면 허탈하게 된다. 이것은 의가 모여서 생겨나는 것이지 밖에서 따로 구해서 취할 수 있는 것이 아니다'難言也 其爲氣也 至大至剛 以直養而無害 則塞於天地之間 其爲氣也 配義與道 無是餒也 是集義所生者 非義襲而取之也(난언야 기위기야 지대지강 이식양이무해 즉색어천지지간 기위기야 배의여도 무시뇌야 시집의소생자 비의습이취야)라고 하였다.

하늘과 땅 사이에 가득 찬 넓고 큰 정기이며 그에 걸 맞는 용기라고도 한다. 다만 맹자는 이 호연지기를 자신이 기른다고 하였는데 오경웅은 하느님께서 부어주시는 것이라고 고백하고 있다.

6절의 기연棄捐은 내버린다는 뜻이다. 고적의 시 「행로난行路難」에 '무게 나가는 황금이더라도 아까워하지 않으나 장부의 한두 마디 말이라도 산과 같이 여겨 버릴 수 없네'黃金如斗不敢惜 片言如山莫棄捐(황금여두불감석 편언여산막기절)라는 구절이 있다.

7절의 해도현解倒懸 또한 『맹자』 「공손추公孫丑」 상에 나오는 말로 '큰 나라에서 어진 정치를 베푼다면 백성이 기뻐하기를 마치 거꾸로 매달린 사람을 풀어주는 것과 같다고 할 것이다'萬乘之國行仁政 民之悅之 猶解倒懸也(만승지국행인정 민지열지 유해도현야)라고 하였다.

제139수

모든 걸 다 아시는 주님 主之全知
주 지 전 지

1 明哉雅瑋! 燭幽洞微 2 諳我起居 鑒我秘思
명 재 아 위! 촉 유 통 미 암 아 기 거 감 아 비 사

3 行藏出處 明察罔遺 4 心聲未發 主已先知
행 장 출 처 명 찰 망 유 심 성 미 발 주 이 선 지

5 瞻之在前 忽焉在後 聖手所指 不離左右
첨 지 재 언 홀 언 재 후 성 수 소 지 불 리 좌 우

6 主之全知 超絕萬有 不可思議 矧可詰究?
주 지 전 지 초 절 만 유 불 가 사 의 신 가 힐 구?

7 神彌六合 靡所不包 聖顔普照 何所用逃?
신 미 육 합 미 소 불 포 성 안 보 조 하 소 용 도?

8 曰躍於天 主在雲表 曰潛於淵 主伏於沼
왈 약 어 천 주 재 운 표 왈 잠 어 연 주 복 어 소

9 日出之鄉 遼海之濱 10 聖臂所及 猶若比鄰
일 출 지 향 요 해 지 빈 성 비 소 급 유 약 비 린

11 莫謂暗室 靈鑒無形 12 莫謂暮夜 神聽無聲
막 위 암 실 영 감 무 형 막 위 모 야 신 청 무 성

13 我之有生 亦云奇矣!
아 지 생 유 역 운 기 의!

14 主之大能 無與比矣! 臟腑森然 主實型之
주 지 대 능 무 여 비 의! 장 부 삼 연 주 실 형 지

15 胚胎母腹 主實甄之 魂魄潛結 主實成之
배 태 모 복 주 실 견 지 혼 백 잠 결 주 실 성 지

16 吾未成形 主已洞察　未見天日 先註歲月
오미성형　주이통찰　미견천일　선주세월

17 主之蘊奧 神妙莫測　主之微旨 不可勝述
주지온오　신묘막측　주지미지　불가승술

18 假曰計之 多於沙粒　寤寐思之 恍然自失
가왈계지　다어사립　오매사지　황연자실

19 惟願我主 殲彼不肖　惟願我主 除彼凶暴
유원아주　섬피불초　유원아주　제피흉폭

20 彼何人斯? 誣蔑大誥　自絕於主 孰敢愛好?
피하인사?　무멸대고　자절어주　숙감애호?

21 與主為敵 斯讐必報　22 不共戴天 疾彼無道
여주위적　사수필보　불공대천　질피무도

23 惟願天主 鍛鍊我心
유원천주　단련아심

24 去我邪妄 指我迷津　俾遵大路 直達永生
거아사망　지아미진　비준대로　직달영생

글자풀이

- **燭**(촉) 등불
- **洞**(통) 꿰뚫다, 통찰하다
- **微**(미) 아주 작다
- **諳**(암) 암송하다, 알다
- **瞻**(첨) 보다
- **矧**(신) 하물며
- **詰**(힐) 힐문하다, 따지다
- **逃**(도) 숨다
- **躍**(약) 뛰어오르다
- **潛**(잠) 자맥질하다
- **沼**(소) 늪
- **遼**(료) 멀다
- **臟腑**(장부) 오장과 육부
- **森**(삼) 성한 모양
- **胚**(배) 아이를 배다
  胚胎(배태) 아이를 배다
- **甄**(견) 질그릇, 돌림판
- **註**(주) 풀어 밝히다
- **蘊奧**(온오) 학문이나 지식이 매우 깊고 오묘하다
- **粒**(립) 알, 쌀알
- **恍**(황) 황홀한
- **誣**(무) 무고하다, 업신여기다
- **蔑**(멸) 멸시하다
- **誥**(고) 고하다, 훈계하다
- **殲**(섬) 죽이다
- **讐**(수) 원수
- **戴**(대) 머리 위에 올려놓다
- **津**(진) 나루, 언덕

옮김

1깊고 세미한 것까지 남김없이 꿰셔서 환히 아시는 야훼 하느님! 2저의 앉고
서는 것과 감춘 생각까지도 다 아시오며 3나아가고 물러남, 들고 남까지도
주께선 놓치시는 바 하나 없나이다 4제 생각 입에 담기도 전에 주님은 이
미 아셨사오니 5앞에 계신가 하면 하마 뒤에 계시며 거룩한 손길로 이끌어
주시고 한순간도 떠나지 않으십니다 6만유 위에 계신 주의 전지하심을 도
무지 사량思量할 수 없사온대 하물며 따져 묻거나 헤아릴 수 있으리이까? 7
당신의 신비 세상에 가득하고 품지 않으신 것 전혀 없사오며 거룩한 얼굴
빛 세상을 비추시니 그 무엇이 당신을 벗어날 수 있으리까? 8설사 하늘로
뛰어오른다 한들 주께서는 구름 위에 머무르시며 깊은 물속에 잠긴다 한들
주님 거기서 엎드려 기다리시네 9해 뜨는 동쪽 끝도 주님의 팔 닿으며 10
바다 끝이라 할지라도 당신 곁일 뿐입니다 11어둠 속에 들어가 숨고자 해
도 주님은 형체 없는 것조차 살피시며 12깊은 밤 가운데 머물고자 해도 당
신은 소리 없는 바까지도 들으십니다 13제가 생명 얻어 난 것은 또 얼마
나 기묘한지요! 14지으신 그 솜씨 도무지 비할 바 없어라! 몸뚱이 채 이루
기 전 제 모양 뜻하시고 15어미 뱃속 잉태될 제 저를 빚으셨사오며 제 영
혼 이루어지는 중임에도 주께선 이미 완성하셨나이다 16이렇듯 채 지어지
기도 전에 주께선 저를 꿰뚫어 아셨으며 제가 세상 나기도 전에 목숨의 날
수 정하셨사오니 17주님의 깊은 뜻 신묘막측하여라 오묘한 섭리는 말로 다
할 수 없나이다 18헤아려 보려 해도 모래알보다 많사오니 밤 맞도록 생각
해도 아득할 뿐입니다

19주께 바라오니 저 악인들 멸하소서 주님 구하오니 흉폭한 자들 쳐주소서
20주의 뜻 모략하고 중상한 저들 제 스스로 떠났으니 누군들 아낄까요? 21
주님을 원수로 삼았사오니 반드시 그 벌을 받으리이다 22어떻게 저리도 무
도한 자들과 한 하늘 이고서 살아가겠는지요? 23주님 저의 심령 단련시키소

서 24 제게서 삿된 것 버리게 하시고 미몽에서 깨어 일어나게 하소서 거룩한
주의 길 걷게 하셔서 영원한 생명에 이르게 하소서

해설

5절의 첨지재전 홀언재후瞻之在前 忽焉在後는 공자의 제자 안연이 스승 공자가 어떤 분인지를 묘사할 때 쓰인 말이다. '안연이 탄식하며 이르길 "선생님의 모습은 바라볼수록 더욱 높아만 가고 선생님의 학문은 연구할수록 더 깊기만 하다. 앞에 계신가 싶었는데 어느새 뒤에 계시다. 선생님께서는 한 걸음 한 걸음 사람을 잘 이끌어주시고 학문으로 넓혀주시고 예로서 언행을 잘 검속케 하시네. 그러니 그만 두고자 해도 그만둘 수 없으며 정말 열심을 다해 노력하지만 선생님은 더욱 우뚝하시기만 하다. 어떻게 좇아가 보려고 해도 좇아갈 길이 없는 것 같구나!"'顔淵喟然歎曰 仰之彌高 鑽之彌堅 瞻之在前 忽焉在後 夫子 循循然善誘人 博我以文 約我以禮 欲罷不能 旣竭 吾才 如有所立卓爾 雖欲從之 末由也已(안연위연탄왈 앙지미고 찬지미견 첨지재전 홀언재후 부자 순순연선유인 박아이문 약아이례 욕파불능 기갈 오재 여유소립탁이 수욕종지 말유야이)

이런 스승을 만난다면, 스승을 만나 이렇게 고백할 수 있다면 더 무엇을 구하겠는가? 스승 공자에 대한 안연의 고백을 오경웅은 자신의 신앙고백으로 옮겨놓았다. 이러한 고백을 들으면서 스승을 도무지 넘을 수 없는 벽으로만 만난다면 참으로 안타까운 일이다. 한없는 배움이 일어나는 마르지 않는 샘으로 만날 일이요, 언제든지 무엇이든지 여쭙고 뛰어들 수 있는 은혜의 바다로 여길 일이다. 그분의 전지全知 앞에서 나의 무지無知가 드러나는 것은 부끄러움이 아니라 해방의 사건이며 친절한 안내와 가르침의 시작이니 이보다 더 좋을 수 없지 않은가?

1절의 촉유통미燭幽洞微는 깊고 세미한 도리까지 꿰뚫어 안다는 뜻의 성어

成語로 통유찰미洞幽察微, 통은촉미洞隱燭微 등으로도 쓰인다.(3절의 행장行藏은 23편의 해설을 참고하라.)

4절의 심성은 마음에 담고 있는 소리이다. 양웅의 글 「법언法言」에 '그러므로 말은 마음의 소리요 글은 마음의 그림이다'故言心聲也 書心畫也(고언심성야 서심화야)라고 하였다.

14절의 삼연森然은 충막무짐 만상삼연沖漠無朕 萬象森然의 의미를 담고 있다. 주희의 태극도 해설에 나오는 말로 공허하고 광막하여 아무 조짐도 볼 수 없음에도 그 안에 이미 삼라만상이 모두 갖추어져 있다는 뜻이다. 본래 신유학에서 체용體用이 하나임을 설명하는 중에 사용되었는데 오경웅은 인생이 지어지기 전에 이미 주님의 뜻 안에 있다는 의미로 사용하였다.

같은 절의 무여비의無與比矣는 사물이 너무도 완전하여 도무지 비교할 바가 없다는 뜻의 성어로 무여비륜無與比倫으로 쓰인다. 정계의 「개천전신기開天傳信記」에 '그 조각하여 다듬은 바가 너무도 장중하고 아름다운데다 정교하기 이를 데 없어 도무지 비할 데가 없었다'制作壯麗 鐫琢精巧 無與比倫(제작장려 전탁정교 무여비륜)는 글이 있다.

14, 15절에서 시인은 생명 지으심을 오경웅은 주실형지 주실견지 주실성지主實型之 主實甄之 主實成之라 하여 점층적인 표현을 사용하였다. 형型은 형태를 짓기 위한 거푸집과 같으니 계획이나 주님 심중의 뜻이라 해도 되겠다. 내가 지어지기 전에 하느님의 뜻이 먼저 계신 셈이다.

견甄은 장인이 빚는 질그릇이기도 하고 질그릇을 올려놓고 돌리는 돌림판이기도 하다. 과정이라 하겠다. 어머니의 장중에 있으나 하느님의 손길 안에 있다. 그런 후에 성成, 온전한 지어짐이 있다. 내가 나를 인지하기도 전에 그분의 이루심이 있다. 주님의 작품이며 그분의 전적인 빚으심이다. 그러니 안심해도 되겠다.

17절의 미지微旨는 정심미묘한 깊은 뜻, 성인의 뜻을 의미한다. 18절의 황연자실恍然自失은 갑작스럽거나 황홀한 깨달음이나 깨침이 있고 나서 그

것에서 깨어나지 못해 정신을 차리지 못하는 모습을 묘사하는 성어成語이다.

20절의 자절自絶은 스스로 끊어버렸다는 의미로 『서경』「태서泰誓」 하에 '지금 상나라의 임금 수受는 군신, 부자, 형제, 부부, 붕우 등 오륜의 도를 더럽히고 업신여겨 게을리 하고 공경하지 않으니 이제 위로는 임금 스스로가 하늘의 명을 끊어버리고 아래로는 백성들과 원수를 맺게 되었다'今 商王受 狎侮五常 荒怠弗敬 自絶于天 結怨于民(금 상왕 수 압모오상 황태불경 자절우천 결원우민)라는 문장이 나온다.

22절의 불공대천不共戴天은 『예기』「곡례曲禮」에 나오는 말로 '아버지의 원수와는 한 하늘을 이고 살 수가 없다'父之讐 弗與共戴天(부지수 불여공대천)고 하였다.

24절의 미진迷津은 깨달음에 이른 피안彼岸의 반대되는 차안此岸, 미몽의 세계를 뜻한다. 히브리 시인은 잘못이 있는지, 혹은 고통의 길을 걷는지라고 하였는데 오경웅은 이를 어리석은 미몽에 싸여 있는 것으로 번역하였다. 당의 맹호연의 시 「남환주중기원태축南環舟中寄袁太祝」에 '무릉도원은 어드메뇨? 이리저리 헤메다 길을 잃었구나!'桃源何處是 游子正迷津(도원하처시 유자정미진)라고 하였다.

제140수

행한 대로 받으리라 因果

인과

1 求主拯我 於彼巨猾 求主脫我 於彼暴虐
구주증아 어피거활 구주탈아 어피폭학

2 恃勢挑釁 心存險惡 3 舌如蠆尾 口含荼毒
시세도흔 심존험악 설여채미 구함도독

4 求主出我 於彼掌握 扶我翼我 莫令失足
구주출아 어피장악 부아익아 막령실족

5 群姦洶洶 設穽持索 羅網密布 機焰暗伏
군간흉흉 설정지삭 나망밀포 기감암복

處心積慮 圖我顛覆
처심적려 도아전복

6 我白雅瑋 爾為我主 求爾傾耳 聽我哀訴
아백아위 이위아주 구이경이 청아애소

7 翳我小子 惟爾是怙 臨陣之日 每蒙庇護
예아소자 유이시호 임진지일 매몽비호

8 莫容群小 橫行無度 莫容惡計 暢遂無阻
막용군소 횡행무도 막용악계 창수무조

恐長其傲 揚揚闊步
공장기오 양양활보

9 相彼惡黨 信口詛咒 願其所言 悉歸自受
상피악당 신구저주 원기소언 실귀자수

10 雷擊其頂 火燒其身 沉溺深淵 永不再興
뇌격기정 화소기신 침닉심연 영불재흥

11 大地雖廣 不容讒人 禍之逐惡 如影隨形
대지수광 불용참인 화지축악 여영수형

多行不義 何以自存?
다행불의 하이자존?

12 大公惟主 屈者以伸 窮苦無告 是恤是矜
대공유주 굴자이신 궁고무고 시휼시긍

13 豈弟君子 常懷主名 光明正大 對越天君
개제군자 상회주명 광명정대 대월천군

글자풀이

- 猾(활) 교활하다
  巨猾(거활) 아주 간사하다
- 挑(도) 돋우다
- 釁(흔) 피를 칠하다
- 蠆(채) 전갈
- 荼毒(도독) 심한 독
- 握(악) 쥐다
- 姦(간) 간사하다
- 穽(정) 함정
- 持(지) 잡다
- 索(삭) 줄, 올가미
- 蜜布(밀포) 빽빽하게 펼치다
- 機(기) 틀
- 埳(감) 구덩이
- 慮(려) 생각하다
- 圖(도) 꾀하다
- 顚(전) 꼭대기
- 覆(복) 뒤집다
- 翳(예) 가리다
- 陳(진) 진을 치다
- 護(호) 감싸다
- 阻(조) 걱정하다, 막히다
- 闊(활) 확 트이다
- 悉(실) 남김없이
- 擊(격) 부딪히다
- 燒(소) 불태우다
- 沉(침) 가라앉다
- 溺(닉) 빠지다
- 讒(참) 참소하다
- 逐(축) 추종하다
- 屈(굴) 굽히다
- 伸(신) 펼치다
- 對(대) 대하다
- 越(월) 뛰어넘다

옮김

1 야훼 하느님 교활한 저들에게서 이 목숨을 구하소서 횡포하고 포악한 무
리에게서 벗어나게 하시고 구원하소서 2 제 힘만 믿고 싸우려는 저들 그 마

음은 악으로 가득하오며 3저들의 혀는 전갈의 꼬리이며 입에는 독을 잔뜩
품었나이다 4악인들 손아귀에서 저를 건지소서 실족치 않게 저를 지켜주
소서 5간사한 무리들 함정을 파고 이곳저곳 올가밀 놓았습니다 촘촘히 그
물 치고 구덩일 파고는 몰래 숨어서 기다립니다 끊임없이 작당하여 음모
꾸미고 어찌 나를 없앨까 노리나이다 6야훼께 제 마음 꺼내놓사오니 당신
은 저의 하느님이시라 애끓는 하소연에 귀 기울여 주소서 7저의 보호자여
제가 의지하는 이시여 전쟁의 날에 저를 지켜주소서 8무도한 악인들 용납
하지 마시고 마구잡이 거짓 계교 막아주소서 활개치는 저들의 오만한 거드
름 혹여나 오래갈까 두렵습니다 9함부로 지껄인 악인들의 저주가 저들에
게 고스란히 돌아가게 하소서 10벼락이 떨어져 몸뚱이엔 불붙고 깊은 물속
가라앉아 잠기어서는 두 번 다시 일어나지 못하게 하소서 11세상이야 넓다
지만 헐뜯는 자 머물 자리 없게 하시고 악을 쫓는 무리들 바로 뒤에서 재
앙이 그림자처럼 따르게 하소서 불의한 짓 수없이 저질러놓고 제 목숨 보
존이 가당키나 합니까? 12정의와 공평 주께 있으니 억눌린 이 일으켜 세워
주시고 하소연 할 곳 없는 고통 받는 이 불쌍히 여기사 자비를 베푸시니 13
올곧게 믿음을 지켜낸 이들 거룩한 주 이름 영원히 찬미하고 그 마음 깨끗
하고 행실 바른 성도들 주님을 모시고 살아가리라

해설

제목이 인과因果이다. 어떤 행위에든 반드시 그에 따른 결과가 있다는 것이다. 인과응보因果應報의 의미도 담고 있다. 동양적 사유에서는 마땅한 결과로서 인과를 말하지만 오경웅은 이 시편의 이야기를 통해 인과는 하느님에 대한 신뢰에 다름 아니다. 눈앞의 왜곡된 현실이나 시인이 겪는 아픔에 휘둘리지 않고 이 모든 것을 끝내 바로잡으시는 하느님을 향한 신뢰를 인과

因果로 표현하고 있다. 그렇기에 악의 묘사도 리얼하다. 2, 3절에서 악인은 자기 힘을 믿기에 피칠갑을 두려워 않고 전갈의 독침처럼 날카로우며 예기치 못한 것으로 표현된다.

5절에서 함정에 올가미를 더하고, 그물을 치되 빠져나갈 틈이 없고 구덩이를 파고는 숨어있다. 정말 골똘히 오랫동안 그것만을 꾸미고자 힘쓴 모습이다. 그러나 시인은 거기에 매몰되지 않는다. 하느님께 솔직히 털어놓는다. 나의 하느님이란 칭호에는 계약을 맺으신 하느님이란 의미가 담겨 있다.

믿음으로 하느님을 일깨우며 간구함으로 약속을 상기시킨다. 하느님은 시인의 동반자가 되어주셔야 하고 승리로 이끌어주셔야 한다. 다만 이것은 시인의 개인적인 요청이 아니다. 저 혼자 위기를 모면하려는 요구가 아니다. 끝부분에서처럼 하느님의 언약이 이뤄지기를 간구하는 믿는 이들 모두가 누려야 할 은혜이기도 하다.

5절의 처심적려處心積慮는 『곡량전穀梁傳』에 '정백鄭伯의 처사는 얼마나 심한가? 그토록 골몰하여 오랫동안 꾸며서 끝내 죽이려 하였구나'何甚乎鄭伯 甚鄭伯之處心積慮成於殺也(하심호정백 심정백지처심적려성어살야)라고 하였다.

6절의 백白은 진정으로, 진심으로 토로한다는 의미를 지녔다. 8절의 창수무조暢遂無阻는 아무 방해나 지장 없이 순조롭게 이뤄진다는 뜻으로 일반적으로 창행무조暢行無阻로 쓰이는 성어成語이다.

9절의 신구信口는 신구개하信口開河 또는 신구호언信口胡言의 의미이다. 말할 때 주의하지 않고 입에서 나오는 대로 함부로 말하거나 근거도 없고 책임지지도 못할 말을 함부로 내뱉는 것을 뜻한다.

11절의 여영수형如影隨形은 불교의 『열반경涅槃經』에 나오는데 '선을 행하든 악을 행하든 그 응보가 반드시 있으니 이는 그림자가 그 몸뚱이를 따르는 것과 같다'善惡之報 如影隨形(선악지보 여영수형)고 하였다.

13절의 상회常懷는 변치 않고 마음에 담고 품는 것을 뜻한다. 『서경』「태갑太甲」 하에 '하늘은 따로 친밀함이 없으니 공경하며 게으름이 없는 이와 친하며 백성은 따로 마음에 품는 이가 없으나 어진 분이 있으면 그런 분을 따르고자 합니다'惟天無親 克敬有親 民罔常懷 懷于有仁(유천무친 극경유친 민망상회 회우유인)라고 하였다.

같은 절의 대월천군對越天君은 하느님을 맞이한다는 의미로 『시경』「주송周頌」「청묘淸廟」에 '하늘에 계신 님을 받들기 위해 사당에서 분주하게 오고 가도다'對越在天 駿奔走在廟(대월재천 준분주재묘)라고 하였다.

대월對越은 하늘을 우러르는 태도나 제사 지내는 모양을 의미한다. 오경웅은 이를 주님과 동행하는 의미與神同行(홍신동행)로 확장하고 있다.

같은 절의 개제군자豈弟君子는 『시경』「대아大雅」「형작泂酌」에 나오는 것으로 '덕 있고 온화한 군자는 백성들의 부모와 같다'豈弟君子 民之父母(개제군자 민지부모)고 하였다. 개제豈第는 온화하고 친밀하여 가까이 다가갈 수 있는 덕을 품을 사람을 의미한다.

제141수

벗을 가려서 사귐 擇交

택교

1 殷勤籲天主 慰我引領望
은근유천주 위아인령망

2 向主獻心禱 宛如薦馨香 擧手抒仰慕 應同晩祭芳
향주헌심도 완여천형향 거수서앙모 응동만제방

3 守我口如瓶 防我意如城
수아구여병 방아의여성

4 莫使私欲萌 閑邪存我誠 教我遠群小 不屑嘗其珍
막사사욕맹 한사존아성 교아원군소 불설상기진

5 寧受賢人責 苦口是良藥 莫受惡人諛 蜜中含辛螫
영수현인책 고구시량약 막수악인유 밀중함신석

任憑彼作惡 吾禱何曾息?
임빙피작악 오도하증식?

6 大憝既伏辜 當知吾言實
대대기복고 당지오언실

7 歹徒終瓦裂 屍骨墓前積
대도종와렬 시골묘전적

8 我今處危厄 時時虞隕越 吾目惟望主 主是安身窟
아금처위액 시시우운월 오목유망주 주시안신굴

9 求主加矜憐 莫令吾命絕 敵人設羅穽 祈主賜輔翼
구주가긍련 막령오명절 적인설라정 기주사보익

10 務使張網者 紛紛自墜入
무사장망자 분분자추입

글자풀이

- 領(령) 목
- 禱(도) 기도하다
- 宛(완) 마치
- 薦(천) 봉헌물
- 馨香(형향) 아름다운 향
- 甁(병) 병
- 萌(맹) 싹트다
- 閑(한) 막다
- 屑(설) 부스러기
- 嘗(상) 맛보다
- 諛(유) 아첨하다
- 蜜(밀) 꿀
- 螫(석) 쏘다
- 憑(빙) 의지하다
- 憝(대) 간악
- 伏(복) 엎드리다
- 辜(고) 허물
- 歹(대) 몹쓸
- 瓦(와) 기와
- 裂(렬) 찢어지다
- 屍(시) 주검
- 墓(묘) 무덤
- 虞(우) 걱정하다
- 窟(굴) 굴, 머물 곳
- 穽(정) 함정
- 輔(보) 돕다, 힘을 빌리다
- 墜(추) 떨어지다

옮김

1야훼여 간절히 호소하오니 주님만 기다리는 제게 위로주소서 2주를 향한
마음의 기도를 정성스런 분향으로 여겨주시고 손들고 우러러 기도하오니
저녁 제사 향으로 받아 주소서 3잘 막힌 병처럼 입술을 다물며 제 생각 든
든한 성같이 지키소서 4욕심의 싹일랑 움트지 않게 하시고 사악한 맘 막아
진실에 머물게 하소서 악인들을 멀리하도록 저를 가르치시고 그들이 즐기
는 것 맛보지 않게 하소서 5어진 이의 책망 기꺼이 받으리니 입에야 쓰겠
으나 몸을 낫게 하겠지요 악인의 아첨에 귀를 열지 않으리니 달콤해 보이
지만 독이 들었음입니다 저들이야 제멋대로 악을 행할지라도 저야 어찌 기
도를 쉴 수 있겠습니까? 6악인들 제 죄로 벌을 받을 때에야 제 말의 신실
함을 알 것입니다 7저들 끝내 깨어진 기와 마냥 흩어지며 주검은 이리저리
뒹굴리이다 8지금 처한 곤경에서 넘어질까 두려우나 피난처 되신 주만 바

라봅니다 9 은혜의 주님 긍휼을 베푸셔서 이 목숨 끊어지지 않게 하소서 원
수들이 함정을 펼쳐놓았으나 주께서 인도하사 피하게 하소서 10 오히려 애
써 펼친 자기 올무에 저들이 우왕좌왕 걸려들게 하소서

해설

제목이 택교擇交이다. 가도의 시 「송심수재하제동귀送沈秀才下第東歸」에 '군자는 아첨 따윈 멀리하나니 벗을 찾음이 훌륭한 스승을 구하듯 간절하다'君子忌苟合 擇交如求師(군자기구합 택교여구사)고 하였다.

이탁오李卓吾 또한 『분서焚書』에서 '내가 말하는 바 스승과 벗이란 원래 하나이니 어떻게 두 가지 다른 의미가 있겠습니까? 옛 선인들은 벗과 묶인 무게를 충분히 아셨기에 특별히 스승 사師란 단어를 벗 우友 앞에 놓아서 벗이라면 스승이 아닐 수 없음을 드러냈으니 만약에 스승이 될 수 없다면 친구도 될 수 없는 것입니다.'余謂師友原是一樣 有两樣耶? 古人知朋友所係之重 故特加師字於友之上 以見所友無不可師者 若不可師 卽不可友(여위사우원시일양 유양양야? 고인지붕우소계지중 고특가사자어우지상 이견소우무불가사자 약불가사 즉불가우)라고 하였다.

믿음의 여정 또한 저 혼자 자기를 잘 지켜내는 길이 아니다. 더불어 서로 일깨우며 바른 길을 함께 격려하며 걷는 공동체와 믿음의 벗들이 무엇보다 소중하다. 그 길에서 늘 우리 주께서 가장 좋은 벗이 되심을 몸소 겪는 것! 이보다 좋을 일이 어디 있을까?

혹여 두려운 것은 오늘날의 우리 교회가 자기들끼리 모여서는 서로를 칭찬하며 자화자찬에 빠져버릴까 하는 것이며 그로 인해서 소금의 역할을 하지도 못하면서 스스로들 의롭게 여길까 하는 것이다. 기도를 쉬지 않으면서 책망에 깨어있고 입술과 마음을 지키는 선한 이웃이 내게 있는가? 나는 혹 그러한가? 물을 일이다.

1절의 인령망引領望은 목을 빼고 기다린다는 의미로 『맹자』 「양혜왕梁惠王」 상에 '만약 백성을 죽이는 것을 좋아하지 않는 어진 군주가 있다면 천하의 모든 백성이 다 목을 길게 늘이고 그를 바라보게 될 것입니다'如有不嗜殺人者 則天下之民皆引領而望之矣(여유불기살인자 즉천하지민개인령이망지의)라고 하였다.

3절의 수구여병守口如甁 방의여성防意如城은 승려 도세의 『제경요집諸經要集』에 나오는 것으로 마음의 생각과 말을 삼가고 지켜 자신을 바르게 함을 뜻한다.

4절의 한사존성閑邪存誠은 『주역』 「문언전文言傳」 「건괘乾卦」에 '언제나 말에는 믿음이 있고 행동에는 삼감이 있다. 사특한 생각을 하지 않고 언제나 참됨을 간직한다'庸言之信 庸行之謹 閑邪存其誠(용언지신 용행지근 한사존기성)고 하였다.

5절의 고구양약苦口良藥은 『공자가어孔子家語』에 '좋은 약은 입에 쓰나 병을 낫게 하고 충언은 귀에 거슬리나 바른 행동에는 도움이 된다'良藥苦于口而利於病 忠言逆于耳而利於行(양약고우구이리어병 충언역우이이리어행)고 하였다.

6절의 복고伏辜는 복죄服罪와 같은 말이다. 『시경』 「소아小雅」 「우무정雨無正」에 나오는 말로 '저들의 죄로 인해 벌써 벌을 받았어야 하는데 오히려 버려두고 죄를 숨겨 죄 없는 사람들만 도탄에서 신음하네'舍彼有罪 旣伏其辜(사피유죄 기복기고)라고 탄식하였다.

8절의 안신安身은 『좌전左傳』에 '군자에게 네 종류의 시간이 있으니 아침에는 정사에 대하여 듣고 한낮에는 이를 실행하고자 힘쓰며 저녁에는 받든 영令을 점검하고 한밤에는 몸을 편안히 쉬게 한다'君子有四時 朝聽政 晝訪問 夕修令 夜安身(군자유사시 조청정 주방문 석수령 야안신)고 하였다. 단순히 몸을 편안하게 함이 아니라 해야 할 도리를 다 감당하여 이제 하늘에 그 뜻을 맡기고 몸을 편안하게 한다는 의미로 읽어야 한다.

제142수

주 안에 생명 있네 聖道中自有乾坤

성 도 중 자 유 건 곤

1 竭聲向主籲 殷勤向主訴
갈 성 향 주 유 은 근 향 주 소

2 敬將事實陳 直把丹忱吐
경 장 사 실 진 직 파 단 침 토

3 小子落魄日 惟主知其路 吾路一何險? 羅網密密布
소 자 락 백 일 유 주 지 기 로 오 로 일 하 험? 나 망 밀 밀 포

4 倉皇顧我側 舉目無所親 孤身罹危厄 無人問死生
창 황 고 아 측 거 목 무 소 친 고 신 리 위 액 무 인 문 사 생

5 長跪白我主 惟主可庇身 茫茫塵海裏 主是我乾坤
장 궤 백 아 주 유 주 가 비 신 망 망 진 해 리 주 시 아 건 곤

6 我今處絕境 顛沛亦已甚 群小相窘辱 其勢一何猛?
아 금 처 절 경 전 패 역 이 심 군 소 상 군 욕 기 세 일 하 맹?

7 求爾應我禱 求爾加慈愍 拯我於諸敵 脫我於陷穽
구 이 응 아 도 구 이 가 자 민 증 아 어 제 적 탈 아 어 함 정

俾我獲自由 宣揚爾德盛 務使敬主者 聞風共相慶
비 아 획 자 유 선 양 이 덕 성 무 사 경 주 자 문 풍 공 상 경

글자풀이

- 竭(갈) 다하다
- 殷勤(=慇懃 은근) 간절히 원하다
- 訴(소) 호소하다
- 把(파) 잡다
- 魄(백) 넋, 몸
- 羅網(라망) 그물
- 密(밀) 빽빽하다
- 倉皇(창황) 황급하다, 다급하다
- 罹(리) 환란, 근심
- 跪(궤) 꿇어 앉다
- 塵海(진해) (=塵世 진세) 티끌 같은 세상
- 窘辱(군욕) 곤욕, 치욕
- 猛(맹) 사납다
- 絶境(절경) 멀리 떨어져 있는 땅
- 顚沛(전패) 엎어지고 자빠짐
- 禱(도) 빌다, 기원하다
- 愍(민) 불쌍히 여기다
- 陷穽(함정) 함정
- 聞風(문풍) 소문을 들음

옮김

1 소리 높여 야훼께 호소하네 간절히 주님께 기도드리네 2 가슴을 움켜잡고
속사정 토하여서 내 겪고 있는 바를 말씀드리네
3 제 영혼 아득한 날 주님은 저의 행로 아시옵니다 주님 저의 길이 얼마나
험한지요? 촘촘한 그물들 투성이입니다 4 당황하며 고개 들어 돌아보지만
가까운 이 주위엔 보이지 않고 외로운 몸뚱이 곤경에 빠졌으나 걱정하는
이 아무도 없습니다 5 오랫동안 무릎 꿇고 주께 비오니 야훼만이 저를 지켜
주실 이시며 죄악으로 가득한 막막한 땅에서 주님만이 이 인생의 피난처시
라 6 엎어지고 넘어짐 점점 더 심해져 이 몸뚱이 끊어질 지경이오니 원수들
은 괴롭힘 사납기 그지없습니다 7 주께 구하오니 응답하소서 주님의 자비
베풀어 주소서 하 많은 적에게서 저를 구하시고 악인들의 함정에서 건져주
소서 저로 하여 자유 얻게 하셔서 주님의 크신 사랑 찬양하게 하소서 주님
을 경외하는 모든 이에게 이 기쁜 소식이 들리리이다

제목이 성도중자유건곤聖道中自由乾坤이다. 심중자유건곤재 수득운개견일명心中自由乾坤在 守得雲開見日明이라 하면 '마음속에 뭘 어찌 해야 할지 정해지는 바가 있으니 내 마음을 굳게 지켜내리니 이 어려운 때를 지나면 끝내 밝은 날이 올 것이라'는 의미로 쓰인다. 마음에 이미 한없이 푸른 하늘과 모든 것을 품어주는 땅이 있으니 잠깐의 풍우로 보이지 않는다고 하여 없는 것이 아니다. 굳건히 자신을 지켜가겠다는 것이다.

오경웅은 마음을 성도聖道 즉 주님을 따르는 길과 믿음으로 바꾸었다. 주님(의 말씀) 안에 생명과 진리가 있다는 정도로 해석할 수 있을 것이다.

같은 의미로 5절에서 주께서 나의 건곤乾坤이 되신다 함은 삶의 토대와 가치의 중심이 된다고 할 수도 있고 생명의 근거가 된다고 할 수도 있을 것이다. 하여 피난처라 하였다.

2절의 단침丹忱은 적성지심赤誠之心, 거짓 없는 붉은 마음이다. 3절의 낙백落魄은 곤궁으로 일하여 실의한 모양을 의미한다. 『사기』「역생육가열전酈生陸賈列傳」에 '학문을 좋아하였으나 집이 너무도 빈궁한지라 실의하였으니 도저히 먹고 살아갈 방편이 없었다'好讀書 家貧落魄 無以爲衣食業(호독서 가빈낙백 무이위의식업)고 하였다.

4절의 거목무친擧目無親은 설조가 쓴 『유무쌍전劉無雙傳』에 '세상 넓어라 눈을 들어 돌아보아도 가까운 이 없어라 이 몸 의지할 바 알지 못하도다'四海之廣 擧目無親戚 未知托身之所(사해지광 거목무친척 미지탁신지소)라는 구절이 있다.

같은 절의 무인문사생無人問死生은 두보의 시 「월야억사제月夜憶舍弟」에 '전란으로 형제들 뿔뿔이 흩어지니 형제들 피차에 살았는지 죽었는지도 물을 수 없구나'有弟皆分散 無家問死生(유제개분산 무가문사생)라고 읊조린다.

제143수

참회의 노래 (7) 새벽을 기다리네 懺悔吟之七 望曙

참 회 음 지 칠 망 서

1 求主聽我禱 傾耳納我訴 依爾真與善 俯允我所籲
구 주 청 아 도 경 이 납 아 소 의 이 진 여 선 부 윤 아 소 유

2 勿究我之罪 求爾賜寬恕 凡屬血氣倫 誰能無忝主?
물 구 아 지 죄 구 이 사 관 서 범 속 혈 기 륜 수 능 무 첨 주?

3 敵人正相逼 中心生恐怖 猶如陳死人 寂寂度長暮
적 인 정 상 핍 중 심 생 공 포 유 여 진 사 인 적 적 도 장 모

4 奄奄存喘息 心魂無寧處
엄 엄 존 천 식 심 혼 무 녕 처

5 凝思憶疇昔 默念主舉措
응 사 억 주 석 묵 념 주 거 조

6 望天舉雙手 寫我心中慕 我心如旱田 望主施甘雨
망 천 거 쌍 수 사 아 심 중 모 아 심 여 한 전 망 주 시 감 우

7 俞允莫遲遲 應憐我情苦 主若掩慈顏 匍匐將誰怙?
유 윤 막 지 지 응 련 아 정 고 주 약 엄 자 안 포 복 장 수 호?

8 靜候主好音 長夜豈無曙? 一心惟盼主 指我當行路
정 후 주 호 음 장 야 기 무 서? 일 심 유 반 주 지 아 당 행 로

9 拯我脫諸仇 所賴惟神助
증 아 탈 제 구 소 뢰 유 신 조

10 爾乃吾主宰 教我遵爾諭 導我以聖神 從容行中矩
이 내 오 주 재 교 아 준 이 유 도 아 이 성 신 종 용 행 중 구

11 賜我以生命 為爾聖名故 拔我出困厄 徵爾言有孚
사 아 이 생 명 위 이 성 명 고 발 아 출 곤 액 징 이 언 유 부

12 消滅我諸仇 著爾慈恩富 莫使爾臣僕 長受群小侮
소 멸 아 제 구 저 이 자 은 부 막 사 이 신 복 장 수 군 소 모

글자풀이

- 曙(서) 새벽
- 納(납) 거둬들이다
- 俯(부) 구푸리다
- 允(윤) 합당하게 여기다
- 屬(속) 무리
- 忝(첨) 더럽히다
- 陳(진) 거의, 오래된
- 奄(엄) 숨이 곧 끊어지는 듯 약한 모양
- 喘(천) 헐떡이다, 숨이 차다
- 凝(응) 집중하다, 모으다
- 疇(주) 이전의
- 昔(석) 옛날 일
- 寫(사) 토로하다
- 兪(유) 응답하다
- 遲遲(지지) 아주 더딘 모양
- 匍匐(포복) 엎드려 기어가는 모양
- 諭(유) 타이르다
- 矩(구) 방형을 그리는 곱자, 법도
- 徵(징) 밝히다
- 孚(부) 미쁘다, 참되고 믿음성이 있다
- 著(저) 나타나다
- 侮(모) 업신여기다

옮김

1주님 저의 기도 들어주시고 제 하소연에 귀 기울여 주소서 주의 선하심과
참되심에 기대오니 저의 호소를 받아주소서 2목숨 있는 것 중에 뉘 있어서
주 앞에서 부끄럽지 않겠습니까? 하오니 주님의 관대하심으로 저의 죄를
파헤치지 말아주소서 3원수들 저를 몰아세우니 제 마음에 두려움 가득하
오며 이미 죽어 오래된 사람인 것처럼 외로이 어둔 밤을 지새웁니다 4헐떡
이는 숨결은 가늘어지고 제 영혼에 평안함 전혀 없으나 5묵묵히 주께서 제
게 베푸셨던 옛 일을 떠올려 되새깁니다 6하늘을 우러러 두 손을 들고 이
심령 주님께 열어보임은 바싹 마른 밭과 같은 이내 마음에 주님 주실 단비
를 바람입니다 7야훼여 지체하지 말아주소서 상한 마음 불쌍히 여겨주소서
자비로운 그 얼굴 감추신다면 기어서 찾는들 누굴 의지하리이까? 8묵묵히
주님 응답 기다리오니 밤 길어도 아침은 오고 말듯이 오롯한 마음으로 주
님만 바라오니 주께서 저의 갈 길 일러주소서 9의지할 바 오로지 주님 손
길이오니 원수들에게서 건져주소서 10하느님 저를 가르치셔서 당신의 권고

따르게 하소서 거룩한 영으로 저를 이끄사 참된 주의 법도 행케 하소서 11
당신의 거룩하신 이름 위하여 제게 생명을 허락하시고 곤고한 지경에서 건
져내시사 주의 말씀 미쁘심 밝혀주소서 12풍성하신 주의 자비 나타내셔서
저 원수들일랑 멸하여 주시고 악인들의 괴롭힘 없애주소서 주님 저는 당신
의 종이옵니다

해설

3절의 진사인陳死人은 『문선文選』에 나오는 것으로 「구거상동문驅車上東門」이란 시의 한 구절이다. '사람이 죽으면 집 떠나 묻히는 곳, 아득하고 길고 긴 어둠뿐이라. 황천 아래 한 번 잠들어버리면 천 년 만 년 지나도 깨어날 수 없네'下有陳死人 杳杳卽長暮 潛寐黃泉下 千載永不寤(하유진사인 묘묘즉장모 잠매황천하 천재영불오)라고 하였다.

4절의 엄엄존천식奄奄存喘息은 이밀의 「진정표陳情表」에 '병이 마치 해가 서산에 지려는 것처럼 숨이 곧 끊어질 정도로 사람의 목숨이 위태로우니 아침에도 저녁 일이 어찌될지 알 수 없다'日薄西山 氣息奄奄 人命危淺 朝不慮夕(일박서산 기식엄엄 인명위천 조불려석)고 하였다

5절의 주석疇昔은 지나간 시절의 정회를 생각한다는 뜻으로 이백의 시 「증종제남평태수지요贈從弟南平太守之遙」에 '하루 아침에 병을 핑계로 조정을 떠나 강호를 떠도니 옛날 그 사람들 중에 지금은 몇이나 남아있을까' 一朝謝病游江海 疇昔相知幾人在(일조사병유강해 주석상지기인재) 회고하는 대목이 있다.

같은 절의 응사凝思는 생각이 모아지고 엉기는 것을 뜻하는데 백거이의 시 「모란방牡丹芳」에 '사람 원망하는 생각 짙어지니 마음은 애끊는 듯 하다' 凝思怨人如斷腸(응사원인여단장)라고 노래하였다.

8절의 정후호음靜候好音은 '묵묵히 좋은 소식 오기를 기다리되 마음을 간

절히 모아 기다린다.'靜候佳音 虔誠以待(정후가음 건성이대)는 의미이다. 묵묵히 기다림 그 속에는 처분에 따를 수밖에 없는 무력함과 그럼에도 선히 대해주심을 바라는 간절함이 함께 담겨 있다.

히브리 시편과 오경웅의 번역 모두에서 시인이 주님의 손길을 기다리는 간절함이 가득한데 오경웅의 번역에 그 정황이 더욱 핍진하게 느껴지는 것은 우리네 정서와 비슷하여서인가?

10절의 준유遵諭는 황제의 유지를 잘 받들거나 위에서 명령한 것을 잘 받드는 것을 의미한다.

제144수

새로운 세상 新秩序
신 질 서

1 雅瑋我磐石 可頌惟有爾　教我手能戰 指揮悉如意
아위아반석 가송유유이　교아수능전 지휘실여의

2 主是我恩保 主是仁惠淵　敵樓兼寶塔 吾身賴以全
주시아은보 주시인혜연　적루겸보탑 오신뢰이전

吾邦承主佑 上下咸相安
오방승주우 상하함상안

3 何物渺渺身 乃蒙主垂青?　何物塵世子 乃蒙主關心?
하물묘묘신 내몽주수청?　하물진세자 내몽주관심?

4 人生如夢影 歲月同浮雲　浮雲瞬息逝 踪跡不可尋
인생여몽영 세월동부운　부운순식서 종적불가심

5 大主駕雲降 眾嶽皆噴煙
대주가운강 중악개분연

6 霹靂驅諸敵 雷霆磔凶頑
벽력구제적 뇌정책흉완

7 引手濟吾溺 全我於夷蠻
인수제오닉 전아어이만

8 夷蠻無信義 所言惟欺謾
이만무신의 소언유기만

9 我欲奏新曲 向主撫十絃
아욕주신곡 향주무십현

10 百王所仰恃 大維賴以全
백왕소앙시 대유뢰이전

11 敵人何詭詐 無風起波瀾　求主佑小子 安然脫其樊
적인하궤사 무풍기파란　구주우소자 안연탈기번

12 願使我子孫 萌櫱成大樹　女子閑坤範 堪充宮中柱
원사아자손 맹얼성대수　여자한곤범 감충궁중주

13 倉廩盈欲溢 百穀有餘貯　牛羊滋蕃息 芸芸不知數
창름영욕일 백곡유여저　우양자번식 운운부지수

14 暮夜無穿窬 白日無遊鶩 街巷無諠囂 井然有秩序
모 야 무 천 유 백 일 무 유 무 가 항 무 훤 효 정 연 유 질 서

15 安居而樂業 衆庶承雨露 斯民信有福 雅瑋為之主
안 거 이 낙 업 중 서 승 우 로 사 민 신 유 복 아 위 위 지 주

글자풀이

- 揮(휘) 지휘하다
- 樓(루) 망루
  敵樓(적루) 적정을 살피는 망루
- 兼(겸) 겸하다
- 塔(탑) 탑
- 邦(방) 나라
- 渺(묘) 아주 작다
- 塵(진) 티끌
- 關(관) 관계하다
- 浮(부) 떠다니다
- 瞬(순) 눈을 깜작이다
- 逝(서) 떠나다
- 尋(심) 찾다
- 駕(가) 탈 것
- 嶽(악) 큰 산
- 噴(분) 뿜다
- 煙(연) 연기
- 霹靂(벽력) 벼락과 천둥
- 驅(구) 달리다, 핍박하다
- 雷霆(뇌정) 우레와 번개
- 磔(책) 찢다
- 溺(닉) 물에 빠지다
- 夷(이) 타민족
- 蠻(만) 타민족
- 議(의) 의논하다
- 欺(기) 속이다
- 謾(만) 헐뜯다
- 奏(주) 연주하다
- 絃(현) 악기의 줄
- 詭(궤) 기만하다
- 詐(사) 거짓말하다
- 瀾(란) 물결이 일다
- 樊(번) 새장
- 萌(맹) 싹
- 蘖(얼) 그루터기에 돋은 움
- 閑(한) 품위가 있다
- 坤(곤) 대지
- 範(범) 법, 틀
- 堪(감) 어떤 일을 맡다
- 柱(주) 기둥
- 廩(름) 곳집
- 溢(일) 넘치다
- 穀(곡) 곡식
- 貯(저) 저축하다
- 蕃(번) 많다
- 芸芸(운운) 아주 많은 모양
- 穿(천) 꿰뚫다
- 窬(유) 넘어가다
- 鶩(무) 질주하다
- 巷(항) 마을의 거리
- 諠(훤) 떠들썩하다
- 囂(효) 왁자하다

옮김

1야훼 주님은 나의 반석이시라 찬송 받으시기에 합당하신 하느님 내 손을
전쟁에 능하게 가르치시고 오직 당신 뜻대로 지휘하시네 2주님은 나의 보
루 자비의 근원, 요새이며 피난처 나 의지하나니 우리 겨레 주님의 도우심
받고 위로부터 아래까지 평안함 입네
3미물에 지나지 않은 인생이온데 무어라고 이토록 호의 베푸십니까? 티끌
속을 뒹구는 인생일 뿐인데 어찌 이토록 보살펴 주십니까? 4인생이란 꿈
속 그림자 같고 삶이란 뜬 구름 진배 없어라 뜬 구름 순식간에 사라지나니
흔적조차 찾을 길 없음이어라 5위대할 손 주께서 구름 타고 오시니 뭇 산
악 연기를 뿜어내누나 6번개를 치셔서 적들을 쫓고 우레로 미련한 원수를
벌하시네 7손 내미사 큰 물에서 우릴 구하시고 이방인들에게서 건져주소서
8저들의 말 믿을 것 하나 없으니 말하는 것이라곤 속임수와 거짓뿐 9나 새
노래로 주님 찬미하리라 십현금 타며 하느님 찬양하리이다 10뭇 임금들 주
님 믿고 우러르오며 다윗 또한 주님 믿어 승리하였습니다 11원수들 얼마나
간사한지요? 바람도 없는데 파란 일으켜대니 주님 당신의 종을 구해주소
서 올무에서 벗어나 평안케하소서
12여리디 여린 싹과 같은 자손들 쭉쭉 뻗은 나무로 자라게 하시고 딸들은
여인의 덕 잘 갖춰서 궁중의 기둥으로 쓰이게 하소서 13곳간은 가득하고
오곡백과 넘쳐나며 소와 양의 무리 번식하여서 그 수를 가히 셀 수 없어라
14한밤에 성벽이 뚫려 버리거나 한낮에 적들이 날뛰는 일 없어서 거리에서
울부짖는 아우성 없으니 질서가 잡히고 정연하리라 15평안을 누리며 즐거
이 일하니 뭇 백성들 주님의 은총을 입네 이처럼 백성에게 복이 있음은 야
훼께서 그들의 주님 되심이라

2절의 인혜연仁惠淵에서 연淵은 물을 의미하기보다 깊음으로서의 근원을 뜻한다. 인혜仁惠는 인애仁愛와 자혜慈惠의 뜻이다. 상하상안上下相安은 지위가 높은 사람이나 낮은 사람이나 다 평안을 누린다는 의미이다.

3절의 묘묘渺渺는 아주 작고 미약함을 뜻한다. 4절의 인생여몽영人生如夢影은 소동파의 시 「적벽회고赤壁懷古」에 '인생은 꿈과 같은 것 한 잔 술을 들어 강물 속의 달에게 부어주노라'人生如夢 一樽還酹江月(인생여몽 일준환뢰강월)고 노래하였다.

11절의 무풍기파란無風起波瀾은 승려 희운의 「완릉록宛陵錄」에 '달마 대사가 서쪽에서 오니 바람도 없는데 물결이 인 것과 같다'達摩西來 無風起浪(달마서래 무풍기랑)는 문장이 있다.

12절의 맹얼萌蘖에서 맹萌은 새싹이고 얼蘖은 잘려진 그루터기에서 새로 나온 순을 뜻한다. 같은 절의 곤범坤範은 아녀자로서의 도리와 법도를 의미한다.

14절의 유무遊騖는 육기가 지은 「문부文賦」에 나오는데 '그 마음은 만 길을 헤쳐나가며 그 정신은 온 세상을 종횡무진한다'心遊萬仞 精騖八極(심유만인 정무팔극)는 뜻으로 시인이 시를 지을 때의 정신세계를 묘사한 글이다. 오경웅은 이를 차용하여 적들이 마구 날뛰거나 그로 인해 사람들이 혼란에 싸여 혼돈에 빠지는 것으로 표현하였다.

제목을 새로운 질서新秩序(신질서)라 이름 하였다. 아무 것도 아닌 인생渺渺身(묘묘신)을 구원하셔서 적들로부터 승리하게 하신 야훼를 찬양함은 그들이 새 세계를 경험함이다.

후반부에서 전개되는 새로운 질서는 사람이 할 수 있는 것이 아니다. 하느님의 은혜로 가능할 뿐이다. 더 이상 전쟁은 없으며 평화 가운데 백성들의 복된 삶이 전개된다. 한밤에 성벽이 뚫리거나 한낮에 적들이 날뛰어서 겪게 되는 아우성이 멈췄다. 이보다 더 좋을 수 없는데 시인은 이것이 전쟁의 승리라고 말하지 않고 오직 이 백성이 야훼 하느님을 주님으로 모셨기 때문이라고 한다.

'다윗의 기도'라고 하였음에도 다윗은 사라진다. 다윗의 청원과 감사로 시작하였으나 하느님께서 세우시는 새로운 질서와 그 백성이 받는 복으로 전개된다. 그래서 다윗이 참된 종인가 보다. 노자가 말한 바 '공을 세우되 그것을 차지하려 않는다'功成而不居(공성이불거) 함과 같다고 할까?

제145수

태평성세 光天化日
광 천 화 일

1 一心崇吾主 爾乃天地王 2 日日誦爾名 永永不能忘
일 심 숭 오 주 이 내 천 지 왕 일 일 송 이 명 영 영 불 능 망

3 蕩蕩惟雅瑋 真宰豈有雙? 天主宜大讚 其大不可方
탕 탕 유 아 위 진 재 기 유 쌍? 천 주 의 대 찬 기 대 불 가 방

4 嘉猷代代傳 聖名世世芳 5 靈異資默想 經綸何輝煌!
가 유 대 대 전 성 명 세 세 방 영 이 자 묵 상 경 륜 하 휘 황!

6 眾人述天威 我亦詠堂堂 7 大慈宜永懷 正直當讚揚!
중 인 술 천 위 아 역 영 당 당 대 자 의 영 회 정 직 당 찬 양!

8 寬仁不輕怒 慈悲蘊心腸 9 博愛無私覆 萬物熙春陽
관 인 불 경 노 자 비 온 심 장 박 애 무 사 복 만 물 희 춘 양

10 天地宣化育 諸聖誦恩光 11 欲令人世子 懷德勉忠良
천 지 선 화 육 제 성 송 은 광 욕 령 인 세 자 회 덕 면 충 량

12 王業大且久 13 垂統永無疆
왕 업 대 차 구 수 통 영 무 강

14 濟弱更扶傾 慷慨救危亡 15 按時賜溫飽 用慰喁喁望
제 약 갱 부 경 강 개 구 위 망 안 시 사 온 포 용 위 옹 옹 망

16 信手行布施 群生慶豐穰
신 수 행 보 시 군 생 경 풍 양

17 所行皆信實 所為惟慈祥 18 不負有心人 神助在身旁
소 행 개 신 실 소 위 유 자 상 불 부 유 심 인 신 조 재 신 방

19 有求必見應 心願悉見償 20 逆主必受誅 順主靡不昌
유 구 필 견 응 심 원 실 견 상 역 주 필 수 주 순 주 미 불 창

21 惟願我歌脣 妙音發天香! 惟願血氣倫 共慶化日長!
유 원 아 가 순 묘 음 발 천 향! 유 원 혈 기 륜 공 경 화 일 장!

글자풀이

- 崇(숭) 존중하다
- 雙(쌍) 쌍
- 嘉(가) 빼어나다
- 資(자) 바탕
- 述(술) 글로 짓다
- 蘊(온) 간직하다
- 覆(복) 덮다
- 熙(희) 빛나다
- 勉(면) 힘쓰다
- 統(통) 거느리다
- 慷慨(강개) 의롭지 못한 것을 보고 정의심이 복받치어 의분을 일으킴
- 飽(포) 배부르다
- 喁喁(옹옹) 물고기가 위를 향해 입을 벌리는 모양, 간절한 마음
- 豐(풍) 풍년들다
- 穰(양) 풍족하다
- 祥(상) 상서롭다
- 負(부) 짐을 지다
- 旁(방) 곁
- 誅(주) 베다

옮김

1 온 세상의 임금이신 나의 하느님 온전히 마음 모아 찬양합니다 2 날마다
야훼 이름 찬미하오며 영원토록 주님을 높이옵니다
3 한없이 넓고 크신 야훼이시니 다스리시는 분이 어찌 두 분이시랴 하늘에
계신 주님 찬양 받으소서 당신의 위대하심 헤아릴 수 없습니다
4 놀라우신 지혜 대대에 전하며 거룩하신 그 이름 세세토록 빛나리니 5 주의
깊은 섭리와 찬란한 영광 놀라운 기적들 마음 깊이 새깁니다 6 뭇사람 주의
위엄을 말하네 나 또한 주의 크고 놀라우심 선포하네 7 크신 자비 영원히
마음에 새기며 주님의 올곧으심 찬양하리라
8 어지신 그 마음 노하길 더디하시니 주님의 마음 자비 가득하도다 9 어지신
그 사랑 사사로움 없으시니 만물이 야훼의 은혜를 입는도다

10천지만물 주님의 길러주심 선포하며 주께 신실한 이들 그 은총 찬미함은
11세상 사람들 모두 주님의 은혜 알아 신실하고 바른 삶 힘쓰게 하려 함이
라 12주님의 나라 영원무궁하리라 13놀라운 그 위업 영원하리라 14약한 자
구하시고 넘어진 이 붙드시니 야훼 의로우셔서 우릴 건지시도다 15애오라
지 주님을 구하는 이들에게 알맞게 먹이시고 입히시도다 16빼어나신 손길
로 베푸시나니 뭇 생명이 풍족함을 입으리로다
17행하시는 바 모두 신실하시니 사랑과 복으로 베풀어주시네 18주께 마음
두는 이 저버리지 않으시니 야훼의 손길 그 곁에 계심이라 19구하는 이에
게 응답하시니 저들 마음의 소원 들어주시네 20야훼 뜻 따르는 이 창성할
것이나 그 뜻 거스르는 이들 죽고 말리라 21내 입술 야훼를 찬양하기 원하
니 찬미로 주님 영광 높여 드리리 숨붙이들이여 기뻐하여라 주님의 다스리
심 영원하리라

해설

제목 광천화일光天化日에서 광천光天이란 광명한 세상이요 화일化日은 혼란한 시대가 아닌 태평성대의 시대를 뜻한다. 서울의 광화문이란 이름이 광천화일의 줄임말이다. 하느님의 다스리심을 온전히 누리며 맛보는 성도의 찬양이다. 참된 화평의 도래에는 어느 것 하나 하느님의 사랑 아닌 것이 없으며 그분이 친히 베푸신 손길 아닌 바가 없다.

예수 그리스도의 말씀대로 다 이루었으니 믿는 이들에게 주어지는 것은 온전히 새기며 감읍하며 누리는 것이다. 이 찬양을 통하여 성도는 하느님 나라를 미리 살아가며 그 나라를 지금 여기서 누린다. 이 시편의 마지막 절의 권면(숨붙이라면 기뻐하며 찬양하라)을 통해 오늘 여기를 살아가는 신앙인들과도 하나 된다. 우리도 그분의 다스리심을 찬양할 일이다.

광천光天은 『서경』「익직益稷」에 '임금께서 먼저 천하에 두루 비추시어 저 먼 바다 끝 백성들까지 감화가 두루 미치면 나라의 어진 사람들이 임금님의 신하가 되고자 할 것입니다'帝光天之下 至于海隅蒼生 萬邦黎獻 共惟帝臣(제광천지하 지우해우창생 만방려헌 공유제신)라고 하였다.

4절의 가유嘉猷는 『서경』「군진君陳」에 '그대에게 절실한 아름다운 계획과 도리에 마땅한 아름다운 생각이 있거든 들어가 임금에게 아뢰고 밖에서 이를 따르도록 하라'爾有嘉謨嘉猷 則入告爾后于內 爾乃順之于外(이유가모가유 즉입고이후우내 이내순지우외)고 하였다.

9절의 무사복無私覆은 『예기』「공자한거孔子閑居」에 나오는 말로 '하늘은 모든 것을 덮어줌에 있어서 사사로움이 없고 땅은 실어줌에 있어 사사로움이 없으며 해와 달은 비춰줌에 있어 사사로움이 없다'天無私覆 地無私載 日月無私照(천무사복 지무사재 일월무사조)고 하였다.

같은 절의 춘양春陽은 임금의 은혜를 뜻한다. 증공의 시「송정공벽사강서送程公闢使江西」에 '임금께서 추상 같은 위엄을 펼쳐 간사한 자들을 치시고 힘없고 약한 백성들에게 은혜 베풀기를 힘썼다'坐馳雷電破姦伏 力送春陽煦鰥寡(좌치뢰전파간복 역송춘양후환과)라고 노래하였다.

11절의 회덕懷德은 『논어』「이인里仁」편에 '군자는 덕을 마음에 품고 소인배는 땅 차지하는 것에 마음을 둔다'君子懷德 小人懷土(군자회덕 소인회토)고 하였다.
13절의 수통垂統은 『맹자』「양혜왕梁惠王」하에 '군자가 왕업을 창건하여 전통을 내려줌은 계승해 나갈 수 있도록 하기 위함이며 그 성공 여부는 하늘에 달려 있다'君子創業垂統 為可繼也 若夫成功則天也(군자창업수통위가계야 약부성공즉천야)고 하였다.

16절의 신수信手는 아주 쉽고 편안하게 손을 사용한다는 뜻이다. 백거이의「비파행琵琶行」에 '아미를 숙이고 손 놓아 연신 비파를 타니 마음속 덧없는 일을 모두 꺼내어놓네'低眉信手續續彈 說盡心中無限事(저미신수속속탄 설진심중무한사)라고 노래하였다.

18절의 불부심不負心은 『진서晉書』 「유홍전劉弘傳」에 '필부조차 사귐에 있어서 결코 저버리는 마음을 갖지 않거늘 하물며 대장부일쏘냐?'匹夫之交尙不負心 何況大丈夫乎?(필부지교상불부심 하황대장부호)라고 하였다.

20절의 역주逆主와 순주順主는 『맹자』 「이루離婁」 상에 나온다. '하늘의 뜻에 순종하는 사람은 살아남고 하늘의 뜻을 거스르는 사람은 죽어 없어진다'順天者存 逆天者亡(순천자존 역천자망)고 하였다.

21절의 천향天香은 매우 좋은 향을 뜻한다. 이백의 시 「여산동림사야회廬山東林寺夜懷」에 '허공엔 하늘의 향기 가득하고 하늘의 음악은 계속 울려 퍼지네'天香生空虛 天樂鳴不歇(천향생공허 천악명불헐)라고 노래하였다.

제146수

자비하신 하느님 主之全仁
주 지 전 인

1 吁嗟吾心魂 讚主是天職
우 차 오 심 혼 찬 주 시 천 직

2 一息苟尚存 諷詠宜不輟 一日有生命 恆誦主之德
일 식 구 상 존 풍 영 의 불 철 일 일 유 생 명 항 송 주 지 덕

3 豈可委爾心 仰賴侯與王?
기 가 위 이 심 앙 뢰 후 여 왕?

4 若輩皆凡人 生命如朝霜 安能為爾謀? 自救且不遑
약 배 개 범 인 생 명 여 조 상 안 능 위 이 모? 자 구 차 불 황

一旦絕其氣 杳如石火光 身體歸塵土 謀為悉粃糠
일 단 절 기 기 묘 여 석 화 광 신 체 귀 진 토 모 위 실 비 강

5 何如踵雅谷? 仰主膺多福 彼乃永生主 眾望之所托
하 여 종 아 곡? 앙 주 응 다 복 피 내 영 생 주 중 망 지 소 탁

6 天地與滄海 莫非主所作 誠篤惟天主 始終由一轍
천 지 여 창 해 막 비 주 소 작 성 독 유 천 주 시 종 유 일 철

7 屈者必見伸 飢者必得食 8 瞽目藉復明 幽囚蒙開釋
굴 자 필 견 신 기 자 필 득 식 고 목 자 복 명 유 수 몽 개 석

9 高舉謙卑人 溫存遠行客 矜恤孤與寡 傾覆諸悖逆
고 거 겸 비 인 온 존 원 행 객 긍 휼 고 여 과 경 복 제 패 역

10 巍巍天地主 世世御寰宇 為我告義塞 永申爾孺慕
외 외 천 지 주 세 세 어 환 우 위 아 고 의 새 영 신 이 유 모

글자풀이

- **職**(직) 직분, 임무
- **苟**(구) 진실로
- **諷**(풍) 암송하다
- **輟**(철) 그치다
- **委**(위) 맡기다
- **侯**(후) 제후
- **凡**(범) 모두
- **遑**(황) 여유롭다
- **杳**(묘) 희미하다
- **謨**(모) 계책하다
- **粃糠**(비강) 쭉정이와 겨
- **踵**(종) 계승하다
- **膺**(응) 받다
- **滄**(창) 큰 바다
- **篤**(독) 도탑다
- **轍**(철) 바퀴자국
- **飢**(기) 굶주리다
- **瞽**(고) 소경
- **藉**(자) 도움을 받다
- **幽**(유) 깊은 어둠
- **囚**(수) 죄수
- **蒙**(몽) 덧입다
- **釋**(석) 풀리다
- **巍巍**(외외) 높고 큰 모양

옮김

1 내 영혼아 주님을 찬양하여라 하늘이 네게 주신 할 일이어라 **2** 숨 있는 동
안 주 찬양 멈추지 않으리니 생의 마지막 날까지 주 은덕 찬양하리라 **3** 제
후와 군왕을 의지한다 함이 어찌 가당키나 한 일인가? **4** 생의 모든 숨결 아
침 이슬 같으니 그들의 쑥덕거림 아무 힘도 없어서 제 목숨 하나도 구하지
못하니 일단 그 숨 끊기면 부싯돌에 인 빛이라 몸뚱이 흙으로 돌아가고 말
리니 꾸미던 일 날리는 겨와 같으리 **5** 어떻게 해야 성조 야곱처럼 주님을
앙망하여 복을 누릴까? 영원하신 생명의 주 야훼이시니 주님께 모든 소망
의탁해야지 **6** 하늘과 땅과 바다 주께서 지으신 것 주만이 신실하며 한결같
으시니 **7** 억눌린 자 반드시 일으켜주시고 굶주린 자 먹을 것 얻게 하시며 **8**
눈먼 자 눈을 다시 뜨게 하시고 갇힌 자 풀려남을 입게 되리라 **9** 겸손한 자
일으켜 높이 세우고 나그네를 따뜻하게 대해주시며 고아와 과부에게 긍휼
을 베푸시고 거스르는 무리를 꺾으시도다 **10** 한없이 높으신 천지의 하느님
영원히 이 땅을 다스리시니 이스라엘 백성이여 들을지어다 영원히 야훼 주

님 흠모하여라

해설

평생토록 주님을 찬양하며 살아있는 한 주님을 찬양하라는 히브리 시인의 사유를 받아 오경웅은 이에 변주를 가한다. 마지막 한 호흡까지一息苟尙存(일식구상존) 찬양하며 생의 마지막 날一日有生命(일일유생명)이라도 주님을 찬양하리라고 노래한다.

히브리 시인이 인생 전부를 들어 찬미한다면 오경웅은 그 삶을 잘 쪼개어 한순간 한순간도 놓치지 않고 주님을 향한 감사와 찬양으로 채우고자 한다. 그리고 그것이 인생이 최선을 다해 행하여야 할 마땅한 의무天職(천직)라고 선언한다.

신앙인의 기도는 지속될수록 감사로 채워지고 감사는 끝내 언어를 넘어설 수밖에 없어 찬송이 된다. 그렇게 찬송이 될 때 찬송은 입술의 언어가 아니라 온몸의 고백이며 삶 전체가 녹아든 감격이다.

거기에 다른 것이 끼어들 여지가 없다. 세상의 제후와 왕이라 할지라도 아침이슬朝霜(조상) 같으며 부싯돌에 일었던 순간의 빛石火光(석화광)에 지나지 않으며 그들의 원대한 꿈조차 바람에 날리는 겨粃糠(비강)일 뿐이다. 찬양하는 가운데 신앙인의 눈은 더 깊어지고 높아져 정녕 삶이 무엇인지를 분명히 통찰하게 된다. 찬미가 주는 선물이다.

2절의 일식상존一息尙存은 『논어』「태백泰伯」에 '인仁을 자기 임무로 삼아야 하니 어찌 무거운 짐이 아니랴? 죽어야 끝나는 것이니 어찌 먼 길이 아니랴?'仁以爲己任 不亦重乎 死而後已 不亦遠乎(인이위기임 불역중호 사이후이 불역원호)라고 하였는데 주희朱熹의 『논어집주論語集註』에 '마지막 숨이 있을 때까지 작은 게으름도 용납할 수 없으니 가히 먼 길이라 하겠다'一息尙存 此志不容少懈 可謂遠矣(일식상존 차지불용

소해 가위원의)고 하였다. 인仁을 추구하는 선비의 자세이다.

4절의 아침이슬朝霜(조상)은 육기의 「단가행短歌行」에 '인생은 얼마나 될런가? 아침이슬처럼 가버리는 것을'人壽幾何 逝如朝霜(인수기하 서여조상)이라 하였다.

같은 절의 석화광石火光은 백거이의 시 「대주對酒」에서 인용한 것으로 '달팽이 뿔 위에서 다툴 일이 무엇이라 부싯돌 번쩍하는 그 순간을 사는 인생인데'蝸牛角上爭何事 石火光上寄此身(와우각상쟁하사 석화광상기차신)라고 노래하였다.

같은 절의 비강粃糠은 『장자』「소요유逍遙游」에 '신인神人은 그 몸의 먼지나 때, 쭉정이와 겨로도 세상 사람들이 성인이라는 요堯나 순舜을 만들 수가 있는데 무엇 때문에 천하 따위를 위해 애써 수고하려 하겠나'是其塵垢粃糠 將猶陶鑄堯舜者也 孰肯以物爲事(시기진구비강 장유도주요순자야 숙긍이물위사)라고 하였다.

6절의 시종일철始終一轍은 시작과 끝이 한 바퀴자국에서 난 것처럼 똑같다는 의미로 여출일철如出一轍과 같은 성어成語이다.

제147수

은혜의 봄이 돌아오네 大地回春
대 지 회 춘

1 虔誦主大仁 暢詠主大義 此事我所樂 盡善且盡美
건 송 주 대 인 창 영 주 대 의 차 사 아 소 락 진 선 차 진 미

2 復興我瑟琳 完聚我流亡 3 溫燠傷心人 賡續已斷腸
부 흥 아 슬 림 완 취 아 류 망 온 욱 상 심 인 갱 속 이 단 장

4 眾星誰能數? 惟主喚其名 5 巍巍不可狀 全知亦全能
중 성 수 능 수? 유 주 환 기 명 외 외 불 가 상 전 지 역 전 능

6 扶持謙卑者 傾覆傲慢人 7 可不歌大德? 歌詠宜鼓琴
부 지 겸 비 자 경 복 오 만 인 가 불 가 대 덕? 가 영 의 고 금

8 慈雲何靄靄 大地滋甘霖 蒼生飫芳澤 山丘草木新
자 운 하 애 애 대 지 자 감 림 창 생 어 방 택 산 구 초 목 신

9 既以飼家畜 亦以慰飢禽
기 이 사 가 축 역 이 위 기 금

10 戰馬徒有力 佳兵安足恃? 戰馬與佳兵 皆非主所喜
전 마 도 유 력 가 병 안 족 시? 전 마 여 가 병 개 비 주 소 희

11 所喜惟善人 翼翼承甘旨 12 瑟琳與西溫 莫忘爾主恩
소 희 유 선 인 익 익 승 감 지 슬 림 여 서 온 막 망 이 주 은

13 主既堅爾城 又復鞏爾門
주 기 견 이 성 우 부 공 이 문

14 居民咸熙熙 四境安以寧 良田產美麥 眾庶樂豐登
거 민 함 희 희 사 경 안 이 녕 양 전 산 미 맥 중 서 락 풍 등

15 我主頒聖詔 風行徧地極 16 降雪如羊毛 灑霜似銀屑
아 주 반 성 조 풍 행 편 지 극 강 설 여 양 모 쇄 상 사 은 설

17 隆冬下冰雹 誰堪此凜冽?
융 동 하 빙 박 수 감 차 늠 렬?

18 號令方出口 凍結應聲融 春風釀淑氣 百川皆溶溶
호 령 방 출 구 동 결 응 성 융 춘 풍 양 숙 기 백 천 개 용 용

19 微意啟雅谷 玄謨示義塞
미 의 계 아 곡 현 모 시 의 새

20 他族未有此 焉能明大法?
타 족 미 유 차 언 능 명 대 법?

글자풀이

- 流亡(유망) 정처 없이 떠도는 것
- 燠(욱) 따뜻하다
- 賡(갱) 잇다
  賡續(갱속) 계속 이어지게 하다
- 喚(환) 부르다
- 巍巍(외외) 높고 큰 모양
- 靄(애) 아지랑이
  靄靄(애애) 아지랑이나 구름이 넘쳐 흐르는 모양, 은혜가 구름처럼 널리 미침
- 滋(자) 번성하다
  滋霖(자림) 장마, 비가 그치지 않는 모양
- 蒼生(창생) 세상의 모든 사람
- 飫(어) 실컷 먹다
- 飼(사) 먹이다
- 禽(금) 날짐승
- 徒(도) 헛되다
- 鞏(공) 굳게 하다
- 熙(희) 빛나다
  熙熙(희희) 화목한 모양
- 麥(맥) 보리
- 頒(반) 반포하다
- 詔(조) 아랫사람에게 알리다
- 徧(편) 두루 미치다
- 灑(쇄) 뿌리다
- 隆(륭) 풍성하다
  隆冬(융동)=嚴冬(엄동) 매우 추운 겨울
- 堪(감) 견디다
- 凜(름) 의젓하다, 차다
- 冽(렬) 차갑다, 맑다
- 釀(양) 술을 빚다, 점차 생기다
- 號令(호령) 지휘하여 명령하는 것
- 融(융) 녹다
- 豐登(풍등) 농사지은 것이 썩 잘됨
- 溶溶(용용) 강물이 넓고 조용하게 흐름
- 微意(미의) 숨겨진 깊은 뜻

옮김

1어지신 주님을 찬양하여라 의로우신 하느님 찬미하여라 찬미는 우리의 즐
거움이며 주 찬양함이 아름답고 마땅하도다 2야훼께서 예루살렘 다시 일
으키시고 흩어졌던 우리를 모으시도다 3상처받은 심령을 위로하시고 끊어

진 애간장 이어주시네 4하늘의 별 뉘 있어 셀 수 있으랴? 주님만이 그 이
름 부르시도다 5높고도 높아 짐작할 수 없어라 야훼는 전지전능하신 하느
님 6겸허히 낮추는 이 세워주시고 꼿꼿이 선 자를 넘어뜨리시네 7놀라우신
그 은혜 노래하지 않으랴? 거문고 타며 찬미의 노래 부르세 8그 은혜 구름
처럼 모두에게 미치니 온 땅이 은혜의 우로에 젖네 생명 있는 것들이 은택
입으니 산과 언덕 초목이 새로워지네 9가축에게 먹이를 허락하시고 주린
새들에게도 먹을 것 주시네 10전쟁에 쓰이는 날랜 말들과 씩씩한 군사들
다 헛것이로다 주께선 군마 병사 기뻐하지 않으시니 11삼가 경외하며 주
님의 뜻 받드는 신실한 이들을 야훼 기뻐 하시네 12시온과 너 예루살렘이
여 야훼 주님 은혜를 잊지 말지니 13주께서 너희 성을 굳건케 하셨고 그
문을 견고히 지키시도다 14거기 거하는 이들 기쁨 넘치고 그 땅 어디에나
평강이 있네 좋은 밭에 풍성한 곡식 맺으니 뭇 백성들 풍년의 기쁨 누리네
15우리 주님 거룩한 뜻 반포하시니 땅 끝까지 그 말씀 전파되도다 16내리
는 흰 눈 양털과 같고 흩뿌리는 서리 은가루 같아라 17한겨울엔 우박이 쏟
아져 내리니 누가 그 에일 추위 감당하리요? 18주님 말씀하시자 얼음은 녹
고 봄기운 올라 모든 시내 흐르누나 19깊으신 뜻 야곱에게 보여주시고 묘
한 섭리 이스라엘에게 나타내시네 20다른 겨레에겐 이같이 아니하시니 그
들이 어찌 주의 법도 알리요?

해설

제목이 대지회춘大地回春이다. 시인은 하느님께서 역사의 주인이시며 동시에 자연의 주인이심을 선언한다. 떠돌던 이스라엘을 다시 회복시키시고 평화를 주시는 하느님이시다. 그렇기에 인생은 군마를 의지할 게 아니라 하느님을 의지하여야 한다. 또한 하느님은 얼었던 땅을 녹이시고 만물을

소생시키셔서 뭇 생명으로 살아갈 수 있는 은총을 허락하시는 분이시다. 인생뿐만 아니라 생축에게까지도 신앙은 자연의 섭리에서도 하느님을 발견하며 역사 속에서도 하느님을 체험케 한다. 이 둘이 인생 안에서 온전히 하나로 거두어질 때 신앙은 더욱 깊어지고 찬양은 더 많은 변주를 낳지 않을까?

10절의 가병佳兵은 『도덕경』에 나오는 말로 '대저 훌륭한 군대란 상서롭지 못한 그릇이다. 사람들이 그것을 싫어한다. 고로 진리를 모시는 자는 거기에 몸을 두지 않는다'夫佳兵者 不祥之器 物或惡之 故有道子不處(부가병자 불상지기 물혹오지 고유도자불처)고 하였다. 그래서 10절에서 하느님께서 무엇을 싫어하시며 11절에서 무엇을 기뻐하시는지가 대조를 이룬다. 제 힘을 의지하는 것, 자신이 자기 삶의 권력자가 되려는 패도覇道와 하느님의 뜻을 삼가 받드는 믿음이 선명하게 갈라진다. 6절의 겸비자謙卑者와 오만인傲慢人도 대조를 이루고 있다.

15절의 풍행風行은 그 덕이 널리 전파되는 것을 의미한다. 유신의 시 「주주국대장군장손검신도비周柱國大將軍長孫儉神道碑」에 '말을 몰아 변방을 평정해버리니 그의 덕이 수 천리에 미치는도다'控馭五十州 風行數千里(공어오십주 풍행수천리)라고 읊었다.

18절의 숙기淑氣는 이른 봄날의 맑은 기운 혹은 온화한 기운을 뜻한다. 육기의 시 「비재행悲哉行」에 '혜초는 봄기운 더욱 가득하고 두견이 우는 소리 듣기 좋아라'蕙草饒淑氣 時鳥多好音(혜초요숙기 시조다호음)는 문장이 나온다.

제148수

하늘이여 찬양하여라 鈞天廣樂
균 천 광 악

1 讚主於天中 讚主於蒼穹
찬 주 어 천 중 찬 주 어 창 궁

2 讚主爾眾神 讚主爾萬車
찬 주 이 중 신 찬 주 이 만 거

3 讚主爾日月 讚主爾明星
찬 주 이 일 월 찬 주 이 명 성

4 讚主爾九天 讚主爾靈淵
찬 주 이 구 천 찬 주 이 령 연

5 讚主為何因? 莫非主所成
찬 주 위 하 인? 막 비 주 소 성

6 讚主為何故? 恃主得安固 各各有定分 祇守莫踰矩
찬 주 위 하 고? 시 주 득 안 고 각 각 유 정 분 지 수 막 유 구

7 讚主於大地 讚主於海底 溟海與源泉 冰雹與氛氣
찬 주 어 대 지 찬 주 어 해 저 명 해 여 원 천 빙 박 여 분 기

8 雷霆與白雪 飄風布聖旨
뇌 정 여 백 설 표 풍 포 성 지

9 小丘與高嶽 果樹與喬木
소 구 여 고 악 과 수 여 교 목

10 爬蟲與飛禽 野獸與家畜
파 충 여 비 금 야 수 여 가 축

11 王侯與眾庶 權位與貴爵
왕 후 여 중 서 권 위 여 귀 작

12 壯男與閨女 白髮與總角
장 남 여 규 녀 백 발 여 총 각

13 皆應誦主名 主名獨卓卓 峻德超天地 子民承優渥
개 응 송 주 명 주 명 독 탁 탁 준 덕 초 천 지 자 민 승 우 악

14 眾聖所瞻仰 義塞所依托 天下諸虔信 莫非主之族
중 성 소 첨 앙 의 새 소 의 탁 천 하 제 건 신 막 비 주 지 족

글자풀이

- **鈞**(균) 고르다
- **蒼**(창) 푸르다
- **穹**(궁) 하늘
- **祇**(지) 다만
- **踰**(유) 넘다
- **溟**(명) 큰 바다
  溟海(명해) 망망한 바다
- **雹**(박) 우박
- **氛**(분) 기운, 조짐
  氛氣(분기) 바다에 낀 짙은 안개
- **喬**(교) 높이 솟다
- **爬**(파) 기어다니다
- **禽**(금) 날짐승
- **爵**(작) 벼슬
- **壯**(장) 기상이 굳세다
- **閨**(규) 아녀자의 거실
- **髮**(발) 머리털
- **總角**(총각) 결혼하지 않는 성인남자
- **渥**(악) 도탑다 극진하다
  優渥(우악) 도탑고 넉넉하다

옮김

1야훼를 찬양하라 푸른 하늘이여 주님을 찬미하라 높은 하늘아 **2**야훼를 찬
양하라 천사들이여 주님을 찬미하라 주의 군대여 **3**야훼를 찬양하라 해와
달이여 주님을 찬미하라 밝은 별들아 **4**야훼를 찬양하라 하늘의 하늘이여
주님을 찬미하라 깊은 물이여 **5**야훼 찬양하라니 무슨 근건가? 세상 모든
만물이 주님의 작품이라 **6**주님 찬미하라니 무슨 이윤가? 주께서 저들을
굳건히 세우시고 저들에게 때와 자리 정해주셔서 그 법도 받들어 지키도록
하셨음이라 **7**야훼를 찬양하라 너른 대지여 주님을 찬미하라 깊은 바다여
망망한 바다와 물의 근원아 우박과 안개여 너희도 찬양하라 **8**우레와 흰 눈
이여 찬양하여라 주의 뜻 선포하는 바람아 너도 **9**작은 언덕이여 드높은 산
악이여 열매 맺는 과수와 높이 솟은 나무여 **10**온갖 기는 것들과 나르는 것
들 들짐승과 집안의 생축들이여 **11**임금과 제후들 백성들이며 고관들과 더
불어 귀족들이여 **12**젊은이와 처자들 노인과 아이들아 **13**모두들 야훼 이름
찬송하여라 주님은 홀로 존귀하신 분이시니 그분의 크신 덕 세상에 우뚝하
고 백성 향한 은총은 극진하여라 **14**신실한 성도들 우러르는 야훼는 이스라

엘 백성이 의지하는 하느님 땅에서 주님께 충실한 이들 주의 백성 아닌 바 하나 없도다

해설

제목이 균천광악鈞天廣樂이다. 옛적에는 하늘을 아홉 개로 나누었는데 균천은 그 가운데에 있는 중앙 하늘로 주재主宰하는 하늘이다. 전轉하여 천제天帝가 거하는 곳이기도 하고 천제를 지칭하기도 한다.

광악廣樂이란 우아하면서 웅장한 음악을 뜻하며 천상의 음악을 칭한다. 『열자列子』「주목왕周穆王」편에 '왕은 하늘의 상제가 사는 곳인 청도자미에 이르러 천상의 음악을 듣는다고 여겼다'王實以爲 淸都紫微 鈞天廣樂 帝之所居(왕실이위 청도자미 균천광악 제지소거)는 문장이 나온다.

시편의 마지막 몇 편은 끊임없는 찬양으로 이어진다. 하늘과 천군 천사, 일월성신의 찬양이 있고 궁창과 거기 있는 물도 찬양한다. 바다와 땅, 불과 눈과 안개와 산과 거기 거하는 뭇 생명들이 하늘의 찬양에 화답하여 함께 찬양한다.

인간에게 외경畏敬을 불러일으키는 모든 것들이 그분께 지은 바 된 것들이요, 그분의 명命에 의해 존재하고 따르는 것들이다. 그러니 인생이야 말할 나위 없으며 더욱이 그분의 신실한 백성들이라면 더욱 말할 것 없다.

우러르며 돌아보면 이미 온 세상이 여여如如하게 하느님 안에서 하느님과 함께 하며 하느님과 하나 되어 있음을 발견한다. 그 어느 것 하나 하느님 뜻을 벗어난 것이 있던가?

눈길은 어느새 나 자신으로 돌아온다. 모두들 나를 바라보며 나를 기다리고 있다. 이젠 내가 찬양할 때요 응답할 때라고 말이다. 찬양과 감사가 거듭되면 그분의 이름만 남는다. 아름다운 찬송의 어귀도 그분의 은총에

대면 깜박이는 관솔불을 면하지 못한다. 그분만이, 그분의 영광만이 가득하다. 정녕 그 이름만으로 충분하다.卓卓(탁탁) '세상과 나는 간 곳 없고 구속한 주만 보이도다'라는 찬양이 알맞다.

오경웅은 이 시편의 말미에 무릇 하느님을 사랑하는 사람이라면 마땅히 모든 사람을 형제처럼 여기고 만물을 자신과 한 몸으로 여기니(장재張載의 서명西銘에 民吾同胞 物吾與也민오동포 물오여야) 형이상의 것이든 형이하의 것이든 옛 것이든 오늘의 것이든 동서양을 막론하고 형제자매로 여기며 함께 기뻐하며 함께 안타까워한다고 하였다.

그랬기에 프란체스코 성인이 태양을 형제라 불렀고 달을 자매라 칭하였으며 땅을 어머니라 불렀으니 성인은 마땅히 이 같은 흉금을 지닌다.

과연 참되신 하느님을 신실히 믿는 이는 이 같은 즐거움을 누리면서도 범신론의 허물에 빠지지 않는다. 만약 하느님을 제대로 믿지 않으면서 하늘은 아버지요 땅은 어머니라乾爲父 坤爲母(건위부 곤위모)고 한다면 이는 지식에나 머물지 근본을 알지 못하는 것일 뿐이라고 하였다.

5절과 14절의 막비주소성莫非主所成과 막비주지족莫非主之族은 『시경』「소아小雅」「북산北山」에 나오는 '하늘 아래 땅이 모두 임금님의 땅이라네 모든 땅에 사는 사람 임금님의 신하라네'普天之下 莫非王土 率土之濱 莫非王臣(보천지하 막비왕토 솔토지빈 막비왕신)라는 노래의 변용이라 하겠다.

6절의 안고安固는 『순자』「강국强國」 편에 '수 백리가 넘는 큰 나라가 편안하고 견고한 원인은 그 힘이 커서가 아니라 융성히 바른 것을 닦고 추구함에 있다'自數百里以往者 安固非大之力也 隆在修政矣(자수백리이왕자 안고비대지력야 융재수정의)고 하였는데 오경웅은 참된 평안이 땅의 문제나 정치의 문제가 아니라 하느님을 의뢰하는 것에 달렸다고 말하고 있다.

같은 절의 정분定分은 원채의 「원씨세범袁氏世範」에 나오는 말로 '부귀라는 것은 조물주의 정한 바에 따라 이미 일정하게 나눠진 바가 있다. 이는 측정불가능한 것이다'富貴自有定分 造物者 旣設爲一定之分 又設爲不測之機(부귀자유정분 조물자 기설

위일정지분 우설위불측지기)라고 하였다. 소동파도 인생에 정해진 바 명운이 있다 하였다. 고대 사상에서는 운명론적인 사유이나 오경웅에게 있어서는 하느님께서 부여하신바 명命이다.

같은 절의 구矩는 곱자를 의미한다. 후에는 반드시 지켜야 할 법이자 진리의 준칙의 의미를 갖게 되었다. 공자 70세에 이르자 '마음이 하고자 하는 대로 하여도 도에서 벗어나지 않게 되었다'從心所欲不踰矩(종심소욕불유구)라는 구矩와 상통한다.

13절의 준덕峻德은『서경』「요전堯典」에 나오는 것으로 '요 임금이 크신 덕을 널리 밝히니 온 세상 사람들이 모두 친밀하며 서로 사랑하게 되었다'克明峻德 以親九族(극명준덕 이친구족)라고 하였다.

같은 절의 우악優渥은『시경』「소아小雅」「신남산信南山」에 '알맞은 비가 제대로 내려 촉촉이 적셔주니 밭마다 윤택하여 백곡이 싹텄네'益之以霢霂 旣優旣渥 旣霑旣足 生我百穀(익지이맥목 기우기악 기점기족 생아백곡)라는 구절이 있다.

제149수

삼가 주의 뜻을 받드네 暢行宿命
창 행 숙 명

1 我願諸聖者 向主奏新音
아 원 제 성 자 향 주 주 신 음

2 義塞樂真宰 西溫慶其君
의 새 락 진 재 서 온 경 기 군

3 誦名表孺慕 萬舞寫歡欣 伐鼓布淵淵 撫琴抒殷勤
송 명 표 유 모 만 무 사 환 흔 벌 고 포 연 연 무 금 서 은 근

4 應知慈悲主 愛悅其子民 尤戀謙卑者 美德飾其身
응 지 자 비 주 애 열 기 자 민 우 련 겸 비 자 미 덕 식 기 신

5 諸聖可不樂? 寤寐詠歡心
제 성 가 불 락? 오 매 영 환 심

6 手執雙鋒劍 口宜諷誦音
수 집 쌍 봉 검 구 의 풍 송 음

7 竭忠施天誅 群逆知所懲
갈 충 시 천 주 군 역 지 소 징

8 世王被鏈索 冢臣加桎梏
세 왕 피 련 삭 총 신 가 질 곡

9 暢行主宿命 此榮將誰屬? 願爾諸聖者 款款致心曲
창 행 주 숙 명 차 영 장 수 속? 원 이 제 성 자 관 관 치 심 곡

글자풀이

- **暢**(창) 통하다, 잘 흐르다
- **宿**(숙) 사전에, 자다, 오래된
- **寫**(사) 토로하다, 끌어내다
- **伐**(벌) 치다
- **鼓**(고) 북
- **淵淵**(연연) 둥둥거리는 소리
- **殷勤**(은근=**慇懃**) 깊은 속마음
- **尤**(우) 더욱
- **卑**(비) 낮추다
  謙卑(겸비) 자신을 겸손히 낮춤
- **飾**(식) 단장하다
- **寤**(오) 깨다
  寤寐(오매) 깨어있든지 잠자고 있든지
- **鋒**(봉) 예리하다
- **諷**(풍) 암송하다
- **誦**(송) 칭송하다
  諷誦(풍송) 글을 읽고 시를 읊음
- **竭**(갈) 다하다
- **誅**(주) 베다
- **鏈**(련) 쇠사슬
- **索**(삭) 줄
- **冢**(총=**冢**[총]) 맏이
  冢臣(총신=**冢臣**[총신]) 조정의 중신
- **桎**(질) 차꼬
- **梏**(곡) 수갑
  桎梏(질곡) 차꼬와 수갑으로 속박 당함
- **屬**(속) 무리
- **款**(관) 정성스럽다
  款款(관관) 정성을 다하는 모양

옮김

1야훼께 새 노래로 찬양하여라 주님의 신실한 성도들이여 2이스라엘은 참
되신 하느님으로 즐거워하며 시온은 그 임금 안에서 기뻐하여라 3그 이름
찬미하여 사모의 정 토로하고 온갖 춤으로 환희작약하여라 둥둥이는 북소
리와 비파소리로 마음 속 감격을 펼쳐내어라 4너희는 마땅히 알아야 할지
니 어지신 주님 너흴 사랑하시되 겸손한 자들을 더욱 사랑하셔서 하늘의
은총으로 감싸주시도다 5성도들아 어찌 즐거워 않으랴? 자나 깨나 그 기
쁨 노래하여라 6입에는 주님을 찬양하는 노래요 손에는 날카로운 칼을 들
어라 7거스르는 이들 향한 주님의 징계 온 마음 다하여 행할지어다 8세상
의 왕들을 쇠사슬로 묶으며 그의 중신들에겐 차꼬를 채우리니 9주님의 판
결대로 행하는 그 영광 누구에게 맡겨진 일이겠느냐? 바라노니 주님의 신

실한 성도들아 정성스레 네 마음 다할지어다

해설

제목이 창행숙명暢行宿命이다. 동양적 사유에서 숙명은 인간이 거스를 수 없는 정해진 운명이라고 여겨왔다. 꼼짝도 할 수 없는 굴레요 업보로 받아들인다. 따라서 동양적 사유에서 숙명에 대한 사유는 인생을 수동적으로 만드는 경향이 적지 않다. 그러나 오경웅은 이 숙명을 그러한 수동적 사유보다 하느님께서 정하신 뜻과 장차 이루실 역사로 풀고자 한다. 하느님의 계획이며 섭리이시다.

이럴 때 숙명은 인생을 수동적으로 만들기보다 적극적으로 인생에 대하여 의미물음을 갖게 하고 어떻게 하는 것이 바른 것인지 여쭙게 한다. 여지없이 이루어질 하느님의 뜻에 어떻게 참여할 수 있는지를 기도하게 한다. 하느님의 뜻은 반드시 이루어질 것이다.

그러기에 창행暢行이다. 순리대로 자연스레 이루어지는 것이 창행이다. 그래서 자주 창행무조暢行無阻, 아무런 방해나 장애없이 순조롭게 이루어진다는 성어成語로 쓰인다. 하느님의 뜻이 어찌 그렇지 않겠는가? 받아들이지 못하는 불신앙으로 인해 보이지 않을 뿐이다.

히브리 시인은 이러한 하느님의 뜻이 역사 속에서 믿음의 백성들과 함께 이루어질 것이니 이를 잘 받들어 행해야 할 것이라 선언하고 있다. 하늘에서 그분의 뜻이 이루어진 것처럼 이 땅에서도 이루어질 것인데 그 도구는 성도들이다. 하느님의 뜻이 이루어짐에 무슨 도움과 도구가 따로 필요하랴? 그럼에도 하느님은 믿음의 백성들을 초대하셔서 당신의 뜻이 이루어지는 놀라운 역사 안에 끌어들이신다. 놀라운 선물이자 목격자, 증언자의 삶으로의 초대이다. 그리스도인을 부활의 증인이라 선언하는 것처럼 믿음의 사람들은 하느님의 역사의 증인이요 목격자이다.

오경웅은 6절의 입에는 주님을 찬양하는 노래요 손에는 날카로운 칼을 들어라手執雙峰劍 口宜諷誦音는 말씀을 성녀 소화小花 데레사가 자신의 수도생활의 중요한 방편으로 삼았었다고 소개한다. 그녀는 한편에서는 말씀을 새기는 묵상의 노력과 다른 한편에서는 언제든지 날카로운 칼을 벼려 우리가 행한 선행을 가차 없이 베어버려야 한다고 하였다. 행하되 아무런 자부도 갖지 않는 것, 공을 이루되 거기에 머물지 않는 것으로 심령이 깨끗하고 시원해야 하는 것이다. 악행으로 오염되는 것을 피하는 것이 다가 아니다. 거기에 더하여 선을 행하되 쌓지 않는 것이다.

예수께서 말씀하신 '오른 손이 하는 일을 왼손이 모르게 하라'는 말씀의 속뜻이다. 이 또한 사도 바울이 인생의 날이 얼마 남지 않았음은 즉 근심 있는 이는 근심 없는 것처럼, 기쁜 이들은 기쁨이 없는 것처럼, 재물 있는 이는 재물이 없는 것처럼 세상을 살아가되 세상을 벗어난 것처럼 살라고 하신 말씀과 같다.

조금 덧보태자면 선을 행하는 이는 선을 행하지 않은 것처럼 덕을 베푸는 사람은 덕을 베풀지 않은 것처럼 하면 된다. 노자가 '아주 고상해 보이는 덕은 덕이 아니라' 한 것이 바로 이 말씀을 하신 것이라 하겠다.

3절의 벌고연연伐鼓淵淵은 『시경』「소아小雅」「채기采芑」에 '밝고 참된 방숙께서 북을 둥둥 치시면서 군사들을 독려하니 사기가 충천하네'顯允方叔 伐鼓淵淵 振旅闐闐(현윤방숙 벌고연연 진려전전)라고 노래하였다.

7절의 천주天誅는 『묵자』「노문魯問」 편에 나오는 것으로 '정나라 사람들은 삼대에 걸쳐 저들의 왕을 죽였기에 하늘이 중벌을 내려 삼년 동안 농사가 제대로 되지 않게 했으니 나는 하늘을 도와 그들을 징벌하려는 것이다'鄭人三世殺其父 天加誅焉 使三年不全 我將助天誅也(정인삼세살기부 천가주언 사삼년부전 아장조천주야)라고 하였다.

같은 절의 갈충竭忠은 『사기』「굴원열전屈原列傳」에 '굴원(이름은 평)은 임금께

늘 바른 말로 간하고 올바르게 행하였으니 이같이 조금도 남김없이 충성과 지혜로 임금을 섬겼다'屈平正道直行 竭忠盡智 以事其君(굴평정도직행 갈충진지 이사기군)고 하였다.

8절의 총신冢臣=冢臣은 마융의 『충경忠經』에 나오는 것으로 '임금에게 있어서 소중한 신하는 한 몸과 같다고 말할 수 있으니 아래에서 행하는 대로 위에서는 믿고 신뢰한다. 그러니 충忠을 온전히 이루어낸다'冢臣於君 可謂一體 下行而上信 故能成其忠(총신어군 가위일체 하행이상신 고능성기충)고 하였다.

9절의 심곡心曲은 간절하고 애틋한 속마음을 말한다. 『시경』「소융小戎」에 '우리 님을 그리나니 따스하기 옥과 같아 판잣집에 계실까 마음속이 어지러워'言念君子 溫其如玉 在其板屋 亂我心曲(언념군자 온기여옥 재기판옥 난아심곡)라고 노래하였다.

제150수

모두 다 찬양하라 大小和鳴
대 소 화 명

1 讚主於聖所 讚主於天府
찬 주 어 성 소 찬 주 어 천 부

2 讚主之偉績 讚主之弘度
찬 주 지 위 적 찬 주 지 홍 도

3 讚主宜吹角 鼓琴復鼓瑟
찬 주 의 취 각 고 금 부 고 슬

4 播鼗助萬舞 頌聲入絲竹
파 도 조 만 무 송 성 입 사 죽

5 大鈸和小鈸 噌吰且鏜鎝
대 발 화 소 발 쟁 횡 차 당 협

6 願凡含生屬 讚主永不息
원 범 함 생 속 찬 주 영 불 식

글자풀이

- 府(부) 관청
- 度(도) 법도
- 吹(취) 불다
- 播(파) 흔들다, 움직이다
- 鼗(도) 작은 북
- 鈸(발) 방울, 작은 바라
- 噌(쟁) 종, 북의 소리
- 吰(횡) 악기나 쇠북의 소리 댕댕, 둥둥
- 鏜鎝(당협) 종을 울렸을 때 나는 소리
- 絲竹(사죽) 관악기와 현악기

옮김

1 성소에서 주님을 찬양하여라 하늘 위 하늘에서 주 찬미하여라 2 크신 주의
행적을 찬양하여라 위대하신 주의 뜻 찬미하여라 3 뿔나팔 불며 찬양하여라

비파와 수금으로 찬양하여라 **4**작은 북 흔들며 춤을 추어라 피리 불며 현을
뜯어 찬미하여라 **5**자바라를 치며 찬양하여라 종소리와 북소리로 찬미하여
라 **6**목숨 있는 것들아 찬양하여라 영원토록 주님을 찬미하여라

해설

제목 화명和鳴은 『시경』 「주송周頌」 「유고有瞽」에 나오는 것으로 '아름답게 어울리는 풍악소리여 고요하고 부드럽게 울려 퍼지네'喤喤厥聲 肅雝和鳴(황황궐성 숙옹화명)라는 구절이 있다. 『춘추좌전』에도 '봉황새가 날며 아름답게 울었다 하니 길하다'吉 是謂鳳凰於飛 和鳴鏘鏘(길 시위봉황어비 화명장장)고 하는 문장이 나온다.

시편의 마지막 노래 150편은 애오라지 찬양하라는 권고가 전부이다. 찬양과 찬미 그것만이 영원히 계속될 수 있는 것이리라. 삶의 여정 가운데 만난 사건들을 통해 우리는 배우고 이해하며 터득한다. 이해하지 못한 것들은 우리를 얽어매고 되새기게 하지만 어느 순간 이해되고 몸에 녹아든다.

그렇게 이해되고 나면 사라진다. 그저 사건을 지나 터져 나온 탄식과 감격, 생생한 찰나들은 영혼 속에 아로새겨진다. 그 탄식과 감격이 뭇사람들과 함께 공명을 일으키면 거기에 음률이 더해지지 않을 수 없다. 그래서 찬양은 한 사람의 노래가 아니라 공동체적이고 세대를 잇게 된다. 책으로서 시편은 끝나지만 찬양은 영원히 이어진다.

추천의 글

추천의 글

드디어 시편이 자기 말을 찾았구나!

곽건용/LA 향린교회 목사

원고를 받아 첫 몇 장을 읽어보니 얼마 전에 있었던 일이 문득 떠올랐습니다. 제가 목회하는 LA 향린교회의 주일예배 때 있었던 일입니다. 우리 교회는 예배 때 『새번역』 성서를 읽습니다. 다만 예수님이 하신 말씀은 모두 존재어로 바꿔서 읽습니다. 히브리어나 아람어에는 우리말과 같은 존대어가 없지만 예수님이 그 누구에게나 함부로 하대하지 않았을 것으로 여기기 때문입니다. 그날 본문은 마가복음 1장 9-11절 말씀이었습니다.

> 그 무렵에 예수께서 갈릴리 나사렛으로부터 오셔서 요단강에서 요한에게 세례를 받으셨다. 예수께서 물속에서 막 올라오시는데 하늘이 갈라지고 성령이 비둘기같이 자기에게 내려오는 것을 보셨다. 그리고 하늘로부터 소리가 났다. "너는 내 사랑하는 아들이다. 내가 너를 좋아한다."

그런데 성서읽기를 맡은 분이 마지막 부분을 "사랑하는 아들아, 내가 너를 얼마나 좋아하는지 아니?"라고 고쳐 읽었습니다. 스크린에 성서 말씀이 올라와 있으므로 교우들은 담당자가 주어진 대로 읽지 않고 바꿔서 읽은 줄 알면서도 잠자코 있더군요. 그런데 제가 설교하러 앞으로 나와 강대 앞에 서서 잠시 침묵하다가 웃으면서 "오늘 성서 말씀 참 잘 읽으셨습니다"

라고 말하자 그제야 교우들도 소리 내어 웃기 시작했습니다. 그렇습니다. "너는 내 사랑하는 아들이다. 내가 너를 좋아한다"와 "사랑하는 아들아, 내가 너를 얼마나 좋아하는지 아니?"가 주는 느낌의 차이는 엄청나지요. 그 날 설교가 술술 풀린 것은 이 작은 일이 준 좋은 기분 때문이다 싶습니다.

저는 몇 권의 책을 썼지만 아직 번역서를 낸 적은 없습니다. 1990년대 초에 미국의 한 구약학자의 논문을 번역해서 잡지에 게재한 적이 있는데 그거 번역하느라고 혼났습니다. 번역은 하지 말아야겠다는 생각을 그때 했습니다. 제가 번역에 도전하지 못하는 가장 큰 이유는 원문의 맛을 제대로 살릴 자신이 없어서입니다. 뜻은 그럭저럭 옮겨보겠는데 원문의 맛과 뉘앙스까지 옮기는 건 제 능력 밖의 일임을 일찌감치 깨달은 겁니다. 학술 서적은 그렇다 쳐도 읽는 맛이 독서의 큰 부분을 차지하는 문학서는 더 말할 나위가 없습니다.

이 책을 읽고 역시 번역은 할 사람이 따로 있다는 생각을 굳혔습니다. 제가 한문에 약해서 원문을 읽는 데는 무리가 있었지만 그와는 별도로 물 흐르듯 읽히는 번역이 좋습니다. 자연스레 책 속으로 빠져들게 만듭니다. 감탄하며 무릎을 쳤고 새로운 생각을 만날 때마다 탄성이 절로 터졌습니다. '드디어 시편이 자기 말을 찾았구나! 이제야 시편이 우리말로 내게 말을 거는구나!'라는 생각이 들 정도였습니다. 원문이 한문인데도 이런 생각을 할 정도로 번역이 자연스러웠습니다.

성서는 오래전에 기록된 문서들의 묶음입니다. 이 문서들이 기록되고 전해진 시대적, 문화적 배경은 우리의 그것과 무척 다르기에 우리가 성서를 제대로 읽으려면 준비해야 할 게 많습니다. 그 준비가 되어있지 않으면 성서를 기록하고 전한 사람들의 의도와 달리 자의적으로 해석할 위험이 큽니다. 지난 2백여 년 동안 학자들이 갈고 다듬은 '역사비평학'(historical criticism)은 성서를 자의적으로 읽지 말고 당시의 역사적 배경에 비춰서 읽으려는 노력의 산물입니다.

그런데 근래에 들어서 역사비평학의 성과를 인정하면서도 성서를 '통시적으로'(diachronically)만 읽지 말고 '공시적으로'(synchronically)도 읽자는 움직임이 강세를 보입니다. 두 가지 방법은 성서해석의 양대 기둥이라고 부를 만합니다. 후자는 우리가 갖고 있는 성서 텍스트의 과거를 캐묻는 일을 멈추고 지금 우리에게 주어진 그대로 읽어보자는 겁니다.

이 방법론 중 하나로 '독자반응비평'(reader-response criticism)이란 것이 있습니다. 이 방법은 한마디로 말하면 텍스트가 쓰여서 독자의 손에 들어온 다음에는 그걸 어떻게 해석하는지는 독자에게 달려 있다는 주장입니다. 저자가 왈가왈부할 일이 아니란 겁니다. 텍스트를 이해하는 데는 저자의 의도 못지않게 독자의 해석도 중요하다는 얘기입니다. 여기서 중요한 것은 독자의 '상상력'입니다. 독자가 텍스트에 담겨 있는 저자의 생각을 이해하고 따라가거나 의문을 표하거나 어깃장을 놓는 데 그치지 않고 자신의 상상력을 발휘해서 자기식으로 이해하는 것이고 한 걸음 더 나아가서 '또 하나의 저자'가 되는 겁니다.

제 앞에 놓인 이 책은 '토착화 신학'의 결정판입니다. 히브리 성서의 시편을 모르는 중국인 독자가 이 책을 읽는다면 본래 시편이 중국어로 쓰였다고 믿을 수도 있겠다 싶은 정도입니다. 동시에 이 책은 '독자비평적으로' 시편을 읽은 출중한 작품이기도 합니다. 그것도, 저자 개인이 아니라 그의 정신세계에 담겨 있는 중국 고전이 독자가 되어 히브리 성서의 시편을 읽고 거기에 집단적, 문화적으로 반응하여 쓰인 걸작입니다. 저자 개인의 독특성이 유지되면서 동시에 그를 둘러싸고 있는 중국 문화의 고전이 녹아 있는 보기 드문 작품입니다.

고 문익환 목사님은 공동번역 성서 작업을 하시면서 인권과 민주화, 그리고 우리 겨레의 통일에 눈을 뜨셨다고 합니다. 언뜻 보면 성서 번역작업과 인권, 민주화, 통일은 별 상관이 없어 보이는데 말입니다. 성서를 포함해서 좋은 텍스트를 읽을 때 전혀 기대하지 않았던 '사건'이 벌어지는 경우가 있는데 문 목사님이 그런 경우라고 하겠습니다.

저는 이 책을 읽으면서 제게도 문 목사님에게 일어난 일이 벌어질지도 모른다는 기대를 가졌습니다. 하긴 그런 일을 '기대'한다는 게 문 목사님의 경우와는 맞지 않지만 말입니다. 그러나 한 가지 분명한 사실은 교우들과 시편을 같이 읽고 공부하고 싶은데 마땅한 책이 없다 했던 그동안의 제 생각이 달라졌다는 겁니다. 올 하반기에는 이 책을 갖고 시편을 하나하나 읽어가며 교우들과 성서공부를 할 생각을 하니 지금부터 기분이 좋아지고 미소가 절로 지어집니다.

오랫동안 한국 기독교인들에게 좋은 영향을 끼칠 이 책을 번역하고 해설하신 송대선 목사님과 이 좋은 책을 손익 안 따지고(!) 출판하신 한종호 목사님과 수고하신 모든 분에게 깊이 감사드립니다.

추천의 글

무궁한 세계를 거닐다

김기석/청파교회 목사

산다는 것은 칠흑 같은 어둠과 안개 속을 뚫고 나가기 위해 분투하는 과정이다. 어둠에 익숙해지면 잠시 밝음의 세계가 눈앞에 전개되기도 하지만, 이내 또 다른 어둠이 확고히 우리를 에워싼다. 길이 끊기기도 하고, 갑자기 나타난 벼랑 앞에서 현기증을 느낄 때도 있다. 기쁨과 슬픔, 희망과 절망, 충만과 공허, 의미와 무의미, 빛과 어둠이 수시로 갈마든다. 삶은 이런 두 계곡 사이에 걸린 줄 위를 걷는 것과 같다.

사람은 누구나 노래를 부른다. 그리고 기도를 한다. 종교인들은 각자의 신에게 기도를 드리지만, 비종교인들도 대상을 특정하지는 않는다 해도 알 수 없는 어떤 존재에게 도움을 구하곤 한다. 불확실성의 운명 속에 내던져진 존재의 어쩔 수 없는 운명이다.

히브리인들은 인생의 여러 순간에 그들을 구원해준 야훼 하느님께 자신들의 마음을 아뢰곤 했다. 시편은 그들이 겪어낸 삶의 다양한 순간들을 고스란히 담고 있다. 서사적으로 구성된 시도 있지만, 대개의 시들은 삶의 과정 가운데서 직면한 다양한 감정들을 담고 있다. 크게 분류하자면 두 가지이다. 하나는 하느님이 함께 하신다고 느낄 때 터져 나오는 감격과 환희의 노래이고, 다른 하나는 하느님이 숨어 계신다고 느낄 때 토로하는 안타까움과 탄식이다. 시편의 세계는 그렇기에 세속적인 욕망과 숭고한 생각 사

이를 오간다. 시편은 인간의 감정을 부정하지 않고 있는 그대로 드러내면서도, 하느님 앞에서 그 감정을 성찰하도록 돕는다. 시편 속에는 증류되거나 표백되지 않은 적나라한 인생이 있다. 그래서 사람들은 슬플 때도 기쁠 때도 시편을 읽게 된다. 사람들은 시편을 읽으면서 자신의 삶을 이해하고, 길을 발견한다.

『선禪의 황금시대』, 『내심낙원』, 『동서의 피안』 등의 책을 통해 동양인들의 사고와 직관을 탁월하게 소개해준 오경웅 박사가 시편의 세계에 빠져든 것도 어쩌면 시편 속에 담긴 인간 경험의 깊이에 감동했기 때문일 것이다. '출발어'의 문장 구조와 상관없이 특정한 글자 수(넷, 다섯, 일곱 글자)를 지키며 '도착어'로 번역한다는 것은 여간 어려운 일이 아닐 것이다. 압축과 생략이 필수이다. 오경웅은 학문적인 엄격함이나 원문에 충실한 번역을 지향하지 않는다. 가능한 한 원문의 의미를 그대로 옮기려 하지만, 필요할 때는 동양고전이나 다양한 형태의 시가에서 사용된 표현들을 과감하게 차용하여 '격의格義'하기를 피하지 않는다. 그에게 중요한 것은 시편의 경험을 통해 인간 경험의 보편성을 드러내는 데 있기 때문일 것이다.

송대선 목사(이하 송대선)는 이 난해하면서도 아름다운 한문 시편을 유려하고 아름다운 우리말로 해석해냈다. 단순한 해석이 아니라 재창조라 해도 좋을 것이다. 그는 물음표와 느낌표를 제외하고는 일체의 문장 부호를 사용하지 않음으로써 기도자 혹은 찬양자의 의식의 흐름을 인위적으로 차단하지 않고 있음으로 낭독의 즐거움을 누리게 하고 있다. 그는 무엇보다 시의 리듬감을 되살려내기 위해 큰 노력을 기울였다. 글자 수를 맞추려 하지는 않지만 음보에 충실하기에 낭독하는데 거스름이 없다. 어디를 펼쳐 읽어도 확인할 수 있는 바이지만 모든 사람이 익히 알고 있는 시편 1편 1절을 예로 들어보자.(빗금은 필자의 첨가)

군자의 즐거움 오래가누나/선을 행하니 온갖 복이 모이고/무도한 이들과 어울리지 않으며/소인배와 함께함을 부끄러이 여기네.(1:1)

'오래가누나', '여기네' 등의 예스러운 단어는 서술형 종결어미의 단절적 경직성을 누그러뜨리는 동시에 깨달음에 대한 감탄을 내포한다. 송대선은 리듬감을 만들기 위해 조사를 생략할 때도 많다. 우리말의 특성상 조사를 생략해도 의미를 전달하는 데는 큰 지장이 없다. 다음의 경우를 살펴보자.(괄호 안의 조사와 빗금은 필자의 첨가)

푸른 산(을) 향해 눈을 돌리나니/주님의 도우심(을) 그리워하노라/만물(을) 지으신 야훼(께서는) 위대하셔라/내 영혼(이) 우러러 사모하나이다(42:1)

조사를 생략하고 읽을 때 한결 간결해진다. 일상 언어라면 상황이 다르겠지만 시적 언어에서는 충분히 있을 수 있는 일이다.

송대선은 한글의 뉘앙스까지도 면밀하게 생각하며 번역 작업에 임하고 있다. 시편 1편 1절에 나오는 복 있는 사람의 특징 가운데 하나는 말씀을 즐거워하고, 또 주야로 묵상하는 것이다. 이것을 송대선은 "거룩한 말씀 속에 한가로이 거닐며 온종일 말씀 안에 젖어들기 즐기네"로 옮기고 있다. '한가로이 거니는 것'과 '젖어듦'은 의지적인 노력과 비수의적인 경험이라는 신앙생활의 두 축을 아우르는 말들이다. 이처럼 오경웅이 번역한 시편은 송대선의 번역과정을 거치는 동안 한결 깊은 울림을 획득하고 있다. 몇 구절을 개역개정판과 대조해보자.

내가 말하기를 나의 행위를 조심하여 내 혀로 범죄하지 아니하리니 악인이 내 앞에 있을 때에 내가 내 입에 재갈을 먹이리라 하였도다 내가 잠잠하여 선한 말도 하지 아니하니 나의 근심이 더 심하도다 내 마음이 내 속에서 뜨거워서 작은 소리로 읊조릴 때에 불이 붙으니 나의 혀로 말하기를 (39:1-3)

고통의 세월을 보내고 있는 시인의 답답한 심경이 잘 담긴 시이다. 시인은 입을 열어 말해 보아도 오해만 축적되고, 그 오해가 빚은 아픔이 커서 차라리 입을 다물기로 다짐하지만, 상한 심령에서 터져 나오는 소리조차 막을 수 없어 하느님 앞에 고통을 호소할 수밖에 없는 현실을 아프게 적고 있다. 오경웅의 시를 재번역하면서 송대선은 이 과정을 훨씬 더 입체적으로 드러내고 있다. 누구라도 그 절절한 아픔에 공감할 수밖에 없을 것이다.

> 내 일찍이 세상살이 어려움 탄식하며 삼가 내 입을 지켜 허물을 적게 하리라 하였노라 나를 알아주는 이 찾을 수 없으며 입 다물고 사는 게 차라리 나으리라 고요히 입 다물고 살기로 했으니 이런저런 시비 논할 바 없다 여기는데 마음은 굳은 돌이 아닌지라 입 다물수록 번민은 가득하고 괴로움은 커져서 울화로 치미니 마음은 불덩이로 변해버리는구나 세상에 외면당한 이 맘 누를 길 없어 주님 향해 끝내 입을 열어 여쭙니다(39:1-3)

앞서도 말했듯이 오경웅의 시편 번역은 원문의 정확한 전달을 목표로 하지 않는다. 그렇기에 마치 서기관이 텍스트의 여백에 자기 생각을 기록하는 것처럼 시에 자기 색깔을 입히는 일을 주저하지 않는다. 번역은 반역이라지 않던가? 의미 전달을 위해 필요하다면 '입김'이라는 표현을 '물거품'으로 바꾸기도 한다. 의미가 크게 달라지지 않는다고 판단이 서면 슬쩍 자기가 바라고 꿈꾸는 세상의 모습을 끼워 넣기도 한다. "그가 바다에서부터 바다까지와 강에서부터 땅 끝까지 다스리리니"(72:8)라는 구절을 오경웅은 '사해위가 팔굉위려四海爲家 八紘爲閭'('임금의 다스림으로 세상이 한 집안이 되고 세계가 한 마을이 된다'는 고사에서 온 말)로 옮기고, 송대선은 이것을 다시 기도 투로 바꿔 "온 세상 주 안에서 한 집 되게 하시고 온 천하가 한 마을 되게 하소서"라고 번역한다. 이어지는 구절도 흥미롭다. 시편 기자는 하느님의 통치의 엄정함을 "광야에 사는 자는 그 앞에 굽히며 그의 원수들은 티끌을 핥을 것이며"(72:9)라고 노래한다. 그러나 오경웅은 이 통치를 폭력적 정복으로 보기보다는 온 세상을 교화하는 하느님의 은혜의 신비로 풀어낸다. "멀고 거친 땅에서도 찾아와 좇게 하시고 미련한 적들조차 자기들의 갈 바를 물어오게 하소서." 덕으로 통치하는 왕의 이상을 투영한 것이다.

순례자의 노래로 알려진 한 대목을 보자. "사람이 내게 말하기를 여호와의 집에 올라가자 할 때에 내가 기뻐하였도다."(122:1) 평범하다. 그러나 역자들은 이 구절을 "친밀한 벗 나에게 '성산에 오르자 야훼 전에 함께 들어 주 얼굴 뵙자' 했네 마음 합한 그 말은 은은한 난향이라"라고 번역한다. '난향'라는 낯선 표현이 있어 독자들은 문장 전체를 재음미하지 않을 수 없다.

그 낯선 표현들을 즐기려면 전고典故를 알아야 한다. 송대선은 이 책을 단순히 한글로 푸는 데 집중하기보다는 오경웅의 시편 속에 등장하고 있는 '고사'의 출처를 면밀히 조사하여 독자들에게 제시한다. 사서삼경은 물론이고 중국 시문학 세계 전체가 망라되고 있다. 그런 고사는 우리로 하여금 인간의 감정이나 의식의 복잡함과 다기함에 다가서게 만든다. 언어 세계가 확장되는 순간 경험의 폭도 커진다. 예컨대 믿는 이들을 일러 오경웅은 '회주지도'懷主之徒라 번역했다. 낯선 표현이다. 송대선은 이것을 번역본에서는 '주님을 사모하는 이들'로 단순하게 옮겼지만 해설을 통해 그 단어 속에 내포된 속뜻을 풀어준다. '품다, 사모하다'는 뜻의 '회懷'자에는 '따르다'는 뜻이 내포되어 있다는 것이다. 이로써 주님을 사모한다는 것은 주님을 따르는 것임이 드러나는 것이다.

이 책이 경전으로서의 시편을 대체할 수는 없다. 하지만 이 책은 경전 속에 담긴 속뜻을 이해하는 데 좋은 길라잡이 역할을 할 것이라고 생각한다. 한자 글자풀이를 참고하면서 한문시를 읽고, 번역문을 낭송하노라면 어느새 우리도 영원한 세계를 미리 맛본 자인 시인들의 세계를 거니는 기쁨을 누리게 될 것이다.

고난의 시간에 밝힌 등불, 꺼지지 않는 구나

김민웅/목사, 경희대 교수

'실크로드'를 가는 길 위에 '하미'라는 곳이 있다. 둔황燉煌을 지나 천산남로天山南路를 따라 타림 분지 북쪽, 그러니까 위구르인들이 오래 살아온 신강新疆 또는 신장 지역에 속하는 곳이다. 이슬람이 주도하는 종교문화인지라 이곳에서 사원 모스크는 일상의 공간이다. 그런데 그 가운데 한 모스크에 들어서면 기이한 풍경과 마주하게 된다.

겉모양은 이슬람 사원이 분명한데, 안에는 불교사찰의 목조건물이다. 더더군다나 예사롭지 않은 것은 기둥인데 천장과 맞닿은 곳은 연꽃 문양이다. 이슬람과 불교가 한 몸이 된 셈인데, 어느 게 진짜인지 헷갈릴만하다. 불교를 속살로 숨겨둔 것일까, 아니면 이슬람이 옳다구나 하면서 덮쳐버린 모양새일까? 그러나 이 절묘한 양식을 이루어낸 바탕에는 불교의 바다에 들어선 이슬람의 지혜가 있다.

알라에 대한 믿음은 불교가 꿈꾸는 연꽃을 피워내는 아름다움이나 다를 바 없다는 포교의 전략은 애초 복음서에도 있던 태도였다. 요한복음은 "태초에 말씀(로고스)이 있었다"고 그리스 문명권의 의식세계에 은근하게 파고든다. 이성의 절정에 이른 경지에서 만나게 되는 로고스의 세계는 그리스 문명권의 삶 자체이다. 그러니 이런 선언이 낯설지 않다. 반감을 갖기 어려운 설법이다.

그렇게 끌어들인 담론의 세계는 이내 그 다음의 차원을 연다. “로고스가 육신이 된다”는 전혀 상상하지 못한 세계로. 이성, 관념, 사유가 몸이 된다는 난데없는 발언이 이어지기 때문이다. 이는 로고스로 공동의 지점에서 합류한 그리스 문명권과 복음서가 융합과 동시에 그걸 뛰어넘는 길을 뚫어낸다. 하미의 모스크 역시도 그렇게 서로 다른 것들이 만나 연꽃을 지나서 보게 되는 세상을 밝혔으리라. 가장 익숙한 방식으로 가장 낯선 것들과 하나가 되는 놀라움이다.

구마라습鳩摩羅什 또는 구마라지바는 4세기경 인도출신의 승려로 한자문화권 속으로 산스크리스트어 경전을 끌어들인 인물이다. 타림 분지 인근의 쿠차 왕국을 거쳐 장안長安을 활동무대로 하여 불경 번역에 힘을 쏟는다. 그의 노력으로 한자문화권의 사유영역이 넓어지고 새로운 언어가 탄생하는 동시에 인도의 영혼과 중국의 문자가 하나의 몸이 된다. 이 역시도 서로 몰랐던 세계가 만나 함께 하나의 길을 열어가는 경이로움이다.

오경웅과 송대선의 만남 또한 이렇게 서로에게 이국異國의 어법일 수밖에 없는 세계가 합류하여 낯익은 풍경을 일궈내는 문명의 미학을 보여주고 있다. 오경웅은 히브리 성서의 시학詩學에 담긴 육성을 한자문화권의 고전과 마주해 풀어낸다. 이는 그런 문명에 익숙한 이들에게 가장 가깝게 다가갈 수 있는 문을 열고, 그 문을 통해 정작 보여주고 싶은 세계와 만나게 하는 고단위의 책략이기도 하다.

바로 여기에 송대선의 손길이 스치니, 어느새 시편은 인문고전의 향기를 풍긴다. 사실 시편은 본래 그런 것이거늘, 경전의 권위에 묶여 그 안에 담긴 인간의 자취를 보는 일이 쉽지 않았고 그건 자칫 신성모독이거나 불경스러운 일처럼 여겨지기조차 했다. 모든 고전은 인간이 고난을 겪으면서 당대와 격투해온 기록이자 그 지혜의 보고라고 한다면 시편 또한 이와 다를 바 없다. 그런 시선에서 시편을 읽어낼 때 비로소 우리는 우리 자신의 처지를 또렷하게 보게 된다. 이로써 시편은 우리 일상의 삶에 그대로 녹아내리게 된다. 일상의 현실과 만나지 못하는 경전은 서고 어느 구석에 처박아 둔 지도 모를, 지루하고 난해하며 낡아빠진 책과 다를 바 없다.

아니나 다를까, 송대선은 시편 1편과 23편을 자신의 머리말에서 먼저 풀어내고 있다. 그렇지 않아도 시편 23편은 시편을 조금이라도 아는 이라면 누구나 애독하는 것이기도 하거니와 오경웅 자신이 가장 먼저 번역했다는 점에서 주목되고, 1편은 시편의 첫 장이니 시편 전체의 선언이기도 하다. 본래 누구나 다 잘 아는 곡을 연주하는 것이 쉽지 않다. 그 까닭은 분명하다. 어디서 틀렸는지, 연주가 어떤 수준인지 전문가가 아니더라도 금세 알게 되기 때문이다.

허나 시편 1편과 23편이 주목되는 더 깊은 까닭은 고난의 시간을 이겨내는 시편의 정신이 극명克明하게 드러난 대표적인 경우이기 때문이다. 그렇지 않아도 오경웅은 1937년 중일 전쟁 당시 상해가 일본군에 의해 점령당한 처지에 암담해진 현실 앞에서 마음과 정신의 중심을 잡아나가려 한 산물이 바로 이 번역들이다. 따라서 오경웅의 시편 번역은 고난의 시간에 밝힌 등불이자, 중국 역사의 고투苦鬪가 일구어낸 고전古典에 담긴 정신과 합류하는 과정이기도 하다.

바로 그런 합류의 길에서 중국의 역사가 겪고 있는 고난과 히브리 역사의 고난이 하나가 되어 이를테면 "로고스가 육신이 되는 사건"을 이루어 낼 수 있기 때문이다. 익숙한 방식, 삶의 일상과 낯설다 여겼던 것들이 한 몸이 되는 감격이 여기서 태어난다. 그건 시편의 연못에 담긴 연꽃이 피어나는 순간과 다를 바 없다. 오경웅의 시편 번역을 읽는 중국정신은 자신의 역사와 히브리 역사가 맞닿는 동일한 공간, 동일한 시간의 차원에 들어가면서 시편 기자의 자리에 서게 된다.

사실 이러한 읽기가 바로 성서읽기의 본체다. 자기의 삶, 그 일상의 현실과 만나지 못하는 성서읽기란 얼마나 허탈하며 무의미한가? 전쟁과 고통에 빠져든 중국의 일상에서 격려와 희망의 등불을 켜려는 오경웅의 의지는 성서읽기의 절박함에 충실한 번역에 도달한 것이다.

오경웅의 번역을 우리말로 풀어낸 송대선은 오경웅이 발견한 지점에 무엇이 묻혀 있는지, 그 뿌리가 어디에 가 닿아 있는지 고고학적 발굴을 시도하고 있다. 그건 단지 발굴의 흥미로움에 끌렸다기보다는 우리 역시 우리 몸에 입혀진 중국 고전의 세계가 어느새 만들어 놓은 체질과 성서를 만나게 하는 작업이었다. 그러자 비로소 시편의 맛과 깊이, 그리고 힘을 새롭게 깨우친 것이다.

이는 좀 더 밀고 나가자면 예수의 성서 읽기와 똑 같은 작업이다. 예수의 어록語錄은 히브리 성서의 인용은 매우 적고, 대부분 히브리인들의 일상과 성서/율법의 세계가 만나는 방식을 취하고 있다. 씨를 뿌리고 농사를 지으며, 그물을 펼쳐 고기를 잡고 먼 길을 돌아 장사를 하는 삶이 이야기의 근본을 이루면서 듣는 이들로 하여금 하느님의 마음으로 이끌어간다. 가장 잘 알고 있는 현실에 가장 깊고 높은 것들이 담겨 있음을 번개처럼 일깨우는 것이다.

그러니 오경웅의 번역과 그걸 구마라습처럼 풀어낸 송대선이나 그 언어의 옮김을 사전적 번역으로 평가하고 판단할 이유가 없다. 핵심은 그 안에 담긴 정신이 이를 읽는 이의 언어가 춤추는 세계와 만나게 하는데 성공하고 있는가이다. 그러기에 송대선은 "이 시편을 통해 누군가 고유의 우리말과 음조로 히브리 노래를 부르고자 하는 원願을 세운다면 그보다 더 복된 일이 없겠다"라고 토로하고 있다. 그건 고난의 등불을 켜 오늘의 이 자리를 밝히는 일과 다름이 없다. 송대선은 이 일에 누구도 따르기 어려운 길을 홀로 닦았다.

시편 1편의 "군자君子와 소인小人"에서 『논어』의 첫 장이 밝힌 바대로 군자는 세상이 알아주거나 말거나人不知而不慍(인부지이불온) 자기중심을 잡고 본질의 임무인 덕을 끼치려 애쓰는君子務本(군자무본)이 아닌가? 그런 점에서 마침내 "추위가 몰아쳐도 잎사귀 마르잖고 울창히 자라나기 한이 없어라"라는 대목이야말로 고난의 시기를 이기는 복된 말씀이 아닐 수 없다. 그러니 "어둔 골짜기 지날지라도 주 계시니 무엇을 염려하랴?"(시편 23편)

시편을 옮기는 것은 시를 쓰는 시인이 되는 것과 같으니, 우린 이렇게 해서 운율까지 깊어진 시편읽기의 즐거움(君子의 樂)을 얻게 되었다. 히브리 성서가 펼쳐진 중국 고전의 사원에 들어서니 그 안에 꺼지지 않는 호롱불 하나 길 밝히니, 언덕을 돌아드니 바람 소슬한데 정겨운 인가人家가 도란도란 모여들 있구나. 귀 기울여 들으니, 시 읊는 소리 어느새 기쁨의 노래되고 있구나. 고맙기 그지없다.

추천의 글

세계적 유례를 찾기에 그리 흔치 않은 번역

민영진/전 대한성서공회 총무

오경웅과 장개석

『시편사색』은 시편의 한어역漢語譯이다. 중국에서 펴낸 이 책은 성경 번역 전문 기관이나 전문 번역자들이 한 것이 아니고, 평신도 두 사람이 사사로이 기획하고 번역하여 출간한 것이다. 중국에서 항일전쟁(1931-1945)이 벌어지고 있을 당시 감리교인이었던 군인 장개석(1887-1975)과 20여 년 동안 감리교인이었다가 가톨릭교인이 된 법조인 오경웅(1899-1986), 이 두 평신도는 구약의 시편과 신약을 번역하는 것을 기획했다. 장개석은 오경웅에게 번역을 제안하고 자신은 교열과 검토를 자청하고 나섰다.

그런데 그 당시는 두 사람이 각자 처한 시대적 현실을 살펴보면 시편을 번역하는 일에 매진할 정도로 한가롭지는 않았다. 장개석은 중화민국의 1, 2, 3, 4대 총통(1950-1975)이 되기 전부터, 중국국민당의 중앙집행위원회 상무위원회주석(1936-1938), 중국국민당 총재(1938-1975), 국민정부의 행정원장(1939-1945), 국민정부의 군사위원회위원장(1931-1946), 국민정부의 주석(1943-1948) 등 요직을 맡고 있었고, 같은 기간 40대의 오경웅은 판사, 변호사, 교수, 작가, 중화민국 헌법 기초起草 위원, UN 헌장 기초 위원 등 바쁜 일정을 보내고 있던 때였다. 오경웅의 시편 번역은 1942-1945년 3년 동안 진행되었고, 1946년에 출간되었다.

두 사람은 한때 같은 중국감리교 교인이었지만 번역을 시작하던 1940년대에 오경웅은 가족과 함께 가톨릭교인이 되어있었다. 이 번역은 사역私譯이면서도 개신교와 가톨릭의 합작인 에큐메니컬 번역의 한 모범이 되기도 했다. 시편과 신약 둘 다 번역한 자는 오경웅이고, 장개석은 번역자의 수기手記 원고에 수기 교열校閱을 맡았다. 오경웅 역, 『성영역의』(대만상무인서관:1946, 2011) 간지間紙에는 번역자의 수기 원고와 그 여백에 교열을 담당했던 장개석이 2년에 걸쳐 초고를 세 번을 읽으면서 번역 내용을 검토했다는 짧은 진술과 검토한 날짜의 연월일과 검토자의 서명을 확인할 수 있다. 검토자의 의견은 초고 원고의 여백에 적거나 따로 별지를 사용하여 상세히 적어 역자에게 전달된다. 장개석이 단순히 원문대조를 한 것은 아닌 것 같다.[1]

장개석의 별지 메모 용지 상단에는 가로글씨로 '국민정부군사위원회용전國民政府軍事委員會用牋'이라고 적혀 있어서 그것이 정부의 공식 메모지였다는 것, 그것을 당시 국민정부군사위원회 위원장이었던 장개석이 사용私用했던 것임을 우연히 알게 되니까, 꼭 못 볼 것을 본 것 같아서 죄송하기도 하다.

오경웅[2], 장개석[3]의 시편 번역의 세 원칙

첫째 원칙은, 문체는 중국 고시사古詩의 운율韻律에 맞추는 운율번역韻律飜譯을 한다는 것이다. 중국 고시사의 삼언체三言體, 사언시체四言詩體, 오언고체五言古體나 오언절구五言絶句, 칠언고체七言古體나 칠언절구七言绝句 등에 맞춘 운율번역이

---

1) 두 사람이 사용한 번역 대본은 히브리어 구약도 그리스어 신약도 아니다. 역자들이 밝힌 것처럼 Crampon이 그의 동료들과 함께 번역한 가톨릭의 프랑스어 역 *French Bible*(1905)이다. La Sainte Bible, Traduction D'apres Les Textes Originaux par L'abbé Augustin Crampon Chanoine D'amiens, 해설과 참고자료가 함께 편집된 성경이다.

2) 『성영역의초고圣咏译义初稿』를 오경웅의 단독 번역으로 보는 연구들 - 赵晓阳. 吴经熊与圣经翻译(오경웅과 성경번역)[C]; 陈如一. 圣咏中之人生观——介绍吴经熊博士之『圣咏译义初稿』[N]. 中央日报, 1946-11-29; 方豪. 吴德生先生翻译圣经的经过[J]. 上智编译馆馆刊, 1947(1).

다.[4]

시편 전체 150편 중에서 오언고체五言古體나 오언절구五言絶句 운율이 압도적으로 많다.[81] 그 다음이 사언시체四言詩體[44], 혼합체混合體[16], 칠언고체七言古體/칠언절구七言絶句[7], 삼언체三言體[1], 육언시체六言詩体[1] 순이다. 이미 『신구약성서문리新舊約聖書文理』(1852, 1854), 『신구약성경천문리新舊約聖經淺文理』(1902, 1925), 『신구약성경화합본新舊約聖經 和合本』(1923) 등을 위시한 여러 중국어 번역판이 나와 있음에도 불구하고 오경웅과 장개석이 시편 사역을 시도한 중요한 목표 중 하나는 중국인들이 시편을 읽을 때 그들에게 익숙한 운율이어서 이 시편이 마치 중국 시인이 쓴 시처럼 부담없이 받아들이고, 따라서 중국인들이 구약의 시편이라는 책을 쉽게 받아들일 수 있게 하려는 것이 그 목적이었을 것이다. 오경웅이 번역한 시편은 1946년에 출간되고, 신약은 1949년에 출간된다.

둘째 원칙은 중국의 고전에 반영된 용어와 성어成語로 시편을 이해하고 해석한다는 것이다. 원어의 문법과 구문형식을 그대로 살리는 형식일치번

---

3) 장개석을 성경 번역자로 다룬 연구 - 赵晓阳. 抗日战争时期的蒋介石与圣经翻译("항일운동시기 장개석의 성경번역")[J]. 民国档案, 2010(3); Francis H. So는 『성영역의초고圣咏译义初稿』를 언급할 때 '吳經熊 譯(오경웅 역)'이란 표현과 "吴经熊' 蒋介石两人合作译经(오경웅, 장개석양인합작譯經)"이란 표현을 같이 쓴다. Francis H. So는 Wu Ching-hsiung's Chinese Translation of Images of The Most High in the Psalms, in Institut Monumenta Serica, Sank Augustin, Ed. by Irene Eber. Bible in Modern China: The Literary and Intellectual Impact[M]. Nettetal: Steyler Verl.1999. 오경웅 자신은, 그의 책에서 자신의 임무는 번역飜譯이었고, 장개석의 임무는 수정手訂이었다고 규정한다. 吴经熊. 蒋主席手订圣咏译义初稿(오경웅. 장주석 수정 『성영역의초고』)[M].上海: 商务印书馆, 1946.

4) 아래 통계에서 아라비아숫자는 시편의 장을 표시하고 [괄호] 속의 숫자는 빈도頻度를 표시한 것이다. 삼언체三言體105, [1]; 사언시체四言詩體 2, 3, 24, 29, 30, 32, 41, 47, 51, 54, 56, 57, 60, 61, 64, 66, 67, 68, 72, 75, 78, 79, 84, 86, 87, 92, 93, 95, 100, 103, 104, 106, 107, 108, 112, 117, 118, 119, 125, 130, 132, 136, 139, 140, [44]; 오언고체五言古體 혹은 오언절구五言絶句 1, 4, 5, 6, 7, 8, 12, 13, 14, 15, 16, 17, 19, 20, 21, 23, 25, 26, 27, 28, 31, 33, 34, 35, 37, 38, 39, 40, 44, 45, 48, 49, 50, 53, 55, 63, 65, 70, 71, 73, 74, 76, 77, 80, 82, 83, 88, 89, 90, 94, 96, 97, 98, 99, 101, 102, 109, 110, 111, 116, 120, 121, 123, 126, 127, 128, 129, 131, 134, 135, 138, 141, 142, 143, 144, 145, 146, 147, 148, 149, 150, [81]; 육언시체六言詩體 69 [1]; 칠언고체七言古體 혹은 칠언절구七言絶句 36, 46, 62, 81, 91, 133, 137, [7]; 혼합체混合體 9, 10, 11, 18, 22, 42, 43, 52, 58, 59, 85, 113, 114, 115, 122, 124, [16].

역을 피하고, 시편 번역의 대응어를 선택함에 있어, 중국의 여러 고전과 유교, 도교 심지어는 불교 경전에서도 용어를 가져다가 활용한다는 점이다. 이것은 곧 오경웅, 장개석의 번역이 중국의 기존 작품에서 중국인들에게 익숙한 사자성어四字成語나 관용구慣用句 같은 한자 표현을 시편 번역에서 대응어로 사용하여 번역하는, 넓은 의미의 '기능동등성번역/역동적 대응어 번역'에 가깝다는 것이다.

우리말 번역자는 그의 '해설'에서 오경웅이 중국 고전에서 인용한 어휘의 전거를 다 밝힌다. 더 자세하게는 권말 부록 '일러두기'에서 인용된 어휘의 전거를 다 밝히고 있다. '일러두기'에 언급된 중국 고전 목록만 보더라도 오경웅, 장개석의 시편 번역에 사용된 어휘가 얼마나 중국적인가를 쉽게 상상할 수 있다.[5]

셋째 원칙은 의미전달과 중국적 토착화를 위한 원문에 대한 가加·감減·변경變更이다. 현대 번역 이론에서 흔히 볼 수 있는 것으로서, 번역자가 의미전달과 적용을 위해 원문에 없는 요소를 첨가addition하거나, 원문에 있는 요소를 삭제extraction하여 번역에 반영시키지 않거나, 원문의 문법구조나 구문의 변경alteration을 수시로 시도한다는 것이다. 위에서 이미 언급한 것 같이 운율번역과 고전에서의 대응어 선택 번역이 잉여 표현은 짧게 줄이고, 내포된 의미는 바깥으로 드러내어 확대하고, 대응어 선택에서는 사전적 의미보다는 기능적 의미를 가진 대응어를 선호하게 되는 경우를 많이 볼 수 있다. 여기에서는 첨가의 경우와 중국 고전의 사자성어 대응어 선택의 경우만 각각 예를 들어 본다.

시편 36:6b-7a

6b …여호와여 주는 사람과 짐승을 구하여 주시나이다人畜草木盡覆載

5) 이 글 말미의 전고색인, '일러두기'를 볼 것

7a 하느님이여 주의 인자하심이 어찌 그리 보배로우신지요好生之德洵無邊
(『개정』 시편 36:6b-7a) [오경웅 역]

위의 경우는 우리말 『개정』과 오경웅의 한역을 비교한 것이다. 주께서 "사람과 짐승을 구하여 주"신다(시편 36:6b)는 『개정』의 번역은 히브리어 본문의 축자逐字 번역이다. 이것에 반하여 오경웅의 한역 '人畜草木인축초목'은 하느님이 보호하시는 것이 사람人과 동물畜만이 아니라, 식물草木까지도 포함되는 것으로 이해하여 원문에 없는 '식물植物', 곧 '초목草木'을 첨가한다.[6] *New American Bible*(1970)[7] 이 오경웅 번역과 같은 이해를 반영한다. 꼭 인간과 동물만이 창조주 하느님의 보호 대상이 되는 것이 아니라, "생명을 지닌 모든 피조물"(all living creatures)이 창조주 하느님의 동일한 보호대상이라고 이해한다. *New English Translation*(2004)은 번역 본문에서는 하느님이 "사람과 동물을 똑같이 보살피신다"[8]라고 하여 히브리어 본문을 문자대로 번역하면서도, 각주 해설에서는 이 표현이 "모든 피조물"을 뜻하는 것이라고 하여, 모든 피조물이 창조주의 보호를 받는다는 것을 밝힌다.[9]

피조물에 대한 창조주의 이러한 정의롭고 공평한 사랑을 오경웅은 '호

---

6) 인축초목人畜草木, 생명을 지닌 모든 피조물이 창조주 하느님의 동일한 보호대상으로 이해한 번역으로는 *NAB* Psalm 36:7 Your justice is like the highest mountains; your judgments, like the mighty deep; all living creatures you sustain, LORD.(Psa 36:7 *NAB*); 해설에서 모든 피조물이 창조주의 보호를 받는다는 것을 지적한 것은 *NET* Notes on Ps 36:7 "sn God's justice/fairness is firm and reliable like the highest mountains and as abundant as the water in the deepest sea. The psalmist uses a legal metaphor to describe God's preservation of his creation. Like a just judge who vindicates the innocent, God protects his creation from destructive forces."

7) "Your justice is like the highest mountains; your judgments, like the mighty deep; all living creatures you sustain, LORD.(Psa 36:7 *NAB*)

8) "… you preserve mankind and the animal kingdom."(Psa 36:6 *NET*)

9) *NET* Notes on Ps 36:7 "sn God's justice/fairness is firm and reliable like the highest mountains and as abundant as the water in the deepest sea. The psalmist uses a legal metaphor to describe God's preservation of his creation. Like a just judge who vindicates the innocent, God protects his creation from destructive forces."

생지덕好生之德'이라고 번역한다. 이것을 해설하는 송대선은[10] 호생지덕好生之德이 다름 아닌, "서경書經 순임금 이야기에 나오는 성어로 순임금의 바른 정치를 표현하는" 말로서 "순임금이 인애롭고 자비로워서 차마 생명을 죽이지 못하는 미덕을 의미한 것"으로 "죄가 크다 하더라도 실수라면 용서하고 죄가 작다 하더라도 고의적이면 반드시 벌을 주며, 공을 논함에 의심스러움이 있다 하더라도 가장 크게 상을 주며 죄를 정할 때에 의심스러움이 있다면 가장 작게 벌을 내린다. 죄 없는 사람을 죽이느니 차라리 법을 쓰지 않는다는 것"이라며 이 성어成語의 배경을 밝히고 있다.

장개석의 수정 제안

중화민국에서 나온 인물사전과 백과사전을 힘닿는 데까지 다 뒤져보았지만 찾지 못한 것 하나가 있다. 장개석이 과연 시편과 신약 번역을 검토하거나 수정하거나 교열할 정도의 능력을 가지고 있었는가 하는 것이다. 그러나 그의 교열, 감수, 번역문 검토가 수준 높은 것이었고 번역자 오경웅 자신도 그의 제안을 긍정적으로 받아들였다고 하는 증언들이 있다.[11] 이 증언 중에서 한 가지 예만 들어보려고 한다.

장락張樂은 다음과 같은 사실을 밝힌다.[12] 장개석은 오경웅의 번역을 교정할 때는 초역 원고의 공백에 자신의 생각을 덧붙이거나 자기가 직접 번역을 다시 하곤 했다는 것이다. 그러한 지적과 번역제안을 보면 장개석이

---

10) 이 책의 서문 송대선의 오경웅 시편 소개하는 말; 시편 25편 8절의 호생덕好生德과 시편 36편 7-8절의 호생지덕好生之德에 관한 송대선의 해설.

11) http://www.bjshkx.net/article/2017/1164/1002-3054-0-10-37.html#outline_anchor_1 张乐. 吴经熊, 蒋介石与近代中国的『圣经』翻译——以『圣咏译义初稿』为例[J]. 北京社会科学, 2017, (10): 37-45. 复制到剪切板, 吴经熊, 蒋介石与近代中国的『圣经』翻译——以『圣咏译义初稿』为例 [PDF全文] p.4

12) 张乐. 吴经熊, 蒋介石与近代中国的『圣经』翻译——以『圣咏译义初稿』为例[J]. 北京社会科学, 2017, (10): 37-45. http://www.bjshkx.net/article/2017/1164/1002-3054-0-10-37.html#outline_anchor_1 复制到剪切板 复制到剪切板 [PDF全文] p.4

어느 정도의 신학적 훈련과 소양이 있었음을 짐작할 수 있다. 장락이 든 예를 그대로 옮겨 본다. 시편 42편의 갈모渴慕를 보자. 오경웅의 원래 번역은 다음과 같았다.

6予心之忧系 为念主之故也 遥望约但兮 乃主之所住也 昔在黑门之麓
兮 饱沾吾主之雨露 7耳边殷殷兮 乐穗神山之瀑布 纵浪大化兮 一任灵涛
之倾注 8a心与心真相应兮 渊与渊其相呼

(6이내 마음 근심에 싸였으니 주님을 생각하기 때문이어라. 우리 님 계신 요단을 멀리서 바라보네.[13]
헤르몬 산기슭에서 은총에 흠씬 적셔졌던 그때여. 7귓가에 낙혜신산乐穗神山의 폭포소리 울려나네. 은혜
의 큰 물결 일어나 밀려드네. 8a마음과 마음 마주쳐 호응하고 큰물과 깊은 물 서로 일으켰네.) (송대선
역)

장개석은 오경웅의 이 번역을 다음과 같이 고쳤다.

6思望吾主兮 忧心钦钦 流离乎约旦之外系 徘徊乎黑门之岭 7聆瀑布之
喧豗兮 渊与渊其相应 一波未平而一波又起兮 伤夫洪涛之没顶 8a追念
昔日兮 慈恩何富

(6나 주님을 갈망하는 마음 하냥없이 사뭇 녹아내리네요. 요단 지역 바깥으로 이리저리 떠돌며 헤르
몬의 산들 정처없이 방황합니다.[14] 7큰 폭포 떨어지는 물소리와 큰물과 깊은 물 마주쳐 오르니 이 물결
잠잠하기도 전에 저 물결 일어나 정수리까지 차오릅니다. 8a지난날 부으셨던 은총 떠올리면 그 사랑 어
찌 그리도 가멸했던지.) (송대선 역)

---

13) 오경웅의 번역 초안에는 시인이 지금 요단 지역 바깥에서 요단을 사모하고 있다. 우리말 번역 18개 중에서 『표준새번역』(1993)과 『우리말성경』(2005)은, 시인이 요단 땅 밖에서 요단 땅과 헤르몬 산과 미살 산을 바라본다고 읽힐 가능성, 곧 오경웅의 번역 초안과 비슷하게 번역하였다. "… 요단 땅과 헤르몬과 미살 산을 쳐다보면서, 주님만을 또다시 생각할 뿐입니다."(『표준새번역』 시편 42:6); "… 요단 땅 헤르몬 산, 곧 미살 산을 바라보며 내가 주를 기억할 것입니다."(『우리말성경』 시편 42:6)

14) 시인이 지금 요단 지역 북쪽 요단 강의 발원지인 헤르몬 산과 미살 산에서 배회하고 있다.

장개석은 자기가 오경웅의 번역을 이렇게 수정한 이유를 다음과 같이 말한다.

关于此节经文, 解释纷纭. 或云当时大维在约但思念西温, 或云大维在异域思念约但与黑门, 此译系根据后说

(시편의 이 부분에 대한 해석은 여러 갈래로 나뉜다. 어떤 해석은 당시에 다윗이 요단 지역에 머물면서 시온을 사모한 것이라고 하기도 하고, 또 어떤 해석은 다윗이 다른 곳, 곧 요단 지역 밖에 있으면서 요단과 헤르몬을 떠올린 것이라고도 한다. 오경웅의 번역은 후자의 설에 근거한 것이다.)[15]

『성영역의』 구조

우선 시편 1편을 열어 본다. 장章이 표시되어 있고, 장 다음에는 이 장 전체를 요약하는 소제목이 붙어있다. 그런데, 시편 1편을 '제1장章'이라거나 '제1편篇'이라고 하지 않고, '제1수首'라고 한다. 한어역漢語譯에서는 '머리 수首'자로 '글 장章'을 대체하고 있다. 1부터 6까지의 아라비아 숫자는 송대선의 우리말 번역과 여러 인터넷 모바일 본문[16] 에서 볼 수 있는 절 표시이다. 오경웅의 『성영역의』 인쇄본[17]에는 절 표시가 없다. 아래 한역漢譯 본문 중에서 볼 수 있듯이 優游(우유) 涵泳(함영) 등 밑줄이 그어진 본문이 있다. 이런 본문은 역자 오경웅이 각주에서 설명을 첨가한 한자 표현이다. 각주는 수정판이 거듭될 때마다, 역자 오경웅이 아닌 후대의 편집인들이 내용

15) 시인이 요단강의 발원지 헤르몬 산과 미살산 부근에 유폐幽閉된 몸으로 시온을 기억하며 거기 시온에 계신 하느님을 사모한 것 같은 흔적은 *NET* Psalm 42:6 "I am depressed, so I will pray to you while I am trapped here in the region of the upper Jordan, from Hermon, from Mount Mizar"에서 볼 수 있다.

16) http://archive.hsscol.org.hk/Archive/reference/pslam/pslam/cover.htm; 耶穌台灣 Jesus Taiwan http://jesus.tw/Psalms/1

17) 吳經熊, 『聖詠譯義』(臺灣商務印書館, 1946, 2011). 페이지 수 – 序 29쪽, 目錄 8쪽, 本文 247쪽, 合 284쪽

을 첨가하는 현상을 보인다.[18] 한역 본문을 설명하는 각주나 부주는 송대선의 우리말 번역에서는 '해설'에서 다루어지고 있지만, 시편과 관련된 정보, 여러 번역 비교, 고유명사의 음역音譯 등을 다룬 보주補註는 송대선의 '해설'에서는 무시되는 경향이 있다. 오경웅의 한역漢譯 본문은 다음과 같다.

第一首 君子與小人

1 長樂唯君子 為善百祥集 不偕無道行 恥與群小立
2 避彼輕慢徒 不屑與同席 優游聖道中 涵泳徹朝夕
3 譬如溪畔樹 及時結嘉實 歲寒葉不枯 條鬯永無極
4 哀哉不肖徒 與斯天淵別 悠悠逐風轉 飄飄如糠屑
5 天心所不容 群賢所棄絕
6 我主識善人 無道終淪滅

한자를 잘 모르는 이들이라 하더라도 우선 여기에서 짐작할 수 있는 것은 시편 1편이 모두 오언고체五言古体 아니면 오언절구五言絶句로 표현되어있는 것을 볼 수 있다는 점이다. 중국 시문학에 익숙하지 않은 이들에게는 오언고체와 오언절구를 구별해내기란 쉽지 않다. 그러나 우리가 짐작할 수 있는 것은 적어도 번역이 어떤 일정한 운율韻律을 따르고 있다는 것이다. 이런 문체를 지닌 번역을 운율번역metrical translation이라고 한다. 이처럼 일단 문체가 특이하다는 점을 볼 수 있다.

다음은 이 한어漢語 번역의 내용을 구체적으로 살펴야 하는데, 미리 말하

18) 예를 들면, 1946년 초판 시편 1편 각주는, 행 구분을 무시하고 펼쳐 적으면 2행 밖에 되지 않는다. 그러나 2011년 최종 수정판을 보면 본래의 '각주'는 '부주附註'와 '보주補註'로 나뉘어 확대되고, 주註의 분량이 현재 판형의 한 페이지를 가득 채울 정도로 24행으로 증보되고 있다.

자면, 이 번역은 히브리어를 축자적으로 번역하지 않고 중국의 고전문학古典文學에서 어휘를 추려내어 번역에서 대응어對應語, equivalent로 활용하고 있다는 점이다. 이제 곧 보게 되겠지만 이러한 번역은 세계적 유례를 찾기가 그리 흔하지 않다. 오경웅의 『성영역의』를 우리말로 번역하고 해설한 번역자 송대선도 『성영역의』가 지닌 이런 특징에서 성경읽기의 토착화, 성경 해석의 토착화의 가능성과 가치를 일찍이 발견하였기에 그 보람을 우리말 독자들과 함께 나누고자 이 고된 작업을 인내심을 가지고 했을 것 같다. 번역자 송대선은 그의 역자 서문에서 다음과 같이 말한다.

"시편 150수首 전부를 운율이 있는 고시체古詩體로 번역하면서 수천 년 동안 회자된 전고典故들을 인용하였다. 『시경詩經』과 『서경書經』, 『역경易經』에서 삶의 정서를 움직이는 언어들이 건져졌고 『논어論語』, 『맹자孟子』, 『대학大學』, 『중용中庸』에서 생생한 구절들이 인용되었다. 『도덕경道德經』과 『장자莊子』에서, 그리고 오랜 세월동안 암송되던 시인들의 시구에서 공동의 정서를 불러일으킨 구절들을 끌어내었다."

송대선의 우리말 번역과 해설

우리말 번역 『성영역의』 구조를 시편 1편을 예로 들어 살펴본다.

본문 제시

제1수 군자와 소인 君子與小人군자여소인

1 長樂惟君子 爲善百祥集 不偕無道行 恥與群小立
장 락 유 군 자 위 선 백 상 집 불 해 무 도 행 치 여 군 소 립

2 避彼輕慢徒 不屑與同席 優遊聖道中 涵泳徹朝夕
피 피 경 만 도 불 설 여 동 석 우 유 성 도 중 함 영 철 조 석

3 譬如溪畔樹 及時結嘉實 歲寒葉不枯 條鬯永無極
비 여 계 반 수 급 시 결 가 실 세 한 엽 불 고 조 창 영 무 극

4 哀哉不肖徒! 與斯天淵別 悠悠逐風轉 飄飄如糠屑
애재불초도 여사천연별 유유축풍전 표표여강설

5 天心所不容 群賢所棄絶
천심소불용 군현소기절

6 我主識善人 無道終淪滅
아주식선인 무도종륜멸

한역본문 밑에 우리말 음독音讀이 한글로 적혀 있다.

글자풀이

어느 일정 수준의 한자 지식과 독해력을 가진 이를 전제로 하여 오경웅의 한역 시편에 사용된 한자어들 중에서 우리말 독자들이 어려워할 것으로 예상되는 한자어를 선별하여 음독과 뜻풀이를 첨가하고 있다. 예를 들면, 시편 1편 1절에 사용된 개별 한자偕, 恥, 屑, 優와 낱말不屑, 優遊, 條鬯, 不肖, 天淵 등을 따로 선정하고, 거기에 우리말 음독 '偕(해)', '恥(치)', '屑(설)', '優(우)', '不屑(불설)', '優遊(우유)', '條鬯(조창)', '不肖(불초)', '天淵(천연)' 등을 병기倂記하고, '偕(함께하다)', '恥(부끄러워하다)', '屑(가루, 탐탁히 여기다)', '優(넉넉하다)', '不屑(탐탁히 여기지 않음)', '優遊(한가로운 모양)', '條鬯(울창하게 뻗다)', '不肖(아버지를 닮지 않음)', '天淵(하늘과 땅)'이라는 개별 낱개 한자나 한자 낱말의 뜻을 밝힌다.

한자에 대한 상식이 있으면 이 정도의 안내를 받아도 오경웅의 한역 본문을 읽어갈 수 있을 것이다. 20개의 오언절구五言絶句로 구성된 시 1편에 나오는 한자는 모두 100자다. 반복되는 글자를 고려하면 시편 1편에 나오는 한자는 90자다. 독자의 형편에 따라 더 많은 한자나 한자 낱말을 찾아 한자 공부를 하면서 오경웅의 시편을 읽다 보면 중국 고전의 한자까지 익숙하게 될 수도 있을 것이다.

옮김

오경웅의 한어번역이 문체에 있어서는 운율번역이고 번역 방법과 내용에 있어서는 중국 고전에서 인용한 어휘를 구사하고 고사성어를 빈번하게 대응어로 사용한 토착번역이라는 특징이 있다면, 송대선의 우리말 번역은 오경웅의 한어본문을 아름다운 우리말로, 거기에 시가문학이 지닌 시적 운율과 미학적 요소를 한껏 살려 또 하나의 독립된 작품을 창작하고 있다는 점일 것이다.

우리말 역자인 송대선의 그의 시 이해와 표현은 기성 시인의 수준을 뛰어넘는 탁월함을 보인다. 이러한 탁월한 시적 이해와 표현 때문에 그의 번역은 더 설명할 여지가 없다. 독자들은 그의 우리말 번역을 직접 읽고 감상하는 기쁨을 누리기를 바란다. 주의할 것이 있다면 오경웅의 한어역漢語譯을 우리말 번역과 비교해서 읽을 수는 있지만, 두 번역이 성격이 다른 만큼 그 차이점을 극대화하기보다는 헤브라이즘이 중국문학에서는 어떻게 표현되었고, 그것이 한어역에서 의미가 어떻게 굴절되는지, 그리고 한어역을 통과한 그 본문이 우리말로 중역重譯될 때 송대선의 우리말 번역에서 헤브라이즘이 또 한 번 더 어떻게 굴절되고 확산되는지, 그 프리즘 효과에 주목해 보기를 바란다.

해설

이 책에서 독자들이 황홀하게 사로잡히는 부분이 오경웅 한역시漢譯詩의 우리말 '옮김'이었다면, 이것 못지않게 우리말 독자를 독경 삼매경三昧境으로 몰아넣는 것은 우리말 '해설'일 것이다. 옮김과 함께, 이 책에서 가장 많은 분량을 차지하는 역자의 해설은 송대선의 공헌이 특별히 더 돋보이는 대목이다. 오경웅이 중국 고전에서 활용한 어휘와 성어의 전고를 일일이 찾아 그 어휘와 성어成語가 들어 있는 문장을 인용하고, 그 어휘와 성어成語가 지닌 사전상의 뜻을 밝힌 것은 순전히 우리말 번역자 송대선의 공헌이다.

시편 1편에서만 예를 들어도, 오경웅이 시편 1편에서 '의인과 악인'으로 번역되어 온 전통적인 대응어[19]를 '군자君子와 소인小人'으로 번역한 것에 대하여, 우리말 번역자는 군자나 소인의 연원을 거슬러 올라가 전고를 밝히면서, 동양의 고전과 히브리어 시편이 어떻게 만남과 대화가 가능한지를 보여주고 있다.

이것 외에, 우리말 번역자 송대선은 오경웅이 시편 번역에서 히브리어 낱말의 문자적 의미 반영을 보류하고 기능적 동일 대응어를 선택한 예들을 자주 지적한다. 예를 들면 시편 1편 2절에서 히브리어 '토라'를 '율법'으로 번역하지 않고, '거룩한 도道' 곧 '성도聖道'로 번역한 것이나, 흔히 '묵상默想하다'로 번역되는 히브리어 '하가'를 '함영涵泳' 곧 "(토라에) 늘 젖어있다"라고 번역한 것의 탁월성을 평가하고 있다.

시편 매 편의 해설이 다 이런 경향을 보이고 있다. 시편에 나오는 히브리어 '토라'를 오경웅이 '도道'로 번역한 것은 한자권漢字圈 번역 역사에서, 한어漢語 신약이 일찍부터 요한복음 1장 1절의 그리스어 '로고스'를 '도道'로 번역한 것과 함께 큰 공헌으로 평가될 수 있다.[20] 성경 번역이 기독교 선교에서 갖는 주요 기능 중에 하나다. 법조인 오경웅이 기원전 3세기 그리스어 칠십인역 번역 이래 줄곧 법률적 용어 '노모스'('율법'을 뜻하는 그리스어)로 번역되어 온 '토라'를 모두 '도道'라고 번역한 것이 흥미를 넘어 경탄을 금치 못하게 한다.

전고색인, '일러두기'

히브리 시인의 시 150편을 번역하는 오경웅의 번역에는 다음과 같은 중국의 고전과 경전들뿐 아니라 역사서, 그리고 시와 소설 같은 문학작품 등에

---

19) '義者, 惡者'『文理譯代表本』(1854); '善人, 惡人'『淺文理』(1875); '義人, 惡人' 和合本(1919)

20) 여러 언어 번역들마다 시편 1:2의 '토라'를 본문에서는 '법法'으로 번역하면서, 각주에서는 히브리어 '토라'의 뜻이 법이나 율법에 국한되지 않고, '교훈'이나 '가르침'의 의미가 있음을 부연하고 있다.

서 사용된 특수 표현들과 관용구들의 이미 굳어진 개념어들이 히브리어/프랑스어의 대응어로 차용되었다. 오경웅이 얼마나 많은 중국 작품에 의존했는지를 보여주는 '일러두기'의 골자를 정리해 본다.

『역경易經』, 『서경書經』, 『시경詩經』을 비롯해 유가儒家 계열의 『공자가어孔子家語』, 『논어論語』, 『논어집주論語集註』, 『대학大學』, 『맹자孟子』, 『중용中庸』, 『예기禮記』, 『이아爾雅』; 도가道家 계열의 『도덕경道德經』, 『열자列子』, 『장자莊子』, ; 제자백가諸子百家와 그 시대의 『관자管子』, 『묵자墨子』, 『법언法言』, 『순자荀子』, 『한비자韓非子』에 이르기까지; 사서류史書類에서는 『국어國語』, 『곡량전穀梁傳』, 『남제서南齊書』, 『북제서北齊書』, 『사기史記』, 『삼국지三國志』, 『송서宋書』, 『자치통감資治通鑑』, 『전국책戰國策』, 『진서晉書』, 『춘추좌전春秋左傳』, 『한서漢書』, 『후한서後漢書』까지; 문학작품으로는 『문선文選』, 『악부시집樂府詩集』, 『시대서詩大序』, 『초사楚辭』에 이르기까지; 불교경전으로는 『금강경金剛經』, 『법화경法華經』, 『열반경涅槃經』, 『완릉록宛陵錄』, 『제경요집諸經要集』을 포함하고; 소설류로는 『삼국지연의三國志演義』, 『서유기西遊記』, 『평산냉연平山冷燕』, 『홍루몽紅樓夢』까지; 기타 『대당서역기大唐西域記』, 『분서焚書』, 『소명태자집昭明太子集』, 『송원학안宋元學案』, 『습유기拾遺記』, 『안씨가훈顏氏家訓』, 『안자춘추晏子春秋』, 『원씨세범袁氏世範』, 『의안醫案』, 『정몽正蒙』, 『천자문千字文』, 『채근담菜根譚』, 『충경忠經』, 『태평어람太平御覽』, 『효경원신계孝經援神契』, 『회남자淮南子』 등에 이르기까지 이것들 외에 약 60여 명에 달하는 시인과 문장가들의 글에서까지 표현들을 찾아 시편 번역에서 대응어로 사용하였다.

추천의 글

동양의 전통음계로 편곡된 히브리의 노래

법인/일지암 암주, 참여연대 공동대표

법정스님은 〈진리는 하나인데-기독교와 불교〉라는 글에서 이렇게 강조했다.

"『리그 베다』에 이런 구절이 나온다. '하나의 진리를 가지고 현자들은 여러 가지로 말하고 있다.' 여러 종교를 두고 생각할 때 음미할 만한 말씀이다. 사실 진리는 하나인데 그 표현을 달리하고 있을 뿐이다. 나는 가끔 성경을 읽으면서 느끼는 일이지만, 불교의 『대장경』을 읽는 듯한 착각을 일으키는 수가 있다. 조금도 낯설고 이질감을 느낄 수 없다. 또한 기독교인이 빈 마음으로 『대장경』을 읽을 때도 마찬가지일 것이다. 문제는 그릇된 고정 관념 때문에 '빈 마음'의 상태에 이르지 못한 데서 이해가 되지 않고 있을 뿐이다. 마하트마 간디의 표현을 빌리자면, 종교란 가지가 무성한 한 그루의 나무와 같다. 가지로 보면 그 수가 많지만, 줄기로 보면 단 하나뿐이다. 똑같은 히말라야를 가지고 동쪽에서 보면 이렇고, 서쪽에서 보면 저렇고 할 따름이다."

법정스님의 말씀은 다종교 사회인 한국 사회에 적지 않은 울림을 주었다. 굳이 칼 구스타프 융의 원형(Archetype)의 이론을 들지 않더라도 동서고금을 막론하고 인류의 위대한 사상은 그 원류가 같다고 할 것이다. 종교도 예외는 아니어서 윤리학 내지는 실천론의 측면에서 볼 때 황금율黃金律이라는 넓고 큰 바다大海에서 만나고 있고, 황금율은 기독교의 '사랑'과 불교의 '자비慈悲'로 요약될 수 있을 것이다. 만약 인류의 종교宗敎가 맹목적인 신앙에 지나지 않다면, 그토록 장구한 세월 동안 수많은 사람에게 구원을 주고 해탈을 주지 못했을 것이다. 종교는 말 그대로 으뜸 되는 가르침이고, 그 가르침의 실천은 사랑과 자비일 수밖에 없다.

〈요한의 첫째 편지〉에서 '하느님을 사랑하다고 하면서 자기 형제를 미워하는 사람은 거짓말쟁이입니다. 보이는 자기 형제를 사랑하지 않는 사람이 어떻게 보이지 않는 하느님을 사랑할 수 있겠습니까?'라고 반문하는 것도 같은 이유이다.

오경웅 박사는 『선의 황금시대』에서 시냇물들이 모여서 강을 이루고 다시 많은 강의 물줄기가 모여서 바다를 이루는 이치를 설파한 바 있다. 일례로 중국의 계성繼成 선사가 향상일로向上一路를 묻는 질문에 "아래로 내려가면 그것을 체험할 수 있을 것일세"라고 답한 것과 '자기를 높이는 사람은 낮아지고, 자기를 낮추는 사람은 높아질 것'이라는 성경의 마태복음 구절과 성 요한의 '아래로, 아래로 내려갈수록 나는 높이, 높이 올라가 목표에 도달할 수 있었다'라는 가르침이 다르지 않음을 강조한 것을 들 수 있다.

오경웅 박사는 기독교인임에도 불구하고 그 누구보다도 동북아의 정신적 원류인 유불선儒佛仙의 이해가 깊다. 그런 까닭에 오경웅 박사는 기독교적 사유로 동양고전을 해석할 수 있고, 불교적 사유로 서양고전도 해석할 수 있다. 이번에 출간되는 책 역시 오경웅 박사만의 혜안慧眼이 돋보인다.

복 있는 사람은 악인들의 꾀를 따르지 아니하며 죄인들의 길에 서지 아니하며 오만한 자들의 자리에 앉지 아니하고 오직 여호와의 율법을 즐거워하며 그의 율법을 주야로 묵상하는 자로다.

시편 1편을 오경웅 박사는 아래와 같이 번역하고 있다.

長樂惟君子 爲善百祥集 不偕無道行 恥與群小立
避彼輕慢徒 不屑與同席 優遊聖道中 涵泳徹朝夕

군자의 즐거움 영원하도다. 선을 행하니 온갖 복이 모이고
무도한 이들과 어울리지 않으며 소인배와 함께 함을 부끄러워 하네
가볍기 그지없는 오만한 자 피하고 저들과 같이 앉길 탐탁히 여기지 않네
거룩한 말씀 속에 한가로이 거닐며 온종일 말씀 안에 푹 젖어 사는 구나

성경에서 말하는 율법을 군자의 가르침으로 환치하고 있는 것이다. 그런가 하면 하느님의 인자함을 『서경書經』 순 임금 이야기에 나오는 호생지덕好生之德에 빗대어 설명하기도 한다. 이처럼 오경웅 박사에 의해 히브리의 노래들이 동양의 전통음계로 편곡되었다. 오경웅 박사의 손길을 거쳐 하느님 백성의 노래인 히브리 시 150편이 동양적 사유로 가득한 거룩한 노래聖詠(성영) 150수가 된 것이다. 오경웅 박사가 '의인義人'을 '군자君子'로, '악인惡人'을 '소인배小人輩'로 번역한 까닭은 하느님의 사랑과 공자의 인애仁愛가 다르지 않음을 강조하기 위해서일 것이다.

오경웅 박사의 노력으로 인해 동서양 종교사상이 하나의 바다에서 만나게 되었다. 우리가 명심할 것은 종교사상의 근원은 자연自然이고, 자연은 모든 인위人爲적인 행위를 부정하는 무위無爲적 삶을 지향한다는 사실일 것이다. 납승은 오경웅 박사의 글을 읽으면서 신영복 선생이 동양고전을 해석한 『강의』 내용을 종종 떠올렸다.

자연이 최고의 질서이다. 최고의 질서란 그것의 상위 질서를 인정하지 않는다는 의미다. 자연 이외의 어떠한 힘도 인정하지 않으며, 자연에 대하여

지시적 기능을 하는 어떠한 존재도 상정하지 않는다. 자연이란 본디부터 있는 것이며 어떠한 지시나 구속을 받지 않는 스스로 그러한 것(self-so)이다. 글자 그대로 자연自然이며 그런 점에서 최고의 질서이다.

기독교도, 불교도, 그 어떠한 종교도 자연 이상의 의미는 아닐 것이다.

추천의 글

잔잔한 목가牧歌에서 비가悲歌를 넘어 찬가讚歌로

성염/전 주교황청 한국대사

오경웅 선생(1899-1986)은 동서양 언어와 법철학을 망라한 중국의 법리학자로서 국공합작國共合作의 우여곡절을 겪으면서 중화민국의 헌법 초안에 관여하였고 2차 세계대전 승전국의 일원으로서 유엔헌장 초안 작성에 참여한 학자였음은 널리 알려져 있다. 그런데 필자는 젊었을 적에 접한 그의 대표작 『동서의 피안』(1961, 김익진 역본)에서 '태초에 말씀이 계셨다'는 요한복음 첫 구절이 선생의 붓끝에서 '태초유도太初有道'로 표현된 문구에 크게 찬탄하던 감회를 아직도 간직하고 있다. 서구에서 우주의 창조원리인 '로고스'나 '말씀'이 동북아 종교인들에게 옮겨질 때 '도道'보다 풍부히 함의된 단어가 또 어디 있겠는가?

그리스도인이던 오경웅 선생이 영성靈性과 수덕신비신학修德神祕神學에 경도하면서 천주교로 입교한 후 서구 신비가神祕家들의 정화淨化, 조명照明, 관상觀想의 세 층계를 오르면서도 노장철학老莊哲學과 공맹사상孔孟思想의 사다리를 자유자재로 구사하던 『내심낙원』(1953, 1966 김익진 역본)이 번역 출판되었을 때에 필자는 오경웅 선생이 이미 편찬한 『성영역의 초고聖詠譯義初稿』(1946)에 실렸던 수십 수 시편들을 인용하면서 히브리 시가詩歌를 중국의 시문詩文으로 염송하고 음미하고 명상하는 슬기에 또다시 놀라움을 금치 못했다.

오경웅 선생은 1946년부터 3년간 주교황청 중화민국 대사를 지내셨는데, 이 점이, 비록 반세기 후의 일이지만, 필자의 경력(2003-2007)과도 같이 겹친다는 점에서 내게 뜻깊은 일이다.

『내심낙원』 서문을 쓴 이(대만의 위빈 추기경)가 "중국인은 진정한 공자의 제자들이다. 공자는 인仁과 중용中庸을 강조했다. 중국인은 냉철한 논리보다 순수한 사랑 행위를 훨씬 더 중시한다."는 통찰은 정확했다. 더구나 오경웅 선생의 『당시사계唐詩四季』(1946)에 접한 한학자라면 한문으로 옮겨진 성영聖詠 한 편 한 편이 한시漢詩로서 탁월한 운율과 선대 시인들의 격조를 상기시키는 온고이지신溫故而知新으로 와 닿을 것이며 송대선 목사의 상세하고 치밀한 이 역주본譯註本이 참 반가우리라 믿는다.

그리고 필자의 은사이신 시인 사제, 최민순 신부의 번역본 『성경의 시편』(1968)이 워낙 3.4.4조調나 4.5조調의 운율로 맛깔스럽게 엮어져 있어, 신구교 『공동번역』(1977)이 나오고 한국천주교주교회의 『성경』(2005)이 나온 뒤에도, 한국천주교 성직자들과 수도자들이 매일 바치는 기도서 「성무일도聖務日禱」에서 여전히 최민순 신부의 번역본에 따라 시편기도를 바치고 있는 현실로 미루어, 오경웅 선생의 각운으로 엮어진 한문번역본 『성영역의 초고聖詠譯義初稿』가 중국 천주교인과 문인들에게 얼마나 달콤하게 읊어지며 사랑받을지 알 만하다.

최민순 신부의 『성경의 시편』 서문에도 "한역세계명저漢譯世界名著의 하나로 『성영역의 초고聖詠譯義初稿』의 명역名譯을 낸 중국의 오경웅 선비는 시편 23편 한 곡에서만도 영성생활의 세 단계 즉 거비정화去非淨化, 진덕명화進德明化, 나아가서는 신인일화神人一化까지를 찾아냈다. 하지만 무엇보다도 저 이스라엘의 노래가 우리의 노래일 수 있는 바탕을" 찾아냈다면서 참고문헌에도 '오경웅, 『성영역의 초고聖詠譯義初稿』 대만臺灣'을 수록해두었다. 그뿐 아니라 50년대에 구약성경 전권을 혼자 우리말로 번역하던 선종완 신부(1915-1976)가 이 성서에 붙인 이름이 『성영聖詠』(1959)이었으므로 나이 있는 가톨릭신자들에게는 오경웅 선생이 번역한 『성영聖詠』의 우리말 역주본은 제목부터 반갑다.

구약성경에서 시편(터힐림: 찬양가) 혹은 시편집詩篇集(세페르 터힐림: 찬양가들의 책)으로 불리는 이 성서가 "행복한 사람이여, 그 하는 일마다 잘되어 가도다"[최민순](1:1, 長樂惟君子 爲善百祥集 장락유군자 위선백상집 [오경웅])라는 축원으로 시작하여 "숨 쉬는 것 모두 다 주님을 찬미하라!"(150:6, 願凡含生屬 讚主永不息 원범함생속 찬주영불식)는 환성으로 끝나는 150편의 '거룩한 노랫가락'이며 이스라엘 사람들은 북치고 바라치고 십현금에 가락 맞추어 부르면서 '미즈모르'(Psalmi)라고 하였다. 그 중 117수처럼 단 두 절로 끝나는가 하면 119수처럼 율법으로 사는 현자가 판소리 풍으로 엮어가는 장장 176절의 창도 있다. 그래서 이 책의 독자가 그리스도인이라면 이 시가가 시편 작가 어느 한 사람의 기도라기보다 그리스도교 공동체 전체의 기도요 '어느 시편을 염송하든 내 목청이 그리스도의 음성으로 울리고 있다'는 체감을 느낄 것이다.

인생을 현세 그 이상의 무엇으로 꿈꾸는 종교인이라면, 수천 년을 두고 인류가 초월자에게 올려온 기도와 찬양이 동서고금 모든 종교에 두루 퍼지고 경전으로 엮어져 왔지만, 어느 민족보다 먼저 유일신唯一神 신앙에 도달한 히브리 민족이 천년이 넘는 세월에 짓고 가다듬고 노래해 온 시가詩歌들이 오늘날 20억 가까운 그리스도인들의 입에서 '거룩한 가락' 곧 성영聖詠으로 불리는 문화유산으로서 인류의 종교심을 참으로 경건하게 표현한 결정체임을 탄복하면서 이승의 나그네 길에서 이 노래에 천상도성을 사모하는 그리움을 담으리라 본다.

젊어서 그리스도교 서적들을 번역하는 일을 생업으로 삼았고, 은퇴 후에는 지리산 발치에 휴천재休川齋라는 누옥을 마련하고 그리스도교 최고의 교부 아우구스티누스의 라틴어 저작들을 우리말로 옮기고 있는 필자로서는 이 책 『시편사색』만 해도 히브리 문학과 서구신학과 공맹사상을 자유자재로 넘나드는 오경웅 선생의 번역문학에 찬탄을 금하지 못한다.

100권이 넘는 아우구스티누스의 방대한 저술 가운데서도 『시편상해詩篇詳解』 *Enarrationes in Psalmos*는 분량이 가장 많은 저작이다. 교부는 시편 150수 전부를 강해하였을 뿐만 아니라 어떤 시편은 여러 번에 나누어 해설하였고 시편 119수는 무려 32회에 걸쳐 해독을 하기도 했다. 아우구스티누스는 사제와 주교로 보낸 그의 25년 성직 생활에서 무려 208편에 이르는 시편 설교를 남겼다.

의자도 없던 성당에서 북아프리카의 신자들이 설교단에 성경 두루마리를 펴놓은 채 한 시간 넘게 열변을 토하는 주교의 강해에 귀를 기울였다면 초대 교회 신자들이 얼마나 시편 염송을 즐겼고 교부는 시편 강독과 묵상에 얼마나 깊이 심취했는지 알 만하다.

인류의 두 정신적 유산인 헤브라이즘과 헬레니즘을 한 물줄기로 합류시킨 아우구스티누스가 이 노래들을 '하느님이 손수 지으신 하느님 찬양'이라고 일컬은 데는 까닭이 있다. "하느님은 사람에게서 합당한 찬미를 받으시고자 당신을 찬미하는 노래를 당신이 손수 지으셨다. 하느님 친히 당신을 찬미하시었기에 인간도 감히 하느님을 찬양하기에 이른 것이다."(『시편상해』 144:1)

한문을 익혀 오경웅 선생의 『성영역의』를 염송하거나 역자 송대선 목사의 유려한 번역문과 주해를 읽는 독자들은 "야훼는 나의 목자, 아쉬울 것 없노라. 파아란 풀밭에 이 몸 뉘어주시고 고이 쉬라 물터로 나를 끌어 주시니"(23:1-2, 主乃我之牧 所需百無憂 令我草上憩 引我澤畔遊 주내아지목 소수백무우 영아초상게 인아택반유)라는 잔잔한 목가牧歌도, "하느님, 내 하느님, 어찌 나를 버리시나이까? 울부짖고 빌건만 멀리 계시나이다"(22:1, 主兮主兮 胡爲棄我如遺? 發呻吟於危急兮 何惠音之遲遲? 주혜주혜 호위기아여유? 발신음어위급혜 하혜음지지지?) 하는 비가悲歌도 결국 "주님이 얼마나 좋으신지 너희는 보고 맛 들여라. 복되다, 그 임께 몸을 숨기는 사람이여!"(34:8, 願我衆兄弟 一嘗主之味 其味實無窮 親嘗始知美 원아중형제 일상주지미 기미실무궁 친상시지미)라는 찬가讚歌로 귀결된다.

어느 민족 어느 언어로든 가장 빼어난 시인들이 가장 유려한 본방어本邦語로 풀어 옮기는 뮤즈는 거의 종교문학으로 결정結晶된다. 오경웅 선생의 『성영역의』든 최민순 신부의 『시편』이든 히브리인들이 수천 년 읊조려지고 다듬은 이 기도문들을 올리면서 아우구스티누스가 바친 신앙고백에 이르리라 본다.

늦게야 당신을 사랑했습니다. 이토록 오래되고 이토록 새로운 아름다움이시여, 늦게야 당신을 사랑했습니다.(『고백록』 10, 27, 38)

추천의 글

새롭게 음미하게 되는 시편

오강남/캐나다 리자이나 대학교 종교학 명예교수

오경웅吳經熊(중국발음 우징숑) 박사는 서양에서 John C. H. Wu라는 이름으로 잘 알려져있는 분이다. 필자가 캐나다로 유학 가서 제일 먼저 산 책 중 하나가 바로 그가 쓴 *The Golden Age of Zen*이었다. 이 책은 지금도 가지고 있고 이 글을 쓰면서도 내 책상 위에 펼쳐져 있다. 이 책은 선불교를 공부하는 사람들에게 거의 필독서에 가까운 책으로 『선禪의 황금시대』라는 제목으로 한국어로도 번역되어 있다. 이 책이 빛나는 것은 그가 당나라 선의 조사들에 대해 간결하고 감명 깊게 쓴 본문 자체 때문이기도 하지만, 책머리에 토마스 머튼(Thomas Merton)이 쓴 긴 서문 "A Christian Looks at Zen"(어느 그리스도인이 본 선)이라는 글과 책 말미에 실린 스스키(D. T. Suzuki) 선사와 교환한 감명 깊은 서신들 때문이기도 하다. 머튼의 글은 그 자신의 책 *Zen and the Birds of Appetite*(1968)에도 실렸는데, 필자는 학생들에게 그 글을 읽도록 했다.

오경웅 박사는 미국과 유럽에서 법철학과 국제법을 공부하고 다시 미국에서 중국 문학과 철학을 공부여 판사와 교수로도 일하고, 또 가톨릭 교인으로서 바티칸 교황청의 공사로도 봉사하기까지 한 르네상스적 인물이다. 이렇게 동서양을 넘나드는 넓고 깊은 학문적 배경과 경험을 가진 분이 이제 성경의 시편 150편을 한문으로 번역했다. 장개석 총통이 전쟁터에서 세 번이나 교정을 볼 정도라니 훌륭한 작품이었음에 틀림이 없을 것이다.

시편을 단순히 자구적으로 직역한 것이 아니라 옛 시 형식의 운율에 맞게, 정말로 시적 감각이 살아나게, 그리고 독자들에게 깊은 영감을 줄 수 있게 옮겼다고 한다. 특히 의인을 군자君子로, 악인을 소인배小人輩로, 미련한 자를 불초不肖한 자식으로 번역하는 등 동양적 사유에서 우러나온 용어를 써서 동양인의 이해와 정서에 맞도록 옮겼다고 한다. 우리가 잘 아는 시편 23편 1절은 "主乃我之牧所需百無憂주내아지목소수백무우"라고 옮겼다.

오경웅 박사가 한문으로 옮긴 것을 한문 그대로 한국 독자들에게 소개하는 것으로도 큰 공헌일 터인데, 이것을 다시 한국말로 아름답게 옮기고 한자를 하나하나 해설하고 그 장의 뜻을 풀이한 역자 송대선 목사님의 노고는 가히 기념비적이라 하지 않을 수 없다.

역자는 "자신 안에 흐르는 동양적 사유가 그리스도 안에서 온전히 수용될 수 있음을 확증하고 싶어서" 이 작업에 착수하였다고 하는데 그 목표가 독자들에게서도 충족될 수 있기를 바란다. 『도덕경』이나 『시경』 등 중국 고전을 읽고 좋아하는 분들이라면 분명 이 책에서 새로운 시편의 맛을 음미해볼 수 있을 것이라 믿는다.

이런 대작을 출판하기로 한 꽃자리출판사 한종호 목사님의 헌신과 용기에도 경의를 표하고 싶다.

추천의 글

문文은 도道를 싣는다

오세종/기독교고전번역원 원장

오경웅은 중국의 법리학자요 문인이다. 어려서부터 고전 경서經書를 공부하고 청년 시절에 그리스도교를 접하였다. 18세에 미 감리회 선교부에서 세운 상해의 동오법과학원에 재학하던 중 세례를 받았다. 미국에서 국제법을 전공하고 귀국하여 25세에 법학교수가 되었다. 30세 이전에 상해 조계지역의 판사로 복무했고, 1934년에는 중국 헌법의 기초에도 참여하였다. 한편 그는 임어당과 함께 문예지 「천하天下」의 창간에도 참여하였고, 1937년 말, 소화小花 데레사의 글을 읽고 가톨릭으로 개종하였다.

그해 말 성경 독서 중에 신앙의 희열을 맛보고 자신의 방식으로 시편을 번역하기 시작하였다. 1943년 계림에서 국민당 주석 장개석의 후원으로 6개월에 걸쳐서 시편 150편을 번역하였고, 다시 일 년 반에 걸쳐서 신약성서를 번역하였다. 1946년에는 『시편』을 출판하였다. 중국이 공산화된 후 하와이와 뉴욕에서 강의했으며, 대만으로 돌아와 중국문화대학 교수를 역임하였고, 1986년 별세했다.

그는 시편 번역에 대한 소감을 '은총에 대한 체험, 황홀함, 숱한 시험들, 죄에 대한 뉘우침, 하느님에 대한 감미甘味, 섭리와 신뢰, 그리고 대자연에 대한 사랑, 하느님이 내 생활의 시, 슬픔과 기쁨이 충만한 시를 지으셨다'고 술회했다.

한시는 평측平仄과 압운押韻 등을 맞춰야 하는 매우 까다로운 격률로 되어 있다. 『성영역의』는 삼언三言, 사언四言 등의 고시古詩와 부賦, 오언五言 칠언七言 절 율絶律 형식으로 구성되어 있다. 본문에서 오경웅의 시편 중 간혹 율격律格을 무시한 시들이 눈에 띄는 것은 선승禪僧들의 시에서도 발견되는 현상으로 외양의 형식을 파격하고 내면의 세계를 마음껏 표현하고 싶었기 때문이라 하겠다.

그는 『성영역의』에서 경사자집經史子集을 두루 박람강기博覽强記하며 종횡무진 인구引句하고 있다. 제1수와 제2수만을 살펴보더라도 군자君子, 세한歲寒(『논어』), 백상百祥, 소심익익小心翼翼(『서전』), 당랑螳螂(『한시외전』), 순명順命, 심열성복心悅誠服(『맹자』), 위순委順(『장자』) 등을 자유자재로 활용한다.

필자는 이와 같은 것이 마치 위진魏晉시대에 유행하였던 '격의格義불교'가 연상되어 『성영역의』를 '격의시편格義詩篇'이라 칭하였다. 격의格義는 '뜻 맞추기'다. 두 문화의 상이점相異點을 융해하기 위하여 기존의 개념 틀에 새롭게 전래되는 사상체계를 맞추는 작업이다.

오경웅의 이러한 작업을 히브리인의 고유한 신앙정서와 중국의 제諸 전통 종교사상과의 혼합 융회融會라 하여 본래의 내용을 변질시킨다고 혹 오해할 수 있지만, 이에 대하여 송대선 목사는 '히브리의 우물과 동양의 우물이 함께 하는 것'이라며 '하느님의 무한하신 은혜와 자비는 그 맛이 다양하여 한없지 않을까?'라고 변론하고 있다.

필자는 이러한 작업을 서도동기西道東器의 한 실례로 본다. 서세동점西勢東漸의 풍조가 물밀 듯이 밀려 들어오던 시기에 동양의 조朝 · 청淸 · 일日 삼국은 각기 대응논리를 내세우며 대처했다. 조선의 '동도서기론'東道西器論, 중국의 '중체서용론'中體西用論, 일본의 '화혼양재론'和魂良才論이 그것이다.

개신교의 한국 전래 초기에 그리스도교에 입문한 지식인들은 동양의 전통인 한학이라는 그릇器에 서구의 사상과 과학·종교를 담는 작업을 구현하였다. 필자는 이를 '서도동기'西道東器라고 칭한다. 여기서 '도道 · 기器'는

『주역』「계사상전繫辭上傳」에서 기인한 말로 '器'(기)에는 '그릇', '도구', '방법', '방편'의 뜻이 있다. 곧 서도동기는 서세동점과 함께 전래 된 그리스도교의 사상과 그 복음의 내용을 동양사상의 기틀인 한학이라는 그릇에 담아내는 방편이다. 그 구체적인 예로, 『한문성경』을 비롯하여 『한역서학서漢譯西學書』, 판소리로 부르는 예수 전傳, 우리 가락으로 찬송하는 일 등을 들 수 있다. 『성영역의』 또한 물론 서도동기의 한 양태이다.

필자가 수년 전 임상권 박사(한국경교연구소 소장)의 소개로 범일凡一 송대선 목사를 처음 만나게 되었을 때, 그와 담론하면서 그의 동서東西를 융통融通하는 호활浩闊한 영성과 동양고전에 대한 박문정심博文精深한 탐구력을 보고 범일이야 말로 『성영역의』를 우리말로 풀어내는데 적임자로 여겨졌다. 앞으로 범일을 통하여 오경웅의 또 다른 글들도 역주되기를 기대한다.

우리 겨레 개개인의 심성과 정서에는 오랜 세월 유전流轉·습합習合되어 온 유불선의 사상이 내재 되어 있다. 이러한 동양적 사유의 습성에 대해 범일凡一은 그리스도 안에서 온전히 수용될 수 있음을 확증하고 싶어 했다.

'문文은 도道를 싣는다.文載道也' 범일은 이러한 정서들은 그리스도의 은혜 안에서 다 녹아져 새로운 것으로 탄생할 것이라고 믿었다. 이러한 그의 열정이 오경웅의 『성영역의』를 우리말로 역주하여 빛을 보게 된 것이다. 웬만한 한학 실력으로는 접근하기 어려운 『성영역의』를 심도 깊게 풀어 쓴 범일의 수려한 신필信筆을 높이 치하하며 독자 여러분의 일독을 권한다.

야훼 소리 깊고 깊어라. 물 가운데 머물고主音淵淵 在水中央
발하시는 우레 소리 큰물들이 들썩이네惟主作雷 自彼湯湯.

- 제29수 뇌음雷音 '하늘의 소리' 중에서

추천의 글

시편으로 삼통三通하다

이종록/한일장신대학교 구약학 교수

정말 크게 감탄했습니다. 탄원으로 시작해서 온전한 찬양으로 끝나는 변혁적 삶의 서사 구조를 갖는 시편을 읽을 때는 언제나 그렇지만, 오경웅 선생이 한문으로 명쾌하게 풀어쓴 것을, 송대선 선생이 한글로 명징하게 번역하고, 간명하게 해설한 『시편사색』을 읽으면서, 가슴을 쥐어짜게 하는 차이코프스키 교향곡 6번 비창(Pathétique)을 므라빈스키(Evgeny Mravinsky)가 지휘하는 레닌그라드 필하모닉 오케스트라 연주로 듣기 시작해서, 베토벤 교향곡 9번 합창(Chorale)을 푸르트벵글러(Wilhelm Furtwängler)가 지휘하는 바이로이트 축제극단 오케스트라 연주로 마무리하는 것과 같은 극적인 감동을 강렬하게 받았습니다.

『시편사색』을 읽으면서, 무엇보다 성서 독자로서 내가 깊은 인상을 받은 것은 저자와 역자가 보여주는 탁월한 시편 독서법이었습니다. 그것은 바로 "삼통 독서법"이라고 나 스스로 명명하는 것으로 즉, 시통詩通 · 심통心通 · 신통神通하는 성서 독서법입니다. 그리고 이 책을 읽으면서, 히브리 시를 다른 언어보다 한문으로 번역할 때, 히브리 시가 갖는 역동적인 문체가 제대로 살아난다는 사실도 확인했습니다.

『시편사색』 원고를 받고, 제일 먼저 오경웅 선생이 시편 1편에 나오는 의인과 악인을 무엇으로 번역했는지 궁금했습니다. 역시 기대한 대로, 맘에 확 다가오게, 군자와 소인배로 번역했더군요. 『논어』에 나오는 "군자 화이부동 소인 동이불화君子和而不同 小人同而不和"가 떠오르고요.

그 다음엔, 오경웅 선생이 시편 23편 1절을 어떻게 번역했는지도 궁금했습니다. 한글개역개정은 "여호와는 나의 목자시니 내게 부족함이 없으리로다"로 번역했는데, 히브리어로는 "아도나이 로이 로 헤흐사르"로, 직역하면, "주 내 목자, 나 부족함 없다"입니다. 한글 개역 개정 번역은 유려하지만 느슨해서, 히브리어가 보여주는 간명함과 역동적 긴장감을 제대로 드러내지 못하는 것 같습니다. 이것을 오경웅 선생은 히브리어 뉘앙스를 제대로 살려서, "주내아지목 소수백무우主乃我之牧 所需百無憂"라고 번역했더군요.

그리고 한글 성서가 인애, 자비, 긍휼로 번역하는 히브리어 헤세드hesed를 오경웅 선생은 과연 무엇으로 번역하는지 무척 궁금했습니다. 오경웅 선생은 헤세드를 인혜仁惠로 번역했습니다. 송대선 선생은 시편 144편 2절을 풀이하면서, 이렇게 말합니다.

"2절의 인혜연仁惠淵에서 연淵은 물을 의미하기보다 깊음으로서의 근원을 뜻한다. 인혜仁惠는 인애仁愛와 자혜慈惠의 뜻이다. 상하상안上下相安은 지위가 높은 사람이나 낮은 사람이나 다 평안을 누린다는 의미이다."

시통詩通하다

나는 중국 사람들이 시편을 산문이 아닌 시로 읽게 함으로써, 시편을 시경詩經으로 승격시킨 분이 바로 오경웅 선생이라고 생각합니다. 송대선 선생은 이렇게 말합니다.

"오경웅이 시편을 번역할 즈음 중국어로 번역된 성서의 시편은 운문이라기보다는 산문에 가까웠다. 그러니 긴 세월 오언이나 칠언의 시적 운율에 젖어 든 지식인들에게 성서의 시편은 시로써 읽을 만한 가치가 없었다. 이런 상황에서 오경웅에게 성서의 시편을 중국인에게 읽힐 수 있는 시답게 번역하길 격려하였던 이가 장개석 주석이었다."

이 글을 읽으면서, 나는 그들이 무척 부러웠습니다. 한글 번역 성경들은 시를 여전히 산문으로 읽게 하기 때문입니다. 구약성서 가운데 삼분의 일이 운문인데, 우리는 그것들을 운문 형태가 아닌 산문 형태로 조판합니다. 그래서 한글 성서를 읽을 때, 우리는 아직도 시를 시로 읽지 못하고, 산문으로 읽어야 합니다. 이것은 대단한 손해입니다. 시를 시로 읽을 수 있게 번역도 그렇게 하고, 조판도 그렇게 하면 좋겠습니다.

중국 사람들은 예부터 시를 사랑했습니다. 내가 좋아하는 작곡가 말러(Gustav Mahler)도 중국 시선집을 읽고 감동을 받았다고 합니다. 특히 실제로 아홉 번째 교향곡이라고 할 수 있는 「대지의 노래」(Das Lied von der Erde)는 한스 베트게(Hans Bethge)가 편역한 『중국의 피리』(*Die Chinesische Flöte*)라는 시선집에서 영향을 받았습니다.

『시편사색』을 읽어보면, 오경웅 선생은 중국 시에 온몸을 담그고 살아온 듯합니다. 그래서인지 오경웅 선생이 시편을 번역할 때, 온몸에서 한시가 절로 흘러나옵니다. 송대선 선생은 오경웅 선생이 사용한 한자를 하나하나 일일이 살펴서, 그것이 중국 고전 어디에 나오는지를 밝히는 수고로운 노동을 했습니다. 그런 작업을 통해서, 송대선 선생은 오경웅 선생이 히브리 시와 한시들이 서로 통하게 하는 경지, 즉, 시통하는 경지에 이르렀음을 명확하게 보여줍니다.

심통心通하다

오경웅 선생은 시편 142편 2절을 이렇게 번역했습니다. "가슴을 움켜잡고 속사정 토하여서 내 겪고 있는 바를 말씀드리네." 오경웅 선생은 히브리어 원문을 직역하지 않습니다. 히브리어 원문에 담긴 심정을 최대한 살리려 합니다. 마음으로 시를 읽는 것이지요. 그 대표적인 게 바로 "가슴을 움켜잡고"입니다. 물론 이 구절은 히브리어 원문에는 나오지 않습니다. 오경웅 선생은 시편 142편을 쓴 사람 마음을 헤아리는 심통하는 독서를 하는 거지요.

오경웅 선생은 시편을 번역하는 사람이 가져야 할 맘 자세를 이렇게 말합니다.

"시편의 경우에 어려운 점은 그것을 문학적으로만 번역하는 것이 아니라 최소한 시편 저자의 심리에 있는 감동과 분발하는 정신 그리고 그 영감을 약간이라도 포착하여 독자에게 전달하는 것이다. 그것을 성공적으로 하기 위해 역자는 저자들 자신이 당한 것과 같은 사건과 감상을 체험해야 한다."

『시편사색』을 읽으면서, 오경웅 선생이 심통, 즉, 마음이 통하는 경지에 이르렀음을 보았습니다, 아, 온몸으로 시편을 읽었구나! 『시편사색』을 읽고, 이렇게 고백하게 하는구나. "주님 내 힘, 나 주 사랑합니다!" 오경웅 선생은 시편 18편 1절에서, "나의 힘"을 "내 생명의 근원"으로 번역했습니다. 정말 그렇습니다. 내 힘은 바로 내 생명이 근원, 나를 살게 하고 버티게 하는 힘입니다. 그 힘이 바로 주님이십니다. 아멘!

『시편사색』을 한 수씩 읽으면서, 여러 이유로 흐르는 눈물을 참느라 애썼습니다. 저자인 오경웅 선생 그리고 역해자인 송대선 선생이 시편 시를 이렇게 읽었구나. 무엇보다 그 마음을 헤아릴 수 있었습니다. 나도 그분들과 심통한 것입니다. 오경웅 선생과 송대선 선생 두 분 합작품인 『시편사색』은 도무지 나를 제어할 수가 없게 만듭니다. 급격한 시적 감동의 소용돌이 속으로 빨려 들어갑니다. 저항할 수가 없습니다. 그저 내 몸을 맡기고, 심연으로 끌려가는 수밖에는 없습니다. 그렇게 해야 비로소 심통하는 시편 독서가 가능하다는 것을 오경웅 선생과 송대선 선생이 보여줍니다. 송대선 선생은 시편 148편을 해설하면서 이렇게 말합니다.

"오경웅은 이 시편의 말미에 무릇 하느님을 사랑하는 사람이라면 마땅히 모든 사람을 형제처럼 여기고 만물을 자신과 한 몸으로 여기니(장재張載의 서명西銘에 민오동포 물오여야民吾同胞 物吾與也) 형이상의 것이든 형이하의 것이든 옛것이든 오늘의 것이든 동서양을 막론하고 형제자매로 여기며 함께 기뻐하며 함께 안타까워한다."

신통神通하다

지금까지 삼통하는 성서 독서법 가운데 시통과 심통을 살펴보았습니다. 세 번째는 신통, 즉, 신과 통하는 경지입니다. 『시편사색』을 읽으면서, 일필휘지一筆揮之라는 사자성어가 떠올랐습니다. 여의봉을 휘두르고 구름을 불러 타고 하늘과 땅을 자유로이 오가는 손오공도 떠올랐습니다. 그만큼 오경웅 선생은 시편 풀어쓰기의 진수를 보여줍니다.

오경웅 선생은 시편을 한문으로 번역하기 이전에, 이미 시편을 비롯한 성서를 다 읽고 그 내용, 즉, 성서를 통해서 들려주시는 하느님의 뜻을 정확하게 파악했을 것입니다. 그리고 그의 내면은 중국 시와 정서로 충만합니다. 시편 번역에서 드러나는 이러한 양면성은 시편을 훨씬 더 원래 의도, 즉, 신이 가진 뜻에 맞게 이해하게 했을 것입니다. 시편 76편(하느님 전쟁을 싫어하시네天心厭亂천심염란)을 해설하면서, 송대선 선생은 이렇게 말합니다.

"히브리 시편들이 많은 경우 하느님의 승리를 찬양한다면 오경웅은 자주 그 흐름을 이어 하느님의 승리가 이 땅에 낳은 평화와 그 평화를 누리는 이들의 기쁨을 묘사한다."

오경웅 선생은 말씀 풀이를 원문보다 확대합니다. 시편 96편 13절에서 개역개정 성경은 심판을 세 번 반복하는데, 오경웅 선생은 신통하게 거기서 한 걸음 더 나아갑니다.

"오경웅은 이를 평장平章이라 하였다. 평平은 잘 분별한다는 의미와 공명하다는 의미를 지녔고 장章은 창彰으로 밝히 드러난다는 뜻이다. 하느님이 기꺼워하시는 것은 잘 살펴 왜곡된 것들을 바로 잡고 고르게 하시는 것이다. 그로써 자연스레 모든 것이 환해지고 뒤틀린 것이 사라진다. 따라서 평장平章과 공명公明이 어우러진다. 이러한 다스리심의 완성이란 의미로 이 시편을 되새기면 찬미의 흐름이 한결 선명해진다. 앞부분의 구원의 하느님의 찬양과 후반부의 하느님에 대한 임재와 영광에 대한 찬양이 같은 것임이 드러난다."

이러한 신통함, 즉 신의 뜻을 이해함으로써 원문 의미를 확장하고 새롭게 하는 번역 방식은 시편 98편에서도 나타납니다.

"오경웅은 9절을 통해 자신의 묵상을 연장한다. 히브리 시인은 슬기로운 심판을 노래하는 데 그치지만 오경웅은 그와 함께 긍휼히 여기심도 보게 될 것이라고 노래한다. 믿는 이에게 심판은 두려운 사건이 아니다. 오히려 하느님의 자비와 긍휼을 기대할 수 있는 은혜의 장이다."

그리고 이러한 신통한 번역, 주님 뜻을 반영하는 의미확장과 의미갱신의 번역양식이 시편 99편에서도 나타난다는 사실을 송대선 선생이 자세하게 밝힙니다.

"히브리 시인은 4절에서 하느님께서 이스라엘에게 공정과 정의를 베푸셨다고 노래하는데 오경웅은 공정과 정의를 펼치시고 가르치시며 삼가 지키게 하셨다고 노래한다. 주님의 행위만 있는 것이 아니라 그 행위를 본받아야 마땅한 인생이 있음을 말하고 싶어 한다. 동양적 사유에서 하늘은 늘 본받아야 할 무엇이며 참된 사람은 본받고자 한결같이 힘쓰는 사람이다. 그래서 하늘과 사람이 어우러지고 닮아가며 마침내 하나가 된다."

지금까지 본 대로, 오경웅 선생은 삼통하는 성서 독서법, 즉 시통, 심통, 신통하는 시편 읽기를 통해 시편을 시경 수준으로 올려놓았습니다. 이러한 사실을 밝히고 알리기 위해, 역해자인 송대선 선생은 저자가 언급한 한자를 하나하나 출처를 확인하고 풀이하는 고생을 마다하지 않았습니다. 내공 깊은 두 분 고수들이 펼치는 『시편사색』에 강호제현江湖諸賢을 초청합니다.

추천의 글

보다 풍요로운 하느님의 신비

정희수/UMC 위스콘신 연회 감독

송대선 목사가 오경웅의 시편 『성영역의』를 모두 번역하여 출판하게 되었다는 소식은 큰 감동이 아닐 수 없습니다. 사실 시편만큼 인간의 마음을 적나라하게 표현한 글이 세상에 또 어디에 있을까요! 참 잘된 일입니다. 내가 본 송 목사는 소박하면서도 든든하게 그리스도의 제자로서 길을 걸어온 구도자입니다. 그 여정이 일반 목회의 과정과는 좀 다르긴 하지만 여전히 그분 손에 잡혀서 자연스레 믿음의 굵은 줄기를 지어가고 있다고 생각하고 있습니다.

나는 70년대 중반 오경웅의 『선禪의 황금시대』를 신학교에서 김흥호 선생님으로부터 처음 배웠습니다. 그때만 해도 그분이 중국 가톨릭의 사상가요 영성가라고 생각을 하지 못하였습니다. 동시에 한참 『칠층산』을 읽고 토마스 머튼의 영성을 대하면서, 동서를 넘나들던 한 수사의 여정을 묵상하고 지내던 시기이기도 했습니다. 그런데 나중에 알고 보니 머튼은 이미 오경웅과 깊은 우정을 나누었고 서로 많은 편지를 주고받았다는 사실도 알게 되었습니다. 그리고 그분들의 글 속에서 내가 걸어야 할 길을 비추는 광채를 발견하기도 하였습니다.

그중에 가장 저를 먼저 일깨운 글이 있습니다. 토착화 신학의 길에 들어선 초심자로 여러 생각이 많았던 어느 날, 천둥 같은 글을 마주하였는데,

그게 오경웅이 쓴 『동서의 피안』이었습니다. 이 말씀 앞에서 제 혼이 떨렸습니다.

> 나는 동정녀 마리아의 품에 있는 하느님의 아들 아기가 계신 그리스도의 말구유 앞에 유교의 황금, 도교의 몰약과 불교의 유향을 안고 경배하러 가고 있다.

오경웅의 고백은 신학을 하는 내 마음을 송두리째 뒤흔들어 놓았습니다. 오경웅의 사상적인 지평과 너른 품이 예수 믿은 지 얼마 안 되는 내게 한국인으로서 바르게 신학하고 싶다는 신선한 바람을 불어넣어 주었습니다. 그 고백이 그의 풍부한 영성의 감미로운 동산으로 나를 초대해 준 것이지요. 그리스도와의 합일에 중국의 종교적인 영성을 통합하는 소중한 입장을 가진 중국인 학사의 초대는 제게 깊은 영향을 주었습니다. 동시에 그분의 깊은 영성은 어떤 말로도 다 표현할 수 없는 큰 광맥이었습니다. 그분의 멋진 구도의 여정처럼 나도 한국인이면서 동시에 그리스도인으로서 온전히 세워지리라는 소명줄을 잡게 된 것입니다.

오경웅의 세계는 복음을 배타적으로 받아들인 내 삶의 토양을 점진적으로 바꾸어 주었고, 닫힌 마음을 열어 창조의 세계를 향하여 열린 순수한 열정을 회복해 주었습니다. 그 후 40년간 나의 믿음의 길, 학문의 길, 섬김의 길에는 오경웅의 영성이 거울처럼 공명되어 다가왔습니다.

오경웅이 번역한 시편 『성영역의』는 그의 종교성을 두드러지게 보여주는 것에 그치지 않습니다. 거기에 더하여 그가 겪은 수많은 사회정치적이고 역사적인 격변 속에서 오직 하느님만을 향하는 신앙인들의 음성으로 되살아난다고 할 수 있습니다. 그저 사상적인 합류와 재생이 아니라, 진리를 향한 애타는 마음, 하느님을 향한 절절한 탄식과 기도, 신비롭게 그의 내면을 풍요롭게 하는 영혼의 찬미가 되어 중국인의 마음으로 표현되었다고 할 수 있습니다. 그렇기에 사막과 같은 황량한 세계를 걸어가는 현대인들에게 오경웅의 시편 세계는 보다 풍요로운 하느님의 신비를 보여주고 믿음의 심층으로 초대할 것이 틀림없습니다.

방대한 작업에 헌신하여 아주 아름다운 영의 세계를 들추어 내준 송대선 목사의 열정에 다시 고마움을 전합니다. 이 책이 독자들에게 영의 세계에 대한 탐닉과 놀라운 길잡이가 되어 줄 것이라 믿어 의심치 않습니다. 이 시편을 통해 그리스도 안에서 성숙한 오경웅의 동양 영성을 맛있게 곱씹고, '만인萬人이 개오사皆吾師'라고 했던 시무언是無言 이용도의 말처럼, 성숙하고 화평한 한국인 그리스도인들이 많이 배태되기를 바랍니다.

추천의 글

밀쳐둘 수 없는 노래

지강유철 / 『장기려, 그 사람』 저자

종교 음악에 젖어 지내는 사순절이었기 때문인지 송대선 목사가 번역하고 해설한 오경웅의 『시편사색』을 읽고 나니 바흐 〈마태 수난곡〉이나 베토벤 〈장엄 미사〉의 감동적인 연주를 들었을 때와 기분이 흡사하다. 송대선의 한글 버전 『시편사색』 연주는 그만큼 심금을 울렸다.

음향 녹음 기술의 발전으로 20세기 클래식 음악계에서는 작곡가 그 이상으로 연주자가 중요해졌다. 클래식 음반 매장에 깔린 대다수 음반 재킷을 장식한 얼굴은 작곡가가 아니라 연주자다. 작곡가와 연주자를 등장시켰더라도 메인에 작곡가 얼굴을 배치한 음반 재킷은 많지 않다. 베토벤의 〈운명〉 교향곡을 예로 들어보자. 이미 500여 종 이상의 〈운명〉 교향곡 음반이 존재한다. 그런데도 지휘자와 오케스트라들은 계속 〈운명〉 교향곡 음반을 내놓는다. 이렇다 보니 베토벤의 〈운명〉을 들었다고 하면 누구 연주로 들었는지를 묻지 않을 수 없다. 『시편사색』을 연주라고 했으므로 추천사는 송대선 위주로 써나갈 것이다.

이제 송대선을 중심으로 추천사를 쓸 수밖에 없는 이유를 말하려고 한다. 오경웅의 히브리어 시편 번역에 대해 말을 아낄 수밖에 없는 것은 한문에 일천하고, 일러두기에 소개된 『시경』, 『서경』, 『역경』, 『도덕경』, 『장자』 등 수백 권의 전고典故를 거의 읽지 못했기 때문이다. 오경웅에 대해 말을 아껴야 하는 또 하나의 이유가 있다. 다른 이들은 어떨지 모르겠으나 오경웅이 장제스 총통에 시편 원고 감수를 맡긴 점이 목에 걸렸다.

그는 일제가 상해를 점령하고 있던 1937년부터 시편 번역을 시작했다. 장제스 총통은 1941년 여름 홍콩으로 탈출한 오경웅을 불러 시편 번역을 독려했고, 전쟁으로 방공호에 머무는 와중에도 세 차례나 원고를 직접 감수했다. 『성영역의』 서문에는 아직도 남아 있는 장제스의 교정본 이야기가 나온다. 그는 번역을 감수하다가 마음을 깊이 두드리는 대목에는 점을 찍거나 동그라미를 몇 개씩 하는 등등의 흔적을 남겼다는 것이다. 서문을 쓴 나광 주교에 의하면 『성영역의』는 장제스의 감수로 뜻이 분명해지고 타당하게 되었다고 한다.

어떤 이들은 오경웅이 중국식으로 두루마리를 입고 도포를 걸친 예수를 그려내기 위해 유교·불교·도도 경전들을 인용하고 옛 민요들을 끌어들여 하느님의 말씀에 자기의 상상력을 추가한 것을 두고 이단적이라며 흥분할 것이다. 그의 상상력이 중국 사람들에게 기독교를 이해하고 받아들이는 데는 물론 신앙 성숙에 도움을 주었음에도 과도하게 교리적 잣대를 들이대는 것에는 물론 반대다. 그런데 오경웅이 그보다는 권력 앞에 나약했거나 장제스의 반민주적 정치와 그의 신앙을 별개로 본 것은 아닌지, 그럼에도 장제스에게 번역 감수를 부탁한 것인지, 하는 문제는 영 마음을 불편하게 하는 부분이다.

오경웅의 『성영역의』는 단순한 한자들의 조합이 아니라 중국의 오랜 문헌들을 응용한 번역이었고, 특히 그의 번역은 산문체로 된 이전의 중국어 성경과 비교불가였다. 그런 점 때문에 중국학자들에게까지 환영을 받았다. 오경웅 덕분에 중국 사람들은 히브리 성경을 중국어로 씌어진 시처럼 대할 수 있었다니 그걸로 충분하지 뭐가 더 필요하겠나.' 이런 식으로 생각하는 사람들은 『성영역의』 추천사에서 장제스의 개입과 그런 선택을 한 오경웅을 언급하는 것 자체가 불편할 것이다. 그렇다면 이 경우는 어떤가.

베토벤 〈장엄 미사〉는 바흐 〈B 단조 미사〉와 〈마태 수난곡〉과 함께 종교 음악의 최고봉이라는데 이견이 없다. 심지어 베토벤 〈장엄 미사〉가 9번 〈합창〉 교향곡보다 더 뛰어나다고 주장하는 전문가들도 적지 않다. 베토벤은 〈합창〉 교향곡이 써지기 전이었던 1822년 6월에 친구 카를 페터스에게 편지를 보내 〈장엄 미사〉는 "지금까지 쓴 것들 중에서 가장 위대한 작품이요, 정신적 산물 중에서 가장 큰 성공작"이라고 말했다. 그로부터 2년 뒤 악보 출판사에 보낸 편지에서도 "나는 이 작품을 나의 가장 위대한 작품으로 생각"한다고 주장했다. 음악사 속에서 베토벤 〈장엄 미사〉에 대한 찬사는 차고 넘친다.

이번 사순절에도 〈장엄 미사〉는 꽤 여러 번 들었다. 스코어를 펼쳐 놓고 들을 때마다 감탄을 넘어 마땅한 예를 갖추고 싶은 충동을 느꼈다. 음악이 종교가 되어선 안 된다는 확고한 입장을 갖지 않았더라면, 이 곡 앞에 무릎이라도 꿇었을 것이다.

작품으로서 〈장엄 미사〉는 타의 추종을 불허할 만큼 위대하지만 그가 이 작품을 쓰는 과정에서 얼마나 비난받아 마땅한 처신을 했는지는 음악가들 사이에서 꽤나 알려진 얘기다. 최근 출간된 『베토벤 평전』에서 저자 카이에르스는 〈장엄 미사〉로 큰돈을 벌려던 베토벤의 행동을 설명하기 위해 '파렴치'란 단어까지 끌어왔다. 왜냐하면 그가 이 작품이 완성될 무렵 이미 세 군데 출판사와 계약했고, 두 군데 출판사로부터는 선불까지 받았음에도 또 다른 네 군데 출판사에 〈장엄 미사〉를 팔려는 협상을 시도하였기 때문이다. 돈을 더 받을 수 있다면 작곡하고 있지 않은 작품을 쓰고 있다는 거짓말도 천연덕스럽게 늘어놓았다. 이런 베토벤을 보면서도 우리는 작품만 빼어나면 됐지 뭐가 더 필요한가라고 해야 하나. 물론 베토벤의 사생활이나 윤리적 문제를 그의 작품과 결부시킬지 말 것인지를 선택하는 건 어디까지나 개인의 자유다. '작품과 삶의 문제는 별개'라는 입장을 가질 수도 있고, 그렇지 않을 수도 있다는 얘기다. 이런 이야기를 길게 할 수밖에 없는 이유는 결국 마지막까지 문제가 되는 문제란 책을 어떻게 읽을 것이냐라고 생각하기 때문이다.

오경웅과 그의 시편 번역에 집중할 수 없었는지를 설명했으니 이제부터는 '우리 사회와 문화 속에서 곰삭은' 모국어로 번역하고 해설한 한글 버전 『시편사색』을 이야기해보자.

송대선의 해설에서 "내가 누군지 아는 것은 신앙 밖의 일이 아니며, 내 삶의 바탕에 놓인 것들을 들여다보며 나를 발견하는 것 또한 하느님 앞으로 나아가는 여정이라 여기게 되었다"는 대목에 오래 머물렀다. 송대선은 1990년대 중반에 『내심낙원』을 통해 오경웅을 만나고, 20여 년 동안 『성영역의』를 찾아 헤매다 마침내 직접 번역과 해설까지 하게 되었다. 그는 오경웅에게서 자기에게 주어진 역사와 문화를 부정하는 대신 그것을 통해 자신과 주님을 더 잘 알 수 있음을 배웠다. 『성영역의』에서 자신이 걸어가야 할 길을 발견한 것이다.

송대선의 연주가 아름답다고 느낀 또 다른 이유는, 오경웅이 거의 생략한 시편의 상황을 송대선이 복원했기 때문이다. 오경웅이 중국 사람들이 잘 이해할 수 있도록 수백 권의 중국 고전을 일일이 찾아 확인하고 시편을 번역한 것은 대단하다. 그런데 웬일인지 그는 각각의 시편 첫머리에 언급된 시편 저자의 상황 설명을 제외시킨다. 우리말 성경 시편 34편에, "다윗, 그가 아비멜렉 앞에서 정신이 나간 체하여 아비멜렉이 내쫓자 그가 떠나갈 때에"와 같은 상황 설명이 붙어있다. 그런데 오경웅의 번역에는 그런 설명이 없다. 반면에 중국 옛사람들의 상황과 그들의 말은 지나치리만큼 상세하게 묘사된다. 중국 고전의 상황이 시편 저자의 상황을 대치했다는 느낌이 들 정도로 말이다. 송대선의 해설이 아니었다면 시편 저자의 상황이나 교회사 속에서 어떤 시편을 통해 배움과 교훈을 얻었던 후대 신앙인들의 역사는 지워질 뻔했다.

송대선은 자신의 모국어 번역과 해설로 히브리 시편이 우리에게 가르쳐 주는 몇 가지 신앙적 가르침을 명확하게 드러냈다. 돋보였던 것은 신앙인들이 과거를 어떻게 기억할 것이냐의 문제다. 그는 우리가 시편에서 기억에 관해 두 가지를 배워야 한다고 말한다. 우선은 시편 45편의 망각이다. 광야에서 이스라엘 백성은 이집트에서 노예 생활하던 때의 고깃국물을 잊지 못해 하느님을 반역했다. 고깃국물을 잊지 못한 게 화근이었던 셈이다.

> 잊어야할 것을 잊어야만 받아들여야 할 새로운 것이 드러난다. 잊지 못하고 새로운 것이 들어오면 참호착종參互錯綜, 섞여서 도무지 풀 수 없는 것이 되어버린다. 신실함은 먼저 떠나는 것이고 잊는 것이다. 신앙은 더하기의 문제가 아니라 먼저는 빼기의 문제이다.(250쪽)

기억의 중요성을 강조하는 것도 인상적이다. 시편 63편 해설에서 송대선은 과거 기억이 "두뇌의 작용이 아니라 온몸으로 다시 체험하는 것"임을 강조한다. 물론 기억하는 모든 게 힘이고 능력이 되는 건 아니다. 힘든 상황 가운데서도 스스로의 도모를 포기하고 하느님 앞에서 아침이 맞도록 기도하며 이전에 베푸셨던 주님 은총을 헤아리고 되새기는 일이 중요하다. 그렇게 되새기는 중에 자신을 사로잡았던 걱정과 염려가 사라지는데 그것이 "하느님 앞에 머무는 침묵과 고요의 힘"이기 때문이다.(304쪽)

시편 77편은 거기서 한 걸음 더 나아간다. 곤경에 처한 아삽이 과거 사건을 깊이 들여다보고 되새기는 중에 지난날 받았던 은혜와 하느님 손길에 잡혀 지금 여기로 돌아온 경험을 이야기한 대목이다.

> 하느님께서 베푸셨던 은혜를 기억하는 것은 과거로의 회귀가 아니다. 은혜는 과거형일 수 없다. 영원하신 분께 속한 것에 어찌 과거형이 있겠는가? 은혜는 늘 현재형일 수밖에 없다. 그런 의미에서 기도 가운데 과거와 현재와 미래가 하나된다. 시인은 과거의 기억을 통해 지금 여기의 하느님을 만나며 미래의 소망을 현재화한다.(404쪽)

시편 106편 역시 기억하는 것의 중요성을 강조하지만 조금 맛이 다르다. 이스라엘 백성들은 출애굽 사건을 거듭 기억하여 되살려내는 것을 통해 그때의 빛으로 오늘을 살피고 내일을 향해 발걸음을 내디뎠다는 것이다. 어떻게 그럴 수가 있나. "참된 영적 체험은 오늘에 늘 새롭게 해석되기 때문이다."(557쪽)

기억하는 일과 망각해야 하는 일 그 이상으로 중요한 것이 있음을 송대선은 말한다. 그 뻔할 것 같던 결론에 활력을 불어넣는 것은 시편 95편 해설이다. 진정한 깨어 있음 정도의 제목을 붙일 수 있는 시편 95편 해설은 다음과 같다.

> 한없는 은총을 누리는 바로 그 자리에서 맘껏 감격의 찬양을 드리면서도 기실은 그렇게 찬양하는 인생이 반역과 거절, 하느님을 외면하는 죄와 아무 간격도 없음을 분명히 인식하는 것이 삶가 깨어 있는 길이다. [……] 이 고양과 추락 사이에서 은총으로 자유를 누리는 것, 그것이 믿음이요 참 놀라운 선물이다.(497-498쪽)

'하느님과 함께 하심을 느낄 때 솟구치는 감격과 숨어 계시는 하느님으로 인해 탄식하는 신앙인의 노래를 담고 있는 시편에서 기도에 대한 깨달음이 빠진다면 말이 안 된다. 시편 35편에서 번역자가 찾은 것은 연약하고 절박한 이가 하느님을 향해 외치는 언어나 기도가 당치 않다는 깨우침이다. “군자연하지 않고 앞뒤 다르지 않게 탄식과 환호, 슬픔과 기쁨을 있는 그대로 속이지 않고 토로하는” 기도에 무슨 격식 타령을 하겠는가. 그런 점에서 기도는 “고발이요, 가슴 속 억울함을 하나씩 꼭꼭 끄집어내는 고통스런 여정”일 수밖에 없다.(202쪽) 시편 34편 해설에서는 “참된 가르침은 내용과 가르치는 형식이 하나 될 수밖에 없다. 진리를 악악대고 외칠 수 있는가? 불가하다”고 말한다.(195쪽)

송대선은 바빌론 포로기에 유대인들이 불렀던 시편 137편을 해설하면서 저 노래를 아련한 향수를 일으키는 고향 노래쯤으로 밀쳐둘 수 없다고 했다. 오늘의 첨단 물질문명이 하느님의 백성으로 산다는 것이 무엇인지를 잠시도 떠올리지 못하게 만들고 있기에 시편의 노래를 더 깊이 되새기라고 한다. 우리가 밀쳐두어서는 안 될 노래를 시편 137편으로 국한하는 것은 번역자의 뜻일까. 그렇지 않을 것이다. 그렇지 않다면 시편은 150편으로 끝나지만 세대를 이어주는 하느님의 백성의 찬양은 영원히 계속되어야 한다는 말로 시편 해설을 끝마쳤을까 싶다.

끝으로 우리 기억에서 잊힐 뻔했던 숨은 보석을 찾아내 1년이 넘는 동안 대만의 상무인서관과 지루한 교섭 끝에 이 책의 출판을 성사시킨 꽃자리 출판사 한종호 목사의 노고를 기억하고 싶다. 1인 다역을 해야 하면서 다른 단행본에 비해 서너 배의 수고를 해야 함에도 마다하지 않고 이 책을 출간했기 때문이다.

송대선은 『시편사색』을 통해 누군가 고유의 우리말과 음조로 히브리 노래를 부르고자 하는 마음을 품고 계획을 세운다면 그보다 더 복된 일이 없겠다고 했다. 그가 번역하고 해설한 아름답고 단아한 모국어로 행복했다. 마음 깊은 감사를 전한다.

추천의 글

다시 한 번 벌거숭이 아이가 되어

한희철/정릉교회 목사

'serendipity'라는 단어를 처음 대한 것은 샘 키인이 쓴 『춤추는 신』이라는 책이었다. '우연한 것, 하찮은 것 속에 감추어진 보물을 찾아내는 눈 혹은 그런 능력'이라는 뜻을 가진 말이었다. 하나의 단어 속에 긴 문장으로도 표현하기 힘든 깊은 의미를 담고 있다는 것이 신기하게 여겨졌다.

책 출간에 앞서 전해진 『시편사색』 원고를 읽으며 불쑥불쑥 떠올랐던 생각이 'serendipity'였다. 동양의 수많은 고전들과 옛 시가 시편을 이해하는 오경웅의 글에 빼곡히 담겨 있었고, 숲 사이를 거닐며 숲의 온갖 것에 찬찬히 눈길을 주듯 그 모든 것이 어디에서 왔는지를 살피는 역자의 걸음과 시선은 때마다 'serendipity'를 떠올리게 했다.

오경웅의 『내심낙원』은 오래 전부터 내 서재에 꽂혀 있고, 집과 집이 모여 동네를 이루듯 『공자가 사랑한 하느님』, 『예수와 묵자』, 『성서 옆에 논어 놓고 논어 옆에 성서 놓고』, 『한시의 성좌』 등의 책들이 주변에 있다.

시편 50편 22절을 옮기며 오경웅은 히브리 시인이 '하느님을 잊은 자들'이라 한 것을 '본을 잊은 자'忘本라 하였다. 하느님을 잊는다는 것을 결국 자신의 뿌리를 잊는 것, 자신의 근원을 잊는 것과 다르지 않다. 우리는 그리스도인이기 전 먼저 동양인으로 태어났고, 태생적으로 동양인의 정서를 가지고 있다. 그것은 우리가 인정하든 인정하지 않든 우리 존재와 인식의 바탕이 된다. 그런 점에서 오경웅의 시편 읽기와 역자의 오경웅 읽기는 어려우면서도 친숙함으로, 내밀한 고마움으로 다가왔다. 우리 옷을 입고 우리의 눈으로 말씀을 읽는 것은 오래된 숙제이자 갈망이기도 했던 것이다.

오경웅의 시편 읽기인 『시편사색』은 무엇보다 제목을 살피는 것만으로도 유익을 준다. 시편의 문을 여는 2편의 제목은 순여역順與逆이다. 시편 2편을 순順과 역逆의 노래로 이해를 한다.

4편의 제목은 시주상락恃主常樂으로 믿음 안에서 누리는 한결같은 즐거움이고, 7편의 제목은 피무被誣인데 '무고를 당하여'이다.

14편의 제목인 시이몽몽視爾夢夢은 그 출처와 뜻이 분명하다. 『시경詩經』 「대아大雅」에 나오는 것으로 '그대를 보니 어리석기 그지없어 내 마음 심히 안타깝구나!視爾夢夢 我心慘慘'(시이몽몽 아심참참)라는 구절이다.

49편의 제목인 윤수潤首와 윤옥潤屋은 『대학』의 부윤옥 덕윤신富潤屋 德潤身에서 온 말로 '부는 그저 집을 윤택하게 하나 덕은 몸을 윤택하게 한다'는 뜻이다. 부유한 삶보다도 하느님의 지혜를 구하라는 가르침이 분명하다. 긴 말씀도 제목 하나로 그 뜻이 명확해지니 여간한 도움이 아니다.

히브리인들의 이해를 동양의 이해로 전환하여 받아들이는 것은 말씀의 의미를 확장한다는 점에서 박수를 보내고 싶다.

34편 2절에서 오경웅은 주님의 은총을 '현덕玄德'으로 표현하는데, 역자는 이를 두고 『서경書經』 「순전舜典」에 나오는 현덕승문玄德升問(숨겨진 덕이 널리 알려지게 되었다)과, 『도덕경』에 나오는 "생이불유 위이불시 장이부재 시위현덕生而不有 爲而不恃 長而不宰 是謂玄德"(낳되 가지지 않고 하되 믿지 않고 기르되 주장하지 않으니 이를 일러 현덕이라 한다)이라는 구절을 떠올린다.

42편 2절의 '하느님의 얼굴'을 천안天顔이라 번역한 것도 그렇고, 1편의 '의인과 악인'을 '군자와 소인배'로 옮긴 것도 흥미가 있고 일리가 있다.

16편 6절에서 히브리 시인은 주님이 허락하신 유업을 즐거워하는데, 오경웅은 그 유업을 누리면서도 주님의 뜻을 겸손히 헤아린다. 이를 부앙俯仰

으로 엎드리고 우러른다고 표현한다. 앙仰하되 부俯하는 것, 그것이 신앙의 참된 자세이다. 주님을 우러를 수밖에 없으니 동시에 엎드려 자신을 돌이켜 살피지 않을 수 없는, 그윽하고 나직하게 다가오는 부앙俯仰이라는 말이 고맙다.

24편 8절에서 히브리 시인이 야훼는 힘세고 용맹하신 주님, 싸움에 능하신 주님이라 노래하는 것을 오경웅은 인정仁政을 베푸셔서 도무지 적이 있을 수 없다고 하는 유인무적惟仁無敵으로 이해를 하는데, 그의 태도가 그윽하다.

33편의 의인義人을 오경웅은 선인善人으로 읽는다. 2절의 선인은 거짓이 없다는 구절을 『논어』의 사무사思無邪로 받는다. '공자가 이르기를 『시경』 3백 편을 한 마디로 말한다면 생각에 삿됨이 없다고 하겠다.'子曰 詩三百 一言以蔽之 曰 思無邪(자왈 시삼백 일언이폐지 왈 사무사) 역자는 사邪를 엉뚱한 방향으로 달리는 것을 뜻하거나 기교를 부리는 것으로 푼다. 이렇듯 성서 본래의 뜻이 곳곳에서 확장되고 간명해지고 선명해지는 것을 확인하게 된다.

우리에게 친숙한 표현들은 친밀함으로 다가오기도 한다. 1편 3절을 담아내는 세한歲寒은 『논어』에 나오는 '추워진 후에야 비로소 소나무와 전나무가 아직 시들지 않고 있음을 알 수 있다'歲寒然後 知松栢之後凋也(세한연후 지송백지후조야) 보다는 추사 김정희의 그림으로 우리에게 더 가깝다.

28편의 제목으로 삼은 구밀복검口蜜腹劍도 그 중의 하나로, '입에는 꿀이 있지만 배에는 칼을 품었다'는 뜻은 우리에게도 익숙하다.

하지만 책에 담긴 대부분의 내용들은 가볍게 대할 수 있는 것들이 아니다. 그야말로 무릎을 꿇고 손가락으로 읽으며 한 자 한 자 마음에 새겨야 할 내용들이다. 혼정신성昏定晨省의 줄임말인 5편 3절의 신성晨省, '가련히 여겨 돌본다'는 6편 2절의 수련垂憐, 13편 3절의 수청垂靑과 청안靑眼과 백안시白眼視, 하느님 뜻의 양면을 묘사하는 19편 2절의 굉지厷旨와 미충微衷, 하늘을 우러러 한 줌 부끄러움이 없기를 꿈꿨던 윤동주를 생각나게 하는 24편 4

절의 무괴무작無愧無作, 악인의 부富와 대비가 되는 37편 16절의 청고淸苦, 23편 6절의 행장行藏, 37편 25절의 열세閱世, 악한 이들의 득의함을 의미하는 35편 25절의 탄관彈冠, 단순한 자연현상인 뇌성雷聲과는 달리 하늘의 소리를 뜻하는 29편의 뇌음雷音, 홧병 같은 증상을 의미하는 39편 3절의 음화陰火 등 머리 숙여 배워야 할 구절들이 도처에 가득하다.

프레드릭 뷰크너는 그의 책 『하느님을 향한 여정』에서 이렇게 말했다. "인생이란 하느님께서 우리 가운데 계신 당신의 존재와 목적과 능력을 인자하게 드러내시기 위해 사용한 알파벳이라고 생각할 수 있다. 히브리어의 알파벳처럼 은혜의 알파벳은 모음이 없으며, 그런 까닭에 그분의 말씀은 우리에게 언제나 장막에 싸여 있고, 신비하고, 비밀스러워서, 모든 믿음과 상상력을 동원하여 그 의미를 탐구하고 모음들을 채워 넣는 것은 우리의 몫이다."

『시편사색』 읽기를 마치면서도 비슷한 생각이 든다. 성서 속 시편에 비해 오경웅의 『시편사색』은 여전히 낯설고 어렵다. 하지만 인내와 성실로 마주앉아 시간을 잊으면 우리는 분명 그동안 몰랐던 깊이와 향기를 마주하게 될 것이다. 책을 펴놓고 한 자 한 자 지극한 정성으로 찾아낸 문장들을 마음으로 새긴다면 그 시간은 분명 모음을 채워가는 시간이 될 것이고, 그런 시간은 필시 우리에게 선물과 같은 시간이 될 것이다.

오랫동안 입고 있었던 익숙한 옷을 훌훌 벗고, 다시 한 번 벌거숭이 아이가 되어 시편이라는 바다를 헤엄치고 싶은 이 설렘이라니!

전고(典故)를 찾아보고자 하는 독자를 위하여 그 출처를 소개하고 『시경』의 노래는 우리 말 번역을 덧붙인다.

역경易經 **(혹은 역**易**, 주역**周易**)**

유교의 경전으로 본래는 점을 보는 점서(占書)인데 공자가 편찬하면서 십익(十翼:공자가 역경에 덧붙인 해설) 10편으로 계사전, 문언전 등을 부가하여 경전의 지위를 확보하였다. 이후 음양(陰陽), 사상(四象)과 팔괘(八卦) 등의 우주관은 후세의 철학과 윤리, 정치에 많은 영향을 끼쳤다.

서경書經 **(혹은 상서**尙書**)**

요순시대로부터 주나라 때까지의 정사에 대한 문서를 수집하여 공자가 편찬한 책이다. 요순시대의 정사(政事)를 기록한 우서(虞書)와 하나라 시기의 하서(夏書), 상나라 시기의 상서(商書), 주나라의 정사(政事)인 주서(周書) 등으로 나뉘며 다시 소제목들로 세분된다.

시경詩經

춘추시대 각 나라의 민요들과 궁중의 향연이나 제례에 불리던 가사들을 모은 최고(最古)의 시집이다. 약 300편 가량이 실려 있는데 국풍(國風)은 각 나라의 민요(소남召南, 주남周南, 패풍邶風, 정풍鄭風, 위풍衛風, 당풍唐風) 등을 모은 것이고 소아(小雅), 대아(大雅), 송(頌) 등은 조정의 음악이나 종묘 제사 때 연주하던 음악의 가사이다.

• 소아小雅

육아(蓼莪) 다복쑥, 어리(魚麗) 통발에 걸린 물고기, 소완(小宛) 조그만 산비둘기, 정월(正月) 정월에, 정료(庭燎) 횃불, 북산(北山) 북쪽 산에 올라가서, 각궁(角弓) 뿔로 만든 활, 소반(小弁) 날개 치는 갈까마귀, 거할(車舝) 덜커덩 굴대 빗장, 교언(巧言) 교묘한 말, 천보(天保) 하느님이 보우하사, 소민(小旻) 하느님의 분노, 절남산(節南山) 깎아지른 저 남산, 상체(常棣) 아가위, 벌목(伐木) 나무를 베다, 채숙(采菽) 콩을 따서, 습상(隰桑) 벌판의 뽕나무, 우무정(雨無正) 하염없이 내리는 비, 채록(采綠) 녹두 따기, 채기(采芑) 씀바귀를 뜯으며, 신남산(信南山) 우뚝 솟은 남산

• 대아 大雅

대명(大明) 크게 밝아지네, 억(抑) 장엄함, 첨앙(瞻卬) 우러름, 탕(蕩) 넓고 크신 하느님, 기취(旣醉) 술에 취하고 덕에 배불러, 권아(卷阿) 둘러쳐진 언덕, 증민(蒸民) 뭇 백성, 가락(假樂) 즐거우신 군자, 운한(雲漢) 은하수, 민로(民勞) 백성들이 지쳤으니, 사제(思齊) 정숙함, 황의(皇矣) 거룩하심, 형작(泂酌) 윗물을 길어서

• 국풍 國風

진풍(秦風):황조(黃鳥) 꾀꼬리, 소융(小戎) 작은 병거/용풍(鄘風):상서(相鼠) 쥐를 보니/당풍(唐風):보우(鴇羽) 너새는 날지만, 유체지두(有杕之杜) 우뚝한 아가위, 실솔(蟋蟀) 귀뚜라미/조풍(曹風):시구(鳲鳩) 뻐꾸기/왕풍(王風):대거(大車) 큰 수레, 토원(兔爰) 토끼는 깡충깡충/패풍(邶風):백주(柏舟) 조각배/곡풍(谷風):산골바람, 웅치(雄雉) 장끼/정풍(鄭風):자금(子衿) 님의 옷깃/빈풍(豳風):칠월(七月) 칠월에/제풍(齊風):보전(甫田) 큰 밭/위풍(衛風):고반(考槃) 오막살이, 맹(氓) 어수룩한 사나이/소남(召南):은기뢰(殷其靁) 번개가 치다, 초충(草蟲) 풀벌레/주남(周南):규목(樛木) 굽은 나무, 도요(桃夭) 복숭아 가지, 여분(汝墳) 여수의 둑을 따라

• 주송 周頌

거요(桃夭) 복숭아 가지, 경지(敬之) 공경하라, 유고(有瞽) 장님, 재삼(載芟) 풀을 베고, 시매(時邁) 때 맞은, 순수(巡狩) 임금이 돌아보는 것, 유천지명(維天之命) 하느님이 내리신 명, 청묘(淸廟) 청아한 사당, 호천유성명(昊天有成命) 하늘에서 정하신 천명 있음에, 잠(潛) 물 속

유교 계열

공자가어孔子家語

350년 경 만들어진 책으로 『논어』에 없는 공자와 제자들의 사적을 모았다. 공자의 후손 공안국(孔安國)의 작품이라 여겨졌으나 후에 삼국말기의 왕숙(王肅)에 의한 위작으로 밝혀졌다. 그럼에도 학술적 가치는 있다고 평가된다.

논어論語

공자의 언행록으로 공자 사후 제자들에 의해 편찬되었다. 학이(學而)를 비롯하여 스무 책으로 나뉘어져 있는데 책의 첫머리 글자를 제목으로 삼았다. 공자의 인(仁) 사상에 대하여 일관되게 기술하고 있다. 유교에 있어서 가장 중요한 책이라 할 수 있다.

논어집주論語集註

송의 주희(朱熹)가 『논어』를 주해한 책이다. 아울러 『맹자』, 『대학』, 『중용』 등의 유가 경전을 성리학적 시각으로 해석하는 방대한 작업을 수행하여 동아시아 유학에 절대적인 영향을 주었다.

대학大學

공자의 손자 자사(子思)가 지은 책으로 본래 『예기』라는 책의 일부였으나 정자(程子)에 의해 『중용』과 함께 『예기』에서 분리되었고 주희(朱熹)의 집주(集註)에 의하여 사서(四書)에 속하게 되었다. 초학자가 덕(德)으로 들어가는 문이라 하였고 『논어』, 『맹자』는 대학을 배운 연후에 공부하는 책이라 하였다.

맹자孟子

공자의 사상을 계승한 맹자의 저술로 7편으로 되었고 다시 상, 하로 나뉘었다. 공자가 인(仁)을 강조하였다면 맹자는 이를 이어받으면서도 의(義)를 덧붙여 인의(仁義)가 유학의 근본이 되도록 하였다. 특히 성선설과 패도(覇道)정치에 반하는 왕도(王道)정치를 역설하였다.

예기禮記

49편으로 이루어진 유교의 경전. 『주례周禮』, 『의례儀禮』와 함께 삼례라 한다. 예경이라 않고 『예기』라 함은 예에 대한 경전을 보완, 주석하였다는 뜻인데 의례의 해설뿐 아니라 음악, 정치, 학문 등의 영역까지 다방면으로 서술하고 있다. 사서에 속하는 『대학』, 『중용』도 본래는 『예기』 안에 들어 있었다.

이아爾雅

유교의 경전에 속하며 사서삼경(四書三經)에 미치지는 못한다. 일반적으로 12경 혹은 13경에 포함된다. 문자의 뜻을 고증하고 설명하는 사전적인 성격을 지닌 책이다. 경전을 공부하는데 문자적 의미를 알기 위해 읽어야 할 책으로 중요하게 여겼다.

주례周禮

주 왕실의 관직제도와 전국시대(戰國時代) 각국의 제도를 기록한 책으로 대략 BC 300년경 지어졌다. 당 이후 유교 13경전의 하나로 인정되었으며 고려와 조선에도 많은 영향을 미쳤다. 고려, 조선 등의 6부 혹은 6관 제도가 주례의 영향이다.

중용中庸

역시 『예기』에 속한 책이었으나 『대학』과 함께 분리되어 사서에 속한다. 자사(子思)의 저작으로 유학사상의 핵심철학이 담겨있다. 사서(四書)공부에 있어 마지막에 자리한다. 『대학』, 『논어』, 『맹자』, 『중용』을 사서(四書)라 한다.

도가 계통

도덕경道德經

노자(老子)의 저술로 5천자에 지나지 않으나 도교 사상의 근본이 되었다. 도(道)를 중심으로 만물의 기원과 도덕, 정치, 철학 등의 사상을 서술하였다. 도경(道經) 37편과 덕경(德經) 44편으로 총 81장의 간단한 운문체의 글이나 워낙 함의가 깊어 끊임없이 다양하게 해석되어 왔다. 무위자연(無爲自然)을 강조하며 인위(人爲)를 거부하는데 유교사상과 함께 중국사상의 주요한 흐름이 되었다.

열자列子

BC 400년 경에 만들어진 책으로 『도덕경』, 『장자』와 함께 도가(道家)에 속하며 고대 우화의 보고이다. 저자는 열어구(列禦寇)인데 후세 사람이 열자의 이름으로 저술했다는 설이 유력하다.

장자莊子

전국시대(戰國時代)의 사상가이자 책의 제목이다. 노자와 함께 노장(老莊)이라 일컬어지며 도교사상의 중심적 역할을 했다. 「소요유逍遙遊」를 비롯한 내편 7편이 『장자』의 핵심 사상을 드러낸다. 그러나 외편 15편과 잡편 11편에도 촌철살인의 비유와 번득이는 지혜들이 담겨있다.

제자백가와 그 시대

관자管子

춘추전국시대의 명재상 관중(管仲)이 지은 책이다. 『논어』, 『맹자』, 『노자』, 『장자』 등의 고전은 순수 이상과 철학에 대한 내용이 주를 이루나 『관자』는 도덕과 철학을 바탕으로 경제, 정치, 외교 행정, 군사 등의 경세와 관련된 내용을 다루는 실용적 경세서이다.

묵자墨子

초기 전국시대(戰國時代)에 묵가를 대표하는 사상가이다. 유교와 도교에 대립하여 겸애설을 주창하였다. 묵가의 사상집으로 묵가 집단에 의하여 집대성된 저작집이다. 맹자에 의해 이단사상으로 공격받았으나 전국시대에 상당한 영향을 끼쳤다.

법언法言

서한 말기에서 동한 초기에 활동했던 양웅(楊雄)이 자신에게 묻는 각종 질문과 그것에 답한 내용을 정리하여 엮은 책이다.

순자荀子

'인간의 본성은 악하며 선한 것은 수양에 의한 것일 뿐이다'라는 성악설을 주창하였고 공맹의 사상을 가다듬고 사상적 엄격성을 통해 체계 있는 유학사상을 제시한 사상가 순황(荀況)의 저술이다.

한비자韓非子

BC 230년 경 지어진 한비(韓非)의 법가(法家) 저작이다. 진(秦)의 시황제에게 제공된 법가 사상의 최고 저작으로 법을 기반으로 한 군주의 권위를 확립하여야 함을 주장하며 유가사상에 반대하였다.

사서류(史書類)

국어國語

BC 350년 경 좌구명(左丘明)에 의해 만들어졌으며 『춘추좌씨전』에 비견되는 춘추 열국사의 고전이다. 주어(周語)를 비롯하여 8개국의 역사로 구성된 21권의 책이다.

곡량전穀梁傳

춘추곡량전(春秋穀梁傳)으로 『춘추좌씨전春秋左氏傳』, 『춘추공양전春秋公羊傳』과 함께 춘추삼전(春秋三傳)이라 한다. 유학의 13경에 포함되어 있다.

남제서南齊書

중국 정사 24서의 하나, 남제의 역사를 양나라의 소자현(蕭子顯)이 기전체 방식으로 편찬했다.

북제서北齊書

위진남북조 시대 한 왕조인 북제의 역사를 다룬 정사로 당나라 태종의 명으로 이백약(李百藥)에 의해 편찬되었다.

사기史記

사마천(司馬遷)이 지은 역사서로 중국 역사서 기록의 전범이 되었다. 사마천의 시각에서 중요하게 여겨지는 이들의 열전(列傳)을 기록하여 수많은 고사(故事)와 성어(成語)와 지혜를 전해준다. 아시아의 대부분의 정사(正史)는 『사기』의 기록방식을 모방하고 있다.

삼국지三國志

진(晉)의 진수(陳壽)가 지은 위(魏), 촉(蜀), 오(吳) 삼국의 정사(正史)로 『사기(史記)』, 『한서(漢書)』, 『후한서(後漢書)』와 함께 중국 전사사(前四史)로 불린다.

송서宋書

위진남북조 시대의 송(宋)에 대한 역사를 기록한 정사(正史)로 양 무제(武帝)의 명으로 심약(沈約)이 편찬하였다.

자치통감資治通鑑

1084년 사마광(司馬光)에 의해 저술된 역사서로 제왕학의 책이라 불린다. 고대부터 당말까지 서술하였으며 처음부터 명저로 평가받았다. 294권으로 이루어져있다.

전국책戰國策

BC 6년 경에 유향(劉向)이 지은 책으로 왕이 중심이 아니라 전국시대(戰國時代)에 세 치혀로 유세했던 책사의 변설과 권모술수를 기록하였다. 정치, 외교, 전략, 군사 등 다방면의 책략들을 대화체로 서술하였다

진서晉書

당 태종의 칙령에 따라 많은 사관이 참여해 편찬한 130여 권의 책으로 5호 16국의 역

사에 대한 자료로 정사(正史)에 속한다.

춘추좌전春秋左傳

『좌전左傳』, 『춘추좌씨전春秋左氏傳』, 『좌씨춘추左氏春秋』 등으로 불린다. 편년체 역사서인 『춘추』(春秋:공자의 작품으로 춘추시대의 역사를 정리한 책)의 상세한 주해서로 풍부한 배경자료를 가지고 있다.

한서漢書

후한(後漢)의 반고(班固)가 저술한 역사서로 『사기』와 더불어 중국 사서(史書)의 대표작이다. 전한(前漢:또는 서한西漢) 230년 만을 다룬 역사서이나 정사편집의 전형이 되었다.

후한서後漢書

중국 24사(史)의 하나로 후한의 역사를 남북조 시대의 송(宋)의 범엽(范曄398-445)이 정리한 것으로 서기 25년부터 220년까지의 역사를 다루었다. 양나라의 유소(劉昭)가 보충하였고 지(志)는 진나라의 사마표(司馬彪)가 지었다. 본기(本紀) 10권, 열전(列傳) 80권, 지(志) 30권으로 구성되었다.

문학작품

문선文選

530년 경 만들어진 최고(最古)의 시선문집. 주(周)에서 양(梁)나라까지 천여 년에 걸쳐 대표적 문인들의 시문을 가려 모아놓았다. 130명의 작품 800여 편이 실렸으며 시(詩), 부(賦), 사(辭), 논(論), 서(書) 등의 문체로 분류하였다. 양의 소명태자(昭明太子) 소통(蕭統)이 편찬하였다.

사금오謝金吾

원대의 지은이를 알 수 없는 곡(曲)으로 모반자 왕흠약(王欽若)의 음모와 충신 양경(楊景),

초찬(焦贊)의 대결과 승리를 그렸다.

서상기西廂記

12세기 말에 왕실보(王實甫)에 의해 지어진 원(元) 대의 희곡작품이다. 장군서라는 청년과 최앵앵의 사랑이야기로 중국의 대표적인 희곡이다.

시대서詩大序

다른 이름은 모시서(毛詩序)로 『시경』 연구의 주요 저작으로 양한(兩漢)시기에 쓰였다.

악부시집樂府詩集

송(宋)의 곽무천이 중국 고대와 중세의 악부 5천 4백여 작품을 모아 지은 책으로 100권에 달한다.

초사楚辭

본래는 남방 초(楚)나라에서 발생한 장르(辭)의 작품인데 그 창시자로 굴원屈原(BC 339-278)을 꼽는다. 전한 말 유향(劉向)이 편집한 초사(楚辭)에 굴원의 작품 이소(離騷)를 비롯한 작품 25편이 실려 있다. 『시경』과 더불어 중국 시가문학의 원천으로 여겨진다.

불교 경전

금강경金剛經

금강반야바라밀경(金剛般若波羅密經)의 줄임말로 공(空) 사상이 다루어진 대승불교의 대표경전으로 반야바라밀이란 깨달음으로 이끄는 지혜를 뜻하며, 금강은 어떤 번뇌든 끊고 자를 수 있는 지혜의 상징을 의미한다. 동아시아 불교발전에 있어서 가장 중요한 역할을 하였고 특별히 선불교발전의 근간을 마련한 경전이다.

법화경法華經

묘법연화경(妙法蓮華經)의 줄임말로 불교가 전문 승가집단에 의해 장악되는 것에 반대해 누구나 성불할 수 있다는 대승불교의 가르침을 가장 궁극적으로 전개하였다. 그로 인해 일승(一乘)사상으로 발전하는 경향이 있다.

열반경涅槃經

대반열반경(大般涅槃經)의 줄임말로 석가모니의 입멸(入滅)까지 3개월의 여정의 사적과 설법, 입멸 후의 과정을 기록한 역사적인 경전이다. 부처님은 제자들에게 '스스로를 등불로 삼고 스스로를 의지하라'며, '내가 죽은 후 내가 설한 법과 율이 너희의 스승이 될 것이라' 하였다. 사성제(四聖諦)와 팔정도(八正道), 십이인연(十二因緣) 등의 근본교리가 담겨있다.

완릉록宛陵錄

마조 이후 당대(唐代)의 선을 부흥시킨 황벽 희운(黃蘗 希運 ?-850)의 저서로 재가제자 배휴에 의하여 편집되었다. 임제(臨濟)라는 걸출한 제자를 배출하였고 '산은 산이요 물은 물이다'(山是山 水是水)라는 법어가 이 책에 있다.

제경요집諸經要集

당의 학승 도세(道世)가 편찬한 책으로 여러 불교경전에서 각 주제와 관련된 내용을 항목별로 뽑아 묶은 일종의 백과사전으로 200여 종의 대소승 경전에서 중요한 내용을 집대성하였다.

소설류

삼국지연의三國志演義

1494년 경 나관중(羅貫中)이 정사 『삼국지』를 평이하게 서술한 구어체 소설로 정사는 조조의 위(魏)를 정통으로 보는데 연의는 촉(蜀)의 유비를 정통으로 보고 서술하였다.

서유기西遊記

1570년 경에 지어진 오승은(吳承恩)의 소설로 손오공과 현장삼장 등이 서역으로 가서 불경을 가져오는 과정을 그렸다. 『삼국지연의』, 『수호전』, 『금병매』와 함께 사대 기서(奇書)로 불린다.

평산냉연平山冷燕

청대 적안산인(荻岸山人 또는 천화장天花藏 주인)이 지은 네 명의 재자가인(才子佳人)이 등장하는 통속소설이다. 조선에서는 이 소설로 인해 문체반정의 구실이 되었다.

홍루몽紅樓夢

18세기 말 청나라 건륭제(乾隆帝) 때 쓰인 구어체 장편소설의 최고걸작으로 작가는 조설근(曹雪芹)이다. 권세 있는 집안인 가 씨 집안을 배경으로 가보옥과 임대옥, 설보채 3인을 중심으로 전개되는 이야기로 꿈과 현실을 오가며 펼쳐지는 운명에 엮여 가문의 성세와 몰락, 사랑과 운명을 그렸으며 수많은 인물(500여명)의 등장으로 복잡하고 다양한 삶을 보여준다. 청말기엔 홍루몽을 전문적으로 연구하는 학문을 홍학(紅學)이라 하는데 현대에서도 통용될 정도로 큰 영향을 끼친 고전이 되었다. 『삼국지연의』, 『서유기』, 『수호지』와 함께 중국 4대 명저로 꼽힌다.

기타

대당서역기大唐西域記

당나라의 승려인 현장(玄奘 602-664)이 서역으로 가서 불경을 구한 17년간(629-645)의 행적을 기록한 기행문이다. 인도, 네팔, 중앙아시아 등의 역사와 지리, 종교, 문화를 기록하여 중국과 서역의 교역사를 연구하는데 귀중한 자료이다.

분서焚書

명나라 말기 태주학파(양명 좌파)의 사상가 이탁오의 문집으로 당시 유교의 맹목적 논리에 치열하게 대항하였다. 후에 머리를 깎고 승려가 되었으며 여성을 제자로 받아들이기도 하였다. 당시의 시각으로 본다면 불태워질 책이라 하여 분서라 이름 하였다.

소명태자집昭明太子集

양의 소명태자(501-530) 소통(蕭統)이 편찬한 문집으로 20권으로 구성되었다. 그 서(序)는 소강(蕭綱)이 썼다.

송원학안宋元學案

명말청초의 사상가 황종희(黃鍾禧)의 작품으로 송과 원의 학술사상을 계파별로 체계적으로 정리한 책이다. 표(表)를 만들어 스승, 동료, 제자의 관계를 열거하며 학술의 연원을 밝히고 생애, 저작, 사상 등을 기술한 방대한 책이다. 『명유학안(明儒學案)』은 명대의 유학의 계보를 밝힌 책인데 이 또한 황종희의 저술이다.

습유기拾遺記

남북조 시대 왕가(王嘉)가 지은 책이다. 주워서 전하는 기록이란 뜻으로 숨겨진 여러 가지 전설을 모아서 만든 책이다.

안씨가훈顔氏家訓

남북조 시대의 격랑 속에서 귀족이었던 학자 안지추(顔之推 531-590)의 교훈서이다. 가족, 도덕, 대인관계를 비롯해 구체적인 경제생활, 풍속과 학문, 종교 등을 풍부한 사례를 바탕으로 논하였다.

안자춘추晏子春秋

BC 500년 경에 만들어진 책으로 제(齊)의 명 재상 안영(안자晏子)의 언행을 정리한 정치문답집이자 간언집이다. 215개의 이야기를 연대순으로 정리하여 정치의 실천적 텍스트로 읽힌다.

원씨세범袁氏世範

송대의 원채(袁采)가 지은 가훈서로 『안씨가훈』처럼 도학적이면서도 가족의 화목, 자기 다스림, 집안 다스림(睦親, 處己, 治家) 세 편으로 지어졌다.

의안醫案

115수에 인용된 의안(醫案)은 벽씨의안이십사종(薛氏醫案二十四種)으로 명(明)대의 의사였던 벽기(薛己 1487-1559)가 편찬한 의학 서적이다.

정몽正蒙

북송의 철학자인 장재(張載 1020-1077)의 저서로 호는 횡거(橫渠)이며 성리학의 창시자 오현(五賢 주렴계, 정호, 정이 형제와 소강절을 포함하여 성리학의 비조라 일컫는데 북송 오자[五子라고도 함])의 한 사람이다. 서명(西銘)은 그의 저서 『정몽』의 한 편명이다.

천자문千字文

양(梁)의 주흥사(周興嗣)가 무제의 명으로 편찬한 1구 4자 250구로 1,000자로 된 책이다. 우주, 자연, 인륜의 이치를 사언고시로 엮은 한자학습의 기본교재로 쓰인다.

채근담菜根譚

명나라 말기의 문인 홍자성(洪自誠)의 저작으로 사람이 나물뿌리만 씹어 먹을 수 있다면 모든 일을 해낼 수 있다는 말에서 서명(書名)을 취하였다. 불우함 가운데서도 자기수양과 안빈낙도를 잃지 않는 경계를 드러내었다.

충경忠經

후한의 훈고학의 비조 마융(馬融 79-166)이 지었다고 하나 학계에서는 위서(僞書)로 평가한다. 군주와 국가에 대한 충성을 논한 책이다.

태평어람太平御覽

송나라 초기에 이방(李昉) 등에 의해 편찬한 유서(類書)로 천 권에 달하는 책이다.

효경원신계孝經援神契

한(漢)대에 지어졌으나 저자 미상이다. 위서(緯書) 즉 미래에 일어날 일을 말한다.

회남자淮南子

BC 120년 경 한나라 초기에 편찬된 백과전서로 신화 전설에 관한 연구 자료의 보고다. 회남(淮南)은 회하(淮河) 남쪽지방을 가리키며 회남왕(淮南王) 유안(劉晏)이 편찬하였다.

시인과 문장가

- 가도(賈島 779-843) 중당(中唐)의 시인

「송심수재하제동귀」(送沈秀才下第東歸) 낙방한 벗 심수재를 보내며(141수)

- 가의(賈誼 BC200-168) 서한 초기의 저명한 정치가, 문학가

「과진론」(過秦論) 진(秦)의 실패를 거울삼아 선정과 덕치를 베풀어야 함을 주장(107수)

- 고적(高適 707-765) 성당(盛唐)의 시인

「송시사호충류경판관지령외」(送柴司戶充劉卿判官之嶺外) 시사호(관직명) 유경 판관의 영외 전송을 담당하며 지은 시(34수)

「행로난」(行路難) 당시의 정치를 비판하고 통치계급의 사치를 고발(138수)

- 곡자경(생졸미상) 원말 명초의 관리 및 희곡작가

「성남류」(城南柳) 주인공 여동빈이 세 번 악양루에 간 이야기를 극화함(88수)

- 공융(孔融 153-208) 후한 말의 정치가

「천니형표」(薦禰衡表) 선비 니형(禰衡)을 한의 헌제(獻帝)에게 천거하면서 올린 글(5수)

• 나대경(羅大經 1196-1252) 남송의 학자

「학림옥로」(鶴林玉露) 자신의 글을 모은 문집으로 도학자, 선인 등의 말을 인용(120수)

• 낙빈왕(駱賓王 640?-684?) 초당(初唐)의 시인, 초당사걸(初唐四傑)의 일인

「제경편」(帝京篇) 당(唐)의 웅장함과 그에 반한 타락, 시인의 감개를 반영한 시(99수)

• 당손화(唐孫華 1634-1723) 명말청초의 문학가

「희우」(喜雨) 봄비를 노래하다(80수)

• 대명세(戴名世 1653-1713) 청대의 문인, 강희제 통치 시 남산집 사건으로 죽임 당함

「기묘묵권서」(己卯墨卷序) 기묘년에 치러진 향시(鄉試)의 글을 묶은 후 서문을 붙인 글 (119-15수)

• 도연명(陶淵明 365-427) 동진(東晉)의 문인. 중국 제일의 전원, 자연시인

「귀거래사」(歸去來辭) 벼슬을 내려놓고 고향으로 돌아가면서 지은 글로 노장사상의 영향을 받아 전원에서 자연과 함께 지내는 삶의 아름다움을 노래함(16수, 118수, 120수)

「한정부」(閑情賦) 도연명의 드문 사랑 시로 '연정을 누르며 부르는 노래'(19수)

「잡시」(雜詩) 도연명의 인생관과 자연관에 기초한 여러 시들(49수, 71수)

「비종제중덕」(悲從弟仲德) 사촌 동생 중덕을 슬퍼하며(114수)

「제인공유주가묘백하」(諸人共遊周家墓栢下) 여럿이서 주 씨 묘 잣나무 아래서 놀며(137수)

• 동방삭(東方朔 BC154-93) 서한의 관료, 문장가 해학으로 수많은 전설에 회자됨

「답객난」(答客難) 동방삭이 한(漢) 무제(武帝)에게 글을 올렸으나 받아들여지지 않자 주객(主客)문답 형식으로 현자(賢者)가 쓰이지 않는 시대를 한탄한 글(11수, 106수)

• 동해원(董解元 생몰미상) 금(金)의 희곡작가

「제궁조」(諸宮調) 금(金)원(元) 시기에 민간에 유행한 희곡으로 그 중 「서상기제궁조」(西

廂記諸宮調)는 동해원의 작품(119수)

• 두목(杜牧 803-853) 당대의 시인

「아방궁부」(阿房宮賦) 진시황이 지은 아방궁에 대하여 상상력을 발휘하여 지은 시로 아방궁은 진시황 분서갱유 2년 후 짓기 시작하였다 중도에 진제국이 멸망함(64수)

• 두보(杜甫 712-770) 이백과 당시를 대표하는 시인, 사회적 실상을 고발한 시가 많음

「증이백」(贈李白) 이백에게 보내는 시(10수)

「병적삼수」(屛迹三首) 두보가 사천 성도에서 조용히 지내면서 지은 시(18수, 119-8수)

「고무위장군만가삼수」(故武衛將軍挽歌三首) 무위장군(직책)을 위한 조가(22수)

「전출새」(前出塞) 전쟁터에 나서며(31수)

「병거행」(兵車行) 변방개척을 위해 징집되는 현실에서 백성들의 고통을 노래한 시(33수, 74수)

「유용문봉선사」(游龍門奉先寺) 용문의 봉선사에서 머물며(40수)

「자신전퇴조구호」(紫宸殿退朝口號) 자신전의 조회를 마치고 입으로 읊음(42수)

「영회고적」(詠懷古跡) 역사적 사실이나 인물에 대한 회고(50수)

「역력」(歷歷) 당 현종 초기의 역사(안녹산의 난 등)를 회고한 시(54수)

「빈교행」(貧交行) 가난할 때의 교제를 읊은 시(55수)

「춘귀」(春歸) 성도의 두보초당으로 봄 무렵 돌아와서 지은 시(56수)

「북정」(北征) 나라와 군주에 대한 충성과 가족에 대한 사랑을 노래한 비장미가 넘치는 장시(60수)

「춘야희우」(春夜喜雨) 비 내리는 봄, 밤의 정경을 묘사한 시(65수)

「수로별」(垂老別) 전란 속에서 이별하는 늘그막의 노래로 「신혼별」(新婚別), 「무가별」(無家別)과 함께 슬픈 세 이별노래(71수)

「몽이백」(夢李白) 꿈 속에서 이백을 보다(71수, 94수)

「여인행」(麗人行) 양귀비 일가의 사치와 부패를 풍자한 노래(94수)

「증위팔처사」(贈衛八處士) 위팔처사에게 지어 주다(119-11수)

「월야억사제」(月夜憶舍弟) 달밤에 아우를 생각하며(142수)

• 문징명(文徵明 1470-1559) 명의 학자, 문인화가로 유명

「잡영시권」(雜詠詩卷) 문징명의 자작시 10여 수를 행서行書로 쓴 서예 작품(42수)

• 문천상(文天祥1236-1283) 남송 말기의 재상, 애국시인

「정기가」(正氣歌) 원의 감옥에 갇혀 우국충정의 심정을 노래한 시로 맹자의 호연지기가 바로 자신이 기른 정기(正氣)임을 서술함(28수)

• 맹교(孟郊 751-814) 당 중기의 시인

「정녀음」(靜女吟) 행실 바른 여인을 노래함(92수)

• 맹호연(孟浩然 689-740) 성당(盛唐)의 산수전원시를 대표하는 시인, 왕유와 쌍벽을 이룸

「숙동려강기광릉구유」(宿桐廬江寄廣陵舊游) 동려 강에 묵으며 광릉의 지난날 놀이에 부쳐(137수)

「남환주중기원태축」(南環舟中寄袁太祝) 호남지역 남쪽을 노닐며 지은 시를 원태축에게 건네다(139수)

• 반악(潘岳 247-300) 서진의 시인

「관중」(關中) 중국 역사의 중원이라 일컫는 관중(당의 수도인 장안, 현 서안)을 묘사(107수)

• 백거이(白居易 772-846) 당대의 시인

「화몽유춘시」(和夢遊春詩) 꿈결같이 지나는 세월이라(4수)

「득미지도관후서 비지통주지사 창연유감 인성사장」(得微之到官後書 備知通州之事 悵然有感因成四章) 벗 원진(미지)이 임지에서 보낸 글을 읽고 통주의 일을 알고 울적해서 지은 시(4수, 25수)

「여원구서(與元九書)」 벗 원진에게 보내는 편지글(40수)

「금충십이장」(禽蟲十二章) 제비, 모기, 누에, 거미, 달팽이 등의 새와 벌레 등을 소재로 인간의 삶을 비유한 열두 편의 시(49수)

「출부귀오려」(出府歸吾廬) 관직을 사임하고 돌아와 편안함을 누리며 지은 시(91수)

「장한가」(長恨歌) 당 현종과 양귀비의 사랑을 노래한 장시(118수, 119-11수)

「모란방」(牡丹芳) 모란의 향기(143수)

「강루야음원구율시」(江樓夜吟元九律詩) 한밤에 강루에서 벗 원구와 율시를 읊다(119-16수)

「비파행」(琵琶行) 비파 타는 여인의 영락(零落)을 읊은 노래(145수)

「대주」(對酒) 짧은 생 헛된 영예를 구하지 말고 술을 즐기라(146수)

• 범중엄(范仲淹 989- 052) 사대부의 모범적 인물로 꼽히며 북송 때의 정치가, 문학가, 교육가

「악양루기」(岳陽樓記) 중국의 유명한 동정호 부근의 명소인 악양루를 수리하고 나서 범중엄에게 기념 글을 부탁하여 지어진 글. 천하의 근심에 앞서 근심하고 천하의 즐거움을 후에 즐긴다는 사대부의 책임의식을 잘 드러내었다.(4수, 30수)

• 사령운(謝靈運 385-433) 동진(東晉)의 산수시인. 도연명과 쌍벽을 이루어 도사(陶謝)로 병칭

「재중독서」(齋中讀書) 서재에서 책을 읽다 지난 과거를 돌아보며 지은 시(18수)

「유적석진범해」(游赤石進帆海) 적석을 돌아보고 바다로 나아가다(109수)

「의위태자업중집시서」(擬魏太子鄴中集詩序) 위의 태자(조비)의 업궁(鄴宮)에서 의작(擬作)한 작품들을 모은 시집의 서문(118수)

• 설조(薛調 829-872) 당대 중기의 전기(傳奇)소설 작가

「유무쌍전」(劉無雙傳) 유진의 딸 무쌍과 외사촌 왕선객(王仙客)의 사랑이야기(142수)

• 섭이중(聶夷中 837-884) 만당(晩唐)의 시인, 민중의 어려움과 고난을 동정하는 악부시에 능함

「유자음」(遊子吟) 먼 길 떠나는 자식이 어머니를 생각하며 읊다(89수)

「전가」(田家) 농가의 소망과 힘겨움을 풍자한 시(129수)

• 소강절(邵康節 1011-1077) 북송의 사상가, 『주역』에 조예가 깊었으며 북송오자(北宋五子)의 일인으로 성리학 형성에 영향을 끼침

「무명공전」(無名公傳) 덕이 높고 사람들로부터 존경받는 한 인물에 대한 글로 소강절 자신에 대한 자전(自傳)으로 평가함(26수)

• 소동파(蘇東坡 1037-1101) 송대의 문학가, 당송팔대가의 일인으로 이름은 식(軾)

「차전운재송주정유」(次前韻再送周正孺) 주정유를 다시 보내며 지은 시(41수)

「와우」(蝸牛) 달팽이(58수)

「등충신모주만사」(鄧忠臣母周挽詞) 등충신의 어머님을 애도하며(80수)

「유씨이외생구필적」(柳氏二外甥求筆跡) 외조카를 위해 글을 쓰다(116수)

「적벽회고」(赤壁懷古) 적벽의 옛 일을 생각하며(144수)

• 송옥(宋玉 BC290?-222?) 전국(戰國)말기 초(楚)의 시인, 굴원에게 사사함

「고당부」(高唐賦) 초의 회왕(懷王)과 신녀(神女)가 만난 이야기(85수)

• 양만리(楊萬里 1127-1206) 송대의 시인

「한문제유성현지풍론」(漢文帝有聖賢之風論) 양만리의 문집 성재집(誠齋集)에 실린 글(29수)

• 완적(阮籍 210-263) 죽림칠현의 영수

「영회」(詠懷) 그때 그때의 느낌을 읊는 시(132수)

• 왕굉(王宏 생졸 미상) 당 초기의 문인, 당태종 이세민과 동학(同學)

「종군행」(從軍行) 북방 변경을 지키는 이의 심정을 노래(116수)

• 왕발(王勃 649-676) 초당사걸(初唐四傑 왕발, 양형, 노조린, 낙빈왕 넷을 일컫는 말)의 제일인자로 꼽히는 천재 시인

「두소부지임촉주」(杜少府之任蜀州) 두소부(미상)가 촉주로 부임하러 갈 때 지은 시(31수)

• 왕사원(王士源 생몰미상) 맹호연의 벗이자 문인

「맹호연집서」(孟浩然集序) 맹호연 사후 그의 아우 맹세연(孟洗然)과 함께 맹호연의 작품을 수집 218수를 묶어 맹호연집을 묶고 그 서문을 씀(136수)

• 왕승달(王僧達 423-458) 남조 송(宋)의 대신으로 문명(文名)이 높았다

「답안연년」(答顏延年) 안연년에게 답하다(27수)

• 왕안석(王安石 1021-1086) 북송의 정치가, 당송팔대가의 일인

「제장안국검정문」(祭張安國檢正文) 검정 장안국을 위한 제문(116수)

• 왕유(王維 701-761) 이백, 두보와 더불어 성당(盛唐 당의 융성기)의 삼대 시인

「위천전가」(渭川田家) 위수가의 시골 농가를 노래함(107수)

• 왕희지(王羲之 307-365) 동진(東晋)의 시인, 중국 최고의 서예가이자 문장가

「난정서」(蘭亭序) 40여 명의 선비가 난정에 모여 시를 지어 난정집을 만들고 그 서문을 왕희지가 행서로 쓴 책으로 중국 서예 역사상 최고의 작품으로 꼽힌다(14수, 90수)

• 원결(元結 719-772) 당 중기의 시인, 도가학자

「적퇴시관리」(賊退示官吏) 당나라 안사의 난 이후 관리의 폭정을 고발(102수)

• 원굉도(袁宏道 1568-1610) 명대의 문학가

「서문장전」(徐文長傳) 당시의 문장가 서위(徐渭)의 인물전기(119-8수)

• 원진(元稹 779-831) 백거이와 친분이 두터웠던 당의 시인, 자(字)는 미지(微之)

「답호령지」(答胡靈之) 호령지에게 답함(39수)

• 위료옹(魏了翁 1178-1237) 남송의 철학자이자 촉학(蜀學:사천의 학문)을 집대성

「사면독시군마걸이참찬군사종승상행주찰」(辭免督視軍馬乞以參贊軍事從丞相行奏札)

군마를 돌보는 직임을 사임하고 승상을 따르면서 올린 글(18수)

• 위원(魏源 1794-1857) 청(淸)의 계몽사상가

「묵고」(默觚) 위원의 철학사상이 담긴 문집으로 학편(學篇)과 치편(治篇)으로 구성(119-5수)

• 유백륜(劉伯倫 221-300) 완적(阮籍) 혜강(嵇康) 등과 죽림칠현의 일인

「주덕송」(酒德頌) 노장사상에 빠진 저자가 술의 공덕을 노래함(112수)

• 유상(劉商 생몰미상) 당唐의 시인, 화가

「호가십팔박」(胡笳十八拍) 채문희라는 여인이 북녘 이방 땅에서 고향을 그리는 열여덟 곡의 노래로 오랫동안 불리어 온 명곡에 대해 쓴 시(131수)

• 유신(庾信 512-580) 어려서부터 정교하고 아름다운 시부를 쓰는 것으로 유명

「주대장군사마예비」(周大將軍司馬裔碑) 북주의 대장군 사마예를 위해 쓴 비문(6수)

「징조곡」(徵調曲) 유신이 지은 주오성주곡(周五聲調曲)의 여섯 번째 시의 제목으로 징조란 오음계(궁상각치우)의 치(중국은 징) 음계를 뜻함(8수)

「사오제가」(祀五帝歌) 사시(四時)와 오행(五行)을 주관하는 오제(백·청·황·염·흑)의 제사노래(99수)

「주주국대장군장손검신도비」(周柱國大將軍長孫儉神道碑) 북주의 대장군 장손검의 행적을 기록한 비문(147수)

• 유우석(劉禹錫 772-842) 중당의 대표적인 시인, 백거이는 그를 시호(詩豪)라 칭함

「숙성선사산방제증」(宿誠禪師山房題贈) 성 선사의 산방에서 자며 지어 건넨 시(37수)

「낭도사」(浪淘沙) 황하만리를 읊은 노래(42수)

「누실명」(陋室銘) 자신의 방을 누실(陋室)이라 이름 짓고 그러나 덕은 풍성하다며 역설한 여든 한자로 이뤄진 명문장으로 꼽힘(51수, 119-5수)

「소주사상표」(蘇州謝上表) 소주자사(蘇州刺史)였던 유우석이 황제에게 올린 표(131수)

• 유주(劉晝 생졸 미상) 북제 시대의 도가 사상가

「유자」(劉子) 치국안민의 정치적 주장을 담은 글(56수)

• 유향(劉向 BC 77-BC6) 전한 말기의 학자

「설원」(說苑) 구체적인 사례를 들어 사회인의 마음가짐을 흥미롭게 설명한 고대의 처세술을 집대성한 책으로 사람을 설득하기 위한 이야기(說)를 모았다(苑)는 뜻(70수)

• 유흠(劉歆 BC 53?-25?) 유향의 아들로 전한 말기의 학자

「이서양태상박사」(移書讓太常博士) 한(漢)대의 경학연구 경향에 대한 글(119-22수)

• 육구몽(陸龜蒙 ?-881) 시부(詩賦)에 능했던 당 말기의 시인

「복우생론문서」(復友生論文書) 육경, 특히 『주역』과 『춘추』에 대한 두 편의 글을 읽고 쓴 산문(119-13수)

• 육기(陸機 261-303) 진(晉)의 문인

「부락도중작이수」(赴洛道中作二首) 낙양 부임길에 지은 두 수(38수)

「문부」(文賦) 문학작품의 창작과정을 세밀하게 논한 글(144수)

「단가행」(短歌行) 인생의 덧없음을 노래하다(146수)

「비재행」(悲哉行) 타향에서 봄을 느끼는 심상을 노래하다(147수)

• 육유(陸游 1125-1210) 송말의 애국시인

「병중작」(病中作) 병중에 지은 시(22수)

「서분」(書憤) 마음에 이는 분노를 적다(38수)

「유산서촌」(遊山西村) 산서촌을 유람하다(107수)

「노학암필기」(老學庵筆記) 육유의 글 모음집(119-18수)

• 이밀(李密 224-287) 촉한과 진의 정치가

「진정표」(陳情表) 조모의 건강이 악화되자 조모를 봉양코자 관직에서 물러나길 군주에

게 간청하며 올린 표(表)로 반포지효(反哺之孝)의 성어(成語)가 담긴 명문장(143수)

• 이백(李白 701-762) 시선(詩仙)으로 불리는 중국 최고의 시인으로 두보와 쌍벽을 이룸

「증맹호연」(贈孟浩然) 맹호연에게 주는 시(6수)

「행로난」(行路難) 어려운 시대를 맞아 기개를 잃지 않은 모습을 그린 시(27수, 133수)

「촉도난」(蜀道難) 장안에서 촉(사천)으로 가는 잔도 같은 어려운 길을 노래함(46수)

「경란리후천은류야랑억구유서회증강하위태수량재」(經亂離後天恩流夜郎憶舊遊書懷贈江夏韋太守良宰) 난리를 치르며 천은으로 방면되어 유배지 야랑을 떠난 후 옛날을 기억하며 강하군 태수 위량재에게 주다(52수)

「남헌송」(南軒松) 남헌의 소나무, 소나무에 빗대어 선비정신을 묘사함(73수)

「수왕보궐등증별」(酬王補闕等贈別) 왕보궐 등 몇 사람과 이별하며 건네는 시(95수)

「고풍」(古風) 이백의 생애 전반에 걸쳐 지어진 59수의 영회(詠懷 느낌을 읊음)시 (99수)

「의고」(擬古) 옛 시를 본 따서 지은 12수의 시(102수)

「망여산폭포」(望廬山瀑布) 여산폭포를 바라보며(115수)

「분도산수가」(粉圖山水歌) 벽에 그려진 산수화를 보고 읊은 노래(124수)

「몽유천모음류별」(夢游天姥吟留別) 꿈에 천모 산을 노닌 뒤 벗들을 떠나겠다는 이별시(126수)

「장진주」(將進酒) 술을 권하는 노래(133수, 137수)

「증종제남평태수지요」(贈從弟南平太守之遙) 사촌동생 남평태수 이지요에게 준 시(143수)

「여산동림사야회」(廬山東林寺夜懷) 여산의 동림사에서 하루를 묵으며 느낀 소회(145수)

• 이상은(李商隱 813-858) 당 말기의 시인

「위유」(爲有) 바라던 걸 가졌으나 만족치 않음을 노래한 시(91수)

• 이여진(李汝珍 1763-1830) 청대의 소설가, 문학가

「경화연」(鏡花緣) 청대에 쓰여 진 풍자소설(12수)

• 잠삼(岑參 715-770) 성당(盛唐)의 시인, 변새시(邊塞詩 변방을 지키며 읊은 시)로 유명

「등자은사」(登慈恩寺) 자은사에 올라(3수)

「봉입경사」(逢入京使) 서울로 돌아가는 관리를 만나(6수)

「송장헌심충부사귀하서잡구」(送張獻心充副使歸河西雜句) 하서로 가는 충부사 장헌심을 보내며(77수)

• 장거정(張居正 1525-1582) 명의 정치가

「사소견소」(謝召見疏) 황제에게 올린 상소문(109수)

• 장구령(張九齡 678-740) 당(唐)의 시인이며 정치가

「감우」(感遇) 난초와 계화에 빗대어 고결한 삶을 노래함(97수)

• 장재(1020-1077) 북송의 철학자

「서명」(西銘) 장재 자신이 마음을 고치겠다는 의미로 서쪽 창에 지어붙인 글로 천지를 부모로, 만물을 한몸으로 여기는 철학 신조(10수, 119-9수)

• 정계(鄭棨 생몰미상) 당 말기에 황소의 난을 피한 문명(文名)으로 알려진 학자

「개천전신기」(開天傳信記) 당 현종 치하의 개원(開元), 천보(天保) 연간의 사실들을 기록한 글(139수)

• 진백(陳栢 생몰미상) 송대의 학자

「숙흥야매잠」(夙興夜寐箴) 유교에서 선비가 공부하고 수양하는 하루의 절차를 서술한 것으로 일명 조석잠(朝夕箴)이라고 함(104수)

• 주희(朱熹 1130-1200) 송대 성리학의 집대성자

「경재잠」(敬齋箴) 내면과 바깥을 바로잡으며 행함에 있어서나 고요히 머물 때나 경(敬, 유학자의 근본적인 내면의 자세)을 어기지 않는 삶의 태도를 서술함(104수)

• 제갈량(諸葛亮 181-234) 삼국시대 유비(劉備)를 도운 정치가
「출사표」(出師表) 위나라 정벌을 위해 떠나면서 지은 것으로 역대의 명문장이라 일컫는다.(95수)

• 조령치(趙令畤 1061-1134) 북송의 사인(詞人) 소동파와의 인연으로 조정에 천거
「후청록」(侯鯖錄) 조령치가 남긴 저서(38수)

• 조비(曹丕 187-226) 조조(曹操)의 차남, 위 문제(文帝)
「연가행」(燕歌行) 제비에 띄워 보내는 노래(137수)

• 조원일(趙元一 생몰미상) 당대의 인물이며 사가(史家)
「봉천록」(奉天錄) 당 덕종의 봉천피난시기의 기록으로 네 권으로 이뤄짐(58수)

• 좌사(左思 250?-305?) 서진의 문학가
「위도부」(魏都賦) 촉도부, 오도부와 함께 삼도부(三都賦)라 하고 낙양의 지가를 올렸다는 글(65수)

• 증공(曾鞏 1019-1083) 북송의 문학가, 당송팔대가의 일인
「송정공벽사강서」(送程公闢使江西) 강서 임지로 가는 정공을 보내며(145수)

• 최원(崔瑗 78-143) 동한의 학자
「좌우명」(座右銘) 자신이 늘 새겨야 할 삶의 자세를 담은 글(112수)

• 포조(鮑照 421-466) 남북조 시대 송(宋)의 시인
「오흥황포정유중랑별」(吳興黃浦亭庾中郎別) 유중랑과 이별하며(71수)

• 풍유민(馮惟敏 1511-1578) 명대의 산곡(散曲)과 희곡(戲曲)작가
「상조집현빈 희제소주이강성좌할걸휴」(商調集賢賓 喜第少洲以江省左轄乞休) 7음조 중 처량애원(哀怨)의 상조 중심의 악곡명(집현빈)으로 풍유민의 산곡집 『해부산당사고(海浮山堂

詞稿)』에 실림(19수)

• 하안(何晏 195?-249?) 위진(魏晉)의 현학(玄學:老壯學)의 시조로 받들어지는 중국 삼국시대 위(魏)나라의 관료 겸 사상가

「경복전부」(景福殿賦) 경복전 완성을 기념하여 건물의 장대함과 황제의 위대함을 칭송한 글(45수)

• 한(漢) 무제(武帝)(BC156-87) 16살에 황제에 올라 전한(前漢) 왕조의 황금시대를 열었고 진나라의 시황제와 더불어 많은 업적을 남겨 이른바 '진황한무'(秦皇漢戊)로 일컬음

「추풍사」(秋風辭) 한(漢)의 절대 권력자 무제가 강에 배를 띄우고 연회 중에 지은 인생의 화려함과 무상함을 노래한 시(102수)

• 한유(韓愈 768-824) 중당(中唐)의 문장가이자 유학자

「부상재상서」(復上宰相書) 진사(進士)였던 한유가 재상에게 벼슬자리를 구하기 위해 올린 명문자의 글(6수)

「원도」(原道) 한유의 정치사상과 철학이론을 담은 대표작으로 불교를 반대하고 유학을 국가 이념으로 삼을 것을 제시함(10수)

「제십이랑문」(祭十二良文) 한유의 조카 십이랑을 애도하며 지은 제문으로 출사표(제갈량), 진정표(이밀)와 더불어 눈물 흘리지 않을 수 없는 문장이라고 평함(13수)

「남산시」(南山詩) 장안 남쪽의 종남산(終南山)을 다양하게 묘사한 시(73수)

「유자후묘지명」(柳子厚墓誌銘) 절친했던 벗 당송팔대가의 일인 유종원의 묘지명(73수, 89수)

「진학해」(進學解) 유자(儒者)는 학문과 인격 수양을 위해 노력해야 함을 역설한 문장(107수, 109수, 119-2수, 124수)

「청하군공방공묘갈명」(淸河君公房公墓碣銘) 청하군공 봉직을 받은 방계(房啓) 공의 묘지명(119-6수)

「체협의」(禘祫議) 제왕의 시조(始祖) 제사에 대한 글(119-16수)

• 혜강(嵇康 223-262) 죽림칠현의 일인, 무위자연을 노래한 시인

「증수재종군」(贈秀才從軍) 군문에 드는 아우에게 주는 시(85수)

• 황정견(黃庭堅 1045-1105) 북송의 저명시인으로 소동파와 함께 소황(蘇黃)으로 불렸으며 서법으로 유명해 미불, 소식, 채양 등과 송사가(宋四家)로 칭함

「졸헌송」(拙軒頌) 누추한 집에 부치는 노래(35수)

「계석명」(戒石銘) 송(宋) 태종이 벼슬을 받은 신하에게 하사한 4구(句)로 관료들이 경계해야 할 내용(53수)